■2025年度中学受験用

大妻中学校

5年間(＋3年間HP掲載)スーパー過去問

●収録内容一覧

入試問題と解説・解答の収録内容

2024年度　１回	算数・社会・理科・国語	実物解答用紙DL
2024年度　２回	算数・社会・理科・国語	実物解答用紙DL
2023年度　１回	算数・社会・理科・国語	実物解答用紙DL
2023年度　２回	算数・社会・理科・国語	実物解答用紙DL
2022年度　１回	算数・社会・理科・国語	実物解答用紙DL
2022年度　２回	算数・社会・理科・国語	実物解答用紙DL
2021年度　１回	算数・社会・理科・国語	
2021年度　２回	算数・社会・理科・国語	
2020年度　１回	算数・社会・理科・国語	
2020年度　２回	算数・社会・理科・国語	
2019～2017年度(HP掲載) 「カコ過去問」 (ユーザー名) koe (パスワード) w8ga5a1o	問題・解答用紙・解説解答DL ◇著作権の都合により国語と一部の問題を削除しております。 ◇一部解答のみ（解説なし）となります。 ◇９月下旬までに全校アップロード予定です。 ◇掲載期限以降は予告なく削除される場合があります。	

～本書ご利用上の注意～　以下の点について，あらかじめご了承ください。

★**別冊解答用紙は巻末にございます。実物解答用紙は，弊社サイトの各校商品情報ページより，一部または全部をダウンロードできます。**
★編集の都合上，学校実施のすべての試験を掲載していない場合がございます。
★当問題集のバックナンバーは，弊社には在庫がございません（ネット書店などに一部在庫あり）。
★本書の内容を無断転載することを禁じます。また，本書のコピー，スキャン，デジタル化等の無断複製は著作権法上での例外を除き禁じられています。

合格を勝ち取るための
『スーパー過去問』の使い方

本書に掲載されている過去問をご覧になって，「難しそう」と感じたかもしれません。でも，多くの受験生が同じように感じているはずです。なぜなら，中学入試で出題される問題は，小学校で習う内容よりも高度なものが多く，たくさんの知識や解き方のコツを身につけることも必要だからです。ですから，初めて本書に取り組むさいには，点数を気にしすぎないようにしましょう。本番でしっかり点数を取れることが大事なのです。

過去問で重要なのは「まちがえること」です。自分の弱点を知るために，過去問に取り組むのです。当然，まちがえた問題をそのままにしておいては意味がありません。

本書には，長年にわたって中学入試にたずさわっているスタッフによるていねいな解説がついています。まちがえた問題はしっかりと解説を読み，できるようになるまで何度も解き直しをしてください。理解できていないと感じた分野については，参考書や資料集などを活用し，改めて整理しておきましょう。

このページも参考にしてみましょう！

◆どの年度から解こうかな　「入試問題と解説・解答の収録内容一覧」

本書のはじめには収録内容が掲載されていますので，収録年度や収録されている入試回などを確認できます。

※著作権上の都合によって掲載できない問題が収録されている場合は，最新年度の問題の前に，ピンク色の紙を差しこんでご案内しています。

◆学校の情報を知ろう!!「学校紹介ページ」

このページのあとに，各学校の基本情報などを掲載しています。問題を解くのに疲れたら息ぬきに読んで，志望校合格への気持ちを新たにし，再び過去問に挑戦してみるのもよいでしょう。なお，最新の情報につきましては，学校のホームページなどでご確認ください。

◆入試に向けてどんな対策をしよう？「出題傾向＆対策」

「学校紹介ページ」に続いて，「出題傾向＆対策」ページがあります。過去にどのような分野の問題が出題され，どのように対策すればよいかをアドバイスしていますので，参考にしてください。

◇別冊「入試問題解答用紙編」

本書の巻末には，ぬき取って使える別冊の解答用紙が収録してあります。解答用紙が非公表の場合などを除き，（注）が記載されたページの指定倍率にしたがって拡大コピーをとれば，実際の入試問題とほぼ同じ解答欄の大きさで，何度でも過去問に取り組むことができます。このように，入試本番に近い条件で練習できるのも，本書の強みです。また，データが公表されている学校は別冊の１ページ目に過去の「入試結果表」を掲載しています。合格に必要な得点の目安として活用してください。

本書がみなさんの志望校合格の助けとなることを，心より願っています。

株式会社　声の教育社　編集部

大妻中学校

所在地	〒102-8357 東京都千代田区三番町12
電　話	03-5275-6002
ホームページ	https://www.otsuma.ed.jp/
交通案内	JR線・地下鉄各線「市ヶ谷駅」より徒歩10分／地下鉄半蔵門線「半蔵門駅」より徒歩5分／地下鉄各線「九段下駅」より徒歩12分

くわしい情報は
ホームページへ

トピックス

★入試当日，定規，分度器，コンパスは使用できません。
★2019年度入試より，第4回試験が設置されました。

創立年 明治41年　｜　女子校　｜　高校募集 なし

応募状況

年度	募集数	応募数	受験数	合格数	倍率
2024	①約100名	265名	247名	117名	2.1倍
	②約100名	643名	509名	250名	2.0倍
	③約 40名	369名	278名	74名	3.8倍
	④約 40名	346名	260名	48名	5.4倍
2023	①約100名	260名	239名	115名	2.1倍
	②約100名	603名	497名	247名	2.0倍
	③約 40名	345名	257名	85名	3.0倍
	④約 40名	326名	237名	59名	4.0倍
2022	①約100名	276名	258名	102名	2.5倍
	②約100名	681名	558名	252名	2.2倍
	③約 40名	423名	315名	70名	4.5倍
	④約 40名	382名	281名	48名	5.9倍

2025年度入試情報

〔第１回試験〕2025年２月１日
〔第２回試験〕2025年２月２日
〔第３回試験〕2025年２月３日
〔第４回試験〕2025年２月５日
試験科目：国語・算数(各50分，各100点満点)
　　　　　社会・理科(各30分，各60点満点)
合格発表：第１・３・４回は試験当日19：00
　　　　　第２回は試験当日19：30
※本校HPの合格発表専用サイトにて発表

説明会・公開行事日程（※予定）

【学校説明会】要予約
６月23日　10：00～11：10
６月23日　14：00～15：10
７月15日　10：00～11：10
７月15日　14：00～15：10
10月20日　10：00～11：10
11月23日　10：30～11：40
12月15日　10：30～11：40
【帰国生学校説明会】要予約
７月20日　14：00～
10月12日　14：00～
【入試説明会】動画配信
10月20日　14：00～15：20
【文化祭】
例年，９月下旬の土・日に開催されています。
※上記以外にも【校内見学会】を各学期・夏季休業中に実施します。
※予約は，本校HPより各開催日の１か月前から承ります。

2024年春の主な大学合格実績(現役生のみ)

＜国公立大学＞
東京工業大，一橋大，東北大，筑波大，東京外国語大，東京医科歯科大，東京農工大，千葉大，横浜国立大，埼玉大，お茶の水女子大，横浜市立大
＜私立大学＞
慶應義塾大，早稲田大，上智大，東京理科大，国際基督教大，明治大，青山学院大，立教大，中央大，法政大，学習院大，津田塾大，東京女子大，日本女子大，順天堂大，東京医科大

編集部注一本書の内容は2024年5月現在のものであり，変更されている場合があります。正式な情報は，学校のホームページ等で必ずご確認ください。

算数　出題傾向＆対策

◆基本データ（2024年度１回）

試験時間／満点	50分／100点
問題構成	・大問数…10題 計算・応用小問１題（４問） ／応用問題９題 ・小問数…15問
解答形式	解答らんには必要な単位などがあらかじめ印刷されている。また，式などを書くスペースが設けられている。
実際の問題用紙	Ａ３サイズ
実際の解答用紙	Ａ３サイズ

◆過去５年間の出題率トップ５

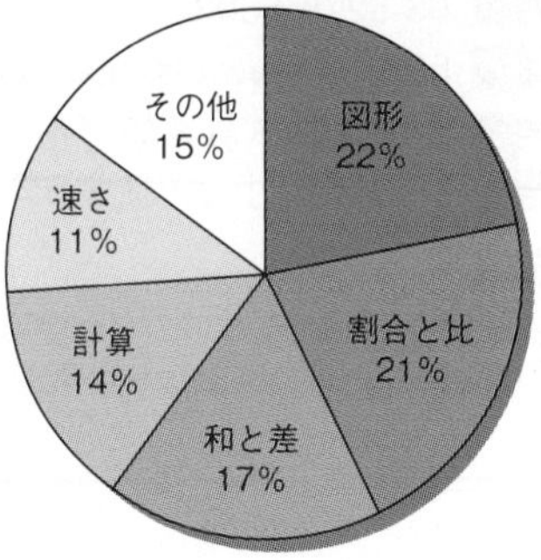

※　配点（推定ふくむ）をもとに算出

◆近年の出題内容

【 2024年度１回 】			【 2023年度１回 】		
大問	1	四則計算，逆算，つるかめ算，濃度	大問	1	四則計算，逆算，速さ，整数の性質
	2	集まり，相当算		2	平面図形－角度
	3	立体図形－展開図，表面積		3	濃度
	4	旅人算		4	平均とのべ
	5	差集め算		5	相当算，速さと比
	6	場合の数		6	差集め算
	7	平面図形－角度，消去算		7	和差算
	8	条件の整理		8	売買損益，消去算
	9	ニュートン算		9	立体図形－水の深さと体積
	10	立体図形－図形の移動，体積		10	平面図形－図形の移動，面積

◆出題傾向と内容

１題めはいわゆる小問集合題で，計算問題と各分野の応用小問が合わせて４～５問ほど出題されます。**そのほかはすべて応用問題**で，全単元を対象にさまざまなことが問われています。どちらにも手のこんだ問題はなく，設問自体にも特に難解なものは見られません。

●計算・応用小問…小数や分数の混じった四則計算，逆算，約数や倍数などの数の性質，数の範囲と規則，場合の数，割合，比例と反比例，そして角度や面積など図形の基本的な問題が出されています。

●応用問題…図形がかなり重要視されており，平面図形の求積問題では，図形の移動や相似から計算させるもの，面積比から計算させるものも目立ちます。数の性質に関するものは，場合の数や組み合わせを利用したもの，約数や倍数とからませたものなどです。旅人算，相当算，仕事算，つるかめ算などの特殊算は，複雑なものは出されていません。

◆対策～合格点を取るには？～

計算力は算数の基本となるものですから，**毎日少しずつでも計算練習**を行ってください。標準的な計算問題集を，時間を区切ってくり返し練習するとよいでしょう。

応用問題を解くのに必要な的確な思考力は，いたずらに難問にいどむことでは身につきません。問題を選び，十分に時間をかけて，**さまざまな角度から検討する**ことが大切です。つねにほかの解き方がないかよく考えてみることも忘れずに。このような勉強法を心がけると，しだいに考える力，つまり思考力がついてきます。

算数 出題分野分析表

分野 ＼ 年度		2024		2023		2022		2021		2020	
		1回	2回	1回	2回	1回	2回	1回	2回	1回	2回
計算	四則計算・逆算	◎	◎	◎	◎	◎	◎	◎	◎	◎	◎
	計算のくふう		○								
	単位の計算										
和と差	和差算・分配算			○			○			○	
	消去算	○	○	○	○		○	◎	◎	○	○
	つるかめ算	○	○					○			
	平均とのべ			○		○					
	過不足算・差集め算	○		○		○			○		
	集まり	○									
	年齢算				○					○	
割合と比	割合と比		○				○			○	○
	正比例と反比例				○					○	
	還元算・相当算	○		○			○			○	○
	比の性質						○	○	○		
	倍数算				○						
	売買損益			○		○			○	○	
	濃度	○	○	○	○	○		○			○
	仕事算		○					○	○		○
	ニュートン算	○			○						
速さ	速さ			○		◎		○		○	
	旅人算	○	○				○			○	
	通過算				○				○		
	流水算										
	時計算						○		○		
	速さと比			○				○			◎
図形	角度・面積・長さ	○	○	◎	◎	◎	◎	○	○	○	○
	辺の比と面積の比・相似		○				○				○
	体積・表面積	◎	◎		○	○			○	○	
	水の深さと体積			○							○
	展開図	○									
	構成・分割				○					○	
	図形・点の移動	○		○	○						
表とグラフ						○	○	○		○	○
数の性質	約数と倍数								○		
	N進数										
	約束記号・文字式		○								
	整数・小数・分数の性質		○	○		○	○				○
規則性	植木算										
	周期算		○								
	数列				○	○	○		○	○	○
	方陣算										
	図形と規則										
場合の数		○			○		○				○
調べ・推理・条件の整理		○									
その他											

※ ○印はその分野の問題が１題，◎印は２題，●印は３題以上出題されたことをしめします。

社会 出題傾向＆対策

◆基本データ（2024年度１回）

試験時間／満点	30分／60点
問　題　構　成	・大問数…３題 ・小問数…23問
解　答　形　式	用語の記入と記号選択のほか，短文記述問題も見られる。指定された場合以外は，地名や用語は漢字で書くように指示されている。
実際の問題用紙	Ａ４サイズ，小冊子形式
実際の解答用紙	Ａ４サイズ

◆過去５年間の分野別出題率

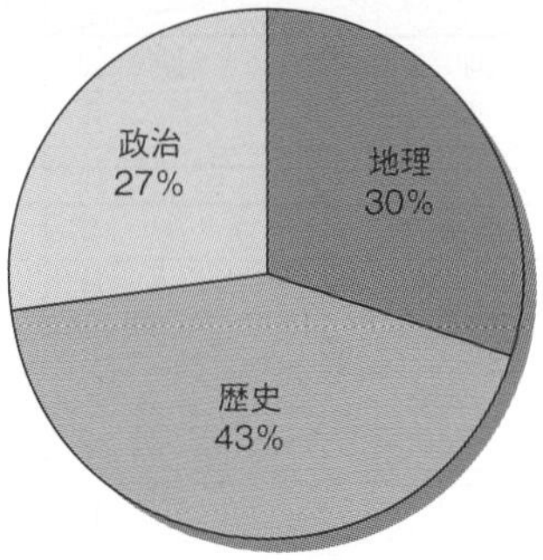

※　配点（推定ふくむ）をもとに算出

◆近年の出題内容

【 2024年度１回 】			【 2023年度１回 】		
大問	1	**〔地理〕** 三重県の特色と産業	大問	1	**〔地理〕** 兵庫県の自然や産業
	2	**〔歴史〕** 各時代の歴史的なことがら		2	**〔歴史〕** 各時代の歴史的なことがら
	3	**〔政治〕** 食品ロスを題材にした問題		3	**〔政治〕** 日本の社会についての問題

◆出題傾向と内容

各分野とも**基本的な知識を問うものが多い**ので，かたよりのない知識を身につけ，正確に漢字で書けるようになっておくことが必要です。

●地理…全国各地について地図や表，グラフを読み取りながら答える問題（各地の地形や農林水産業，工業，人口などについて）や，地形図などが出題されています。小問として世界地理が出題される場合もあります。

●歴史…ある一つのテーマに沿って出題されることが多く，写真や史料を用いた設問もたびたび見られます。テーマとしては，世界遺産，地方の歴史，文学作品などの文化に関係することがら，歴史上の人物やできごと，歴史上活やくした女性，建築物にまつわるできごとなどが取り上げられています。

●政治…国会のしくみ，国家予算，基本的人権，国民主権，人口問題，日本国憲法などについて，また，時事的なものとしては，近年行われた国政選挙，オリンピック，地球環境問題などについて出題されています。

◆対策～合格点を取るには？～

地理は，白地図を利用した学習をおすすめします。**自分の手で実際に作業する**ことによって，視覚的理解が得られ，より学習が深められるでしょう。また，資料の引用先としてひんぱんに取り上げられる『日本国勢図会』などにも注目しておきたいものです。グラフから特ちょうを見出して自分の考えと照合し，その特色を文章化してみるのもよいでしょう。

歴史は，**全体の大きな流れをつかんで**から，細かい事象について身につけていくようにしてください。歴史上大きなできごとが起こった年はできるだけ覚えておくこと。有名な歴史上の人物の伝記を読むのもおすすめです。

政治は，**日本国憲法の基本的な内容をしっかりおさえる**こと，とくに三権のしくみについて理解しておきましょう。また，この分野は時事問題がからむことがよくあるので，つねに新聞やニュースに関心を持つことも必要です。国際関係や国内情勢はめまぐるしい変化を見せていますから，それをつかむことで政治に関する知識を増やしていきましょう。

社会 出題分野分析表

分野 ＼ 年度			2024		2023		2022		2021		2020	
			1回	2回	1回	2回	1回	2回	1回	2回	1回	2回
日本の地理	地図の見方		○	○			○		○			○
	国土・自然・気候		○		○	○		○	○	○	○	
	資源									○		
	農林水産業		○	○		○		○	○	○	○	
	工業		○				○		○			○
	交通・通信・貿易			○	○	○		○	○	○	○	
	人口・生活・文化		○	○	○	○	○		○	○	○	○
	各地方の特色		★		★	○	★	○		★		
	地理総合			★		★		★	★		★	★
世界の地理						○	○	○				○
日本の歴史	時代	原始～古代	○	○	○	○	○	○	○	○	○	○
		中世～近世	○	○	○	○	○	○	○	○	○	○
		近代～現代	○	○	○	○	○	○	○	○	○	○
	テーマ	政治・法律史										
		産業・経済史										
		文化・宗教史										
		外交・戦争史										
		歴史総合	★	★	★	★	★		★	★	★	★
世界の歴史												
政治	憲法			○	○	○	○	○		○	○	○
	国会・内閣・裁判所		○	○		○	○	○		○	○	○
	地方自治		○	○	○							
	経済			○	○		○		○		○	
	生活と福祉		○	○	○	○		○				○
	国際関係・国際政治		○		○	○			○	○		○
	政治総合		★	★	★	★	★	★	★	★	★	★
環境問題			○				○					
時事問題			○						○	○	○	○
世界遺産								○				○
複数分野総合								★				

※ 原始～古代…平安時代以前，中世～近世…鎌倉時代～江戸時代，近代～現代…明治時代以降
※ ★印は大問の中心となる分野をしめします。

理科 出題傾向＆対策

◆基本データ(2024年度１回)

試験時間／満点	30分／60点
問題構成	・大問数…４題 ・小問数…22問
解答形式	記号選択と適語(または数値)の記入が大半をしめている。記号選択は複数選択のものもある。また，グラフの完成や作図，記述問題も出題されている。
実際の問題用紙	Ａ４サイズ，小冊子形式
実際の解答用紙	Ａ４サイズ

◆過去５年間の分野別出題率

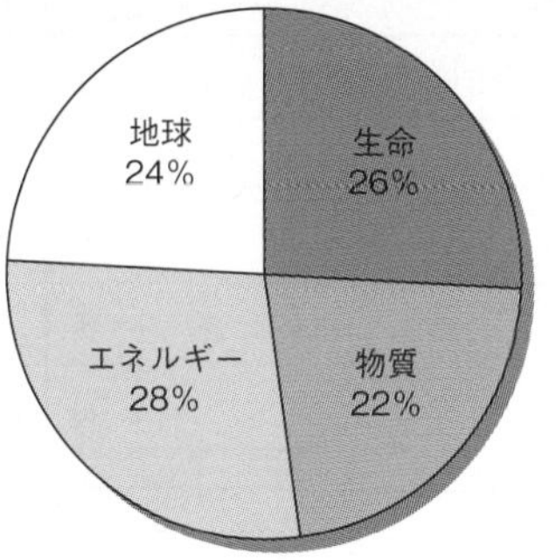

※　配点(推定ふくむ)をもとに算出

◆近年の出題内容

【 2024年度１回 】			【 2023年度１回 】		
大問	1	**〔総合〕** 小問集合	大問	1	**〔物質〕** 水のすがた
	2	**〔地球〕** 岩石		2	**〔生命〕** セキツイ動物の血液循環
	3	**〔生命〕** 長日植物と短日植物		3	**〔エネルギー〕** 浮力と力のつり合い
	4	**〔エネルギー〕** ふりこ		4	**〔地球〕** 地震の伝わり方

◆出題傾向と内容

本校の理科は，**各分野から広範囲に出題**されており，**実験や観察・観測をもとに作成された問題が多い**のが特ちょうです。年度や試験回によって多少かわりますが，「生命」「物質」「エネルギー」「地球」の各分野から広く出題されています。

●生命…植物のしくみと成長・開花の条件，動物の進化と環境，こん虫などの成長，ヒトのからだ(消化器官や心臓のしくみとはたらき)，メダカの育ち方，生物どうしの関係や食物連鎖などについて出題されています。

●物質…水の状態変化と体積の関係，ものの溶け方，水溶液の性質(塩酸と水酸化ナトリウムの中和)，気体の発生などが，いずれも実験にそった形で取り上げられています。また，地球温暖化など環境問題をテーマとした出題も見られます。

●エネルギー…電磁石，力のつり合い，ばね，浮力と密度などが出されています。計算問題など，やや難しめの設問が姿を見せることもあります。

●地球…天体(月や太陽の動き)，気象(台風の発達，雲画像と天候)，地層と岩石，地震などが，観測に関連して出題されています。

◆対策～合格点を取るには？～

各分野からまんべんなく出題されていますから，**基礎的な知識をはやいうちに身につけ，そのうえで問題集で演習をくり返しながら実力アップをめざしましょう。**「生命」は，身につけなければならない基本知識の多い分野ですが，楽しみながら確実に学習する心がけが大切です。「物質」では，気体や水溶液，金属などの性質に重点をおいて学習してください。「エネルギー」は，かん電池のつなぎ方や方位磁針のふれ方，磁力の強さなどの出題が予想される単元ですから，学習計画から外すことのないようにしましょう。「地球」では，太陽・月・地球の動き，季節と星座の動き，天気と気温・湿度の変化，地層のでき方などが重要なポイントです。

なお，**環境問題や身近な自然現象に日ごろから注意をはらう**ことや，テレビの科学番組，新聞・雑誌の科学に関する記事，読書などを通じて科学にふれることも大切です。

理科 出題分野分析表

分野＼年度		2024 1回	2024 2回	2023 1回	2023 2回	2022 1回	2022 2回	2021 1回	2021 2回	2020 1回	2020 2回
生命	植物	★	○			★		★	★		
	動物			○			○			★	
	人体	○		★			○				
	生物と環境		★				★				★
	季節と生物										
	生命総合				★						
物質	物質のすがた			★						★	
	気体の性質	○	★			○	○	○			
	水溶液の性質	○	○								
	ものの溶け方					○			★		
	金属の性質				★						
	ものの燃え方						★				
	物質総合							★			
エネルギー	てこ・滑車・輪軸										★
	ばねののび方					★					
	ふりこ・物体の運動	★			○						
	浮力と密度・圧力		○	★				★			
	光の進み方						★				
	ものの温まり方		○								★
	音の伝わり方	○	○								
	電気回路										
	磁石・電磁石								★	★	
	エネルギー総合				★						
地球	地球・月・太陽系	○	★				★				
	星と星座								★		
	風・雲と天候				★			★		★	
	気温・地温・湿度										
	流水のはたらき・地層と岩石	★	○			★					
	火山・地震			★							★
	地球総合										
実験器具		○						○	○		
観察											
環境問題						★					
時事問題											
複数分野総合		★	★								

※ ★印は大問の中心となる分野をしめします。

国語 出題傾向＆対策

◆基本データ(2024年度１回)

試験時間／満点	50分／100点
問題構成	・大問数…４題 文章読解題３題／知識問題１題 ・小問数…34問
解答形式	記号選択と適語の記入，文章からのことばの書きぬきのほかに，字数制限のある記述問題も，数問出題されている。
実際の問題用紙	Ｂ５サイズ，小冊子形式
実際の解答用紙	Ｂ４サイズ

◆過去５年間の分野別出題率

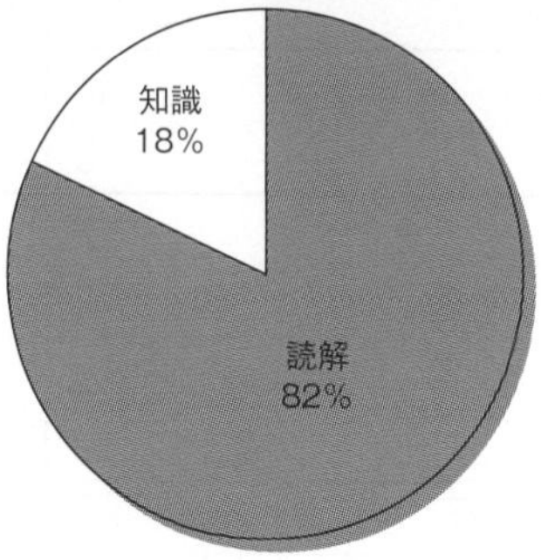

※　配点(推定ふくむ)をもとに算出

◆近年の出題内容

		【 2024年度１回 】			【 2023年度１回 】
大問	一	**〔小説〕** 花里真希『ハーベスト』(約4300字)	大問	一	**〔小説〕** 尾崎英子『たこせんと蜻蛉玉』(約3800字)
	二	**〔説明文〕** 大塚敦子『動物がくれる力　教育，福祉，そして人生』(約3200字)		二	**〔説明文〕** 伊勢武史『2050年の地球を予測する―科学でわかる環境の未来』(約3100字)
	三	**〔対談〕**「令和問答」(「読売新聞」2023年６月20日朝刊)(約1700字)		三	**〔韻文〕** 森澄雄『ジュニア版　目で見る日本の詩歌⑨　近代の俳句』(約840字)
	四	**〔知識〕** 漢字の書き取りと読み		四	**〔知識〕** 漢字の書き取りと読み

◆出題傾向と内容

読解問題を中心とした出題で，**問題量はやや多め**です。

●**読解問題**…取り上げられる題材は，説明文・論説文，小説・物語文，随筆・紀行文，詩・短歌・俳句(その鑑賞文がつくことが多い)とバラエティーに富んでおり，同じジャンルから２題以上出されることもあります。また，最近は説明文と小説・物語文，詩や短歌とその鑑賞文がよく取り上げられています。設問内容は，筆者の主張，登場人物の気持ちを問うものや詩の解釈などをあつかったものが多く見られます。また，作者の略歴や詩の形式，文学作品の内容などを問う知識問題が顔を出すことがあります。

●**知識問題**…語句の意味と用法，漢字や熟語，修飾関係，慣用句・ことわざ，品詞の識別と用法といった知識を問うものが，読解問題のなかで出されます。

◆対策～合格点を取るには？～

本校の国語は**長文の読解問題がメイン**であり，設問の内容がはば広いという特ちょうがあります。したがって，この読解問題にいかに対処するかが，本校の入試のポイントになってきます。**読解力を養成するには，何よりもまず，多くの文章に接する必要があります。**読書は読解力養成の基礎ですから，あらゆるジャンルの本を読んでください。新聞のコラムや社説などを毎日読むようにするのもよいでしょう。

次に，**ことばのきまり・知識に関しては，参考書を１冊仕上げておけばよいでしょう。**ことわざ・慣用句は体の一部を用いたもの，動物の名前を用いたものなどに分類して覚えましょう。ことばのきまりは，ことばのかかり受け，品詞の識別などを中心に学習を進めます。また，漢字や熟語については，読み書きはもちろん，同音(訓)異義語，その意味についても辞書で調べておくようにするとよいでしょう。

国語 出題分野分析表

分野 ＼ 年度			2024		2023		2022		2021		2020	
			1回	2回	1回	2回	1回	2回	1回	2回	1回	2回
読解	文章の種類	説明文・論説文	★	★	★	★	★	★	★	★	★	★
		小説・物語・伝記	★	★	★	★	★	★	★	★	★	★
		随筆・紀行・日記					★					
		会話・戯曲	★									
		詩										
		短歌・俳句	○	★	★	★	○	○	★	★	★	★
	内容の分類	主題・要旨		○	○	○		○			○	
		内容理解	○	○	○	○	○	○	○	○	○	○
		文脈・段落構成		○	○	○			○	○	○	
		指示語・接続語	○	○	○	○	○	○	○	○	○	○
		その他	○	○	○	○	○	○	○	○	○	○
知識	漢字	漢字の読み	○	○	○	○	○		○	○		
		漢字の書き取り	○	○	○	○	○	★	○	○	○	○
		部首・画数・筆順										
	語句	語句の意味	○	○	○	○	○	○	○	○	○	○
		かなづかい										
		熟語		○	○	○		○	○		○	○
		慣用句・ことわざ	○	○	○	○	○			○		○
	文法	文の組み立て						○				
		品詞・用法							○			○
		敬語	○							○		
	形式・技法		○						○			
	文学作品の知識		○		○	○			○		○	○
	その他		○	○	○	○	○	○	○	○	○	○
	知識総合											
表現	作文											
	短文記述											
	その他											
放送問題												

※ ★印は大問の中心となる分野をしめします。

カコを追いかけ
ミライをつかめ

2024 年度　大妻中学校

【算　数】〈第１回試験〉（50分）〈満点：100点〉

◎　円周率を用いるときは3.14として答えなさい。

◎　式，計算，または考え方は必ず書きなさい。これのないものは正解としません。

1　次の□にあてはまる数を求めなさい。

(1)　$\left\{\left(\frac{13}{24}-\frac{1}{6}\right)\div 0.6-2\frac{1}{2}\times 0.2\right\}\times 8=$□

(2)　$\{(31-$□$\times 13\div 2)\times 6+30\}\div 4=15$

(3)　10円玉，50円玉が合わせて28枚あり，合計金額は920円です。このとき，10円玉は□枚あります。

(4)　濃《のう》度５％の食塩水が600ｇあります。この食塩水を□ｇ捨て，捨てた食塩水と同じ重さの水を加えたところ，３％の食塩水になりました。

2　ある中学校で，犬を飼っている生徒の人数はネコを飼っている生徒の人数の1.4倍です。また，犬もネコも飼っている生徒は21人で，犬を飼っている生徒の人数の６％です。この中学校でネコだけを飼っている生徒は何人ですか。

3　図は，ある立体の展開図です。この立体の表面積は何 cm^2 ですか。

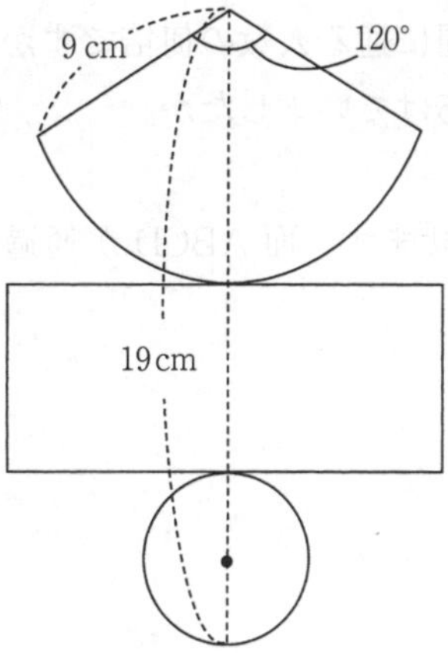

4　ＡさんとＢさんは，１周 9.9km のランニングコースのスタート地点にいます。Ａさんは毎分 180m の速さで時計回りに走り，Ｂさんは毎分 220m の速さで反時計回りに走ります。ＢさんがＡさんより遅《おく》れて出発したところ，２人は同時に１周を走り終えました。２人がすれ違ったのは，Ａさんが出発してから何分何秒後ですか。

5　クラスの生徒にノートを配ります。１人に７冊ずつ配ると６冊余ります。ノートを70冊追加し，１人に９冊ずつ配ると８冊不足します。クラスの生徒は何人ですか。

6　１から240までの整数のうち，どの位にも４と８が使われていない整数は何個ありますか。

7　図は，１辺の長さが等しい正三角形とひし形を組み合わせた図です。角 x の大きさは何度ですか。

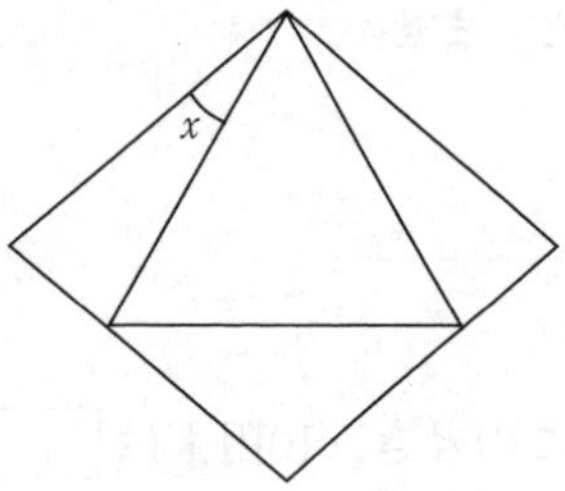

8　直前の２つの数の和が次の数になるという規則で数を並べます。例えば，１と１から始めると，１，１，２，３，５，…となります。

⑴　４番目の数が19で，６番目の数が50のとき，１番目の数はいくつですか。

⑵　５番目の数が18で，９番目の数が123のとき，７番目の数はいくつですか。

9　ある球場には，一定の割合で観客が集まってきます。16時に開場したときには，すでにゲートに何人かの列ができていました。ゲートを12か所あけると16時40分に列はなくなり，ゲートを18か所あけると16時20分に列はなくなります。

⑴　１分間に集まってくる観客の人数は，１か所のゲートを１分間に通る人数の何倍ですか。

⑵　開場後，16時30分に列がなくなったとき，何か所のゲートをあけていましたか。

10　１辺の長さが６cmの立方体を，直線 l を軸《じく》として１回転させます。面ABCDが通過する部分の体積は何 cm^3 ですか。

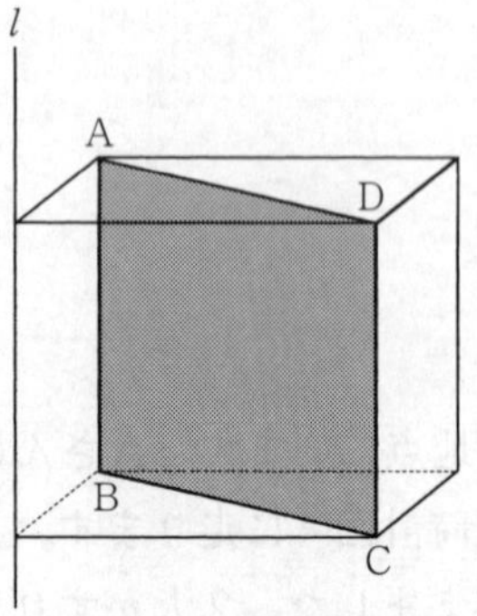

【社　会】〈**第１回試験**〉(30分)〈満点：60点〉

(注意)　地名・用語は，特別の指示がないかぎり，漢字で答えなさい。

1　三重県に関するあとの問いに答えなさい。

問１．「○○神宮」や「○○湾」の「○○」にあてはまる，三重県の広い範囲を占めた旧国名を答えなさい。

問２．右の地図中矢印(→)の場所について，あらわしたものが下の図１です。この図について述べた文中(あ)〜(お)にあてはまる語句を答えなさい。ただし，(う)には「浅」または「深」が入ります。

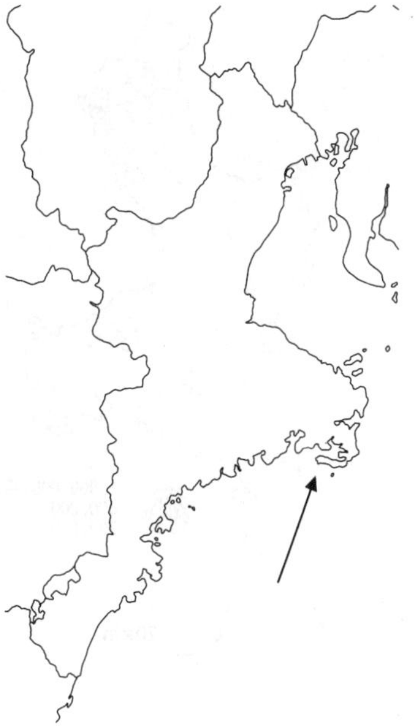

> 図１は，国土(　あ　)が提供するweb上で各地域の土地の高低や利用状況などがみられる(　あ　)地図より引用したものである。(　あ　)地図は，年代別の空中写真や過去の災害情報などを重ね合わせられることも特徴である。図１にみられる地形は，湾が複雑に入り組んだ(　い　)海岸で，湾の水深は砂浜海岸と比べて(　う　)くなっている。図１中のＡは，(　え　)場を示しており，同じ表記が湾上にたくさん分布していることがわかる。この地域では，宝飾品として用いられ，長崎県や愛媛県でも生産のさかんな(　お　)が(　え　)されており，特産品となっている。

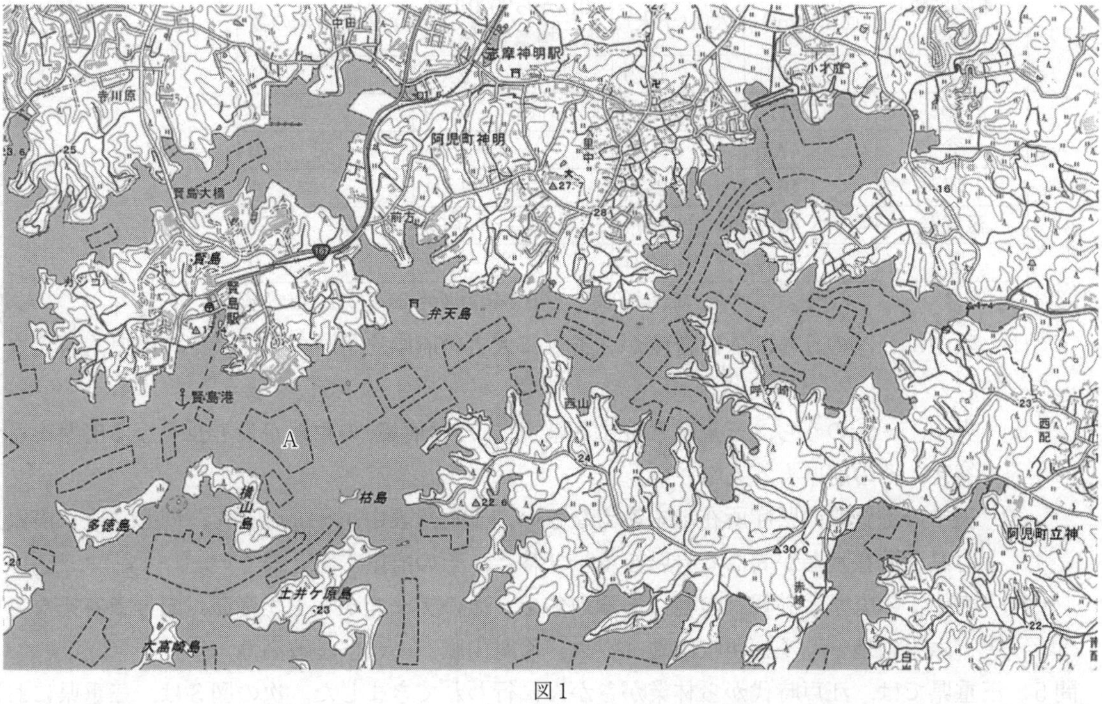

図１

〈編集部注：編集上の都合により原図の80％に縮小してあります。〉

問３．次の図２は，各市町における第一次産業，第二次産業，第三次産業の生産額の規模を示したものです。ア・イは第一次産業または第二次産業のいずれかですが，第一次産業にあてはまるものを答えなさい。また，三重県の県庁所在地としてあてはまるものを，第三次産業の生産額の図中カ～クから１つ選びなさい。

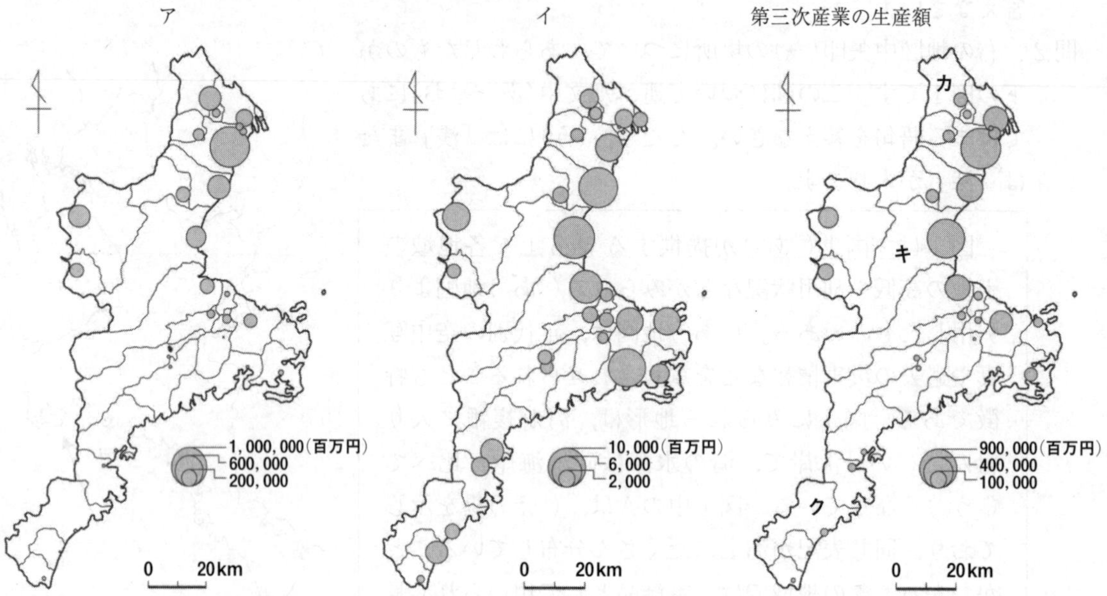

統計は2018年 /『三重県の市町民経済計算』より作成

図２

問４．次の表は，三重県に隣り合う府県のさまざまな数値をまとめたものです。

三重県に隣り合う府県	面積(km^2)	人口(千人)	2015から2020年の人口増減率(％)	新幹線の駅の数
①	10621	1979	−2.62	1
②	5173	7542	0.79	3
③	4725	923	−4.25	0
④	4612	2578	−1.24	1
滋賀県	4017	1414	0.05	1
⑤	3691	1324	−2.92	0

統計は2020年 /『日本国勢図会 2022/23』より作成

⑴　表中①～⑤のうち，人口密度が２番目に大きい府県を番号で答え，その府県も答えなさい。

⑵　表中①～⑤のうち，三重県と接する県境（または府境）の距離が最も長くなる府県を番号で答え，その府県も答えなさい。

⑶　表中の滋賀県の県庁所在地を答えなさい。また，表中①～⑤のうち，同じように府県名と府県庁所在地名が異なる府県を番号で答え，その府県も答えなさい。

⑷　表中①の府県と滋賀県の境にある地名を，次のア～エから１つ選び，記号で答えなさい。

ア．六甲山地　　イ．伊吹山地　　ウ．鈴鹿山脈　　エ．丹波高地

問５．三重県では，江戸時代から林業がさかんに行われてきました。次の図３は，三重県における人工林であるヒノキとスギの林齢（木が植えられてからの年数）別面積を示したものです。

ヒノキやスギは植えられてからおよそ40～50年後が伐採に適した時期といわれています。図３から読み取れる三重県の林業の課題を，理由や背景を明らかにして説明しなさい。

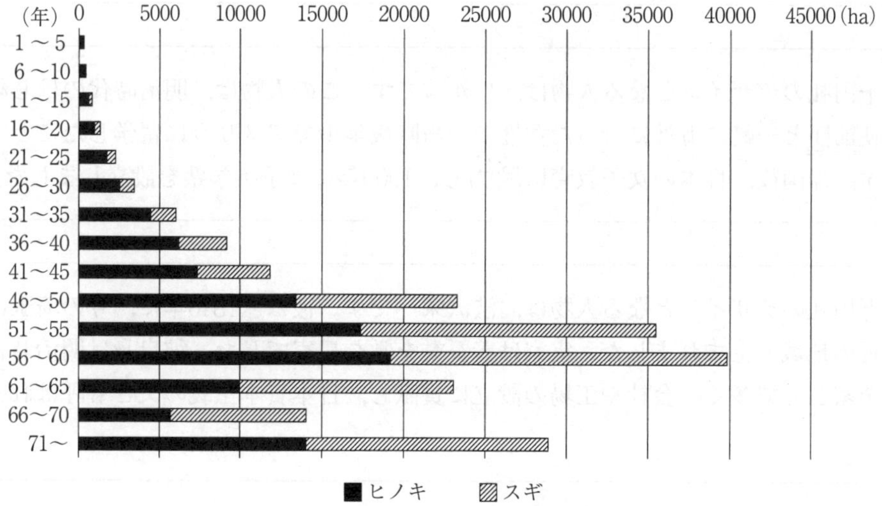

『三重県の森林・林業(令和３年)』より作成

図３

2 問題文中の空らん(あ)～(う)にあてはまる語句を答え，あとの問いに答えなさい。

2024年度に①新札(新紙幣)が発行される予定です。今回は一万円札，五千円札，千円札の３種類の紙幣のデザイン変更が行われます。ここで，これまでの日本のお金(貨幣《かへい》)の歴史について，ふり返ってみましょう。

日本における最初の貨幣は，②天武天皇の時代につくられた(あ)といわれています。その後，701年に(い)が制定され，天皇を頂点とする中央集権体制が整い，③958年までの間に政府によって12種類の貨幣が鋳造《ちゅうぞう》されました。

それからしばらくの間，日本の政府は貨幣を鋳造しませんでした。その代わりに中国の貨幣が日本の通貨として使用されるようになりました。平安時代末期に④平清盛が，摂津(兵庫県)の港である(う)を修築し中国との貿易を拡大させ，このとき，中国から大量の[ⅰ]銭を輸入しました。そして，この[ⅰ]銭が日本で流通するようになりました。

⑤鎌倉時代には[ⅰ]銭と元銭が，⑥室町時代になると[ⅰ]銭に加えて[ⅱ]銭も日本で流通しました。その後，⑦豊臣秀吉の時代に金貨が鋳造され，958年以来，久しぶりに日本独自の貨幣がつくられました。

⑧江戸時代には貨幣の発行を独占した幕府が，全国共通の貨幣として⑨金貨・銀貨・銭《せん》貨の三貨を発行しました。

近代に入ると今も使われている「円」という単位が生まれ，現在につながる貨幣制度が確立されました。

問１．下線部①に関連する人物の説明を記《しる》したカードを見て，下の問いに答えなさい。

新千円札のデザインとなる人物は，北里柴三郎です。彼は，主に(あ)明治時代から(い)大正時代にかけて活躍した研究者です。1892年に伝染病研究所を設立し，1894年にはペスト菌を発見したことで知られています。のちに北里研究所を設立し，日本の医療環境の大きな発展に貢献しました。

新五千円札のデザインとなる人物は，（　か　）です。この人物は，明治時代のはじめに(う)岩倉使節団と一緒に海外に行った女性で，当時最年少でアメリカに留学したことでも有名です。帰国後，日本の女子教育に尽力《じんりょく》し，1900年に女子英学塾を設立しました。

新一万円札のデザインとなる人物は，渋沢栄一です。彼は(え)1840年に，今の埼玉県深谷市付近の地域で生まれました。実家は養蚕業を営む農家でした。彼自身は明治時代以降，実業家として多くの会社や工場の設立に貢献し，日本資本主義の父とも呼ばれました。

(1)　二重線部(あ)について，この時代のできごとを記した次のア～エの文を，古い方から順に並べかえ，記号で答えなさい。

ア．板垣退助が自由党を，大隈重信が立憲改進党を結成し，国会開設に備えた。

イ．伊藤博文らが中心となって起草した，大日本帝国憲法が発布された。

ウ．陸奥宗光が日英通商航海条約を結び，日本の領事裁判権の撤廃に成功した。

エ．西郷隆盛を中心として，新政府に不満をもつ士族らが西南戦争を起こした。

(2)　二重線部(い)について，この時代に民本主義を唱えた人物を答えなさい。

(3)　空らん(か)に入る人物を答えなさい。

(4)　二重線部(う)について，この使節団の一員で，帰国後，内務卿《きょう》として殖産興業を推進したり，徴兵制度を整えたりした，薩摩藩出身の人物を答えなさい。

(5)　二重線部(え)について，この翌年から天保の改革が始まりました。天保の改革の内容として正しいものを，ア～エから１つ選び，記号で答えなさい。

ア．ききんに備えて米などを蓄えさせる囲い米を，大名に対して命じた。

イ．株仲間に物価高騰の原因があると判断した幕府は，株仲間を解散させた。

ウ．裁判を公正に行うため，裁判の基準を示した公事方御定書を定めた。

エ．長崎貿易で俵物の輸出を積極的に行い，金銀の流入を図った。

問２．下線部②について，これ以前の日本の様子について説明した文として正しいものを，ア～エから１つ選び，記号で答えなさい。

ア．旧石器時代の日本では，弓矢を使ってウサギやイノシシなどの中・小型動物を捕らえていた。

イ．縄文時代の日本では，稲作が日本全国に伝わり貧富の差や身分の差が生じた。

ウ．弥生時代の日本では，大陸から伝来した青銅器が祭りの道具として使われていた。

エ．古墳時代の日本では，冠位十二階や憲法十七条が定められ，天皇中心の国づくりが進められた。

問３．下線部③について，次のア～エは，701年から958年までの間に起きたできごとです。その説明として**まちがっているもの**を，ア～エから1つ選び，記号で答えなさい。

ア．藤原京から奈良盆地北部の平城京に都が移された。

イ．各国内の産物や地名の由来などをまとめた『風土記』が作成された。

ウ．最澄は唐から帰国したあと真言宗を開き，比叡山に延暦寺を建てた。

エ．菅原道真の提案によって，遣唐使の派遣が中止された。

問4．下線部④について，この人物と関係の深いものをア～エから2つ選び，記号で答えなさい。

ア．日光東照宮　　イ．永仁の徳政令　　ウ．保元の乱　　エ．太政大臣

問5．文中の空らん[ｉ]と[ⅱ]には，当時の中国を支配していた王朝名が入ります。それぞれ**漢字1字**で答えなさい。

問6．下線部⑤について，鎌倉時代の仏教の宗派名と開祖の組み合わせとして正しいものを，ア～エから1つ選び，記号で答えなさい。

ア．浄土宗―栄西

イ．時宗―親鸞

ウ．法華宗―一遍

エ．曹洞宗―道元

問7．下線部⑥について，右の作品はこの時代に描かれた水墨画です。作者を答えなさい。

問8．下線部⑦について，この人物が行った政策をあらわす資料として正しいものを，ア～エから1つ選び，記号で答えなさい。

ア

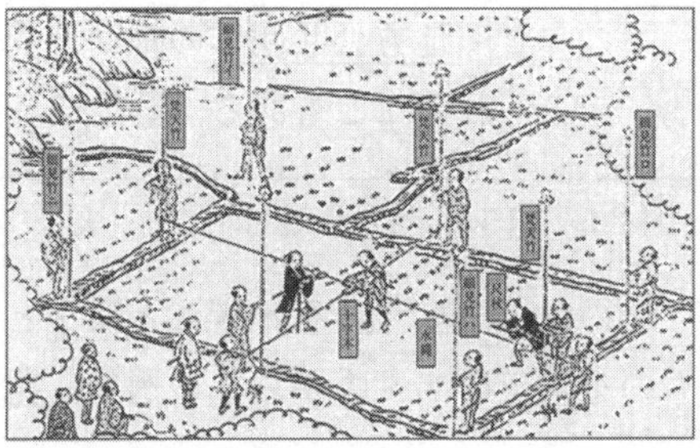

イ

ウ

エ

問9．下線部⑧について，次の史料は1635年に幕府が出した法令の一部です。

［史料］　※史料はわかりやすくするために，現代の言葉に直してあります

大名が国元《くにもと》と江戸とを（　A　）交代するよう定めるものである。毎年夏の四月中に江戸

へ(Ａ)せよ。従者の人数が最近大変多いようである。これは一つには，領国の支配のうえでの無駄であり，また一方で，領民の負担となる。以後は，身分に応じて人数を減少せよ。（『御《お》触書《ふれがき》寛保《かんぽう》集成《しゅうせい》』）

⑴　史料中の空らん(Ａ)にあてはまる語句を答えなさい。

⑵　この法令を**漢字５字**で答えなさい。

問10．下線部⑨について，金貨と銀貨の交換を仕事とする商人を何といいますか。

3　次の資料は，ある生徒が日本の食品ロスについてまとめたものです。これを読んで，あとの問いに答えなさい。

食品ロスとは？　供給された食料のうち，①本来食べられるにもかかわらず廃棄されている食品

食品ロスに関連する問題　環境問題…運搬・②焼却などの費用がかかり，③二酸化炭素も排出する

食料問題…世界の約10人に１人(約7.7億人)が④栄養不足になっている

取り組みの例　⑤関係する国の機関が協力し，食品ロス減少を進める

食品リサイクル法などの⑥法律を制定する

⑦福祉施設や団体に食品を提供する(フードバンク活動)

⑧地方公共団体の補助を受けられることもある

問１．下線部①について，

⑴　次の表は，日本の食品廃棄が生じた場所と，その量(単位：ｔ)を年度ごとにまとめたものです。この表についての説明として正しいものを，下のア～エから１つ選び，記号で答えなさい。

		2017年度	2018年度	2019年度	2020年度	2021年度
家庭		284	276	261	247	244
食品事業	食品製造業	121	126	128	121	125
	食品卸売業	16	16	14	13	13
	食品小売業	64	66	64	60	62
	外食産業	127	116	103	81	80
合計		612	600	570	522	523

(省庁資料をもとに作成)

ア．外食産業は食品廃棄量を減らし続け，食品卸売業と食品小売業の合計を下回った。

イ．2020年度から2021年度にかけて，食品事業はすべての分野で食品廃棄量が増加した。

ウ．家庭での食品廃棄量は他の分野より多いが，食品事業の合計を上回った年度はない。

エ．2017年度から2021年度にかけて，食品製造業だけは食品廃棄量を増やし続けている。

(2)　食品の廃棄量を減らすために，スーパーマーケットやコンビニエンスストアでは，右の図のような表示が見られます。図中の空らん(あ)にあてはまる語句を，**２～３字**で答えなさい。

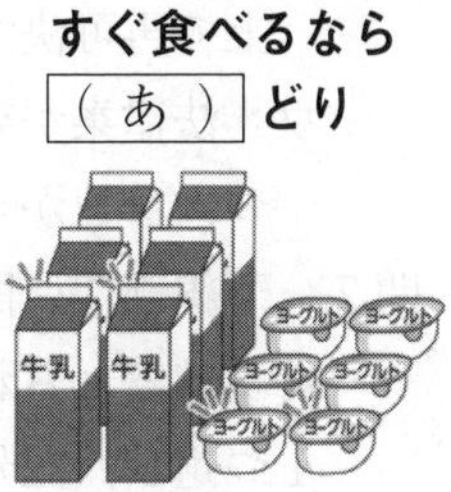

問２．下線部②について，廃棄された食品や，食品から生じたガスを燃やすことで発電を行うことがあります。このような発電方法を何といいますか。

問３．下線部③について，次の表は国ごとの二酸化炭素排出量が世界全体に占める割合と，国民一人あたりの二酸化炭素排出量を示しています。表中のXにあてはまる国を答えなさい。

国名	世界全体に占める割合	国民一人あたりの排出量
中国	32.1%	7.2t
アメリカ	13.6%	12.8t
X	6.6%	1.5t
ロシア	4.9%	10.8t
日本	3.2%	7.9t

（統計は2020年／全国地球温暖化防止活動推進センターの資料をもとに作成）

問４．下線部④のような問題は，先進国にはあまり見られませんが，発展途上国では多く見られます。先進国と発展途上国の経済的な格差やそこから発生するさまざまな問題のことを何といいますか。

問５．下線部⑤に関連して，

(1)　国会と内閣について説明した文として正しいものを，次のア～エから１つ選び，記号で答えなさい。

ア．世論をより反映させるために，衆議院議員と参議院議員を選出する選挙は同時に行うことが決められている。

イ．予算案は国会が毎年４月に始まる常会において作成してから内閣に提出され，閣議でその審議を行っている。

ウ．内閣は憲法改正の発議をすることができるが，それには内閣全員が一致して憲法改正に賛成する必要がある。

エ．内閣総理大臣は国会議員の中から国会の議決で指名され，内閣を構成する国務大臣を任命することができる。

(2)　ある生徒は，この取り組みを行っている国の機関について調べてみました。すると，廃棄物やリサイクルへの対策を行う環境省，食の安全確保と安定供給や農村の振興を行う（　い　）省，物の売買(契約)のルールをつくりトラブルの発生を防ぐ（　う　）庁が関わっていることが分かりました。文中の空らん(い)・(う)にあてはまる語句をそれぞれ答えなさい。ただし略称を用いないこと。

問６．下線部⑥について，日本で法律が制定される過程についての記述として正しいものを，次のア～ウから**すべて**選び，記号で答えなさい。

ア．日本国憲法では，国会は唯一の立法機関であると規定されているため，法律案を提出できるのは国会議員のみに限られている。

イ．衆議院で可決された法律案が参議院で否決された場合，衆議院が出席議員の３分の２以上で再可決すれば，法律案は成立する。

ウ．法律案が委員会で審議される際には，必要に応じて公聴会が開かれ，専門的な知識を持つ人などから意見を聞くことができる。

問７．下線部⑦に関連して，日本の社会保障制度は，社会保険，社会福祉，公的扶助，公衆衛生から成るとされています。社会福祉の例を示した記述として正しいものを，次のア～エから１つ選び，記号で答えなさい。

ア．障がいのある人々に対して，仕事に就くための訓練を行って，知識や能力を向上させる。

イ．感染症の流行に際し，人々にワクチン接種をすすめたり，正しい情報を提供したりする。

ウ．仕事中に負ったけがを治療する人々が，医療サービスを安く受けられる仕組みをつくる。

エ．仕事がなくなって生活に困っている人々に，国から生活費などを支給し自立をうながす。

問８．下線部⑧に関連して，

(1)　地方公共団体が制定する条例についての記述として正しいものを，次のア～エから１つ選び，記号で答えなさい。

ア．条例では地方公共団体独自のルールを制定できるが，条例に反した者への罰則をもうけることはできない。

イ．地方議会は条例の議決について強い権限を持っており，首長は地方議会が可決した条例案を拒否できない。

ウ．地方公共団体の住民が条例の制定を請求するには，有権者の３分の１以上の署名を集めなければならない。

エ．条例は国会の議決を必要とせず，地方公共団体だけで制定できるが，その内容は法律に反してはならない。

(2)　地方公共団体が独自の取り組みを行うには，地方税を用いることが考えられます。地方税にあてはまるものを，次のア～エから１つ選び，記号で答えなさい。

ア．関税　　イ．固定資産税　　ウ．酒税　　エ．相続税

【理　科】〈第１回試験〉（30分）〈満点：60点〉

〈編集部注：実物の入試問題では，図の多くはカラー印刷です。〉

1　次の問いに答えなさい。

問１　身体の回転の方向を感知している人体の器官としてもっとも適当なものを次の(ア)～(オ)から１つ選びなさい。

(ア)　髪《かみ》の毛(体毛)　　(イ)　足　　(ウ)　鼻

(エ)　舌　　(オ)　耳

問２　明け方または夕方に明るく光って見え，「明けの明星」「よいの明星」とよばれる惑星《わくせい》の名前を答えなさい。

問３　泥《どろ》水をろ過するとき，装置としてもっとも適当なものを次の(ア)～(エ)から１つ選びなさい。また，このとき使ったろ紙を広げると，どの部分に泥が残りますか。泥の部分がわかるように例にならってしゃ線で表しなさい。

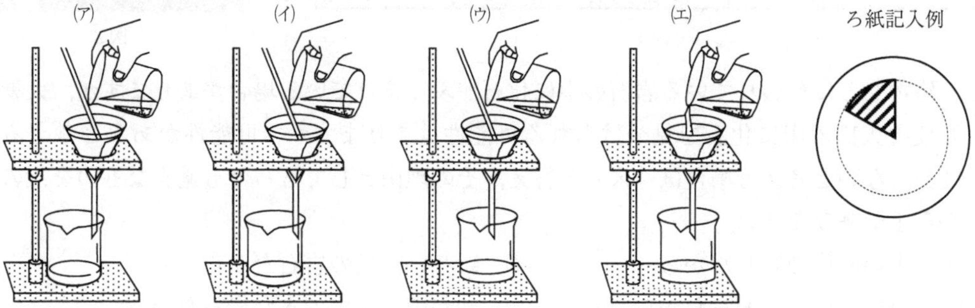

問４　音は，空気中を１秒間に340m，水中を１秒間に1500mの速さで伝わります。音が空気中と水中をそれぞれ150m進んだときの時間を測定すると，その時間の差は何秒になりますか。小数第３位を四捨五入して小数第２位まで答えなさい。

問５　固体Ａに液体Ｂを加えたところ，固体Ａが溶《と》けて気体が発生しました。この気体は無色でにおいがなく，水にほとんど溶けません。次の(ア)～(カ)の中で，ＡとＢの組み合わせとして，もっとも適当なものを１つ選びなさい。

(ア)　Ａ：石灰石　　Ｂ：うすい塩酸

(イ)　Ａ：石灰石　　Ｂ：オキシドール

(ウ)　Ａ：アルミニウム　　Ｂ：うすい塩酸

(エ)　Ａ：アルミニウム　　Ｂ：オキシドール

(オ)　Ａ：二酸化マンガン　　Ｂ：うすい塩酸

(カ)　Ａ：二酸化マンガン　　Ｂ：オキシドール

問６　10 cm^3 の塩酸Ａをちょうど中和するには，水酸化ナトリウム水溶液《すいようえき》Ｂが 15 cm^3 必要でした。これらをうすめて，次の水溶液Ｐ，Ｑをつくります。

・水溶液Ｐ…塩酸Ａ 50 cm^3＋水 50 cm^3

・水溶液Ｑ…水酸化ナトリウム水溶液Ｂ 50 cm^3＋水 100 cm^3

10 cm^3 の水溶液Ｐをちょうど中和するために必要な水溶液Ｑは何 cm^3 ですか。

2 図1は，マグマからできる岩石の分類図です。岩石のできかたのちがいで火山岩と深成岩に，さらに，岩石をつくっている鉱物の種類によって，A～Fにわけることができます。大妻中学校の校舎入口の床《ゆか》にもこの岩石のどれかが使われています。図2は校舎入口の床の写真を拡大したものです。セキエイ(灰色の部分)とクロウンモ(黒色の部分)と鉱物X(白色の部分)を観察することができました。

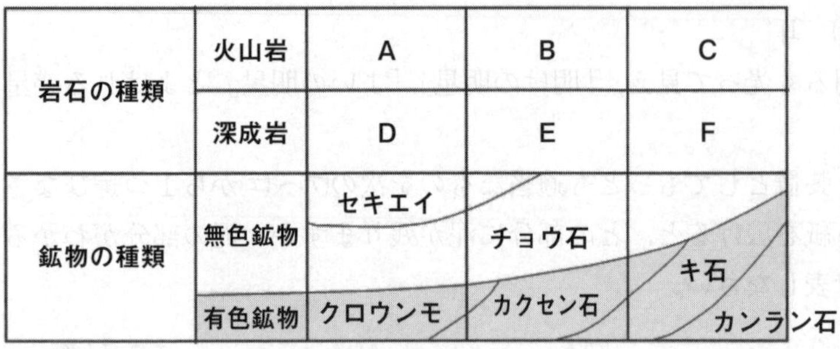

図1

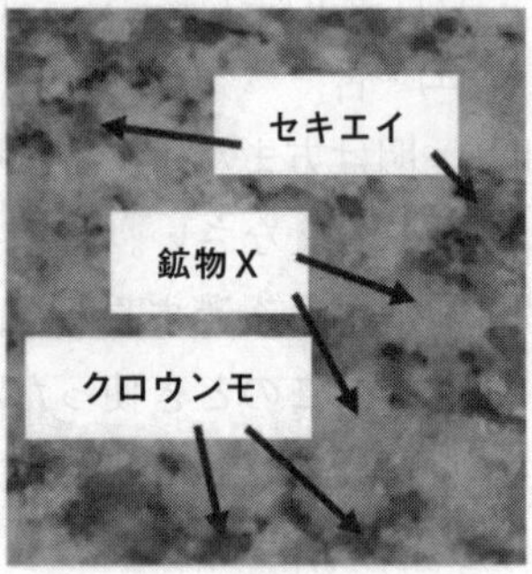

図2

問1 建物などに使われている岩石の中に化石がふくまれている場合がありますが，大妻中学校の校舎入口の床に化石を見つけられる可能性はありますか。可能性があると考える場合は「○」，ないと考える場合は「×」と答え，その理由としてもっとも適当なものを次の(ア)～(カ)から1つ選びなさい。

(ア) 古い時代の岩石だから　　(イ) 新しい時代の岩石だから
(ウ) 海底でできた岩石だから　　(エ) 砂が固まってできた岩石だから
(オ) マグマからできた岩石だから　　(カ) 表面がみがかれているから

問2 図1のAの岩石名はリュウモン岩です。Bの岩石名を答えなさい。

問3 次の文中の[ ]にあてはまる言葉をそれぞれ選び，記号で答えなさい。
図2の岩石は，大きな粒《つぶ》の組み合わせでできているので，マグマが地下の①[ア：浅い イ：深い]ところで，②[ア：ゆっくり イ：急速に]冷えてできたとわかる。

問4 図1と図2を使って校舎入口の床の岩石が何であるか考えてみましょう。
① 図2の鉱物Xは何であると考えられますか。
② 校舎入口の床の岩石は，図1のA～Fのどれであると考えられますか。

問5 次の文章を読んで，あとの(1)(2)に答えなさい。
マグマは岩石がとけて液体になったものです。地上で岩石をとかすためには，温度を1200℃程度まで上げる必要があります。
物質には「固体」「液体」「気体」の3つの状態があります。物質をつくっている粒が規則正しくならんでいる状態が「固体」，粒が少し自由に動くことのできる状態が「液体」，粒が自由に飛び回っている状態が「気体」です。固体の温度を上げていくと，とけて液体になり，さらに温度を上げていくと沸騰《ふっとう》して気体になりますが，(I)圧力が高い場合は粒が周りからおさえられて動きにくくなるため，より高い温度にしないと状態が変化しません。たとえば，図3の**P**の温度のとき，圧力が低い場合は気体になっていますが，圧力が高い場合は液体のままです。
地球は地下深いほど温度が高く，地下100km付近で1200℃程度に達していますが，(II)ほとんどの岩石はとけることなく固体のままです。

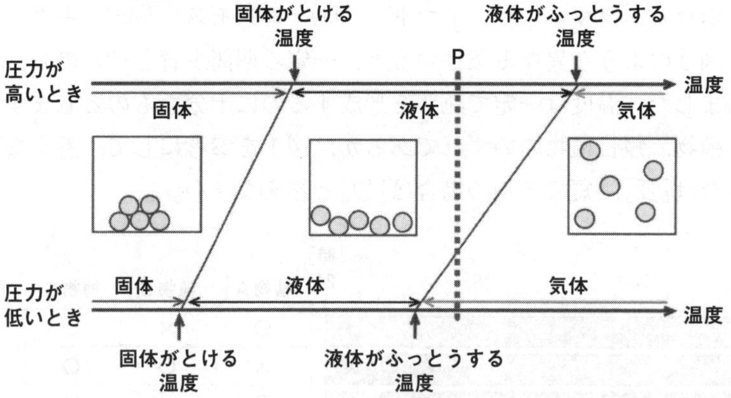

図3

(1)　下線部(I)を利用した道具に「圧力なべ」があります。米を炊《た》くときに圧力なべを使うと，調理時間を短縮できるのはなぜですか。次の文中の①②にあてはまる言葉を選び，それぞれ記号で答えなさい。

圧力を高くすることで，なべの中の①[ア：水　　イ：水蒸気]を②[ア：100℃より高い　イ：ちょうど100℃　　ウ：100℃より低い]温度にできるから。

(2)　下線部(II)について，地下深い場所で岩石が固体のままなのはなぜですか。理由を簡単に答えなさい。

3　地球上に生息している多くの生物は，太陽光の影響《えいきょう》を受けて進化してきました。そのため，からだの様々なはたらきが，光の影響を受ける生物も多く存在します。たとえば，ある種々の植物は光の当たっている時間(明期《めいき》)と，光の当たっていない時間(暗期《あんき》)との関係で，花が咲《さ》くところにできる芽(花芽《かが》)が形成されることが知られています。花芽を形成するためには，光が当たっていない一定の時間(暗期)が続くことが大切です。この時間の長さを限界暗期といい，それぞれの植物によって異なります。図1のように，暗期が限界暗期より短くなると花芽が形成される植物を「長日植物」，暗期が限界暗期より長くなると花芽が形成される植物を「短日植物」といいます。

【花芽形成の条件】　花芽を形成したものを○，花芽を形成しなかったものを×とする

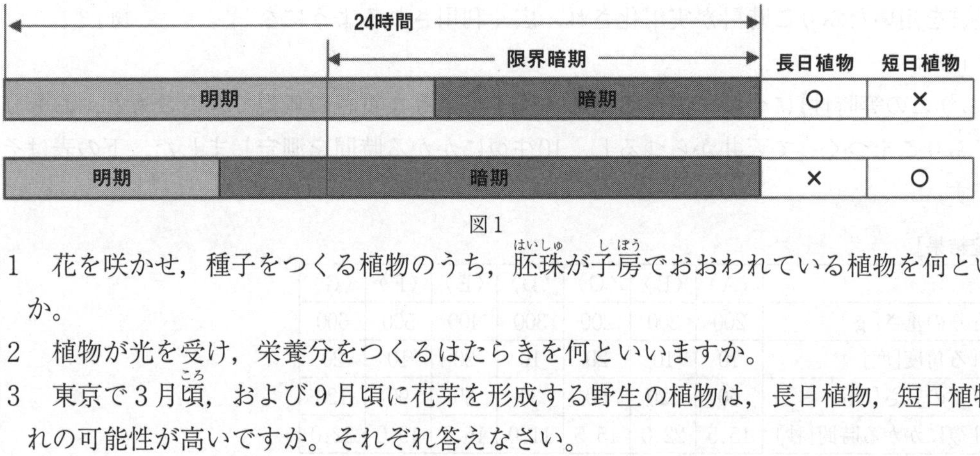

図1

問1　花を咲かせ，種子をつくる植物のうち，胚珠《はいしゅ》が子房《しぼう》でおおわれている植物を何といいますか。

問2　植物が光を受け，栄養分をつくるはたらきを何といいますか。

問3　東京で3月頃《ころ》，および9月頃に花芽を形成する野生の植物は，長日植物，短日植物のいずれの可能性が高いですか。それぞれ答えなさい。

問4　短日植物として適当なものを次の(ア)～(オ)から2つ選び，記号で答えなさい。

(ア)　アブラナ　　(イ)　ホウレンソウ　　(ウ)　トマト　　(エ)　コスモス　　(オ)　キク

問5　仮想の植物A～Dを図2のような異なる条件のもと，一定の期間生育させたのち，花芽の形成のようすを確認しました。温度は一定で花芽を形成するのに十分なものとします。

植物A～Dは，長日植物，短日植物のいずれであるか，図1を参考にして，答えなさい。ただし，長日植物の場合は[長]，短日植物の場合は[短]と答えなさい。

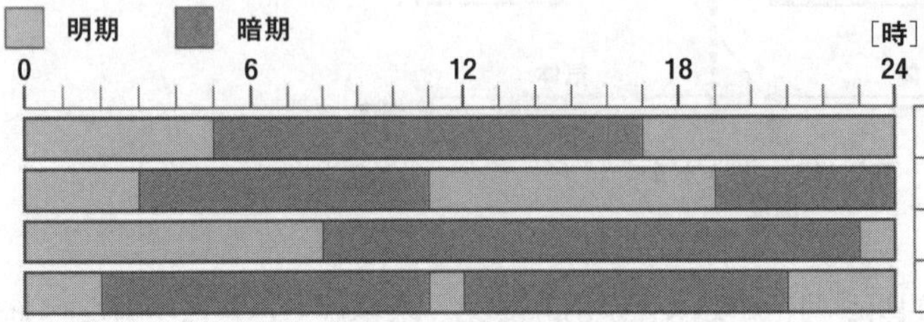

植物A	植物B	植物C	植物D
○	×	○	×
×	○	○	×
○	×	×	○
×	×	○	×

図2

問6　右図は約20日で花芽を形成する短日植物(限界暗期12時間)のグラフです。この植物は12時間以下の日照時間があれば20日で花芽を形成するが，12時間以上の日照時間では花芽を形成できないことを示しています。これをふまえて，約20日で花芽を形成する長日植物(限界暗期12時間)の花芽形成に必要な日数と日照時間に関するグラフをかきなさい。

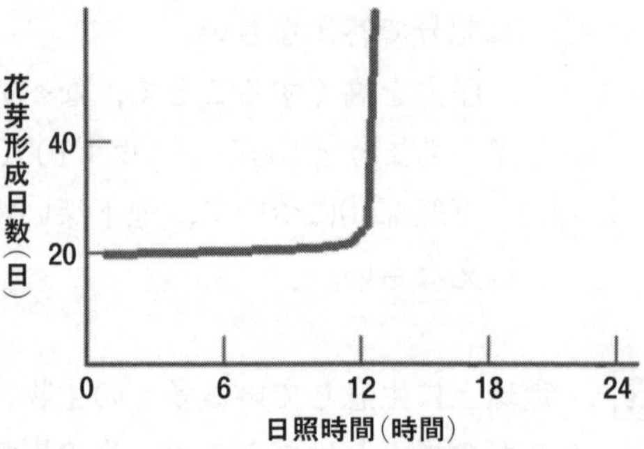

4　人類は，太陽の動きや月の満ち欠けなど，周期的に起こる自然現象に注目し，時間を測るために利用してきました。今から約7000年前には，地面に立てた柱がつくる影《かげ》を使って日中の時間の経過や季節の変化を測定することができる日時計が使われていたといわれています。また，太陽の出ていない時や夜間には，水時計が使われました。その後(　　)によって【ふりこの等時性】が発見されると，この性質を用いたふりこ時計が実用化され，広く利用されるようになりました。

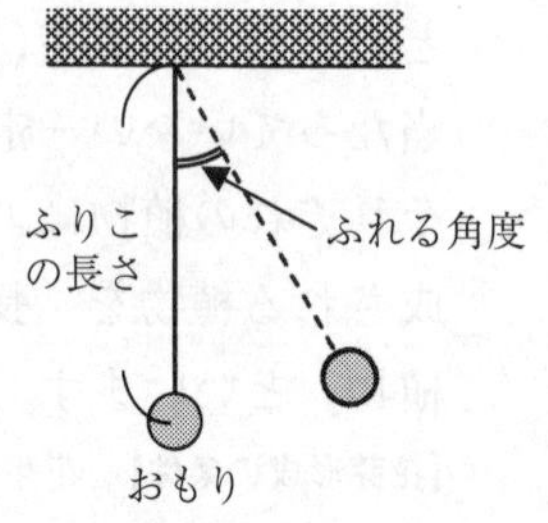

図1

【ふりこの等時性】について調べるため，図1のような重さの無視できるひもと，おもりを使ってふりこをつくって天井からつるし，10往復にかかる時間を測定しました。下の表はその結果です。

[測定結果]

	〈A〉	〈B〉	〈C〉	〈D〉	〈E〉	〈F〉	〈G〉
おもりの重さ[g]	200	200	200	300	400	500	600
ふれる角度[度]	10	10	20	10	20	10	20
ふりこの長さ[cm]	60	120	60	30	60	90	120
10往復にかかる時間[秒]	15.5	22.0	15.5	11.0	15.5	19.0	22.0

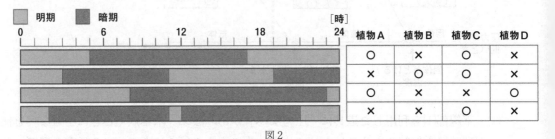

問１　文中の空らん(　)には，イタリアの自然哲学者《てつがくしゃ》・天文学者・数学者として広く知られる人物の名前が入ります。もっとも適するものを次の(ア)～(エ)から選びなさい。

(ア)　レオナルド・ダ・ヴィンチ　　(イ)　ガリレオ・ガリレイ

(ウ)　アイザック・ニュートン　　(エ)　アルベルト・アインシュタイン

問２　測定結果より，【ふりこの等時性】について説明した次の文の空らん①②にあてはまる言葉をすべて選び，(ア)～(ウ)の記号で答えなさい。

ふりこがゆれる周期は，(①)によらず，(②)によって決まる。

(ア)　おもりの重さ　　(イ)　ふれる角度　　(ウ)　ふりこの長さ

実際のふりこ時計では，金属などの棒を用いてふりことしています。前のページの表の測定〈B〉で用いたふりこと長さと重さが同じで，一様な太さの棒を図２のように天井からつるし，10往復にかかる時間を調べたところ，〈B〉の時間よりも短くなりました。

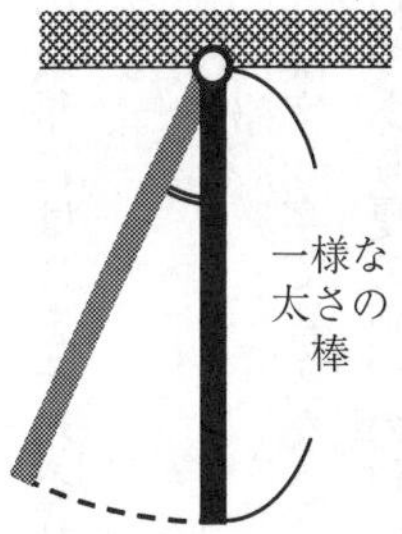

図２

問３　下線部のようになる理由を説明した次の文の空らんにあてはまる数をそれぞれ整数で答えなさい。

〈B〉のふりこでは，ふりこの重心は天井の支点から(①)cm の点にあるのに対し，図２のふりこでは，重心が天井の支点から(②)cm の点にあるため，長さ(②)cm のふりこと考えることができるから。

(あ)1 cm^3 あたりの重さが 8.0 g の金属を使って，長さ 120 cm，断面積 1 cm^2 の棒をつくり，図２と同様にふりこにしました。

しかし，金属は温度によって体積が変化するため，気温が下がるとふりこの長さが短くなり，ふりこの周期が変化してしまいます。このままでは時計として使うことはできません。このような長さの変化を補正するためには，(い)ふりこに可動式のおもりを取りつけておき，気温の変化に応じて動かすなどの工夫が必要です。

問４　下線部(あ)について，この棒の重さは何 g ですか。

問５　下線部(い)について，気温が下がって，この棒が 0.04 cm 縮んでもふりこが同じ周期でふれるためには，おもりをどの位置につけたらよいかを考えます。

(1)　次の文の空らん①にはあてはまる言葉を選び，空らん②には数字を答えなさい。

棒の長さが 0.04 cm 短くなったということは，この棒の重心の位置が①[上・下]に②[数字]cm 移動したと考えることができる。このため，この変化を打ち消すようにおもりをつければよい。

(2)　ふりこの周期を変わらず保つためには，30 g のおもりを天井の支点から何 cm のところにつければよいか答えなさい。ただし，小数第３位以降があるときは，小数第３位を四捨五入して小数第２位まで答えなさい。

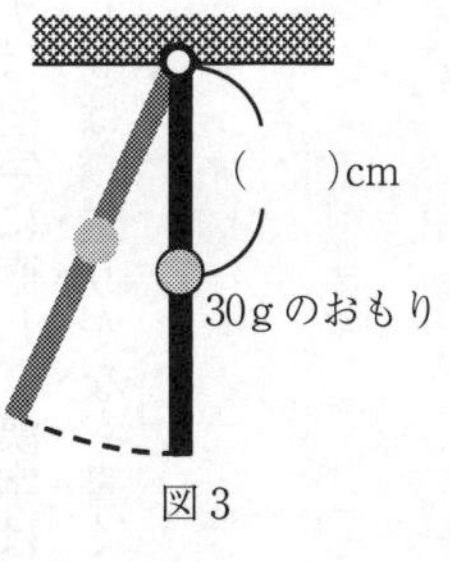

図３

高野　俳句はそもそも歴史的にいっても物語性に富んでいます。連句は発句《ほっく》(※最初に作る句)から連想して物語を展開させるし、【Ｂ】の「夏草や兵《つわもの》どもが夢の跡《あと》」や「一家《ひとつや》に遊女も寝《ね》たり萩《はぎ》と月」には時代を超えたドラマがある。

宮部　俳句に興味を持つ前から歳時記は手元に置いていました。時代小説を書くので、この季節は何を食べるのか、床《とこ》の間《ま》にはどんな花を生けるのか、などを調べるためです。今はただ読むだけで楽しくて、④辞書とは違《ちが》う魅力《みりょく》があります。

高野　日本はモンスーン気候だし、一年中降るから、たくさんの雨の季語がある。夏の雨だけでも「卯《う》の花腐《くた》し」「走り梅雨」など様々。風の季語も多い。海運国だから、船を出すのに風は大きな関心事だったんですね。季語によって季節の感覚を共有できるし、自分が生きてこなかった時代の記憶《きおく》に触れることもできる。それも俳句の大きな力です。

宮部　句を作るようになって、今ならどんな季語があるのか、まず歳時記を開くようになりました。

高野　季語は発想装置ともいえます。歳時記では、その季語が使われてきた美意識や発想パターンを知ることができる。ただ、頼《たよ》りすぎるとその人ならではの生の発見や感覚が句に生かされない危険も出来る。

(『読売新聞』２０２３年6月20日　朝刊より抜粋・改変)

問1　――線①「拝借しました」とあるが、「拝借する」と同じ種類の敬語には○を、違う種類の敬語には×をそれぞれ書きなさい。

イ　いただく　　ロ　なさる
ハ　めし上がる　　ニ　申し上げる

問2　【A】に当てはまる季節を、漢字一字で答えなさい。

問3　――線②「われもその一粒であり夏の雨」の句に使われている表現技法として最も適当なものを、次の中から一つ選んで記号で答えなさい。

イ　擬人法《ぎじんほう》　　ロ　字余り　　ハ　体言止め　　ニ　反復法《はんぷくほう》

問4　――線③「俳句とミステリー」の共通点を、対談している二人はどのように考えているか。最も適当なものを、次の中から一つ選んで記号で答えなさい。

イ　五感に訴《うった》えかけるような表現を用いて世界観を演出している点。
ロ　読者が想像もできないような驚《おどろ》くべき結末が用意されている点。
ハ　恋愛《れんあい》やそれにまつわる気持ちの変化がたくみに表現されている点。
ニ　直接的に表現しない部分に読者が想像する余地が残されている点。

問5　【B】に当てはまる『おくのほそ道』の作者名を、次の中から選んで記号で答えなさい。

イ　蕪村《ぶそん》　　ロ　芭蕉《ばしょう》　　ハ　一茶《いっさ》　　ニ　子規《しき》

問6　――線④「辞書とは違う魅力」とあるが、その「魅力」を説明した三十字の表現を文章中から探し、最初の四字をぬき出しなさい。

四　次の文の――線のひかれたカタカナは漢字に直し、漢字はその読みをひらがなで答えなさい。ただし③は、送りがなも書くこと。

① シキュウご連絡ください。
② ゲンカクな祖母によって育てられる。
③ 早く終わらせるためにむだをハブク。
④ あの選手はここ最近、頭角を現してきた。

一つ選んで記号で答えなさい。
イ　家族　ロ　恋人《こいびと》　ハ　先生
ニ　同僚《どうりょう》　ホ　友達《ともだち》

三　次の新聞記事「令和問答」を読んで、後の1～6の問いに答えなさい(問題の都合上、本文を変えているところがあります。※のついた説明は出題者が加えたものです)。

◆読み解く人の数だけ物語／季語で時代超《こ》え感覚共有

ミステリー作家の宮部みゆきさん(62)が、俳句にはまっている。句会に参加し、句を作り、『ぼんぼん彩句《さいく》』なる俳句小説まで出版した。親交のある俳人の高野ムツオさん(75)は、編集委員を務めた『新版角川俳句大歳時記《さいじき》』全5巻が昨年完結した。2人が「俳句、ミステリー、人生の愉《たの》しみ」をテーマに語りあった。梅雨《つゆ》前の台風が大雨を降らせた対談当日、まずは互《たが》いの句を披露《ひろう》した。

■雨女

水無月《みなづき》(※六月)の急ぎばたらき雨台風　紅天《こうてん》

宮部　実は私、超雨女《ちょうあめおんな》なんです。だから俳号(※俳句の作者としての名前)は荒天《こうてん》からとって「紅天」。「急ぎばたらき」はせっかちで荒《あら》っぽい盗賊《とうぞく》のやり口をいいます。「鬼平《おにへい》犯科帳」に登場する、たぶん池波正太郎《いけなみしょうたろう》さんが作った言葉。台風が急に来たので①拝借しました。

高野　台風は本来、【A】の季語。それが梅雨《つゆ》の前ですからね。天候不順が「急ぎばたらき」によく出ている。田植えや苗《なえ》自身の成長も想像させます。雨台風という不意の瞬間《しゅんかん》がやってきて、それに負けずに、この世にあるもの皆《みな》が与《あた》えられた仕事に精を出している。「水無月」の時間空間が見えてきます。

②われもその一粒《つぶ》であり夏の雨　ムツオ

高野　雨女は雨の精。雨粒《あまつぶ》になって降ってくるイメージについ私も仲間に入ってしまった。自分も雨男になって雨女についていくというつもりで作った句です。

宮部　雨でも街はたくさんの人が行《い》き交《か》っていますね。営業マンも塾《じゅく》に行く小学生もいるかもしれない。雨女も、働くたくさんの人の一粒に交じれたなと思います。夏の雨が世界の中に降っているような広がりがあって、小説になりそう。

■謎《なぞ》たどる

高野　宮部さんの『ぼんぼん彩句』自体が俳句から生まれた短編集で、恋《こい》や心理のあやが描《えが》かれていますが、まるで俳句のテンポと同じじゃないかと思った。フレーズとフレーズの間で一気に物語が展開する。突然《とつぜん》暗転したり、逆に白日にさらされたり。俳句も、上五からは思いも寄らない下五に着地することがある。似ていますね。

宮部　③俳句とミステリーはどちらも謎をたどっていく楽しみがあるし、俳句は解釈《かいしゃく》する人の数だけストーリーがありますね。

高野　自分が見たり聞いたり触《ふ》れたりすることが俳句の中心になるけど、この作品もディテールや言葉遣《ことばづか》いに手触《てざわ》りがあって、宮部さんの肉体感覚を通して出てきたのが分かります。

宮部　ありがとうございます。俳句に興味を持ったのは11年前。作家で俳人の倉阪《くらさか》鬼《き》一郎《いちろう》さんの新書『怖《こわ》い俳句』に出会って、たった17音で場面を切り取り、雄弁《ゆうべん》に語れる俳句にいっぺんに引かれて。同年代の仲間と「BBK(ボケ防止句会)」を始めたんです。投句(※俳句を投稿《とうこう》すること)の中から選んだ12句からイメージを広げて、生まれた12の物語をまとめたのが『ぼんぼん彩句』です。

問2　[A]に当てはまる表現として最も適当なものを、次の中から一つ選んで記号で答えなさい。

イ　鳥のさえずり　　ロ　車のクラクション
ハ　子供たちの笑い声　　ニ　ピアノのメロディー

問3　――線②「晴れて」のここでの使い方と同じものを、次の中から一つ選んで記号で答えなさい。

イ　彼女《かのじょ》は心が晴れてすっきりとした表情になりました。
ロ　彼《かれ》への疑いが晴れて絆はよりいっそう深まりました。
ハ　午後からは晴れて洗濯日和《せんたくびより》となりました。
ニ　私たちは晴れて結婚式《けっこんしき》の日を迎《むか》えました。

問4　――線③「次郎の様子を見て確認できるので安心できる」とあるが、それはなぜか。その理由として最も適当なものを、次の中から一つ選んで記号で答えなさい。

イ　「次郎」がいることに気づいて周囲の人が状況を教えてくれれば、危険かどうかがわかるから。
ロ　「次郎」が腕の下に頭を入れて持ち上げる動作をするので、危険な物音がしているとわかるから。
ハ　「次郎」が特別な反応を示していなければ、何も危険な物音はしていないということがわかるから。
ニ　「次郎」がこわがる様子もなく歩いているので、この先に危険なものはないということがわかるから。

問5　――線④「中條さんに伝わるコミュニケーション」とあるが、その「コミュニケーション」の具体例を、文章中から九字でぬき出しなさい。

問6　――線⑤「これらのアプリはその人と社会をつなぐ役割をするわけではありません」とあるが、それを説明した次の文の【　】に当てはまる表現を、十五字以上二十字以内で考えて答えなさい。

・これらのアプリは、聴覚に障害のある人に音を知らせるだけで、【　　】ということ。

問7　[B]に当てはまる表現として最も適当なものを、次の中から一つ選んで記号で答えなさい。

イ　障害が目に見えない
ロ　障害を持つ人が少ない
ハ　障害の有無《うむ》を気にしない
ニ　障害に対する認知度《にんちど》が低い

問8　――線⑥「多様性」とほぼ同じ意味の言葉を、次の中から一つ選んで記号で答えなさい。

イ　ジェンダー　　ロ　イノベーション
ハ　サスティナブル　　ニ　ダイバーシティ

問9　――線⑦「その一助になる」とはどういうことか。その説明として最も適当なものを、次の中から一つ選んで記号で答えなさい。

イ　多様性のある社会のおかげで活躍できるようになるということ。
ロ　多様性のある社会を実現するのに欠かせないものだということ。
ハ　多様性のある社会を作りあげるのに役立つものだということ。
ニ　多様性のある社会の必要性を人々に教えてくれるということ。

問10　[C]に当てはまる語として最も適当なものを、次の中から一つ選んで記号で答えなさい。

イ　自律的　　ロ　自発的
ハ　自動的　　ニ　自制的

問11　――線⑧「このような高度な仕事」とはどのような仕事か。文章中の語句を用いて三十字以上四十字以内で説明しなさい。

問12　[D]に当てはまる語として最も適当なものを、次の中から聴覚障害者の存在に気づくきっかけにもなります。

　二〇一八年の厚生労働省の調査によると、日本には三四万人の聴覚・言語障害者（身体障害者手帳を持つ人）がいますが、[B]ため、社会の中で忘れられがちな存在です。その他にも、身体障害、知的障害、精神障害など何らかの障害のある人は全国に約九四六万七〇〇〇人いて、概算《がいさん》で言うと人口の七・六％にあたります（令和三年版障害者白書）。この社会には、自分が気づいていないだけで、じつはさまざまな不自由や困難を抱《かか》えて生きている人々がたくさんいる。それを知ることは、誰《だれ》もがより生きやすい社会をつくるための重要な一歩です。

「なぜコミュニティの中に障害のある人がいないのか考えてほしい」と、中條さん。たとえば、小学校のころはいろいろな子がいたのに、中学、高校と進むにつれて、似たような人たちばかりになっていく。障害のある人とない人は、進路の段階で道が分けられてしまうことが多い、と感じるそうです。

「もっと⑥多様性のある社会になってほしい」

聴覚障害のある人々が社会で活躍できるようサポートする聴導犬は、きっと⑦その一助になるに違いありません。

　聴導犬がすごいと思うのは、人から指示されなくても、自ら考えて、[C]に動くという点です。介助犬も盲導犬も、犬は人の指示に従って動くように訓練されていますが、聴覚に障害のある人が「いま音が鳴っているから教えて」と犬に指示することはできません。この音はその人に伝える必要がある音なのかどうか、聴導犬自身が判断し（すべての音を伝えていたら犬も人もまいってしまいます）、パートナーに伝えているのです。ちなみに、盲導犬も、危険だと感じたら、たとえ指示があっても進まないなどの判断を犬自らがします。

　また、中條さんによると、次郎は中條さんの家族や、よく知っている学生などがそばにいるときは、仕事をしないそうです。自分がやらなくても、代わりに音を知らせる人がいるから大丈夫《だいじょうぶ》、と自ら判断しているのです。

　⑧このような高度な仕事ができるのは、もちろん生まれ持った資質と、訓練の賜物《たまもの》ではありますが、やはり人と犬の絆《きずな》の力も大きいのではないかと私は思っています。かつてアメリカでてんかん発作《ほっさ》予知犬の取材をしたことがありますが、そのときトレーナーたちに教えられたのは、おそらくは匂《にお》いによって、てんかんの発作が起こる直前に予知できる犬はかなりいる。だが、それをてんかんのある人に知らせるという行動をするには、その人との強い絆が必要だということでした。なかには、何の訓練も受けていない普通《ふつう》の家庭犬なのに、飼い主の発作を予知して教える犬もいるそうです。

　次郎が中條さんの聴導犬として活躍できるのも、お互《たが》いの間にたしかな絆と信頼《しんらい》関係ができているからこそでしょう。次郎は中條さんにとって「[D]」のような存在だそうです。人に話すときは「次郎さん」と、さん付けにするので、知らない人が聞いたら犬だとは思わないかもしれません。その呼び方に、ともに働く聴導犬への思いと敬意を感じます。

（大塚敦子《おおつかあつこ》『動物がくれる力　教育、福祉《ふくし》、そして人生』による）

問1　――線①「適性を見込まれて」とはどのような意味か。最も適当なものを、次の中から一つ選んで記号で答えなさい。

イ　適性があると期待されて
ロ　適性が特にきわ立っていて
ハ　適性があると過信されて
ニ　適性が身につくよう教えて

ません。一対一でのコミュニケーションでは、相手の唇《くちびる》の動きを読み取る口話と、人の音声を文字に変換《へんかん》するＵＤトークというアプリなどを使います。大学の授業はスライドを多用しながら口頭でおこない、学生からの質問はチャットやメールで受けます。

　中條さんが聴導犬を知ったのは、アメリカに留学していたときのことで、大学の先生が聴導犬を連れているのを見て、自分にも聴導犬がいたらいいのではないかと思ったのがきっかけだったそうです。アメリカではずっとその町に住むかどうか状況《じょうきょう》が読めず、申請《しんせい》に踏《ふ》み切《き》れませんでしたが、帰国し、住居が定まったところで、日本聴導犬推進協会に申請。二〇一六年に次郎と初対面し、医師、獣医《じゅうい》師《し》、言語聴覚士、ソーシャルワーカーなどの専門家から成る第三者機関での審査《しんさ》を経て、次郎との合同訓練に進みました。

　聴導犬は人の社会で暮らすための基本的な訓練に加え、玄関《げんかん》のチャイム、お湯が沸《わ》いたやかんの音、タイマーの音、赤ちゃんの泣き声、［Ａ］、非常ベルの音などさまざまな音に反応し、人に知らせる訓練を受けます。それらをひととおり終えたら、つぎは聴導犬を希望する人のニーズに合わせたカスタムメイドの訓練を受けます。その人の生活の中ではどんな音が発生し、どんな音を知らせてほしいのか、人によってニーズが違《ちが》うためです。

　中條さんの場合は、自宅、職場（大学）、ふだん買い物に行く場所や食事に行く場所で訓練をおこない、次郎は中條さんが知らせてほしい音がしたときは、そちらのほうを見る、あるいは腕《うで》の下に頭を入れて持ち上げるという動作を習得しました。

　その後、中條さん自身が訓練士の助けなしでも、犬と自立して暮らせるようになるための合同訓練を八か月ほどかけておこない、二〇一八年に中條さんと次郎は、②晴れて聴導犬ペアとなりました。

　それから四年。次郎はアラームやインターフォン、冷蔵庫が開いたままになっているときの警告音、洗濯機《せんたくき》が終わった音などを知らせるほか、道を歩いているとき背後から自転車や車が近づくと、後ろを振《ふ》り向《む》いて教えてくれます。たまに何か物音がしたような気がするときがありますが、③次郎の様子を見て確認《かくにん》できるので安心できるとのこと。

　聴導犬がいることで何より助かるのは、聴覚障害があると周囲に気づいてもらえることです。視覚障害や肢体《したい》不自由と違い、聴覚障害は見た目にはわかりません。でも、「聴導犬」と大きく書かれた明るいオレンジ色のケープを付けている犬が傍《かたわら》にいれば、それが目印となり、周囲が④中條さんに伝わるコミュニケーションを工夫《くふう》してくれます。たとえば、以前は病院の待合室では、いつ呼ばれるかと常に緊《きん》張《ちょう》していなければならなかったのが、いまは順番が来たら呼びに来てくれるので、リラックスして待っていられるそうです。

　聴覚に障害のある人の困りごとのトップは、電車など交通機関での車内アナウンスが聞こえないことだといいます。突然《とつぜん》電車が止まっても、聞こえない人にはなぜ止まったのかわかりません。でも、聴導犬がいれば周囲の人が気づき、筆談やジェスチャーで伝えるなどの配慮《はいりょ》をしてくれるでしょう。

　テクノロジーの進歩により、いまでは煙《けむり》・火災報知器やサイレン、赤ちゃんの泣き声などの音を検知すると、スマートフォンやスマートウォッチで振動《しんどう》やライトの点滅《てんめつ》、メッセージ表示などによって知らせるアプリも登場しています。でも、⑤これらのアプリはその人と社会をつなぐ役割をするわけではありません。

　音を知らせるだけでなく、目印となることも、聞こえない人・聞こえにくい人が社会の中で安全に暮らすうえでの聴導犬の大きな役割なのです。そして、目印になることによって、聴導犬は一般《いっぱん》の人たちが問9　――線⑥「【　】をさす」が「問題が生じないように念を押《お》す」という意味になるように、【　】に当てはまるひらがな二字の言葉を答えなさい。

問10　――線⑦「アズサが満足そうな顔でうなずいた」とあるが、この時の「アズサ」の心情を表す表現として最も適当なものを、次の中から一つ選んで記号で答えなさい。

イ　わが意を得たり
ロ　案ずるより産むが易《やす》し
ハ　待てば海路の日和《ひより》あり
ニ　ようやくみこしを上げる

問11　(1)「ぼく」、(2)「アズサ」、(3)「西森くん」はどのような人物だと考えられるか。次の中から一つずつ選んで記号で答えなさい(同じ記号は二度使えない)。

イ　思ったことをすぐ口に出すが、他の人の気持ちをおしはかる優《やさ》しい一面もある人物。
ロ　リーダー的存在であるが、人の意見に間違《まちが》いを見つけるとだまっていられない人物。
ハ　人の意見をよく聞いて、その人の考えを尊重してうまくまとめることができる人物。
ニ　勉強熱心で知識が豊富なあまり、言葉の使い方にいちいち文句を言ってしまう人物。
ホ　人からどう思われているかをつい考えてしまい、自分の意見を率直《そっちょく》に言えない人物。
ヘ　よいアイディアが浮《う》かんでもすぐには口に出さず、よく考えてから話す慎重《しんちょう》な人物。
ト　感情が表情に出やすく、自分の意見をはっきりと口に出さないと気がすまない人物。

問12　この文章の表現上の特徴《とくちょう》を説明した文として最も適当なものを、次の中から一つ選んで記号で答えなさい。

イ　会話文の間に情景描写《びょうしゃ》を入れて、登場人物の心情の変化を描《えが》き出《だ》している。
ロ　擬態語《ぎたいご》や外来語を多用して、「ぼく」の複雑な心情を効果的に表現している。
ハ　登場人物それぞれの視点から心情を語ることで、物語を重層的に表現している。
ニ　「ぼく」の視点から日常の一場面を語りながら、「ぼく」の心情を描写している。

二

次の文章を読んで、後の1～12の問いに答えなさい(問題の都合上、本文を変えているところがあります)。

日本で初めて聴導犬《ちょうどうけん》の育成が始まったのは一九八一年。現在国内で実働している聴導犬は五八頭(二〇二二年一〇月時点)です。盲導犬《もうどうけん》や介助犬《かいじょけん》になるのは主にラブラドール・レトリーバーやゴールデン・レトリーバーなどの大型犬ですが、聴導犬は小型犬から大型犬までさまざまなサイズの犬がいます。保護犬の中から適性を見て選ぶことも多く、ミックスの犬もたくさん活躍《かつやく》しています。

津田塾大学総合政策学部准教授《つだじゅくだいがくそうごうせいさくがくぶじゅんきょうじゅ》の中條美和《なかじょうみわ》さんの聴導犬、次郎《じろう》も日本犬ミックスの元保護犬です。飼い主のいない母犬に連れられて千葉県の動物愛護センターの敷地《しきち》に現れた七頭の子犬のうちの一頭だそうで、保護団体に引き出された後、①適性を見込《みこ》まれて、公益社団《こうえきしゃだん》法人日本聴導犬推進協会《ほうじんにほんちょうどうけんすいしんきょうかい》に引き取られ、聴導犬となる訓練を受けました。

中條さんは生まれつき聴力が弱く、補聴器を外すとほとんど聞こえ

ニ　あ、そうか。花壇なんだから、花を植えるのがふつうだ。

ホ　そうかなあ？　さっきも教室から出る時に、つまずいて笑われたけど。

問２　――線①「もごもごしていたら」とあるが、「ぼく」が「もごもごしていた」理由として最も適当なものを、次の中から一つ選んで記号で答えなさい。

イ　園芸部は野菜を育てるものだと勝手に思いこんでいたが、それは他の人からは変な考えだと思われてしまうと感じたから。

ロ　部活動は同じ目的で活動することが当然だと思っていたので、自分だけ異なる考えであることを知られたくなかったから。

ハ　花壇には花を植えるものだという当たり前の知識を、自分だけが知らなかったということに対して恥ずかしいと思ったから。

ニ　自分の意見ははっきり述べるよう先生から言われていたのに、機会をのがしてしまって今さら言えなくなってしまったから。

問３　――線②「たじろぐぼくを見かねた」とはどういうことか。最も適当なものを、次の中から一つ選んで記号で答えなさい。

イ　しりごみをしている「ぼく」を見て苦しくなったということ。

ロ　困っている「ぼく」を見て途方《とほう》にくれてしまったということ。

ハ　決断力にとぼしい「ぼく」を見るのがつらかったということ。

ニ　圧倒《あっとう》されてひるむ「ぼく」を見ていられなかったということ。

問４　《Ⅰ》～《Ⅴ》に当てはまる言葉として適当なものを、次の中から一つずつ選んで記号で答えなさい（同じ記号は二度使えない）。

イ　意外に　　ロ　小さく　　ハ　勢いよく

ニ　ふつうに　　ホ　とんでもなく

問５　――線③「バラのとなりでキュウリを育てるなんて、絶対にいや」とあるが、「アズサ」はなぜ「いや」だと言ったと考えられるか。それを説明した次の文の【　】に当てはまる四字の言葉を、これより後の文章中からぬき出しなさい。

・バラのとなりでキュウリを育てるなんて、【　　】ではないから。

問６　――線④「民主主義の国だよな？」とあるが、「西森くん」は具体的にどのようなことを言いたかったのか。それを説明した次の文の【Ｘ】、【Ｙ】に当てはまる表現を、（　）内に示した指定の字数で答えなさい。

・「西森くん」は【Ｘ（五字以上十字以内）】ことが民主主義の原則だと考えているので、【Ｙ（十五字以上二十字以内）】という提案に「アズサ」は従うべきだということ。

問７　――線⑤「アズサが怖い顔で見ていた」について、次の(1)、(2)の問いに答えなさい。

(1)　この時の「アズサ」の心情の説明として最も適当なものを、次の中から一つ選んで記号で答えなさい。

イ　決まりかけていたことについて、話し合いを続けるのが納得いかない。

ロ　自分には受け入れがたい意見を再び聞いて、いきどおりを感じている。

ハ　自分が言い出したことについて、みんなが賛同してくれないことが不満で仕方がない。

ニ　図書室にはふさわしくない大きな声を聞いて、無神経な人たちにいかりを感じている。

(2)　(1)で答えた「アズサ」の心情はこのあと変化していく。そのことを示す表情が書かれている一文を文章中から探し、最初の五字をぬき出しなさい。

問８　［Ｆ］に当てはまる言葉として最も適当なものを、次の中から一つ選んで記号で答えなさい。

イ　観賞　　ロ　研究　　ハ　考察　　ニ　実験

ていた。写真の下には、「花も収穫《しゅうかく》も楽しめるポタジェ」と書いてある。

「これ、いいかも。」

「なに？」

西森くんがぼくの手にしている本をのぞきこんだ。

「ポタジェ？」

「『ポタジェとは、フランス語で菜園、または家庭菜園という意味で、野菜やハーブ、果物や花を寄せ植えにしたもののことをいいます』。」

　ぼくが、そのページの一文を読み上げると、

「そんなのあるの？」

と、アズサもぼくのところにやってきた。

　写真を見たアズサの顔が、どんどんゆるんでいく。

「うん。これ、すごくおしゃれ。こんな感じだったら、花のとなりに野菜があってもいい。」

　アズサが、右手の親指と人差し指でわっかを作って、オッケーというジェスチャーをした。

「やったー。これで、イコンなく部活できるじゃん！」

　西森くんが大きな声を出したので、図書委員がカウンターの向こうから、眉《まゆ》を寄せてぼくたちを見た。

「西森くん、静かに。ここは図書室だからね。」

　平林先生が注意する。

「はーい。すいませーん。」

　西森くんは、謝《あやま》る声も大きい。ぼくは図書委員の目が気になってしかたがなかった。

「ポタジェを作ることに決まりな！」

「うん、じゃあ、今手に持ってる本を借りて、今日は解散にしよう。」

　平林先生は、そう言って、ぼくたちをカウンターのところまで連れていった。

　西森くんを静かにさせることに労力を使うより、とっとと図書室を出た方がいいと判断したようだ。

「先生、来週は、種をまいたり、苗《なえ》を植えたりするの？」

　図書室を出ると、西森くんが聞いた。

「うーん、これを読むと、野菜を植える前に、土に肥料を入れたりして、いい状態にしないといけないみたいだから、来週は、土作りかな。先生も、この週末に土作りや野菜作りのことを勉強して、来週には畑の年間予定表を渡《わた》せるようにしておくよ。」

「先生、花もあるんだから、野菜とか畑とか言わないで、ポタジェって言ってください。」

　アズサが平林先生に⑥【　　】をさす。

「花畑っていう言葉もあるだろ。」

　西森くんがそう言うと、アズサがキッと西森くんをにらんだ。

「じゃあ、まあ、『園芸部のポタジェ年間計画』かな。」

　平林先生がそう言うと、⑦アズサが満足そうな顔でうなずいた。

「とにかく、来週は土作りをするから、できれば家から軍手とスコップを持ってきてね。じゃあ、今日はこれで終わりにします。お疲《つか》れさまでした。」

「お疲れさまでした。」

　ぼくたちは、礼をして解散した。

（花里《はなざと》真希《まき》『ハーベスト』による）

問１　Ａ～Ｅに当てはまる表現として適当なものを、次の中から一つずつ選んで記号で答えなさい（同じ記号は二度使えない）。

イ　そんなにじろじろ見ないでほしい。

ロ　ああ、それ、ほんと、ぼくのことだ。

ハ　まあ、それはそうかもしれないけれど、でも……。

とどころか、《Ⅲ》おそろしいような気がする。

「じゃあ、どうするの？」

「今から図書室に行ってみようか。」

平林先生がそう言うと、西森くんが、

「えー、なんでー？　解散じゃないのー？」

と、口をとがらせた。

「園芸書を読みながら話し合えば、みんなが納得《なっとく》する方法を見つけられるかもしれないじゃないか。さあ、図書室が閉まるまで時間がないから、早く草を捨てに行こう。」

ぼくたちは、急いで片づけを終えて、図書室に行った。

ところが、図書委員に、「あと十分で閉めます」と言われてしまったので、話し合いはせずに、本を借りて、どんな花壇にするのかを家で考えてくることになった。

図書室には初めて来たけど、《Ⅳ》園芸書がそろっていた。

平林先生は土作りの本、西森くんは初心者向けの野菜の本を手に取っている。

「あー、おれ、やっぱ枝豆、育てたい。枝豆うまいもんなあ。」

西森くんが大きな声でそう言うのを、⑤アズサが怖《こわ》い顔で見ていた。

「ビールのつまみに枝豆もいいけど、そら豆もいいよな。西森くん、そら豆をどうやって育てるのかも、しっかり読んでおいて。」

「どうして野菜って決めちゃうの？」

アズサが、手にしているイングリッシュガーデンの本をめくる手を止めて言った。

ぼくが「野菜を植えると思った」なんて言わなかったら、《Ｖ》花を植えていたはずなんだよなあ。

なんだか申し訳ない気持ちでアズサを見ていたら、アズサが急にこっちを振《ふ》り返《かえ》って、ぼくをにらんだ。

こわっ。

ぼくは、あわてて本棚《ほんだな》から本を一冊取り出し、いかにも調べ物をしていますというように、ぱらぱらとページをめくった。

すると、パッチワークの図柄《ずがら》のような古い絵が目にとまった。

なんで農業コーナーのところに手芸の本があるんだ？

ぼくは表紙を見返した。「家庭菜園」と書いてある。まぎれもなく農業コーナーに属する本だ。

じゃあ、なんで家庭菜園の本にパッチワークがのっているんだろう？

そう思って、もう一度さっきのページを見てみると、ぼくがパッチワークの図柄と思ったものは、フランスのベルサイユにある「ポタジエ・デュ・ロワ」（王の菜園）という、ルイ十四世専用の菜園の見取り図だった。色とりどりの野菜やハーブが、幾何学模様《きかがくもよう》に配置されていたので、それがパッチワークのように見えたのだった。

こんな風に野菜を植えられたらかっこいいだろうけど、あんな長細い花壇じゃ、無理だろうな。

次のページをめくると、今度は現代風の「ポタジェ」の写真がのっていた。

「ポタジェ」というのは、フランス語で家庭菜園という意味なのだそうだ。でも、日本語の家庭菜園とは、ちょっとニュアンスが違って、[F]用という意味も含《ふく》まれているらしい。

小さな庭に、木枠《きわく》が四つ、田の字のように並んでいて、木枠と木枠の間の通路には古いレンガが敷《し》きつめられている。木枠の真ん中には、三本の支柱が、お互《たが》いを支えあうように立てられていて、豆のつるが絡《から》んでいた。その支柱を中心に、内側から外側に向かって、赤キャベツ、茎《くき》の部分が紫色《むらさきいろ》のほうれん草みたいな野菜、それから、レタス、唐辛子《とうがらし》、一番外側にはオレンジ色の花、と波紋《はもん》を描《えが》くように植えられ

D

「まあ、いいじゃん。言いたくないなら言わなくたって。」

②たじろぐぼくを見かねたのか、西森くんが助《たす》け舟《ぶね》を出してくれた。

ところが、アズサは、ぼくを逃《に》がしてくれない。

「そんなことないよ。なんかおかしいと思ったことがあったら言っとかないと、いつまでたっても、おかしいままでしょ。」

E

「あの、おかしいと思ったわけじゃなくて……。」

ぼくがそう言ったら、アズサが、のぞき込《こ》むようにぼくの顔を見た。

「じゃあ、なに?」

「おい、おまえ、こわいんだってば。そんなに黒田を追《お》い詰《つ》めるなよ。」

「別に追い詰めてないでしょ。それから、おまえっていうの、やめてくれない?」

ぼくがはっきりしないせいで、なんだか二人がけんかを始めそうだ。それは、ちょっと困る。

「……あ、あの、ぼく、野菜を植えるものだと思ってたから……。」

そう言うと、二人だけでなく、平林先生までもが、ぼくを見た。ぼくは相当おかしなことを言ったのかもしれない。

でも、平林先生が、

「園芸って、別に花に限ったことじゃないから、野菜を育てるのもいいかもしれないなあ。」

と言ったので、ほっとした。

「うん、いいじゃん。おれも、せっかくなんか植えるなら食べられるものの方がいいよ。」

西森くんも賛成してくれた。

でも、アズサは違《ちが》った。

「わたし、いやだ。花壇なんだから、花を植えたい。」

「じゃあ、花壇の全部で野菜を育てるんじゃなくて、半分だけっていうのはどうだろう。半分で野菜を育てて、残りの半分は花を植えるんだ。」

平林先生の提案に、西森くんが、

「賛成!」

と、《　Ⅰ　》手をあげた。

ぼくも、西森くんに続いて《　Ⅱ　》手をあげた。多数決なら、これで決まりだ。

「そんなの変すぎる。③バラのとなりでキュウリを育てるなんて、絶対にいや。」

「なあ、アズサ。日本もアメリカも、④民主主義の国だよな?」

なかなか意見を曲げないアズサに、西森くんが言った。

「そうだけど……。」

アズサの勢いが弱くなる。

「うーん、日本もアメリカも民主主義だけれど、数という力業《ちからわざ》で少数派の意見をねじ伏《ふ》せるのは、今の時代には合ってないんじゃないかな。少数派の意見にも耳を傾《かたむ》けないと遺恨《いこん》が残るぞ。」

「イコン?」

西森くんが平林先生を見る。

「遺恨っていうのは、いつまでも恨《うら》みが残ることだ。これから一年以上、恨んだり、恨まれたりしながら、一緒《いっしょ》に部活動をするのもいやだろう?」

「うん。まあ、そりゃ、ちょっとこわいかな。」

西森くんが、ちらっとアズサを見た。

さっき会ったばかりだから、アズサのことはよく知らないけど、でも確かに、アズサに恨まれたまま一緒に部活動をするなんて、ちょっ

2024年度 大妻中学校

【国語】〈第一回試験〉（五〇分）〈満点：一〇〇点〉

（注意）解答に字数の指定がある場合は、句読点やかっこなどの記号も字数として数えます。

一 次の文章を読んで、後の1～12の問いに答えなさい（問題の都合上、本文を変えているところがあります）。

平林先生《ひらばやしせんせい》は、腕時計《うでどけい》を見た。

「五時十五分か。最終下校は六時だけど、まあ、きれいになったことだし、そうだな、今日はもう終わりにしようか。」

平林先生がそう言うと、アズサは、ジャージのひざについた土をパンパンと払《はら》いながら立ち上がって、

「来週は、花を植えるの？」

と言った。

「え？」

［ A ］でも、どういうわけか、ぼくは園芸部というのは野菜を育てるものだとばかり思っていた。

「どうしたの？」

ぼくの口からもれた「え？」という小さな声は、しっかりと平林先生の耳に届いていた。

「あ、あの、なんでもないです……。」

「黒田《くろだ》くん、思ってることがあるなら言ってみたらいいんだよ。」

そう言われても、「花壇《かだん》なのに野菜を植えるなんて、なに考えてるんだ？」と思われそうで、なかなか言いにくい。

ぼくが、①もごもごしていたら、

「サクヤって、自意識過剰《じいしきかじょう》？」

と、アズサが言った。

「ジイシキカジョー？」

西森《にしもり》くんが首をかしげる。

「リョウ、これ日本語だよ。なんで日本で暮らしてるのに日本語を知らないの？」

「うるせえなー。アズサだって、全部の英単語を知ってるわけじゃないだろうが。」

「まあ、まあ、君たちはまだ若いんだから、言葉に限らず、知らないことはいっぱいあるさ。でも、知らないということは全然恥《は》ずかしいことじゃないよ。むしろ、わくわくしていいじゃないか。」

「わくわくするかな？」

西森くんが先生を見て言った。

「するよ。結末がわかってる映画を見ても、そんなにおもしろくないだろう。知らないから、わくわくするんだ。」

「まあ、そうか。それで、ジイシキカジョーってどういう意味？」

「自意識過剰というのは、自分が他の人にどう見られているのか、必要以上に考えてしまうことかな。こんなこと言って変に思われたらどうしよう、とかね。」

［ B ］

「でも、実際は、みんな自分のことで精いっぱいで、他の人のことなんか、そんなに気にしてないけどね。」

［ C ］

「それで、なにが『え？』なの？」

アズサが、ぼくの顔を見る。

「あ、あの、えっと……。」

2024年度
大 妻 中 学 校 ▶解説と解答

算 数 ＜第１回試験＞（50分）＜満点：100点＞

解 答

1 (1) 1 (2) 4 (3) 12枚 (4) 240 g 2 229人 3 188.4cm^2
4 30分15秒後 5 42人 6 159個 7 20度 8 (1) 5 (2) 47
9 (1) 6倍 (2) 14か所 10 339.12cm^3

解 説

1 四則計算，逆算，つるかめ算，濃度《のうど》

(1) $\left\{\left(\frac{13}{24}-\frac{1}{6}\right)\div0.6-2\frac{1}{2}\times0.2\right\}\times8=\left\{\left(\frac{13}{24}-\frac{4}{24}\right)\div\frac{3}{5}-\frac{5}{2}\times\frac{1}{5}\right\}\times8=\left(\frac{9}{24}\times\frac{5}{3}-\frac{1}{2}\right)\times8=\left(\frac{5}{8}-\frac{4}{8}\right)\times8=\frac{1}{8}\times8=1$

(2) ｛(31－□×13÷２)×６＋30｝÷４＝15より，(31－□×13÷２)×６＋30＝15×４＝60，(31－□×13÷２)×６＝60－30＝30，31－□×13÷２＝30÷６＝５，□×13÷２＝31－５＝26　よって，□＝26×２÷13＝４

(3) 50円玉が28枚あったとすると合計金額は，50×28＝1400(円)となり，実際よりも，1400－920＝480(円)多くなる。50円玉と10円玉を交換《こうかん》すると，１枚あたり，50－10＝40(円)少なくなるから，10円玉の枚数は，480÷40＝12(枚)とわかる。

(4) (食塩の重さ)＝(食塩水の重さ)×(濃度)より，５％の食塩水600 gに含《ふく》まれている食塩の重さは，600×0.05＝30(g)とわかる。また，水を加えた後の食塩水の重さも600 gなので，水を加えた後の食塩水に含まれている食塩の重さは，600×0.03＝18(g)となる。よって，捨てた食塩水に含まれていた食塩の重さは，30－18＝12(g)だから，捨てた食塩水の重さを□gとすると，□×0.05＝12(g)と表すことができる。したがって，□＝12÷0.05＝240(g)と求められる。

2 集まり，相当算

(犬を飼っている人数)×0.06＝21(人)と表すことができるから，犬を飼っている人数は，21÷0.06＝350(人)とわかる。また，これはネコを飼っている人数の1.4倍にあたるので，ネコを飼っている人数は，350÷1.4＝250(人)である。よって，ネコだけを飼っている人数は，250－21＝229(人)と求められる。

3 立体図形―展開図，表面積

図１

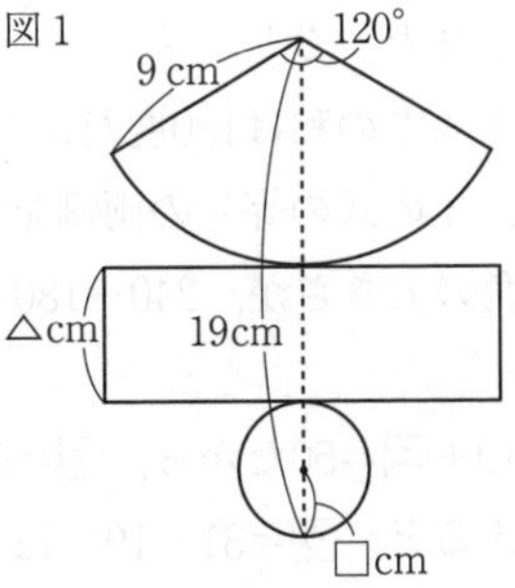

図２

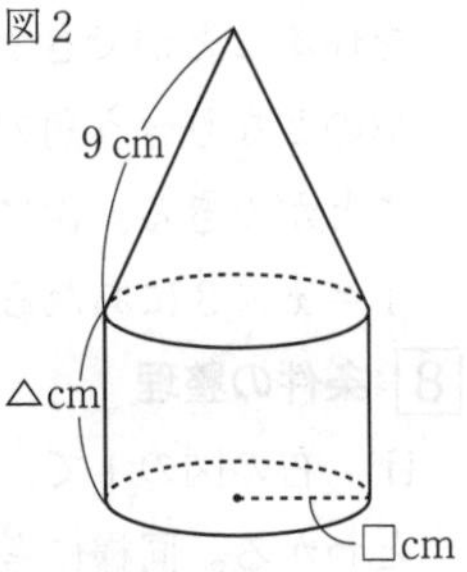

右の図１の展開図を組み立てると，右の図２のように円柱と円すいを組み合わせた立体になることがわかる。ここで，円すいの展開図には，$\frac{\text{(底面の円の半径)}}{\text{(母線)}}=\frac{\text{(おうぎ形の中心角)}}{360}$という

関係があるから，底面の円の半径を□cmとすると，$\frac{□}{9}=\frac{120}{360}$より，□＝９×$\frac{120}{360}$＝３(cm)である。よって，円柱の底面積は，３×３×3.14＝９×3.14(cm²)となる。また，円柱の高さ(図１，２の△)は，19－９－３×２＝４(cm)なので，円柱の側面積は，３×２×3.14×４＝24×3.14(cm²)と求められる。さらに，円すいの側面積は，(母線)×(底面の円の半径)×(円周率)で求めることができるから，９×３×3.14＝27×3.14(cm²)とわかる。したがって，図２の立体の表面積は，９×3.14＋24×3.14＋27×3.14＝(９＋24＋27)×3.14＝60×3.14＝188.4(cm²)である。

4 旅人算

２人がすれ違《ちが》ってから同時に走り終えるまでに，２人合わせてランニングコースを１周分走ることになる。そこで，２人がすれ違ったのは，２人が走り終える，9900÷(180＋220)＝24.75(分)前とわかる。また，Ａさんはランニングコースを１周するのに，9900÷180＝55(分)かかるので，２人がすれ違ったのは，Ａさんが出発してから，55－24.75＝30.25(分)後である。60×0.25＝15(秒)より，これは30分15秒後となる。

5 差集め算

70冊追加せずに９冊ずつ配ったとすると，不足する数は70冊増えて，８＋70＝78(冊)になる。よって，１人に７冊ずつ配るときと１人に９冊ずつ配るときに必要な数の差は，６＋78＝84(冊)となる。これは，９－７＝２(冊)の差が生徒の人数だけ集まったものだから，生徒の人数は，84÷２＝42(人)と求められる。

6 場合の数

１けたの整数は{1，２，３，５，６，７，９}の７個ある。また，２けたでは，十の位には{ }内の７通り，一の位にはこれに０を含めた８通りの数字を使うことができるから，２けたの整数は，７×８＝56(個)ある。次に，３けたで百の位が１の場合，十の位と一の位にそれぞれ８通りの数字を使うことができるので，８×８＝64(個)ある。さらに，百の位が２の場合，20□，21□，22□，23□のそれぞれの□に８通りの数字を使うことができるから，８×４＝32(個)となる。よって，全部で，７＋56＋64＋32＝159(個)と求められる。

7 平面図形―角度，消去算

右の図１で，同じ印をつけた辺の長さは等しいから，かげをつけた三角形は合同な二等辺三角形である。よって，等しい角の大きさをyとすると，右の図２のアの式を作ることができる。また，ひし形のとなり合う角の大きさの和は180度だから，x×２＋60＋y×１＝180(度)より，イの式を作ることができる。次に，イの式の等号の両側を２倍してからアの式との差を求めると，x×４－x×１＝x×３にあたる角の大きさが，240－180＝60(度)となり，x＝60÷３＝20(度)と求められる。

図１

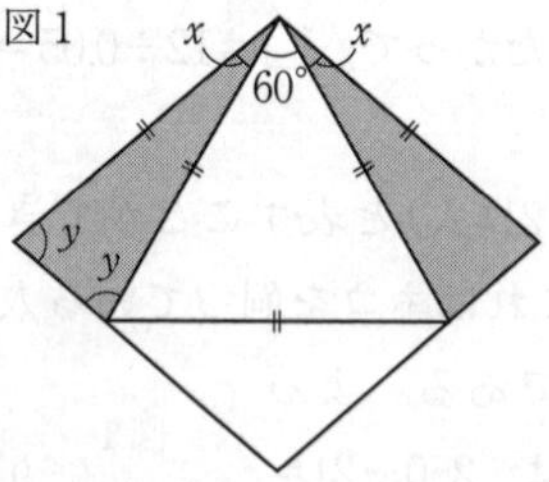

図２

x×１＋y×２＝180(度)…ア
x×２＋y×１＝120(度)…イ

x×４＋y×２＝240(度)…イ×２
x×１＋y×２＝180(度)…ア

8 条件の整理

(1) 右の図のⅠで，19＋エ＝50だから，エ＝50－19＝31とわかる。同様に考えると，ウ＝31－19＝12，イ＝19－12＝７，ア＝12－７＝５と求められる。

	①	②	③	④	⑤	⑥	⑦	⑧	⑨
Ⅰ	ア	イ	ウ	19	エ	50			
Ⅱ					18	オ	X	カ	123

(2) 図のⅡのように７番目の数をXとすると，18＋[オ]＝Xより，[オ]＝X－18と表すことができる。すると，[カ]＝[オ]＋X＝(X－18)＋X＝X×２－18となるので，９番目の数は，X＋(X×２－18)＝X×３－18とわかる。これが123だから，X×３－18＝123より，X＝(123＋18)÷３＝47と求められる。

[9] ニュートン算

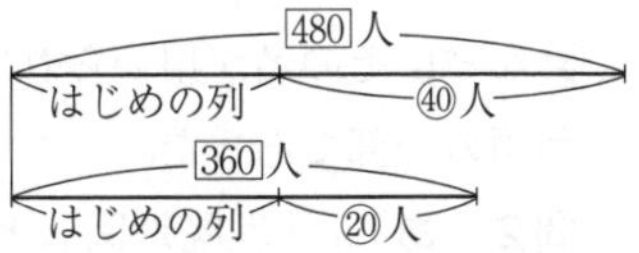

(1) １分間に集まってくる人数を①人，１か所のゲートを１分間に通る人数を[1]人とする。ゲートの数が12か所の場合，40分で，①×40＝㊵(人)が集まり，その間に，[1]×12×40＝[480](人)がゲートを通って列がなくなる。同様に，ゲートの数が18か所の場合，20分で，①×20＝⑳(人)が集まり，その間に，[1]×18×20＝[360](人)がゲートを通って列がなくなるから，右上の図のように表すことができる。この図で，㊵－⑳＝⑳にあたる人数と，[480]－[360]＝[120]にあたる人数が等しいから，①＝[120]÷20＝[6]とわかる。よって，①：[1]＝$\frac{1}{1}$：$\frac{1}{6}$＝６：１なので，１分間に集まってくる人数は，１か所のゲートを１分間に通る人数の，６÷１＝６(倍)である。

(2) はじめの人数は，[480]－㊵＝[480]－[6]×40＝[240](人)だから，１分間に，[240]÷30＝[8](人)の割合で減ったことになる。よって，１分間にゲートを通った人数は，[8]＋[6]＝[14](人)なので，ゲートの数は14か所とわかる。

[10] 立体図形―図形の移動，体積

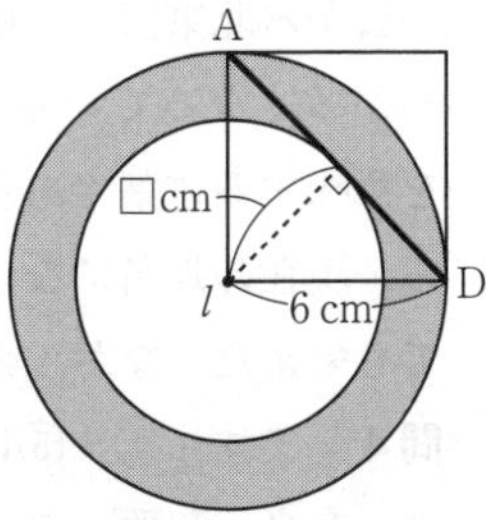

真上から見ると右の図のようになり，面ABCDが通過するのはかげをつけた部分である。ここで，□×□の値は対角線の長さが６cmの正方形の面積と等しいから，□×□＝６×６÷２＝18となる。よって，かげをつけた部分の面積は，６×６×3.14－□×□×3.14＝(36－18)×3.14＝18×3.14(cm^2)なので，面ABCDが通過する部分の体積は，18×3.14×６＝108×3.14＝339.12(cm^3)と求められる。

社　会　＜第１回試験＞（30分）＜満点：60点＞

解　答

[1] **問１** 伊勢　**問２** **あ** 地理院　**い** リアス　**う** 深　**え** 養殖　**お** 真珠　**問３** **第一次産業**…イ　**県庁所在地**…キ　**問４** (1) ④，京都府　(2) ⑤，奈良県　(3) **滋賀県**…大津　**記号**…②　**府県**…愛知県　(4) イ　**問５** (例) 従業者の高齢化や後継者不足から林業従事者が減っているため，人手が不足してスギやヒノキが伐採に適した林齢を過ぎても切られないまま大きな面積を占めており，植林も進んでいない。　[2] **あ** 富本銭　**い** 大宝律令　**う** 大輪田泊　**問１** (1) エ→ア→イ→ウ　(2) 吉野作造　(3) 津田梅子　(4) 大久保利通　(5) イ　**問２** ウ　**問３** ウ　**問４** ウ，エ　**問５** ⅰ 宋　ⅱ 明　**問６** エ　**問７** 雪舟　**問８** ア　**問９** (1) 参勤　(2) 武家諸法度　**問10** 両替商　[3] **問１** (1) ウ　(2) 手前(てまえ)　**問２** バイオマス　**問３** イン

ド　**問４**　南北問題　**問５**　(1)　エ　(2)　**い**　農林水産　**う**　消費者　**問６**　イ，ウ
問７　ア　**問８**　(1)　エ　(2)　イ

解　説

1　近畿・中部地方の地理についての問題

問１　三重県の北部や中部の大半は，かつて伊勢国と呼ばれた。現在も伊勢神宮や伊勢湾，伊勢平野などにその名が用いられている。なお，三重県の西部は伊賀国，東部は志摩国であり，南部は紀伊国の一部であった。

問２　**あ**　「地理院地図」とは，地形図や航空写真，地形の分類，災害情報など，国土地理院が提供し，日本の国土の様子を閲覧《えつらん》できるweb上の地図。2013年にサービスの提供が開始された。
い，う　図１は志摩半島の英虞《あご》湾付近を示したもの。この地域を含む志摩半島沿岸には，リアス海岸が多く見られる。リアス海岸は山がちな土地が沈降し，谷間であったところに海水が入り込むことによってできた地形で，入り江が陸地の奥まで入り込んでいるため，沿岸部でも水深が深く波もおだやかで，天然の良港に恵まれ魚介《ぎょかい》類の養殖《ようしょく》に適している場合が多い。　**え，お**　英虞湾は20世紀初め，御木本幸吉《みきもとこうきち》が世界で初めてアコヤ貝を使って真珠の養殖に成功した場所である。付近一帯は現在でも真珠の養殖がさかんで，特産品になっている。

問３　生産額の違いから，アが第二次産業，イが第一次産業と判断できる。第二次産業では，四日市市の生産額が他を大きく引き離して県内第１位となっている。第一次産業については，伊勢平野が広がる北東部では稲作がさかんであるほか，山間部では林業，志摩半島沿岸部では水産業の生産額が多くなっている。また，三重県の県庁所在地は津市で，図中のキにあたる。「津」とは「港」を意味する言葉であるが，古代には安濃津《あのつ》という港町として栄え，単に「津」とも呼ばれたことから，現在の地名になった。江戸時代には津藩藤堂《とうどう》氏の城下町として，また，伊勢参りの宿場町としても栄えた。なお，カはいなべ市，クは熊野市である。

問４　まず，①～⑤にあてはまる府県を考える。三重県と境を接するのは愛知・岐阜・滋賀・京都・奈良・和歌山の６府県(京都府とは北西部でわずかに接していることに注意する)。このうち，面積が最も大きい①は岐阜県，人口が最も多い②は愛知県であることがわかる。次に，県内に新幹線の駅がない③と⑤のうち，面積が大きく人口が少ない③は和歌山県で，面積が小さく人口が多い⑤は奈良県と判断できる。残る④は京都府である。　(1)　人口密度は，(人口)÷(面積)で求められる。人口密度が最も大きいのは②の愛知県で，２番目は④の京都府である。　(2)　三重県と接する県境の距離《きょり》が最も長いのは⑤の奈良県である。奈良県東部の大部分は三重県と接している。
(3)　滋賀県の県庁所在地は大津市である。また，①～⑤のうち府県名と府県庁所在地名が異なるのは，②の愛知県と名古屋市の組み合わせである。　(4)　①の岐阜県と滋賀県の境に伊吹山地がある。日本海側から吹く冬の北西の季節風の通り道にあることから付近は雪が多いことで知られ，そのすぐ南に位置する関ヶ原(岐阜県)周辺も雪が多く降る。なお，アは兵庫県南部，ウは滋賀県と三重県の県境付近，エは京都府北部付近に位置している。

問５　図３から，三重県の人工林は，スギもヒノキも伐採《ばっさい》に適した時期を過ぎた林齢50年以上の林が多くの面積を占《し》めていることと，林齢30年以下の林の面積が非常に少ないことがわかる。これらは，伐採されないままの林が多く残っていることと，その結果として植林が進んでいないことを意

味しており，その背景には，従事者の高齢化と後継《こうけい》者不足による林業従事者の数の減少があると考えられる。また，そうした人手不足の状況が続けば，枝打ちや間伐といった作業も十分に行われなくなり，樹木の成長に悪影響が出ることも心配される。

2　日本の貨幣の歴史を題材とした問題

あ　7世紀末，天武天皇の時代につくられたわが国最古の貨幣とされるのは富本銭である。藤原京跡や平城京跡などから出土しているが，どの程度流通していたのかなど不明な点も多い。　**い**　701年には大宝律令が制定された。唐(中国)の律令にならい，刑部《おさかべ》親王や藤原不比等らが中心となってまとめたもので，これにより律令政治のしくみが整えられた。　**う**　平清盛は大輪田泊《おおわだのとまり》(現在の神戸港の一部)を整備し，そこを拠点《きょてん》として日宋貿易を行い，大きな利益をあげた。

問１　(1)　アは1881年と1882年，イは1889年，ウは1894年，エは1877年の出来事である。　(2)　大正時代，東京帝国大学教授で政治学者の吉野作造は，デモクラシーを「民本主義」と訳すとともに，普通選挙制や政党内閣制を唱え，大正デモクラシーと呼ばれる民主主義的風潮に大きな影響をあたえた。　(3)　2024年に発行される新５千円札の肖像《しょうぞう》画に採用されたのは津田梅子である。満６歳《さい》のときに日本初の女子留学生の１人としてアメリカに留学し，帰国後，女子英学塾(現在の津田塾大学)を創設するなど女子教育の発展に力をつくした。　(4)　1871年，岩倉使節団に副使として加わり，帰国後，内務卿《きょう》として多くの改革をおし進めた薩摩《さつま》藩(鹿児島県)出身の人物は，大久保利通《としみち》である。　(5)　天保の改革(1841～43年)を行ったのは老中の水野忠邦《ただくに》である。水野は物価の引き下げをはかるため株仲間を解散させた(イ…○)。なお，アは松平定信，ウは徳川吉宗，エは田沼意次《おきつぐ》の政策である。

問２　アは旧石器時代ではなく縄文時代，イは縄文時代ではなく弥生時代，エは古墳時代ではなく飛鳥時代である。

問３　最澄が開いたのは天台宗であり，真言宗はともに遣唐《けんとう》使船で唐に留学僧として渡った空海が開いた宗派である。

問４　平清盛は保元の乱(1156年)と平治の乱(1159年)という２つの戦乱を勝ち抜いて政治の実権をにぎり，1167年には武士として初めて太政《だいじょう》大臣の地位についた(ウ，エ…○)。なお，アは江戸時代初期に創建された徳川家康を祀《まつ》る神社である。イは鎌倉幕府が1297年に出した，御家人の借金を帳消しにする法令である。

問５　12世紀後半から13世紀前半にかけて行われた宋(中国)との貿易では大量の宋銭が，15世紀初めに始まった明(中国)との貿易では大量の明銭が輸入され，日本国内で広く流通した。

問６　鎌倉新仏教と呼ばれる宗派とその開祖は，浄土《じょうど》宗は法然《ほうねん》，浄土真宗は親鸞《しんらん》，時宗は一遍《いっぺん》，日蓮《にちれん》宗(法華《ほっけ》宗)は日蓮，臨済宗は栄西，曹洞《そうとう》宗は道元である(エ…○)。

問７　資料の絵は雪舟《せっしゅう》の『秋冬山水図』である。雪舟は15世紀，明に渡って水墨《すいぼく》画の技術をみがいた禅僧で，帰国後，周防《すおう》(山口県東南部)などで活動し，日本風の水墨画を大成した。

問８　豊臣秀吉はますやものさしを統一し，全国的に検地を行った。これを太閤検地という。資料のアは江戸時代の検地の様子を描いたものであるが，太閤検地も同じようなやり方で行われたと考えられる(ア…○)。なお，イは18世紀に小玉貞良《ていりょう》が描《えが》いた『古代蝦夷風俗之《の》図』で，江戸時代後半から明治時代にかけて，日本人画家がアイヌの風俗を多く描いた「アイヌ絵」と呼ばれる絵画に属する作品である。ウは鎌倉時代に描かれた『蒙古襲来絵詞《もうこしゅうらいえことば》』で，肥後《ひご》(熊本県)の御家人竹崎季《すえ》長《なが》が，元寇《げんこう》の際の自身の活躍《かつやく》を主張するため絵師に描かせたものである。エは昭和時代に陣内松《じんのうちしょう》齢《れい》が描いた『築地《ついじ》反射炉絵図』で，江戸時代末期に佐賀藩でつくられた国内最初の反射炉(鉄などの金属の精錬《せいれん》を行う設備の一種)の様子を復元して描いた作品である。

問９　史料は，1635年に徳川家光が出した武家諸法度の一部で，大名に参勤交代を義務づけた規定である。なお，武家諸法度は江戸幕府が大名の統制を目的として定めた法令で，1615年に第２代将軍秀忠の名で初めて出され，以後，将軍の代がかわるごとに多少の修正が加えられて出された。

問10　江戸時代に金貨と銀貨の交換を行っていたのは両替商である。当時，江戸では金貨，大阪では銀貨がおもに使われていたことから，両地の間で取り引きを行う場合，金貨と銀貨を交換しておく必要があった。その交換(両替)を行うのが両替商で，預金や貸付け，為替《かわせ》などの仕事も行い，現代の銀行のような役割をはたしていた。

3　「食品ロス」を題材とした問題

問１　(1)　食品事業の食品廃棄《はいき》量の合計はすべての年度で家庭での食品廃棄量を上回っている(ウ…○)。なお，アは2017年度以降，外食産業の食品廃棄量は食品卸売《おろしうり》業と食品小売業の合計よりも少ない年が続いているから，「下回った」という表現は不適切である。イは2020年度から2021年度にかけての食品廃棄量は，食品製造業と食品小売業では増えているが，食品卸売業では変わらず，外食産業では減っている。エは食品製造業の食品廃棄量は，2019年度から2021年度にかけては減少している。　(2)　一般に，スーパーマーケットやコンビニエンスストアでは，賞味期限や消費期限を過ぎた商品は廃棄される。多くの消費者はできるだけ入荷したての，つまり賞味期限や消費期限に余裕のある商品を買おうとするから，期限のせまった商品は売れ残り，廃棄される可能性が高く，食品ロスを増やす原因となりやすい。そのため，農林水産省などの行政機関による指導に販売業者が協力する形で，賞味期限や消費期限のせまった商品を売り場の手前に置くようにして，消費者にはできるだけ手前にある商品を買ってもらうように呼びかける取り組みが広く行われるようになっており，消費者の間にも「手前どり」は環境《かんきょう》にやさしい行動として定着してきている。

問２　食品や食品から生じるガスなど，生物由来の資源はバイオマスといい，バイオマスを燃料として行われる発電はバイオマス発電と呼ばれる。資源の有効利用となり，ごみの削減《さくげん》につながるほか，特に植物由来の資源の場合，燃焼させたときに生じる二酸化炭素の量と，光合成により吸収される二酸化炭素の量とが同じで，二酸化炭素の排出量はゼロとみなされる(この考え方を「カーボンニュートラル」という)から，環境にもやさしいことになる。

問３　表中のXはインド。近年，めざましく経済を発展させていることから，二酸化炭素排出量が増えているが，人口も14億人以上であることから，国民１人あたりの排出量はまだ少ない。

問４　先進国と発展途上国の間に見られる経済格差や，そこから生じるさまざまな問題は，先進国が北に，発展途上国が低緯度地域など南に多いことから南北問題と呼ばれる。UNCTAD(国連貿易開発会議)は，そうした問題に対処するために設けられた国連の補助機関である。

問５　(1)　ア　衆議院と参議院では議員の任期が異なるため，原則として選挙が同時に行われることはない。1980年と1986年には，参議院議員の任期満了に合わせる形で衆議院が解散されたため，両議院の選挙が同時に行われる「衆参同日選挙」(ダブル選挙)が実施されたが，あくまで例外的なことととらえられている。　イ　予算は内閣が作成し，国会での審議・議決を経て成立する。　ウ　憲法改正の発議は，衆参両議院がそれぞれ総議員の３分の２以上の賛成により改正案を可決した場合に，国会がこれを発議する。　エ　内閣総理大臣の指名と国務大臣の任命について述べた文であり，内容も正しい。　⑵　食の安全確保と安全供給，農村の振興《しんこう》などを行うのは農林水産省，物の売買(契約《けいやく》)のルールをつくりトラブルの発生を防ぐのは消費者庁の仕事である。なお，消費者庁は2009年に内閣府の外局として発足した比較的新しい行政機関である。

問６　ア　法律案は内閣または国会議員によって国会に提出される。　イ　法律案の再可決について述べた文であり，内容も正しい。　ウ　公聴《こうちょう》会について述べた文であり，内容も正しい。なお，公聴会は，予算の審議もしくは予算をともなう議案の審議の場合は，必ず開かれることとされている。

問７　社会福祉の例にあてはまるのはア。イは公衆衛生，ウは社会保険，エは公的扶助《ふじょ》にあてはまる。

問８　⑴　ア　条例も法律と同様に，罰則を設けることができる。　イ　地方議会が可決した条例については，首長は拒否《きょひ》権を行使することができる。その場合，議会が出席議員の３分の２以上の賛成で再可決を行えば，条例は成立する。　ウ　地方公共団体の住民は，有権者の50分の１以上の署名を集めることで，首長に対して条例の制定や改廃の請求を行うことができる。なお，いわゆる直接請求権のうち，有権者の３分の１以上の署名を集めることが必要であるのは，議会の解散や首長・議員の解職などである。　エ　条例は地方議会が法律の範囲内で制定し，その地方公共団体の中だけで適用されるきまりであるから，この文が正しい。　⑵　固定資産税とは，土地や家屋などの資産に対して課税される税で，地方税のうち市町村税にあてはまる。なお，ア，ウ，エはいずれも国税である。

理　科　＜第１回試験＞（30分）＜満点：60点＞

解　答

1　**問１**　(オ)　**問２**　金星　**問３**　**装置**…(イ)／右の図Ｉ　**問４**　0.34秒　**問５**　(ウ)　**問６**　22.5cm^3　**2**　**問１**　×／**理由**…(オ)　**問２**　アンザン(岩)　**問３**　①　イ　②　ア　**問４**　①　チョウ石　②　D　**問５**　⑴　①　ア　②　ア　⑵　(例)　岩石に高い圧力がかかっているから。　**3**　**問１**　被子植物　**問２**　光合成　**問３**　**３月**…長日(植物)　**９月**…短日(植物)　**問４**　(エ)，(オ)　**問５**　**A**　短　**B**　長　**C**　長　**D**　短　**問６**　右の図Ⅱ　**4**　**問１**　(イ)　**問２**　①　(ア)，(イ)　②　(ウ)　**問３**　①　120cm　②　60cm　**問４**　960ｇ　**問５**　⑴　①　上　②　0.02cm　⑵　60.64cm

図Ｉ

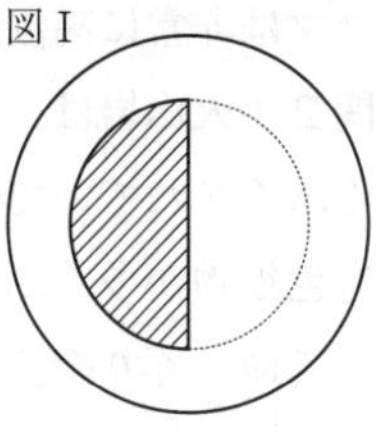

図Ⅱ

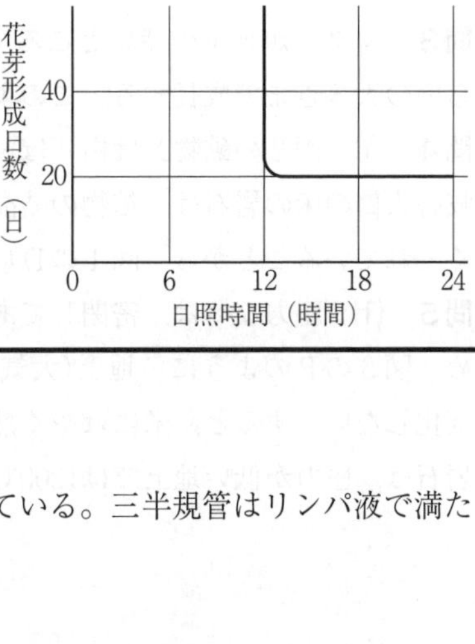

解　説

1　**小問集合**

問１　ヒトは身体の回転の方向を耳にある三半規管で感知している。三半規管はリンパ液で満たさ

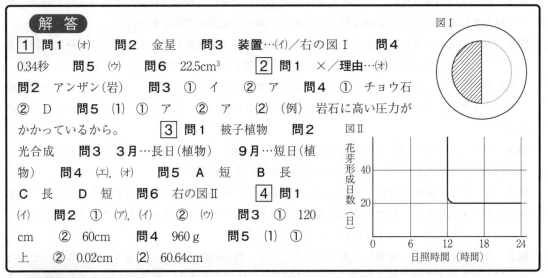

れていて，このリンパ液の動きで身体の回転やかたむきを感じ取っている。

問２　明け方や夕方にのみ見えることがある，明るく光る星は金星である。金星は地球の内側を公転する内惑星《わくせい》であるため，日の出前の東の空(明けの明星)か，日没《にちぼつ》後の西の空(よいの明星)にのみ見えることがあり，真夜中には見えない。

問３　ろ過は，液体と固体(溶《と》け残り)を分ける操作である。ろ過をするときは，(イ)のように，液体をガラス棒に伝わらせて少しずつ注ぎ，ろうとの管の先の長い方をビーカーのかべにつける。ろ紙は半分に折ることを２回行ったものの片方を広げてろうとの上に置き，ろ紙が重なった方にガラス棒を当てるようにする。このとき，解答の図Ⅰのように，ろ紙の半分の部分に固体(泥《どろ》)が残る。

問４　音が，空気中を150m進んだときにかかる時間は，150÷340＝0.441…より，0.44秒，水中を150m進んだときにかかる時間は，150÷1500＝0.1(秒)となる。よって，時間の差は，0.44－0.1＝0.34(秒)である。

問５　アルミニウムにうすい塩酸を加えると，アルミニウムが溶けて水素が発生する。水素は無色無臭《むしゅう》で，水に溶けにくく，火を近づけるとポンと音を立てて燃える。なお，石灰石にうすい塩酸を加えると，石灰石が溶けて二酸化炭素が発生するが，二酸化炭素は水に少し溶けるため当てはまらない。また，二酸化マンガンにオキシドール(うすい過酸化水素水)を加えると，酸素が発生するが，二酸化マンガン自体は反応せず(溶けず)，オキシドールの分解を助けるはたらきをしているので誤り。

問６　水溶液《すいようえき》Ｐ $10cm^3$ には塩酸Ａが，$10\times\frac{50}{50+50}=5\ (cm^3)$ ふくまれている。塩酸Ａ $5\ cm^3$ をちょうど中和するために必要な水酸化ナトリウム水溶液Ｂは，$15\times\frac{5}{10}=7.5\ (cm^3)$ だから，水溶液Ｐ $10cm^3$ をちょうど中和するために必要な水溶液Ｑは，$(50+100)\times\frac{7.5}{50}=22.5\ (cm^3)$ と求められる。

2　岩石についての問題

問１　校舎入口の床《ゆか》に使われている岩石はマグマからできた岩石のどれかだと述べられている。マグマは非常に高温なので，生物は燃えてしまい，ふつう化石が残ることはない。

問２　火山岩は，マグマが地表近くで急に冷やされてできた火成岩で，火山岩には，無色鉱物が多くふくまれていて白っぽい色のＡのリュウモン岩，白と黒の中間の色をしているＢのアンザン岩，有色鉱物が多くふくまれていて黒っぽい色のＣのゲンブ岩がある。なお，深成岩はマグマが地下深くでゆっくり冷えて固まってできた岩石で，Ｄのカコウ岩，Ｅのセンリョク岩，Ｆのハンレイ岩がある。

問３　マグマが地下の深いところでゆっくり冷えて固まった場合，鉱物の結晶《けっしょう》が大きく，同じくらいの大きさまで成長する。このような組織を等粒状《とうりゅうじょう》組織という。

問４　①　図２の鉱物Ｘは白っぽい色をしているので，無色鉱物のチョウ石と考えられる。　②　校舎入口の床の岩石は，鉱物の結晶が大きい深成岩で，セキエイ，チョウ石，クロウンモが多くふくまれていることから，図１のＤ(カコウ岩)とわかる。

問５　(1)　圧力なべは，密閉してあたためることで，内部の圧力を高くすることができる。そのため，図３のＰのように，地上(大気圧)では100℃で気体になる水が，温度が上がっても液体のまま変化しない。すると，米にはやく熱が伝わるため，はやく炊《た》けるようになると考えらえる。　(2)　岩石は，圧力が低い地上では1200℃で液体になるが，圧力が高いときは1200℃より高い温度でないと液体にならない。地下深くでは圧力が非常に高いので，1200℃になっていても岩石は固体のまま変化しない。

3 長日植物と短日植物についての問題

問１ 花を咲《さ》かせ，種子をつくる植物のうち，胚珠《はいしゅ》が子房《しぼう》の中にある植物を被子《ひし》植物という。これに対して，花を咲かせ，種子をつくる植物ではあるが，胚珠がむき出しになっている植物を裸子《らし》植物という。

問２ 植物が太陽の光を利用して栄養分をつくるはたらきのことを光合成という。光合成では，空気中から二酸化炭素を取り入れ，根で吸収した水と葉などで受けた光のエネルギーから，でんぷんをつくり，その結果生じた酸素を放出している。

問３ 夏に向かってしだいに夜が短くなっていく３月頃《ごろ》に花芽を形成する植物は，暗期が限界暗期より短くなると花芽が形成される長日植物である。一方，しだいに夜が長くなっていく９月頃に花芽を形成する植物は，暗期が限界暗期より長くなると花芽が形成される短日植物となる。

問４ 短日植物は，しだいに夜が長くなっていくと花芽を形成する植物なので，夏至よりあとに花が咲く植物となる。よって，９月～10月頃に花が咲くコスモスとキクが選べる。

問５ 花芽を形成するには，暗期が続くことが大切だと述べられている。図２の各条件で，もっとも長く連続した暗期の長さは，上から12時間，８時間，15時間，９時間となるので，連続した暗期が長いときに花芽が形成される植物Ａは短日植物とわかる。同様に考えていくと，連続した暗期が短いときに花芽が形成される植物Ｂと植物Ｃは長日植物，長いときに花芽が形成される植物Ｄは短日植物となる。

問６ 限界暗期12時間の長日植物は，暗期が12時間より短くなると花芽が形成される。よって，日照時間が12時間より長ければ20日で花芽を形成するが，日照時間が12時間以下のときには花芽が形成されないので，グラフは解答の図Ⅱのようになる。

4 ふりこについての問題

問１ ふりこの等時性を発見したのは，ガリレオ・ガリレイである。ガリレオ・ガリレイは，16～17世紀のイタリアの物理学者・天文学者で，教会の天井からつってあるランプがゆれているのを見てふりこの等時性を発見したといわれている。

問２ ① 結果の表の〈Ｃ〉と〈Ｅ〉から，ふりこがゆれる周期はふりこの重さによらないことがわかる。また，〈Ａ〉と〈Ｃ〉から，ふれる角度にもよらないことがわかる。 ② 〈Ａ〉と〈Ｂ〉から，ふりこの長さが長くなると，周期が長くなることがわかる。

問３ ① 〈Ｂ〉で用いたふりこの重心はおもりの重心の位置にあるので，天井の支点から120cmの点にある。 ② 一様な太さの棒の重心は棒の中心にあるので，重心は天井の支点から，120÷２＝60(cm)の点にある。

問４ 棒の体積は，１×120＝120(cm^3)で，１cm^3あたりの重さは8.0ｇなので，棒の重さは，8.0×120＝960(ｇ)となる。

問５ (1) 棒の長さが0.04cm短くなったので，支点から棒の中心までの長さは，0.04÷２＝0.02(cm)短くなる。よって，棒の重心の位置は上に0.02cm移動することになる。 (2) ふりこの周期が変わらないようにするには，30ｇのおもりをつけたあとの全体の重心の位置が，棒が縮む前と同じになればよい。(1)より，棒の重心は上側に0.02cm移動したのだから，縮む前の棒の重心と30

ｇのおもりの間の長さを□cmとすると，縮む前の棒の重心を支点にしたてこのつり合いから，30×□＝960×0.02が成り立ち，□＝0.64(cm)と求められる。これは，天井の支点から，60＋0.64＝60.64(cm)の位置である。

国　語　＜第１回試験＞（50分）＜満点：100点＞

解　答

一　問１　Ａ　ニ　Ｂ　ロ　Ｃ　ホ　Ｄ　イ　Ｅ　ハ　問２　イ　問３　ニ　問４　Ⅰ　ハ　Ⅱ　ロ　Ⅲ　ホ　Ⅳ　イ　Ⅴ　ニ　問５　おしゃれ　問６　Ｘ　（例）多数決で物事を決める　Ｙ　（例）花壇の半分で野菜を育て，半分に花を植える　問７　⑴　ロ　⑵　写真を見た　問８　イ　問９　くぎ　問10　イ　問11　⑴　ホ　⑵　ト　⑶　イ　問12　ニ　二　問１　イ　問２　ロ　問３　ニ　問４　ハ　問５　筆談やジェスチャー　問６　（例）その人に障害があることの目印にはならない　問７　イ　問８　ニ　問９　ハ　問10　ロ　問11　（例）人の指示がなくても，いま伝えるべき音かどうかを自ら考えて判断する必要のある仕事。　問12　ニ　三　問１　イ　○　ロ　×　ハ　×　ニ　○　問２　秋　問３　ハ　問４　ロ　問５　ロ　問６　その季語　四　①〜③　下記を参照のこと。　④　とうかく

●漢字の書き取り

四　①　至急　②　厳格　③　省く

解　説

一　出典：花里真希《はなざとまき》『ハーベスト』。園芸部に所属する「ぼく」（黒田《くろだ》），アズサ，西森《にしもり》くんは，顧問《こもん》の平林《ひらばやし》先生とともに，花壇《かだん》に何を植えるかについて話し合う。

問１　Ａ　「来週は，花を植えるの？」というアズサのことばを聞いた「ぼく」は，「え？」と言っている。花壇に花を植えるのは当然のことなのに，どういうわけか「野菜を育てる」のが園芸部の活動だと思っていたために，「ぼく」はついとまどいの声をもらしたのである。よって，ニがあてはまる。　Ｂ　平林先生から「黒田くん，思ってることがあるなら言ってみたらいいんだよ」とうながされたものの，正直に思ったことを話せば「花壇なのに野菜を植えるなんて，なに考えてるんだ？」とみんなに思われるのではないかと，少し前で「ぼく」はためらっている。そんななか，「自意識過剰《かじょう》というのは，自分が他の人にどう見られているのか，必要以上に考えてしまうこと」だという説明を受けた「ぼく」は，まさに自分のことを言いあてられたようだと納得《なっとく》したのだから，ロが合う。　Ｃ　「実際は，みんな自分のことで精いっぱいで，他の人のことなんか，そんなに気にしてない」とは言われたものの，「ぼく」は，いまひとつ腑《ふ》に落ちないようすでいると想像できる。よって，ホがふさわしい。　Ｄ　「なにが『え？』なの？」と追及《ついきゅう》しながら自分の「顔」を見てきたアズサに対し，「ぼく」はたじろいでいるのだから，イが選べる。　Ｅ　「おかしいと思ったことがあったら言っとかないと，いつまでたっても，おかしいままでしょ」と，あくまで追及したがっているアズサに対し，「ぼく」は「そうかもしれないけど，でも……」と迷ったはずである。よって，ハがよい。

問２　「来週は，花を植えるの？」と言ったアズサに対し，「野菜を育てる」のが園芸部だと思っていた「ぼく」はつい，「え？」ともらしてしまったが，そのことを話せば，みんなから「花壇なのに野菜を植えるなんて，なに考えてるんだ？」と思われそうで「もごもごしていた」のである。自分の思いこみがみんなに変だと笑われてしまうことをおそれ，言いよどんでいたのだから，イが合う。

問３　なぜ「え？」と言ったのか，アズサに追及されてたじろぐ「ぼく」を見ていられず，西森くんはたまらず「いいじゃん。言いたくないなら言わなくたって」と「助け舟《ぶね》」を出したのだから，ニが合う。なお，「たじろぐ」は，“勢いに圧倒《あっとう》されてひるむ”という意味。「見かねる」は，“黙《だま》って見ていられない”という意味。

問４　Ⅰ　花壇になにか植えるのなら，「食べられるものの方がいい」と考えていた西森くんは，花と野菜を「半分」ずつ育てることにしようという平林先生の提案を喜び，「賛成！」と言ったのだから，ハの「勢いよく」があてはまる。なお，「！」とあることや，後の場面で西森くんの声が「大きい」とされていることも参考になる。　Ⅱ　平林先生から思っていることをはっきり言うようにうながされても「もごもごして」いたり，アズサに追及されたときにもたじろいだりしていたことから，「ぼく」は意思表示を苦手とする，ひかえめな人物だと想像できる。よって，ここでも「勢いよく」「賛成！」と言った西森くんに続いて，「小さく」手をあげたと考えられる。　Ⅲ　「アズサに恨《うら》まれたまま一緒《いっしょ》に部活動をする」のはいやだと「ぼく」は感じている。これまでみてきたとおり，彼女《かのじょ》からの追及に圧倒されていた「ぼく」は，恨まれるとなったらなおさらだろうとそのおそろしさを想像しているので，ホの「とんでもなく」が入る。　Ⅳ　これまで，図書室に園芸書がそろっていることを期待する「ぼく」のようすは描《えが》かれていない。図書室に「初めて来た」「ぼく」にとって，「園芸書がそろっていた」ことは「意外」だったはずである。　Ⅴ　花壇に花を植えるのは当然のことなのだから，自分が「野菜を植えると思った」などと言わなければ「ふつうに」花を植えることになっていただろうと，「ぼく」は申し訳ない気持ちを抱《いだ》いている。

問５　はじめは「バラのとなりでキュウリを育てる」ことに強い抵抗《ていこう》感を抱いていたアズサは，図書室にある園芸書に載《の》っていた現代風の「ポタジェ」を見てみるみる表情をゆるめ，「こんな感じだったら，花のとなりに野菜があってもいい」と言っている。つまり，花壇に対するアズサの価値基準は，「おしゃれ」か否《いな》かにあったといえる。

問６　Ｘ，Ｙ　花壇の「半分で野菜を育てて，残りの半分は花を植える」という平林先生の提案に「賛成」した西森くんと「ぼく」に対し，アズサだけが強く抵抗している。その状況《じょうきょう》を見た西森くんは，アズサに「日本もアメリカも，民主主義の国だよな」と言っているので，彼《かれ》にとっての「民主主義」とは，多数の意見が力を持つという考え方を意味していると推測できる。これをふまえ，「(『西森くん』は)賛成者の多い方に従う(ことが民主主義の原則だと考えているので，)花壇には野菜と花を半分ずつ植えて育てよう(という提案に『アズサ』は従うべきだということ)」のようにまとめる。

問７　(1)　図書室で初心者向けの野菜の本を見ながら，のんきに「あー，おれ，やっぱ枝豆，育てたい。枝豆うまいもんなあ」と言う西森くんのことばを聞いて，花壇に野菜を植えることに抵抗のあるアズサは過敏《かびん》に反応し，敵意をむき出しにしたものと考えられる。よって，ロが選べる。

(2)　問５で検討したとおり，図書室で「おしゃれ」な「ポタジェ」の写真を見たことで，アズサは花壇に花と野菜を半々で植えてはどうかという提案を受け入れている。本文の後半に書かれた，「写真を見たアズサの顔が，どんどんゆるんでいく」という一文から，彼女の気持ちの変化がうかがえる。

問８　続く部分で，「家庭菜園」と訳される「ポタジェ」の，日本語でいうそれとは別の「ニュアンス」が描写《びょうしゃ》されている。写真には通路にレンガが敷きつめられていて，木枠《きわく》の中は野菜や花が中心から外側に向かって，色どりよく波紋《はもん》を描くように植えられたようすが写っており，その下には「花も収穫《しゅうかく》も楽しめるポタジェ」と書かれていたのだから，野菜を収穫して食べるほかに，「観賞」用として花の美しさも楽しめるということを意味しているとわかる。

問９　花壇が「おしゃれ」であることに価値を見出しているアズサは，「野菜作り」や「畑」と言っている平林先生に「ポタジェ」という表現を使うよう，あらためて伝えているのだから，“あらかじめ念押《お》しする”という意味の「くぎをさす」がよい。

問10「畑の年間予定」と言った平林先生に対し，アズサは「ポタジェ」というよび方を使うよう念押ししている。「園芸部のポタジェ年間計画」と言いかえてもらったアズサは，自分の思い通りになったとうなずいたのだから，イの「わが意を得たり」が合う。なお，ロの「案ずるより産むが易《やす》し」は，あれこれ心配するより思い切って行動すれば案外うまくいくこと。ハの「待てば海路の日和《ひより》あり」は，“好機を待て”という意味。ニの「みこしを上げる」は，“座《すわ》りこんでいた人が腰《こし》を上げる”“仕事にとりかかる”という意味。

問11　⑴　問１，問２でみたとおり，「ぼく」には少々「自意識過剰」なところがあるので，ホが合う。　⑵　花壇に野菜を植えるのは「絶対にいや」だと言ったり，平林先生に対しても「ポタジェ」と呼ぶよう，はっきりと意見を伝えたりしているほか，自分の希望に反することがあると「怖《こわ》い顔」でにらむようなところもアズサにはあるので，トがよい。　⑶　西森くんは，アズサの言ったことに逐一《ちくいち》反応してことばを返しているほか，アズサから追及されてたじろいでいる「ぼく」に助け舟を出し「追い詰《つ》めるなよ」と注意する一面も持っている。よって，イが選べる。

問12　イ　会話文の間に情景描写をさしはさんでいる部分は見られない。　ロ　本文全体をとおして，「擬態《ぎたい》語や外来語を多用して」いるとはいえない。ハ　本文は「ぼく」の視点から描かれている。ニ　「ぼく」の視点から話が展開していくなかで，思ったこと，感じたことが地の文に表現されているので，正しい。

二　**出典：大塚敦子《おおつかあつこ》『動物がくれる力　教育，福祉《ふくし》，そして人生』**。聴導《ちょうどう》犬とはどのような仕事をするのか，その意義などについて，中條美和《なかじょうみわ》さんと次郎《じろう》（聴導犬）との関係を例に紹介《しょうかい》している。

問１「元保護犬」の次郎が，「聴導犬となる訓練を受け」るようになったのだから，彼には聴導犬になれる素質があり，可能性を期待されていたものとわかる。よって，イが選べる。なお，当時からその素質が「特にきわ立って」いたわけではないので，ロは誤り。「見込《みこ》む」は，“可能性があると予測する”という意味。

問２　前後で示された，「玄関《げんかん》のチャイム，お湯が沸《わ》いたやかんの音，タイマーの音，赤ちゃんの泣き声」，「非常ベルの音」は，いずれも聴力の弱い人に「知らせる」べき音にあたる。よって，気づかなければ危険につながる，ロの「車のクラクション」が選べる。

問３「合同訓練」ののち，中條さんと次郎はめでたく「聴導犬ペア」になれたのだから，正式に認められたようす，条件がかなって許可されたようすを表すニがよい。なお，イとロの「晴れて」

は，なやみや疑いなどが解消されること。ハは，天気がよくなること。

問４　日常生活に必要な音のほか「背後から自転車や車が近づくと，後ろを振《ふ》り向いて教えて」くれる次郎の行動に変化がなければ，「何か物音がしたような気」がしてもただの思い過ごしだと中條さんは安心できるのである。よって，ハが合う。

問５　見た目にはわからない聴覚障害も，「聴導犬」と書かれたケープをつけた犬がそばにいれば「周囲」が中條さんに伝わるように働きかけてくれる，というのである。直後の段落に，その具体例として，周囲の人々が「筆談やジェスチャー」によって情報を中條さんに知らせてくれることが取り上げられている。

問６　直後の段落で，聴導犬は音を知らせるだけでなく，「目印」として「一般《いっぱん》の人たちが聴覚障害者の存在に気づくきっかけ」をつくり，聴覚障害者が「社会の中で安全に暮らす」ために役立っていると述べられている。アプリでは「目印」にならず，その人が聴覚に障害があることを周囲は気づかないのだから，「周囲の人々が障害に気づく目印にはならない」のようにまとめる。

問７　「視覚障害や肢体《したい》不自由と違《ちが》い」，「見た目にはわか」らない「聴覚・言語障害者（身体障害者手帳を持つ人）」は日本に「三四万人」いるものの，「社会の中で忘れられがちな存在」だと述べられている。つまり，「障害が目に見えない」ために，周囲に気づかれにくいのである。

問８　「障害のある人とない人」の道が，中学，高校と進むにつれて「分けられてしまう」と感じた中條さんは，「もっと多様性のある社会になってほしい」と語っている。つまり，「いろいろな」人が分け隔《へだ》てなく社会にいられることを望んでいるのだから，多様な属性を持つ人々が共存している状態をいう，ニの「ダイバーシティ」が選べる。なお，イの「ジェンダー」は，社会や文化の中から生まれた男女の役割分担，男らしさや女らしさなどを表す。ロの「イノベーション」は，技術革新。「サスティナブル」は，持続可能であるようす。

問９　「その」とは，直前で語られた，「もっと多様性のある社会になってほしい」という中條さんの望みを指す。聴導犬の存在は，多様性のある社会をつくる「一助」（わずかばかりの助け）になるのだから，ハが合う。

問10　「人から指示されなくても，自ら考えて」行動するのだから，ロの「自発的」が入る。なお，イの「自律的」は，ほかからの支配や制約を受けず，自分なりの規律に従って行動するようす。ハの「自動的」は，機械などがひとりでに動くさま。ニの「自制的」は，自分の感情や欲望をおさえるようす。

問11　ある音について，「その人に伝える必要がある音なのかどうか」を考えて決めたり，そばに家族など「代わりに音を知らせる人がいる」ときは仕事をしなかったりと，状況に応じて自ら判断し，適切に行動できる聴導犬の仕事の仕方を，筆者は「高度」だと述べている。これをもとに，「人が指示しなくとも，伝えるべき音かどうかを自ら考えて判断しなくてはならない仕事」のような趣旨《しゅし》でまとめる。

問12　敬意を持って「次郎さん」とよんでいるとおり，中條さんにとって彼は単なる犬ではなく「ともに働く」大切なパートナーなのだから，ニの「同僚《どうりょう》」があてはまる。なお，「同僚」は，同じ職場で働く，同じ地位の人。

三　**出典：「令和問答」（「読売新聞」2023年６月20日朝刊）**。宮部みゆき氏と高野ムツオ氏の俳句をそれぞれが解説しつつ，歳時記《さいじき》のおもしろさなどを語っている。

問１　イ～ニ　「拝借する」は「借りる」をへりくだって言う謙譲《けんじょう》語である。よって，「もらう」「食べる」の謙譲語であるイの「いただく」，「言う」の謙譲語であるニの「申し上げる」が選べる。なお，ロの「なさる」は「する」の尊敬語，ハの「めし上がる」は「食べる」の尊敬語にあたる。

問２　季語の季節を考えるにあたって，立春(新暦《しんれき》二月四日ごろ)からが春，立夏(新暦五月六日ごろ)からが夏，立秋(新暦八月八日ごろ)からが秋，立冬(新暦十一月八日ごろ)からが冬となることをふまえる。新暦を旧暦に置き換《か》えると，おおよそ一か月のずれになるので，旧暦一～三月が春，四～六月が夏，七～九月が秋，十～十二月が冬になる。「台風」は仲秋《ちゅうしゅう》(旧暦八月)の季語となる。

問３　「夏の雨」とした句末には体言止め(名詞・代名詞で結ぶ技法)が用いられているので，ハが選べる。なお，イの「擬人法」は，人でないものを人に見立てて表現する技法。ロの「字余り」は，対義語の“字足らず”とともに“破調”とよばれ，あえて定型(五・七・五)をくずすことで独特のリズムを生み，句の魅力《みりょく》を深めたり，特定の部分を強調したりする。ニの「反復法」は，くり返しによって強調を期待する技法。

問４　宮部氏は続けて「どちらも謎《なぞ》をたどっていく楽しみがある」と語っている。これは，直前で高野氏が話している，宮部氏のミステリーと俳句の共通点とのまとめにあたる。宮部氏のミステリーは「突然《とつぜん》暗転したり，逆に白日にさらされたり」し，俳句は「思いも寄らない下五に着地する」ことがあり，そこが似ているというのである。つまり，結末が予測できないのだから，ロが合う。

問５　イ　与謝蕪村《よさぶそん》は江戸時代中期に活躍《かつやく》した俳人。「菜の花や月は東に日は西に」「春の海ひねもすのたりのたりかな」などを詠《よ》んだ。　ロ　松尾芭蕉《まつおばしょう》は江戸時代前期に活躍した俳人。「古池や蛙《かわず》飛びこむ水の音」「閑《しずか》さや岩にしみ入る蝉《せみ》の声」などを詠んだ。『おくのほそ道』は，江戸を発《た》って奥羽《おうう》，北陸，大垣《おおがき》に至るまでの旅の記録と俳句とで構成された紀行文である。　ハ　小林《こばやし》一茶《いっさ》は江戸後期の俳人。「やせ蛙《がえる》まけるな一茶これにあり」「雪とけて村一ぱいの子どもかな」などを詠んだ。　ニ　正岡子規《まさおかしき》は明治時代の俳人・歌人。「柿《かき》くえば鐘《かね》がなるなり法隆寺《ほうりゅうじ》」「夏草やベースボールの人遠し」などを詠んだ。

問６　続いて高野氏は，「季節の感覚」を共有し「自分が生きてこなかった時代の記憶《きおく》」に触《ふ》れる「発想装置」が季語だとしたうえで，「その季語が使われてきた美意識や発想パターンを知ることができる」のが「歳時記」の魅力だと語っている。

四　漢字の書き取りと読み

①　急を要するようす。　②　規律や道徳をきびしく守り，不正や怠慢《たいまん》を許さないようす。

③　音読みは「ショウ」「セイ」で，「省略」「反省」などの熟語がある。訓読みにはほかに「かえり(みる)」がある。　④　「頭角を現す」は，“才能や技量などが大勢のなかで目立つようになる”という意味。

2024年度　大妻中学校

【算　数】〈第２回試験〉（50分）〈満点：100点〉

◎　円周率を用いるときは3.14として答えなさい。

◎　式，計算，または考え方は必ず書きなさい。これのないものは正解としません。

1　次の□にあてはまる数を求めなさい。

(1)　$2.8+7\div\left\{\left(3\frac{1}{4}-1\frac{4}{9}\right)\times0.3+0.625\right\}=\square$

(2)　$12-(3\div4\times\square-56\div7)\times8+9=10$

(3)　縦 5 cm，横 8 cm，高さ□cm の直方体の表面積は 184cm^2 です。

(4)　１本80円の鉛《えん》筆と１本140円のボールペンを合わせて15本買って代金が1440円になるようにするには，鉛筆を□本買う必要があります。

2　百の位を四捨五入すると4000になる整数のうち，７の倍数は何個ありますか。

3　図の四角形 ABCD はひし形です。角 x の大きさは何度ですか。

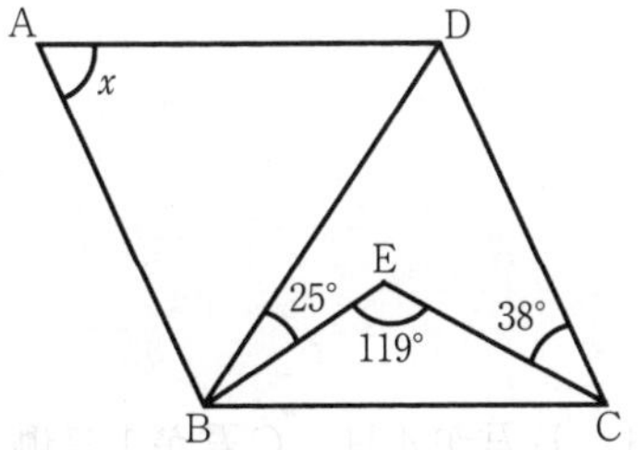

4　妹は，家から駅に向かって毎分 80m の速さで歩き始めました。姉は，妹より12分遅く家を出発し，毎分 208m の速さで走って駅に向かいました。家から駅までの道のりが 1.8km であるとき，妹は姉に追いつかれてから駅に着くまでに何分かかりますか。

5　2024年２月２日は金曜日です。2025年６月18日は何曜日ですか。ただし，2024年はうるう年です。

6　落とした高さの $\frac{5}{8}$ だけはね上がるボールがあります。図の曲線は，そのボールが動いた様子を表したものです。ボールは床《ゆか》から 210cm の高さから落ちて，１回目は床に置いた台まで落ちてはね上がり，２回目は床まで落ちて床から 90cm の高さまではね上がりました。台の高さは何 cm ですか。

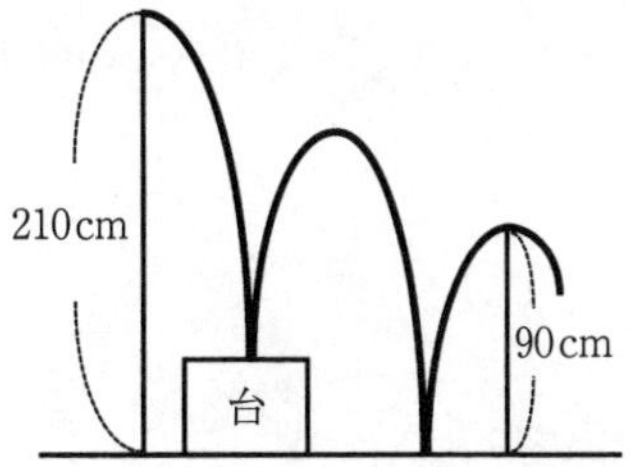

7　２つの整数 A，B について，A◎B＝A×A－B×B と定めます。例えば，5◎2＝5×5－2×2＝21 です。

(1)　A◎7＝4◎1 であるとき，A にあてはまる数はいくつですか。

(2)　10◎8＋9◎7＋8◎6＋…＋4◎2＋3◎1 を計算するといくつになりますか。

8　濃《のう》度15％の食塩水が 400ｇ入った容器があります。次の２つの操作を続けて行ったところ，濃度8.4％の食塩水ができました。

操作１…食塩水を何ｇか取り出し，かわりに濃度7.5％の食塩水を同じ重さだけ加える。

操作２…食塩水を 120ｇ取り出し，かわりに水を 120ｇ加える。

(1)　操作１の後の食塩水の濃度は何％ですか。

(2)　操作１で取り出した食塩水の重さは何ｇですか。

9　図のような直角三角形を，直線 l を軸《じく》にして１回転させてできる立体の体積は何 cm³ ですか。

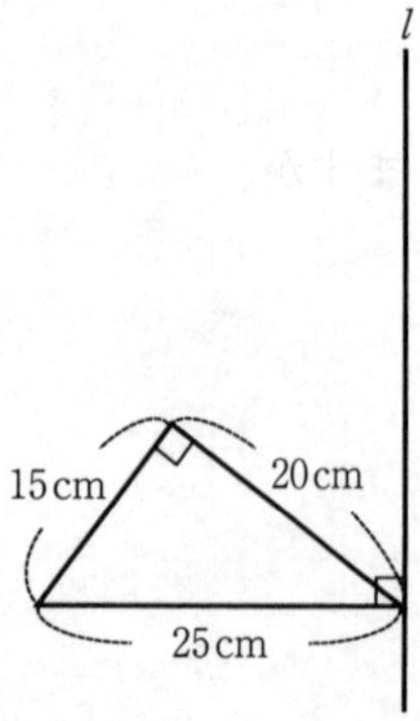

10　A君，B君，C君の３人がある仕事をします。A君が７日，B君が４日，C君が１日働くと全体の $\frac{1}{2}$，A君が４日，B君が２日，C君が１日働くと全体の $\frac{3}{10}$，A君が３日，B君が２日，C君が２日働くと全体の $\frac{1}{3}$ の仕事が終わります。A君，B君，C君がそれぞれ１人でこの仕事をするとき，仕事が終わるまでにかかる日数の比を最も簡単な整数の比で求めなさい。

【社　会】〈第２回試験〉（30分）〈満点：60点〉

（注意）　地名・用語は，特別の指示がないかぎり，漢字で答えなさい。

1　次の文を読んで，あとの問いに答えなさい。

日本の①各地域で，さまざまな人口問題が生じています。②少子化によって児童・生徒数の減少が続き，毎年，一定の数の③小学校や中学校が廃校となっています。④廃校となった校舎は，地元の人たちの交流や子育て支援に用いられたり，⑤地域の特産品の博物館や宿泊施設になるなど⑥観光客を呼び込むための機能を果たしたりしています。

問１．下線部①について，次の図は日本の人口に関するいくつかの数値を地図にあらわしたものです。Ａ～Ｃにあてはまるものをア～ウからそれぞれ選び，記号で答えなさい。

ア．人口密度　　イ．第２次産業に就く人の割合　　ウ．65歳以上の人口割合

A

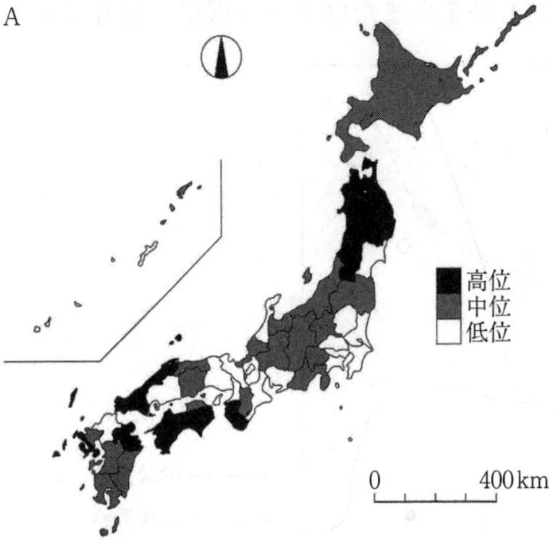

B

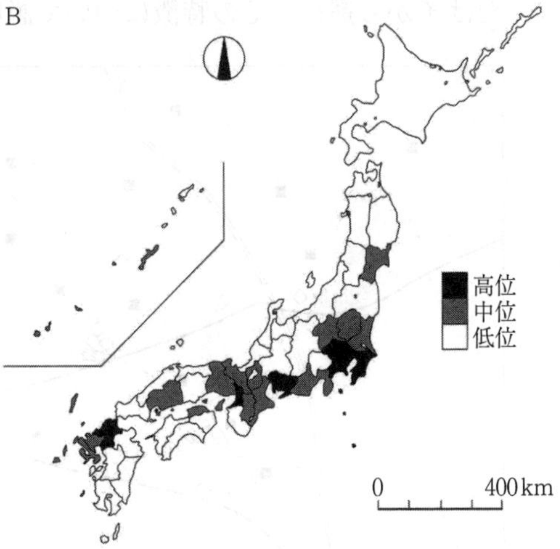

C

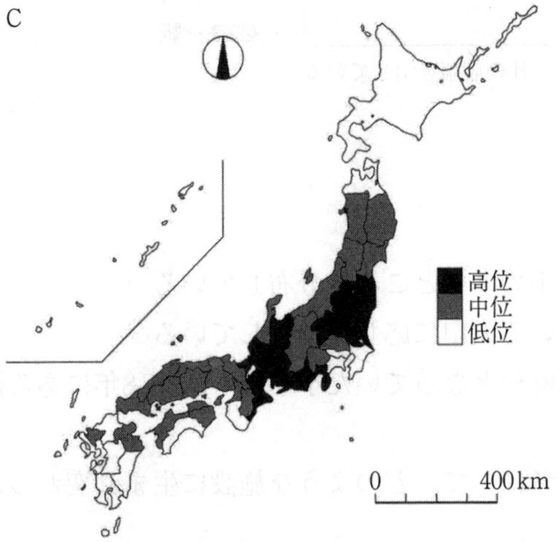

統計はいずれも2020年

『データでみる県勢 2023』および『日本国勢図会 2022/23』より作成

問２．下線部②について，子どもの数が減ることは過疎につながります。過疎地域に指定されている市町村について，次の円グラフは市町村の数や面積，人口の割合についてあらわし，ア・イは過疎地域かそれ以外かを示しています（2021年時点，円グラフ内の数字の単位は％）。人口にあてはまるものをＤまたはＥから選び，過疎地域にあてはまるものをアまたはイから選びなさい。

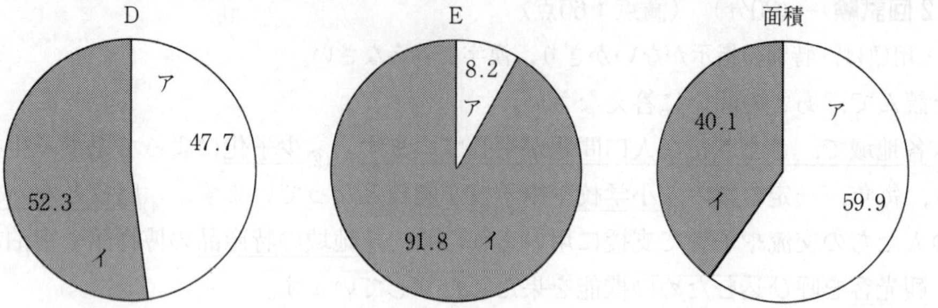

『日本国勢図会 2022/23』より作成

問３．下線部③について，次の図はある地域における小学校とドラッグストアの立地を示したものです。また，それらの立地の特徴を説明しました。小学校の立地にあてはまるものをアまたはイから選び，その特徴について説明したものをウまたはエから選び，記号で答えなさい。

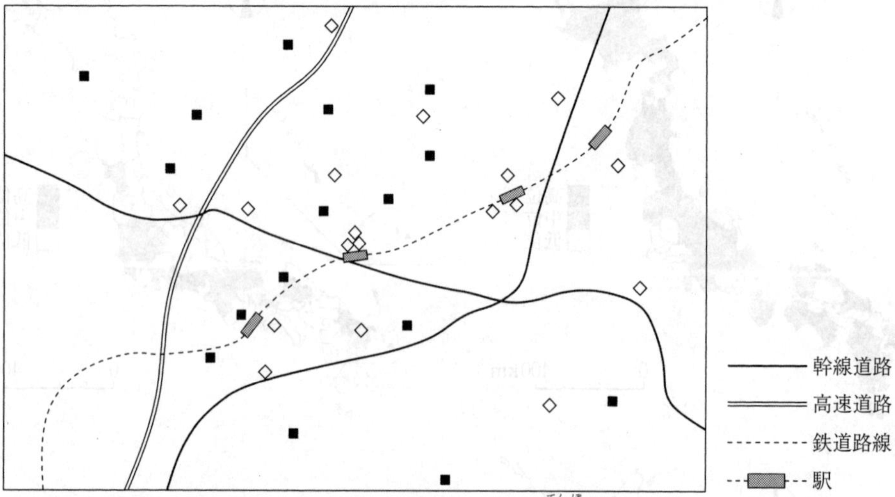

ドラッグストアはこの地域に主に展開する２社の店舗《てんぽ》を示している

立地

ア．■　　イ．◇

特徴

ウ．立地のかたよりが大きく，人の行き来の多いところに分布している

エ．立地のかたよりが小さく，居住している人口に応じて分布している

問４．下線部④について，高知県室戸市では，廃校となっていた小学校が，2018年にある施設に改装されました。

(1)　その施設について説明した次の文を参考にして，どのような施設に生まれ変わったかを考えて，答えなさい。

・地元の子どもだけではなく，観光でこの地域を訪れた子どもに人気がある。

・かつてのプールは水槽《すいそう》として活用され，生き物の多様性を学ぶ機会を与えている。

・海に面した室戸市ならではの産業に関連し，それにたずさわる地元の人たちも大いに協力している。

(2)　高知県西部を流れる，四国で最も長い河川を答えなさい。

問５．下線部⑤について，次の表は，廃校となった小学校が農業施設になった例です。

場所	内容
茨城県行方《なめがた》市	サツマイモに関する体験型農業のテーマパークが展開されている。校舎だった場所は，加工工場やミュージアム，さまざまなサツマイモ料理を提供するレストランになっている。
京都府福知山市	運動場にビニールハウスを整備してイチゴ農園にしている。イチゴのジュースやデザートをその場で飲食できるカフェもつくられている。採れたイチゴはその場で販売するほか，〈　　〉を通じても販売されている。

(1)　２つの例から農業は生産することに加えて，加工や販売においても工夫されていることがわかります。農業のさらなる振興を図るためには，さまざまな産業を**かけ合わせる**ことが大切です。このことは「農業の何次産業化」と呼ばれていますか。解答らんに合わせて答えなさい。

(2)　文中〈　〉には流通に関する工夫にあたる語句が入ります。〈　〉を利用することで，一度，来場したことのある人がこの農園のイチゴを何度でも購入することができ，小学校の校舎跡地という限られた場所でも販売数を増やすことが可能です。〈　〉に入る語句を答えなさい。

(3)　サツマイモとイチゴの生産量が１位の県(2022年)をア～カからそれぞれ選び，記号で答えなさい。

ア．青森県
イ．栃木県
ウ．神奈川県
エ．岐阜県
オ．岡山県
カ．鹿児島県

問６．下線部⑥について，次の図は訪日外客数と出国日本人数の推移を示したものです。訪日外客数にあてはまるものをアまたはイから選びなさい。また，外国から訪れてくる観光客(または外国人が訪れてくる旅行のこと)を何と呼びますか。カタカナで答えなさい。

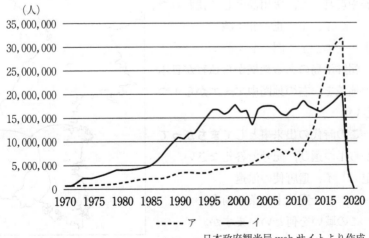

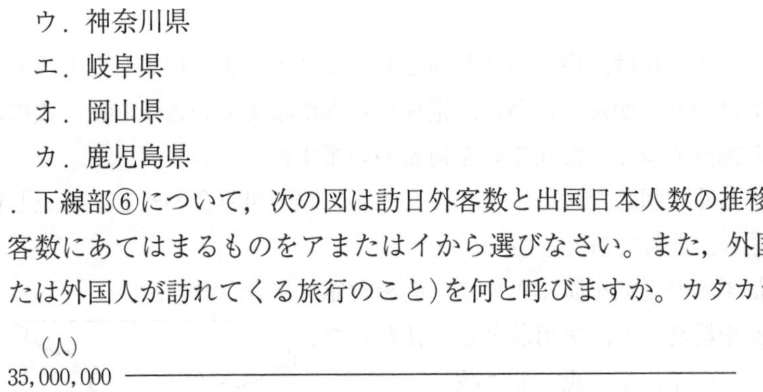

日本政府観光局 web サイトより作成

2 次のＡ～Ｏの文は，時代順に並んでいます。文中の空らん(あ)～(か)にあてはまる語句・人物・数字を答え，あとの問いに答えなさい。

Ａ ①旧石器時代は，寒い時期と比較的暖かい時期とが何回か繰り返された。

Ｂ ②温暖化が進み氷河が溶け，海面が上昇したことで，現在の日本列島がほぼ完成した。

Ｃ ③稲作や金属器が大陸から伝来した。

Ｄ ④ヤマト政権の大王の墓と考えられる大規模な古墳が造られた。

Ｅ 日本初の女性天皇である⑤推古天皇と聖徳太子(厩戸王)，蘇我馬子による政治が行われた。

Ｆ ⑥天智天皇のあとつぎ争いが起き，勝利した(あ)皇子が即位した。

Ｇ (い)は庶民の間で仏教を布教していたため政府に布教活動を禁じられたが，のちに東大寺大仏造営にかかわった。

Ｈ 桓武天皇は蝦夷を討伐するために，(う)を⑦征夷大将軍に任命した。

Ｉ 西日本では，米の裏作《うらさく》に麦を栽培する(え)が行われるようになった。

Ｊ ⑧観阿弥・世阿弥親子は，洗練された芸術を追求し，(お)を大成《たいせい》した。

Ｋ ⑨５代将軍徳川綱吉の時代には，上方中心に町人文化が栄えた。

Ｌ ⑩関税自主権が完全に回復されたことにより，条約改正が達成された。

Ｍ ⑪大戦景気によって，海運業と造船業が大きく発展した。

Ｎ ⑫普通選挙法が制定され，満(か)歳以上の男子に選挙権が与えられた。

Ｏ 日本が⑬国際連合に加盟した。

問１．下線部①について，岩宿遺跡の赤土(関東ローム層)から打製石器が発見されたことで，旧石器時代の日本列島に人々が住んでいたことが証明されました。この打製石器を発見した人物を答えなさい。

問２．下線部②について，この時代は，中・小型動物を狩ったり木の実を採集したりする生活だけでなく，海の近くでは漁もさかんに行われ，定住する人が増えていきました。この時代以降にみられる，地面を掘ってつくった住まいを何といいますか。

問３．下線部③について詳しく説明した次のⅰ・ⅱの文の正・誤の組み合わせとして正しいものを，ア～エから１つ選び，記号で答えなさい。

ⅰ．収穫した米は，ねずみや湿気を防ぐために，高床倉庫に保管された。

ⅱ．鉄器はおもに武器や農具など，実用品として使われた。

ア．ⅰ：正　ⅱ：正　　イ．ⅰ：正　ⅱ：誤

ウ．ⅰ：誤　ⅱ：正　　エ．ⅰ：誤　ⅱ：誤

問４．下線部④の時代に，朝鮮半島のある地域から仏教が日本に伝わりました。その地域を，右の地図中ア～エから１つ選び，記号で答えなさい。

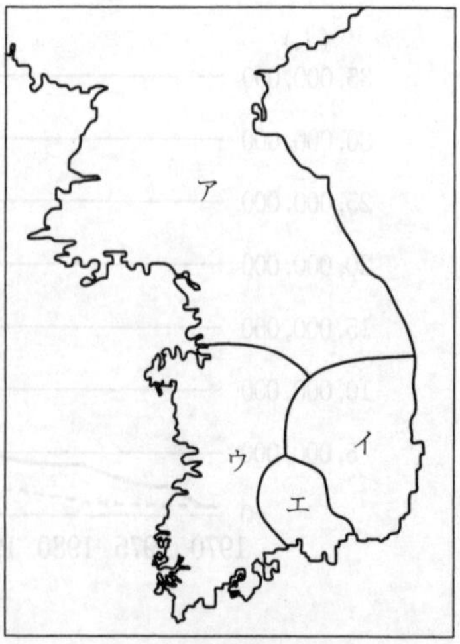

６世紀の朝鮮半島

問５．下線部⑤について，この時代の出来事として**まちがっているもの**を，ア～エから１つ選び，記号で答えなさい。

ア．冠位十二階の制定　　イ．遣唐使の派遣

ウ．法隆寺の建立　　エ．憲法十七条の制定

問６．下線部⑥について，この戦いを何といいますか。

問７．下線部⑦について，次の人物のうち，征夷大将軍に**任命**

されたことのない者を，ア～エから１人選び，記号で答えなさい。

ア．源実朝　　イ．足利義昭　　ウ．織田信長　　エ．徳川吉宗

問８．下線部⑧について，この親子を保護した人物が足利義満です。彼が行った政策として**まちがっているもの**を，ア～エから１つ選び，記号で答えなさい。

ア．花の御所と呼ばれる邸宅を建て，政治拠点とした。

イ．中国との貿易を始め，莫大な利益を得た。

ウ．南北朝を統一し，国内を安定させた。

エ．京都の東山に，金閣を建てた。

問９．下線部⑨について，次の作品はすべて江戸時代に作られた浮世絵です。元禄文化の作品として正しいものを，ア～エから１つ選び，記号で答えなさい。

ア

イ

ウ

エ

問10．下線部⑩について，この時の条約改正交渉を担当した外務大臣は誰ですか。

問11．下線部⑪について，大戦景気の際に労働者(庶民)の生活がどうなったのかを説明した次の文の空らん[Ⅰ]にあてはまる内容を，右の【グラフ】を参考にして答えなさい。また，空らん[Ⅱ]中のア～ウから正しいものを１つ選び，記号で答えなさい。

大戦景気中(1915～18年)，物価の上昇に比べて[　Ⅰ　]ため，多くの労働者の生活は[Ⅱ　ア．楽になった　　イ．変わらなかった　　ウ．苦しくなった]といえる。

【グラフ】

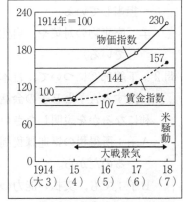

出典：信夫清三郎『大正政治史』

問12．下線部⑫について，この法律と同じ年に制定された，社会主義運動などを取り締まる法律を答えなさい。

問13．下線部⑬について，どこの国と国交を回復したことで実現しましたか。国名として正しいものを，ア～エから１つ選び，記号で答えなさい。

ア．アメリカ合衆国　　イ．ソビエト連邦　　ウ．中華人民共和国　　エ．中華民国

問14．新橋・横浜間で鉄道が開通したのはどの時期ですか。ア～エから１つ選び，記号で答えなさい。

ア．ＫとＬの間　　イ．ＬとＭの間　　ウ．ＭとＮの間　　エ．ＮとＯの間

3　次の新聞記事と，それに関する会話を読み，あとの問いに答えなさい。

■新聞記事　2023年６月２日　読売新聞

①厚生労働省は２日，2022年の日本人の人口動態統計（概数）を発表した。１人の女性が生涯に産む子どもの推計人数を示す「合計特殊出生率」は，1947年以降で最低の1.26だった。１年間に生まれた子どもの数（出生数）は77万747人で，1899年の統計開始以来，初めて80万人を割り込み，過去最少を更新した。

Ａ子：日本の少子高齢化は深刻ね。働く人が減ることで，②税収も減るのが心配だわ。ますます③女性が活躍しなきゃいけないわね。

Ｂ子：私は高齢者と若者の人口差が開いて，政治の面で，④（　あ　）民主主義になることが心配です。

Ａ子：岸田⑤内閣は，異次元の少子化対策を行うと言っていたけれど，効果があるか心配よ。

Ｂ子：⑥私たちの意思を政治に反映させるため，早く⑦選挙に行きたいですね。

問１．下線部①について，厚生労働省の仕事として正しいものを，ア～エから１つ選び，記号で答えなさい。

ア．土地の利用や開発，保全のほか，交通政策の推進や，海上の安全確保などを担当している。

イ．農山漁村の振興や，田畑や森，海などの環境を整備し，食料の安定的な供給を推進している。

ウ．医療や食品の安全管理など，国民生活向上の役割を担い，雇用対策や介護福祉，年金も担当している。

エ．廃棄物の対策や，自然環境の保全，野生動植物の保護などを実施し，環境政策をリードしている。

問２．下線部②について，日本の税収の大部分を占めるのは消費税と所得税です。この２つの税に関するＡ子とＢ子の会話と下の図を参考に，消費税はどのような人にとって，どの点が不利になるかを説明しなさい。

Ａ子：所得税の累進課税制度には不平等を感じるわ。お金を稼《かせ》ぐほど，たくさん税をとられるのだから。

Ｂ子：でも，支払い能力のある人からたくさん税を集めるというのは，１つの考え方だと思いますよ。

Ａ子：私は，消費税みたいに平等な税がいいと思うの。

Ｂ子：消費税も，見方によっては平等じゃないこともあります。次の図を見てください。これは，一般家庭の平均年収ごとに，その年収と生活費の金額をわかりやすく示したものです。

Ａ子：確かに，お米やトイレットペーパーみたいな生活必需品があるから，消費税が不利にはたらく場合があるんだね。税率が同じだから平等な税だというのは，考えが浅かったな。

図：年間平均収入別に見た家庭の生活費の平均

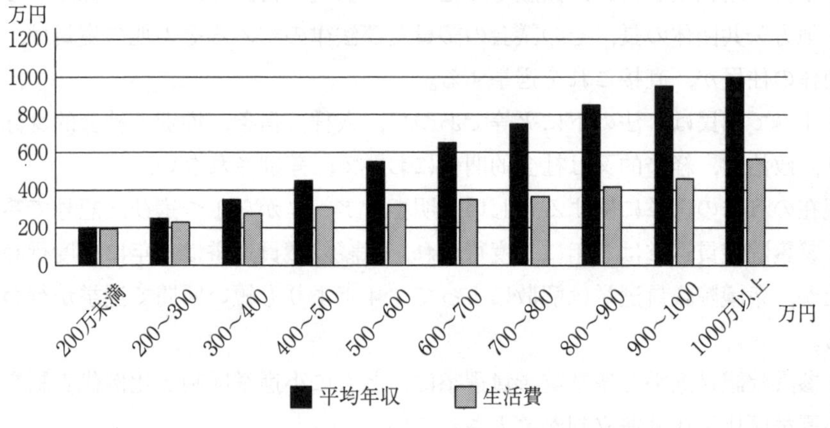

総務省家計調査報告（家計収支編）調査結果「最新結果2022年（令和４年）平均」をもとに作成

問３．下線部③について，日本では1999年に，社会のあらゆる分野において，男女が性別にかかわりなく，その個性と能力を十分に発揮することができる社会の実現を目指すための法律が制定されました。この法律は何ですか。ア～エから１つ選び，記号で答えなさい。

ア．男女雇用機会均等法　　イ．男女共同参画社会基本法

ウ．候補者男女均等法　　エ．女性活躍推進法

問４．下線部④について，有権者の中で高齢者が高い割合を占め，高齢者が優先される政治のことをこのように呼びます。空らん(あ)にあてはまる色の名前をカタカナで答えなさい。

問５．下線部⑤について，内閣の仕事として正しいものを，ア～エから１つ選び，記号で答えなさい。

ア．天皇が指名した最高裁判所の長官を任命する。

イ．国会が作成した予算案を審議して，議決する。

ウ．法律や条例が憲法に違反していないか判断する。

エ．国会の承認に基づき外国との条約を締結する。

問６．下線部⑥について，地方政治では，国政よりも直接的に国民の意思を政治に反映させることができます。有権者が30万人の市で，市長の解職を求める場合，最低限必要な手続きとして正しいものを，ア～カから１つ選び，記号で答えなさい。

ア．有権者6,000人以上の署名を集め，市長に提出する。

イ．有権者6,000人以上の署名を集め，選挙管理委員会に提出する。

ウ．有権者10万人以上の署名を集め，監査委員に提出する。

エ．有権者10万人以上の署名を集め，選挙管理委員会に提出する。

オ．有権者15万人以上の署名を集め，市長に提出する。

カ．有権者15万人以上の署名を集め，監査委員に提出する。

問7．下線部⑦について，

(1)「一票の格差」は，ある選挙原則に反していることが問題と言われます。この選挙原則と最もかかわりが深い日本国憲法の条文を，ア～オから1つ選び，記号で答えなさい。

ア．公務員の選挙については，成年者による普通選挙を保障する。

イ．すべて選挙における投票の秘密は，これを侵してはならない。

ウ．集会，結社及び言論，出版その他一切の表現の自由は，これを保障する。

エ．地方公共団体の長，その議会の議員及び法律の定めるその他の吏員《りいん》は，その地方公共団体の住民が，直接これを選挙する。

オ．すべて国民は，法の下に平等であつて，人種，信条，性別，社会的身分又は門地により，政治的，経済的又は社会的関係において，差別されない。

(2) 現在の日本の選挙に関する正しい説明を，ア～エから1つ選び，記号で答えなさい。

ア．参議院議員選挙は3年に1度行われ，衆議院議員選挙は4年に1度行われるのが原則だが，衆議院議員選挙は解散によって，4年よりも短い期間で選挙が行われる場合がある。

イ．参議院議員選挙と衆議院議員選挙は，ともに小選挙区制と比例代表制を組み合わせた，小選挙区比例代表並立制が導入されている。

ウ．衆議院議員選挙の比例代表制では，有権者は1つの政党名しか書くことができないが，参議院議員選挙の比例代表制では，2つの政党名を書くことができる。

エ．衆議院議員選挙の定数は465名であり，参議院議員選挙の定数は248名であるが，参議院議員選挙は1度に半分しか改選されないため，選挙後の参議院議員の人数は496名になる。

問8．出生率について，さらに詳しく調べていたA子は，2021年度の東京都の出生率が7.1で，全国の9位であるというデータを発見しました。疑問に思い先生に質問すると，次のようなメールがかえってきました。

> Aさん
>
> ごきげんよう。A子さんが新しく調べた出生率は，「普通出生率」というものです。これが7.1ということは，東京都の人口1,000人のうち，7.1人がその年に生まれた子どもだということを意味しています。一方，東京都の「合計特殊出生率」は1.08です。ということは，2021年に東京都で，15歳から49歳までの女性1人が出産した子どもの平均が1.08人だったということです。

このメールを読み，東京都で合計特殊出生率が低いにもかかわらず，普通出生率が全国上位となる理由として考えられる，最も適当なものを，ア～ウから1つ選び，記号で答えなさい。

ア．東京都には，1人で複数の子どもを産む女性が，他の地域よりも多いから。

イ．東京都には，15歳～49歳の女性の数が，他の地域よりも多いから。

ウ．東京都には，他の地域で生まれた子どもが，多く引っ越して来るから。

【理　科】〈第２回試験〉（30分）〈満点：60点〉

〈編集部注：実物の入試問題では，写真はカラー，図やグラフも半数はカラー印刷です。〉

1　次の問いに答えなさい。

問１　アサガオの子葉は何枚か答えなさい。

問２　火山灰が固まってできる岩石の名前を答えなさい。

問３　校庭にいる人が，校舎の壁《かべ》に向かってサイレンを短く鳴らしたところ，反射音が0.5秒後に聞こえました。サイレンを鳴らした位置から校舎の壁までの距離《きょり》は何mですか。ただし，音は１秒間に340m 進むものとします。

問４　ばねはかりに同じ金属でできた同じ大きさのおもりを３個つるしたところ，72gでした。一番下のおもりを完全に水につけると，ばねはかりの針は69.3gを示しました。この金属は何ですか。もっとも近いものを鉄，銅，鉛《なまり》，金の中から１つ選びなさい。ただし，水１cm^3は１gとします。

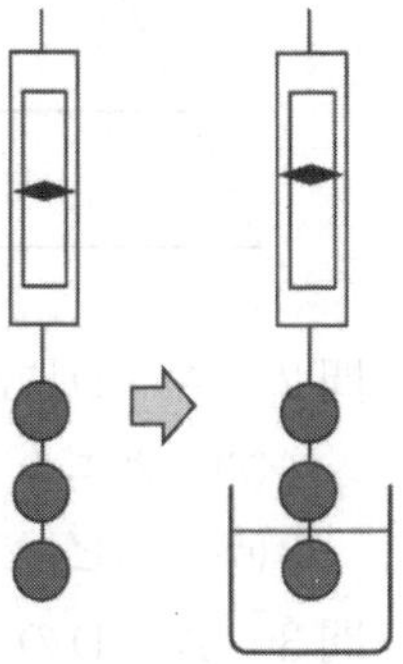

	鉄	銅	鉛	金
１cm^3あたりの重さ[g]	7.8	9.0	11	20

問５　熱の伝わり方について，次の[　]にあてはまる言葉をそれぞれ選び，記号で答えなさい。

①[ア：水　　イ：金属]は熱を伝えやすいが，空気や②[ア：水　　イ：金属]は熱を伝えにくい。

ビーカーに入れた水を下から熱すると，③[ア：あたたかい　　イ：冷たい]水が上にあがり，上にあった④[ア：あたたかい　　イ：冷たい]水が下がり，これをくり返して全体があたたまる。このような熱の伝わり方を⑤[ア：伝導　　イ：対流　　ウ：放射]という。

問６　固体Xに過酸化水素水を加えて，酸素を発生させたい。固体Xの物質名を答えなさい。また，固体Xの写真を次の(ア)～(エ)から１つ選びなさい。

(ア)

(イ)

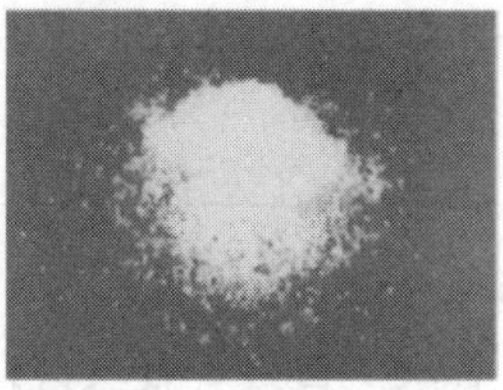

(ウ)

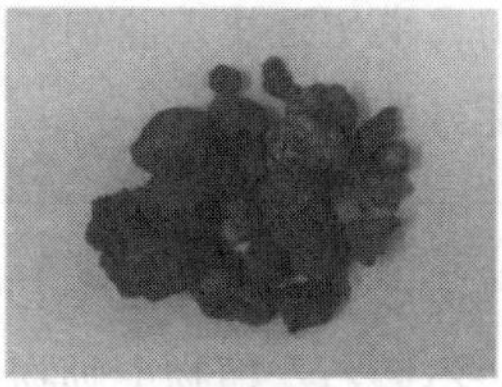

(エ)

2　ある森林の中で，４種類の動物Ａ～Ｄについて調査を行いました。表は，動物１匹《びき》あたりが１週間で食べた動物と数について調べた結果です。ただし，この地域には動物Ａ～Ｄしかいないものとし，「食う・食われる」の関係は，表にあるものだけとします。また，動物Ａ～Ｄが食べる量は，生きるために必要な最低限のエネルギーを下の表の数から得ているものとします。

＜調査結果＞　　表　動物１匹あたりが１週間で食べた動物と数

食べた動物	A	B	D
食べられた動物	D	A	C
食べられた動物の数[匹]	68	32	120

問１　動物Ａ～Ｄの数は，図１のようなピラミッドで表すことができます。このとき，動物Ａ～Ｄの数は，つり合いが保たれた状態といえます。図１の①～④にあてはまる動物をＡ～Ｄの記号でそれぞれ答えなさい。ただし，食うものは食われるものよりも，個体数は少ないものとします。

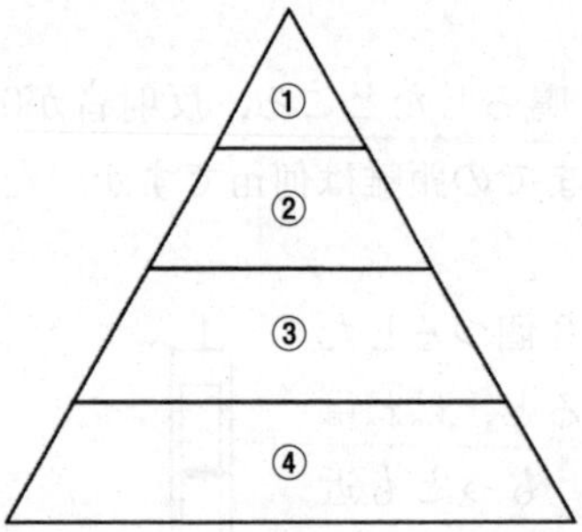

図１

問２　Ａ～Ｄに次の(ア)～(エ)をあてはめるとすると，それぞれ何になりますか。

(ア)　カエル　　(イ)　ワシ

(ウ)　ヘビ　　(エ)　バッタ

問３　Ａ～Ｄのように，光合成を行わず，他の生物を食べることによって栄養を得ている生物のことを何といいますか。漢字３文字で答えなさい。

問４　表より，１匹の動物Ａが１日に必要とする動物Ｃは平均何匹ですか。割り切れない場合は，小数第１位を四捨五入して整数で答えなさい。

問５　図２は，図１の③の動物が何らかの原因により，一時的に増加した状態を表しており，つり合いがくずれた状態です。図２の直後，②④の動物の数はどのようになりますか。解答らんのピラミッドに表しなさい。ただし，図２および解答らんの点線は，図１のピラミッドの形を表しています。

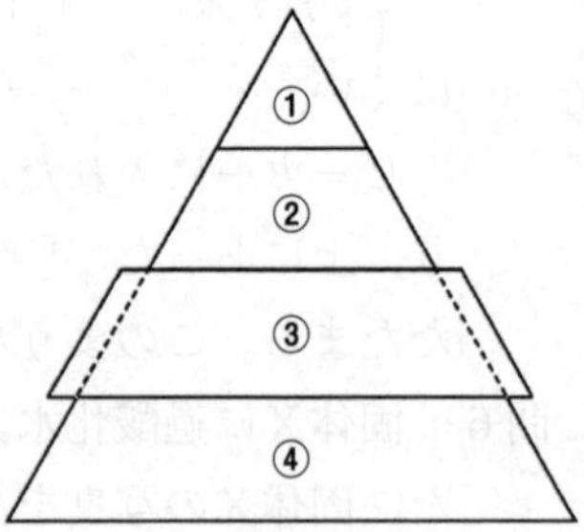

図２

問６　次の文中の(①)にあてはまる語句を答えなさい。また，Ｐ，Ｑにあてはまる適当な言葉をそれぞれ選び，記号で答えなさい。

食う・食われるという生物どうしのつながりを(　①　)という。実際の生態系内では，多くの生物はいろいろな植物や動物を食べ，自身も食べられるため，(　①　)は複雑にからみ合い，食物網《しょくもつもう》を形成している。

図３は，ある地域の食物網の一部を示したものである。ウニは浅い所から深い所まで生息しているが，ラッコは浅い所で生育しているウニの方がつかまえやすい。そのため，ジャイアントケルプ(コンブのなかま)の個体数は浅い所で P[ア：少なく　イ：多く]，深い所で Q[ア：少ない　イ：多い]。ラッコがウニを食べることで，ジャイアントケルプの個体数が保たれており，ジャイアントケルプを産卵場所やすみかとして利用する魚類や，そのえさとなる生物など，多くの生物が暮らす豊かな生態系が成立している。

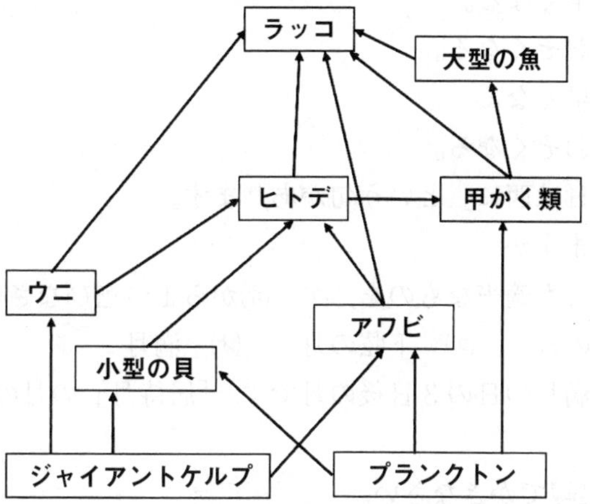

図３

3 　月が出る時刻はさまざまで，夕方の時点で空の高いところに月が出ていることもあれば，夜おそくなってから月が出てくることもあります。昔の日本人は，立って待つうちに出てくる月を「立待月《たちまち》」，居間などで座って月の出を待つ月を「居待《いまち》月」，ねて待つほど月の出がおそい月を「寝待《ねまち》月」と名付けていました。松尾《まつお》芭蕉《ばしょう》の俳句にも「名月や池をめぐりて夜もすがら」(美しい月をながめて池のまわりを回っているうちに夜が明けてしまった)という句があります。当時の人々が，今の私達以上に月を見ることを楽しみにしていたことが伝わってきます。

図１は，ある日の地球・月・太陽の位置を北極側から見たようすです。太陽も月も１日ではほとんど動きませんが，地球は24時間で１回転するため，地上にいる人には，太陽や月が毎日空を動いているように見えます。また，月は地球のまわりを約１か月かけて回っていますが，地球に対して常に同じ面を向けているため，地球からは月の裏側を見ることはできません。新月から次の新月までを30日，日の出を６時，日の入りを18時とし，時刻は24時間表記で表すこととします。

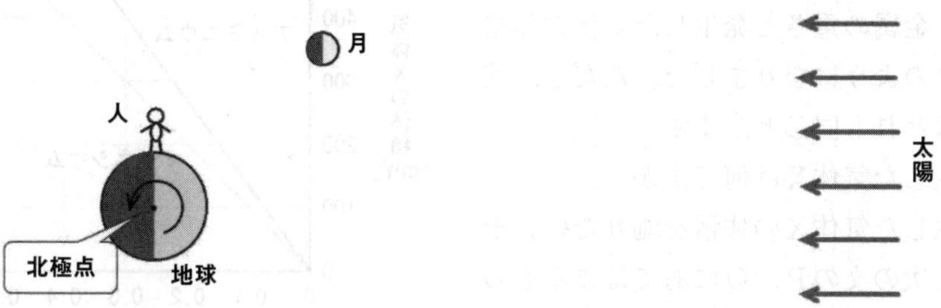

図１

問１　図１の人が見ている月について答えなさい。

① この月の形としてもっとも適当なものを(ア)～(オ)から１つ選びなさい。

(ア) 新月　(イ) 三日月　(ウ) 上弦《じょうげん》の月　(エ) 下弦《かげん》の月　(オ) 満月

② この月がしずむのは何時ころですか。(ア)～(エ)から１つ選びなさい。

(ア) 21時　(イ) ０時　(ウ) ３時　(エ) ６時

問２　図１の次の日，月の形と月がしずむ時刻はどのように変化しますか。(ア)～(エ)から１つ選びなさい。

(ア) 月の形は満ちていき，しずむ時刻は早くなる。
(イ) 月の形は満ちていき，しずむ時刻はおそくなる。
(ウ) 月の形は欠けていき，しずむ時刻は早くなる。
(エ) 月の形は欠けていき，しずむ時刻はおそくなる。

問３　与謝蕪村《よさぶそん》の俳句に「菜の花や月は東に日は西に」という句があります。
①　この句は何時ころの情景を表していますか。
②　この句によまれた月の形としてもっとも適当なものを，(ア)〜(オ)から１つ選びなさい。
(ア) 新月　(イ) 三日月　(ウ) 上弦の月　(エ) 下弦の月　(オ) 満月

問４　昔の人が「居待月」と名付けた月は，満月の日の３日後の月です。「居待月」の月の出は，何時何分ですか。

問５　「居待月」が南中したときの月の形を実線でかきなさい。

問６　月面上のある地点にいる人が，30日間地球を観察した場合，地球はどのように見えますか。月から見た地球の①動き，②見える面，③満ち欠けについて，(ア)〜(ウ)からそれぞれ選びなさい。

①　動き	(ア)　空の一点で動かない	(イ)　24時間かけて空をのぼったりしずんだりする	(ウ)　30日間かけて空をのぼったりしずんだりする
②　見える面	(ア)　同じ面しか見えない	(イ)　24時間かけて見える面が１周する	(ウ)　30日間かけて見える面が１周する
③　満ち欠け	(ア)　満ち欠けしない	(イ)　24時間かけて満ち欠けする	(ウ)　30日間かけて満ち欠けする

4　マグネシウムやアルミニウムを塩酸と反応させると，気体Xが発生します。十分な量の塩酸とこれら金属を反応させたときの，金属の重さと発生した気体の体積の関係は右のグラフのようになりました。ただし，使用する塩酸の濃《こ》さはどれも同じとします。

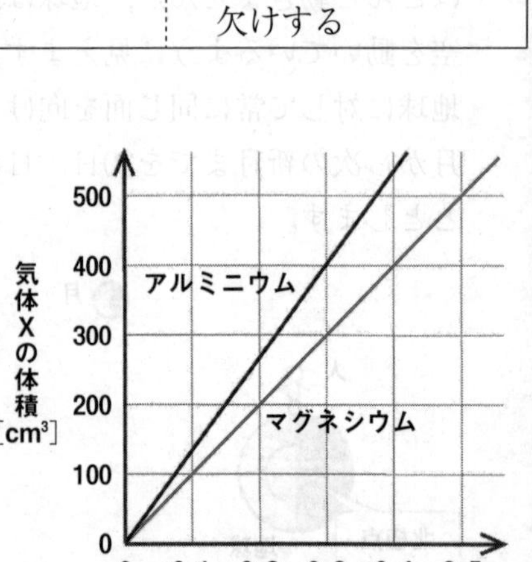

問１　この実験で発生した気体Xは何ですか。

問２　この実験で発生した気体Xの体積を測りたい。その方法を説明した次の文のP，Qにあてはまるものをそれぞれ選び，記号で答えなさい。
気体Xが$_{P}$［ア：発生し始めたときから　イ：発生してから少し経ってから］，$_{Q}$［ア：上方置換《ちかん》　イ：下方置換　ウ：水上置換］でメスシリンダー内に気体を集める。

問３　アルミニウムと十分な量の塩酸を使って気体Xを1000cm^{3}発生させたい。アルミニウムは何g必要ですか。

問４　この塩酸50cm^{3}に，アルミニウムを0.6g反応させたところ，アルミニウムは溶《と》け残り，発生した気体Xは600cm^{3}でした。この塩酸50cm^{3}に，反応させるアルミニウムの量を0.1gから0.9gまで0.1gずつ増加させながら，発生する気体Xの体積を測定しました。

この結果から，反応させた「アルミニウムの重さ」と発生する「気体Ｘの体積」の関係をグラフに表しなさい。

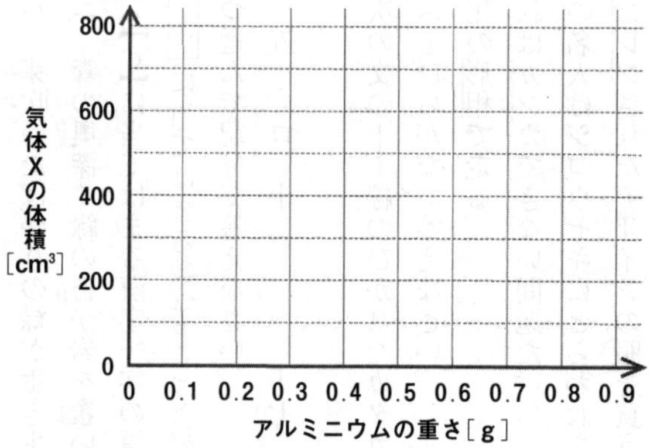

問５　マグネシウムとアルミニウムの混合物1.5gがあります。この混合物を十分な量の塩酸と反応させたところ，混合物はすべて反応し，発生した気体Ｘは1800 cm^3 でした。この混合物にアルミニウムは何gふくまれていますか。

次に，マグネシウムとアルミニウムをそれぞれ0.3gずつ用意し，十分な量の水酸化ナトリウム水溶液《すいようえき》と反応させたところ，アルミニウムはすべて溶け，気体Ｘが400 cm^3 発生しました。また，マグネシウムは反応しませんでした。

問６　マグネシウムとアルミニウムの混合物Ｙがあります。これをちょうど半分に分け，一方に十分な量の水酸化ナトリウム水溶液を加えたところ，気体Ｘが600 cm^3 発生しました。もう一方の混合物に十分な量の塩酸を加えたところ，気体Ｘが800 cm^3 発生しました。はじめにあった混合物Ｙは何gですか。

イ　鮮やかな緑の竹林がどこまでも続いている
ロ　夏の木々の緑が見《み》渡《わた》すかぎり広がっている
ハ　芽《め》吹《ぶ》いたばかりの緑が生き生きとしている
ニ　森の奥《おく》深く緑の苔《こけ》が岩を覆《おお》いつくしている

(2)　【d】に当てはまる漢字一字の言葉を、考えて答えなさい。

問４　②に当てはまる数字として最も適当なものを、次の中から一つ選んで記号で答えなさい。

イ　五　ロ　十二　ハ　十七　ニ　三十一

四　次の文の――線のひかれたカタカナは漢字に直し、漢字はその読みをひらがなで答えなさい。

①　必死の形相で走る。
②　これはカンカできない問題だ。
③　あの名人はジョウセキにとらわれない。
④　センレンされたデザインの服を買う。

線が強調される感じがしないでしょうか。

C　たんぽぽのぽぽと絮毛《わたげ》のたちにけり　加藤楸邨《かとうしゅうそん》

逆にこちらを「たんぽぽや」と切れ字に変えてみても、やはり意味はそのままです。ただ、いったん「や」で切れてしまうと、「たんぽぽのぽぽ」という、楽しい音の発見が損《そこ》なわれてしまいます。

D　万緑《ばんりょく》の中や吾子《あこ》の歯生え初《そ》むる　中村草田男《なかむらくさたお》

この句の場合も、「や」を「の」に変えても、意味的にはそんなに違《ちが》いはありません。しかし、「万緑の中や」と切れ字を使うことで、生命力のあふれる緑と子どもの生命がつながっているように感じられたことまでが伝わる仕掛《しか》けとなっています。

もともと俳句の切れは、連歌《れんが》や連句で発句《ほっく》(※最初に作る句)だけは言い切って独立することに由来しますが、言い切って詠嘆《えいたん》の意を示すことで、句の言葉そのもの以上のニュアンスを伝える働きをしています。俳句が［②］文字で大きな広がりを感じさせる秘密は、切れにあるといえるでしょう。

(堀田季何《ほったきか》『俳句ミーツ短歌　読み方・楽しみ方を案内する18章』による)

問1　――線①「切れの前が自分の思い、切れの後はそう思う理由という構成になっています」とあるが、それを説明した次の文の【a】、【b】に当てはまる表現を、後の各群の中から一つずつ選んで記号で答えなさい。

・句切れの前には【　a　】という思いが述べられており、句切れの後にはその理由は【　b　】だと述べている。

a
イ　白鳥は哀《あわ》れでかなしいのだなあ
ロ　白鳥は自由だからかなしくはないよ
ハ　白鳥は孤独《こどく》でかなしくないのか
ニ　白鳥はどうしてかなしんでいるのか

b
イ　周りに溶《と》け込めていないから
ロ　周りに導いてくれるものがないから
ハ　周りから信用されていないから
ニ　周りからの影響《えいきょう》を受けていないから

問2　BとCの俳句と同じ季節の俳句を、次の中から一つずつ選んで記号で答えなさい(引用の俳句は、すべて浜島《はまじま》書店『常用国語便覧』による)。

イ　鮟鱇《あんこう》の骨まで凍《い》ててぶちきらる　加藤楸邨
ロ　いわし雲大いなる瀬《せ》をさかのぼる　飯田蛇笏《いいだだこつ》
ハ　炎天《えんてん》の遠き帆《ほ》やわがこころの帆　山口誓子《やまぐちせいし》
ニ　あを《(お)》あを《(お)》と空を残して蝶《てふ(ちょう)》分かれ　大野林火《おおのりんか》

問3　次の文章はDの俳句についてのXさんとYさんの会話である。この会話を読んで、後の(1)、(2)の問いに答えなさい。

Xさん「この俳句は、万緑の中、我が子の歯が生え始めた感動を表現しているんだね。」
Yさん「万緑って【　c　】様子を表した言葉だよ。色のコントラストも印象的だよね。」
Xさん「色のコントラスト?」
Yさん「緑と【　d　】の対比が鮮《あざ》やかできれいだなと思ったんだ。」
Xさん「なるほど。短い俳句でもイメージが広がっていくね。」
Yさん「俳句っておもしろいね。」

(1)　【c】に当てはまる表現として最も適当なものを、次の中から一つ選んで記号で答えなさい。

ハ　ハワイ諸島周辺　ニ　ベーリング海

問12　――線⑧「彷彿させる」の意味として最も適当なものを、次の中から一つ選んで記号で答えなさい。

イ　思い出させる　ロ　刻み込ませる

ハ　組み合わせる　ニ　引き立たせる

ホ　響《ひび》き渡《わた》らせる

問13　次の一文は、文章中の《イ》〜《ニ》のどこに当てはまるか。最も適当なものを、一つ選んで記号で答えなさい。

・まさに、ヒーロー中のヒーローである。

問14　この文章の内容に合っているものを、次の中から二つ選んで記号で答えなさい。

イ　クジラは、「ハクジラ」と「ヒゲクジラ」の二種類に大別されるが、ザトウクジラは歯を巧みに用いて捕食《ほしょく》するため、前者に属する。

ロ　ザトウクジラのソングは毎年変化し、その年流行ったソングをみなが奏でるが、その奏でる方法も広まる仕組みも詳《くわ》しくは分かっていない。

ハ　子育て中のザトウクジラのメスに対して、オスが優しく寄り添うことがあるが、これは決してメスからの見返りを求めるためのものではない。

ニ　ザトウクジラは他のクジラと違《ちが》い、エサを捕食する際に仲間同士で連携《れんけい》し合うことがあるが、これは動物界では比較的珍しいことである。

ホ　数千キロメートルに及ぶ大回遊を行うザトウクジラは、冬になると摂餌海域に移動し自分の存在をアピールするためのソングを奏で始める。

三　次の文章を読んで、後の1〜4の問いに答えなさい（問題の都合上、本文を変えているところがあります。※のついた説明は出題者が加えたものです）。

日本の中学校国語科では短歌や俳句を学びます。テストでは「この短歌（俳句）の句切れはどこですか」といった問題が出ることもあるようで、中学生向きの教育サイトでは短歌の句切れの見分け方を解説しているものもあります。それを真似《まね》て問題を出します。次の歌の句切れはどこでしょう。（中略）

A　白鳥《しらとり》はかなしからずや空の青海のあを《（お）》にも染まずただよふ《（う）》　若山牧水《わかやまぼくすい》

こちらは「や」で切れ、①切れの前が自分の思い、切れの後はそう思う理由という構成になっています。「白鳥って悲しくない？　空の青にも海の青にも染まらないで、白く漂《ただよ》っているんだよ」と語りかけているわけです。

短歌は句切れがわかると意味がつかみやすくなるので、こういう問題を出すのだろうと思います。しかし、俳句の場合は、短いこともあり、句切れがわかって意味がわかりやすくなるということは、あまりないかもしれません。

B　夕顔やひらきかかりて襞《ひだ》深く　杉田久女《すぎたひさじょ》

「夕顔や」で切れることは誰《だれ》にでもわかります。「夕顔の」であっても句全体の意味は変わりませんが、「や」で切ったほうが夕顔を眺《なが》めている作者を彷彿《ほうふつ》とさせます。「夕顔の」になると、襞を覗《のぞ》きこむ視ソングを奏でているクジラに素潜りで近づいていくと、音が聞こえるだけでなく、身体にその振動《しんどう》も伝わってくることもしばしばであり、まさに、天然のドルビーサラウンド効果であろう。

（田島木綿子《たじまゆうこ》『クジラの歌を聴け　動物が生命をつなぐ驚異のしくみ』による）

問1　[A]～[C]に当てはまる言葉として適当なものを、次の中から一つずつ選んで記号で答えなさい（[A]、[B]はそれぞれ二か所あるが、同じ言葉が入る。同じ記号は二度使えない）。

イ　嗅覚《きゅうかく》　ロ　視覚　ハ　触覚《しょっかく》

ニ　聴覚《ちょうかく》　ホ　味覚

問2　――線①「アプローチ」とあるが、この「アプローチ」とほぼ同じ意味で使われている漢字二字の言葉を、文章中からぬき出しなさい。

問3　――線②「ザトウクジラのエサの摂り方」の説明として最も適当なものを、次の中から一つ選んで記号で答えなさい。

イ　一回50トン以上の大量の海水と共に取り込んだエサを、口の中にある歯と一列に並んだヒゲ板を巧みに使うことで体内に取り込む。

ロ　口に入れたエサと大量の水は一度体内のある空間にためられ、その後また口にもどしてヒゲ板でエサだけを漉し取り水を外に出す。

ハ　口の中の舌やヒゲ板や喉の筋肉によって体内に運んだ大量の水とエサを、大きくふくらんだ腹部でそのまま長時間たくわえておく。

ニ　皮膚の下のクジラ特有の空間に大量のエサをため込んだ後、時間をかけてヒゲ板によってゆっくり後方の消化器官に運ばれてゆく。

問4　――線③「さながら」という言葉が正しく使われている文を、次の中から一つ選んで記号で答えなさい。

イ　私がさながら怒《おこ》ったら、人はどう思うだろう。

ロ　さながら冗談《じょうだん》だとしても、夢のような話です。

ハ　その姿はさながら眠《ねむ》ったネコである。

ニ　先生の無事をさながらお祈《いの》りします。

問5　[　]で囲まれたイ～ニの文を、正しい順序に並べかえて記号で答えなさい。

問6　――線④「□解明」の□には否定の意味を持つ漢字が入る。これと同じ漢字が□に入るものを、次の中から一つ選んで記号で答えなさい。

イ　□関心　ロ　□成年

ハ　□可決　ニ　□常識

問7　――線⑤「摂餌海域からこの歌合戦は始まっているようなのである」とあるが、そうしなければいけないのはなぜか。その理由を四十字以上五十字以内で説明しなさい。

問8　――線⑥「□線を画す」が「他と区別できるほど優《すぐ》れている」という意味になるように、□に当てはまる漢字一字を答えなさい。

問9　[D]に当てはまる漢字四字の言葉を、考えて答えなさい。

問10　【Ⅰ】～【Ⅳ】に当てはまる言葉として適当なものを、次の中から一つずつ選んで記号で答えなさい（同じ記号は二度使えない）。

イ　さらに　ロ　しかし　ハ　たとえば

ニ　つまり　ホ　ところで

問11　――線⑦「摂餌海域」とあるが、ここでの「摂餌海域」とはどのことか。次の中から一つ選んで記号で答えなさい。

イ　インド洋　ロ　小笠原諸島周辺

に操《あやつ》って、母子に危険が及ばないように注意しながら並走《へいそう》するのである。ザトウクジラのオスの徹底《てってい》した〝ジェントルマン〟の対応は、まさにエスコートの呼称《こしょう》がふさわしい。《ロ》

もちろん、オスたちも無償《むしょう》で母子をエスコートしているわけではない。母子を守りながら交尾のチャンスを虎視眈々《こしたんたん》と狙《ねら》い、わずかな確率に賭《か》けるのである。実際にエスコート役のオスが交尾する行動が繁殖海域で見られることはあるが、それが妊娠に繋《つな》がっているかどうかは定かでない。

そんなオスを尻目《しりめ》に、子連れのメスはエスコートされることを当たり前と受け止めているのか、オスに守られながら子育てを完遂《かんすい》する。その年に交尾できなかったオスは、翌年までチャンスをもち越《こ》すことになる。不憫《ふびん》な気もするが、「来年こそは」というオスの強い思いが、他のクジラに真似《まね》できない特有の複雑なソングを生み出す原動力になっているのかもしれない。

ザトウクジラの優《やさ》しさは、繁殖活動以外の場面でも散見される。【Ⅱ】、繁殖海域で子育てをしていた母子クジラが、春になってエサの豊富な海域へ移動する際、子どもはまだよちよちの幼い場合が多い。そんな母子を⑦摂餌海域で待《ま》ち伏《ぶ》せしているのが、前出のKiller whale(※この文章より前の部分で述べられているシャチの英名。)としてのシャチである。《ハ》

カナダの研究チームが撮影《さつえい》に成功したケースでは、メキシコの近海からベーリング海の近くまでやっとの思いでたどりついたコククジラの親子に対し、突如《とつじょ》どこからともなくシャチの群れが猛《もう》スピードで襲《おそ》いかかろうとした。

しかしその瞬間《しゅんかん》、こちらもどこからともなく数頭のザトウクジラが現れ、コククジラの母子をかばうようにシャチとの間に分け入った。その結果、あのシャチですら止《や》むなく退散したという。間一髪《かんいっぱつ》でコククジラの母子は助かり、ザトウクジラたちは何事もなかったかのように、その場をスーッと立ち去ったそうだ。《ニ》

別のエピソードでは、氷上にいたアザラシにこれまたシャチが複数で突進《とっしん》し、海へ転げ落ちたアザラシを食べようとしたとき、これまたどこからともなく現われた1頭のザトウクジラが、アザラシを体の脇《わき》に乗せて仰向《あおむ》けのまま数十分泳ぎ続け、シャチからアザラシを助けたという。クジラにとって仰向けで泳ぐという行動は、その間の呼吸ができず、命に関わる。【Ⅲ】、このザトウクジラは自分の命を賭けてまで1頭のアザラシを助けたことになり、驚《おどろ》くべき行動である。

【Ⅳ】、ザトウクジラの知能と社会性の高さを感じる行動はエサをとる時にも見られる。彼《かれ》らは、仲間同士で協力してエサを追い込む〝バブルネットフィーディング〟という摂餌方法を実践《じっせん》する。これは群集性のエサ生物の周りを、複数のザトウクジラが等間隔《とうかんかく》で時計回りに円を描《えが》きながら泳ぎ、噴気孔《ふんきこう》から泡《あわ》を出しながらゆっくりと浮上《ふじょう》し、泡のネット(バブルネット)でエサ生物を群れごとトラップし、海面で一網打尽《いちもうだじん》に仕留めるのである。動物界では、仲間で協力し合ってエサを取ることは比較的珍《ひかくてきめずら》しく、この摂餌方法を行うのは、クジラの中でもザトウクジラだけである。

ザトウクジラのソングは、YouTubeや市販《しはん》されているCDでも聞くこともできる。または、繁殖海域の沖縄や小笠原諸島で、素潜《すもぐ》りすれば生のソングを聞くことができるし、ハイドロフォン(水中マイク)を搭載《とうさい》した観光船に乗れば、スピーカーから今年流行りのソングも耳にすることができるかもしれない。

ザトウクジラのソングは、音に高低差や強弱があり、長い音や短い音の繰り返しで、楽器の中ではビオラやオーボエの音色を⑧彷彿《ほうふつ》させる。ザトウクジラのソングを愛してやまない私は、その鳴音を聴《き》くとすぐに涙腺《るいせん》が崩壊《ほうかい》してしまう困った事態に陥《おちい》る。

ヒゲクジラ類は、ハクジラ類の行うエコロケーション（自ら発した超音波《ちょうおんぱ》の反響《はんきょう》により、自分の位置や周囲の物体との距離《きょり》、方向などを認知《にんち》する方法）を行わないため、ハクジラ類の発する「鼻声門（フォニック・リップス）」や、その鳴音を調整する音響脂肪《おんきょうしぼう》の「メロン」は存在しない。

そのため、ソングをどこから発しているのかは、いまだに明確には解明されていない。繁殖時期にオスだけがソングを奏でることから、メスに対する求愛行動の一つであることは明らかだが、実際にどのように活用されているのかは④□解明な部分が多いのが現状である。

ザトウクジラのソングは、毎年変化する。つまり、繁殖期の初めの頃には、前年と同じようなソングを歌っていた個体も、誰《だれ》かが新しい歌を奏でるようになるとすぐに覚えて、その繁殖海域のザトウクジラはみな同じソングを奏でるようになり、流行歌が生まれる。

いったい誰が最初に歌い始めて、それがどうやって広まるのか、そのメカニズムは今でも研究されている。ただ、北半球では西から東の海域へ伝わることが確認《かくにん》されている。つまり、⑤摂餌海域からこの歌合戦は始まっているようなのである。

ザトウクジラのオスが、求愛戦略として他のクジラと⑥□線を画す複雑なソングを歌い始めた背景には、大規模回遊を行うことが深く関係すると考えられている。繁殖海域へ向けて回遊する際、ザトウクジラは20～30頭で移動するが、固まって移動するわけではなく、おのおの自分のペースで進む。

ゴールの繁殖海域は決まっているものの、繁殖海域に到着《とうちゃく》してからメスを探したのでは、ライバルがわんさかといて、遅きに失する可能性が高い。ゴール地点までに少しでも早くメスに出会ったほうが断然有利になるが、広い大海原でオスとメスが出会うのは、そう簡単なことではない。

そこで、繁殖海域へ向かう途中《とちゅう》でメスに気づいてもらえるように、ザトウクジラのオスは、自慢《じまん》の複雑なソングを奏でて「ボクはここにいるよ」とメスにアピールすることにしたと考えられる。その歌声は、およそ3000キロメートル先まで響くといわれている。オスとメスがめでたく出会ってペアになると、一緒《いっしょ》に並んで泳いだり、胸《むな》ビレでふれ合ったり、体を密着させる様子も見られる。交尾《こうび》を終えた後も、しばしのデートを楽しむ場合もある。

オスの必死の努力とは裏腹に、繁殖期のザトウクジラのメスは、何もしなくてもとにかくモテモテである。メスの周りには複数のオスが集まり、一夫多妻ならぬ〝D〟の様相を呈《てい》する。確実に子孫を残すためにメスは何頭ものオスと交尾をし、妊娠《にんしん》して出産したあとは子育てに専念する。

子連れのメスは、基本的に発情することはない。子どもが生まれると、分泌《ぶんぴつ》されるホルモンが切り替《か》わるからだ。発情している間は、女性ホルモンの一種であるエストロゲン系のホルモンが多く分泌されるのに対し、子育て中は乳汁《にゅうじゅう》分泌を促《うなが》すプロラクチンや、愛情ホルモンとも呼ばれるオキシトシンなどが多く分泌される。このホルモンの影響《えいきょう》で「オスより我《わ》が子《こ》！」のモードになり、オスのことはまったく眼中になくなる。

【Ⅰ】、そんな子育て中のメスの周りにも、常に数頭のオスが寄《よ》り添《そ》い、ソングを歌い続ける様子が見られる。陸上の哺乳類《ほにゅうるい》のオスに見られる「子殺し（別のオスの子どもを殺してメスの発情を促す行《こう》為《い》）」などは行わず、それどころか、子連れのメスを見つけると母子を共に守るような行動を示す。《イ》

そうしたオスは「エスコート」と呼ばれ、母子クジラが波風の少ない浅瀬《あさせ》や島影《しまかげ》などへ行けば、エスコートのオスも大きな胸ビレを巧み物を「これでもか」というほどたらふく食べる。②ザトウクジラのエサの摂《と》り方はきわめて特徴的《とくちょうてき》なので、求愛戦略の話の前に少し紹介《しょうかい》しよう。

クジラの仲間は、口の中に歯のある「ハクジラ」と、歯の代わりに〝ヒゲ板〟をもつ「ヒゲクジラ」の2種類に大別される。ザトウクジラは後者に属し、ヒゲ板を使ってエサを摂る。ヒゲ板は、上顎《うわあご》の粘膜《ねんまく》がケラチン化して伸長《しんちょう》したもので、上顎だけに存在し、上顎の全長にわたり数百枚のヒゲ板が1列に連なっている。エサを食べるときは、大量の海水ごと一気に口の中に流《なが》し込《こ》み、ヒゲ板を使ってエサとなる生物だけを漉《こ》し取る。

このとき、エサと共に取り込む海水の量は1回50トンを超《こ》えるともいわれている。ザトウクジラの体重は30トン程度だから、体重の2倍近い量の海水がエサと共に流れ込んでくることになる。

人間は一度にそんなに多量の水を体内に入れることはできないが、ザトウクジラを含《ふく》むナガスクジラ科のクジラは、進化の過程でそれをクリアできるしくみを生み出した。大量の水とエサを一時的に貯留できる空間を体内につくったのである。それが「腹側嚢《ふくそくのう》（Ventral Pouch）」と呼ばれる空間である。

腹側嚢は、ザトウクジラを含むナガスクジラ科が備えており、喉《のど》から腹部にかけて存在するウネ（畝《うね》：伸縮性《しんしゅくせい》に富んだ蛇腹《じゃばら》状のひだ）の皮下にあり、エサと共に大量の水が口の中に入ってくると、口の床《ゆか》が落ち込んで腹側嚢へ流れ込むしくみになっている。

その後、ウネや舌、喉の筋肉などを巧《たく》みに使い、水とエサを口の中に戻しながらヒゲ板でエサだけ漉し取り、水は外へ排出《はいしゅつ》するのである。非常にダイナミックな摂餌法で、大量の水とエサで蛇腹のウネが最大限伸長したとき、ザトウクジラを含むナガスクジラ科のクジラの頭部の腹側は大きく膨《ふく》らみ、③さながらオタマジャクシのような外観となる。ウネはそれほど伸縮性に富んでいる。

ウネと近しい構造としては、イヌやネコの首の背中側の皮膚《ひふ》を摘《つ》まむと、皮膚の下にたるたるした隙間《すきま》がある。獣医学《じゅういがく》の領域ではそこに皮下注射を打つのだが、あの構造と少し似ている。

エサの豊富な海域で体にたっぷり栄養を蓄えたザトウクジラは、秋を迎《むか》える頃《ころ》、約30～40トンもの巨体《きょたい》を揺《ゆ》らしながら、時速5～15キロメートルで大海原《おおうなばら》を泳いで５０００キロメートル先のハワイや沖縄、小笠原諸島という繁殖海域へ向かう。

その道程で、ザトウクジラのオスたちは、求愛のためのソングをつくり上げていくのである。

ザトウクジラのソングは、複雑な階層で構成されている。少し専門的な話になるが、ザトウクジラのオスは、繁殖期になるとどこからともなく、ある規則をもって発せられるいくつかの音の連なりと定義される「ソング（歌）」を奏《かな》でるようになり、これが反復されると長時間の鳴音となる。

イ　このいくつかのテーマが集まって「ソング」を形成するようだ。

ロ　同じフレーズがテーマを構成し、フレーズが異なって出てくると、それに伴《ともな》いテーマも変化する。

ハ　音の最小単位をユニットと呼び、ユニットがいくつかのかたまりをつくりだして、サブフレーズやフレーズを形成する。

ニ　このような「ソング」は、ザトウクジラほど複雑な構造ではないものの、同じヒゲクジラ類のシロナガスクジラ、ナガスクジラ、ホッキョククジラ、ミンククジラも奏でることが知られている。

ニ　失望感　　ホ　不快感

問11　――線⑧「予防線を張る」の意味として最も適当なものを、次の中から一つ選んで記号で答えなさい。

イ　事前に準備をすることで、自分の立場を優位に保つ。

ロ　失敗することを避《さ》けるために、先回りして準備する。

ハ　相手から非難されないために、反対にこちらから先に攻撃《こうげき》する。

ニ　意見を主張することで、自分の誤りに気づかれないようにする。

問12　――線⑨「ちょっぴり期待して、それからがっかりした自分」とあるが、具体的に何を「期待して」、何に「がっかりした」のか。それを説明した次の文の【Ⅰ】、【Ⅱ】に当てはまる表現を、（　）内に示した指定の字数で答えなさい。

・【Ⅰ（二十五字以内）】と期待したが、【Ⅱ（二十字以内）】がっかりした。

問13　この文章の表現上の特徴《とくちょう》を説明した文として最も適当なものを、次の中から一つ選んで記号で答えなさい。

イ　色彩《しきさい》を表す言葉を使い、視覚的な鮮《あざ》やかさを演出している。

ロ　会話文を中心に展開することで、物語がテンポよく進んでいる。

ハ　回想シーンを入れることにより、登場人物の心情の変化を印象づけている。

ニ　擬態語《ぎたいご》やカタカナ言葉を用いて、登場人物の様子をいきいきと描《えが》いている。

二

次の文章を読んで、後の1～14の問いに答えなさい（問題の都合上、本文を変えているところがあります。※のついた説明は出題者が加えたものです）。

陸上の動物は、[A]や[B]をフルに活用しながら求愛戦略を練ることが多い。一方、太陽光のほとんど届かない海の中では、[A]はさして役に立たない。[B]も、水中ではニオイの分子の拡散速度が遅《おそ》く、十分に働かない。

そこで、流行《はや》りのラブソングを歌い、[C]を利用してメスに①アプローチする海の動物が現れた。その代表格がザトウクジラである。水中での音の伝搬《でんぱん》速度は大気の4倍ともいわれており、より遠く、より速くソングを響《ひび》かせることができるのである。

ザトウクジラはナガスクジラ科の一種で、世界中の海に生息する。赤道を挟《はさ》んで北半球に生息する群と、南半球に生息する群に大別でき、それぞれさらに複数の群に分かれるが、すべてのザトウクジラに共通するのは、毎年数千キロメートルに及《およ》ぶ季節性の大回遊を行うことである。

北半球では、暖かい季節（初夏から初秋）は、エサが圧倒的《あっとうてき》に豊富な寒い高緯度《こういど》の摂餌《せつじ》海域で、貪《むさぼ》るようにエサを食べて体に栄養を蓄《たくわ》え成長し、寒い季節（晩秋から初春）が近づくと、暖かい低緯度海域へ移動して繁殖《はんしょく》活動を行い、春になると再び高緯度の海域へ戻《もど》っていく。そうした回遊を毎年繰《く》り返《かえ》している。

日本近海では、初秋から早春にかけて、沖縄や小笠原諸島《おがさわらしょとう》周辺でザトウクジラの姿を目にすることができるが、この一群は約5000キロメートルも離《はな》れたベーリング海から、出産・子育てを目的にやってくる。オスもメスも長旅に備え、ベーリング海にいる間に、オキアミやイカナゴ、タラ、カラフトシシャモ、カタクチイワシなどの群性生

ニ　そんな、かんたんな話じゃない
ホ　でも、気持ちは目に見えないからな

問3　――線②「悪びれない」のここでの意味として最も適当なものを、次の中から一つ選んで記号で答えなさい。
イ　相手のことを考えて自分は完全な悪役に徹《てつ》している。
ロ　自分がしたことをまったく申し訳なく思っていない。
ハ　本当は興味があるのに少しも関心が無いふりをしている。
ニ　笑ってはいるが実際はちっとも面白《おもしろ》いとは思っていない。

問4　――線③「私の鉛筆を持つ手が止まる」とあるが、このときの「私」の様子の説明として最も適当なものを、次の中から一つ選んで記号で答えなさい。
イ　「私」への共感を示し激励《げきれい》してくれた「黒野くん」の言葉に感動し、「私」の鉛筆を動かす手が思わず止まっている様子。
ロ　「黒野くん」の言葉により、自分にとって重要なことがわかった喜びを感じて、「私」が絵を描くのを中断している様子。
ハ　「私」が触《ふ》れられたくない事実を「黒野くん」が言葉にしたことに驚《おどろ》き、その動揺《どうよう》から「私」が手の動きを中断させた様子。
ニ　「黒野くん」の言葉で、今まで意識しなかった大切なことに気づいてはっとし、「私」の鉛筆の動きが止まってしまった様子。

問5　――線④「じゃ、なかなおりのチャンスが来たら、逃すんじゃないぞ」とあるが、「黒野くん」はこのときどのような口調で話したと考えられるか。最も適当なものを、次の中から一つ選んで記号で答えなさい。
イ　冷やかすようなからかいを込めた口調。
ロ　命令をするような有無《うむ》を言わせない口調。
ハ　さとすようなゆったりとした穏《おだ》やかな口調。
ニ　あえてつき放すような静かで落ち着いた口調。

問6　**《中略》**より前の文章から読み取れる「黒野くん」の人物像として最も適当なものを、次の中から一つ選んで記号で答えなさい。
イ　失敗続きの「六花」と励《はげ》まし合いながら、お互《たが》いを高めていくことができる人物。
ロ　不器用な「六花」とは対照的に、どんなことでも上手にこなすことができる人物。
ハ　「六花」の言葉に左右されず、自分の意見を最後まで押《お》し通《とお》すことができる人物。
ニ　「六花」の話に耳をかたむけ、その気持ちに寄りそって接することができる人物。

問7　――線⑤「早緑は気まずそうだった。そうだろうな、と私は思う。私だって気まずい」とあるが、なぜ「早緑」と「私」は気まずかったと考えられるか。その理由を説明した次の文の【　】に当てはまる表現を、十字以上十五字以内で答えなさい。
・二人が【　　　】。

問8　D～Gに当てはまる言葉として適当なものを、次の中から一つずつ選んで記号で答えなさい（同じ記号は二度使えない）。
イ　すたすたと　ロ　おずおずと　ハ　ずけずけ
ニ　ぱたぱた　ホ　きゅっと　ヘ　じっと

問9　――線⑥「【　】にも薬にもならない」が「じゃまにもならないが、ためにもならない」という意味になるように、【　】に当てはまる漢字一字を答えなさい。

問10　――線⑦「しぼりだした声はかすれていた」とあるが、このときの「私」の気持ちを表す言葉として最も適当なものを、次の中から一つ選んで記号で答えなさい。
イ　緊張《きんちょう》感　ロ　孤独《こどく》感　ハ　罪悪感

早緑、照れているみたい。私はくすんと笑った。

「六花は、どうしたの？　またスケッチしてたの？」

「……しようと思ったけど、気分が乗らなくて」

私の言葉に、早緑は眉間《みけん》に［E］しわをよせる。それから、［F］歩いてきて、となりにすわった。カバンをベンチに置いて、足を［G］させる。

「なんか、ひさしぶりだね」

⑥【　】にも薬にもならないような私の言葉を無視して、早緑は言った。

「六花、やっぱりまだ、部室で絵を描《か》かないんだね」

私はだまっていた。なんて言ったらいいのか、ひとつも思いつかなかった。

しばらくして、早緑は口を開いた。

「あのね、六花。あたしさ、ずっと言いたかったことがあって」

その真剣な声に、覚悟《かくご》を決めたような表情に、さっと心が冷えるのを感じた。無意識に体がぎゅっと縮《ちぢ》こまって、ようするに私はこわがっているらしい。

わかったからだ。早緑が、あの日の続きを話そうとしているって。

逃げだそうかと、一瞬《いっしゅん》思った。

このまま立ちあがって、ふり返らずに立ち去ってしまおうか、と。

だけど……。

――じゃ、なかなおりのチャンスが来たら、逃すんじゃないぞ。

「……なに？」

⑦しぼりだした声はかすれていた。早緑はうなずく。

「あの、こんなこと今言ってもしょうがないのかもしれない。六花のこと、こまらせたらごめん。でも、言わなきゃって、ずっとずっと、そう思ってた」

何重にも⑧予防線を張るように前置きをしてから、早緑はためらいがちに言った。

「あたしさ……ほんとのこと言うと、毎日泣いてたんだ。あのころ」

泣いてた？

「……私とけんかしてから、ってこと？」

早緑は首を横にふった。

「ううん、ちがうちがう。そうじゃなくて、そのまえから」

「そっか……うん」

⑨ちょっぴり期待して、それからがっかりした自分が、ひどくはずかしい。

って……え？

「私とけんかする、まえ？」

早緑はうなずく。

「陸上部の練習が、いやでいやで。みんな、あたしよりずっと足が速くてさ。練習もきつくて、ぜんぜんついていけなかった。先輩《せんぱい》こわいし。しょっちゅうおこられてたし。ほんと、毎日毎日、つらくてしょうがなくて。家でめそめそ泣いてたの」

私はとなりを見た。なつかしい、早緑の横顔。遠くを見つめる黒い瞳《ひとみ》。

（村上雅郁《むらかみまさふみ》『きみの話を聞かせてくれよ』による）

問1　――線①「シロクマ」とあるが、ここでの「シロクマ」とは、具体的に何をたとえているか。文章中から二字でぬき出しなさい。

問2　［A］～［C］に当てはまる表現として適当なものを、次の中から一つずつ選んで記号で答えなさい。

イ　からかってるでしょ

ロ　きっとなんとかなると思っているんだね

ハ　気持ちの問題なんかじゃないよ

真剣な表情だったけれど、くちびるのはしのほうがひくひくしている。

そこで、私はようやく気づいた。

「　B　」

「まあ、そうだな」

くすくす笑う黒野くん。ぜんぜん②悪びれない。

「で、そもそもどうしてけんかになったんだ？」

私はちいさくため息をついた。

「……意見の不一致《ふいっち》」

そう。

言ってしまえば、それだけのこと。

黒野くんはうなずく。

「それこそ、気持ちの問題だな」

私はちょっとむっとした。「　C　」

すると、黒野くんは言った。

「そりゃそうだろ。気持ちの問題ほどむずかしいものはこの世にないよ」

その声はひどくやさしくて、だから私はなにも言えない。

黒野くんは私を見て目を細めた。

「その子、名前は？」

私はすこし迷ったけれど、首を横にふる。

「……言いたくない」

「そっかそっか。それならそれでいいけどな。でも、大事な人なんだろ？」

大事な人——その言葉に、③私の鉛筆を持つ手が止まる。

スケッチブックに写した、文庫本を読んでいる黒野くんの姿。

しばらくして、私はちいさくうなずく。

黒野くんはやわらかくほほえんだ。

「④じゃ、なかなおりのチャンスが来たら、逃《のが》すんじゃないぞ」

チャイムの音が響《ひび》いた。

《中略》

「見っけ！って、あれ……？」

そんな声がして、私は顔をあげた。心臓が止まるかと思った。

「おかしいなあ。いたと思ったんだけど」

そう言いながら、すべり台の下をのぞきこむポニーテール。

思わず、声がもれた。

「早緑……？」

結《ゆ》わえた髪《かみ》がなびく。ふり返った早緑の目が、びっくりしたように大きくなる。

「六花」

沈黙《ちんもく》があった。

⑤早緑は気まずそうだった。そうだろうな、と私は思う。私だって気まずい。だけど、いつまでもだまっているわけにはいかない。

「……『見っけ』って、なんのこと？」

　D　、こんなことをたずねた。

「え？　あ、うん。そうね。あのー、野良《のら》ネコがね、公園にいるって聞いてさ」

ごまかすように笑う早緑。私はうなずいた。

正直ちょっとおもしろかった。でも、どんな顔をしていいかわからない。

「だれに聞いたの？」

「くろ……いや、いいじゃん。そのことは」

2024年度 大妻中学校

【国語】〈第二回試験〉（五〇分）〈満点：一〇〇点〉

（注意）解答に字数の指定がある場合は、句読点やかっこなどの記号も字数として数えます。

一　次の文章を読んで、後の1～13の問いに答えなさい（問題の都合上、本文を変えているところがあります）。

「『シロクマ効果』って、知ってるか？」

初耳だった。首を横にふると、黒野《くろの》くんはほほえんだ。

「『これから十分間、シロクマのことだけは考えないでください』って言われたら、逆に考えちゃうだろ？　そういう話だ」

私《わたし》はだまっていた。よくわからなかった。

シロクマ効果のことじゃなくて、どうして黒野くんがそんな話をしたのか、が。

「剣道《けんどう》でさ、練習の終わりに黙想《もくそう》っていうのをやるんだ。こう、正座して、手をひざの上で組んで、目を閉じて。心を無にするっていうけど、まあ無理な話だよな。なにも考えないようにしようとしても、なにかしらは考えてしまう。無にしよう、無にしよう、と思っていても、『無にしよう』って考えている時点で、それ、ちっとも無じゃないよな」

「……それが？」

私がたずねると、黒野くんはうなずいた。

「考えることから、人間は逃《に》げられないって話。悩《なや》みから目をそらそうとしても、なかなかそううまくいかない。生きるってむずかしいよな」

そう言って、いたずらっぽい目で私を見る。

「それで？　聞かせてくれよ。白岡六花《しらおかりっか》にとっての①シロクマはなんだ？」

なにもかも見透《みす》かしたような目つきで、からかうように黒野くんはたずねた。

私はだまって、スケッチブックに目を落とす。４Ｂの鉛筆《えんぴつ》を走らせて、黒野くんの絵をしあげていく。しずかに文庫本を読む中性的な少年。

しばらくして、私は言った。

「私、友だちいないから。なかなおりのやりかたも、よくわからなくって」

「そっかそっか。なかなおりのやりかたね……」

それからしばらく考えて、黒野くんはこんなことを言いだした。

「やっぱりさ、気持ちが大事だよな。ほら、言葉や形よりさ、中身よ」

中身。

「自分がどういう気持ちでいるのかをさ、伝えればいいわけだろ？　なんだかんだぶつかったけれど、これからもまた、なかよくしたいって」

「そう。なかよくしたい」

もう一度、早緑《さみどり》と、いっしょに過ごせるように、なりたい。

「［　A　］」

「うん……うん？」

「となると、けっきょく、言葉とか、形とかで、表現するしかないよな」

黒野くんは言った。私はまじまじとその顔を見た。

2024年度

大妻中学校　▶解説と解答

算数　＜第２回試験＞（50分）＜満点：100点＞

解答

1 (1) 8.8　(2) 12.5　(3) 4 cm　(4) 11本　**2** 143個　**3** 68度　**4** 3分　**5** 水曜日　**6** 34cm　**7** (1) 8　(2) 176　**8** (1) 12%　(2) 160 g　**9** 12874cm^3　**10** 6 : 4 : 3

解説

1 四則計算，逆算，表面積，つるかめ算

(1) $2.8+7\div\left\{\left(3\frac{1}{4}-1\frac{4}{9}\right)\times0.3+0.625\right\}=2.8+7\div\left\{\left(\frac{13}{4}-\frac{13}{9}\right)\times\frac{3}{10}+\frac{5}{8}\right\}=2.8+7\div\left\{\left(\frac{117}{36}-\frac{52}{36}\right)\times\frac{3}{10}+\frac{5}{8}\right\}=2.8+7\div\left(\frac{65}{36}\times\frac{3}{10}+\frac{5}{8}\right)=2.8+7\div\left(\frac{13}{24}+\frac{15}{24}\right)=2.8+7\div\frac{28}{24}=2.8+7\times\frac{24}{28}=2.8+6=8.8$

(2) $3\div4=\frac{3}{4}$，$56\div7=8$ より，$12-\left(\frac{3}{4}\times\square-8\right)\times8+9=10$，$12-\left(\frac{3}{4}\times\square-8\right)\times8=10-9=1$，$\left(\frac{3}{4}\times\square-8\right)\times8=12-1=11$，$\frac{3}{4}\times\square-8=11\div8=\frac{11}{8}$，$\frac{3}{4}\times\square=\frac{11}{8}+8=\frac{11}{8}+\frac{64}{8}=\frac{75}{8}$ よって，$\square=\frac{75}{8}\div\frac{3}{4}=\frac{75}{8}\times\frac{4}{3}=\frac{25}{2}=12.5$

(3) 右の図の直方体で，表面積は184cm^{2}であり，そのうち上下の底面積の合計は，$5\times8\times2=80$(cm^2)だから，側面積は，$184-80=104$(cm^2)とわかる。また，底面のまわりの長さは，$(5+8)\times2=26$(cm)なので，高さは，$104\div26=4$ (cm)と求められる。

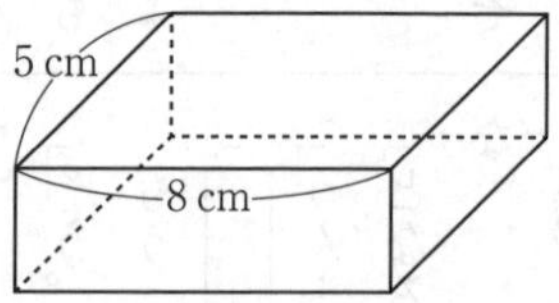

(4) ボールペンを15本買うと代金は，$140\times15=2100$(円)となり，実際よりも，$2100-1440=660$(円)高くなる。ボールペンのかわりに鉛筆《えんぴつ》を買うと，１本あたり，$140-80=60$(円)安くなるから，鉛筆の本数は，$660\div60=11$(本)と求められる。

2 整数の性質

百の位を四捨五入すると4000になる整数は，3500以上4499以下である。また，$4499\div7=642$余り５より，１から4499までに７の倍数は642個あり，$3499\div7=499$余り６より，１から3499までに７の倍数は499個あることがわかる。よって，3500から4499までの７の倍数の個数は，$642-499=143$(個)と求められる。

3 平面図形―角度

右の図で，三角形EBCに注目すると，●印と○印をつけた角の大きさの和は，$180-119=61$(度)とわかる。よって，三角形CDBに注目すると，角CDBの大きさは，$180-(61+25+38)=56$(度)と求められる。また，三角形CDBは二等辺三角形だから，角BCDの大きさは，$180-56\times2=68$(度)となる。したがって，角 x の大きさも68度である。

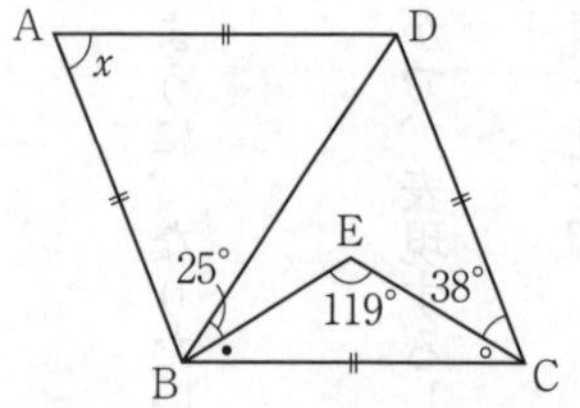

4 旅人算

妹が12分で歩く道のりは，80×12＝960(m)である。すると，姉が出発してから妹に追いつくまでの時間は，960÷(208－80)＝7.5(分)なので，この間に姉が走る道のりは，208×7.5＝1560(m)とわかる。よって，妹が姉に追いつかれた地点から駅までの道のりは，1800－1560＝240(m)だから，妹は姉に追いつかれてから駅に着くまでに，240÷80＝３(分)かかる。

5 周期算

2024年はうるう年だから，１年は366日ある。そのうち１月１日から２月１日までの日数は，31＋１＝32(日)なので，2024年の２月２日から12月31日までの日数は，366－32＝334(日)とわかる。さらに，2025年の１月１日から６月18日までの日数は，31＋28＋31＋30＋31＋18＝169(日)だから，2024年２月２日から2025年６月18日までの日数は，334＋169＝503(日)と求められる。503÷７＝71余り６より，これは71週間と６日とわかり，最後の６日の曜日は{金，土，日，月，火，水}なので，2025年６月18日は水曜日である。

6 割合と比

右の図で，ウの長さの$\frac{5}{8}$倍が90cmだから，ウの長さは，90÷$\frac{5}{8}$＝144(cm)となり，★印の部分の長さは，210－144＝66(cm)とわかる。また，アとイの長さの比は，１：$\frac{5}{8}$＝８：５であり，この差が66cmなので，比の１にあたる長さは，66÷(８－５)＝22(cm)となり，アの長さは，22×８＝176(cm)と求められる。よって，台の高さは，210－176＝34(cm)である。

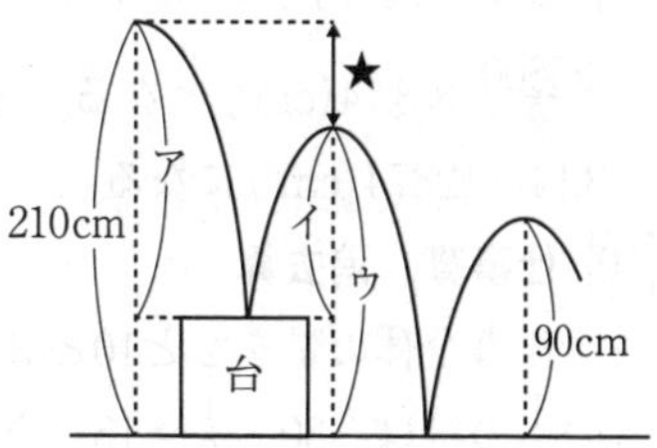

7 約束記号，計算のくふう

(1)　４◎１＝４×４－１×１＝15だから，A◎７＝15となる。よって，A×A－７×７＝15より，A×A＝15＋49＝64＝８×８となるので，A＝８とわかる。

(2)　10◎８＋９◎７＋８◎６＋７◎５＋６◎４＋５◎３＋４◎２＋３◎１＝10×10－８×８＋９×９－７×７＋８×８－６×６＋７×７－５×５＋６×６－４×４＋５×５－３×３＋４×４－２×２＋３×３－１×１となる。ここで，＿部分は同じ数の引き算と足し算をすることになるから，それ以外の部分を計算すると，10×10＋９×９－２×２－１×１＝100＋81－４－１＝176と求められる。

8 濃度《のうど》

(1)　操作１の後も操作２の後も食塩水の重さは400gになる。そこで，操作２の後の食塩水に含《ふく》まれている食塩の重さは，400×0.084＝33.6(g)とわかる。さらに，食塩水に水を加えても食塩の重さは変わらないので，操作２で水を加える前の食塩水に含まれていた食塩の重さも33.6gである。この食塩水の重さは，400－120＝280(g)だから，操作１の後の食塩水の濃度は，33.6÷280×100＝12(%)と求められる。

(2)　操作１では，濃度15%の食塩水に濃度7.5%の食塩水を加えて，濃度12%の食塩水が400gできたことになる。よって，右の図のように表すことができる。この図で，ア：イ＝(15－12)：(12－7.5)＝２：３なので，□：△＝$\frac{1}{2}$：$\frac{1}{3}$＝３：２とわかる。この和が400

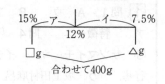

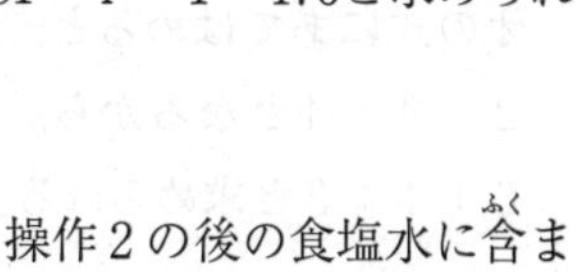

ｇだから，濃度7.5％の食塩水の重さは，$\triangle=400\times\frac{2}{3+2}=160$(ｇ)と求められる。よって，操作１で取り出した食塩水の重さも160ｇである。

9 立体図形―相似，体積

右の図のように，BAを延長した直線が直線 l と交わる点をDとし，Aから直線 l に垂直に引いた直線をAEとする。三角形ABCを１回転させてできる立体の体積は，三角形DBCを１回転させてできる円すい㋐の体積から，三角形DAEを１回転させてできる円すい㋑の体積と，三角形CAEを１回転させてできる円すい㋒の体積をひいて求めることができる。図で，同じ印をつけた角の大きさはそれぞれ等しいから，４つの三角形CBA，DAE，ACE，DBCは相似になる。よって，これらの三角形の３つの辺の長さの比はすべて，15：20：25＝３：４：５になるので，$AE=20\times\frac{4}{5}=16$(cm)，$DC=25\times\frac{4}{3}=\frac{100}{3}$(cm)と求められる。すると，円すい㋐の体積は，$25\times25\times3.14\times\frac{100}{3}\times\frac{1}{3}=\frac{62500}{9}\times3.14$(cm³)とわかる。また，円すい㋑と円すい㋒の高さの和を$\frac{100}{3}$cmと考えると，体積の和は，$16\times16\times3.14\times\frac{100}{3}\times\frac{1}{3}=\frac{25600}{9}\times3.14$(cm³)となる。したがって，求める立体の体積は，$\left(\frac{62500}{9}-\frac{25600}{9}\right)\times3.14=4100\times3.14=12874$(cm³)になる。

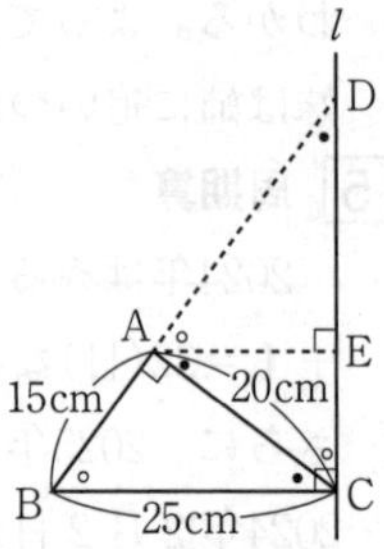

10 仕事算，消去算

仕事全体の量を２と10と３の最小公倍数の30とすると，全体の$\frac{1}{2}$の量は，$30\times\frac{1}{2}=15$，全体の$\frac{3}{10}$の量は，$30\times\frac{3}{10}=9$，全体の$\frac{1}{3}$の量は，$30\times\frac{1}{3}=10$となる。よって，Ａ君，Ｂ君，Ｃ君が１日にする仕事の量をそれぞれⒶ，Ⓑ，Ⓒとすると，右のア～ウの式を作ることができる。はじめに，イの式とウの式を足すとエのようになり，エの式からアの式をひくと，Ⓒ×３－Ⓒ×１＝Ⓒ×２にあたる量が，19－15＝４とわかるから，Ⓒ＝４÷２＝２と求められる。さらに，これをイの式にあてはめるとオのようになり，アの式からイの式をひくとカのようになる。したがって，オの式からカの式をひくと，Ⓐ×４－Ⓐ×３＝Ⓐ×１にあたる量が，７－６＝１とわかるので，Ⓐ＝１÷１＝１と求められ，これをオの式にあてはめると，Ⓑ＝(７－１×４)÷２＝1.5となる。よって，Ⓐ：Ⓑ：Ⓒ＝１：1.5：２＝２：３：４となるから，Ａ君，Ｂ君，Ｃ君が１人でするときにかかる日数の比は，$\frac{1}{2}:\frac{1}{3}:\frac{1}{4}$＝６：４：３と求められる。

Ⓐ×７＋Ⓑ×４＋Ⓒ×１＝15…ア
Ⓐ×４＋Ⓑ×２＋Ⓒ×１＝９…イ
Ⓐ×３＋Ⓑ×２＋Ⓒ×２＝10…ウ
Ⓐ×７＋Ⓑ×４＋Ⓒ×３＝19…エ
Ⓐ×４＋Ⓑ×２＝７　…オ
Ⓐ×３＋Ⓑ×２＝６　…カ

社　会　＜第２回試験＞（30分）＜満点：60点＞

解　答

1 **問１**　**Ａ**　ウ　**Ｂ**　ア　**Ｃ**　イ　**問２**　**人口…**Ｅ　**過疎地域…**ア　**問３**　**立地…**ア　**特徴…**エ　**問４**　(1)　水族館　(2)　四万十　**問５**　(1)　６　(2)　インターネット　(3)　**サツマイモ…**カ　**イチゴ…**イ　**問６**　ア，インバウンド　**2**　**あ**　大海人　**い**　行基　**う**　坂上田村麻呂　**え**　二毛作　**お**　能　**か**　25　**問１**　相沢忠洋　**問２**

竪穴住居　**問３**　ア　**問４**　ウ　**問５**　イ　**問６**　壬申の乱　**問７**　ウ　**問８**　エ　**問９**　ア　**問10**　小村寿太郎　**問11**　Ⅰ（例）賃金の上昇率はそれほど高くなかった　Ⅱ　ウ　**問12**　治安維持　**問13**　イ　**問14**　ア　[3]　**問１**　ウ　**問２**（例）平均年収が少ない人ほど，収入に対する税の負担の割合が大きくなる点。　**問３**　イ　**問４**　シルバー　**問５**　エ　**問６**　エ　**問７**　(1)　オ　(2)　ア　**問８**　イ

解説

[1] 日本の人口や人の移動などを題材とした問題

問１　東北・中国・四国・九州地方などの県で数値が高くなっているＡは「65歳以上の人口割合」，東京・神奈川・愛知・大阪などの都府県の数値が高いＢは「人口密度」，関東地方や東海地方などの県の数値が高いＣは「第２次産業に就《つ》く人の割合」である。Ｃについては，東京都や神奈川県は第３次産業に従事する人の割合が非常に高いこともあり，第２次産業従事者の割合はそれほど高くないことに注意する。

問２　過疎《かそ》地域は各地方の山間部を中心に広く分布しているから，面積を表すグラフで大きな割合を占《し》めているアが過疎地域で，イがそれ以外の地域と判断できる。また，過疎地域は面積は広いが人口は少ないことから，アの割合が非常に少ないＥが人口を表すグラフで，残るＤが市町村の数を表すグラフであることがわかる。

問３　図を見ると，◇は鉄道の駅や幹線道路の周辺に多く立地しており，■はかたよりなく各地に点在していることがわかる。駅の周辺は人の行き来が多く，商業地区となっていると考えられるから，◇はドラッグストアと判断できる。一方，小学校はそれぞれの学区域内の子どもが通いやすいように，地理的にかたよりなく，人口にも配慮して設置されるはずであるから，■が小学校と判断できる。

問４　(1)　高知県室戸市では，「むろと廃校《はいこう》水族館」が2018年に開館した。廃校となった小学校を改装して設立されたこの水族館には，約50種，1000匹以上の海の生物が飼育・展示されているが，その多くは地元の定置網にかかったものや，職員が自ら釣ったものである。学校の設備や備品などをそのまま利用するユニークな構造になっていることや，生き物をじっくり観察でき，解説も充実していること，生物や環境《かんきょう》などに関する本を集めた図書室やキッズルームとなった音楽室など，さまざまな工夫がほどこされていることなどが話題となり，多くの人が訪れる人気の観光スポットとなっている。解答は「水族館」であるが，プールを水槽《すいそう》として活用している点や，「海に面した室戸市ならではの産業に関連」しているとある点などから判断できる。　(2)　高知県西部を流れる四国最長の河川は四万十《しまんと》川。長さは196kmで，四国中央部を東に流れる吉野川の194kmをわずかに上回っている。流域に大規模なダムがなく，きれいな水質が保たれていることから，「最後の清流」とも呼ばれている。

問５　(1)　地域で生産された農林水産物を地元で加工・販売するなどして各産業の活性化につなげようとする試みは，「農業の６次産業化」と呼ばれる。６次とは，かつては第１次，第２次，第３次の各産業を組み合わせた「１＋２＋３」という発想から生まれた言い方であったが，最近では，各産業をより有機的に組み合わせ，さらなる発展につなげていくという考え方から「１×２×３」という意味にとらえられている。　(2)　農産物などの商品の注文や発送をインターネットを利用

して行う，いわゆる「ネット通販」のことである。 (3) 2022年におけるサツマイモの上位生産県は鹿児島・茨城・千葉の順。同じくイチゴの上位生産県は栃木・福岡・熊本の順である。

問６ 訪日外客数を示すのはグラフ中のア。日本を訪れる外国人の数は2010年代に入り急増した。その背景には，外国人観光客を増やすために政府や民間業者によりさまざまな策が進められたことと，円安が進んだことで日本で買い物をしようとする外国人が増えたことなどがある。なお，コロナ禍《か》が本格的に始まった2020年には，訪日外客数・出国日本人数とも急落している。また，海外から日本にやってくる観光客は，インバウンドと呼ばれる。インバウンドは本来は「外から中へ入ってくる」という動きを表す言葉であるが，日本では「日本にやってくる外国人観光客」という意味で用いられるようになった。同様に，対義語であるアウトバウンド(中から外へ出ていく)は，「海外に向かう日本人観光客」を意味するようになっている。

2 各時代のできごとについての問題

あ 天智天皇の死後の672年，天皇の子である大友皇子と天皇の弟である大海人《おおあまの》皇子の間で皇位をめぐる争いが起き，勝利した大海人皇子が即位して天武天皇となった。 **い** ８世紀前半，僧の行基は諸国をまわり，民衆に仏の教えを説くとともに，弟子たちをひきいて各地で道路や橋，用水路をつくるなどの社会事業を行い人々につくしたが，当時の寺や僧は朝廷の管理下に置かれていたため，行基の活動は僧尼《そうに》令に違反するとして弾圧された。しかし，東大寺の大仏建立が決まると行基はその土木技術と動員力を買われ，実質上の責任者として招かれて弟子たちとともに大仏造立に協力し，朝廷から最高僧位の大僧正《そうじょう》に任じられた。 **う** ８世紀末，東北地方の蝦夷《えみし》がたびたび反乱を起こした。これに対し，桓武天皇から征夷《せいい》大将軍に任じられた坂上田村麻呂は大軍をひきいて東北地方に遠征《えんせい》し，蝦夷を平定した。 **え** 鎌倉時代，西日本では米の裏作として麦を栽培《さいばい》する二毛作が広まった。 **お** 14世紀後半，観阿弥《かんあみ》・世阿弥《ぜあみ》父子は，民衆芸能である田楽や猿楽をもとに能を大成した。 **か** 1925年，加藤高明内閣のもとで満25歳《さい》以上のすべての男子に選挙権を認める普通選挙法が成立した。

問１ 1946年，群馬県の岩宿で，相沢忠洋《ただひろ》が関東ローム層から打製石器を発見。その後の学術調査で確認され，さらに同様の発見が各地であいついだことから，縄文時代より前の旧石器時代に日本に人が住んでいたことが確実視されることとなった。

問２ 縄文時代には，地面を一定の深さに掘り下げてまわりに何本かの柱を立て，草などで屋根を地面までふきおろした竪穴《たてあな》住居がつくられるようになった。竪穴住居は，その後も庶民《しょみん》の住まいとして奈良時代頃まで使われた。

問３ ⅰ 弥生時代，収穫《しゅうかく》した米は高床倉庫に貯蔵された。高床倉庫は湿気を防ぐために床を高くし，ねずみが入らないようにするための「ねずみ返し」が設けられた。 ⅱ 青銅器が祭器や宝器などに用いられたのに対して，鉄器はより固いことから，武器や農具など実用品として用いられた。

問４ 538年(一説には，552年)，百済《くだら》の聖明《せいめい》王から欽明《きんめい》天皇に仏像や経典がもたらされたことが，日本への仏教の公式伝来とされている。百済は地図中のウで，アは高句麗《こうくり》，イは新羅《しらぎ》，エは加羅《から》(伽耶《かや》)諸国である。

問５ 第１回遣唐《けんとう》使の派遣は，推古天皇や聖徳太子死後の630年のことであるから，イがまちがっている。聖徳太子が派遣したのは遣隋《けんずい》使である。

問６　天智天皇の死後に起きた皇位をめぐる争いは，672年が十干十二支《じっかんじゅうにし》のうちの壬申(じんしん，みずのえさる)の年であったことから，壬申の乱と呼ばれる。

問７　織田信長は朝廷から右近衛大将《うこんえのだいしょう》や右大臣などの官位を授けられているが，征夷大将軍にはなっていない。

問８　室町幕府の第３代将軍足利義満は京都の北山に金閣を建てたから，エがまちがっている。東山は第８代将軍足利義政が銀閣を建てたところである。

問９　アは菱川師宣《ひしかわもろのぶ》の『見返り美人図』，イは東洲斎写楽《とうしゅうさいしゃらく》の『三代目大谷鬼時の江戸兵衛《えどべえ》』，ウは葛飾北斎《かつしかほくさい》の『富嶽《ふがく》三十六景』のうちの『神奈川沖浪裏《なみうら》』，エは歌川広重の『東海道五十三次』のうちの『日本橋』。このうち元禄文化(元禄年間の1688～1704年前後にかけての文化)にあてはまるのは17世紀後半に描《えが》かれたアである。ほかは化政文化にあてはまる。なお，化政文化は文化文政時代(1804～30年)を中心とする町人文化で，広い意味では18世紀後半から19世紀前半までの文化を指す。

問10　1911年，外務大臣の小村寿太郎《じゅたろう》はアメリカとの間で関税自主権の回復に成功し，外務大臣の陸奥宗光《むつむねみつ》による領事裁判権の撤廃《てっぱい》(1894年)とあわせ，政府の課題であった条約改正が達成された。

問11　第一次世界大戦はヨーロッパを主戦場としていたため，戦争中はヨーロッパ諸国の産業や経済が停滞《ていたい》した。その間に日本は中国市場をはじめ世界各地への輸出を伸ばしたことから，国内は好景気となった。これを大戦景気という。グラフを見ると，大戦が始まった1914年と大戦が終わった1918年を比べると，労働者の賃金は約1.6倍に上昇しているが，その間に物価は約2.3倍と，賃金を大きく上回る上昇を見せている。その結果，多くの労働者の生活が苦しくなったことがうかがえる。

問12　社会主義運動の高まりを恐れた政府は，これをおさえるため，普通選挙法と同時に治安維持法を制定した。のちにはこの法律を根拠として，平和主義者や自由主義者なども弾圧された。

問13　第二次世界大戦末期，ソビエト連邦(ソ連)が日本に宣戦布告して以来，日本とソ連の国交は断絶状態にあったが，1956年10月，鳩山《はとやま》一郎首相がモスクワを訪れて日ソ共同宣言に調印。これによりソ連との国交が回復した。また，同年12月には，それまでソ連の反対により実現しなかった日本の国際連合への加盟が実現した。

問14　わが国最初の鉄道が新橋—横浜間で開通したのは明治時代初めの1872年であるから，江戸時代のできごとであるＫと1911年のできごとであるＬの間にあてはまる。

3　少子高齢化を題材とした問題

問１　厚生労働省の仕事について述べているのはウ。アは国土交通省，イは農林水産省，エは環境省の仕事である。

問２　図を見ると，平均年収の低い家庭の収入のほとんどが生活費にあてられているが，生活費の金額は年収の少ない家庭と多い家庭の間でそれほど差があるわけではないので，年収が多い家庭ほど，家計に余裕が生まれることがわかる。生活費とは衣食住など生活を維持するために必要な費用のことであり，そのための支出の多くに消費税がかかるので，同じ税率であっても，収入の少ない人ほど，収入に対する税負担の割合が大きいことになる。つまり，支出する生活費にそれほど差がないということは，納める消費税の額にあまり差がないということであるから，収入の額全体から考えれば，収入の少ない人ほど税を負担する割合が高くなる。

問３　男女共同参画社会(社会のあらゆる分野において，人が性別にかかわりなく，その個性と能力を十分に発揮できる社会)の実現をめざすために1999年に制定されたのは，男女共同参画社会基本法である。なお，アは職場における男女平等の実現をめざすため「勤労婦人福祉法」を改正し，1986年に施行(1999年に大幅に改正)された法律。ウは男女の候補者の数をできるだけ均等にするために努力することを政党などにうながすもので，2018年に制定された。エは2015年に制定された法律で，女性が職業生活において個性と能力を十分に発揮して活躍《かつやく》できる環境を整備することを目的としている。

問４　高齢化が進み，有権者に占める高齢者の割合が高くなったことと，若い世代の投票率が低いことから，政治において高齢者向けの政策が優先されるようになることは「シルバー民主主義」と呼ばれる。シルバーは「銀色」を意味する英語であるが，日本では「シルバー人材センター」のように「高齢者」の意味で使われることが多い。これは，国鉄(現在のJR)が優先席を「シルバーシート」と名づけたのがきっかけだといわれる。

問５　ア　最高裁判所長官は，内閣が指名し天皇が任命する。　イ　予算は内閣が作成し，国会による審議と議決を経て成立する。　ウ　法律や条例などが憲法に違反していないかを判断するのは裁判所である。　エ　条約は内閣が締結《ていけつ》するが，事前もしくは事後に国会による承認を得ることが必要である。

問６　市長など地方公共団体の首長に対する解職請求には，有権者の３分の１以上の署名が必要とされるから，有権者が30万人の市の場合は，10万人以上の署名が必要となる。請求先は市の選挙管理委員会である。

問７　(1)　有権者数と議員定数の間に不均衡《ふきんこう》があるために，選挙区によって議員１人あたりの有権者数に大きな差があることを「１票の格差」という。この問題は，日本国憲法第14条が保障する「法の下の平等」に違反するものと考えられているから，オがあてはまる。　(2)　ア　両議院の選挙について述べた文であり，内容も正しい。　イ　小選挙区比例代表並立制は衆議院で採用されている制度。参議院選挙は，都道府県を単位として行われる選挙区選挙と，全国を１選挙区として行われる比例代表選挙からなる。　ウ　参議院の比例代表選挙では，有権者は投票用紙に政党名か候補者名のどちらかを記入して投票する。　エ　現在の参議院の議員定数は248名。参議院議員の任期は６年で，３年ごとにその半数が改選されるから，１回の選挙では124名が選出され，選挙後の参議院議員の人数は248人である。

問８　東京都の合計特殊出生率が1.08と高くないにもかかわらず，普通出生率が7.1で高いことは，女性１人が出産する子どもの人数は少ないが，東京都の人口のうち，その年に生まれた子どもの数が多いことを示している。これは，他の地域に比べて，東京都の15歳～49歳の女性の人数が多いからだと考えられる(ア…×，イ…○)。なお，他の地域で生まれた子どもは，東京都の出生率にはふくまれない(ウ…×)。

理　科　＜第２回試験＞（30分）＜満点：60点＞

解　答

[1]　**問１**　２枚　**問２**　ギョウカイ(岩)　**問３**　85m　**問４**　銅　**問５**　①　イ　②　ア　③　ア　④　イ　⑤　イ　**問６**　**物質名**…二酸化マンガン　**記号**…(ウ)　[2]

問１　①　Ｂ　②　Ａ　③　Ｄ　④　Ｃ　問２　Ａ　(ウ)　Ｂ　(イ)　Ｃ　(エ)　Ｄ　(ア)　問３　消費者　問４　1166匹　問５　下の図Ｉ　問６　①　食物連鎖　Ｐ　イ　Ｑ　ア　3　問１　①　(イ)　②　(ア)　問２　(イ)　問３　①　18時　②　(オ)　問４　20時24分　問５　下の図Ⅱ　問６　①　(ア)　②　(イ)　③　(ウ)　4　問１　水素　問２　Ｐ　ア　Ｑ　ウ　問３　0.75ｇ　問４　下の図Ⅲ　問５　0.9ｇ　問６　1.3ｇ

図Ｉ

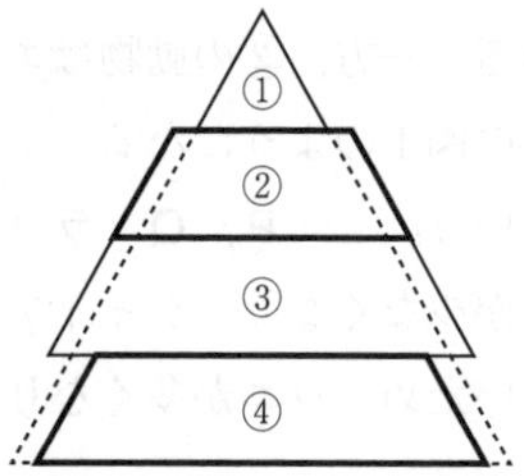

図Ⅱ

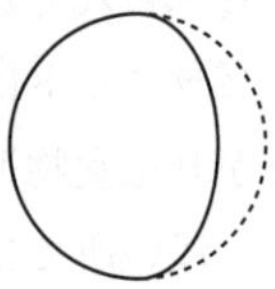

図Ⅲ

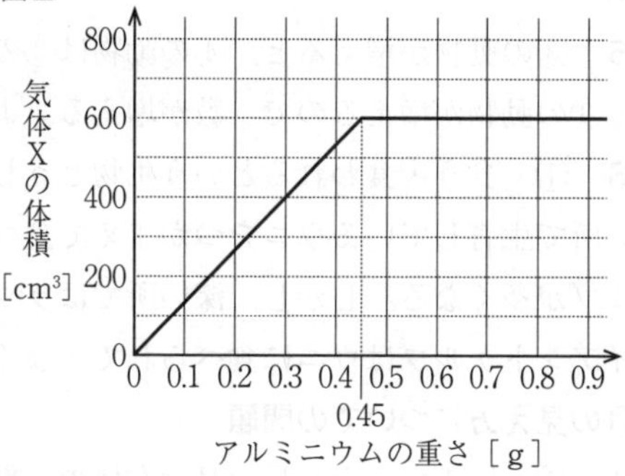

解説

1　小問集合

問１　アサガオは発芽のときに子葉が２枚出る双《そう》子葉類である。アサガオの子葉は，まん中がくぼんだ形をしていて，本葉は先が３つに分かれた丸みのある葉をしている。

問２　火山灰がたい積して固まってできた岩石はギョウカイ岩である。

問３　音は，0.5秒間でサイレンを鳴らした位置から校舎の壁《かべ》までを往復するので，サイレンを鳴らした位置から校舎の壁までの距離《きょり》は，340×0.5÷２＝85(m)となる。

問４　おもりを水中に入れると，おもりには押《お》しのけた水の重さに等しい大きさの浮力《ふりょく》がはたらく。よって，一番下のおもりを水中に入れたときにはたらいた浮力の大きさは，72－69.3＝2.7(ｇ)だから，おもり１個の体積は，2.7÷１＝2.7(cm^3)とわかる。すると，おもり１個の重さは，72÷3＝24(ｇ)なので，おもり１cm^3あたりの重さは，24÷2.7＝8.88…(ｇ)となる。したがって，表より，この金属は銅である。

問５　①，②　金属は熱を伝えやすいが，それに比べて空気や水は熱を伝えにくい。　③～⑤　水はあたたまるとぼうちょうして軽くなる(密度が小さくなる)ので，あたたかい水は上にあがり，上にあった冷たい水は下に下がる。このように，あたためられた気体や液体が動くことで，全体があたたまっていく熱の伝わり方を対流という。

問６　酸素を発生させるには，二酸化マンガンにうすい過酸化水素水(オキシドール)を加える。二酸化マンガンは黒色の固体で，過酸化水素が分解して酸素と水になるのを助ける役割をしている。

2　食物連鎖《れんさ》についての問題

問１　調査結果の表から，動物Ｂは動物Ａを食べ，動物Ａは動物Ｄを食べ，動物Ｄは動物Ｃを食べることがわかる。よって，図１で，ピラミッドの上側が「食うもの」だから，①は動物Ｂ，②は動物Ａ，③は動物Ｄ，④は動物Ｃとなる。

問２　ワシはヘビを食べ，ヘビはカエルを食べ，カエルはバッタを食べるので，ワシは動物Ｂ，ヘビは動物Ａ，カエルは動物Ｄ，バッタは動物Ｃにあてはまる。

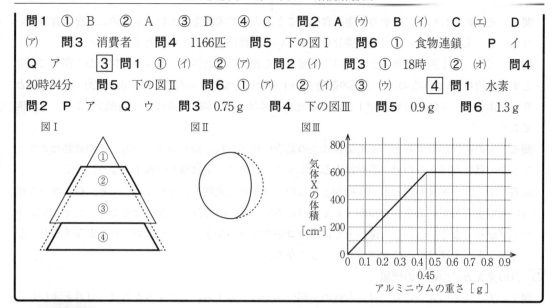

問3　光合成を行わず，ほかの生物を食べることによって栄養を得ている生物のことを消費者という。一方，光合成によって自ら栄養分を作っている生物(植物)は生産者とよばれる。

問4　表より，1匹の動物Aが1週間に必要とする動物Dは68匹《ひき》で，1匹の動物Dが1週間に必要とする動物Cは120匹なので，1匹の動物Aが1週間に必要とする動物Cは，68×120＝8160(匹)となる。よって，1匹の動物Aが1日に必要とする動物Cは平均，8160÷7＝1165.7…より，1166匹である。

問5　③の動物が増えると，④の動物は③の動物に食べられて数が減る。一方，②の動物はエサとなる③の動物が増えるので，数が増える。よって，ピラミッドは解答の図Ⅰのようになる。

問6　①　食う・食われるという生物どうしのつながりを食物連鎖という。　**P，Q**　ラッコは浅い所で生育しているウニをつかまえて食べるので，浅い所ではウニが少なくなり，ジャイアントケルプが多くなる。しかし，深い所ではラッコがウニをつかまえにくいため，ウニが多くなり，ジャイアントケルプはウニに食べられて少なくなる。

3　月の見え方についての問題

問1　①　図1の人から見た月は右側の一部分が光って見える。このような月は三日月とよばれる。
②　図1の月は地球から見て太陽の少し東側(左側)にある。そのため，日の入り(18時)から少し時間がたった21時ごろにしずむ。

問2　三日月は日がたつにつれて右側から満ちていき，上弦《じょうげん》の月，満月の順に変わっていく。また，月は30日かけて満ち欠けするので，図1で，地球に対して1日あたり，反時計回りに，360÷30＝12(度)移動する。地球が反時計回りに1度自転するのにかかる時間は，24×60÷360＝4(分)なので，月がしずむ時刻は1日あたり，4×12＝48(分)ずつおそくなる。

問3　①「日は西に」とあるので，この句は日の入り(18時ごろ)の情景を表していると考えられる。　②「月は東に」とあるので，夕方に月が東に見えていることになる。夕方に東からのぼってくる月は，地球に対して月が太陽と反対の位置にあるときに見える満月である。

問4　月の出は1日あたり48分おそくなるので，3日後には，48×3＝144(分)，つまり，144÷60＝2余り24より，2時間24分おそくなる。満月の月の出は日の入りごろ(18時)なので，その3日後の月の出は，18時＋2時間24分＝20時24分となる。

問5　満月から約1週間後の月は下弦の月となり，左半分が光って見える。居待月は，満月の日の3日後の月なので，満月と下弦の月の間の月となり，右側の一部分が少し欠けて見える。

問6　①　月は地球に対して常に同じ面を向けているのだから，月から見た地球は同じ場所から動かない。　②　地球は1日に1回自転しているので，月面上のある地点にいる人から地球を見ると，24時間かけて見える面が1周する。　③　地球は太陽の光に照らされている面が光って見える。また，月は地球のまわりを約1か月かけて回るので，地球は約30日間かけて満ち欠けすることになる。

4　気体を発生させる実験についての問題

問1　マグネシウムやアルミニウムを塩酸と反応させると水素が発生する。水素は無色透明《とうめい》の気体で，非常に燃えやすく，燃えると水になる。

問2　水素は水に溶《と》けにくいため，水上置換《ちかん》法で集める。また，発生した気体の体積をはかりたいときは，はじめにメスシリンダーを水で満たしておき，気体が発生し始めたときから気体を集めて体積をはかる。これは，発生した気体の体積と，その気体が押しのけた，実験器具(三角フラスコなど)内にもともと入っていた空気の体積が等しいためである。

問３　グラフから，アルミニウム0.3ｇを十分な量の塩酸と反応させると，気体Ｘは400cm^{3}発生することがわかる。よって，気体Ｘを1000cm^{3}発生させるときに必要なアルミニウムの重さは，$0.3\times\frac{1000}{400}=0.75$(ｇ)となる。

問４　気体Ｘが600cm^{3}発生したときに反応したアルミニウムの重さは，$0.3\times\frac{600}{400}=0.45$(ｇ)だから，塩酸50cm^{3}にはアルミニウムが0.45ｇまで反応するとわかる。また，アルミニウムの重さを0.45ｇ以上にしても，塩酸がなくなってしまうため，それ以上発生する気体Ｘの体積は増えない。よって，グラフは解答の図Ⅲのようになる。

問５　混合物1.5ｇがすべてマグネシウムだったとすると，発生する気体Ｘの体積は，$300\times\frac{1.5}{0.3}=1500$(cm^3)である。これは実際に発生した気体Ｘの体積より，$1800-1500=300$(cm^3)少ない。ここで，マグネシウム0.3ｇをアルミニウム0.3ｇに置きかえると，発生する気体Ｘの体積は，$400-300=100$(cm^3)大きくなるので，混合物にふくまれるアルミニウムの重さは，$0.3\times\frac{300}{100}=0.9$(ｇ)と求められる。

問６　水酸化ナトリウム水溶液《すいようえき》と反応したアルミニウムの重さは，$0.3\times\frac{600}{400}=0.45$(ｇ)だから，混合物Ｙの半分にふくまれるアルミニウムの重さは0.45ｇとわかる。また，アルミニウム0.45ｇに十分な量の塩酸を加えたときに発生する気体Ｘは600cm^{3}だから，混合物Ｙの半分にふくまれるマグネシウムと塩酸の反応で発生した気体Ｘの体積は，$800-600=200$(cm^3)である。このとき反応したマグネシウムの重さは，グラフより0.2ｇだから，混合物Ｙの半分にふくまれるマグネシウムは0.2ｇになる。したがって，はじめにあった混合物Ｙの重さは，$(0.45+0.2)\times 2=1.3$(ｇ)と求められる。

国　語　＜第２回試験＞（50分）＜満点：100点＞

解　答

［一］ **問１**　悩み　**問２**　Ａ　ホ　Ｂ　イ　Ｃ　ニ　**問３**　ロ　**問４**　ニ　**問５**　ハ　**問６**　ニ　**問７**　(例)　けんかして仲たがいしていたから　**問８**　Ｄ　ロ　Ｅ　ホ　Ｆ　イ　Ｇ　ニ　**問９**　毒　**問10**　イ　**問11**　ロ　**問12**　Ⅰ　(例)　早緑が，自分とけんかしたのが悲しくて毎日泣いていた　Ⅱ　(例)　泣いていた原因がけんかではなかったことに　**問13**　ロ　［二］ **問１**　Ａ　ロ　Ｂ　イ　Ｃ　ニ　**問２**　求愛　**問３**　ロ　**問４**　ハ　**問５**　ハ→ロ→イ→ニ　**問６**　ロ　**問７**　(例)　大規模回遊のゴール地点の繁殖海域にはライバルが多く，早くメスに出会ったほうが断然求愛に有利だから。　**問８**　一　**問９**　一妻多夫　**問10**　Ⅰ　ロ　Ⅱ　ハ　Ⅲ　ニ　Ⅳ　イ　**問11**　ニ　**問12**　イ　**問13**　ニ　**問14**　ロ，ニ　［三］ **問１**　ａ　ハ　ｂ　イ　**問２**　Ｂ　ハ　Ｃ　ニ　**問３**　⑴　ロ　⑵　白　**問４**　ハ　［四］ ①　ぎょうそう　②〜④　下記を参照のこと。

●漢字の書き取り

［四］ ②　看過　③　定石　④　洗練

解説

一　出典：村上雅郁《むらかみまさふみ》「シロクマを描《えが》いて」（『きみの話を聞かせてくれよ』所収）。早緑《さみどり》と仲なおりしたいと考える「私」（白岡六花《しらおかりっか》）は，黒野《くろの》くんに「チャンスが来たら，逃《のが》すんじゃないぞ」と言われた後に，早緑と偶然《ぐうぜん》再会する。

問1　「『シロクマ効果』って，知ってるか？」と切り出し，説明をはじめた黒野くんは，結局「考えることから，人間は逃《に》げられないって話」だとまとめたうえで，「悩《なや》みから目をそらそうとしても，なかなかそううまくいかない」から，「生きるってむずかしいよな」と言っている。つまり，黒野くんの言う「シロクマ」とは，「悩み」を意味していると考えられる。「白岡六花にとって」の「悩み」は「なんだ？」と黒野くんは「私」にきいているのである。

問2　**A**　続く部分で黒野くんが，「となると，けっきょく，言葉とか，形とかで，表現するしかないよな」と言っていることに注目する。早緑ともう一度「なかよくしたい」と思っているのなら，「目に見えない」気持ちを伝わる形にしなければならないだろうと黒野くんは「私」に話したと考えられるので，ホがあてはまる。　**B**　「くちびるのはしのほう」を「ひくひく」させながら話す黒野くんのようすを見た「私」は，自分がからかわれていると思ったはずである。よって，イが合う。　**C**　「私」のことばを受けて，黒野くんは「そりゃそうだろ。気持ちの問題ほどむずかしいものはこの世にないよ」と返答しているので，「私」は，「かんたんな話じゃない」と言ったのだろうと考えられる。よって，ニがよい。

問3　「悪びれない」は，自分がしたことについて，悪いと思うそぶりを見せないようす。よって，ロが合う。

問4　黒野くんから「大事な人なんだろ？」ときかれた「私」は，あらためてそのことばの響《ひび》きに思いをはせ，「鉛筆《えんぴつ》を持つ手」を止めている。自分にとって，早緑がかけがえのない友人であったことを今はっきりと自覚し，「私はちいさくうなず」いたのだから，ニがふさわしい。

問5　かけがえのない友人（早緑）と「もう一度」，「なかよくしたい」と思っている「私」の真剣《しんけん》な思いを受け取った黒野くんは，「やわらかくほほえ」み，「じゃ，なかなおりのチャンスが来たら，逃すんじゃないぞ」と言っている。ときにはからかうような態度を取りながらも，気持ちの行きちがいから大事な友だちと仲たがいし，傷ついている「私」の悩みに黒野くんはやさしく寄りそっているのだから，ハが選べる。

問6　これまでみてきたとおり，黒野くんは，友人である早緑と仲たがいしたことに傷つき，どうしたら仲なおりできるか悩む「私」の話をきき，その気持ちに寄りそっているので，ニがよい。なお，黒野くんと「私」が「励《はげ》まし合」うようすは描かれていないので，イは合わない。また，黒野くんが「どんなことでも上手にこなすことができる」かどうかはわからないので，ロも正しくない。さらに，黒野くんは「私」のことばに耳を傾《かたむ》けながら，それに沿った適切な助言をしているので，ハもふさわしくない。

問7　思いがけず顔を合わせた「私」と早緑は，お互《たが》いに名前を呼び合ったものの，ことばが続かず「沈黙《ちんもく》」している。けんかしたままだったので，どうしたらよいか二人ともわからず，とまどってしまったのである。これをもとに，「仲たがいしたままだったから」のようにまとめる。

問8　**D**　お互いに気まずさをかかえた状況《じょうきょう》だが，何も話さないわけにはいかないので，「私」は思い切って早緑に話しかけている。よって，おそるおそる行動するようすをいう，ロの「おずおずと」が入る。　**E**　スケッチする気分になれないという「私」のことばをきいて，早緑は「眉《み》間《けん》」に「しわをよせ」たのだから，強く力を入れてしめつけるさまをいう，ホの「きゅっと」が合う。　**F**　すぐ後に「歩いて」とあるので，足早に歩くようすを表す，イの「すたすたと」がよい。　**G**　ベンチに座《すわ》った早緑は，「足」をぶらぶらさせていたと考えられるので，続けざまに打ち合わせる音や，そのさまをいう，ニの「ぱたぱた」があてはまる。

問９　「毒にも薬にもならない」は，害にはならないが，役にも立たないようす。

問10　「あのね，六花。あたしさ，ずっと言いたかったことがあって」と切り出した早緑のことばに，「あの日の続きを話そうとしている」と気づいた「私」は，「逃げ」たい気持ちになりながらも，どうにか「……なに？」と声をしぼりだしている。早緑の「真剣な声」と「覚悟《かくご》を決めたような表情」に「私」は緊張《きんちょう》したのだから，イがふさわしい。

問11　「予防線を張る」は，“失敗しないように，前もって準備する”という意味。

問12　Ⅰ　早緑に「あたしさ……ほんとのこと言うと，毎日泣いてたんだ。あのころ」と言われた「私」は，彼女《かのじょ》が自分とけんかしたことを後悔《こうかい》し，悲しくて泣いていたのかと都合よく解釈《かいしゃく》し，そうであることを期待したと考えられる。　Ⅱ　当時，毎日早緑が泣いていたのは自分とのけんかが原因なのだろうかと「私」は期待したが，けんかの前から毎日泣いていた(陸上部の練習が理由で泣いていた)と知り，あてが外れたことにがっかりすると同時にはずかしく思ったものと想像できる。

問13　会話文を中心に物語を展開させることでテンポよく話が進んでいるほか，その中で状況もわかるようになっているので，ロが合う。

二　**出典：田島木綿子《たじまゆうこ》『クジラの歌を聴《き》け　動物が生命をつなぐ驚異《きょうい》のしくみ』**。ザトウクジラのエサの摂《と》り方，求愛行動とソング，知能や社会性の高さなどについて述べられている。

問１　**A**　「太陽光のほとんど届かない海の中」で「さして役に立たない」感覚なので，ロの「視覚」が選べる。　**B**　「ニオイの分子の拡散速度が遅《おそ》」い「水中」では「十分に働かない」感覚である。よって，イの「嗅覚《きゅうかく》」があてはまる。　**C**　「流行《はや》りのラブソングを歌」うことで，ザトウクジラは「メスにアプローチ」するのだから，ニの「聴覚《ちょうかく》」がふさわしい。

問２　視覚や嗅覚をフルに活用する陸上の動物とは違《ちが》い，ザトウクジラのような海の動物は，聴覚に訴《うった》えることでメスの気をひこうと「求愛戦略を練る」のだから，ここでの「アプローチ」は「求愛」にあたる。

問３　続く部分で，ザトウクジラの摂餌《せつじ》法が説明されている。ザトウクジラは，エサとともに「大量の海水」を口の中に流しこんだ後，「ヒゲ板」を通して水は外に排出《はいしゅつ》し，「エサとなる生物だけを漉《こ》し取る」のだから，ロがふさわしい。

問４　「さながら」は，二つのものがよく似ているさま。よって，ハが選べる。

問５　ザトウクジラの「ソング」の構成について説明された部分であることをおさえる。「ユニット」(音の最小単位)のかたまりからなる「サブフレーズやフレーズ」が「テーマを構成し」，それらが集まって「ソング」が生み出されるのだから，ハ→ロ→イが最初にくる。これらを「このような」で受け，「ソング」はザトウクジラだけでなく，「シロナガスクジラ，ナガスクジラ，ホッキョククジラ，ミンククジラも奏《かな》でる」とまとめたニを続けると，「ソング」の構成要素を説明した後，ザトウクジラ以外でもそれを奏でることができると紹介《しょうかい》する形になり，文意が通る。

問６　求愛のために，オスが「ソング」をどのように活用しているのかはまだ解明されていないのだから，「未解明」とするのがよい。よって，ロの「未成年」が選べる。

問７　「歌合戦」とは，繁殖《はんしょく》時期にオスがメスに対して求愛のソングを歌う行動のこと。ザトウクジラは大規模回遊を行うが，ライバルの多いゴールの繁殖海域に到着《とうちゃく》するまでに少しでも早くメスに出会うほうが断然求愛に有利なため，摂餌海域から求愛行動を始めないわけにいかないのである。これをふまえ，「繁殖海域でメスを探し始めると遅いので，その途中で歌を奏で，自分の存在をメスに気づいてもらいたいから」のようにまとめる。

問８　「一線を画す」は，“ほかとはっきり区別する”という意味。

問９　「自慢《じまん》の複雑なソングを奏で」，アピールするオスの「必死の努力とは裏腹」に，「何もしなくてもとにかくモテモテ」で，周りに複数のオスをはべらせているメスのようすは，筆者にとって「一夫多妻」とは反対のパターンのように感じられたのだから，“一妻多夫”の形態をとっているといえる。

問10　Ⅰ　「基本的に発情」しない「子連れのメス」に対してであっても，「常に数頭のオスが寄り添《そ》」っているというのだから，意外な内容が後に続くときに使う「しかし」が合う。　Ⅱ　「繁殖活動以外の場面でも散見される」ザトウクジラの「優《やさ》しさ」の例として，続く部分でコククジラの母子やアザラシを助けたザトウクジラの行動が紹介されているので，具体的な例をあげるときに用いる「たとえば」がよい。　Ⅲ　シャチに襲《おそ》われたアザラシを体のわきに乗せながら，下手をすれば「命に関わる」（呼吸ができなくなるため）にもかかわらず仰向けで泳ぎ助けたクジラのエピソードを，続く部分で，このザトウクジラは「自分の命を賭けてまで１頭のアザラシを助けた」と言い表しているので，“要するに”とまとめて言いかえるときに用いる「つまり」があてはまる。
Ⅳ　他者を助けるザトウクジラの優しさがうかがえるエピソードを取り上げた後，エサをとるさいにも彼《かれ》らの知能や社会性の高さが見られると，筆者は述べている。いずれも，ザトウクジラのすぐれた点について説明しているので，前のことがらに後の内容をつけ加えるときに用いる「さらに」が選べる。

問11　最初から四つ目，五つ目の段落で，北半球の「摂餌海域」はエサが豊富な寒い高緯度《こういど》の海域であり，日本近海で目にするザトウクジラはベーリング海でエサをたくさん食べると述べられているので，ニが選べる。

問12　「彷彿《ほうふつ》」は，“思い出す”という意味なので，イがふさわしい。「音に高低差や強弱」のあるザトウクジラのソングは，「ビオラやオーボエの音色」に重なるというのである。

問13　もどす文では，「ヒーロー」をほめたたえる内容が書かれている。《ニ》に入れると，コククジラの母子を襲おうとしたシャチの群れを退散させて母子を救い，その場を立ち去ったザトウクジラたちの活躍《かつやく》を受け，筆者が「ヒーロー中のヒーロー」だと称賛《しょうさん》する流れになり，文意が通る。

問14　六つ目の段落で，ザトウクジラは「ヒゲクジラ」に属すると述べられていること，《ロ》の前後に，母子を守るオスは交尾《こうび》のチャンスを狙《ねら》っていると説明されていることから，イとハは合わない。また，ザトウクジラが摂餌海域にいるのは暖かい季節で，寒い季節には繁殖活動をすると本文の最初のほうで語られているので，ホも正しくない。

三　**出典：堀田季何《ほったきか》『俳句ミーツ短歌　読み方・楽しみ方を案内する18章』**。筆者は，短歌と俳句の句切れについて，その効果や働きを具体例とともに述べている。

問１　「や」で切れるとあるので，二句切れの短歌である。　**a**　「白鳥はかなしからずや」の意味は，直後で「白鳥って悲しくない？」ということだと説明されている。「や」はここでは疑問の意。「ず」は打ち消しの意味なので，ハが選べる。　**b**　「空の青海のあをにも染まずただよふ」の意味は，「空の青にも海の青にも染まらないで，白く漂《ただよ》っているんだよ」ということだと述べられている。白鳥に思いをはせ，「周りに溶《と》け込《こ》めていない」のが悲しくないのだろうかと考えた作者(若山牧水《わかやまぼくすい》)は，そのことを歌に詠《よ》んだものと想像できるので，イが合う。

問２　**B**　「夕顔」は夏の季語である。よって，「炎天《えんてん》」を用いたハがよい。　**C**　「たんぽぽ」は春の季語なので，「蝶《ちょう》」を使ったニが選べる。

問３　⑴　「万緑《ばんりょく》」は夏の季語で，見渡《みわた》すかぎり緑におおわれているようすをいうので，ロがあてはまる。　⑵　「吾子《あこ》の歯」とあることに注意する。中村草田男《なかむらくさたお》の詠んだＤの俳句では，夏の木々の緑と，生えはじめた我が子の歯の白があざやかに対比されている。

問４　俳句は五・七・五の「十七」音からなる定型詩である。よって，ハがよい。

四　漢字の読みと書き取り

①　顔つき。表情。　②　見過ごすこと。　③　決まったやり方。「定跡」とも書く。　④　上品で，みがきあげられたようす。

Dr.福井の 入試に勝つ！ 脳とからだのウルトラ科学

入試当日の朝食で，脳力をアップ！

朝食を食べない学生は，朝食をきちんと食べる学生に比べて成績が悪かった——という研究発表がある。まあ，ちょっと考えればわかると思うけど，朝食を食べないということは，車にガソリンを入れないで走らせようとするようなものだ。体がガス欠になった状態では，頭が十分に働くわけがない。入試当日の朝食はちゃんと食べよう！　朝食を食べた効果があらわれるように，試験開始の２時間以上前に食べるようにするとよい。

では，入試当日の朝食にふさわしいものは何か？

まず，脳の直接のエネルギー源はブドウ糖だけであるから，それを補給するためのご飯やパン，これは絶対に必要だ。また，砂糖や果物の糖分は吸収されやすく，効果が速くあらわれやすいので，パンにジャムをぬったり果物を食べたりするのもよいだろう。

次に，タンパク質。これは脳の温度を上げる作用がある。温度が低いままでは十分に働かないからね。タンパク質を多くふくむのは肉や魚，牛乳，卵，大豆などだが，ここでは大豆でできたとうふのみそ汁や納豆をオススメする。そして，記憶力がアップするDHAを多くふくんでいる青魚，つまりサバやイワシなども食べておきたい。

生野菜も忘れてはならない。その中にふくまれるビタミンBは，ブドウ糖を脳に吸収しやすくする働きを持つので，結果的に脳力アップにつながるんだ。

コーヒーや紅茶，緑茶は，カフェインという成分の作用で目覚めをうながすが，トイレが近くなってしまうので，飲みすぎに注意！　試験当日はひかえたほうがよいだろう。眠気を覚ましたいときはガムをかむといい。脳が刺激《しげき》されて活性化し，目が覚めるんだ。

Dr.福井（福井《ふくい》一成《かずしげ》）…医学博士。開成中・高から東大・文Ⅱに入学後，再受験して翌年東大・理Ⅲに合格。同大医学部卒。さまざまな勉強法や脳科学に関する著書多数。

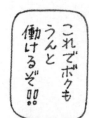

Memo

Memo

2023年度 大妻中学校

【算　数】〈第１回試験〉(50分)〈満点：100点〉

◎　円周率を用いるときは3.14として答えなさい。

◎　式，計算，または考え方は必ず書きなさい。これのないものは正解としません。

1　次の□にあてはまる数を求めなさい。

(1)　$17\div\left\{8-\left(10-6\frac{1}{4}\right)\div3\frac{1}{8}\right\}-1\frac{1}{2}=\square$

(2)　$10-(9\times8\div\square-6\times5)\div4=3\div2+1$

(3)　目的地まで17kmの道のりを，はじめ毎時24kmの速さで10分進み，残りを毎時□kmの速さで26分進んだところ，ちょうど目的地に到《とう》着しました。

(4)　分子が102で，約分すると整数になる分数があります。この数が10に最も近くなるのは分母が□のときです。

2　図は，正三角形を折り返してできた図形です。角xの大きさは何度ですか。

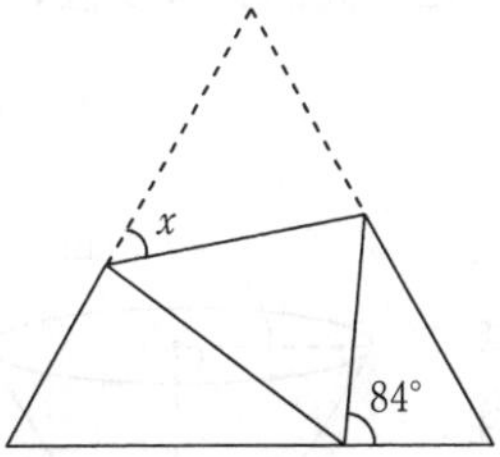

3　濃《のう》度４％の食塩水が200gあります。水を何g蒸発させると濃度が５％になりますか。

4　下の表は，あるクラスのテストの結果を表したものです。満点は50点で，満点の人はいませんでした。40点以上50点未満の６人の点数は45点と考え，他も同じように考えてクラスの平均点を求めたところ，平均点は30点でした。30点以上40点未満の人数は何人でしたか。

点数(点)	人数(人)
0以上10未満	2
10以上20未満	4
20以上30未満	12
30以上40未満	□
40以上50未満	6

5　姉妹が同時に家を出発して駅に向かって歩きました。姉が家から駅までの道のりの $\frac{3}{7}$ の地点で引き返し，家へ向かって120ｍ歩いたところで妹と出会いました。２人が出会ったのは家から駅までの道のりの $\frac{1}{3}$ の地点でした。ここで，姉妹それぞれの歩く速さは一定とします。

⑴　家から駅までの道のりは何ｍですか。

⑵　姉妹の歩く速さの比を，最も簡単な整数の比で求めなさい。

6　子どもが長椅子《いす》に座ります。１脚《きゃく》に５人ずつ座ると，長椅子が２脚余り，最後の長椅子に座るのは２人になります。長椅子を10脚追加して，１脚に３人ずつ座ると５人座れなくなります。子どもの人数は何人ですか。

7　次のように偶《ぐう》数が並んでいます。

２，４，６，８，……

連続する６個の数の和が222のとき，５番目と６番目の数の和はいくつですか。

8　商品Ａを２個，Ｂを３個仕入れたところ，仕入れ値の合計は2900円でした。Ａは２割増しの定価で１個だけ売れました。Ｂは４割増しの定価で売れなかったので，定価の５割引にしたところ３個すべて売れました。商品Ａ，Ｂの売り値の合計は1950円でした。商品Ｂは１個いくらで仕入れましたか。

9　図のような円すい，半球，円柱の３つの容器があり，はじめ半球にだけ水がいっぱいに入っています。円すいと半球の底面が水平なままで，円すいを下に動かしてできるだけ半球に沈《しず》め，あふれた水を円柱にいれます。ここで，容器の厚さは考えません。

⑴　円すいは底面の半径が何 cm になるまで沈めることができますか。

⑵　円柱には何 cm の高さまで水が入りますか。

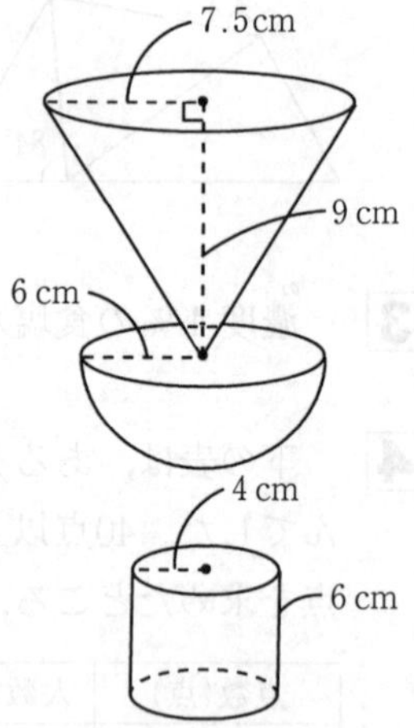

10　図のような AB＝３cm，AC＝４cm の折れ線を，点Ａの周りを反時計回りに90度回転させ，回転後の点Ｂの周りを反時計回りに90度回転させました。折れ線が動いてできる図形の面積は何 cm^2 ですか。

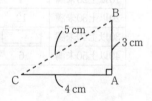

【社　会】〈第１回試験〉（30分）〈満点：60点〉

（注意）地名・用語は，特別の指示がないかぎり，漢字で答えなさい。

１　兵庫県に関するあとの問いに答えなさい。

問１．兵庫県明石市には，日本の標準時の基準となる東経135度の経線が通っています。

(1)　日本と12時間の時差がある場所の経度を答えなさい。ただし，「○経□□度」と答えること。

(2)　東経135度の経線が通っている国として**まちがっているもの**を，ア～エから１つ選び，記号で答えなさい。

ア．ロシア　　　　　イ．シンガポール
ウ．インドネシア　　エ．オーストラリア

問２．兵庫県は地域によって産業の特色が異なります。次のア～ウの図は，第１次産業，第２次産業，第３次産業に就く人の割合を示したものです。①～③にあてはまる図をア～ウからそれぞれ選びなさい。

①　第１次産業に就く人の割合
②　第２次産業に就く人の割合
③　第３次産業に就く人の割合

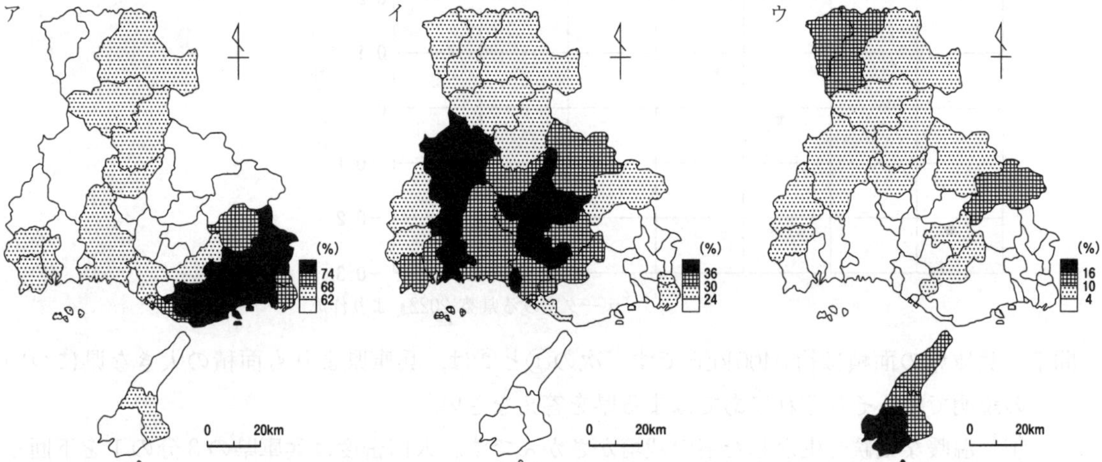

兵庫県『市区町別主要統計指標令和３年版』より作成

問３．兵庫県から徳島県に行くには橋を使うと便利です。行き方について述べた文中の空らん（あ）・（い）にあてはまる語句を答えなさい。

明石海峡大橋をわたって（　あ　）島を通過し，さらに大（　い　）橋をわたって，徳島県側の玄関となっている（　い　）市にたどり着く。

問４．姫路城は世界文化遺産に登録され，観光地にもなっています。次の城と所在地の組み合わせが**まちがっているもの**を，ア～カから２つ選び，記号で答えなさい。

ア．松本城－長野県　　イ．犬山城－愛知県
ウ．彦根城－三重県　　エ．松江城－島根県
オ．弘前城－岩手県　　カ．若松城－福島県

問５．1995年に兵庫県南部地震が発生しました。次の文は，この地震と，2011年に発生した東北地方太平洋沖地震を比べたものです。文中の空らん(か)・(き)にあてはまる語句を，それぞれ**漢字２字**で答えなさい。

兵庫県南部地震は野島(か)付近が震源地となり，(か)のずれによって大きな地震が発生した。一方，東北地方太平洋沖地震は，太平洋プレートが北アメリカプレートに沈み込む(き)が震源地となり，大きな津波が生じたことも特徴である。

問６．兵庫県にとなりあう大阪府，京都府，岡山県，鳥取県について，人口の増加や減少について詳しく調べました。よこ軸は自然増減で生まれた数から亡くなった数を引いて全体の人口で割ったもの，たて軸は社会増減で転入した数から転出した数を引いて全体の人口で割ったものです(統計年次はいずれも2018年)。大阪府と鳥取県にあてはまるものを，ア～エからそれぞれ選びなさい。

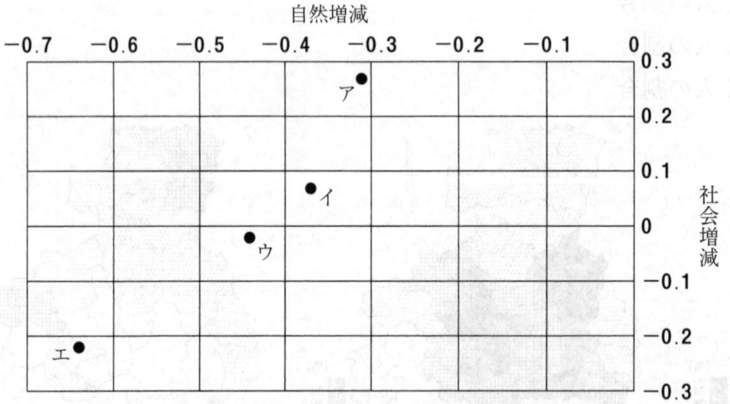

『データでみる県勢 2022』より作成

問７．兵庫県の面積は約 8400km² です。次の①と②は，兵庫県よりも面積の大きな県についての説明です。それぞれにあてはまる県を答えなさい。

① 温暖な気候を生かした茶の栽培がさかんです。人口密度は兵庫県の３分の１を下回っています。この県に属する島々では火山活動が活発なところがあります。

② 兵庫県と同じようにブランド牛が有名で，郷土料理には玉こんにゃくや芋煮があります。夏季にはフェーン現象で気温が上がります。県庁所在地は内陸の盆地に位置し，県の名前と同じです。

2 日本の文学作品について，時代ごとに記した次のカードを読み，あとの問いに答えなさい。

奈良時代

律令国家が作られ，『古事記』などの歴史書が完成した。現存最古の歌集である『(あ)』には①天皇から農民までさまざまな身分の人の歌が残されている。

②平安時代

日本独自の文化が発展し，平仮名がつくられる。紀貫之による『土佐日記』や，(い)の著した『枕草子』などの作品がうまれた。

③鎌倉時代
『平家物語』は，繁栄をほこった平氏が（ う ）の戦いで滅亡していく様子などをえがいた軍記物語である。『方丈記』や『徒然草』などの随筆もうまれた。

④室町時代
『浦島太郎』などの絵入りの御伽草子が，民衆向けに広まる。将軍の保護のもと，能を大成させた（ え ）は，『風姿花伝』を著した。

⑤安土桃山時代
ポルトガル・スペインとの（ お ）貿易がさかんなころ，宣教師が活版印刷術を伝えた。ヨーロッパの『イソップ物語』などがローマ字で印刷された。

⑥江戸時代
（ か ）の書いた『日本永代蔵』など，町人生活をえがいた浮世草子が広く読まれる。滝沢馬琴や十返舎一九などの小説も，庶民《しょみん》に親しまれた。

⑦明治・大正時代
⑧西洋文化の影響を受け，近代文学が発展した。また女性文学者も活躍し，与謝野晶子は，（ き ）戦争に出征《しゅっせい》した弟に向けて歌を詠《よ》んだ。

⑨昭和時代
『蟹《かに》工船』など⑩社会問題を題材とした作品がうまれる。⑪第二次世界大戦後は，谷崎潤一郎や太宰治，川端康成などが多くの小説をのこした。

問１．カード中の空らん（あ）～（き）にあてはまる語句や人名を答えなさい。

問２．下線部①について，次のア～オは６～９世紀に活躍した天皇です。即位した順に古い方から並べかえたとき，**３番目**にあたる天皇を選び，記号で答えなさい。

ア．聖武天皇　　イ．天智天皇　　ウ．桓武天皇
エ．推古天皇　　オ．天武天皇

問３．下線部②について，平安時代には浄土教が貴族を中心に流行しました。11世紀中頃，この世に極楽浄土を実現するため，宇治に阿弥陀堂を建立した人物を答えなさい。

問４．下線部③について，鎌倉時代の説明として正しいものを，次から１つ選び，記号で答えなさい。

ア．幕府は，東日本の御家人との主従関係を強めるため，鎌倉に六波羅探題を設置した。
イ．源氏の将軍が３代でとだえると，北条氏が管領となり，幕府の政治の中心となった。
ウ．千歯こきが用いられ農業生産が増えると，定期市などがはじまり，商業が発達した。
エ．女性も土地の相続権を持ち，荘園や公領ごとに置かれた地頭となる者もあらわれた。

問５．下線部④について，次の文は室町時代の農村の様子を説明したものです。文中の［A］・［B］にあてはまる語句の組み合わせとして正しいものを，下のア～カから１つ選び，記号で答えなさい。

農村では有力な農民を中心に［　A　］が開かれ，自主的に村の掟《おきて》を定め，物事を進めていくようになった。このような村を［　B　］という。

ア．A－座　B－寄合　　イ．A－寄合　B－惣　　ウ．A－惣　B－座
エ．A－座　B－惣　　オ．A－寄合　B－座　　カ．A－惣　B－寄合

問６．下線部⑤について，次の家系図は，16世紀頃の有名な３人の武将【X】・【Y】・【Z】らを示したものです。これらの人物について述べた文のうち，下のア～カから**まちがっているもの**を，**すべて**選び，記号で答えなさい。

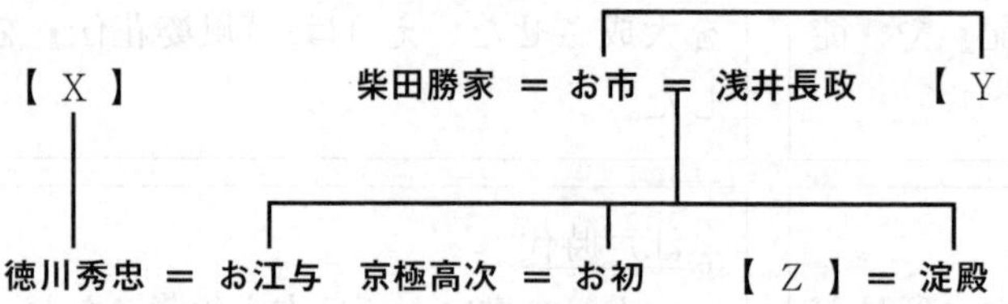

（＝は婚姻関係を示します）

ア．【X】は，大名は１年おきに領地と江戸に暮らすことを，武家諸法度で定めた。
イ．【X】は，関ヶ原の戦いに勝利した後，征夷大将軍となり，江戸に幕府を開いた。
ウ．【Y】は，延暦寺の焼き打ちや一向一揆との戦いを行って，仏教勢力に対抗した。
エ．【Y】は，尾張から勢力を強め，将軍を京都から追放し，室町幕府をほろぼした。
オ．【Z】は，新たな領土を求めて，二度の朝鮮出兵を行ったが，失敗に終わった。
カ．【Z】は，ポルトガルから輸入した鉄砲を用い，長篠の戦いで今川義元を破った。

問７．下線部⑥について，次の史料は，江戸時代に起きた反乱の指導者が民衆に示した文書の一部です。この史料で述べられた反乱が起きた時期として正しいものを，下の〈ア〉～〈エ〉から１つ選び，記号で答えなさい。史料はわかりやすくするために，現代の言葉に直してあります。

> 「このごろは米の値段がますます高くなっているのに，大坂の町奉行や役人たちは，好き勝手な政治をしている。…こうなっては隠居《いんきょ》中の私などでも，もう我慢ができない。…役人を倒し，大坂市中の金持ちの町人たちも倒そう。」
> 『檄《げき》文』

【享保の改革→〈ア〉→田沼意次の政治→〈イ〉→寛政の改革→〈ウ〉→天保の改革→〈エ〉】

問８．下線部⑦について，次の史料は1874年に政府に提出された文書の一部です。この文書を作成した中心人物である，旧土佐藩出身者は誰ですか。史料はわかりやすくするために，現代の言葉に直してあります。

> 「我々が考えてみると，近頃の政権を独占しているのは，上の天皇でも，下の人民でもなく，政府の役人なのである。…広く人民が公平な議論を行う。そのためには議会が必要だ。」
> 『日新真事誌』

問９．下線部⑧について，明治政府は欧米化をすすめ，また，不平等条約の改正を目指していました。そのために，1871年に欧米に派遣された人びとは何とよばれますか。

問10．下線部⑨について，次のア～エは，太平洋戦争までに起きた昭和初期のできごとです。古い方から年代順に並べかえなさい。

ア．五・一五事件　　イ．盧溝橋事件
ウ．柳条湖事件　　エ．国際連盟からの脱退

問11．下線部⑩について，第一次世界大戦以後，日本の社会にはさまざまな問題が起こりました。次のX・Yは正しい文ですか，誤っている文ですか。正誤の組み合わせを，下のア～エから

１つ選び，記号で答えなさい。

Ｘ．1925年に治安維持法が制定されると，社会主義の活動が認められた。

Ｙ．田中正造は，栃木県足尾銅山の鉱毒問題について，天皇に直接訴えようとした。

ア．Ｘ－正　Ｙ－正　　イ．Ｘ－正　Ｙ－誤

ウ．Ｘ－誤　Ｙ－正　　エ．Ｘ－誤　Ｙ－誤

問12．下線部⑪について，この戦争が終わると，政治や社会の仕組みは大きく変化しました。第二次世界大戦後に初めておこなわれた国政選挙について説明した文として正しいものを，ア～ウから１つ選び，記号で答えなさい。正しいものがない場合は，「**なし**」と答えなさい。

ア．衆議院と貴族院の同日選挙がおこなわれた。

イ．初めて女性の衆議院議員が誕生した。

ウ．満25歳以上男子の普通選挙がおこなわれた。

3　日本の社会に関する次の文を読み，あとの問いに答えなさい。

2022年，わが国では参議院議員選挙が行われました。選挙の際，候補者はさまざまな論点を用意して選挙運動を展開しました。外交面では主に，①領土問題や，②安全保障の問題，③貿易をめぐる問題などが話題にのぼっていました。国内に目を向けると，新型感染症に関すること，経済面では④収入の格差や税金の問題，⑤財政不安，政治面では⑥労働問題や⑦人権問題が目立ちました。私たちはより良い社会を実現するため，これらの問題をただ知るだけで満足せず，⑧実際に問題を改善できるよう，さまざまなことを学ぶことが大切です。

問１．下線部①について，日本政府は領土問題が存在しないと主張しているものの，中国が領有権を主張している場所があります。その場所を答えなさい。また，その位置を右の図中ア～エから１つ選び，記号で答えなさい。

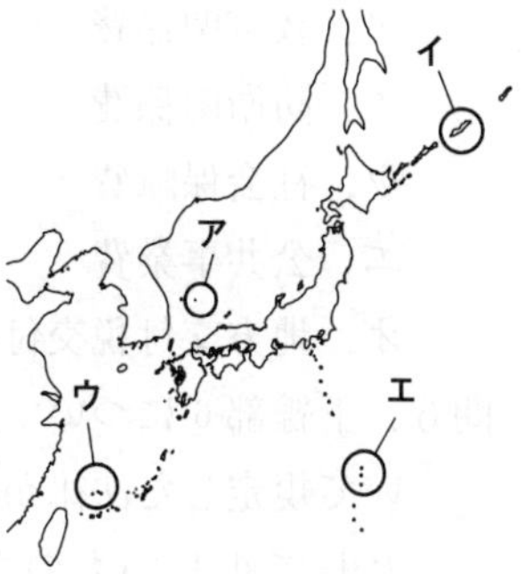

※この図は実際の地図を出題にあわせて簡略化したものです。

問２．下線部②について，1951年に日米安全保障条約を締結したときの，日本の首相を答えなさい。

問３．下線部③について，貿易に関係する税の１つに，関税があります。日本が自国への輸入品に課す関税をなくした場合，発生すると考えられる内容として正しいものを，次から１つ選び，記号で答えなさい。

ア．海外の有名ブランド衣類の輸入価格が上がり，国内で日本製の衣類が売れにくくなる。

イ．希少な動物の輸入に対する規制が強化され，国内で人気のあるペットが手に入りづらくなる。

ウ．輸入自動車との販売競争をする必要が少なくなり，国内では国産自動車の販売価格が上がる。

エ．安価な外国産の農作物の輸入がすすみ，国内では国産の農作物の売り上げが落ちる。

問４．下線部④について，

(1)　所得税は，格差を是正するはたらきがある一方，公平な税であるとも言われます。所得税の公平性に関する正しい説明を，次から１つ選び，記号で答えなさい。

ア．全ての課税対象者から同じ税率で税を徴収するため，公平な税であると言える。

イ．全ての課税対象者から同じ金額の税を徴収するため，公平な税であると言える。

ウ．課税対象者の負担能力に応じて徴収するという意味で，公平な税であると言える。

エ．課税対象者の負担能力に関係なく徴収するという意味で，公平な税であると言える。

(2)　格差を是正するために，日本には社会保障制度が設けられています。社会保障に関する説明として**まちがっているもの**を，次から１つ選び，記号で答えなさい。

ア．国民から保険料を集め，高齢者の生活を保障する制度として，年金保険がある。

イ．第二次世界大戦後，全ての人が雇用保険に加入したことで，国民皆保険が達成された。

ウ．生活に困る人を，国や地方自治体が救済する生活保護は，公的扶助の１つである。

エ．公衆衛生には，病気の予防に加え，国民の健康を増進させる取り組みが含まれる。

(3)　(2)に関連して，社会保障制度は日本国憲法に基づいています。下は憲法第25条の一部です。空らん(あ)にあてはまる語句を答えなさい。

すべて国民は，(　　あ　　)の生活を営む権利を有する。

問５．下線部⑤について，右の図は2022年度の一般会計の予算案を表しています。図中の(い)～(か)には，次のア～オのいずれかがあてはまります。(い)・(う)にあてはまるものを，１つずつ選び，記号で答えなさい。

ア．教育関係費

イ．防衛関係費

ウ．社会保障費

エ．公共事業費

オ．地方交付税交付金

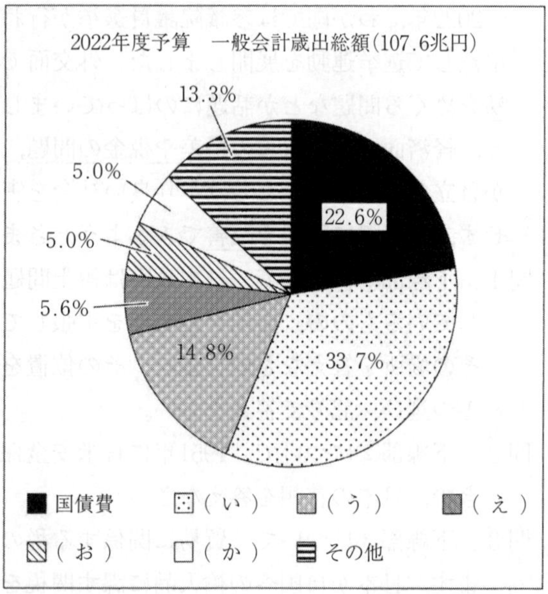

財務省資料より作成

問６．下線部⑥について，日本には労働について規定した法律があります。その内容として正しいものを，次のア～エから１つ選び，記号で答えなさい。

ア．男性の労働者が，妻の産前産後に育児休業を申し出た場合，企業はそれを認めることはできない。

イ．経営状態が悪化した場合，企業は労働組合と相談せずに，労働者の賃金を下げることができる。

ウ．労働組合と企業の意見が対立し，仕事が進まない場合でも，企業は労働組合を解散させられない。

エ．企業が，どうしても業務が終わらないと判断した場合，無給の時間外労働を強制することができる。

問７．下線部⑦について，2016年に施行された法律によって解消が目指されることとなった，「特定の国の出身者であること又はその子孫であることのみを理由に，日本社会から追い出そうとしたり危害を加えようとしたりするなどの一方的な内容の言動」を何といいますか。

問８．下線部⑧について，もしあなたが成人した後，自分の住む地方自治体の条例を改正したいと考えた場合，必要な手続きとして正しいものを，次から１つ選び，記号で答えなさい。

ア．自治体の有権者の50分の１以上の署名を集めて請求し，議会で出席議員の過半数の同意を得る。

イ．自治体の有権者の過半数の署名を集めて請求し，議会で出席議員の３分の２以上の同意を得る。

ウ．自治体の議員となって議会の３分の２以上の賛成を得て発議し，住民投票で過半数の同意を得る。

エ．自治体の議員となって議会の過半数の賛成を得て発議し，住民投票で過半数の同意を得る。

【理　科】〈第１回試験〉（30分）〈満点：60点〉

〈編集部注：実物の入試問題では，写真はカラー，図の大半とグラフの一部もカラー印刷です。〉

1　次のりか子さんとよう子さんの会話を読み，あとの問いに答えなさい。

りか子：私の家は新しいオーブンを買ったの！　水を気体にして（ A ）の熱で加熱するオーブンなのよ！

よう子：（ A ）の熱？　そのオーブンでケーキや肉を焼くことはできるの？

りか子：もちろんよ。だいたい（ B ）℃まで温度を上げることができるって書いてあったわ。水が（ A ）になる気化には２つあるのよ。一つは表面にある水の粒《つぶ》が気体となって飛び出していくの。この現象を（ C ）っていうの。もう一つはある温度に達すると，内部にある水の粒が気体として飛び出していくの。このとき，（ A ）の圧力が，空気の圧力（大気圧）と等しくなって，次々に気体になっていくのよ。この現象を『沸《ふっ》とう』っていうの。

よう子：じゃあ，りか子さんの家のオーブンは，水を沸とうさせて，さらに加熱しているのね。

問１　Ａに入る水の気体を表す語句，Ｃに入る現象名を答えなさい。

問２　Ｂの温度として適切なものを(ア)～(オ)から１つ選びなさい。

(ア)　75

(イ)　100

(ウ)　250

(エ)　1500

(オ)　6000

問３　図１はフラスコに水を入れて加熱し，発生した気体をさらに加熱している様子です。また，図１の点線部分の写真が図２です。図２の(あ)(い)では，水はおもにどのような状態で存在していますか。(ア)～(エ)から１つ選びなさい。

(ア)　固体

(イ)　液体

(ウ)　気体

(エ)　水は存在していない

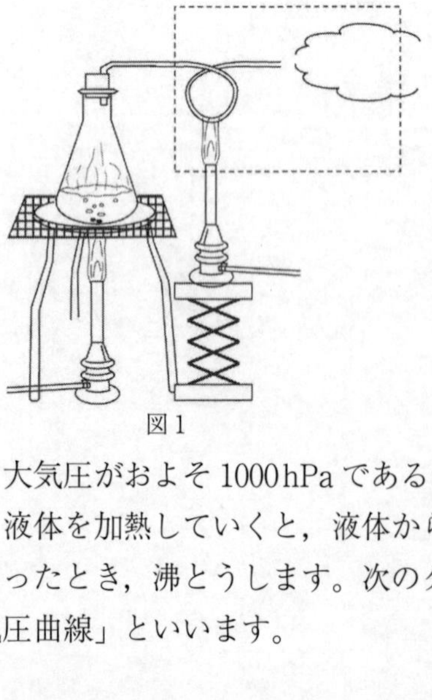

図１

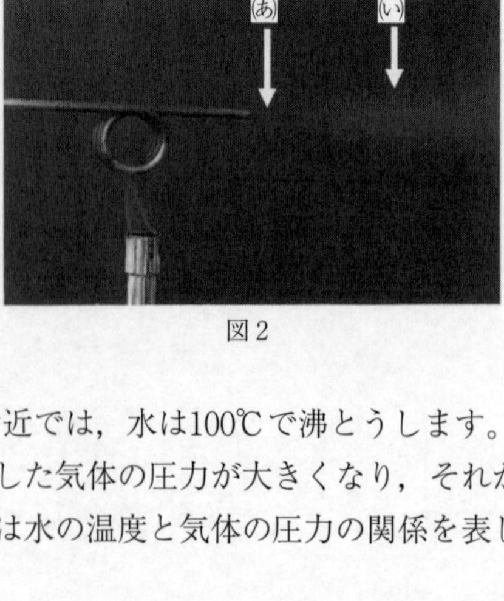

図２

大気圧がおよそ1000hPaである地上付近では，水は100℃で沸とうします。

液体を加熱していくと，液体から変化した気体の圧力が大きくなり，それが大気圧と等しくなったとき，沸とうします。次のグラフは水の温度と気体の圧力の関係を表したグラフで「蒸気圧曲線」といいます。

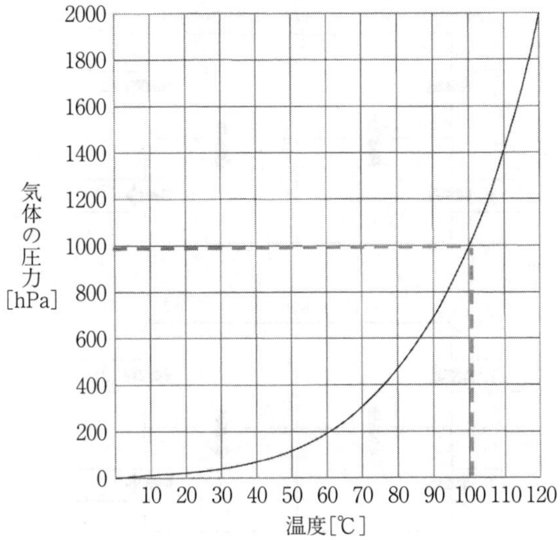

問４　大気圧は標高が上がるほど低くなります。ヒマラヤ山脈は標高が7000ｍを超《こ》える山が多く存在します。標高が10ｍ上がると大気圧が１hPa低くなるとすると，標高7000ｍの地点では，水はおよそ何℃で沸とうしますか。ただし，海抜《かいばつ》０ｍでの気圧は1000hPaであるとします。

問５　蒸気圧曲線は液体の種類によって変わります。右の図の(ア)～(エ)は４種類の物質の蒸気圧曲線です。

①　エタノールは地上付近では78℃で沸とうすることが知られています。エタノールの蒸気圧曲線を(ア)～(エ)から１つ選びなさい。

②　1000hPaで70℃のとき，液体として存在できる物質を(ア)～(エ)からすべて選びなさい。

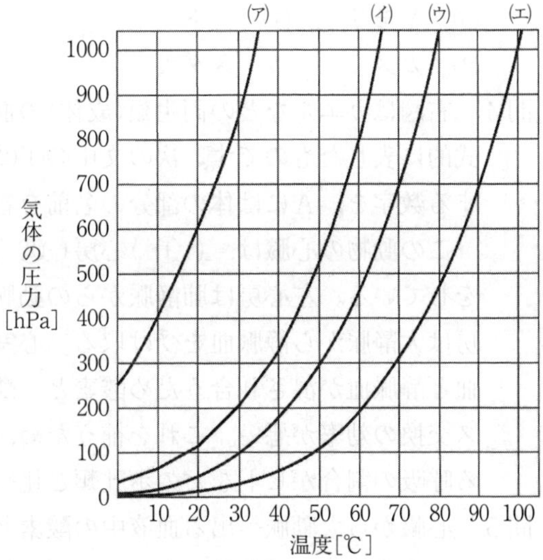

2　心臓は血液を循環《じゅんかん》させるポンプの役目をする器官です。酸素は血液中の赤血球によって全身に運ばれます。セキツイ動物の心臓は，より効率的に酸素や栄養分を全身に運ぶことができるつくりに進化しました。これについて，次の問いに答えなさい。

問１　赤血球にふくまれる赤い色素を何といいますか。カタカナで答えなさい。

問２　次のページの図はヒトの心臓を前から見た模式図です。心臓に出入りする４つの血管は，それぞれ①：大静脈，②：肺静脈，③：肺動脈，④：大動脈を示しています。血液の流れを正しく表している図を(ア)～(エ)の中から１つ選びなさい。

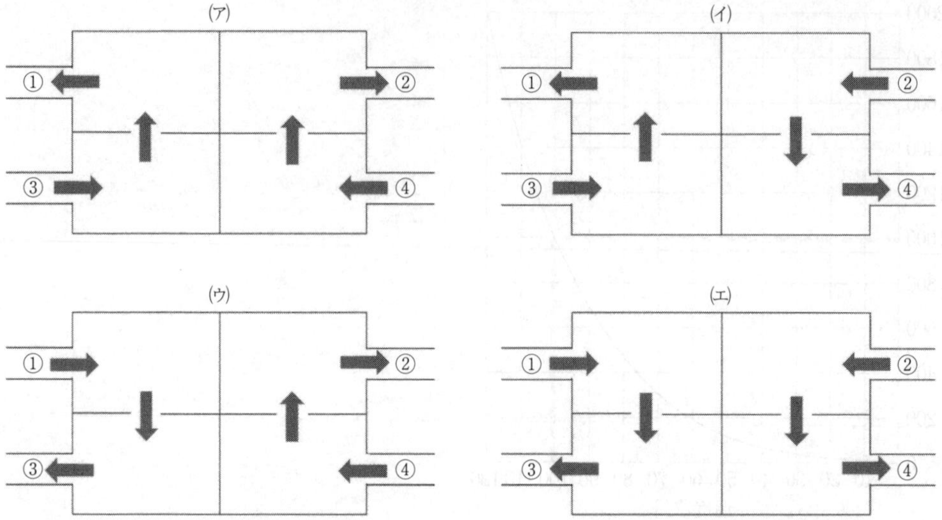

問３　心房《しんぼう》と心室の数は動物により異なります。ヒトの心臓は二心房二心室で，肺からの動脈血は静脈血と混ざることなく全身に送られていきます。ヒトと同じように，完全な二心房二心室の心臓を持つ動物を，(ア)～(カ)からすべて選びなさい。

(ア)　フナ　　　(イ)　イルカ

(ウ)　ヤモリ　　(エ)　ハト

(オ)　カメ　　　(カ)　メダカ

問４　右図はカエルなどの両生類(成体)の血液循環を模式的に表したものです。次の文中の①②にはあてはまる数字を，Ａには体の部分の名前を答えなさい。

この動物の心臓は，(　①　)心房(　②　)心室の構造をしている。左心房は肺静脈からの動脈血を，右心房は大静脈から静脈血を受け取る。心室では，動脈血と静脈血が混ざり合うため酸素と二酸化炭素のガス交換の効率が悪い。これを補うため，(　Ａ　)による呼吸の割合がヒトなどのホ乳類と比べて多い。

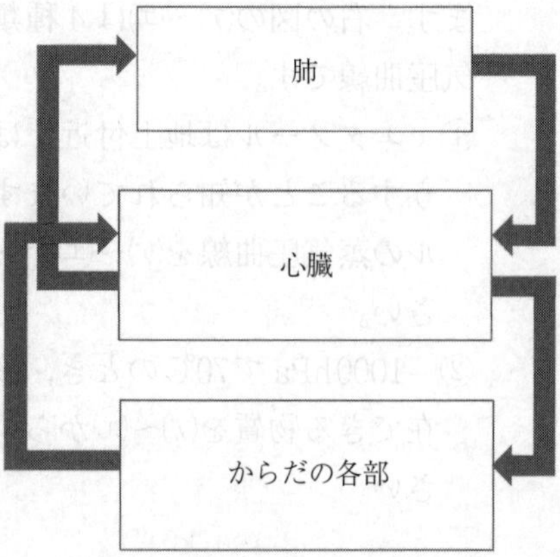

問５　心臓から大動脈へ出る血液中の酸素と結合した赤血球の割合を，ホ乳類と両生類(成体)で比べます。次の<条件>をもとに，説明文の①②にあてはまる数字を答えなさい。

<条件>

・肺から心臓に入る血液は，赤血球の98％が酸素と結合している

・からだの各部から心臓に入る血液は，赤血球の40％が酸素と結合している

・肺動脈と大動脈から出ていく血液量は等しく，血液は全身を一定量，一定のリズムで循環している

心臓から大動脈へ出る血液中の，酸素と結合した赤血球の割合は，ホ乳類は(　①　)％で，両生類(成体)は(　②　)％となる。

3　図のように，直方体①～③を使って実験をしました。あとの問いに答えなさい。それぞれの重さは，①は 40g，②は 100g，③は 48g です。

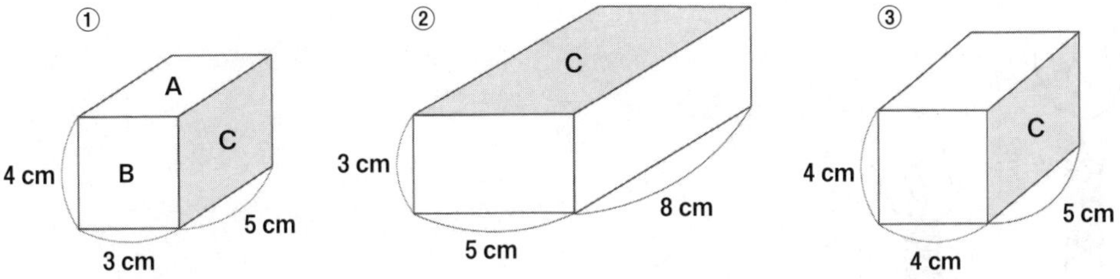

問１　直方体①をスポンジにのせました。A～Cのそれぞれの面を下にしたとき，スポンジのへこみ方に違《ちが》いがありました。大きくへこむ順に記号で答えなさい。

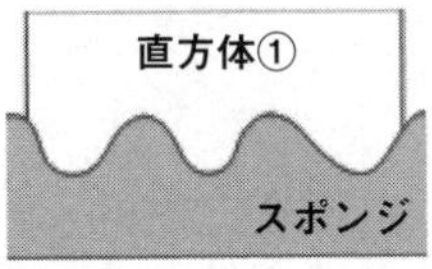

次に，自然長が 10cm のばねＰとばねＱを用意しました。つるしたおもりの重さとばねの長さの関係は，右のグラフのようになります。

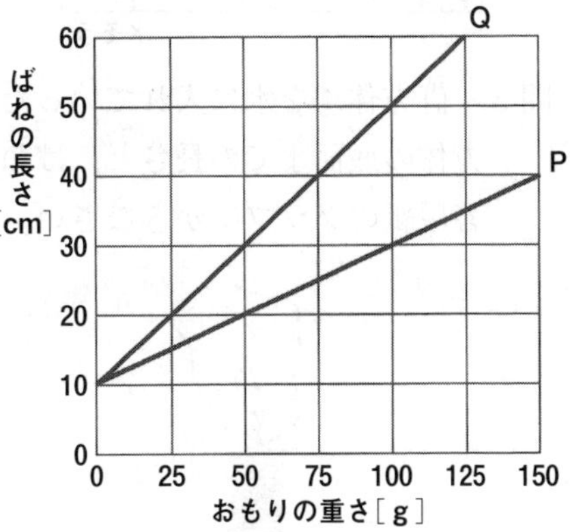

問２　直方体①～③をばねＰもしくはばねＱを使って持ち上げます。ばねの長さがもっとも長くなるばねと直方体の組み合わせを答えなさい。また，そのときのばねの長さは何 cm ですか。

直方体①～③をそれぞれ面Ｃが下になるようにして水そうに入れたところ，いずれも水面から直方体の一部分が出て浮かびました。

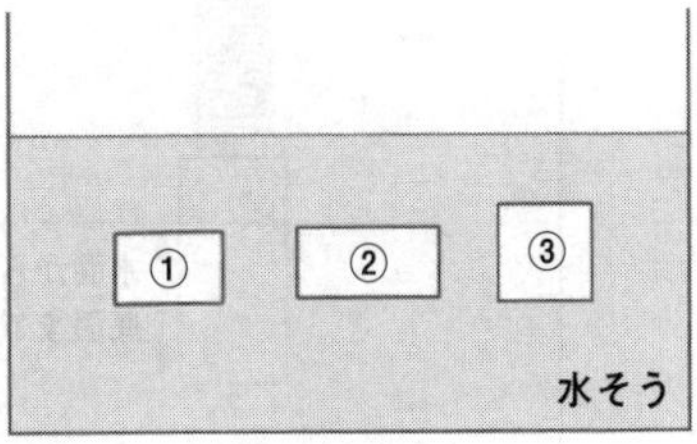

問３　直方体①～③を水面から出ている高さが高い順に答えなさい。

ただし，水１cm^3 の重さは１g とします。

図のような重さ 300g の直方体④と，水の入った水そうを用意しました。水面から底までの深さは 12cm です。ばねＰにつるした直方体④をゆっくり水に入れていきました。

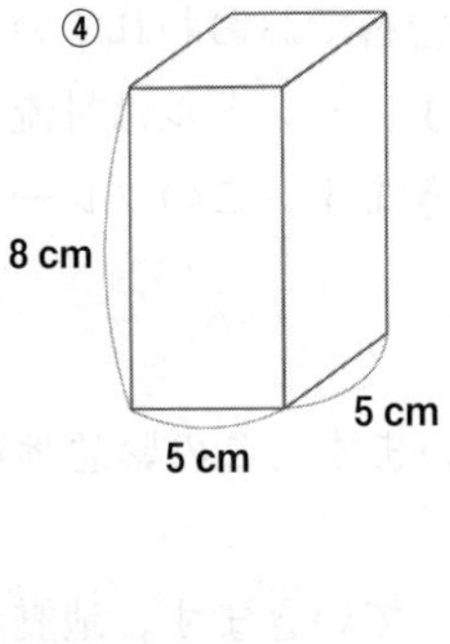

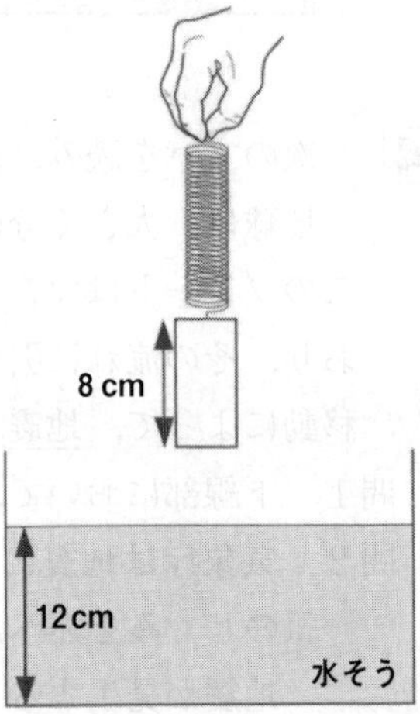

問４　図のように直方体④を<u>半分まで水に入れたとき</u>と，<u>水そうの底につく直前</u>の，ばねＰの長さを答えなさい。

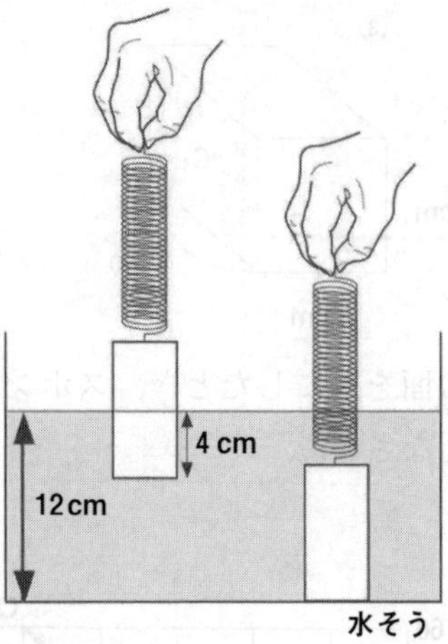

問５　直方体④を水に入れていったときの，水面から直方体の底面までの長さと，ばねＰの長さの関係を解答用紙のグラフにかきなさい。

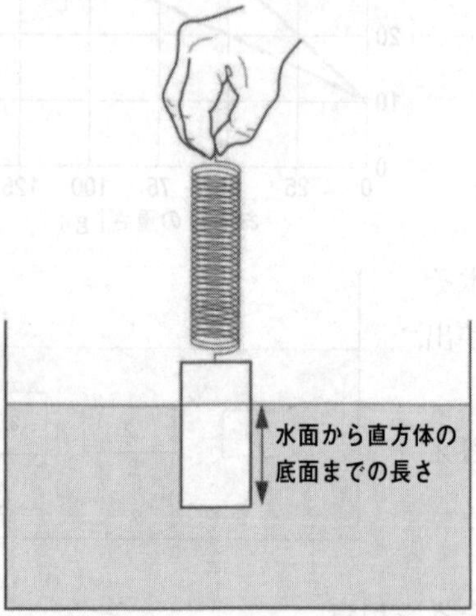

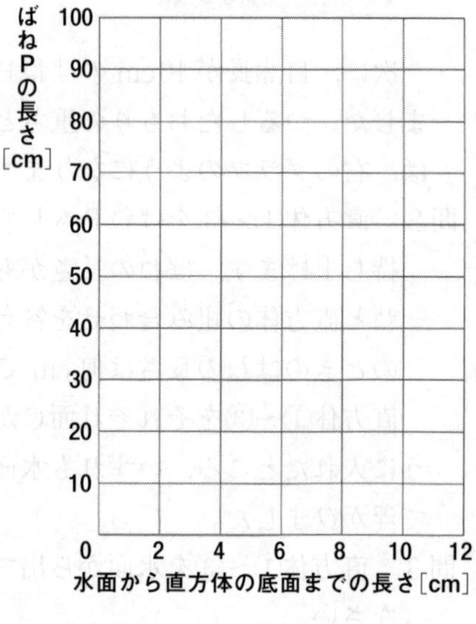

4　次の文章を読み，あとの問いに答えなさい。

地球は，大きく分けると14〜15枚のプレートとよばれる固い板状の岩石でおおわれています。このプレートはマントルという流動性のある岩石の上に浮《う》かんでいます。マントルは対流しており，その流れに引きずられるように，少しずつプレートが動いていきます。このプレートの移動によって，<u>地震《じしん》</u>，火山活動，造山活動などがおこります。

問１　下線部において，地震の最大震度はいくつですか。

問２　気象庁は地震による被害《ひがい》を減らすため，緊急地震速報《きんきゅうじしんそくほう》を発しています。この緊急地震速報のしくみを述べた文章中の①②に適切な語句を答えなさい。

地震が発生すると，震源から地震の揺《ゆ》れが波となって地面を伝わっていきます。地震波にはＰ波とＳ波があり，一般的《いっぱんてき》に，地震による被害をもたらすことの多い地震波は(　①　)波の方です。また，地震波の伝わる速さはP波の方がS波より(②)く伝わります。このようなそれぞれの地震波の特徴《とくちょう》をもとにして，気象庁はP波を検知した段階で，被害をもたらす可能性の高い(①)波の地震が迫《せま》っていることを事前に知らせることができます。

問3　ある地震の地震波(P波)を，地震計がとらえました。この地震の震源，地点A，地震計，気象庁はこの順番でほぼ同一直線上にあるものとします。また，震源から地点Aまでの距離《きょり》は40km，震源から地震計までの距離は60km，地震計から気象庁までの距離は500kmとします。

ただし，この地震のP波の速さは秒速8km，S波の速さは秒速4kmとします。

(1)　この地震計にP波が到達《とうたつ》するのは何秒後ですか。

(2)　地点Aでは，緊急地震速報を受信した後，何秒後に大きな揺れを感知しますか。ただし，地震計から気象庁，気象庁から地点Aまでの情報は有線，無線の電気信号(秒速30万km)で伝えられるものとします。小数第3位を切り捨てて，小数第2位まで答えなさい。

(3)　(2)の計算より，地震計に地震波(P波)が到達したのとほぼ同時刻に，各地域で緊急地震速報を受信すると考えることができます。このことをふまえて，緊急地震速報を受信してから3秒後に大きな揺れを感知する地点は，震源から何km離《はな》れた地点ですか。

ハ　谺《こだま》して山時鳥《やまほととぎす》ほしいまま

ニ　菜の花や月は東に日は西に

問４　――線③「払ひ切れぬ草の実つけて歩きけり」の中から『切れ字』をぬき出しなさい。

問５　二か所ある[B]に共通して当てはまる季節を、漢字一字で答えなさい。

問６　[C]に当てはまる言葉として最も適当なものを、次の中から一つ選んで記号で答えなさい。

イ　美しい　　ロ　楽しい

ハ　たのもしい　　ニ　ふさわしい

四　次の文の――線のひかれたカタカナは漢字に直し、漢字はその読みをひらがなで答えなさい。

①　ひどく手にオえない人だ。

②　レンタイ責任を感じる。

③　ここでシンキ一転する。

④　眼前の光景。

れるけど、仲間と助け合う動物は意外とたくさんいるんだね。

ハ　Cさん―イヌのおかあさんが子ネコを育てるというような映像は私も見たことがあるけど、あれも戦略的互恵関係だったんだ。

ニ　Dさん―そうか。別の鳥の巣に卵を産み落として育てさせようとするカッコウの托卵は、利己的な行動の典型的な例だね。

ホ　Eさん―でも、人間だけは他の動物と違って、戦略的互恵関係ではなく、自己犠牲的な行動によって繁栄してきたんだよね。

三

次の文章は長谷川《はせがわ》かな女《じょ》の俳句《はいく》と、その鑑賞文《かんしょうぶん》である。これを読んで、後の１～６の問いに答えなさい（問題の都合上、本文を変えているところがあります）。

羽子板《はごいた》の重きが嬉《うれ》し①突《つ》かで立つ

この句《く》についてかな女自身、「少女の時の思い出をそのまま詠《よ》んだものだつ《(っ)》た。年の暮《くれ》になると或《あ》る家から毎年羽子板を贈《おく》つ《(っ)》て下さることになつ《(っ)》てゐ《(い)》た。人形町の勝文とか十軒店《じっけんだな》の永徳斎《えいとくさい》製の上等の羽子板だつ《(っ)》たので、似顔《にがお》の押絵《おしえ》がそれはよく出来てゐ《(い)》た。其《そ》の中の一つを抱《だ》いてそつ《(っ)》と門の前に立つ《(っ)》て人が羽子《はね》を突《つ》くのを眺《なが》めてゐ《(い)》る。それだけでよかつ《(っ)》た。」と書いています。正月の晴れ着を着て、持ち重《おも》りのする豪華《ごうか》な役者の似顔の押《お》し絵《え》のついた大きな羽子板をかかえて門口に立ち、ほかの少女たちが羽子をつくのを自分はつかないでながめているのです。重い豪華な羽子板がうれしく、多少ほこらしげな気分もあって、それだけで十分に満足《まんぞく》しているのです。「重きが嬉し」が、そんな微妙《びみょう》な女の子の心の動きをえがいて、じつにたくみな表現《ひょうげん》です。大正七（一九一八）年作のかな女の代表作。季語は[A]（新年）。

明治までの俳壇《はいだん》は、女流の俳人は数えるほどしかいず、ほとんどが男の作家にしめられていました。かな女は明治四二（一九〇九）年から、夫の長谷川零余子《はせがわれいよし》の影響《えいきょう》で俳句を始め、大正二年「②ホトトギス」に婦人《ふじん》十句集という欄《らん》が設《もう》けられると、これに参加《さんか》し、阿部《あべ》みどり女《じょ》、高橋淡路女《たかはしあわじじょ》、杉田久女《すぎたひさじょ》らとともに活躍《かつやく》し、現代《げんだい》の女流全盛《ぜんせい》の時代の基《き》礎《そ》を築《きず》きました。

③払《はら》ひ《(い)》切れぬ草の実つけて歩きけり

かな女の句はやさしく平明な点に特徴《とくちょう》があります。この句もじつに簡単《かんたん》なそのままの表現をしています。「草の実」はえのころ草ややぶじらみなどのような雑草《ざっそう》の実で、[B]の季語です。払《はら》っても払っても払い切れない草の実をつけて歩いた――というだけのごく簡単な表現ですが、よく見つめてみますと「払ひ《(い)》切れぬ」に草の実のつくことを気にしている女性《じょせい》の心とともに、それよりも、[B]晴れの一日、家庭の主婦業《しゅふぎょう》から解放《かいほう》されて、晴ればれとした心で野山を歩いている喜びが出ています。かえって、草の実をつけて歩いていることが[C]くらいなのです。

（森《もり》　澄雄《すみお》『ジュニア版　目でみる日本の詩歌《しいか》⑨　近代の俳句』による）

問１　――線①「突かで」を言いかえている五字の表現を、文章中からぬき出しなさい。

問２　[A]に当てはまる、この俳句の季語を答えなさい。

問３　――線②「ホトトギス」は俳句雑誌であるが、この雑誌の中心人物であった正岡子規《まさおかしき》の俳句を、次の中から一つ選んで記号で答えなさい（引用の俳句は、すべて浜島《はまじま》書店『国語便覧』による）。

イ　荒海《あらうみ》や佐渡《さど》に横たふ《(う)》天の河

ロ　柿《かき》くへ《(え)》ば鐘《かね》が鳴るなり法隆寺《ほうりゅうじ》

ロ　激しい自然界に合わせて自ら変化したということ。
ハ　冷徹な自然界から追い出されずに済んだということ。
ニ　過酷《かこく》な自然界において奇跡的《きせきてき》に難を逃れたということ。

問10　[A]に当てはまることわざとして最も適当なものを、次の中から一つ選んで記号で答えなさい。
イ　果報は寝《ね》て待て
ロ　渡《わた》る世間に鬼《おに》はなし
ハ　情けは人のためならず
ニ　案ずるより産むがやすし
ホ　人の振《ふ》り見て我《わ》が振り直せ

問11　[B]・[C]に当てはまる言葉として最も適当なものを、次の中から一つずつ選んで記号で答えなさい。
イ　苦戦　ロ　後退　ハ　進化　ニ　成長
ホ　絶滅　ヘ　善戦　ト　退化　チ　繁栄

問12　――線⑩「合理的な理由がある」とはどういうことか。その説明として最も適当なものを、次の中から一つ選んで記号で答えなさい。
イ　血縁関係が関わる場合に自己を犠牲にするのは、結果として自分の遺伝子の適応度を上げることができるからであり、利己的な遺伝子の理にかなっているということ。
ロ　血縁関係が関わる場合に自己を犠牲にするのは、個人の主張や心情などの主観的なものを省き、遺伝子の保存という客観的な目的を最優先に考えた行動だということ。
ハ　血縁関係が関わる場合に自己を犠牲にするのは、食べものと環境が整っている自然界にはない飼育下だからこそできることだという、まぎれもない事実があるということ。
ニ　血縁関係が関わる場合に自己を犠牲にするのは、ほんとうの意味で利他的な、見返りを求めない愛のあらわれであり、それが生物としての本能に沿った行動だということ。

問13　――線⑪「環境問題の解決に求められていると思う」とあるが、この文章から読み取れる筆者の環境問題に対する考え方として最も適当なものを、次の中から一つ選んで記号で答えなさい。
イ　人間もほかの生物と同じく、戦略的互恵関係を築くことができるので、人間の良心や自己犠牲の精神にだけ頼るのではなく、生物同士が助け合って環境問題を解決していくように進めていくべきである。
ロ　人間もほかの生物と同じく、基本的には利己的であるが、戦略的互恵関係を築くこともできるので、結果的に自分にとってプラスになるという視点で、環境問題解決のために行動することは可能である。
ハ　人間はほかの生物とは違って、血のつながりがなくても自己犠牲的にふるまい、無私の愛で他人のために行動することができる生き物なので、人間同士の善意によって環境問題は解決できるはずである。
ニ　人間はほかの生物とは違って、戦略的互恵関係を築けるような相手がいないので、遺伝子に従い利己的に振舞うことは止めようがなく、環境問題の解決に向けて行動するのには相当の努力が必要である。

問14　文章中の動物の例について生徒たちが話し合っている。内容を正しく理解していると思われる生徒の発言を、次のイ～ホの中から二つ選んで記号で答えなさい。
イ　Aさん―チスイコウモリが獲物を見つけられなかった仲間に食物を分けてあげるのは、戦略的互恵関係の一つの例だね。
ロ　Bさん―そうだね。利他的な行動の例は、ほ乳類だけに見ら問１　――線①「創造」と熟語の成り立ちが同じものを、次の中から一つ選んで記号で答えなさい。

イ　国立　　ロ　善悪　　ハ　注意

ニ　読書　　ホ　豊富

問２　――線②「不可□」の「□」に当てはまる言葉を、次の□の中から一つ選んで漢字に直して答えなさい。

カイ　　ギャク　　ケツ　　ノウ　　ブン

問３　――線③「ドライな」のここでの意味として最も適当なものを、次の中から一つ選んで記号で答えなさい。

イ　感情的な　　ロ　現実的な

ハ　断定的な　　ニ　悲観的な

問４　――線④「戦略的互恵関係」とはどのような「関係」のことか。直後の形式段落の中から二十字以内の表現をぬき出しなさい。

問５　――線⑤「無私の愛」の説明として最も適当なものを、次の中から一つ選んで記号で答えなさい。

イ　自分の利益を考えないで、相手のために何かをすること。

ロ　自分を大切にしたうえで、相手のために何かをすること。

ハ　周りからの意見をよく考えたうえで、相手のために何かをすること。

ニ　周りからの情報に流されることなく、相手のために何かをすること。

問６　――線⑥「そのとき、以前やさしくされた個体にはちゃんと恩を返し」とあるが、それはなぜか。その理由として最も適当なものを、次の中から一つ選んで記号で答えなさい。

イ　「やさしくされた個体」に食物を分けてもらったままではいたくないから。

ロ　「やさしくされた個体」に次もまた食物を分けてもらえるかもしれないから。

ハ　「やさしくされた個体」に次は食物を奪《うば》われてしまう危険性を回避《かいひ》したいから。

ニ　「やさしくされた個体」に食物を分《わ》け与《あた》えることで自分の方が優位に立てるから。

問７　――線⑦「戦略的互恵関係をはぐくむことが生物にとってプラスになるシチュエーションがわりと普遍的に存在している」について、次の(1)、(2)の問いに答えなさい。

(1)　「戦略的互恵関係をはぐくむことが生物にとってプラスになる」とあるが、それはなぜか。その理由を説明した次の文の【　】に当てはまる五字の表現を、文章中からぬき出しなさい。

・生物にとって遺伝子の適応度が上がり、【　　】を有利に進めることができるから。

(2)　「普遍的に存在している」とはどういうことか。最も適当なものを、次の中から一つ選んで記号で答えなさい。

イ　あまり多くはないということ。

ロ　ときどき出会えるということ。

ハ　昔から続いているということ。

ニ　よく見かけられるということ。

問８　――線⑧「打算」の意味として最も適当なものを、次の中から一つ選んで記号で答えなさい。

イ　相手をだますこと　　ロ　損得を考えること

ハ　利益を独占《どくせん》すること　　ニ　悪知恵《わるぢえ》を巡《めぐ》らすこと

問９　――線⑨「自然淘汰に耐えて残ってきた」とはどういうことか。最も適当なものを、次の中から一つ選んで記号で答えなさい。

イ　厳しい自然界において選《えら》び抜《ぬ》かれたということ。

逆になったとき、この前の「お返し」として、逆方向に食物を分けてあげることがある。⑥そのとき、以前やさしくされた個体にはちゃんと恩を返し、冷たくされた個体には出《だ》し渋《しぶ》るということがあるとのことだ。このように、信頼《しんらい》できる仲間と相互に助け合う関係を築くこと。これはまさに戦略的互恵関係である。

このような利他的な行動は、オウムのなかまのヨウム、チンパンジー、ネズミやクジラなど、複数の動物でも観察されている。生物の系統的に遠く離《はな》れた種で戦略的互恵関係が生まれているということは、⑦戦略的互恵関係をはぐくむことが生物にとってプラスになるシチュエーションがわりと普遍的《ふへんてき》に存在していることを示している。（リンク先URL略）

利他的な行動は、めぐりめぐって自分のプラスになるから、進化の過程で獲得《かくとく》され、残ってきた特徴《とくちょう》である。その瞬間《しゅんかん》では自己犠牲、つまり相手の適応度（この本では、生存と繁殖の可能性を表す指標と考えよう）を上げる代償《だいしょう》として自分の適応度を下げる行動である。しかし動物には脳があり、ものごとを記憶《きおく》する力が備わっている。だから、「相手を助けたことを覚えてもらい、自分が困ったときにお返しをしてほしい」という⑧打算がはたらいた結果、利他的な行動をとるのだ。これは結局のところその遺伝子の適応度を上げることに貢献《こうけん》してきたから、そういう特徴は⑨自然淘汰《とうた》に耐えて残ってきたのであろう。

［　A　］とはよくいったもので、結局は自分に返ってくる。ただし、相手から助けてもらうけど自分からは助けないという利己的なタイプの個体は、仲間はずれにされて適応度を下げることになる。結局は自分の利益になるから、戦略的に利他的な行動を取る価値がある。これが戦略的互恵関係だ。もしも、ほんとうの意味で利他的な、見返りを求めない愛を示す生物がいたらどうなるだろう。その愛を受ける生物が［　B　］する一方で、愛を与える側の生物はやがて［　C　］するだろう。これは、冷徹《れいてつ》だがまぎれもない真実である。

ちなみに、血縁《けつえん》関係がかかわる場合は、生物は自己犠牲的な行動を行うことがある。たとえば親が子を養うのは、子どもからの見返りを求めているわけではない。それは「自分の遺伝子を引《ひ》き継《つ》いだ子どもたちが生きのびて、繁栄するため」と考えると、自分（正確には自分が持っている遺伝子）にとっての⑩合理的な理由があるのだ。一方、血のつながりがない生物のために自己犠牲することは、その生物にマイナスをもたらしてしまう。テレビを見ているとたまに、「イヌのおかあさんが子ネコを養っている」みたいなニュースが流れたりする。とてもこころ温まる話なのだが、それは食べものと環境が整った飼育下だからであって、もし野生生物が、他の種類の子どもを養うなんてことが頻繁《ひんぱん》に生じれば、その種は絶滅《ぜつめつ》の危機に瀕《ひん》することだろう。たとえばカッコウは托卵《たくらん》という行動を取る。別の種の鳥の巣に卵を産み落とすという行動だ。これをやられた鳥が、自分の卵とカッコウの卵の違いを見破れなければ、適応度は大きく低下してしまう。無私の愛で他人の子どもを育てるなんて余裕《よゆう》は、自然界では永続できないのだ。

生物は基本的に利己的だということは、残念ながら真実である。それが分かったうえで僕らは、環境問題を解決し、生態系を保全しなければならない。自己犠牲・善意・良心だけに頼《たよ》った環境保全は成り立たないことを、僕らは理解しなければならない。生物の世界で戦略的互恵関係が成り立つように、人間も合理的な理由があれば利他的に、他人のために行動することが可能だ。このような性《さが》を活《い》かすことが、⑪環境問題の解決に求められていると思う。

（伊勢《いせ》武史《たけし》『2050年の地球を予測する
――科学でわかる環境の未来』による）

環境問題は、その場所に生きている生物に大きな影響《えいきょう》を与《あた》えるわけで、僕《ぼく》らは生物がそもそもどのように生きているかを理解することで、適切な対応が可能になるのである。

　そもそも生物とはなんだろうか？　生物はなんのために存在しているんだろうか？　きわめて根源的な問いである。もしも宗教に基《もと》づいて答えることが許されるなら、神さまが目的をもって生物を①創造した、なんて解答が可能なんだろう。「環境を破壊《はかい》してはいけないのは、神さまが悲しむから」という理由をつけるのも可能かもしれない。しかし、これで世の中を動かせるかというと、大きな疑問が残る。世界じゅうのすべての人が神さまを信じているとはかぎらない。そして、世界にはいろんな宗教があるので、信じている神さまとその教えは異なるのである。

　世界じゅうの人が納得《なっとく》して環境を守るためには、やはり科学サイドからの説明が②不可□だろう。生物とはなにか、なんのために存在しているのか。生物学は、宗教とはまったく違《ちが》う③ドライな解答をする。端的《たんてき》にいって、生物は生存と繁殖《はんしょく》のための装置であり、生物が保有している遺伝子を絶やさずに受《う》け継《つ》ぎ、そのコピーを増やすために存在しているのである。遺伝子とは、コンピュータプログラムのようなもの。僕ら人間を含《ふく》めた生物がどのような形に成長して、どのように行動するかが書かれた設計図だ。僕らは、自分が運んでいる遺伝子が存続し、そのコピーを増やすために生きている。そんなことを日常生活で考えることなんてないかもしれないが、これが厳然たる事実なのだ。ＳＦのストーリーで、近未来の世界はロボットや人工知能に支配されていて人間が迫害《はくがい》を受けるというのはよくあるが、実は僕らはすでに、遺伝子というプログラムに支配されているのだ。人間が生き続ける限り、この事実は変わらない。

　人間にも生物にも本能があって、できるだけ自分が多くの資源を得ようとする。それは生存と繁殖を有利に進めるための本能だ。これは生物を動かしている遺伝子に仕込《しこ》まれている方向性であり、有名な生物学者であるドーキンスはそれを「利己的な遺伝子」と呼んだ。遺伝子が利己的ならば、人間が利己的に振舞《ふるま》うのは止めようがないんだろうか？　となると人間は共有地の悲劇（※多くの利己的な人々の行動によって、みんなの資源が失われてしまうこと）から逃《のが》れることはできないということで、環境問題は止められない……。

　利己的な遺伝子に支配された生物は、利己的に振舞うしかないのだろうか。他人を圧倒《あっとう》し出し抜《ぬ》いて自分だけが生き残って繁栄する。これだけが生物や人間を支配する法則なのだろうか。実は、そうとは限らない。ほんとうの意味での自己犠牲《ぎせい》という意味の利他的な行動は成り立たなくても、④戦略的互恵《ごけい》関係というのは成り立つからだ。人のためになることをすれば、やがてそれは自分の利益になる。そうならば、利他的な行動が戦略的な意味を持つ。自然界に目を向けてみよう。自然界に、自己犠牲の愛や⑤無私の愛の存在を見つけるのはむずかしいが、戦略的互恵関係ならわりとよくあるのだ。

　たとえば、チスイコウモリは利他的な行動をとることがある。洞窟《どうくつ》などでコロニーを作って生活しているチスイコウモリは、夕方になると飛び立って、獲物《えもの》を探す。明け方、良い獲物を見つけられた個体は満腹でコロニーに帰ってくるが、運悪く獲物に出会えなかったコウモリは空腹のままだ。そんなとき、満腹の個体は、空腹の個体に、口移しで食物（獲物から吸った血液）を分けてあげることがあるらしい。しかし、いつでもおなじ個体ばかりが獲物にありつくわけではない。ときには、昨夜は満腹だった個体が空腹で、昨夜はエサを分けてもらったほうが満腹になったりする。このようにラッキーとアンラッキーが問６　——線⑤「決まりが悪そうに口を尖らせる」とあるが、それはなぜか。その理由として最も適当なものを、次の中から一つ選んで記号で答えなさい。

イ　自分が部室の管理には不慣れなことを、全然親しくもない「私」にあやまることが不満だったから。

ロ　自分は部室の戸締りに慣れておらず、すべて「私」に任せたことを気はずかしいと思っているから。

ハ　無事に戸締りができるか見守ってあげていたのに、「私」に苦笑《くしょう》されてしまい面白《おもしろ》くなかったから。

ニ　「沢井くん」の絵に触れようとする「私」を見てしまい、顔を合わせて話すのが気まずかったから。

問７　Ｂ　に当てはまる表現として最も適当なものを、次の中から一つ選んで記号で答えなさい。

イ　雪が溶《と》けて、春の気配がした

ロ　梅雨《つゆ》が明けて、夏の気配がした

ハ　鈴虫《すずむし》が鳴いて、秋の気配がした

ニ　木枯《こが》らしが吹いて、冬の気配がした

問８　——線⑥「そのこと」の指している内容として最も適当なものを、次の中から一つ選んで記号で答えなさい。

イ　「雨谷」は「私」と同様に、帰りたくない時は部室で寝るということ。

ロ　「雨谷」は帰りたくないだけで、部で絵を描く意欲はあるということ。

ハ　「雨谷」は自宅に帰りたくないがために、部室に来ているということ。

ニ　「雨谷」は「私」のことを心配して、美術室に残っていたということ。

問９　——線⑦「ありがと」とあるが、どのようなことに対する感謝の言葉か。最も適当なものを、次の中から一つ選んで記号で答えなさい。

イ　「私」がささくれのできている「雨谷」に、絆創膏をあげたこと。

ロ　「私」が返した絆創膏を「雨谷」が素直《すなお》に受け取ってくれたこと。

ハ　「私」が「雨谷」に布タイプの高価な絆創膏を特別に貸してあげたこと。

ニ　「私」が「雨谷」のことを気に掛《か》けて、絆創膏を受け取らなかったこと。

問10　Ｃ　に当てはまる三字の言葉を、文章中からぬき出しなさい。

問11　——線⑧「□で笑った」の「□」に当てはまる体の一部を表す言葉を、漢字一字で答えなさい。

問12　□で囲まれたイ～ホの文を、正しい順序に並べかえて記号で答えなさい（ただし、ニが四番目です）。

問13　——線⑨「薄っぺらな人間」とあるが、これはどのような「人間」だと考えられるか。文章中の「雨谷」の言葉を使って、二十五字以上三十五字以内で説明しなさい。

問14　——線⑩「あんたの番だ」とは具体的にどういうことか。文章中の言葉を使って、二十字以内で説明しなさい。

二

次の文章を読んで、後の１～14の問いに答えなさい（問題の都合上、本文を変えているところがあります。※のついた説明は出題者が加えたものです）。

環境《かんきょう》科学を学ぶうえで、生物について考えることは欠かせない。

私が手の中のものの感触《かんしょく》を確かめているうちに、雨谷は片足を大きく上げ、持っていた小石を裏山のほうへ投げた。

小石は、きれいな弧《こ》を描いて飛んでいった。

「けっこう遠くまで行ったな」

そう言って、雨谷はこちらを見た。⑩あんたの番だとその目が言っていた。目で問い返してから、私は小石を握《にぎ》り直した。石投げなんて、ずいぶんとしていないものだから緊張《きんちょう》しつつも、私は思いきり右腕《みぎうで》を振りかざした。

意気込《いきご》んで全力を出そうとしたら、うまくコントロールできずに上のほうへと投げてしまい、さほど遠くまで行かずに落ちた。

「どこに投げてんのー」

制服のスカートの裾を両手で押さえるようにして、雨谷は笑った。真夏の木漏《こも》れ日《び》みたいに繊細《せんさい》で、きらきらと揺れるような声だった。前屈《まえかが》みになって笑う雨谷の顔の前で、セーラー服の臙脂色《えんじいろ》のリボンがはためいた。

失敗したのに、私は雨谷が笑ってくれるのが嬉《うれ》しかった。

（尾崎英子《おざきえいこ》『たこせんと蜻蛉玉《とんぼだま》』による）

問１　――線①「その日も雨谷は部室にいた」とあるが、「雨谷」が美術部に所属している理由を「私」はこの時点でどう思っていたか。それを説明した次の文の【　】に当てはまる十四字の表現を、文章中から探し、最初と最後の三字をぬき出しなさい。

・それほど美術を好きなわけではなく、【　　　　】と思っていた。

問２　[A] に当てはまる表現として最も適当なものを、次の中から一つ選んで記号で答えなさい。

イ　あたしが帰るまで待ってて

ロ　あたしが最後に戸締りをする

ハ　あんたが最後の戸締りをして

ニ　あんたは先に帰っていいよ

問３　――線②「おもむろに」の意味として最も適当なものを、次の中から一つ選んで記号で答えなさい。

イ　あっという間に　　ロ　出しぬけに

ハ　いそいそと　　ニ　ゆっくりと

問４　――線③「私はビビってしまい、慌てて目を逸らした」とあるが、この時の「私」の気持ちとして最も適当なものを、次の中から一つ選んで記号で答えなさい。

イ　「雨谷」の一番の友になりたいと思っているが、それを彼女に知られたくない気持ち。

ロ　「雨谷」の美しさは分かっているが、それを彼女に伝えるのは恐《おそ》れ多《おお》いと思う気持ち。

ハ　「雨谷」の肖像画を描いてみたいが、それを彼女にどう伝えればいいのか悩《なや》む気持ち。

ニ　「雨谷」の容姿にひきつけられているが、それを彼女に知られることを恐れる気持ち。

問５　――線④「そんなことを言うので、私は小さく吹き出した」とあるが、それはなぜか。その理由として最も適当なものを、次の中から一つ選んで記号で答えなさい。

イ　「私」にとってはなんともないことを心配する「雨谷」がおかしかったから。

ロ　「私」を心配する必要はないのに神経質になる「雨谷」がおかしかったから。

ハ　職員室に立ち入ることをおそれている小心者の「雨谷」がおかしかったから。

ニ　何でもない話題を持ち出して平気なふりをする「雨谷」がおかしかったから。

きでさ」

「絵を描く人を見る？」

「あたしって絵心なくて、平面的な絵しか描けんのよ。うまい人って奥行《おくゆ》きを摑《つか》んで、立体的に描けるやろ。立体的なだけやなくて、そこに時間までもが流れているような絵を描く人っているやん。すごいなって思う」

　きっと、沢井くんのことだ。

　私はそれまで、雨谷は沢井くん目当てで美術部にいるのだと思っていた。それに違《ちが》いなかったが、彼女の彼《かれ》にたいする思いにも、私には見えていない［　C　］があるようだった。

「ウタから見たら、あたしって漫画《まんが》読んで寝てるだけの、不真面目《ふまじめ》な部員にしか見えんやろうけど」

「そんなことないけど」

一応否定してみたが、その嘘《うそ》を見透《みす》かすように雨谷はこっちを向いて⑧□で笑った。

「岩石って、基本的に二種類あるって習ったやろ。覚えてる？」

　いきなり話が飛んだ。雨谷は拾ったばかりの小石を軽く宙に投げては受けとめ、というのを繰《く》り返《かえ》しながら言った。

　突然出された問題を解くために、私はすっかり忘れかけていた高校受験のために頭に詰《つ》め込《こ》んだ理科の知識を急いで引っ張り出した。

「火成岩、それと……堆積岩《たいせきがん》？」

「はい、よくできました。その岩石も、水みたいに循環《じゅんかん》してるんやって」

「循環？」

「水の循環であれば、水から氷、水蒸気と状態を変えて地球上をぐるぐると回るやろ。

イ　つまり、この小石も、もともとはマグマやったんよ。

ロ　つまり地下のマグマが地上に出て冷え固まってできたのが火成岩。

ハ　岩石も同じで、水よりもずっとずっと長い時間をかけて、地球上をぐるぐると回ってるんやって。

ニ　そして大陸のプレートの移動により、火成岩も堆積岩もまた地下深くまで押しやられてマグマになる。

ホ　その火成岩が風化したり侵食《しんしょく》作用によって土や砂になり、川や雨で運搬《うんぱん》されて積もり、押し固められたのが堆積岩。

途方《とほう》もなく長い時間をかけて、この小石は旅をして、今私の手の中にある」

　まるで理科の授業のように、雨谷は話した。

　興味深いので聞いていたが、話の先が見えなかった。

「ものすごーく奥行きがある話やろ。立体的な時間が流れて、多少のことでは動じない。そういう話を聞くのが好き。動じないように見えて、だけど刻々とあるべきほうに向かって動いていく。誰《だれ》かや何かに振り回されることがなく、だけど淀《よど》むこともなく。そういうものに、あたしは憧《あこが》れる。たぶん、あたし自身が⑨薄《うす》っぺらな人間やから」

　まるで詩を朗読しているようだった。いつもと違う顔をした雨谷だった。どことなく淋《さび》しげに見えた。どうしてそんな話を、私にするのだろう。たいして仲良くもない私に、どうして。彼女の真意を測りかねて戸惑《とまど》っていると、

「はい、これ」

　地面からもう一つ小石を拾って、雨谷はこちらに放《ほう》り投《な》げた。反射的に動いて、私はそれをキャッチする。灰色の少し尖った歪《いびつ》な小石だった。

おかしかった。それに、ありがたいと思われているなら悪い気もしなかった。

「眠《ねむ》たいなら、家に帰ったらいいのに」

二人並ぶようにして、昇降口《しょうこうぐち》から外に出た。裏山から吹《ふ》いてくる風に煽《あお》られると、湿《しめ》り気《け》の多い瑞々《みずみず》しい草の匂《にお》いが鼻孔《びこう》をくすぐった。

「　Ｂ　。

雨谷は言った。

「帰りたくないから、あそこで寝てんの」

それは私も同じだった。毎日部室に通っているのは、沢井くんに会いたいがためでもあったが、できるだけ帰宅を遅《おく》らせたかったからでもあった。

でもそれ以上、⑥そのことについて掘《ほ》り下《さ》げようとは思わなかった。向こうも話したい様子ではなく、しばらく私たちはグラウンドに沿う道を無言のまま歩いた。

「えっと……はい、これ」

突然《とつぜん》、少し先を歩いていた雨谷が振り返ると、何か小さなものを差し出した。

「何？」

よくないものを押《お》し付《つ》けられるのかと予想しながら、おそるおそる受け取ってみると、絆創膏《ばんそうこう》だった。しかも、大きいサイズ。少し前に、私が雨谷にあげた、まったく同じ絆創膏。

「なんで？」

「借りたから、返す」

「いらんよ」

「借り作るの嫌《いや》やし。それに、この絆創膏、布タイプで高そうやったし」

「家にあったやつで、私が買ったわけじゃない」

絆創膏を返そうとしたら、いいんやって、と押しのけられる。

「⑦ありがと」

雨谷はそう言って、前にどんどん進んでいった。

わざわざ同じものを探して買ってきたんだ。些細《ささい》なことだったが、同級生の初めて見る一面に、私は小さな感動を覚える。それに、雨谷にお礼を言われるのも初めてだった。

「ささくれ治った？」

私はその背中に声をかける。

「とっくに」

こちらを振り返らず、あっさりとした答えが返ってくる。

さっきまで、雨谷と話したいことなんてなかったし、話したいとも思っていなかったのに、なぜか沈黙《ちんもく》に陥《おちい》りたくないという思いが湧《わ》き上《あ》がる。でも話したいことが思いつかなくて、こういう時は天気の話をすればいいんだろうかと思《おも》い巡《めぐ》らせていると、雨谷が立ち止まって振り返った。

「こいつ、なんで美術部員なんや、って思ってる？」

「はい？」

「だから、なんであたしみたいなのが美術部に入ってるんやってむかついてる？」

「別に……むかついてないけど」

「たいして美術が好きでもないくせに、くらいは思ってるやんな」

言い当てられて、どう答えていいかわからず黙《だま》っていると、雨谷はふいにしゃがんで、転がっていた小石を拾った。雨谷のセーラー服の背中がめくれて、裾《すそ》を短くするのに折ったスカートの腰《こし》と、小豆《あずき》ほどの黒子《ほくろ》が見えた。露《あら》わになった背中は、自分と同じ隙《すき》だらけの十六歳《さい》のそれだった。

「絵を描くのが好きなわけじゃない。でも、絵を描く人を見るのは好

2023年度 大妻中学校

【国　語】〈第一回試験〉（五〇分）〈満点：一〇〇点〉

（注意）解答に字数の指定がある場合は、句読点やかっこなどの記号も字数として数えます。

一 次の文章を読んで、後の１～14の問いに答えなさい（問題の都合上、本文を変えているところがあります）。

高校一年の、夏休みに入る少し前の放課後のことだった。

①その日も雨谷《あまや》は部室にいたが、絵も描《えが》かずに机に突《つ》っ伏《ぷ》して寝《ね》ていた。沢井《さわい》くんは私用で学校に来ていなかったので、部活に出てくることもないのに、雨谷は帰宅せずに部室にいた。先輩《せんぱい》たちは帰ってしまい、私と雨谷だけが残っていた。私もキリのいいところで絵筆を置いてキャンバスを片付け、戸締《とじま》りを頼《たの》もうと雨谷を起こした。

「最後に戸締りして。鍵《かぎ》は職員室のボックスやから」

声をかけると、雨谷はすんなりと上体を起こした。

「あたしも帰る」

だから、［　A　］、ということなのだろう。雨谷は②おもむろに帰り支度《じたく》をはじめた。気怠《けだる》そうなその顔は、悔《くや》しいくらい同性から見ても美しい。彼女《かのじょ》の取り巻きが多いのもよくわかる。女子というのは、本能的にきれいな容姿の女子に気に入られたいものだから。

肩《かた》につくほどの髪《かみ》を後ろに一つに結《ゆ》い、耳の横から垂れ下がっている後《おく》れ毛《げ》が、雨谷の動きとともに揺《ゆ》れて光る。尖《とが》った顎《あご》と少し高い頰《ほお》骨《ほね》の輪郭《りんかく》。彼女を形作る凛《りん》としたフォルムと相まった、倦怠感《けんたいかん》が漂《ただよ》う表情。

もしも彼女が私の親友ならば、私は彼女の肖像画《しょうぞうが》を描きたい。ひそやかな欲望とは裏腹に、雨谷がこちらの視線に気づいて振《ふ》り向《む》くと、③私はビビってしまい、慌《あわ》てて目を逸《そ》らした。

準備室の電気を消しに行って、ふと沢井くんのキャンバスが視界に入った。

ほとんど完成しているようだった。木のトンネルから見た景色。不思議な獣《けもの》に降り注ぐ眩《まぶ》しい陽光、その白の絵具に指先をかざした。

――日差し、白が強すぎるかな？

沢井くんの声が蘇《よみがえ》った。今日は会えなかった。明日は会えるかな。

人の気配がして振《ふ》り返《かえ》ると、雨谷が立っていた。私はキャンバスに触《ふ》れかけていた手を引いた。それが沢井くんの絵であることは、雨谷も知っているが、彼女は何も言わなかった。

私は窓とドアを閉めて、鍵を職員室の入り口に設置されている鍵用のボックスに返した。こちらのことなど気にせずに先に帰っていると思った雨谷が、下駄箱《げたばこ》のところで待っていた。

「大丈夫《だいじょうぶ》やった？」

素っ気ない口調で、雨谷は訊《き》いた。セーラー服のリボンをわざとゆるく結びながら。

「何が？」

「鍵、返せた？」

④そんなことを言うので、私は小さく吹《ふ》き出《だ》した。

「返せたけど、なんで？」

素朴《そぼく》に聞き返すと、雨谷はどこか⑤決まりが悪そうに口を尖らせる。

「あたしやったことないから……」

私がやってくれて助かったと言いたいのだろうか。最後まで部室にいることはよくあったので、戸締りには慣れている。部室の管理にはどちらかというと不慣れな彼女に心配されているとは思っておらず、

2023年度

大妻中学校 ▶解説と解答

算数 ＜第１回試験＞（50分）＜満点：100点＞

解答

1 (1) 1　(2) 1.2　(3) 毎時30km　(4) 17　2 48度　3 40ｇ　4 16人　5 (1) 1260m　(2) 11：7　6 107人　7 82　8 700円　9 (1) 5cm　(2) $3\frac{1}{8}$cm　10 32.185cm^2

解説

1 四則計算，逆算，速さ，整数の性質

(1) $17\div\left\{8-\left(10-6\frac{1}{4}\right)\div3\frac{1}{8}\right\}-1\frac{1}{2}=17\div\left\{8-\left(\frac{40}{4}-\frac{25}{4}\right)\div\frac{25}{8}\right\}-\frac{3}{2}=17\div\left(8-\frac{15}{4}\times\frac{8}{25}\right)-\frac{3}{2}=17\div\left(8-\frac{6}{5}\right)-\frac{3}{2}=17\div\left(\frac{40}{5}-\frac{6}{5}\right)-\frac{3}{2}=17\div\frac{34}{5}-\frac{3}{2}=17\times\frac{5}{34}-\frac{3}{2}=\frac{5}{2}-\frac{3}{2}=\frac{2}{2}=1$

(2) $9\times8=72$，$6\times5=30$，$3\div2+1=1.5+1=2.5$より，$10-(72\div□-30)\div4=2.5$，$(72\div□-30)\div4=10-2.5=7.5$，$72\div□-30=7.5\times4=30$，$72\div□=30+30=60$　よって，$□=72\div60=1.2$

(3) 毎時24kmの速さで10分進んだときの距離《きょり》は，$24\times\frac{10}{60}=4$(km)だから，残りの距離は，$17-4=13$(km)となる。この距離を26分で進んだので，このときの速さは毎時，$13\div\frac{26}{60}=30$(km)とわかる。

(4) $\frac{102}{□}$を約分すると整数になるから，□は102の約数である。よって，□として考えられる整数は，{1，2，3，6，17，34，51，102}の８個ある。$\frac{102}{6}=17$（10との差は７），$\frac{102}{17}=6$（10との差は４）より，10に最も近くなるのは分母が17のときとわかる。

2 平面図形―角度

右の図で，●印をつけた角の大きさはすべて60度である。また，三角形ADEと三角形FDEは合同だから，○印をつけた角の大きさは等しい。三角形EFCで，角EFC＋角FCE＝角FEAという関係があるので，角FEAの大きさは，84＋60＝144(度)とわかる。よって，○印をつけた角の大きさは，144÷２＝72(度)だから，三角形ADEの内角に注目すると，角xの大きさは，180－(60＋72)＝48(度)と求められる。

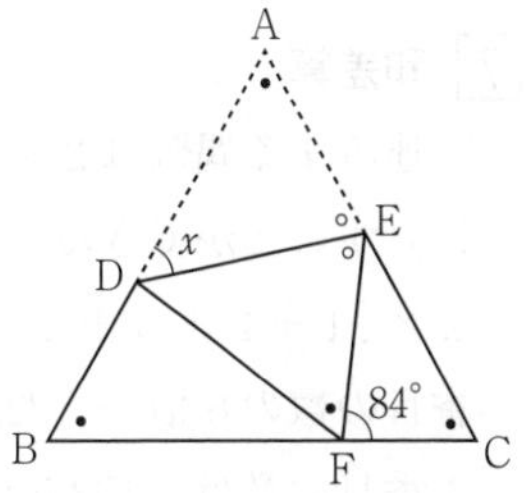

3 濃度《のうど》

(食塩の重さ)＝(食塩水の重さ)×(濃度)より，濃度４％の食塩水200ｇに含《ふく》まれている食塩の重さは，$200\times0.04=8$(ｇ)とわかる。また，食塩水から水を蒸発させても食塩の重さは変わらないから，水を蒸発させて濃度が５％になった食塩水にも８ｇの食塩が含まれている。よって，水を蒸発させた後の食塩水の重さを□ｇとすると，$□\times0.05=8$(ｇ)と表すことができるので，$□=8\div0.05=160$(ｇ)と求められる。したがって，蒸発させる水の重さは，$200-160=40$(ｇ)である。

4 平均とのべ

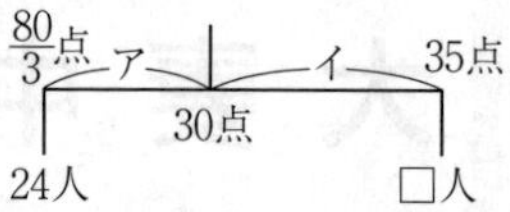

５点の人が２人，15点の人が４人，25点の人が12人，35点の人が□人，45点の人が６人と考える。35点の人を除くと，人数の合計は，２＋４＋12＋６＝24(人)，点数の合計は，５×２＋15×４＋25×12＋45×６＝640(点)だから，この24人の平均点は，640÷24＝$\frac{80}{3}$(点)になる。よって，上の図のように表すことができる。この図で，ア：イ＝$\left(30-\frac{80}{3}\right)$：(35－30)＝２：３なので，24：□＝$\frac{1}{2}$：$\frac{1}{3}$＝３：２とわかる。したがって，□＝24×$\frac{2}{3}$＝16(人)と求められる。

5 相当算，速さと比

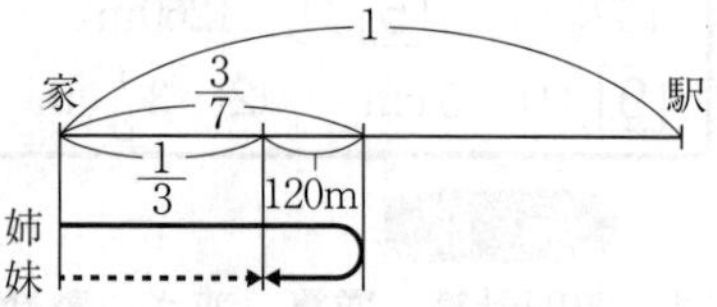

⑴　家から駅までの道のりを１として図に表すと，右のようになる。この図から，$\frac{3}{7}-\frac{1}{3}=\frac{2}{21}$にあたる道のりが120mとわかる。よって，(家から駅までの道のり)×$\frac{2}{21}$＝120(m)より，家から駅までの道のりは，120÷$\frac{2}{21}$＝1260(m)と求められる。

⑵　姉が妹と出会うまでに歩いた道のりは，1260×$\frac{3}{7}$＋120＝660(m)であり，妹が姉と出会うまでに歩いた道のりは，1260×$\frac{1}{3}$＝420(m)である。よって，姉と妹が歩く速さの比は，660：420＝11：７と求められる。

6 差集め算

はじめの座り方で，子どもが５人座った長椅子《いす》の数を□脚《きゃく》とすると，２通りの座り方は右の図の㋐，㋑のように表すことができる。

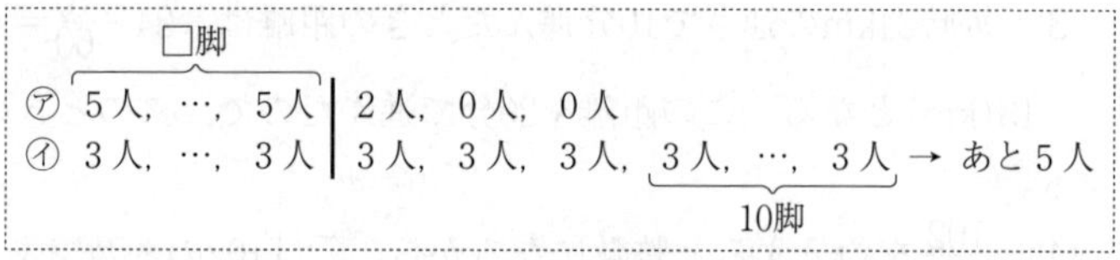

この図で，太線の右側の人数は，㋐が２人，㋑が，３×(３＋10)＋５＝44(人)だから，㋑の方が，44－２＝42(人)多い。よって，太線の左側の人数は㋐の方が42人多くなる。これは，５－３＝２(人)の差が□脚だけ集まったものなので，□＝42÷２＝21(脚)とわかる。よって，子どもの人数は，５×21＋２＝107(人)と求められる。

7 和差算

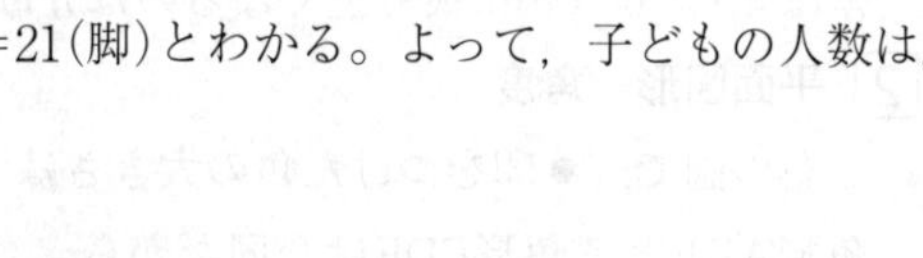

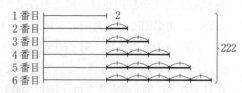

連続する偶数《ぐうすう》は２ずつ増えるから，右の図のように表すことができる。この図で，太線部分の和は，２×(１＋２＋３＋４＋５)＝２×15＝30なので，１番目の数の６倍が，222－30＝192とわかる。よって，１番目の数は，192÷６＝32だから，連続する６個の偶数は{32，34，36，38，40，42}となる。したがって，５番目と６番目の数の和は，40＋42＝82である。

8 売買損益，消去算

Ａ１個の仕入れ値を①，Ｂ１個の仕入れ値を①(四角)とすると，Ａ２個とＢ３個の仕入れ値の合計は，①×２＋①(四角)×３＝②＋③(四角)となり，これが2900円だから，下のアの式を作ることができる。また，Ａ１個の定価は，①×(１＋0.2)＝(1.2)，Ｂ１個の定価は，①(四角)×(１＋0.4)＝1.4(四角)であり，Ｂは定価の５

割引で売ったので，$\boxed{1.4}\times(1-0.5)=\boxed{0.7}$となる。さらに，Ａは１個，Ｂは３個売れたから，$\textcircled{1.2}+\boxed{0.7}\times3=\textcircled{1.2}+\boxed{2.1}$となり，イの式を作ることができる。次に，アの式の等号の両側を0.6倍してイの式との差を求めると，$\boxed{2.1}-\boxed{1.8}=\boxed{0.3}$にあたる金額が，1950－1740＝210(円)とわかる。よって，Ｂ１個の仕入れ値は，210÷0.3＝700(円)と求められる。

$\textcircled{2}+\boxed{3}=2900$(円)…ア
$\textcircled{1.2}+\boxed{2.1}=1950$(円)…イ
⬇
$\textcircled{1.2}+\boxed{1.8}=1740$(円)…ア×0.6
$\textcircled{1.2}+\boxed{2.1}=1950$(円)…イ

9　立体図形―水の深さと体積

(1)　円すいを半球の中に入れたときのようすを正面から見ると，下の図１のようになる。図１で，DEの長さを求めればよい。三角形ABCと三角形DBEは相似であり，相似比は，BC：BE＝９：６＝３：２だから，DEの長さは，$7.5\times\frac{2}{3}=5$(cm)とわかる。

(2)　円すいのうち水の中に入っている部分の体積は，$5\times5\times3.14\times6\div3=50\times3.14$(cm^3)であり，この分の水が円柱の中に入る。よって，円柱に入った水の高さを□cmとすると，$4\times4\times3.14\times\square=50\times3.14$と表すことができるので，$4\times4\times\square=50$より，$\square=50\div16=\frac{25}{8}=3\frac{1}{8}$(cm)と求められる。

図１

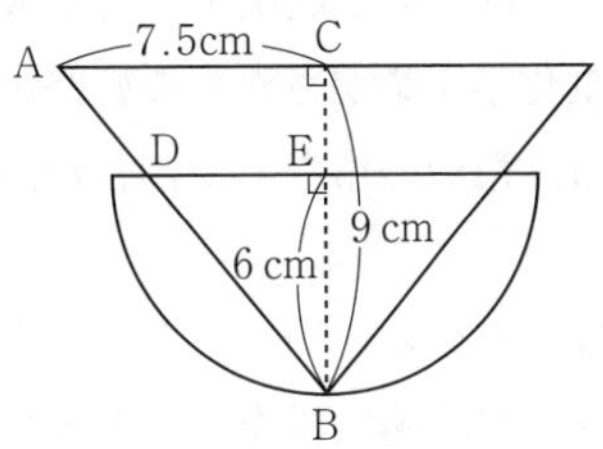

図２

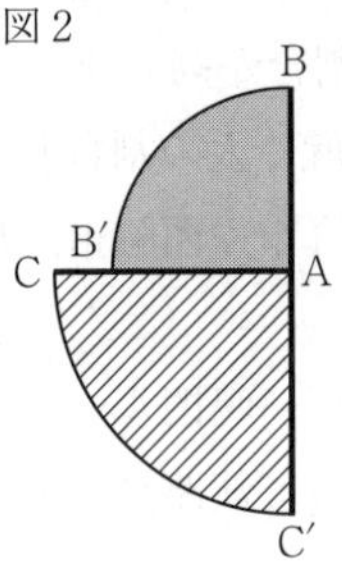

図３

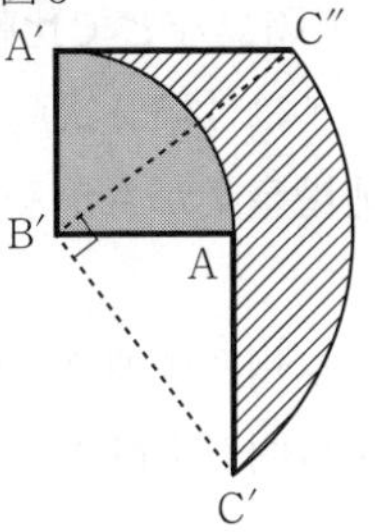

図４

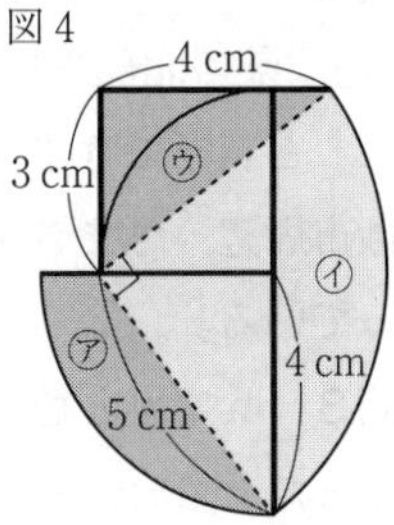

10　平面図形―図形の移動，面積

１回目の回転は上の図２，２回目の回転は上の図３のようになる(どちらの図も，かげをつけた部分はABが動いてできる図形であり，斜線《しゃせん》部分はACが動いてできる図形である)。よって，折れ線が動いてできる図形は上の図４のようになる。これは㋐，㋑，㋒の３つの部分に分けることができ，㋐の部分と㋒の部分を合わせると半径が４cmの四分円になる。また，㋑の部分は半径が５cmの四分円だから，折れ線が動いてできる図形の面積は，$4\times4\times3.14\times\frac{1}{4}+5\times5\times3.14\times\frac{1}{4}=(16+25)\times3.14\times\frac{1}{4}=\frac{41}{4}\times3.14=32.185$(cm^2)となる。

社　会　＜第１回試験＞(30分)＜満点：60点＞

解　答

1　**問1**　(1)　西経45(度)　(2)　イ　**問2**　①　ウ　②　イ　③　ア　**問3**　**あ**　淡路　**い**　鳴門　**問4**　ウ，オ　**問5**　**か**　断層　**き**　海溝　**問6**　**大阪府**…ア　**鳥取県**…エ　**問7**　①　鹿児島(県)　②　山形(県)　**2**　**問1**　**あ**　万葉集　**い**　清少納言　**う**　壇の浦(の戦い)　**え**　世阿弥　**お**　南蛮(貿易)　**か**　井原西鶴　**き**　日露(戦争)　**問2**　オ　**問3**　藤原頼通　**問4**　エ　**問5**　イ　**問6**　ア，カ　**問7**

ウ　**問８**　板垣退助　**問９**　岩倉使節団　**問10**　ウ→ア→エ→イ　**問11**　エ　**問12**
イ　**3**　**問１**　**場所**…尖閣諸島　**位置**…ウ　**問２**　吉田茂　**問３**　エ　**問４**　(1)
ウ　(2)　イ　(3)　健康で文化的な最低限度(の生活)　**問５**　**い**　ウ　**う**　オ　**問６**
ウ　**問７**　ヘイトスピーチ　**問８**　ア

解　説

1　兵庫県の地理を題材とした問題

問１　(1)　地球は１周(360度)自転するのに１日(24時間)かかるので，360÷24＝15より，経度差15度につき１時間の時差が生じる。よって，12時間の時差がある場所は，経度差が180度ある場所となる。日本の標準時子午線は東経135度なので，180度の経度差がある場所は，180－135＝45より，西経45度となる。　(2)　東経135度の経線はロシアのシベリア地方東部を通った後，日本海，京都府，兵庫県などを通って太平洋西部に出る。さらに南下するとインドネシア領のニューギニア島西部を通り，オーストラリアのほぼ中央部を通過して南極海に出る。シンガポールは東経103度51分に位置している。

問２　神戸市や西宮市などがある県南東部で割合が高くなっているアは「第３次産業に就《つ》く人の割合」，県の北部や中部，淡路島などで比較的割合が高くなっているウは「第１次産業に就く人の割合」と判断できる。残るイは「第２次産業に就く人の割合」で，重化学工業がさかんな姫路市や高砂市周辺，さまざまな地場産業がさかんな小野市や西脇市，加西市，たつの市などで割合が高くなっている。

問３　兵庫県と徳島県は本州四国連絡橋の神戸―鳴門ルートで結ばれている。同ルートを兵庫県側からたどると，神戸市から明石海峡大橋を渡って淡路島に入り，さらに大鳴門橋を渡ると徳島県鳴門市にたどり着く。

問４　江戸時代まで各地につくられた天守(天守閣)を持つ城は，明治時代以降，多くが破壊されたり，第二次世界大戦の際に焼失したりした。現在，当時の天守を保つ城は「現存12天守」とよばれ，すべて重要文化財となっている。カの若松城を除くア～オはそのうちの５城であり，さらに松本城，犬山城，彦根城，松江城に姫路城を加えた５つは国宝にも指定されていることから，「国宝五城」ともよばれている。なお，彦根城は滋賀県彦根市，弘前城は青森県弘前市にある城である。

問５　**か**　阪神淡路大震災を引き起こした1995年の兵庫県南部地震は，断層のずれによって発生する断層型地震とよばれるもの。震源は淡路島北部付近にある野島断層であった。　**き**　東日本大震災を引き起こした2011年の東北地方太平洋沖地震は，海洋プレートが大陸プレートの下に沈み込むことでひずみが生じ，蓄積されたひずみが元にもどろうとすることで起きる海溝型地震とよばれるもの。震源は太平洋プレートが北アメリカプレートの下に沈み込むことでできた日本海溝付近であった。海溝型地震は震源が海底にあるため，津波が発生することが多く，東北地方太平洋沖地震の場合も巨大な津波が発生し，東北地方などの太平洋沿岸部にきわめて大きな被害をもたらした。

問６　社会増減で増加の割合が最も大きく，自然増減で減少の割合が最も少ないアは大阪府。自然増減・社会増減ともに減少の割合が最も大きいエが鳥取県である。自然増減で減少の割合が大きいのは住民の高齢化が進んでいるからであり，社会増減で減少の割合が大きいのは若い人を中心として人口の流出が続いているからである。

問7　①　茶の栽培がさかんで，人口密度が低いのは鹿児島県。大隅《おおすみ》諸島の口永良部《くちのえらぶ》島では活発な火山活動が続いている。　②　だんごのようにこんにゃくを丸めた「玉こんにゃく」や，里芋《さといも》を使った「芋煮」などの郷土料理で知られるのは山形県。米沢市周辺で生産される「米沢牛」も有名。県庁所在地の山形市は内陸の山形盆地にある。

2　各時代の文学作品を題材とした問題

問1　**あ**　現存する最古の歌集は『万葉集』。天皇・貴族から農民・兵士まで，さまざまな身分の人々の作品約4500首が収められている。　**い**　随筆『枕草子』の作者は清少納言。一条天皇の皇《こう》后《ごう》定子に仕える女官であった。　**う**　平氏が滅亡したのは1185年の壇の浦の戦い。　**え**　父の観阿弥《かんあみ》とともに能を大成したのは世阿弥《ぜあみ》。『風姿花伝』（花伝書）は彼の芸術論をまとめた著作である。　**お**　16世紀後半から17世紀初めにかけて行われたポルトガルやスペインとの貿易は，南蛮《なんばん》貿易とよばれる。ポルトガル人やスペイン人を南蛮人とよんでいたことに由来する名称である。**か**『日本永代蔵』の作者は，元禄文化を代表する文人の井原西鶴《さいかく》。浮世草子とよばれる小説で，喜びや悲しみの中に生きる町人の世界をたくみに描いた。　**き**　歌人の与謝野晶子《よさのあきこ》は日露戦争中の1904年，戦場にいる弟の身を案じる気持ちを詠《よ》んだ『君死にたま《(も)》ふ《(う)》こと勿《なか》れ』という詩を雑誌「明星」に発表した。

問2　それぞれの天皇が即位した年は，アの墾田永年私財法を定めるなどした聖武天皇が724年，イの大化の改新を行った中大兄皇子が即位した天智天皇が668年，ウの平安京に都を移すなどした桓武天皇が781年，エの聖徳太子らと協力して政治を行った推古天皇が592年，オの天智天皇の弟の天武天皇が673年である。よって，古い順にエ→イ→オ→ア→ウとなる。

問3　藤原頼通《よりみち》は父道長の死後，宇治（京都府）にあった道長の別荘を平等院という寺院とした。鳳《ほう》凰《おう》堂はその中に建立された阿弥陀《あみだ》堂である。

問4　ア　六波羅探題は承久の乱（1221年）の後，朝廷の監視と西日本の御家人の統率を目的として京都に設置された機関であるから，「東日本の御家人」とあるのが誤り。　イ　北条氏がその地位を独占した将軍の補佐役は執権。管領は室町幕府における将軍の補佐役なので誤り。　ウ　千歯こきは江戸時代に改良された稲を脱穀するための農具なので誤り。　エ　御成敗式目では，女性が御家人になることや土地の相続権を持つことが認められており，女性が地頭となることも少なくなかったので正しい。

問5　室町時代には農業生産力の向上を背景として，農民の力も強くなった。農村では有力な農民を中心として寄合とよばれる会合が開かれ，村の掟《おきて》を決めたり，用水の管理などについて話し合いが行われたりした。このような地域ごとの農民の自治組織は惣《そう》（惣村）とよばれた。

問6　Ｘは徳川家康，Ｙは織田信長，Ｚは豊臣秀吉であり，イは家康，ウとエは信長，オは秀吉について述べた文として正しい。武家諸法度に参勤交代の制度をつけ加えたのは徳川家光であるから，アは誤り。長篠《ながしの》の戦い（1575年）は信長と家康の連合軍が武田勝頼の軍勢を破った戦いであるから，カも誤りである。

問7　享保の改革は1716～45年，田沼意次の政治は1767～86年，寛政の改革は1787～93年，天保の改革は1841～43年に，それぞれ行われた。史料は1837年に大阪で乱を起こした大塩平八郎が人々に示した檄文《げきぶん》であるから，ウがあてはまる。

問8　史料は，1874年に板垣退助らが政府に提出した「民撰議院設立建白書」の一部である。

問9　明治政府は江戸幕府が諸外国と結んだ不平等条約の改正交渉を行うため，1871年，岩倉具視《ともみ》を正使，大久保利通《としみち》らを副使とする使節団を欧米に派遣した。岩倉使節団とよばれたこの一行は，条約の改正交渉には失敗したが，約2年にわたり欧米諸国を歴訪し，各国の進んだ制度や産業などを学んで帰国した。

問10　アは1932年，イは1937年，ウは1931年，エは1933年のことで，イは日中戦争，ウは満州事変のきっかけとなったできごとである。

問11　X　1925年，25歳以上のすべての男子に選挙権を認める普通選挙法が制定されたが，これにより社会主義運動が活発になることをおそれた加藤高明内閣は，この運動を取りしまることを目的とした治安維持法を同時に成立させた。　Y　足尾銅山鉱毒事件について帝国議会で政府の責任を追及した衆議院議員の田中正造は，議員を辞職後，明治時代の1901年にこの問題を明治天皇に直《じき》訴《そ》しようと試みた。

問12　第二次世界大戦が終わった直後の1945年12月，GHQ(連合国軍最高司令官総司令部)の指示により選挙法が改正され，20歳以上のすべての男女に選挙権があたえられた。翌年4月，戦後初めての衆議院議員総選挙が行われ，39名の女性議員が誕生した。したがって，イが正しい。貴族院は日本国憲法が施行される1947年5月まで存続したが，議員は選挙では選出されないからアは誤り。ウは1928年のできごとである。

3　現代日本の政治と社会についての問題

問1　日本固有の領土であるが，近年，中国が領有権を主張するようになっているのは尖閣《せんかく》諸島で，位置は地図中のウである。

問2　1951年，サンフランシスコで開かれた第二次世界大戦の講和会議で，日本は48か国との間でサンフランシスコ平和条約に調印。これにより連合国軍による日本占領が終わり，日本は独立を回復した。これと同時に日米安全保障条約にもとづき，アメリカ軍が引き続き日本国内に駐留することとなった。会議に日本全権として出席し，2つの条約に調印したのは首相の吉田茂である。

問3　関税が廃止されれば安い外国の農産物や工業製品などの輸入が増えるので，国内の産業が打撃を受けることになる。したがって，エが正しい。アは「輸入価格が上がり」とあるのが誤り。イは関税の問題とは直接の関係はない。関税をなくせば安い海外の製品との価格競争が起きることになるので，ウも誤りである。

問4　(1)　所得税においては，課税対象者の所得(収入)が多いほど税率が高くなる累進《るいしん》課税の制度がとられている。したがって，ここではウが正しい。アは「同じ税率」，イは「同じ金額」とあるのがそれぞれ誤り。エは「負担能力に関係なく」という点が誤りである。　(2)　国民皆保険とは，すべての国民が健康保険や国民健康保険などの公的な医療保険に加入していることをいい，日本では1961年に国民健康保険制度が始まったことで達成された。したがって，イが誤り。雇用《こよう》保険は1975年，それまでの失業保険に代わって導入された社会保険の一種であるが，公務員などは適用外とされており，医療保険とも異なるから国民皆保険とは関係がない。　(3)　日本国憲法第25条は，すべての国民に「健康で文化的な最低限度の生活を営む権利」を保障している。生存権とよばれるこの権利は，社会保障制度の根拠となっている。

問5　図中の(い)はウ，(う)はオ，(え)はエ，(お)はア，(か)はイがあてはまる。近年の歳出では，社会保障費，国債費，地方交付税交付金の3つが大きな割合を占めている。なお，(お)は正式には「文教及び科学振興費」という。

問６　介護・育児休業法により男性にも育児休業の取得が認められているから，申請があった場合，企業はこれを認めなければならない。したがって，アは誤り。労働組合法などにより，企業が勝手に労働者の賃金を下げたり，労働組合を解散させたりすることはできないから，ウは正しく，イは誤り。労働基準法などにより無休の時間外労働は禁止されているから，エも誤りである。

問７　人種や民族，出身地，性別，障害などを理由として他人を攻撃したり差別したりする言動は，ヘイトスピーチとよばれる。2016年にはこれを規制する「ヘイトスピーチ解消法」が成立したが，同法には罰則規定がなく，課題も残されている。

問８　条例の改正は，その自治体に住む有権者の50分の１以上の署名を集めることで，首長にこれを請求することができる。請求があった場合，首長はこれを議会にかけ，議会で出席議員の過半数の賛成があれば，改正案は成立する。したがって，アが正しい。

理科　＜第１回試験＞（30分）＜満点：60点＞

解答

1　**問１**　**A**　水蒸気　**C**　蒸発　**問２**　(ウ)　**問３**　(あ)　(ウ)　(い)　(イ)　**問４**　70℃　**問５**　①　(ウ)　②　(ウ)，(エ)　**2**　**問１**　ヘモグロビン　**問２**　(エ)　**問３**　(イ)，(エ)　**問４**　①　2　②　1　**A**　皮ふ　**問５**　①　98％　②　69％　**3**　**問１**　B→A→C　**問２**　**ばね**…Q　**直方体**…②　**ばねの長さ**…50cm　**問３**　③→①→②　**問４**　**半分**…50cm　**底につく直前**…30cm　**問５**　右の図　**4**　**問１**　震度７　**問２**　①　S　②　速　**問３**　(1)　7.5秒後　(2)　2.49秒後　(3)　42km

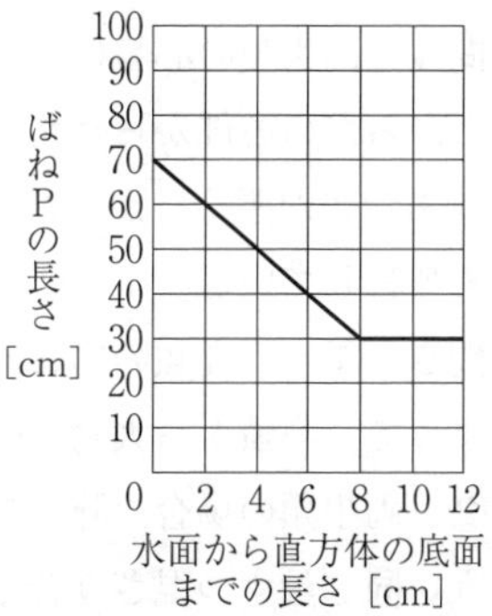

解説

1　**水のすがたについての問題**

問１　**A**　物質としての水は，固体のときは「氷」，液体のときは「水」，気体のときは「水蒸気」とそれぞれよばれている。　**C**　水は，100℃になるとさかんに水から水蒸気に変化して沸《ふっ》とうする(海抜《かいばつ》０ｍ付近での場合)が，100℃未満でも水面から水が水蒸気となって出ていく。これを蒸発という。

問２　よう子さんが「オーブンは，水を沸とうさせて，さらに加熱している」と述べているので，水が沸とうする100℃より高い温度になると考えられる。一方で，オーブンの中が1500℃(鉄がとける温度に近い)や6000℃(太陽の表面温度に相当する)になるのはあり得ない。よって，(ウ)の250℃が適切である。

問３　図１では，フラスコ内で発生した水蒸気をさらに加熱しており，管からは高温の水蒸気が出てくる。図２の(あ)の位置は何もないように写っているが，そこには管から出てきたばかりの無色とう明な水蒸気が存在する。また，管から出てきた水蒸気は，間もなく周りの空気に冷やされ，細かい水の粒《つぶ》となる。そのため，管からはなれた(い)の位置には白いけむりのようなものが見られる。

問４　標高7000ｍの地点の大気圧は，$1000-1\times\frac{7000}{10}=300$(hPa)と求められる。したがって，標高7000ｍの地点では，気体の圧力が300hPaになると沸とうするので，グラフから，気体の圧力が300hPaのときの温度を読み取ると，約70℃とわかる。

問５　①　1000hPaのときの温度が約78℃となっている蒸気圧曲線を選ぶ。　②　蒸気圧曲線より左側の範囲《はんい》では液体として存在し，右側の範囲では気体として存在する。したがって，1000hPaのときに70℃で液体なのは(ウ)と(エ)とわかる。

２　セキツイ動物の血液循環《じゅんかん》についての問題

問１　赤血球は赤色の色素であるヘモグロビンをふくんでいる。ヘモグロビンは酸素と結びついて全身へ運ぶはたらきをする。

問２　ヒトの血液循環は，からだの各部→①の大静脈→心臓(右心房《しんぼう》・右心室)→③の肺動脈→肺→②の肺静脈→心臓(左心房・左心室)→④の大動脈→からだの各部という順路になっている。よって，①と②から入り，③と④から出ていく流れを示している(エ)がふさわしい。

問３　フナやメダカのような魚類の心臓は１心房１心室，カエルのような両生類とヤモリやカメのようなハ虫類の心臓は２心房１心室(ハ虫類には心室に不完全なかべがある)，ハトのような鳥類とヒトやイルカのようなホ乳類の心臓は２心房２心室である。

問４　両生類の心臓は２心房１心室であるが，このつくりだと肺からきた動脈血(酸素が多い血液)とからだの各部からきた静脈血(酸素が少ない血液)が心室で混ざり合ってしまう。すると，酸素を運ぶ効率が悪く，からだの各部では酸素が足りなくなるので，両生類はこれを補《おぎな》うために皮ふでも呼吸している。

問５　①　ホ乳類の場合，肺から心臓に入る血液が，そのまま心臓から大動脈へ出る血液となる。よって，心臓から大動脈へ出る血液中の，酸素と結合した赤血球の割合は98％と考えられる。

②　両生類の場合，肺から心臓に入る血液と，からだの各部から心臓に入る血液が心室で混ざり合う。同じ量ずつ混ざり合うと考えてよいので，心臓から大動脈へ出る血液中の，酸素と結合した赤血球の割合は，(98＋40)÷２＝69(％)となる。

３　浮力《ふりょく》と力のつり合いについての問題

問１　スポンジと接する面の１cm^{2}あたりにかかる重さが重いほど，へこみ方が大きくなる。それぞれの面で，１cm^{2}あたりにかかる重さは，Ａを下にした場合は，$40\div(3\times5)=\frac{8}{3}$(ｇ)，Ｂを下にした場合は，$40\div(4\times3)=\frac{10}{3}$(ｇ)，Ｃを下にした場合は，40÷(４×５)＝２(ｇ)となるので，へこみ方がもっとも大きいのはＢ，もっとも小さいのはＣとわかる。

問２　ばねが同じであれば，つるしたものの重さが重いほど，ばねの長さが長くなる。また，つるしたおもりの重さが同じであれば，つるしたおもり１ｇあたりののびが大きい(グラフのかたむきが大きい)ばねであるほど，ばねの長さが長くなる。したがって，もっとも重い直方体②を，グラフのかたむきが大きい方のばねＱにつるすと，ばねの長さがもっとも長くなる。直方体②は100ｇなので，このときのばねの長さは，グラフより50cmとわかる。

問３　直方体①の場合，その重さが40ｇなので，40cm^{3}の水をおしのけて浮《う》いている。よって，水面より下にある体積は40cm^{3}とわかり，その高さは，40÷(４×５)＝２(cm)である。したがって，水面から出ている高さは，３－２＝１(cm)と求められる。同様に，直方体②の場合は，３－100÷(５×８)＝３－2.5＝0.5(cm)，直方体③の場合は，４－48÷(４×５)＝４－2.4＝1.6(cm)となるので，水面から出ている高さがもっとも高いのは直方体③，もっとも低いのは直方体②である。

問４　グラフより，ばねＰは，自然長が10cmで，100ｇあたり，30－10＝20(cm)のびる。直方体④を半分まで水に入れたとき，水面より下にある体積(おしのけた水の体積)は，５×５×４＝100(cm^3)だから，はたらく浮力の大きさは100ｇである。よって，ばねＰには，300－100＝200(ｇ)がかかるので，ばねＰの長さは，10＋20×$\frac{200}{100}$＝50(cm)となる。また，水そうの底につく直前には，直方体④はすべて水中にあるので，５×５×８＝200(cm^3)の水をおしのけている。したがって，はたらく浮力の大きさは200ｇだから，ばねＰにかかるのは，300－200＝100(ｇ)となり，ばねＰの長さは，グラフより30cmとわかる。

問５　水面から直方体の底面までの長さが０cmのとき，直方体は水に入っていないので，ばねＰには300ｇがかかり，ばねＰの長さは，10＋20×$\frac{300}{100}$＝70(cm)となる。水面から直方体の底面までの長さが０～８cmの範囲(直方体の一部が水面から出ているとき)では，その長さが１cm増えるごとに，直方体にはたらく浮力の大きさが，５×５×１＝25(ｇ)ずつ増えるため，ばねＰの長さは，20×$\frac{25}{100}$＝５(cm)ずつ短くなる。また，問４から，水面から直方体の底面までの長さが４cmのときは，ばねＰの長さが50cmになり，水面から直方体の底面までの長さが８cmのときは，ばねＰの長さが30cmになる。この時点で直方体はすべて水中に入るので，水面から直方体の底面までの長さが８～12cmの範囲では，ばねＰの長さは30cmで一定となる。なお，水面から直方体の底面までの長さが12cmのとき，直方体を水に入れたことで水面の高さが上がっている(水面から水そうの底までの長さが12cmより長くなっている)ため，直方体は水そうの底につく直前である。以上より，グラフは解答に示したようになる。

4　地震《じしん》の伝わり方についての問題

問１　日本では各観測地点の揺《ゆ》れの程度を震度で表しており，０～４，５弱，５強，６弱，６強，７の10階級に分けられている。最も揺れが大きい震度は７である。

問２　①　地震波には，初期微《び》動を起こすＰ波と，主要動を起こすＳ波がある。ふつうＰ波による初期微動よりもＳ波による主要動の揺れの方が大きく，そのため被害《ひがい》をもたらす可能性が高いのはＳ波の方といえる。　②　地震が発生すると震源からはＰ波とＳ波が同時に発せられるが，Ｐ波の方がＳ波より速く伝わるため，ふつう地震のときは，はじめにＰ波による初期微動があり，まもなくＳ波による主要動がくる。

問３　(1)　震源から地震計までの距離《きょり》は60kmなので，地震計にＰ波が到達《とうたつ》するのは地震発生から，60÷８＝7.5(秒後)になる。　(2)　地震計で検知したＰ波の情報が500km離《はな》れた気象庁に電気信号で伝わり，気象庁で発した緊急《きんきゅう》地震速報の情報が，500＋(60－40)＝520(km)離れた地点Ａに電気信号で伝わる。よって，電気信号の伝わる距離は合わせて，500＋520＝1020(km)であり，この距離を電気信号が伝わるのにかかる時間は，1020÷300000＝0.0034(秒)と求められる。つまり，地点Ａで緊急地震速報を受信するのは地震発生から，7.5＋0.0034＝7.5034(秒後)になる。一方，地点ＡにＳ波が到達するのは地震発生から，40÷４＝10(秒後)である。したがって，10－7.5034＝2.4966より，地点Ａでは緊急地震速報を受信してから2.49秒後に，Ｓ波による大きな揺れを感知する。　(3)　ここでは電気信号が伝わるのにかかる時間は考えなくてよいので，地震発生から，

7.5＋３＝10.5(秒後)にＳ波が到達する地点を求めればよい。その地点の震源からの距離は，４×10.5＝42(km)である。

国語 ＜第１回試験＞（50分）＜満点：100点＞

解答

一 **問１** 沢井く～にいる　**問２** ハ　**問３** ニ　**問４** ニ　**問５** イ　**問６** ロ　**問７** ロ　**問８** ハ　**問９** イ　**問10** 奥行き　**問11** 鼻　**問12** ハ→ロ→ホ→(ニ)→イ　**問13** (例) たゆまず向かっていくべき目標も確かな自分も持っていない，安っぽい人間。　**問14** (例) 今度はウタが小石を投げる番だということ。

二 **問１** ホ　**問２** 欠　**問３** ロ　**問４** 信頼できる仲間と相互に助け合う関係　**問５** イ　**問６** ロ　**問７** ⑴ 生存と繁殖　⑵ ニ　**問８** ロ　**問９** ロ　**問10** ハ　**問11** Ｂ チ　Ｃ ホ　**問12** イ　**問13** ロ　**問14** イ，ニ

三 **問１** つかないで　**問２** 羽子板　**問３** ロ　**問４** けり　**問５** 秋　**問６** ロ

四 ①～③ 下記を参照のこと。④ がんぜん

●漢字の書き取り

四 ① 負(えない)　② 連帯　③ 心機

解説

一 **出典は尾崎英子《おざきえいこ》の『たこせんと蜻蛉《とんぼ》玉』による。**雨谷と下校することになった「私」(ウタ)は，たいして絵を描《えが》くのが好きでもない彼女《かのじょ》がなぜ美術部にいるのかを知る。

問１ 空らんＣをふくむ段落で，これまで「私」の抱《いだ》いていた雨谷に対する印象が描かれている。あまり絵に興味のない雨谷が美術部にいるのは「沢井《さわい》くん目当て」だろうとふんでいたため，「私」は沢井くんが学校に来ていないにもかかわらず部活に出てきている彼女をいぶかしく思ったのである。

問２ 結果的に「窓とドアを閉めて，鍵《かぎ》を職員室の入り口に設置されている鍵用のボックスに返した」のが「私」だったことをおさえる。つまり，帰るために部室の戸締《とじま》りを頼《たの》もうとした「私」に，雨谷が「あたしも帰る」と言ったのは，自分がそれをやりたくなかったからだと推測できる。よって，ハが選べる。

問３ 「おもむろに」は，ゆったりとしているさま。部室に来たものの「絵も描かずに机に突《つ》っ伏《ぷ》して寝《ね》ていた」点や，「気怠《けだる》そう」な顔(倦怠《けんたい》感が漂《ただよ》う表情)をしている点などからも，雨谷が活発な人物ではないことが想像できる。

問４ 雨谷のきれいな容姿に見とれながら，「私」はもし自分が親友ならば彼女の肖像《しょうぞう》画を描きたいとの欲望をひそかに募《つの》らせていたが，ふいに視線に気づいた彼女が振《ふ》り向いてきたことに「ビビってしまい，慌《あわ》てて目を逸《そ》らし」ている。魅力《みりょく》的な雨谷に対する自分の思惑《おもわく》を彼女に気づかれたようで，驚《おどろ》き，ひるんだのだから，ニが合う。

問５ 戸締りを済ませ，鍵を返した後，雨谷が「大丈夫《だいじょうぶ》やった？」とか「鍵，返せた？」ときいてきたことに，「私」は思わず「吹《ふ》き出し」ている。やったことがないからとはいえ，たいしたこ

とでもないのに心配してきた雨谷のようすが「私」にとってはあまりにもおかしかったのだから，イが選べる。なお，「素っ気ない口調」で「大丈夫やった？」ときいてくる雨谷からは，「神経質」なようすはうかがえないので，ロは誤り。

問６　「決まりが悪い」は恥《は》ずかしいようす。居心地の悪いさま。問５でもみたように，戸締りの経験のない雨谷は，頼まれたにもかかわらず「私」に戸締りをさせてしまったことで，恥ずかしさや居心地の悪さを感じていると考えられるので，ロが合う。

問７　本文の最初にあるとおり，今は「夏休みに入る少し前」であることや，直前に「湿《しめ》り気の多い瑞々《みずみず》しい草の匂《にお》い」と書かれていることから，ロの「梅雨《つゆ》が明けて，夏の気配がした」がよい。

問８　眠《ねむ》いなら家に帰ればいいと言ったことに対し，「帰りたくないから，あそこで寝てんの」と雨谷に返された「私」は，「できるだけ帰宅を遅《おく》らせ」たいと考えている自分と「同じ」だと感じている。何らかの複雑な事情があるとふんだ「私」は，雨谷が自宅に帰りたがらない理由をこれ以上掘《ほ》り下げようとは思わなかったのである。ハが，この内容に合う。

問９　以前，ささくれができたときに「私」から絆創膏《ばんそうこう》をもらっていた雨谷は，今，同じものを「私」に返しながら，「ありがと」と言っている。ささくれで困っていたときに助けてくれた感謝の気持ちとして，雨谷は「私」にお返しをしたものと推測できるので，イがふさわしい。

問10　雨谷は，「絵を描くのが好きなわけ」ではないが「絵を描く人を見るのは好き」だと言ったうえで，「平面的な絵」しか描けない自分に対し，「奥行《おくゆ》き」を掴《つか》んで「時間までもが流れているような絵を描く人」をすごいと語っている。それは雨谷が見ている「沢井くん」にあたる。「私」は，この話に雨谷の沢井くんに対する「思い」の深さを重ねているので，「奥行き」が入る。

問11　うわべだけの返答をした「私」の「嘘《うそ》」を見透《みす》かし，雨谷は笑ったのだから，“相手を見下し，あざけって笑う”という意味の「鼻で笑う」が合う。

問12　雨谷が，火成岩と堆積《たいせき》岩という二つの「岩石も，水みたいに循環《じゅんかん》してる」と言ったことをおさえる。囲まれた部分の直前で，「地球上をぐるぐると」回っている「水の循環」の説明をしているのだから，まずは「岩石も同じ」だということを話したはずである。続けて，「地下のマグマが地上に出て冷え固まって」火成岩ができるということと，「その火成岩」が風化や侵食《しんしょく》作用により土や砂となり，川や海などを経て堆積岩ができるということを語ったものと推測できるので，ハ→ロ→ホの流れになる。この二つの岩石のなりたちを説明した後には，「大陸のプレートの移動により，火成岩も堆積岩も」再びマグマになる，と二つの岩石の行く末を語るのが自然なので，ニがくる。ここまでの話から，「この小石も，もともとはマグマ」だったと結論づけるイを最後にすることで，手に取ったただの小石も，「途方《とほう》もなく長い時間をかけて」ここに来たものなのだと雨谷が話す流れになり，文意が通る。

問13　問12でみた，「岩石」の循環についての壮大《そうだい》な物語をふまえ，雨谷は「誰《だれ》かや何かに振り回されることがなく，だけど淀《よど》むことも」ない，いわば確固たる芯《しん》を持ち，「刻々とあるべきほうに向かって」突き進んでいく存在に「憧《あこが》れる」と言っている。全く逆のあり方であるがゆえに，雨谷は余計にそうした存在に惹《ひ》かれていると考えられるので，彼女の言う「薄《うす》っぺらな人間」とは，「大きな時の流れの中で進むべき確かな方向を持っていない，うわついた人間」を意味しているといえる。

問14　雨谷は「持っていた小石を裏山のほうへ投げた」後で，「私」に「あんたの番だ」とうながしている。“同じことをやるように”という意味だと考えられるので，「石を投げるよう『私』に求めていること」のようにまとめる。

二 **出典は伊勢武史《いせたけし》の『2050年の地球を予測する―科学でわかる環境《かんきょう》の未来』による。**環境問題は，生物の生き方を理解することで適切に対応できるという筆者の考えが述べられている。

問1　「創造」は似た意味を持つ漢字を重ねた組み立てなので，ホの「豊富」が同じ。なお，イの「国立」は上の漢字が主語，下の漢字が述語を表す組み立て。ロの「善悪」は，反対の意味を持つ漢字を重ねた組み立て。ハの「注意」とニの「読書」は，下の漢字が上の漢字の目的や対象を表す組み立て。

問2　環境保護をするための理由づけとして宗教を持ち出すこともできなくはないが，やはり科学的な説明が世界じゅうの人を納得《なっとく》させるためには欠かせないのだから，どうしても必要であることを表す「不可欠」が合う。

問3　続く部分で述べられているとおり，「生物とはなにか，なんのために存在しているのか」についての生物学(科学サイド)的な説明は，宗教的な視点から語られる説明とは違《ちが》い，感傷や人情などに動かされない合理的，現実的なものである。よって，ロが選べる。

問4　筆者は「戦略的互恵《ごけい》関係」について，「人のためになることをすれば，やがてそれは自分の利益になる」のだとわかりやすく表現したうえでチスイコウモリの例をあげ，具体的に解説している。コロニーで暮らしているチスイコウモリは，満腹になった個体が口移しで空腹の個体に食物をわけ，もし逆の立場になったならばそのときの「お返し」をもらう。つまり「戦略的互恵関係」とは，こうした「信頼《しんらい》できる仲間と相互に助け合う関係」にあたる。

問5　結局は自分に利益をもたらすことを計算に入れて利他的な行為《こうい》を取ること(戦略的互恵関係を結ぶこと)はあっても，見返りを求めず他者に奉仕《ほうし》する存在を見つけることは難しいと筆者は述べているので，イがあてはまる。なお，「無私」は，私利私欲のないようす。

問6　ここで説明されているチスイコウモリは，問4でみたとおり，それぞれが「戦略的互恵関係」を結んでいる。つまり，食物をわけてもらった個体に「お返し」をするのは，恩を返しておけば，再び空腹になったときに自分を助けてくれる可能性があるからなので，ロが合う。

問7　(1)　続く部分で，「利他的な行動は，めぐりめぐって自分のプラスになるから，進化の過程で獲得《かくとく》され，残ってきた」と述べられている。つまり，自己犠牲《ぎせい》的な行動をするかわりに，その見返り(自分が困っているときには助けてもらう)を求めることで，結果的に自らの「生存と繁殖」を有利に進めてきたのである。　(2)　「普遍《ふへん》的」は，広くあてはまるようすをいうので，ニがふさわしい。

問8　「打算」は，利害や損得を計算することなので，ロが選べる。

問9　問7でみたように，「利他的な行動は，めぐりめぐって自分のプラスになるから，進化の過程で獲得され，残ってきた特徴《とくちょう》」だが，それは結局，「その遺伝子の適応度(生存と繁殖の可能性)を上げることに貢献《こうけん》してきた」ために「自然淘汰《とうた》に耐《た》え」てきたと述べられている。よって，ロがよい。なお，「自然淘汰」とは，自然界で，生態的条件や環境などに上手く適合するものは生存を続け，そうでないものはおのずと滅《ほろ》びていくこと。

問10　利他的な行動は，めぐりめぐって「結局は自分に返ってくる」のだから，ハの「情けは人のためならず」があてはまる。なお，イの「果報は寝て待て」は，“すべきことをした後は，あせっても仕方がないので好機を待て”という意味。ロの「渡《わた》る世間に鬼《おに》はなし」は，“世の中には無情な人ばかりではなく，情け深い人もいる”という意味。ニの「案ずるより産むがやすし」は，“心配するよりも，実行してみれば案外たやすいものだ”という意味。ホの「人の振り見て我が振り直せ」は，“人の行動を見て自分の行いを反省し，よいところは見習って悪いところはあらためよ”という意味。

問11　B，C　本当に見返りを求めない「愛」を受ける側の生物は，自らにとってプラスになることしかないのだから「繁栄」し，与《あた》える側の生物は自らにとってマイナスになるので，やがて「絶《ぜつ》滅《めつ》」するはずである。

問12　同じ段落の前半の内容を整理する。「血縁《けつえん》関係」にある場合，「生物は自己犠牲《ぎせい》的な行動を行うこと」があると述べられている。たとえば，親が子を養うのは，「自分の遺伝子を引き継いだ子どもたち」が生きのびて繁栄し，結果として自分の「遺伝子」が繁栄するからである。つまりそれは，遺伝子の適応度が上がって「生存と繁殖」にかなう「合理的」な行動だといえるので，イが合う。なお，「考えた行動」ではなく，「生存と繁殖を有利に進めるための本能」なので，ロは合わない。また，血縁関係がかかわる場合に自己犠牲の行動を取るのは，結果的に(血縁のある)ほかの個体を助けることが自分の遺伝子を残すことにつながるからであって，食べものと環境が整った飼育下であるかどうかは関係がない。よって，ハもふさわしくない。さらに，「愛」のあらわれではなく遺伝子をつなぐ行動なので，ニも正しくない。

問13　最後の段落で筆者は，「生物の世界で戦略的互恵関係が成り立つように，人間も合理的な理由があれば利他的に，他人のために行動することが可能」なのだから，この性《さが》を環境問題の解決に活《い》かすのがよいと述べている。この内容がロに合う。

問14　イ　問４，問６でみたように，チスイコウモリは「戦略的互恵関係」を結ぶ生物の例として取り上げられているので，正しい。　ロ　利他的な行動はオウムの仲間でも観察されている。　ハ「イヌのおかあさんが子ネコを養」うというのは，見返りを求めない自己犠牲的な行動にあたる。　ニ　カッコウと，それをやられた鳥との間には「戦略的互恵関係」はない。前者は得をし，後者は損をするという一方的な関係なので，合う。　ホ　人間もほかの生物と同じである。

三　**出典は森澄雄《もりすみお》の『ジュニア版　目でみる日本の詩歌《しいか》⑨　近代の俳句』による。**筆者は，長谷川《はせがわ》かな女《じょ》の「羽子板の重きが嬉《うれ》し突かで立つ」と「払《はら》ひ切れぬ草の実つけて歩きけり」の二句をとりあげ，鑑賞《かんしょう》している。

問１　「突かで」は，古い言い方。動詞「突く」の未然形「突か」に「で」がついたもので，“突かないで”という意味。鑑賞文中では「ほかの少女たちが羽子《はね》をつくのを自分はつかないでながめている」と説明されている。「重い豪華な羽子板がうれしく」て，「それだけで十分に満足している」のである。

問２　「羽子板」は，新年の季語。正月の遊び，「羽根つき」の道具である。

問３　ロが正岡子規《まさおかしき》の句である。なお，イは松尾芭蕉《まつおばしょう》の句。ハは杉田久女《すぎたひさじょ》の句。ニは与謝蕪村《よさぶそん》の句。

問４　切れ字は，句中または句末に用いて句に曲折(変化)をもたせたり，特に言い切る働きをしたりする。代表的な切れ字に，「や」「かな」「けり」などがある。

問５　「草の実」は，秋の季語。

問６　直前の文に「野山を歩いている喜び」とある。草の実がついていることさえ「楽しい」のである。

四　漢字の書き取りと読み

①　音読みは「フ」で，「負担」などの熟語がある。訓読みにはほかに「ま(ける)」などがある。
②　二人以上がいっしょになってことにあたり，責任を共にすること。　③「心機一転」は，あることをきっかけとして，新たな気持ちや態度でことに臨むこと。　④　目の前。

2023年度 大妻中学校

【算　数】〈第２回試験〉（50分）〈満点：100点〉

◎　円周率を用いるときは3.14として答えなさい。

◎　式，計算，または考え方は必ず書きなさい。これのないものは正解としません。

1　次の□にあてはまる数を求めなさい。

(1)　$8\frac{2}{3}-\left\{6-\left(2\frac{5}{6}+3\frac{1}{2}\right)\times\frac{2}{19}\right\}\div 0.8=\square$

(2)　$15+\{250+(5\times\square-3)\times 6\}\div\frac{1}{4}=2023$

(3)　あるスーパーでは，からあげが100gあたり350円で売られています。ポテトサラダの値段がからあげより２割高いとき，1050円でポテトサラダを□g購入できます。

(4)　右の図の六角形は正六角形です。角㋑が角㋐の２倍の大きさのとき，角xの大きさは□度です。

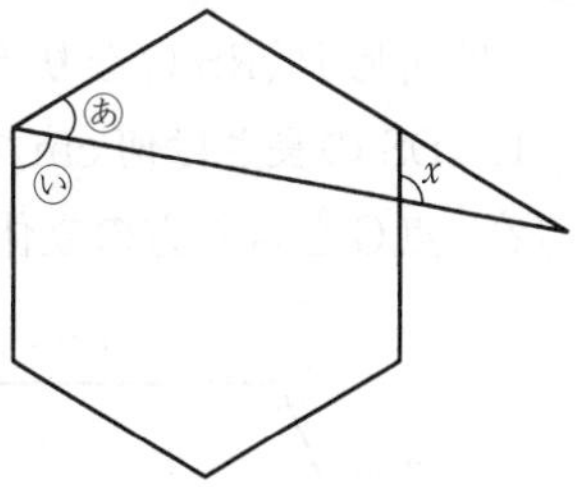

2　濃《のう》度８％の食塩水Ａを300gと，濃度のわからない食塩水Ｂを200g混ぜ合わせると，濃度が６％の食塩水ができました。食塩水Ｂの濃度は何％ですか。

3　図の３つの部分をすべて異なる色を使ってぬり分けます。赤，黄，青，緑，黒の５色があるとき，色のぬり方は何通りですか。

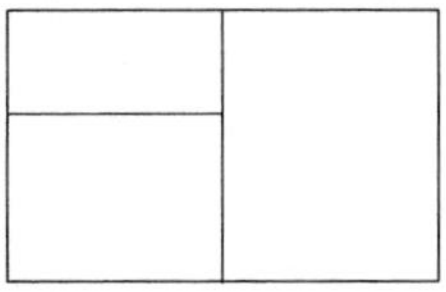

4　次のように，ある規則に従って分数が並んでいます。50番目の分数はいくつですか。

$\frac{2}{3}$，$\frac{4}{7}$，$\frac{6}{11}$，$\frac{8}{15}$，$\frac{10}{19}$，……

5　長さ250mの電車Ａ，長さ200mの電車Ｂ，長さのわからない電車Ｃが走っています。電車Ａが電車Ｂに追いついてから追いこすまでに30秒かかります。また，電車Ａと電車Ｂの速さの比は12：7で，電車Ｂと電車Ｃの速さは同じです。

(1)　電車Ａの速さは毎秒何mですか。

(2)　電車Ａと電車Ｃはすれちがうのに８秒かかります。電車Ｃの長さは何mですか。

6 はじめ，姉と妹の所持金の比は７：４でしたが，姉は1300円使い，妹は母から900円もらったため，所持金の比が３：５になりました。はじめの姉の所持金はいくらですか。

7 １辺の長さが５ｍの正五角形の形をした柵《さく》があります。図のように点Ａの位置に長さ10ｍのロープで犬がつながれているとき，犬が動ける部分の面積は何 m^2 ですか。

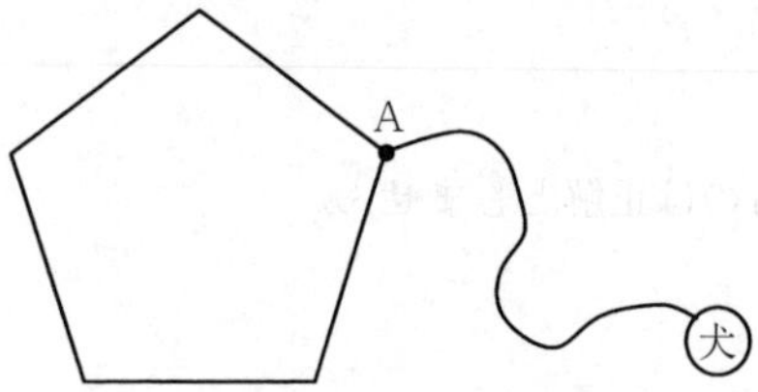

8 縦３cm，横３cm，高さ８cmの直方体を，３点Ｐ，Ｑ，Ｒを通る平面で切ると，切り口が四角形PQRSになりました。

(1) DSの長さは何cmですか。

(2) 点Ｇを含む方の立体の体積は何 cm^3 ですか。

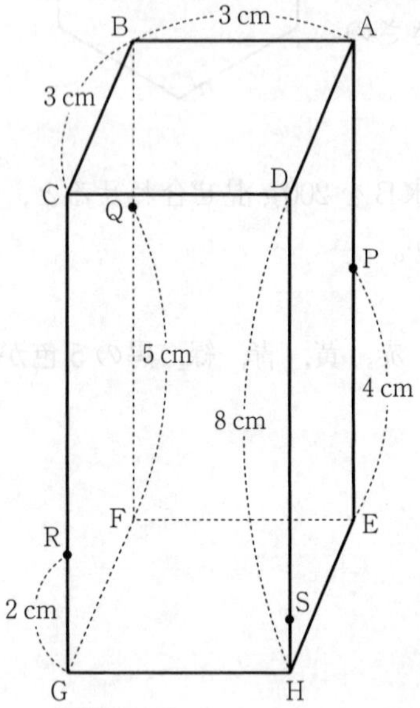

9 Ａさんの父は母より２歳《さい》年上で，妹が生まれたときＡさんの年齢《れい》は母の $\frac{1}{5}$ でした。現在，父の年齢は妹の５倍で，４人の年齢の合計は100歳です。妹が生まれたのは，Ａさんが何歳のときでしたか。

10 ある動物園で，８時にゲートには1356人が並んでいました。その後は８分ごとに，同じ人数ずつ列に加わりました。８時にゲートを５か所あけると８時38分に並んでいる人が残り416人になりました。その後，ゲートを３か所にしたところ，並んでいる人は９時15分にすべていなくなりました。８分ごとに何人が列に加わりましたか。

【社　会】〈第２回試験〉（30分）〈満点：60点〉

（注意）　地名・用語は，特別の指示がないかぎり，漢字で答えなさい。

1　道の駅に関する文を読み，あとの問いに答えなさい。

①全国各地に1100か所以上ある道の駅は，安全で快適に②自動車を運転するための休けい施設としての役割に加え，地元でとれた新鮮な③野菜や果実を販売するなど，地域の産業の活性化に貢献《こうけん》しています。

日本の農業は，④海外から輸入が増加する中で，⑤競争力をつけたり，⑥新たな市場を開拓したりすることが課題となっています。

問１．下線部①について，

⑴　道の駅の名前には，地名に加えて，産業や史跡に関するものがあります。次のＡ・Ｂに示した２つの道の駅は同じ県にあります。それぞれの県を答えなさい。

Ａ　「紀州備長炭記念公園」
　　「熊野古道中辺路」

Ｂ　「酒蔵奥出雲交流館」
　　「津和野なごみの里」

⑵　道の駅は，立地によって役割が異なります。次の表は，下の地図中ＭとＮの市町に位置する，ある道の駅を比べたものです。また，次のページの図カ・キはその自治体の年齢別人口構成(2020年)を示したものです。Ｍにある道の駅は表中ア・イのどちらですか。また，Ｍの自治体にあてはまる年齢別人口構成はカ・キのどちらですか。

表

ア		イ
大型車48台　普通車70台	駐車場	大型車５台　普通車107台
9:00～22:00	営業時間	9:00～17:00
ショップやカフェが充実している カルチャー教室が開催できる施設がある	施設の特色	レストランが充実している 宿泊や温浴ができる施設がある

全国道の駅連絡会 webサイトより作成

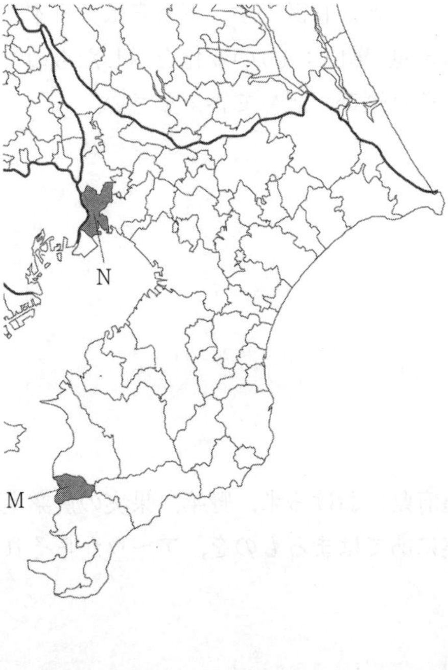

カ

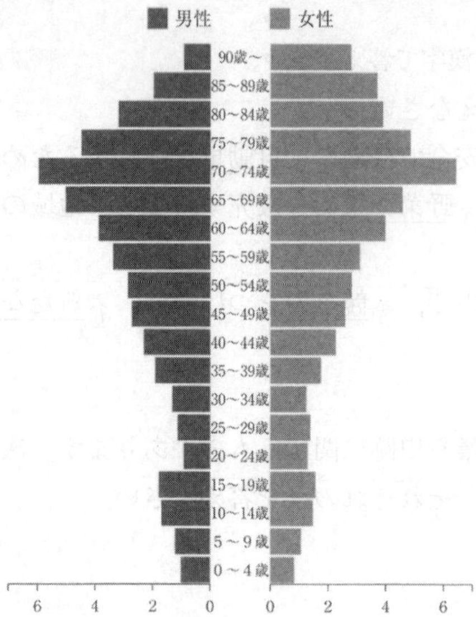

キ

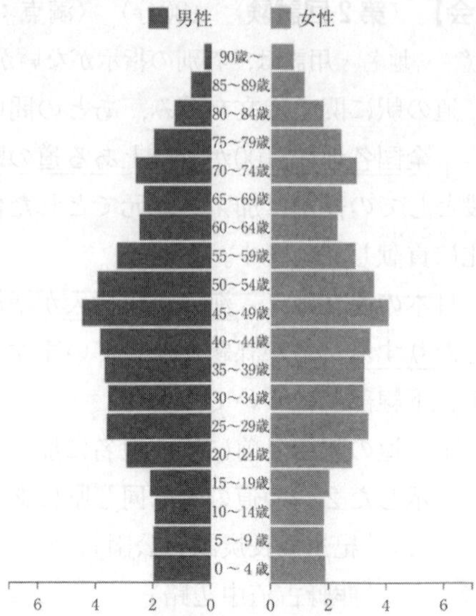

RESAS より作成

問２．下線部②について，

(1) 下の表は100世帯あたりの乗用車の保有台数の上位と下位の都道府県(2020年)を示したものです。関東地方にあるア～エの都県は上位または下位のそれぞれ５位以内に２つずつ入りますが，上位に入る２つの都県を選び，記号で答えなさい。

上位	下位
福井 富山 山形	兵庫 京都 大阪

『データでみる県勢 2022』より作成

ア．神奈川　　イ．群馬　　ウ．東京　　エ．栃木

(2) 全国各地の道の駅では電気自動車用の充電設備の整備が進んでいます。電気自動車はガソリン車に比べて二酸化炭素の排出が少ないことが特徴です。下の表は，日本，中国，アメリカ合衆国の１人あたりの二酸化炭素排出量(単位：ｔ)の変化を示したものです。(Ａ)～(Ｃ)にあてはまる国を，ア～ウからそれぞれ選び，記号で答えなさい。

	1990年	2019年
（Ａ）	1.86	7.07
（Ｂ）	8.43	8.37
（Ｃ）	19.20	14.44

『日本国勢図会 2022/23』より作成

ア．日本

イ．中国

ウ．アメリカ合衆国

問３．下線部③について，次の３つの図は各都道府県における米，野菜，果実の農業産出額全体における割合を示したものです。野菜と果実にあてはまるものを，ア～ウからそれぞれ選びなさい。

ア

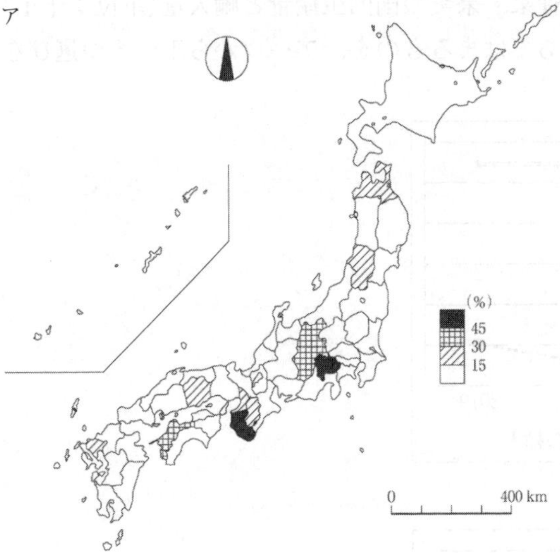

イ

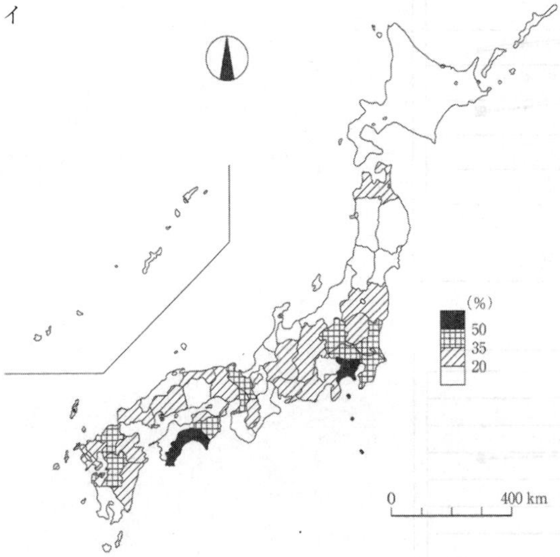

ウ

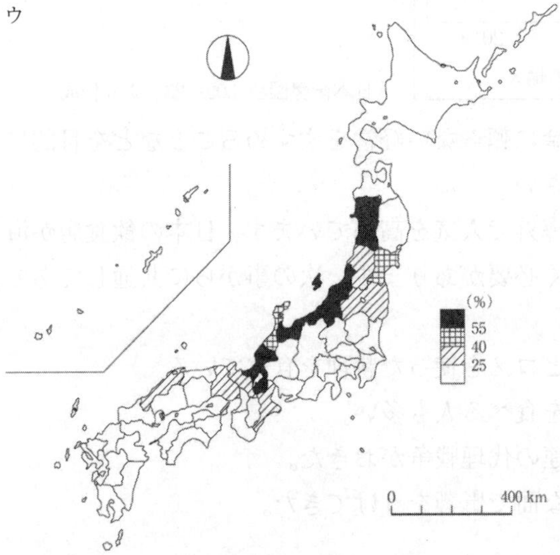

統計年次は2021年
農林水産省『生産農業所得統計』より作成

問４．下線部④について，次の図は小麦，野菜，果実の国内生産量と輸入量(単位：千ｔ)の推移を示したものです。それぞれの品目にあてはまるものを，ア～ウから１つずつ選びなさい。

ア

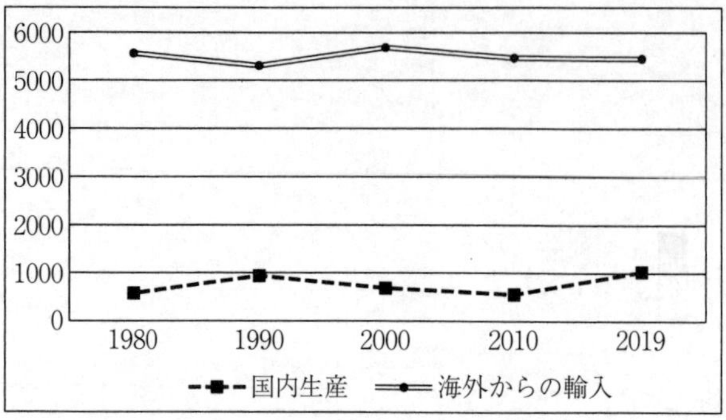

イ

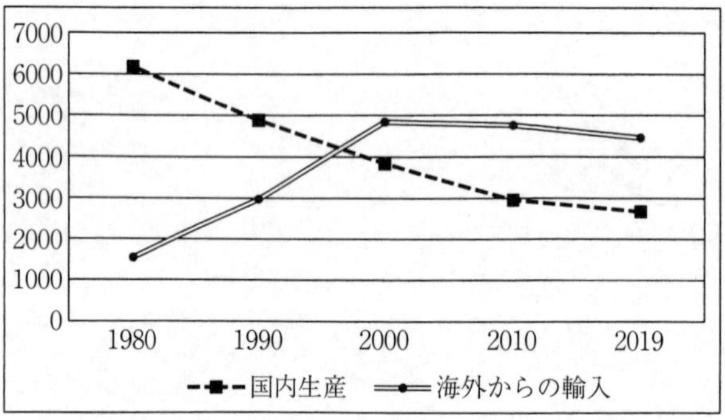

ウ

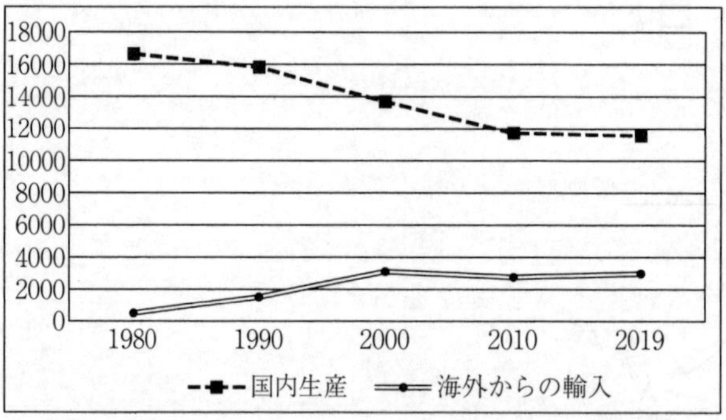

『日本国勢図会 2022/23』より作成

問５．下線部⑤について，稲作農家が補助金に頼らない経営をすすめることなどを目的に，2018年度をもって廃止された政策を答えなさい。

問６．下線部⑥について，日本の食文化が海外で人気を高めています。日本の飲食店が海外に進出する際は，その国の事情を考えておく必要があります。次の事がらに共通してあてはまる国を答えなさい。

・伝統的に稲作がさかんで，フォーなどコメを使った料理を食べている。
・フランスの植民地だった影響でパンを食べる人も多い。
・第二次世界大戦後にはアメリカとソ連の代理戦争がおきた。
・中国と国境を接しており，さまざまな面で影響をうけてきた。

2 大妻中学校のあるクラスが歴史の授業で「訪ねてみたい歴史的建造物」アンケートを行いました。次の表は，その結果において，多くの票を集めた場所と説明をまとめたものです。〈A〉～〈D〉については，建造物の写真も掲載しました。この表と写真に関するあとの問いに答えなさい。

場所	説明文
〈 A 〉	①新政府と旧政権による（ あ ）戦争において，蝦夷地にあるこの場所が最後の戦場となった。
〈 B 〉	幕府の将軍である（ い ）は，祖父の②家康をまつるこの神社を改修し，将軍だけでなく諸大名にも参拝を命じた。
〈 C 〉	この門は，戦乱で焼失したのちに建て直された。力強く写実的な運慶作の「金剛力士像」が置かれていて，③再建された時代の特徴をよく表している。
〈 D 〉	武士として初めて太政大臣となった平清盛が改修し，この神社を一族の氏社とした。
東京駅	④日本初の本格的政党内閣を組織した首相である（ う ）が，暗殺された。
東京タワー	高度経済成長の時期に，⑤テレビおよびラジオの放送電波を送るために作られた。
東京スカイツリー	高さは⑥634ｍあり，地震対策として，心柱《しんばしら》の技術を採用している。これは，現存する世界最古の木造建築物である（ え ）寺の五重塔を参考にしたとされている。
清水寺	⑦征夷大将軍として東北地方の反乱をおさえた（ お ）が建てた。その頃，（ か ）天皇により平安京がつくられ，⑧律令政治のたて直しが行われていた。
⑨吉野ヶ里遺跡	多くのたて穴住居，高床倉庫群や物見やぐらの跡が確認された九州北部の遺跡である。集落の周囲には濠《ほり》があり，やじりがささったままの人骨がかめ棺から発見されている。

〈 A 〉

〈 B 〉

〈Ｃ〉

〈Ｄ〉

問１．説明文中の空らん(あ)～(か)にあてはまる語句・人名を答えなさい。

問２．場所〈D〉にあてはまる神社名を答えなさい。

問３．説明文を参考にしながら，写真〈A〉～〈D〉を，つくられた年代の古い方から順に並べかえ，記号で答えなさい。

問４．下線部①について，この政府が行った政策の順として正しいものを，ア～エから１つ選び，記号で答えなさい。

ア．廃藩置県→版籍奉還→大日本帝国憲法の発布→領事裁判権の撤廃

イ．廃藩置県→版籍奉還→領事裁判権の撤廃→大日本帝国憲法の発布

ウ．版籍奉還→廃藩置県→大日本帝国憲法の発布→領事裁判権の撤廃

エ．版籍奉還→廃藩置県→領事裁判権の撤廃→大日本帝国憲法の発布

問５．下線部②について，この将軍は関東に幕府を開きました。この幕府の時代に活躍した人物の説明として**まちがっているもの**を，ア～エから１つ選び，記号で答えなさい。

ア．蘭学を学んだ青木昆陽は，ききんに備え，サツマイモ栽培を研究した。

イ．葛飾北斎は，「東海道五十三次」などの風景画を多色刷の版画で表現した。

ウ．杉田玄白と前野良沢は，ヨーロッパの医学書を翻訳し，『解体新書』を著した。

エ．松尾芭蕉は俳諧を芸術として高め，諸国を旅して紀行文『奥の細道』を著した。

問６．下線部③について，この時代を表した文として正しいものを，ア～エから１つ選び，記号で答えなさい。

ア．近畿地方を中心に，農民は寄合でおきてを定めて村を運営し，要求を通すために一揆を形成した。

イ．唐の影響で国際的な文化が栄えたが，疫病《えきびょう》や反乱がおこり，天皇は仏教の力で社会を鎮《しず》めようとした。

ウ．土地に関する訴えを解決するため，政治や裁判の基準となる武家社会における法律が初めて作られた。

エ．年貢を増やすため新田開発が行われ，備中ぐわや千歯こきなどの農具により，生産力が高まった。

問７．下線部④について，この内閣を組織した政党名として正しいものを，ア～オから１つ選び，記号で答えなさい。

ア．自由党　　　イ．自由民主党

ウ．日本社会党　エ．立憲改進党

オ．立憲政友会

問８．下線部⑤について，次の図はマスメディア別の広告費について示したものです。

日本国内におけるマスメディア別広告費の推移

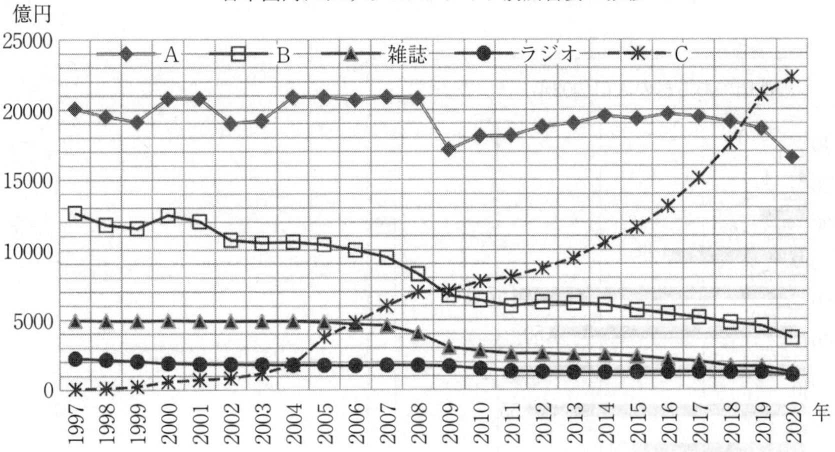

総務省『情報通信白書』より作成

※広告費とは，マスメディアを利用して広告を放送，あるいは掲載《けいさい》するにあたり，広告主が企業に支払う料金のことを指します。

⑴　次の文は，上の図について説明したものです。文中の空らん(き)・(く)にあてはまる語句を答えなさい。ただし，(く)は**漢字６字**で答えること。

　雑誌・新聞・テレビについては，2008年にアメリカで発生し，世界的な不景気につながった(　き　)ショックの影響を受けて，いずれも広告費が減少した。また，2011年３月11日に発生した(　く　)で災害時の情報収集力が見直されたラジオは，広告費の減少幅が小さいといえる。

⑵　図中Ａ～Ｃは，どのマスメディアを表しているか，次のア～ウから１つずつ選び，記号で答えなさい。

ア．インターネット

イ．新聞

ウ．テレビ

問９．下線部⑥について，この建造物の高さは，所在地の旧国名に関連しています。旧国名を**漢字２字**で答えなさい。

問10．下線部⑦について，この官職に**就任していない人物**をア～カから**すべて**選び，記号で答えなさい。

ア．足利義政　　イ．織田信長

ウ．徳川慶喜　　エ．豊臣秀吉

オ．源実朝　　　カ．源義経

問11．下線部⑧について，律令政治はしだいにゆきづまり，10世紀には地方政治の乱れが深刻になります。

⑴　資料Ｘは，当時の実際の戸籍をもとに作成した年齢別人口を示したものです。この戸籍は偽《いつわ》りの申告に基づくと考えられています。何をどのように偽ったのかを書きなさい。

(2)　(1)のような偽りの申告がなぜ行われたのか，資料Ｙ，資料Ｚからわかることをふまえて説明しなさい。ただし，解答らんに合わせて答えなさい。

資料Ｘ

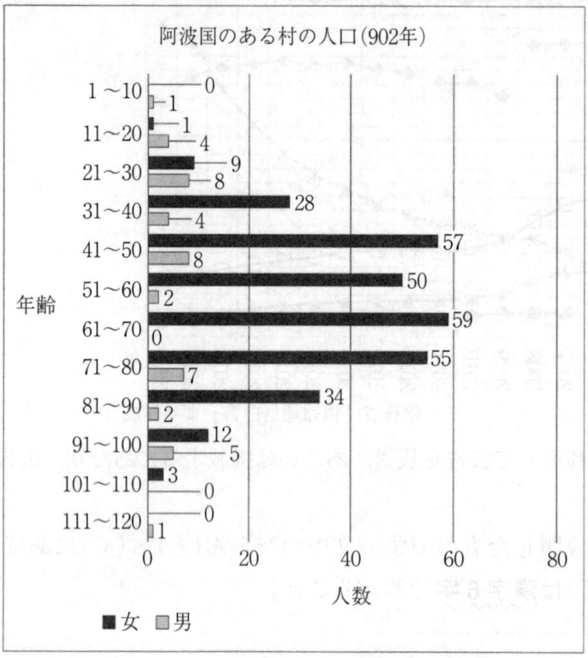

『平安遺文』より作成

資料Ｙ　律令制下の農民負担

税の名	対象	内容
租	６歳以上の男女	稲(収穫の３％)
調	成人男子	地方の特産物
庸		労役または麻布
労役		雑徭(土木工事)，運脚(調や庸を都へ運ぶ)
兵役	成人男子３～４人に１人	衛士(都へ１年)，防人(九州北部へ３年)

『令集解』より作成

資料Ｚ

「冬の間，都の市《いち》のあたりで飢えている人が多いと聞く。その理由をたずねると，調を都まで運んできたが，食料が無くて故郷に帰ることができなかったという。病気に苦しんだり，寒がったりしている者もいるという。」

『続日本紀』

※資料はわかりやすくするため，現代の言葉に直してあります。

問12．下線部⑨について，この集落がつくられた時代を説明した文として正しいものを，ア～エから１つ選び，記号で答えなさい。

ア．近畿地方を中心に大きなクニが生まれ，前方後円墳とよばれる巨大な墓がつくられるようになった。

イ．大陸から，鉄器・青銅器などの金属器が伝えられ，うすくてかたい土器もつくられるようになった。

ウ．大陸と陸続きであり，打製石器によって大型動物を狩ったり，木の実を採集したりする生活であった。

エ．弓矢で動物を狩り，どんぐりなどの木の実を採集し，魚をとったり，貝をひろったりして食料にした。

3 次の文は，スマートフォン(スマホ)の使い方についての子どもたちの会話です。これを読んで，あとの問いに答えなさい。

Ａさん「スマホばっかり使うなって，昨日親に怒られちゃった」

Ｂさん「私は怒られたことはないなぁ。そんなに①長く使ってるの？」

Ａさん「②メッセージのやりとりをしたり，③※SNSを利用したりしていると，すぐ時間が経つんだよね」

Ｂさん「SNSは私も見るよ。④選挙前には⑤内閣総理大臣や政治家が頻繁《ひんぱん》に情報発信するから面白いよね」

Ａさん「私も親に厳しい⑥ルールを作られる前に，真面目な使い方もしようかな」

※SNS…LINEやTwitterなど，登録者同士が交流できるソーシャルネットワーキングサービスのこと。

問１．下線部①について，次の図は「自身のスマホ利用時間を減らしたほうがよいと思うか」の質問にどう答えたのかを，スマホの利用時間・年代別に調査した結果です。この資料から読み取れることとして，最も適切なものを下のア～エから１つ選び，記号で答えなさい。

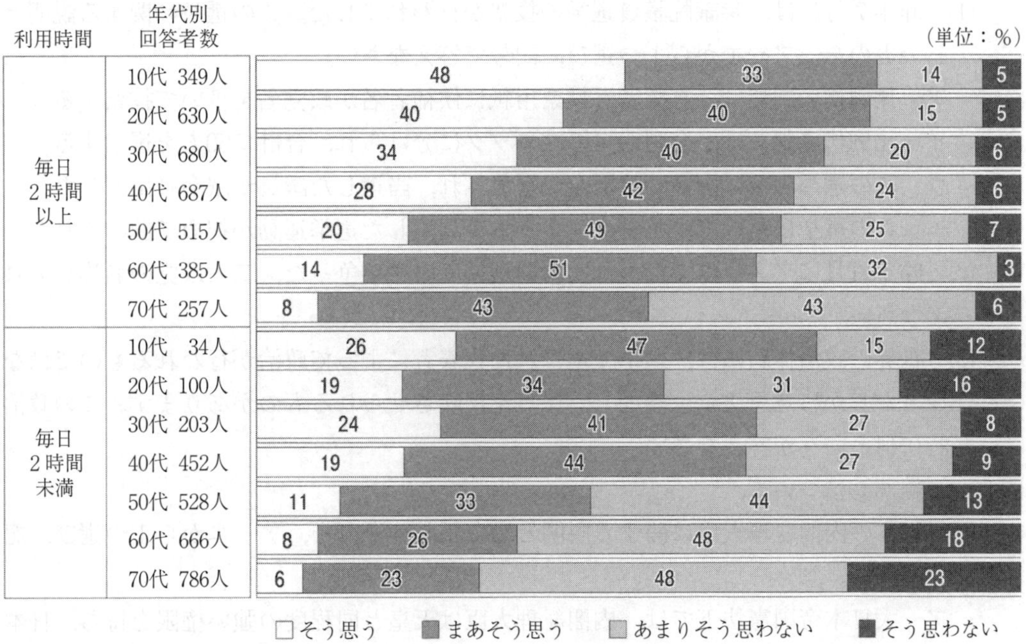

モバイル社会研究所ウェブサイトの資料より作成

ア．質問に答えた10代から50代にかけてのすべての世代で，スマホ利用が毎日２時間以上の回答者の方が，毎日２時間未満の回答者よりも多かった。

イ．質問に「そう思う」と答えた回答者の割合は，今のスマホ利用時間にかかわらず，上の年代になるにしたがって一貫して小さくなっている。

ウ．スマホ利用が毎日２時間以上の回答者で，質問に「そう思う」と「まあそう思う」と答えた割合の合計はどの世代でも５割を超えている。

エ．スマホ利用が毎日２時間以上と毎日２時間未満を比べると，質問に「そう思わない」と答えた回答者の割合の差が最も大きいのは60代である。

問２．下線部②について，私たちが情報を発信することは，日本国憲法で表現の自由として認められています。次の文は，憲法の条文の一部です。

X検閲は，これをしてはならない。（ Y ）の秘密は，これを侵してはならない。

(1) 下線部Xの例として最も適切なものを，ア～エから１つ選び，記号で答えなさい。

ア．小説家は自分の作品が無断で使われないように，出版社と契約を結んだ。

イ．競争が起こらないように，出版社は文庫本の価格を統一する約束をした。

ウ．省庁は行政の情報をのせた出版物を販売し，利益を省庁の運営に使った。

エ．政権を批判する記事のある雑誌について，内閣は出版社に訂正を命じた。

(2) 空らん(Y)にあてはまる語句を，ア～エから１つ選び，記号で答えなさい。

ア．会話　　イ．通信　　ウ．報道　　エ．郵便

問３．下線部③について，SNSなどから手軽に情報を得られるようになった現在では，情報を正しく理解して活用する能力が必要とされています。この能力のことを何というか，カタカナで答えなさい。

問４．下線部④について，

(1) 昨年７月には，参議院議員選挙の投票が行われました。この選挙に関する説明として正しいものを，ア～エから１つ選び，記号で答えなさい。

ア．比例代表制では，有権者が投票用紙に候補者名か政党名を書いて投票する。

イ．比例代表制では，全国が11のブロックに分けられ，合計で50人を選出する。

ウ．この選挙の後に国会で特別会が召集され，当選した議員が議会に出席した。

エ．この選挙において，インターネットを利用した選挙運動が初めて認められた。

(2) 昨年11月にアメリカで行われた中間選挙で議席を争った，二大政党の名称をそれぞれ答えなさい。

(3) 世界の政治体制には，選挙で選ばれた代表者によって政治が行われるものではなく，人びとがじかに意思決定に参加し，民意を反映させられるものがあります。この政治体制を特に何というか答えなさい。

問５．下線部⑤について，

(1) 日本の内閣総理大臣に関する説明として正しいものを，ア～エから１つ選び，記号で答えなさい。

ア．大日本帝国憲法下では，内閣総理大臣は天皇と同程度の強い権限を持ち，日本を統治していた。

イ．何らかの事情で行政の長である内閣総理大臣が欠けた場合，内閣は総辞職しなければならない。

ウ．内閣総理大臣は国務大臣を任命することができるが，その全員が国会議員でなければならない。

エ．内閣総理大臣が信任できないと考えられた場合，国会によって弾劾裁判が行われることがある。

(2) 内閣総理大臣を国民がじかに投票して決める制度の導入が考えられています。しかし，この制度には国民の人気をとるための政策を主張するだけの人が選ばれてしまう危険性が指摘されています。下線部のような政治のあり方としてあてはまるものを，ア～エから

１つ選び，記号で答えなさい。

ア．ヒューマニズム　イ．フェミニズム

ウ．ポピュリズム　エ．レイシズム

問６．下線部⑥について，日本におけるさまざまな法に関して述べた文として正しいものを，ア～エから１つ選び，記号で答えなさい。

ア．国会は法律を制定できる唯一の機関であり，法律案も国会議員だけが提出できる。

イ．条約を締結するのは国会だが，そのためには事前に内閣の承認を得る必要がある。

ウ．地方公共団体では，住民が条例の制定や改正・廃止を直接請求することができる。

エ．日本国憲法の改正において，衆議院が参議院に優越すると憲法に規定されている。

【理　科】〈**第２回試験**〉（30分）〈満点：60点〉

〈編集部注：実物の入試問題では，図の大部分と写真はカラー印刷です。〉

1　次の文章を読み，あとの問いに答えなさい。

気象庁は，最高気温(①)℃以上の日を夏日，(②)℃以上の日を真夏日，(③)℃以上の日を猛暑日《もうしょび》，夜間の最低気温が(①)℃以上の夜を熱帯夜と定義しています。しかし，１日の最高気温が40℃以上の日，夜間の最低気温が30℃以上の夜についての特別なよび方は設けていません。

40℃以上の日が年々増加傾向にあるため，日本気象協会では最高気温が40℃以上の日を酷暑《こくしょ》日《び》，夜間の最低気温が30℃以上の夜を超熱帯夜《ちょうねったいや》とよぶようになりました。

地球温暖化による地球規模の気温上昇《じょうしょう》が続く限り，平均気温が上がり，大気中の水蒸気量も増えていくので，極端《きょくたん》な高温や豪雨《ごうう》が今後も増える傾向にあることが考えられます。

問１　文章中の①～③にあてはまる数字を答えなさい。

問２　図１の赤い太線で囲まれた地域では，発達した積乱雲が列をなして，組織化した積乱雲群を形成しています。これが数時間にわたってほぼ同じ場所を通過または停滞《ていたい》することにより強い雨が降り続けます。このような降水帯を何といいますか。解答らんに適切な漢字１文字を入れなさい。

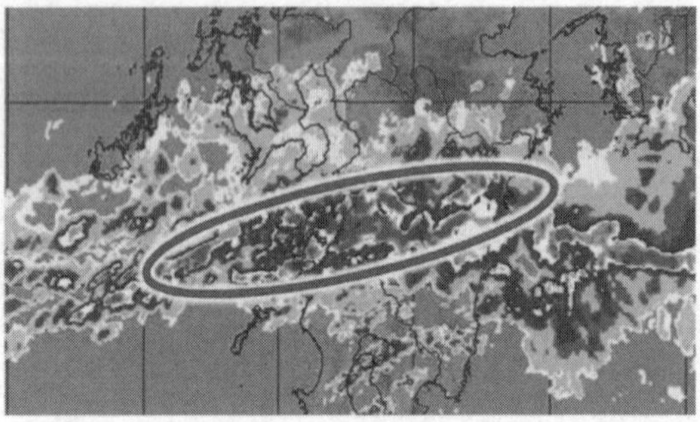

図１

問３　一般《いっぱん》に気圧が低くなるとくもりや雨に，気圧が高くなると晴れになることが多くなります。北半球の地上では，低気圧の中心付近で吹《ふ》いている風の向きはどのようになっていますか。解答用紙の図に曲線の矢印４本をかきなさい。

問４　上昇気流が発生する状況の説明として，正しくないものを(ア)～(エ)から１つ選びなさい。

(ア)　空気のかたまりが山の斜面《しゃめん》に沿って上昇する

(イ)　寒冷前線で暖気にもぐりこまれた寒気が急激に上昇する

(ウ)　温暖前線で暖気が寒気の上をゆるやかに上昇する

(エ)　太陽の光で地表の一部が強く熱せられる

問５　2022年の夏，世界中の気象に影響《えいきょう》をおよぼしたラニーニャ現象について，次の文章中のＰ～Ｒにあてはまるものを選びなさい。

図２，３のように，赤道付近では強い$_{\mathrm{P}}$[ア：東風　　イ：西風　　ウ：南風　　エ：北風]の貿易風が吹いているため，太平洋表層の暖かい海水は西へ運ばれる。また，東部では深層から冷水がわき上がっており，西部に比べて水温が低い。

数年に一度貿易風が強まると，西へ運ばれていた表層の暖かい海水がさらに西部まで移動し，東部の海面温度は平年より低下する。これをラニーニャ現象という。このとき，発達した上昇気流がより西側に発生する。そのため夏季の日本列島付近では，太平洋高気圧がより強く北に張り出し，気温が$_{Q}$［ア：低く　　イ：高く］なる傾向がある。また，日本付近に影響を与える台風が$_{R}$［ア：少なく　　イ：多く］なる傾向がある。

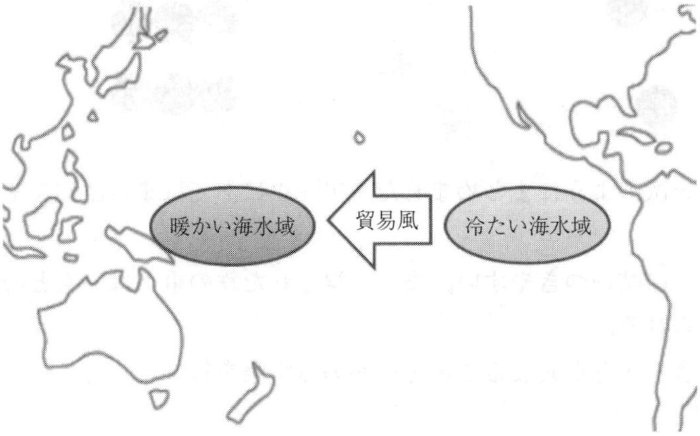

図２

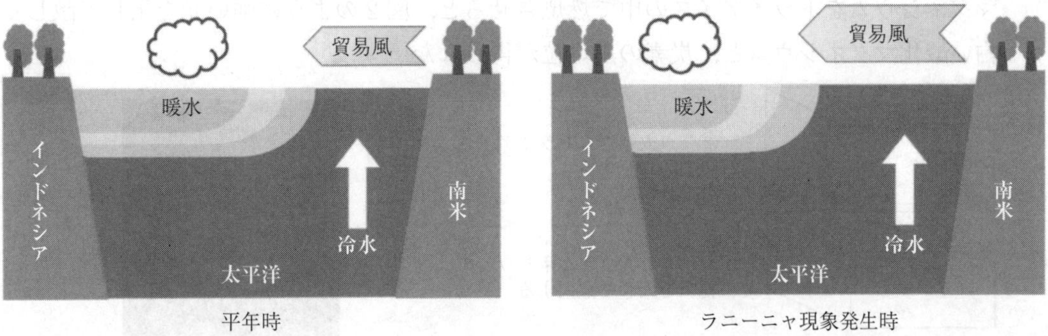

図３　赤道付近の断面図

2　私たちの生活に欠かせない金属である鉄は，地球の重さの約３分の１をしめるほど多量に存在します。その多くは地球の中心にある核《かく》にふくまれており，そのうちのごく一部が火山の噴《ふん》火《か》の際にマグマとして地表付近に出てきているに過ぎません。

46億年前に地球が誕生したころ，地表にある鉄はそのほとんどが海水にとけていました。しばらく経つと，生物の（　A　）というはたらきによってつくりだされた酸素が地球上に増えてきます。この酸素と結びついて，ほとんどの鉄は岩石となって海底にしずんでいきました。その海底が（　B　）することで，大陸に鉄鉱石の鉱脈ができるのです。

人類の鉄の使用は紀元前1500年ころから始まったと考えられています。じょうぶな鉄を得るためには，(C)鉄鉱石(酸化鉄)と木炭(炭素)を混ぜて空気を送りこみながら高温で熱することで，鉄に結びついた酸素を取り除く必要がありました。このため，鉄の製造には多量の木炭が必要とされ，その結果，世界各地で森林の伐採《ばっさい》が問題となりました。

現在では，木炭の代わりに石炭を蒸し焼きにしてつくったコークスや，不純物を取り除くための石灰石を鉄鉱石に加えて加熱することで鉄を得ています。

問１　文章中のA，Bについて，あてはまる語句を答えなさい。

問２　下線部(C)について，この変化は次のように表すことができます。

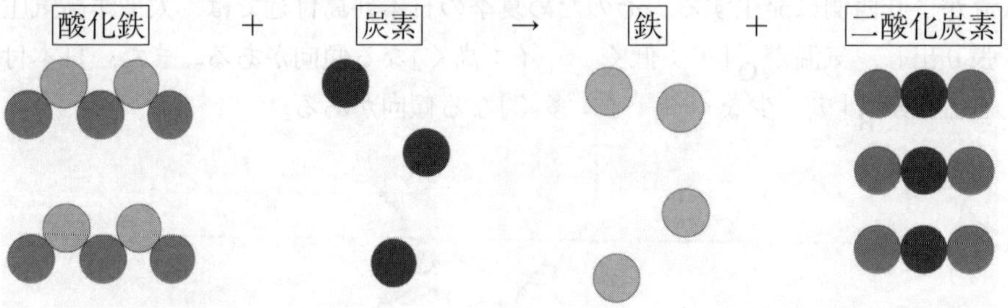
酸化鉄
＋
炭素
→
鉄
＋
二酸化炭素

この反応からわかることを次のようにまとめました。ア～ウにあてはまる語句をそれぞれ漢字で答えなさい。

酸素は（　ア　）よりも（　イ　）に結びつきやすい。また，得られた鉄の重さは，もとの酸化鉄よりも（　ウ　）くなると考えられる。

物質によって酸素の結びつきやすさが異なることを確かめる実験を行いました。

【実験】

図１のように，ドライアイスのかたまりに小さな穴を開け，マグネシウムの粉末を入れた。マグネシウムをドライアイスの中で燃焼させると，図２のように強い光を出して激しく反応し，白い酸化マグネシウムと，炭素の黒い粒《つぶ》が得られた。

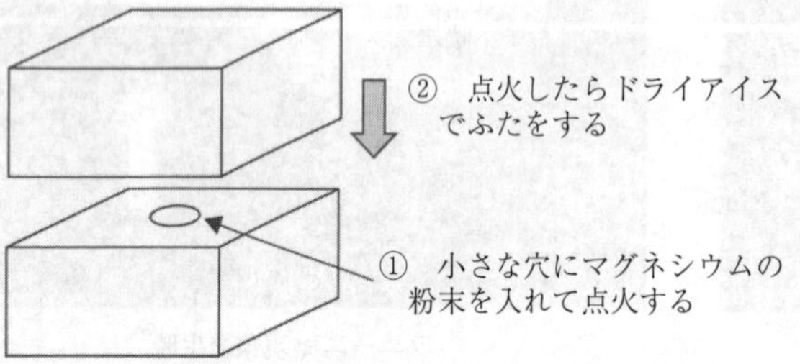
②　点火したらドライアイスでふたをする
①　小さな穴にマグネシウムの粉末を入れて点火する

図１

図２

この変化を次のように表しました。

マグネシウム＋二酸化炭素 → 酸化マグネシウム＋炭素

問３　下線部(C)と【実験】より，炭素，鉄，マグネシウムの３つの物質を酸素が結びつきやすい順に並べなさい。

問４　酸化鉄は，鉄：酸素＝7：3，二酸化炭素は，炭素：酸素＝3：8 の重さの比で結びついています。これをもとに次の問いに答えなさい。

(1)　次の図を用いて，鉄：酸素：炭素の１粒あたりの重さの比をもっとも簡単な整数比で答えなさい。

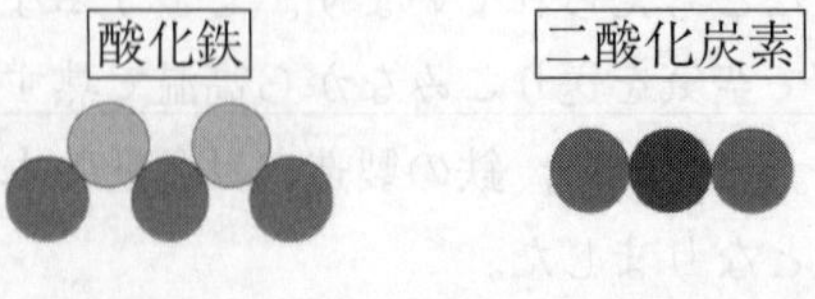
酸化鉄
二酸化炭素

(2)　現在，日本では１日におよそ18万トンの鉄がつくられています。このとき生じる二酸化炭素は１日あたり何万トンですか。小数第１位を四捨五入して整数で答えなさい。ただし，鉄をつくるときのコークスは不足なく加えているものとします。

3 ばねとおもりを使った実験について，あとの問いに答えなさい。

【実験１】

図１のように，おもりをつけたばねを天井《てんじょう》からつるしました。かべに定規をたてにはり，おもりの位置を読み取れるようにしてあります。つりあっているときのおもりの位置は30cmでした。おもりを０cmの位置まで持ち上げて手を放したところ，おもりは上下に運動しました。0.5秒ごとのおもりの位置の変化は表のようになりました。

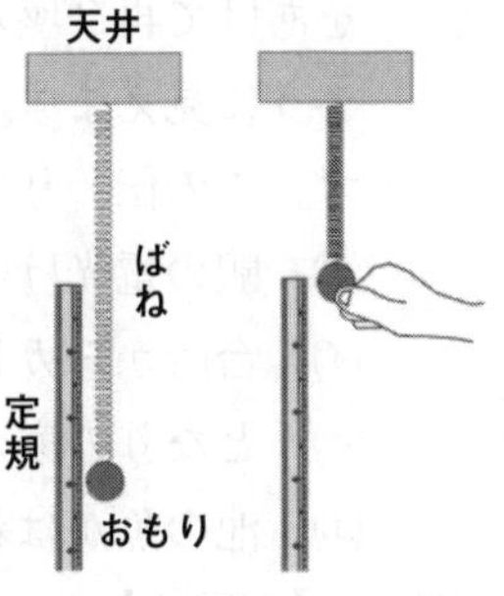

図１

時間[秒]	0	0.5	1.0	1.5	2.0	2.5	3.0	3.5	4.0	4.5	5.0	5.5	6.0	6.5	7.0	7.5
おもりの位置[cm]	0	4	15	30	45	56	60	56	45	30	15	4	0	4	15	30

問１　9.5秒のときのおもりの位置は何cmですか。また，そのとき，おもりは上向きまたは下向きのどちらに動いていますか。

【実験２】

【実験１】と同じばねとおもりをたくさん用意して，10cm間隔《かんかく》で天井からつるしました。おもりには，はしから順に①，②，③，…と番号をつけておきます。【実験１】と同様に，かべに定規をはり，おもりの位置を読み取れるようにしてあります。つりあっているときのおもりの位置は30cmでした。すべてのおもりを長い板にのせ，０cmの位置まで持ち上げ0.5秒ごとにおもりを①から順に板から外していったところ，おもりは図２のように波をえがくように動きました。おもりがもっとも高い位置にあるところを「山」，もっとも低い位置にあるところを「谷」といいます。

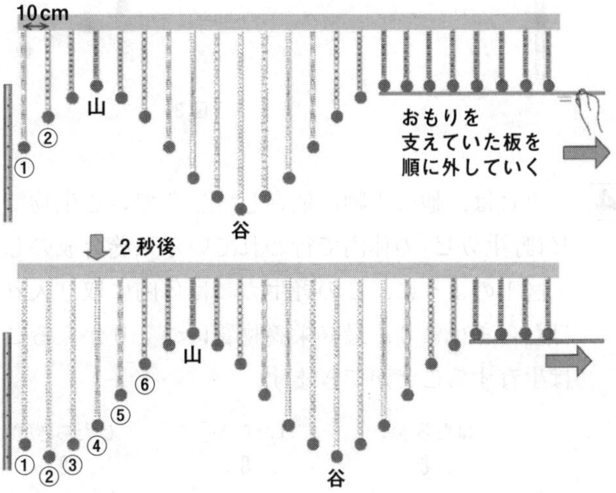

図２

問２　図２について説明した文章中のＸ～Ｚにあてはまる数字をそれぞれ答えなさい。

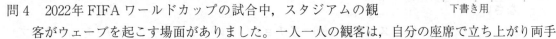

「山」のときのおもりの位置は０cm，「谷」のときのおもりの位置は(　Ｘ　)cmです。一つ一つのおもりは，一往復(　Ｙ　)秒で上下運動を繰《く》り返しているだけですが，全体的にみると「山」や「谷」の形が１秒あたり(　Ｚ　)cmの速さで右へ伝わっていくように見えます。

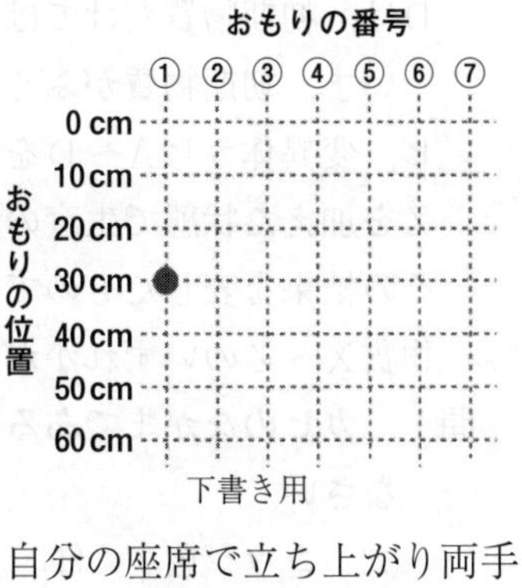

下書き用

問３　おもり①を支えていた板から外してから，10.5秒後のおもり②～⑦の位置を解答用紙の図に●でかきこみなさい。解答用紙に印刷されている●は，おもり①の位置を表しています。また，ばねをかく必要はありません。

問４　2022年FIFAワールドカップの試合中，スタジアムの観客がウェーブを起こす場面がありました。一人一人の観客は，自分の座席で立ち上がり両手をあげて再び座るという上下運動をしているだけですが，全体的にみると波が伝わっていくように見えます。日常の中には，このように【実験２】と同様の伝わり方をする現象があります。この伝わり方にあてはまらないものを(ア)〜(エ)から１つ選びなさい。

(ア)　駅の電光けい示板に案内の文字が流れていた
(イ)　台所からカレーのおいしそうなにおいがしてきた
(ウ)　となりの家からピアノをひく音がきこえてきた
(エ)　池の魚がはねて水面に円形の波がひろがった

問５　【実験２】で，おもりを板から外していく速さを変えたところ，図３のようになりました。何秒ごとにおもりを板から外しましたか。

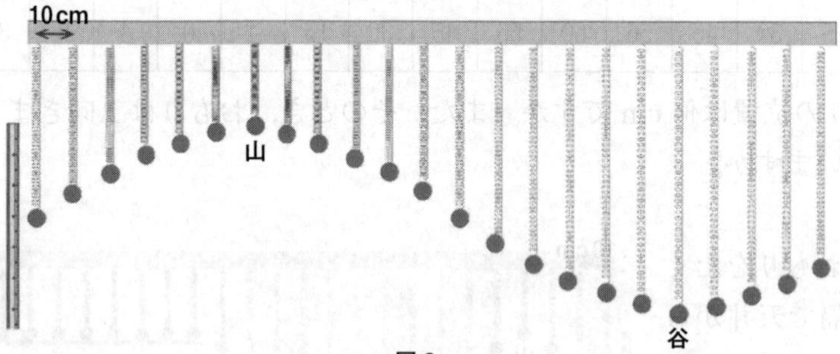

図３

4　カビは，他の生物に依存《いぞん》して生きている生物です。いま，自然界に存在しているある種のカビ(野生カビ)の体内で行われている栄養合成のしくみについて考えます。

図１のように，この野生カビは体内に取り入れた最低限の栄養素(初期物質)を，さまざまなはたらきにより，最終栄養物質につくりかえることができます。そして，最終栄養物質があれば生育することができます。

	はたらき①		はたらき②		はたらき③		はたらき④	
	⇩		⇩		⇩		⇩	
初期物質	➡	【 ア 】	➡	【 イ 】	➡	【 ウ 】	➡	最終栄養物質

図１

一方，この野生カビには，変異体(からだの特徴《とくちょう》が異なるもの)として，カビA，カビB，カビC，カビDが存在します。この変異体カビA〜Dは野生カビと異なり，はたらき①〜④のうち１つだけはたらきが失われたカビであることがわかっています。つまり，変異体カビA〜Dは，初期物質だけでは生育できません。

いま，初期物質がふくまれたシャーレに，野生カビ，変異体カビA〜Dをそれぞれとり，物質X，Y，Zを加えた状態で生育の有無を調べました。表１はその結果を表したものです。図１の【ア】〜【ウ】には物質X〜Zのいずれかが入ります。

	初期物質がふくまれたシャーレ			
	なし	物質X	物質Y	物質Z
野生カビ	＋	＋	＋	＋
カビA	−	−	＋	＋
カビB	−	−	＋	−
カビC	−	＋	＋	＋
カビD	−	−	−	−

＋は生育，−は生育しない

表１

問１　カビのなかまである菌類《きんるい》を(ア)〜(オ)から２つ選びなさい。

(ア)　コウジ菌　(イ)　スギナ　(ウ)　イチョウ　(エ)　シイタケ　(オ)　チューリップ

問２　カビを利用した食品を(ア)〜(オ)から２つ選びなさい。

(ア)　砂糖　　(イ)　しょう油　　(ウ)　塩　　(エ)　味噌《みそ》　　(オ)　マヨネーズ

問３　次の文章中の空らんにあてはまる言葉を入れなさい。

多くのカビは，胞子《ほうし》をつくってなかまを増やします。この胞子に含まれる情報には，自らのからだを形作る情報がふくまれています。この情報が親と同じ胞子をつくるタイプの生物は，自分のなかまを短期間に効率よく増やすことができます。

一方で，自分の周りの環境《かんきょう》が著しく変化したとき，その環境の変化に(　　)からだの性質をもっていない場合は，ほぼすべてのなかまが死んでしまいます。

問４　図１の【ア】〜【ウ】に入る物質をＸ〜Ｚで答えなさい。

問５　表１より，カビＡ〜Ｄの中ではたらき②が失われているものを答えなさい。

イ　うんと　　ロ　つんと

ハ　どんと　　ニ　ぴんと

問４　――線②「カラフルな世界の新鮮さ」とは具体的にはどのようなことか。文章中から十六字の表現を探し、最初の三字をぬき出しなさい。

問５　――線③「全面が青くぬられた画面に、白くぬり残された部分がある」について説明した次の文の【Ⅰ】～【Ⅲ】に当てはまる表現を、（　）内に示した指定の字数で文章中からそれぞれぬき出しなさい。

・「全面が青くぬられた画面」とは【Ⅰ（七字）】を描《えが》いたものである。これは【Ⅱ（六字）】をたとえた比喩《ひゆ》表現であり、同様に「白くぬり残された部分」も【Ⅲ（十二字）】を象徴的《しょうちょうてき》に表している。

四

次の文の――線のひかれたカタカナは漢字に直し、漢字はその読みをひらがなで答えなさい。

①　着物の虫ボしをする。

②　市長のコウセキをたたえる。

③　メンミツな計画を立てる。

④　持論をおし通す。

ロ　「ドバト」は日本最初の漢和辞典で「やまばと」と呼ばれており、「いへばと」と区別されていた。

ハ　「ドバト」は日本に元々いた種の鳥であり、過去の文献《ぶんけん》にも何度も登場するなじみ深い存在である。

ニ　「ドバト」は昔から街なかにいるイメージを持つ鳥であり、どの世代の人々にも身近な存在である。

三

次の文章は若山牧水《わかやまぼくすい》の短歌と、その鑑賞文《かんしょうぶん》である。これを読んで、後の1～5の問いに答えなさい（問題の都合上、本文を変えているところがあります）。

白鳥《しらとり》は哀《かな》しからずや空の青海のあを（お）にも染《そ》まずただよふ（う）　若山牧水

（白い鳥よ、かなしくはないか。空の青さ、海の青さにも染《そ》まらずにただよっている［A］な白い鳥よ。）

「白鳥」はスワンではなく、ふつう海にいる白い鳥で、かもめなどを思いうかべればいいでしょう。青い空、青い海、そこにただよう純《じゅん》白《ぱく》の鳥。この歌の高い人気の秘密《ひみつ》の第一は、明るく鮮明《せんめい》な、この青と白のコントラストのあざやかさにあるようです。（中略）油絵風なタッチ、①古典《こてん》的和歌とはちがう色彩《しきさい》感覚がここにはあります。

この歌は、明治四〇（一九〇七）年に発表されてまもなく、当時の青少年の間で大評判《だいひょうばん》になったようです。心に［B］くるところがあったのでしょう。一つはいま言った②カラフルな世界の新鮮《しんせん》さが魅《み》力《りょく》だったのでしょうが、それだけではなさそうです。もっと彼《かれ》ら自身の生、まじめな問題とどこかで関係していたのだろう、というのが私《わたくし》の考えです。

③全面が青くぬられた画面に、白くぬり残された部分がある。それが「白鳥」なのだ、というふうに読めませんか。「白鳥」は、青の世界の中で白い自分を主張《しゅちょう》している、というよりも、青く染まれない自分を悲しんでいるように感じられませんか。周《まわ》りの人たちとどこかちがっている自分、周りにとけてゆけない自分、そんな自分を悲しんでいる気持ちがここにはあるように私には思えます。

（佐佐木幸綱《ささきゆきつな》『ジュニア版　目でみる日本の詩歌《しいか》⑧　近代の短歌』による）

問1　［A］に当てはまる言葉として最も適当なものを、次の中から一つ選んで記号で答えなさい。

イ　臆病《おくびょう》　ロ　孤独《こどく》　ハ　自由
ニ　正直　ホ　平和

問2　――線①「古典的和歌」とあるが、次の中から「古典的和歌」を、二つ選んで記号で答えなさい（引用の和歌や短歌は、すべて浜島《はまじま》書店『国語便覧』による）。

イ　海を知らぬ　少女の前に　麦藁帽《むぎわらぼう》の　われは両手を　ひろげていたり

ロ　草わかば　色鉛筆《いろえんぴつ》の　赤き粉《こ》の　ちるがいとしく　寝《ね》て削《けづ》（ず）るなり

ハ　ちはやぶる　神代《かみよ》もきかず　竜田川《たつたがは》（わ）　からくれなゐ（い）に　水くくるとは

ニ　花の色は　移りにけりな　いたづら（ず）に　我身世《わがみよ》にふる　ながめせしまに

ホ　向日葵《ひまは（わ）り》は　金の油を　身に浴びて　ゆらりと高し　日のちひ（い）ささよ

問3　［B］に当てはまる言葉として最も適当なものを、次の中から一つ選んで記号で答えなさい。

問4 ――線③「無類の」の意味として最も適当なものを、次の中から一つ選んで記号で答えなさい。

イ 知らない人はいないほどの
ロ 誰《だれ》にもまねされないほどの
ハ 飽《あ》きることを知らないほどの
ニ 他にくらべようがないほどの

問5 ――線④「シンボル」とほぼ同じ意味の二字の熟語を、文章中からぬき出しなさい。

問6 [B]～[E]に当てはまる言葉として適当なものを、次の中から一つずつ選んで記号で答えなさい（同じ記号は二度使えない）。

イ では　ロ また　ハ そして
ニ すなわち　ホ ところが

問7 ――線⑤「温厚なハト派」とあるが、「ハト派」の対義語として最も適当なものを、次の中から一つ選んで記号で答えなさい。

イ キジ派　ロ サギ派　ハ タカ派
ニ カラス派　ホ ニワトリ派

問8 ――線⑥「どうしてドバトは神社仏閣をすみかとするようになったのだろう」とあるが、この問いに対する答えとして最も適当なものを、次の中から一つ選んで記号で答えなさい。

イ 川の側にそびえ立つ大きな建物があり、快適に生活できる場所が確保されていたから。
ロ 崖の代用となる大きな建造物があり、さらに食べものも豊富に得ることができるから。
ハ 八幡信仰が広がったことで、神社仏閣内では神の使いとしてますます優遇《ゆうぐう》されたから。
ニ ハトにエサをやるのはよいことだと考えて、ひそかにエサを与《あた》える人が多かったから。

問9 ――線⑦「高い崖の岩棚や穴に巣を作り繁殖し、繁殖が終わってもずっと崖をマイホームのようにして暮らす習性がある」とあるが、それはなぜか。その理由を述べた二十二字の表現を文章中から探し、最初の三字をぬき出しなさい。

問10 ――線⑧「□をつけた」の「□」に当てはまる体の一部を表す言葉を、漢字一字で答えなさい。

問11 ――線⑨「神社や寺はドバトにエサをやる人がたくさんいる」とあるが、それはなぜか。その理由として最も適当なものを、次の中から一つ選んで記号で答えなさい。

イ ドバトは縁起がよく、平和をもたらすおめでたい存在だったから。
ロ ドバトは八幡神の使いとみなされ、信仰するべき存在だったから。
ハ ドバトは神社仏閣の人集めのために、利用しやすい存在だったから。
ニ ドバトは珍しい鳥で、天皇にまで献上された貴重な存在だったから。

問12 [F]に当てはまる言葉として最も適当なものを、次の中から一つ選んで記号で答えなさい。

イ 暗い　ロ 広い　ハ 新しい　ニ 少ない

問13 ――線⑩「街なかのさまざまな場所でもドバトの姿が普通に見られるようになっている」とあるが、それはなぜか。文章中の言葉を使って、二十字以上三十字以内で答えなさい。

問14 この文章の内容に合っているものを、次の中から一つ選んで記号で答えなさい。

イ 「ドバト」は安土・桃山時代に「堂鳩」と呼ばれるようになって、そこから転じた名称《めいしょう》が定着した。

○羽、池上本門寺《いけがみほんもんじ》に三〇〇羽など、ドバトがいたのは神社仏閣に限られていて、予想に反して生息している場所が F と報告している。また、東京の多くの神社仏閣では、ドバトを繁殖させるために巣箱の設置やエサの販売を積極的に行っていたという。

ドバトが神社や寺の鳥だったことは、おそらく第二次世界大戦後の一九五〇年代くらいまで続いていた。今でも高齢《こうれい》の方にドバトがどこにいるかと尋《たず》ねると、神社か寺という答えが返ってくるのはそのためだろう。神社仏閣はドバトにとって、食と住居が完璧《かんぺき》に揃《そろ》った理想的なマイホームだったに違いない。

長い間、神社仏閣の鳥であったドバトだが、一九五〇年代になると状況が変わってきた。もうその頃になると、現在と同じように公園や駅前など、⑩街なかのさまざまな場所でもドバトの姿が普通《ふつう》に見られるようになっている。何があったのだろうか。

一九五〇年代といえば、日本は戦後復興の真《ま》っ只中《ただなか》である。焼け野原だった東京都心部では、コンクリート造りのビルがニョキニョキと建ち始めた時期だ。一九六〇年代になるとその流れはさらに加速し、郊外にまで団地がどんどん建設され、高速道路の高架《こうか》もあちこちに延び始めていた頃である。また、木造の駅舎も駅ビルへと姿を変えていった。崖をマイホームにするドバトにとって、コンクリート製の建物はナイル川の崖と同じに見えたのだろう。マンションのベランダは、まさに崖の棚と同じ構造なので、巣を作ってくださいと言わんばかりだ。地上に近い場所よりも、高さがあるほうを営巣場所として好むようで、これはおそらく天敵であるネコなどのほ乳類が近づきにくいからだろう。驚《おどろ》いたことに、超高層《ちょうこうそう》ビルである新宿三井《みつい》ビルディングの地上二〇〇メートルにドバトが営巣したことがある。これは世界でも有数の高さにあった鳥の巣ではないだろうか。

日本の街は、長い間、平屋の住宅が主で、高さのある建物は神社仏閣くらいしかなかった。そのためドバトは神社仏閣でしか営巣できなかったが、一九五〇年代以降になるとさまざまな建造物は高層化が進み、ドバトが巣を作るのに嬉《うれ》しい崖のような場所がどんどん出現した。それはもはや神社や寺とは比較《ひかく》にならないほどの数となり、ドバトのマイホームを無尽蔵《むじんぞう》に提供したのである。

（柴田佳秀《しばたよしひで》『となりのハト　身近な生きものの知られざる世界』による）

問1　――線①「これ」が指す内容として最も適当なものを、次の中から一つ選んで記号で答えなさい。

イ　古墳時代に、倭が朝鮮へ出兵した際にドバトを持ち帰ったという説があること。

ロ　奈良時代に、愛玩用として白いドバトが日本にいたのは確かであるということ。

ハ　『続日本紀』の中に、奈良時代に二度「白鳩」が献上されたという記事があること。

ニ　『倭名類聚抄』の中に、平安時代にドバトが日本に入ったという記述があること。

問2　A に当てはまる『源氏物語』の作者名を、次の中から一つ選んで記号で答えなさい。

イ　紫式部《むらさきしきぶ》　ロ　小野妹子《おののいもこ》　ハ　清少納言《せいしょうなごん》

ニ　樋口一葉《ひぐちいちよう》　ホ　与謝野晶子《よさのあきこ》

問3　――線②「朱雀門焼失事件」はどのようにして起こったのか。それを説明した次の文の【　】に当てはまる表現を、二十五字以上三十五字以内で答えなさい。

・上皇への献上品の【　　　　】ために、その火が門に燃え移ってしまった。

平安時代末期くらいから、なぜかハトは戦いの神様の使いとなる。戦いの神様、すなわち八幡宮《はちまんぐう》では、ハトを神様の使いとして④シンボルにしている。有名なところでは、京都の石清水八幡宮《いわしみずはちまんぐう》や鎌倉の鶴岡八幡宮《つるがおかはちまんぐう》がそうだが、どちらの神社も扁額《へんがく》(看板)の「八」の字が、向かい合わせのハトの図柄《ずがら》になっているのはまさにシンボルバードだからだ。[B]、鶴岡八幡宮では、白いハトを今でも飼育しているし、参道にハトの形をしたお菓子《かし》「鳩サブレー」を売る店があるのも、シンボルがハトということにちなんでいる。

[C]、なぜ八幡神社のシンボルがハトなのだろうか。八幡神社は九州の大分県にある宇佐神宮《うさじんぐう》が総本宮とされる。その宇佐神社から分霊《ぶんれい》して京都の石清水八幡宮を造る際に、金色のハトが現在の場所へ導いたという話や、東京の鳩森八幡神社《はとのもりはちまんじんじゃ》では、藪の中から白いハトが飛び出し、そこに神社を建てたという伝説がある。

⑤温厚《おんこう》なハト派である鳥が、戦いのシンボルとなるのは意外な感じがするが、これは源平合戦のときに、ハトが現れると勝利したという伝説にちなみ、源氏の勝利の背景には八幡神の加護があり、ハトはその象徴《しょうちょう》とされたからである。[D]勝利をもたらす瑞鳥《ずいちょう》なのだ。

鎌倉時代以降、日本は武家社会になり、戦いの神である八幡信仰《しんこう》はますます広がっていき、各地に八幡神社が建てられるようになった。[E]、ハトは八幡神の使いとして大切にされ、人々に受け入れられてきたのではないだろうか。

鎌倉時代以降、八幡信仰の広まりとともに、ドバトは神社をすみかとして全国に広まっていったと思われる。さらに時代が進むと、神社だけでなく寺院にもドバトがいたようだ。それは室町時代には「塔《とう》鳩《ばと》」、安土・桃山時代には「堂鳩《どうばと》」と呼ばれるようになったことでわかる。塔とは寺にある五重塔、堂とは本堂のことだからだ。さらに江戸時代になると、「堂鳩」が転じて、「土鳩」と呼ばれるようになった。ここにきて、ようやくドバトという名前が登場するのである。

では、⑥どうしてドバトは神社仏閣をすみかとするようになったのだろう。それはこの鳥が持つ独特の習性が関係している。(中略)

⑦高い崖《がけ》の岩棚《いわだな》や穴に巣を作り繁殖《はんしょく》し、繁殖が終わってもずっと崖をマイホームのようにして暮らす習性がある。

日本に連れてこられたカワラバト、すなわちドバトは、野外に放されたら自分たちでマイホームを見つけなければならないが、残念なことに森林国である日本にはエジプトのナイル川にあったような岩の崖がない。そこで⑧[　]をつけたのが神社や寺院の大きな建造物だ。とくに五重塔なんかは最高だ。まるで中東にあるピジョンタワー(※ハトのための塔)みたいな構造の建物なので、ここならばマイホームとして暮らしていけると確信したに違いない。

また、当時の日本の街には、神社仏閣以外に崖の代わりになるようなそびえ立つ大きな建物はないから、ドバトのマイホームは神社や寺に求めるしかなかったことが想像できる。こうした理由で、ドバトは神社仏閣の鳥になったのではないだろうか。

もう一つ重要なのが、食べものである。⑨神社や寺はドバトにエサをやる人がたくさんいる。つい最近まで、ハトのエサを売る自動販売《はんばい》機《き》が設置してある神社もあった。いつの時代からドバトにエサをやっていたか、記録をたどるのは難しいが、少なくとも江戸時代にはやっていたのではないか。神の使いであるハトにエサをやることは、善行であり、誰一人《だれひとり》とがめる者はいなかったのであろう。

昭和初期にあたる一九二九年頃《ごろ》に、東京近郊《きんこう》のドバトの生息状況について調査した資料によれば、護国寺《ごこくじ》に約二〇〇羽、鬼子母神《きしもじん》に三〇然である。人によって本来の生息地とは違《ちが》う場所に放され、定着した生物を外来種と呼ぶが、この定義からするとドバト（※カワラバトを品種改良したハト）は外来種となる。

ドバトが日本に初めて連れてこられたのは、古墳《こふん》時代の西暦《せいれき》三九一年で、倭《わ》が朝鮮《ちょうせん》へ出兵した際に持ち帰ったという説がある。ただ、いくつかの書籍《しょせき》にこのことが載《の》っているが、確かな記録は見つけられなかった。どういう経緯《けいい》でどんなハトが日本に連れてこられたのか、本当のところはよくわからない。

奈良時代になると、日本にドバトがいたと思われる記述が見つかる。七九七年の『続日本紀《しょくにほんぎ》』には、六九九年に河内国《かわちのくに》から、七二〇年に太《だ》宰府《ざいふ》からそれぞれ白鳩《しらはと》が献上《けんじょう》されたとある。白いハトとあるから、これはまさにカワラバトを品種改良したドバトのことだ。ハトに限らず白い生きものはおめでたいもの、縁起《えんぎ》のよいものだからと、天皇に献上しているシーンが目に浮《う》かぶ。どうやら奈良時代には、愛玩《あいがん》用として白いドバトが日本にいたことは確かとみてよいだろう。多くの書物に、日本のドバトは奈良時代に日本に入ったとあるのは、①これが根拠《こんきょ》である。

さらに時代が進み、平安時代の『源氏物語《げんじものがたり》』には、ドバトを意味する「いえばと」が登場する。でも、竹藪《たけやぶ》の中から声が聞こえたと書いてあるから、ドバトじゃない気がする。なぜならドバトは竹藪にはいないと思うからだ。平安時代中期の九三四年に書かれた日本最初の漢和辞典『倭名類聚抄《わみょうるいじゅうしょう》』には、「やまばと」は鳩、「いへ《(え)》ばと」は鴿と載っており、その頃《ころ》には野鳥のキジバトやアオバトと家禽《かきん》のドバトは区別されていたことがわかる。[A]もドバトとキジバトの違《ちが》いまではわからずとも、「いへばと」という鳥が日本にいるという知識は持ち合わせていたのかもしれない。

平安時代から鎌倉時代には、皇族や貴族の間でドバトをペットとして可愛がっていた記録がある。例えば、藤原頼長《ふじわらのよりなが》が書いた『台記《たいき》』という日記には、一一四三年に藤原頼長が崇徳上皇《すとくじょうこう》から「家鳩《いえばと》」をもらったという記述があり、この鳥は「頭が長く色が白く、頭部に冠《かんむり》があり、足に毛が生えてよく人になれている」とあるから、ドバトの品種なのは間違いない。

さらに面白《おもしろ》いのは、鎌倉時代の一二〇八年に京都で起こった②朱雀《すざく》門焼失《もんしょうしつ》事件である。この火事はよっぽどの大事件だったみたいで、『吾妻鏡《あづまかがみ》』や『明月記《めいげつき》』『猪隈関白記《いのくまかんぱくき》』『百錬抄《ひゃくれんしょう》』など複数の日記や歴史書に記述があり、なんでもその出火原因はハトだったという。当時の朱雀門にはハトが営巣《えいそう》していて、ヒナを捕《と》ろうとして火事になったのだ。おそらく巣は暗いところにあったのだろう。松明《たいまつ》で照らして探していたら火が門に引火。全焼してしまったのだ。

さらに『猪隈関白記』によると、ハトを捕れと命令したのが後鳥羽《ごとば》上皇《じょうこう》だというから興味深い。上皇は③無類のハト好きだったようで、珍《めずら》しいハトを手に入れたくて、捕ってこいと命令したのだろうか。また、そのハトは「唐鳩《からばと》」であったというし、営巣の状況《じょうきょう》から考えても、間違いなくドバトである。ということは、この時代にはすでに街なかに野生化したドバトがいたことになり、私は激しく興奮してしまうのだ。

また、『吾妻鏡』には「近年天子上皇みな鳩を好みたまふ《(たもう)》、長房卿《ながふさきょう》、保教等《やすのりとう》、本より鳩を養ひ《(い)》、時をえて奔走《ほんそう》す（※最近天皇・上皇はみなハトをお好みになる。長房卿、保教らは元々ハトを飼い、この時とばかりハトを差し上げようと一生懸命《いっしょうけんめい》になっている）」とあり、この火事が起こった背景には過熱したハト飼育があるのではというのだ。どうやら当時の皇族の間ではハト飼育が大ブームになっていたことがうかがえる。

ニ 「昇竜」をまねて冷やし中華始めましたという張り紙を出したいということ。

問8 ――線⑥「ここはぼくの家だからと言い訳する」とあるが、なぜ「言い訳する」必要があるのか。その理由として最も適当なものを、次の中から一つ選んで記号で答えなさい。

イ 店の前にずっと立っているのを周囲に変だと思われたくなかったから。

ロ 「本日休業」の字を消そうとしてペンケースを取り出そうとしたから。

ハ 「父さん」たちがケンカを続けている家の中に入りたくなかったから。

ニ 元気なふりをして帰宅することで店の雰囲気を変えようと思ったから。

問9 [　　]で囲まれた部分にあるa～eは、元の文章と順番が入れかえてある。正しい順に並べかえたものを、次の中から一つ選んで記号で答えなさい。

イ d→a→e→b→c

ロ d→c→b→a→e

ハ e→a→b→c→d

ニ e→a→d→c→b

問10 ――線⑦「店の中がまた暗くなった気がする」とあるが、このときの「ぼく」の気持ちの説明として最も適当なものを、次の中から一つ選んで記号で答えなさい。

イ 妹が店内を暗くして眠っているので、「父さん」や「母さん」がお客さんに叱られるのではないかと心配している。

ロ 「父さん」の病気やお店の休業のことが頭から離れず、目の前が真っ暗になるような絶望感に打ちのめされている。

ハ 張り紙にいたずら書きをしたことがばれて、「父さん」や「母さん」に叱られるかもしれないと不安になっている。

ニ 夕方になり店内が暗くなって、両親のケンカへの不安や開店時間がせまることへのあせりがいっそうつのっている。

問11 ――線⑧「明日雨だっていうんで、仕事、夜中までになって」とあるが、これは具体的にどのような「仕事」か。十字以上十五字以内で説明しなさい。

問12 ――線⑨「じゃあ、張り紙、作んなくちゃ」とあるが、「ぼく」は「張り紙」に何と書くと思うか。十字以上十五字以内で自分で考えて答えなさい。

問13 この文章の特徴《とくちょう》として最も適当なものを、次の中から一つ選んで記号で答えなさい。

イ 場面がめまぐるしく転換《てんかん》されることで、読者は物語の世界にひきこまれ一気に読み進めることができる。

ロ 主人公の視点から物語全体が描かれることで、主人公の体験を読者が一緒《いっしょ》になって味わうことができる。

ハ 情景描写《びょうしゃ》が多く用いられているので、読者は主人公以外の登場人物の心情までも理解することができる。

ニ 登場人物の心情が直接的には表現されていないので、読者は想像を膨らませながら読むことができる。

二

次の文章を読んで、後の1～14の問いに答えなさい。(問題の都合上、本文を変えているところがあります。※のついた説明は出題者が加えたものです。)

日本はカワラバトの原産地から遠く離《はな》れているので、野生のカワラバトがいることはない。したがって人間が持《も》ち込んだと考えるのが自なぜか笑い出しそうな顔をしていた。

「タヌキを冷やすから、冷やしタヌキなの」

梨絵が立ち上がって聞いた。

「池で涼《すず》んでいるんだろ」

父さんがでたらめなことをいう。

「カツ丼、事務所までお願いします」

仲間外れにしてしまったヤンキーさんが出ていった。

「毎度ありがとうございます」

父さんと母さんの声がそろった。

「⑨じゃあ、張り紙、作んなくちゃ」

ぼくがいうと、お絵かき大好きの梨絵が絵を描くといった。タヌキが池で涼んでいる絵を描くと思う。父さんが張り紙をはがしに行った。

「かもしれません」を見たはずだ。

（高橋秀雄《たかはしひでお》『本日休業　かもしれません』による）

問1　――線①「とつぜん、この風景や音が、自分とつながったような」とあるが、「自分とつなが」るとはどういうことか。その説明として最も適当なものを、次の中から一つ選んで記号で答えなさい。

イ　風景や音に影響《えいきょう》されて自分の心が変化するということ。

ロ　自分の思い通りに風景や音が描けるようになるということ。

ハ　自分の心が目に見える景色や音に現われているということ。

ニ　意識がぼんやりし、夢と現実の区別がつかなくなるということ。

ホ　ぼんやりしていた意識が明瞭《めいりょう》になり、正気にもどるということ。

問2　[A]に当てはまる言葉として最も適当なものを、次の中から一つ選んで記号で答えなさい。

イ　うんざり　ロ　しっとり

ハ　すっきり　ニ　どんより

問3　――線②「朝のこと」とは具体的にどのようなことか。二十字以内で説明しなさい。

問4　――線③「せいせいしている」の「せいせい」を漢字に直したとき、正しいものを次の中から一つ選んで記号で答えなさい。

イ　正々　ロ　青々　ハ　清々

ニ　盛々　ホ　静々

問5　[B]に当てはまる表現として最も適当なものを、次の中から一つ選んで記号で答えなさい。

イ　お前は結局そういうやつなのだ

ロ　店の中に入ってくれないかなあ

ハ　良いお天気なのに、残念ですね

ニ　世の中、そんなにうまくいくか

問6　――線④「破り捨てたって、何にも変わらない」とあるが、「ぼく」は今の状況《じょうきょう》からどのように変わることを望んでいるか。それがわかる三十五字以上四十字以内の一文を文章中から探し、最初の三字をぬき出しなさい。

問7　――線⑤「母さん、そんなにひどいこといってないのに……」とあるが、「母さん」はどのようなことを言ったのか。最も適当なものを、次の中から一つ選んで記号で答えなさい。

イ　「昇竜」のかわりに中華料理も売り出すという張り紙を出したいということ。

ロ　自分たちも客を呼びこめるような看板商品の張り紙を出したいということ。

ハ　夏らしいメニューを開始したことを知らせる張り紙を出したいということ。

いつものように、ただいまといって店に入る。母さんがボソッとお帰りといった。つい張り紙の方を見てしまう。張り紙の裏のパチンコ店の広告が見えた。

――見られたかな。

と思う。母さんは何もいわなかった。梨絵は畳《たたみ》をたてに二畳《じょう》使った座《ざ》敷《しき》で、座布団《ざぶとん》を枕《まくら》に眠っていた。枕元にピンクのランドセルがある。二階に上がってない証拠《しょうこ》だ。

父さんは一人で二階にいる。⑦店の中がまた暗くなった気がする。柱時計が五回、ボーンと鳴った。今から、そばを打ち出しても、お客の来る時間に間に合うだろうか。

ぼくがそばを打つのはどうだろう。父さんは、まだお客に出せるそばじゃないといっているけど……。

五時、工務店や基礎屋さん、足場屋さん、左官屋さんたち、外で働く人の仕事が終わる時間だ。事務所の中で時計ばかりを見ているという、社長の斎藤さんが会社を出る時刻のようだ。斎藤さんに早く来て欲しかった。

斎藤さんを期待して、チラチラガラス戸を見ていた。そんなときだ。

「すみませーん、ちょっと、すみませーん」

聞いたことがない若い人の声と、ガラスをたたく音がした。斎藤さんじゃないのは確かだ。すみませんなんていったのを聞いたことがない。

「ハーイ」

母さんが、しばらく声を出したことがないような声で返事をして、ガラス戸に向かって走り出した。

足先にまでうれしさがあふれているように見えた。一日中、お客さんを待っていた感じがする。「本日休業」の張り紙がしてあっても、来てくれるお客さんがいる。

来てくれたら、二階の父さんを呼べる。冷蔵庫には予備の蕎麦《そば》の玉が入っている。その玉でお客さんが食べているうちに、新しいそばが打てる。ぼくも知っている。

母さんが戸を開ける。左官屋さんの新人でヤンキーって呼ばれている人がいた。まだ名前は知らない。外が暑いから、涼《すず》しい店の中に入ってきた。用があったはずなのに、壁《かべ》のメニューなんか見ている。注文する気はわかった。

何かいうのを待っていた母さんと目が合った。

「あ、今日はお店やるんですよね、張り紙見たら、かもしれませんであったからハハハ。⑧明日雨だっていうんで、仕事、夜中までになって、晩飯、会社で出してくれるから、カツ丼《どん》頼《たの》んでいいっていうから、五つ」

「ええ、カツ丼は大丈夫《だいじょうぶ》ですよ。張り紙、なんですか」

二階に聞こえるような声でいって、母さんが階段を見上げた。父さんが下りてくる音がする。梨絵が起きた。

「へえ、いらっしゃい。夜中まで仕事する人がいるのに、寝《ね》ているわけにはいかないわな。ははは、病気じゃねえよ」

「あのう、ここでは冷やしタヌキはやってないんですか」

ヤンキーさんが聞いてきた。

「おれんとこ、田舎そばだから、町のものは……」

冷やしタヌキそば、いいと思った。夏に合う冷やし中華じゃないけど、張り紙が出せたら母さんもきっと喜ぶ。

母さんを見た。やっぱりうなずいている。

「冷やしタヌキそば、作れるよねえ」

母さんが父さんに聞いている。

「ああ、うん」

渡《わた》る。胸がドキドキしてきた。張り紙がなくなっていたらいい……。

一瞬目をつぶる。祈《いの》った。

――そば屋、やっていますように。

昇竜だった角の店のシャッターは下りたままだ。店の入り口はオオバコがはびこっていて、もう何年も人がいないみたいに見えた。

すぐ「本日休業」の張り紙が目に入った。

「 B 」

といっているみたいに、へこんだり膨《ふく》らんだりしている。

足が前に出なかった。隣の今川焼屋との境に生えたエノコログサなんか抜《ぬ》いている。そんな自分にハラが立った。

――「本日休業」なんか破り捨ててやる。

立ち上がったまでの勢いはよかったが、張り紙に触《ふ》れた途端《とたん》に力が抜けた。④破り捨てたって、何にも変わらない。

暗そうな店の中、母さんがいそうだ。お店のテーブルのイスに座《すわ》って、スマホをいじっているのだろうか。

父さんは二階のテレビを独《ひと》り占《じ》めして、ゴロゴロしているのか。それとも窓を全開にして――。昼寝《ひるね》なんかできないと思う。見上げると二階の窓が開いていた。

父さんも母さんも仲直りできないのかな。⑤母さん、そんなにひどいことといってないのに……。

父さん、昇竜のことが気になるからいら立つのだ。ぼくが大木瑠奈を嫌《きら》っていたのと同じかもしれない。

家の前の細い通りを、見知らぬ人が通って行く。⑥ここはぼくの家だからと言い訳するみたいに、ランドセルを下ろそうと肩《かた》かけに手をかけ、急いで片腕《かたうで》を抜いた。

一人で慌《あわ》てている。もう片方の肩かけまで外れてしまった。斜《なな》めに、片手でぶら下げた格好《かっこう》になる。ランドセルのふたをしていなかったせいで、ペンケースが飛び出た。落ちてケースのふたが開く。エンピツと消しゴムが転がった。

通行人はいなくなっていた。消しゴムをつかむ。父さんの字は油性のマジックインキで書かれていた。消せない。ため息をつきながら、張り紙をにらんだ。

エンピツで大きく×を描《えが》いても……、字の上に線を引いても、マジックインキの線の力強さにはかなわない。まるで大人に負けてしまう子どもみたいだ。

ふと、そうじばあさんのことが浮《う》かんだ。

a　わかった気がする。
b　だから掃除《そうじ》をしている。
c　ばあさんのできることをしていた。
d　どうして掃除をしているのか、考えた。
e　そうじばあさんは、掃除しかできないのかもしれない。

――自分にできること。

父さん母さんに仲直りしてもらいたい。でも、そう思うだけの今の自分は、張り紙をにらむだけだ。まだ、店の中にも入れないでいる。休業は昼までで終わりにして、美味《おい》しい匂《にお》いのする、にぎやかなお店にして欲《ほ》しい。父さんと母さんの元気な声も聞きたい。このままだと暗い日が続いてしまいそうだ。

楽しい雰囲気《ふんいき》で、父さんたちは変わるのかもしれない。ぼくに何かできないだろうか。

ペンケースから一番目立つ、赤のボールペンを取り出した。そして、「本日休業」の横に、精一杯《せいいっぱい》目立つように、「かもしれません」と書いた。斎藤さんがぼくの字を見つけて、父さんたちを叱ってくれたら……、なんて考えた。

に放《ほう》り込《こ》んだ。

「どうして、そんなに怒《おこ》ることがあるのよ。ただ、私が夢の話しただけじゃない」

店にいた母さんまで、大きな声で応《こた》えている。

「うるせえ！　昇竜《しょうりゅう》が店出したからって、ラーメンと餃子《ぎょうざ》のことばかり考えているヤツと、仕事なんかできるか」

「何いっているのよ。この季節、冷やし中華始めましたっていう張り紙出したいねえ、夏らしいし、そういうのいいなあって、いっただけじゃないの。それのどこが悪いのよ」

「それだけいわれりゃ、十分だ。ラーメンと餃子やりたきゃ、どこにでも行くがいいわ」

カウンターをくぐり出た父さんは、新聞のチラシから、裏側が白いのを取り出すと、「本日休業」の張り紙を書いた。

父さんは、乱暴にレジの下の引き出しを開け、ガムテープを取り出して外に出た。張り紙をガラス戸のガラスに貼《は》り付《つ》ける。一瞬《いっしゅん》だったけど店の中まで暗くなった。

家でやっている「峠《とうげ》の田舎《いなか》そば・柳《やなぎ》団地店」は、二階建ての五軒《けん》ある店舗《てんぽ》付きアパートの真ん中にある。

道路沿いの角にあった「昇竜」は、餃子が評判になって、半年くらい前に出ていって、他で店を構えた。「昇竜」の家の子、大木瑠奈《おおきるな》はクラスで自慢《じまん》ばかりするイヤなヤツで、転校して行ったから③せいせいしている。

——父さんたち、仲直りして、張り紙、はがしたかなあ。

今日はずっと朝の夫婦《ふうふ》げんかのことばかり考えていた。それで学校の一日がはっきりしなかった。

そばが好きで、ぼくもそば屋をやりたいから、父さんに教わって食べられるそばが打てるようになった。

そば粉一〇〇パーセントの田舎そば。お供え餅《もち》みたいにまとめるまでに一年かかった。でも、もう少し幅を狭《せま》く切りそろえられれば、一人前だと父さんにいわれている。

新しいお店を出すのが、ぼくんちみんなの夢だ。今いる二階建ての狭い店舗付きのアパートから出たいけど……、お客さんたちと馴染《なじ》んだから、居心地《いごこち》がよすぎる気もする。

なのに、本日休業だなんて、父さんだって、夢は新しい店を出すことだと思う。「昇竜」のことなんか気にしているから、すぐ怒ってしまったんだ。

もうすぐ、日が暮れる。夕方早く来て、カツ煮《に》でお銚子《ちょうし》二本だけ飲んでいく、斎藤《さいとう》さんに叱《しか》られると思う。

斎藤さんは工務店の社長らしいけど、若い人たちは親方としか呼ばない。造園屋の岩田《いわた》さん、基礎《きそ》屋さんのトシくんやタケちゃんもそう呼んでいた。足場屋さんも来る。左官屋さんは家の塗装《とそう》までやるから、ペンキまみれで来る。

お客さんのことも考えてしまう。心配だけど、一番気になったのは、父さんと母さんがケンカしたまま離婚《りこん》したら、大変なこと、困ったことが起きるということだ。

同じクラスの田中翔太《たなかしょうた》の両親が離婚して苗字《みょうじ》が藤本《ふじもと》に変わった。父さんの実家の海辺の家に行けなくなったという。

ぼくんちだってそうだ。妹の梨絵は母さんについていくだろう。ぼくはそば屋になるから、父さんといっしょだ。

離婚したら、梨絵と母さんに会えなくなる。悲しいことだ。（中略）

団地の通りに出た。かなり先のスーパーのところまで横断歩道はない。病院の隣《となり》に店舗付き住宅が見えてきた。通りを越《こ》えて新川の橋を

2023年度 大妻中学校

【国語】〈第二回試験〉（五〇分）〈満点：一〇〇点〉

（注意）解答に字数の指定がある場合は、句読点やかっこなどの記号も字数として数えます。

一 次の文章を読んで、後の1～13の問いに答えなさい（問題の都合上、本文を変えているところがあります）。

「お帰り」

背中で声がした。ビクッとして振《ふ》り返《かえ》る。いつもは、目が合ったときだけ挨拶《あいさつ》する「おそうじばあさん」だった。

腰《こし》が九〇度くらいに曲がっていて、下を向いていて小さいから、わきを通っても気が付かないことが多かった。たいてい、事務所の前の花壇《かだん》で何かしているか、道端《みちばた》で短いホウキを動かしている。だから「おそうじばあさん」。

今日も短いホウキで、木の葉や砂利《じゃり》を事務所の方へはいている。いつものように、道路まできれいにしているように見えた。背中にくっつけたみたいにちり取りも持っている。ばあさんの周りでめだつようなゴミを見たことがない。

つられて、ただいまと返事したけど、聞こえたかどうか……。ばあさんもそのまま、ガラスのドアに金文字で「岩田造園《いわたぞうえん》」と書かれた事務所の中に入ってしまった。

いつも元気だ。動きのいいホウキではかれたら、飛ばされてしまうくらい、力強い動きだ。ふと、もう一度ばあさんを見たくなって、足を止め、振り返ったときだった。

①とつぜん、この風景や音が、自分とつながったような不思議な気分になった。今まで眠《ねむ》っていたのか、今、目が覚めたのか、そんなことまであわてて確かめている。

コンコンとガードレールを指ではじきながら歩いて来た。ガードレールの向こうは、幅《はば》二メートルほどのコンクリートに囲まれた新川《しんかわ》が流れている。

新川は深くはないけど、底は自然のままだから、さざ波が立っている。だけど、六月の午後、［Ａ］とした雲の下、日差しなんかなくて、キラキラ光ることもない。

来た道を振りむく。青い日光連山の下に、住宅地の家々の屋根の上に西岡《にしおか》小学校の三階と四階が見えた。

学校を見て、さっき、学校前に住んでいる三人、連《れん》、悠真《ゆうま》、朝日《あさひ》と別れたことまでを思い返す。五年一組早川淳《はやかわじゅん》という自分の名前まで、口に出していた。

――バカみたい。

そうだ、バカは今日、学校で何をしていたのだろう。社会、家庭、算数、書写と理科、帰りの会の前は科学クラブとまで思い出して、木曜日なのがわかった。

給食は生姜《しょうが》焼きだった。思い出そうとしないと、今日の自分が分からない。そんなにも②朝のことはショックだった。まだ、頭から離《はな》れていない。大ショックだ。家の稼業《かぎょう》のそば屋が朝から休業している。

店のテーブルで、妹の梨絵《りえ》と朝ご飯を食べていたときだ。

「うるせえ、ごちゃごちゃいわれて、そば屋なんかやってられるかってんだ。今日は休みだ」

奥《おく》の調理場の半分もある広くて大きい麺台《めんだい》の上に、麺棒《めんぼう》を打ち付けて、そば粉を舞《ま》い上《あ》がらせ、父さんはこねて丸めたそばの玉をゴミ箱

2023年度

大 妻 中 学 校　▶解説と解答

算 数　＜第２回試験＞（50分）＜満点：100点＞

解 答

1 (1) 2　(2) 9　(3) 250 g　(4) 100度　2 3％　3 60通り　4 $\frac{100}{199}$　5 (1) 毎秒36m　(2) 206m　6 2800円　7 251.2m^2　8 (1) 7 cm　(2) 27cm^3　9 6歳　10 50人

解 説

1 四則計算，逆算，正比例と反比例，角度

(1) $8\frac{2}{3}-\left\{6-\left(2\frac{5}{6}+3\frac{1}{2}\right)\times\frac{2}{19}\right\}\div 0.8=\frac{26}{3}-\left\{6-\left(\frac{17}{6}+\frac{7}{2}\right)\times\frac{2}{19}\right\}\div\frac{4}{5}=\frac{26}{3}-\left\{6-\left(\frac{17}{6}+\frac{21}{6}\right)\times\frac{2}{19}\right\}\div\frac{4}{5}=\frac{26}{3}-\left(6-\frac{38}{6}\times\frac{2}{19}\right)\div\frac{4}{5}=\frac{26}{3}-\left(6-\frac{2}{3}\right)\div\frac{4}{5}=\frac{26}{3}-\left(\frac{18}{3}-\frac{2}{3}\right)\div\frac{4}{5}=\frac{26}{3}-\frac{16}{3}\times\frac{5}{4}=\frac{26}{3}-\frac{20}{3}=\frac{6}{3}=2$

(2) $15+\{250+(5\times\square-3)\times 6\}\div\frac{1}{4}=2023$より，$\{250+(5\times\square-3)\times 6\}\div\frac{1}{4}=2023-15=2008$，$250+(5\times\square-3)\times 6=2008\times\frac{1}{4}=502$，$(5\times\square-3)\times 6=502-250=252$，$5\times\square-3=252\div 6=42$，$5\times\square=42+3=45$　よって，$\square=45\div 5=9$

(3) からあげ１ｇあたりの値段は，350÷100＝3.5(円)だから，ポテトサラダ１ｇあたりの値段は，3.5×(１＋0.2)＝4.2(円)である。よって，1050円で買うことができるポテトサラダの重さは，1050÷4.2＝250(ｇ)とわかる。

(4) N角形の内角の和は，180×(N－２)で求められるので，六角形の内角の和は，180×(６－２)＝720(度)であり，正六角形の１つの内角は，720÷６＝120(度)とわかる。つまり，右の図の角あと角いの大きさの和は120度である。また，この比が１：２だから，角いの大きさは，$120\times\frac{2}{1+2}=80$(度)と求められる。さらに，図の太線は平行なので，角うの大きさは角いの大きさと等しく80度になる。よって，角xの大きさは，180－80＝100(度)とわかる。

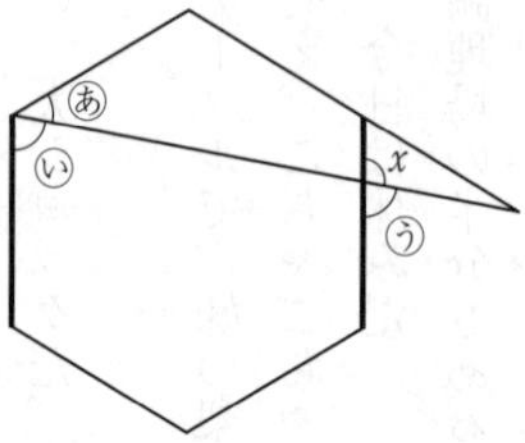

2 濃度《のうど》

(食塩の重さ)＝(食塩水の重さ)×(濃度)より，Ａ300ｇに含《ふく》まれている食塩の重さは，300×0.08＝24(ｇ)とわかる。また，できた食塩水の重さは，300＋200＝500(ｇ)だから，できた食塩水に含まれている食塩の重さは，500×0.06＝30(ｇ)である。よって，Ｂ200ｇに含まれていた食塩の重さは，30－24＝６(ｇ)なので，Ｂの濃度は，６÷200×100＝３(％)と求められる。

3 場合の数

１か所目のぬり方は５通り，２か所目のぬり方は残りの４通り，３か所目のぬり方は残りの３通りある。よって，ぬり方は全部で，５×４×３＝60(通り)となる。

4　数列

分母には３に次々と４を加えてできる数が並ぶから，50番目の分母は，３＋４×(50－１)＝199である。また，分子には２の倍数が小さい順に並ぶので，50番目の分子は，２×50＝100とわかる。よって，50番目の分数は$\frac{100}{199}$となる。

5　通過算

図１

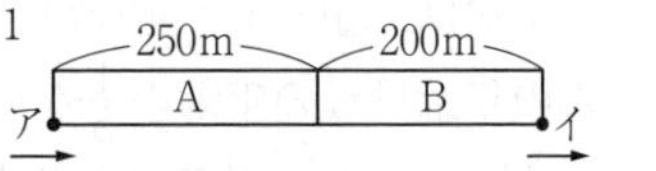

図２

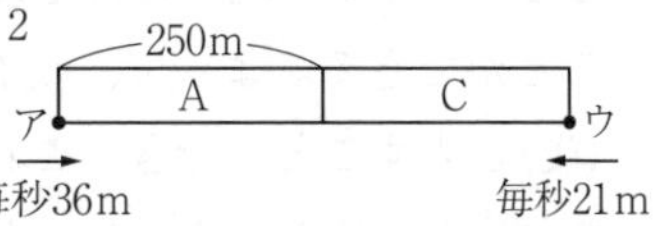

⑴　右の図１で，電車Ａの最後尾《さいこうび》アが電車Ｂの先頭イに追いつくまでの時間が30秒だから，電車Ａと電車Ｂの速さの差は毎秒，(250＋200)÷30＝15(m)である。また，電車Ａと電車Ｂの速さの比は12：７なので，比の１にあたる速さは毎秒，15÷(12－７)＝３(m)となり，電車Ａの速さは毎秒，３×12＝36(m)と求められる。

⑵　⑴より，電車Ｂ(および電車Ｃ)の速さは毎秒，36－15＝21(m)とわかる。また，上の図２で，電車Ａの最後尾アと電車Ｃの最後尾ウが出会うまでの時間が８秒だから，電車Ａと電車Ｃの長さの和は，(36＋21)×８＝456(m)と求められる。よって，電車Ｃの長さは，456－250＝206(m)である。

6　倍数算

はじめの姉の所持金を⑦，妹の所持金を④とすると，(⑦－1300)：(④＋900)＝３：５という式を作ることができる。ここで，$A:B=C:D$のとき，$A\times D=B\times C$となることを利用すると，この式は，(⑦－1300)×５＝(④＋900)×３，㉟－6500＝⑫＋2700，㉟－⑫＝2700＋6500，㉓＝9200となり，①＝9200÷23＝400(円)と求められる。よって，はじめの姉の所持金は，400×７＝2800(円)である。

7　平面図形―図形の移動，面積

多角形の外角の和は360度だから，正五角形の１つの外角は，360÷５＝72(度)である。また，犬が動けるのは下の図１のかげをつけた部分になる。これは，半径が10mで中心角が，180＋72＝252(度)のおうぎ形と，半径が５mで中心角が72度のおうぎ形２個を組み合わせた図形なので，面積は，$10\times10\times3.14\times\frac{252}{360}+5\times5\times3.14\times\frac{72}{360}\times2=(70+10)\times3.14=251.2(m^2)$と求められる。

図１

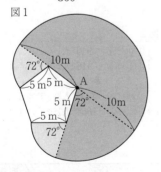

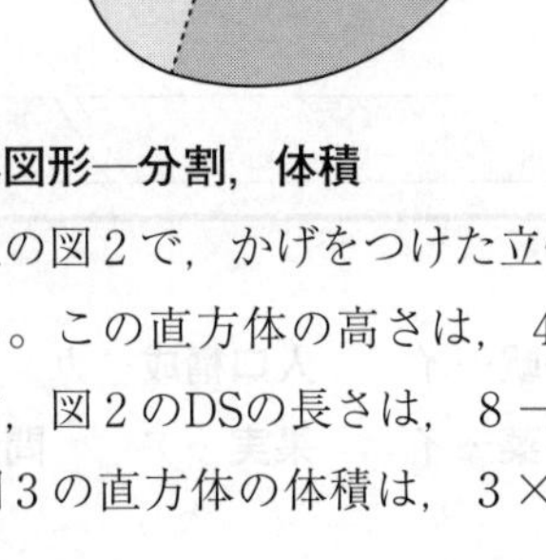

図２

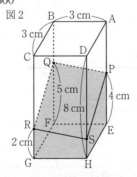

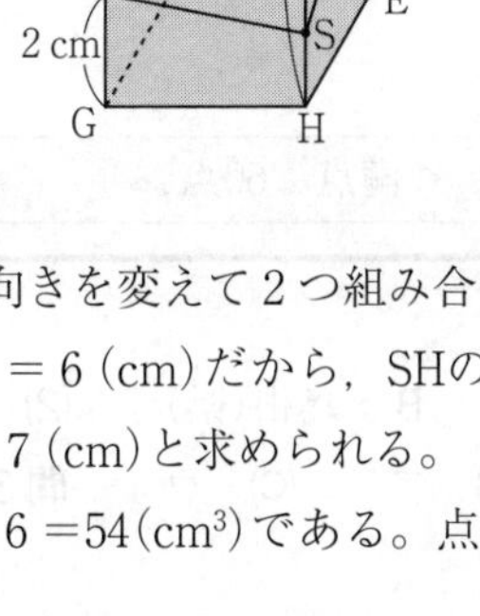

図３

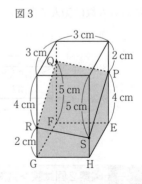

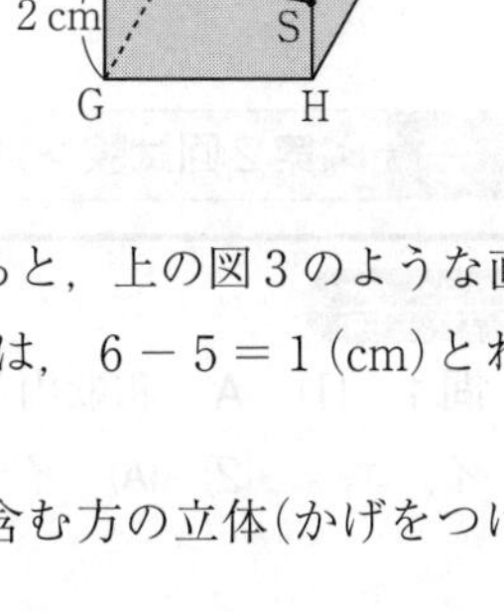

8　立体図形―分割，体積

⑴　上の図２で，かげをつけた立体を向きを変えて２つ組み合わせると，上の図３のような直方体になる。この直方体の高さは，４＋２＝６(cm)だから，SHの長さは，６－５＝１(cm)とわかる。よって，図２のDSの長さは，８－１＝７(cm)と求められる。

⑵　図３の直方体の体積は，$3\times3\times6=54(cm^3)$である。点Ｇを含む方の立体(かげをつけた立

体)の体積はこの半分だから，54÷２＝27(cm³)と求められる。

[9] 年齢算《ねんれい》

	父	母	Aさん	妹	合計
[1]年前	[4]	[4]－2	[0.8]－0.4	0	
現在	[5]	[5]－2	[1.8]－0.4	[1]	100

現在の妹の年齢を[1]歳《さい》とすると，現在の父の年齢は，[1]×５＝[5](歳)，現在の母の年齢は，([5]－２)歳になる。また，妹が生まれたのは今から[1]年前だから，そのときの父の年齢は，[5]－[1]＝[4](歳)，そのときの母の年齢は，([4]－２)歳となる。さらに，そのときのAさんの年齢は母の年齢の$\frac{1}{5}$なので，今から[1]年前のAさんの年齢は，([4]－２)×$\frac{1}{5}$＝[0.8]－0.4(歳)となる。すると，現在のAさんの年齢は，[0.8]－0.4＋[1]＝[1.8]－0.4(歳)だから，上のようにまとめることができる。よって，現在の４人の年齢の合計は，[5]＋([5]－２)＋([1.8]－0.4)＋[1]＝[12.8]－2.4(歳)と表すことができ，これが100歳にあたるので，[12.8]－2.4＝100より，[1]＝(100＋2.4)÷12.8＝８(歳)と求められる。したがって，妹が生まれたときのAさんの年齢は，８×0.8－0.4＝６(歳)である。

[10] ニュートン算，消去算

８分ごとに加わる人数を①人，１か所のゲートを１分間に通過する人数を[1]人とする。８時から８時38分までの時間は38分だから，38÷８＝４余り６より，この間に列に加わった人数は，①×４＝④(人)とわかる。また，この間にゲートを通過した人数は，[1]×５×38＝[190](人)となる。次に，８時から９時15分までの時間は，９時15分－８時＝１時間15分＝75分なので，75÷８＝９余り３より，この間に列に加わった人数は全部で，①×９＝⑨(人)となる。そのうち④人は８時38分までに加わっているから，８時38分から９時15分までの間に加わった人数は，⑨－④＝⑤(人)となる。さらに，８時38分から９時15分までの時間は，９時15分－８時38分＝37分なので，この間にゲートを通過した人数は，[1]×３×37＝[111](人)と求められる。よって，下の図１のように表すことができる。図１で，1356－416＝940(人)より，下の図２のアとイの式を作ることができる。図２で，アの式の等号の両側を５倍，イの式の等号の両側を４倍してから２つの式の差を求めると，[950]－[444]＝[506]にあたる人数が，4700－1664＝3036(人)とわかる。したがって，[1]＝3036÷506＝６(人)と求められ，これをアの式にあてはめると，①＝(６×190－940)÷４＝50(人)となる。つまり，８分ごとに加わる人数は50人である。

図１

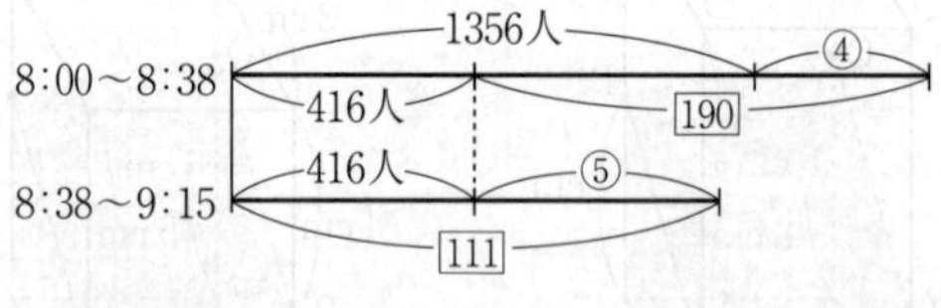

図２

{[190]－④＝ 940(人)…ア
{[111]－⑤＝ 416(人)…イ

⬇

{[950]－⑳＝4700(人)…ア×５
{[444]－⑳＝1664(人)…イ×４

社 会 ＜第２回試験＞（30分）＜満点：60点＞

解 答

[1] 問１ (1) A 和歌山(県) B 島根(県) (2) 道の駅…イ 人口構成…カ 問２ (1) イ，エ (2) (A) イ (B) ア (C) ウ 問３ 野菜…イ 果実…ア 問４ 小

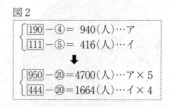

麦…ア　**野菜**…ウ　**果実**…イ　**問５**　減反(政策)　**問６**　ベトナム　**2**　**問１**　**あ**　戊辰(戦争)　**い**　徳川家光　**う**　原敬　**え**　法隆(寺)　**お**　坂上田村麻呂　**か**　桓武(天皇)　**問２**　厳島(神社)　**問３**　〈D〉→〈C〉→〈B〉→〈A〉　**問４**　ウ　**問５**　イ　**問６**　ウ　**問７**　オ　**問８**　(1)　**き**　リーマン(ショック)　**く**　東日本大震災　(2)　**A**　ウ　**B**　イ　**C**　ア　**問９**　武蔵　**問10**　イ，エ，カ　**問11**　(1)　(例)　男を女と偽った。　(2)　(例)　(律令制では)成人男子に課される労役の負担が大きく，それから逃れる(ため)　**問12**　イ　**3**　**問１**　ウ　**問２**　(1)　エ　(2)　イ　**問３**　メディアリテラシー　**問４**　(1)　ア　(2)　民主(党)，共和(党)　(3)　直接民主制(主義)　**問５**　(1)　イ　(2)　ウ　**問６**　ウ

解　説

1　「道の駅」を題材とした地理の問題

問１　(1)　**A**　「紀州」の地名から和歌山県と判断できる。世界文化遺産にも登録されている熊野古道は，熊野三山とよばれる熊野本宮《ほんぐう》大社・熊野速玉《はやたま》大社・熊野那智《なち》大社への参詣道。　**B**　「出雲」の地名から島根県と判断できる。津和野町は島根県南西部の山あいにある城下町で，古い街並みが残ることから「山陰の小京都」とよばれている。　(2)　地図中のMは南房総に位置していることから，観光地であることが予想される。したがって，道の駅も普通車用の駐車場が多く，「レストランが充実している」「宿泊や温浴ができる施設がある」という特色をもつイがあてはまる。一方，Nは東京に隣接しているという地理的条件から，東京方面に通勤する人が多く住むベッドタウンであると考えられ，ここを通って千葉県各地に向かう商業用トラックが多いことも推測される。したがって，道の駅も大型車用の駐車場が比較的多く，営業時間も長いアがあてはまると考えられる。「ショップやカフェが充実している」「カルチャー教室が開催できる施設がある」という点は，近隣住民が利用するためのものと思われる。また，年齢別人口構成を示すグラフについては，65歳以上の高齢者の割合が高いという地方の特色を示しているカはMにあてはまり，25歳から59歳までの割合が高いキがNにあてはまると考えられる。なお，Mは鋸南《きょなん》町，Nは市川市である。

問２　(1)　世帯あたりの乗用車の保有台数は，鉄道やバスの便がよくない地方の県で多く，鉄道やバスを使った移動が容易な大都市圏で少ないという傾向を示す。したがって，関東地方の都県のうち上位に入るのは群馬県と栃木県，下位に入るのは東京都と神奈川県と判断できる。なお，都道府県別の100世帯あたりの乗用車の保有台数(2020年)の上位は，多い順に福井・富山・山形・群馬・栃木の５県。下位は，少ない順に東京・大阪・神奈川・京都・兵庫の５都府県である。　(2)　１人あたりの二酸化炭素排出量が最も多い(C)がアメリカ合衆国，1990年と比べて2019年の排出量が大きく増えている(A)が中国，残る(B)が日本である。アメリカ合衆国の人口は約３億3500万人(2022年)で日本の約2.7倍であるが，国全体の二酸化炭素の排出量は４倍以上で，１人あたりの排出量も日本よりずっと多くなっている。

問３　山梨・和歌山・長野・愛媛などの各県で高い割合を示しているアは果実，関東地方の各都県と高知・福岡・熊本などの各県で高い割合を示しているイは野菜，東北地方と北陸地方の各県で高い割合を示しているウは米である。

問４　海外からの輸入量が国内生産量を大きく上回る年が続いているアは小麦，国内生産量が減り

続け，2000年以降は海外からの輸入量が国内生産量を上回るようになっているイは果実，国内生産量は減少傾向にあるが，輸入量を上回る年が続いているウは野菜である。

問５　消費量が減り，米が余るようになってきたことから，政府の指導で1970年ごろから行われてきた米(稲)の作付面積を減らす政策は減反政策。田を畑にかえ，米以外の作物を栽培する転作を進めるため，転作を行う農家に補助金(奨励《しょうれい》金)を出してきた。しかし，農産物の輸入自由化が進む中で，稲作農家が補助金に頼らず，安い輸入農産物との競争に負けない経営を行うことができるようにするため，2018年度をもって減反政策は廃止され，米の生産は農家の判断に任されるようになった。

問６　ベトナムについてのことがら。フォーは米粉に水を加えて薄《うす》くのばし，蒸して冷ました生地を細長くカットした平たい麺《めん》で，日本のきしめんのような食べ物である。ベトナムは長くフランスに植民地支配され，第二次世界大戦後，独立戦争を経て独立したが，アメリカの介入もあって南北に分裂した。1960年代には南ベトナムの内戦にアメリカが軍事介入したために激しい戦争(ベトナム戦争)となったが，1973年にパリ和平協定が成立。1975年には南ベトナム政権が崩壊《ほうかい》し，北ベトナムがベトナムを統一した。

２　各地の歴史的建造物を題材とした問題

問１　**あ**　〈A〉は函館の五稜郭《ごりょうかく》。江戸時代末期に幕府によりつくられた西洋式の城郭で，1869年５月，この地にたてこもっていた榎本武揚《えのもとたけあき》ら旧幕府軍が新政府軍に降伏し，戊辰《ぼしん》戦争が終わった。　**い**　〈B〉は日光東照宮。1636年，江戸幕府の第３代将軍徳川家光は，祖父の家康をまつるこの神社の改修を行い，本殿と陽明門が完成した。　**う**　1918年，日本初の本格的政党内閣を組織したのは原敬《たかし》。1921年，東京駅で暗殺された。　**え**　現存する世界最古の木造建築物は法隆寺。本文にもある通り，その五重塔の心柱《しんばしら》の技術は，東京スカイツリーを建設する際に参考とされた。　**お**　８世紀末から９世紀初めにかけて，征夷大将軍として東北地方に遠征《えんせい》し，蝦夷《えみし》の平定を行ったのは坂上田村麻呂。京都の清水寺は彼が創建に関わったとされる寺院である。　**か**　律令政治のたて直しに取り組んだ桓武天皇は，仏教勢力の強い奈良を離れて人心を一新するため784年に長岡京に都を移し，さらに794年には平安京に都を移した。

問２　〈D〉は厳島神社の大鳥居。厳島神社は安芸国(現在の広島県の西半分の地域)の一の宮であった神社で，平清盛はここに多額の寄進を行って大規模な社殿を建てた。

問３　〈A〉は江戸時代末期。〈B〉は江戸時代初期。〈C〉は東大寺南大門で，鎌倉時代初期に再建された。〈D〉は古代からある神社であるが，現在の社殿は平安時代末期に建てられたものである。

問４　版籍奉還は1869年，廃藩置県は1871年，大日本帝国憲法の発布は1889年，領事裁判権の撤廃《てっぱい》は1894年のことである。

問５　「東海道五十三次」などの風景画を多色刷りの版画で表現したのは歌川広重であるから，イがまちがい。葛飾北斎《かつしかほくさい》は「富嶽《ふがく》三十六景」などの作品を残した浮世絵師である。

問６　鎌倉時代前半，第３代執権の北条泰時《やすとき》は御家人の権利義務や土地相続のきまりなどを定めた最初の武家法である御成敗式目を制定したから，ウが正しい。なお，アは室町時代，イは奈良時代，エは江戸時代にあてはまる。

問７　原内閣は，立憲政友会総裁の原敬を首相とし，外務・陸軍・海軍以外の大臣をすべて政友会会員が務める本格的政党内閣であった。立憲政友会は1900年に伊藤博文が中心となって結成した政党である。

問８　(1)　き　2008年，アメリカの大手投資銀行であるリーマン・ブラザーズが巨額の負債を抱えて経営破綻《はたん》。その影響が多方面におよんで世界的な金融《きんゆう》危機となり，深刻な不景気が広がった。日本ではこれをリーマンショックとよんでいる。　く　2011年３月11日に起きたのは東日本大震災。多くの通信手段が絶たれ，混乱が広がる状況の中で，持ち運びが容易で，乾電池さえあれば充電の心配が少ないラジオの情報収集力が見直されるきっかけとなった。　(2)　長い間，メディアの中で広告費が最も多かったＡはテレビ。広告費の減少が続き，2020年には2000年頃の３分の１以下になっているＢは新聞。2000年代半ばから急増し，2019年以降はテレビを上回っているＣはインターネットである。

問９　東京スカイツリーは東京都墨田区にある電波塔で，2012年に完成した。高さは634ｍで，タワーとしては世界一である。当初は610～620ｍ前後で計画されていたが，最終的には634ｍとなった。旧国名の武蔵との語呂合わせもあったといわれている。

問10　織田信長は右近衛大将《うこんえのだいしょう》など，豊臣秀吉は関白や太政大臣など，源義経は検非違使《けびいし》などの官職をあたえられているが，いずれも征夷大将軍にはなっていない。

問11　(1)　資料Ｘを見ると，この村の人口構成は，21歳から110歳までの世代で男性より女性の方が多くなっている。特に31歳から90歳までの世代ではその差が著しく，不自然である。　(2)　資料Ｙからは，律令制度の下では女性よりも男性(特に成年男子)の方が調や庸《よう》などの税が課せられ，労役や兵役の義務もあるなど負担が重かったことがわかる。また，資料Ｚにもあるように，調を都に運ぶのも往復の食料なども自己負担であるため，大変な苦労であった。戸籍が男性よりも女性の方がはるかに多くなっているのは，そうした負担からのがれるために男性を女性と偽《いつわ》って申告した結果であると考えられる。

問12　吉野ヶ里遺跡(佐賀県)は弥生時代中期の大規模環濠《かんごう》集落跡であるから，イが正しい。なお，アは古墳時代，ウは旧石器時代，エは縄文時代にあてはまる。

3　スマートフォンの使い方を題材とした問題

問１　ア　50代では，スマホ利用が毎日２時間未満の回答者の方が，毎日２時間以上の回答者よりもわずかに多いので適切でない。　イ　質問に「そう思う」と答えた回答者の割合は，利用時間が毎日２時間以上の回答者では上の年代になるにしたがって一貫して小さくなっているが，毎日２時間未満の回答者ではそうはなっていないので適切でない。　ウ　毎日２時間以上の回答者で，質問に「そう思う」と「まあそう思う」と答えた割合の合計は，最も少ない70代でも51％を占めている。よって，最も適切である。　エ　毎日２時間以上と２時間未満を比べて，質問に「そう思わない」と答えた回答者の割合の差が大きいのは70代なので適切でない。

問２　(1)　検閲《けんえつ》とは，公権力が出版物などの内容を精査し，国家にとって不都合と判断したものの発行を禁止したり，内容の訂正を命じたりすることで，一般には発行前に精査が行われる。したがって，エが最も適切である。　(2)　日本国憲法第21条２項には，「検閲は，これをしてはならない。通信の秘密は，これを侵《おか》してはならない」と規定されている。

問３　メディアから発せられる情報を正しく理解して活用する能力は，メディアリテラシーとよばれる。リテラシーとは本来，「読み書き能力，識字力」を意味する英語であるが，近年ではそこからさらに発展させて「知識を活用する能力」という意味でも用いられる。メディアから発せられる情報をうのみにするのではなく，さまざまな角度から批判的に読み取る力ということもできる。

問４ ⑴ ア 参議院の比例代表選挙では，有権者は投票用紙に政党名か候補者の個人名のどちらかを記入するので正しい。 イ 全国を11のブロックに分けるのは衆議院の比例代表選挙。参議院の比例代表選挙は全国を１つの選挙区として行われるので誤り。 ウ 特別国会は，衆議院の解散後に行われる総選挙の後，30日以内に開かれる国会なので誤り。2022年７月の参議院議員通常選挙の場合は，８月３日に臨時国会が召集された。 エ 公職選挙法が改正され，インターネットを利用した選挙運動が認められるようになったのは2013年のことであり，国政選挙では同年の参議院議員通常選挙から実施されたので誤り。 ⑵ アメリカで二大政党とよばれるのは民主党と共和党。現職のバイデン大統領は民主党の候補であり，トランプ前大統領は共和党の候補であった。 ⑶ 選挙で選ばれた代表者によって進められる政治を間接民主制というのに対し，国民や住民がじかに意思決定に参加する政治を直接民主制という。地方政治で認められている直接請求権は，直接民主制を取り入れたしくみということができる。

問５ ⑴ ア 大日本帝国憲法下では天皇が主権者であり，内閣や議会はこれを補弼《ほひつ》(たすけること)するものという位置づけであったので誤り。 イ 日本国憲法第70条には，「内閣総理大臣が欠けたとき，又は衆議院議員総選挙の後に初めて国会の召集があったときは，内閣は，総辞職をしなければならない」と規定されている。よって，正しい。 ウ 国務大臣は内閣総理大臣が任命するが，その過半数は国会議員から選ばなければならないので誤り。 エ 衆議院は内閣不信任を決議できるが，内閣総理大臣個人の不信任は決議できないので誤り。また，弾劾裁判は裁判官としてふさわしくない行為のあった裁判官をやめさせるかどうかを決めるものである。 ⑵ 一般大衆に受けのよい政策や人気とりだけのための政策を主張して人々の支持を得ようとする政治の進め方は，ポピュリズムとよばれる。「大衆迎合《げいごう》」などと訳されることが多いが，近年，多くの国でそうしたやり方を主張する勢力が台頭しており，これを危ぶむ声も多い。

問６ ア 法律案は内閣か国会議員が作成し，どちらかの議院に提出するので誤り。 イ 条約は内閣が締結《ていけつ》するが，事前か事後に国会の承認を得ることが必要とされるので誤り。 ウ 地方政治においては，有権者の50分の１以上の署名を集めることで，首長に対し，条例の制定や改正・廃止を請求することができる。よって，正しい。 エ 憲法改正の発議は，衆参両議院がそれぞれ総議員の３分の２以上の賛成で可決した場合に国会がこれを発議するとされているから，両議院の権限は対等であるので誤り。

理 科 ＜第２回試験＞（30分）＜満点：60点＞

解 答

1 **問１** ① 25℃ ② 30℃ ③ 35℃ **問２** 線(状降水帯) **問３** 下の図①
問４ (イ) **問５** **P** ア **Q** イ **R** イ **2** **問１** **A** 光合成 **B** りゅう起
問２ **ア** 鉄 **イ** 炭素 **ウ** 軽 **問３** マグネシウム＞炭素＞鉄 **問４** ⑴ 14：4：3 ⑵ 11万トン **3** **問１** 56cm，上向き **問２** **X** 60cm **Y** 6.0秒

Z　20cm　　**問３**　右の図②　　**問４**　(イ)

問５　0.25秒　　4 **問１**　(ア), (エ)　**問２**

(イ), (エ)　　**問３**　(例)　適応する　　**問４**　ア

X　イ　Z　ウ　Y　　**問５**　カビA

図①

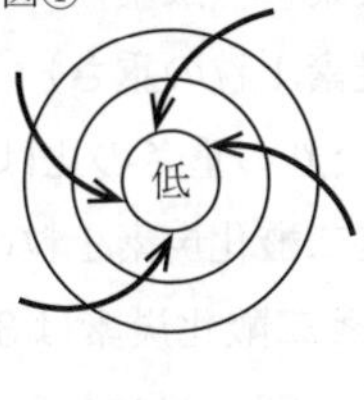

図②

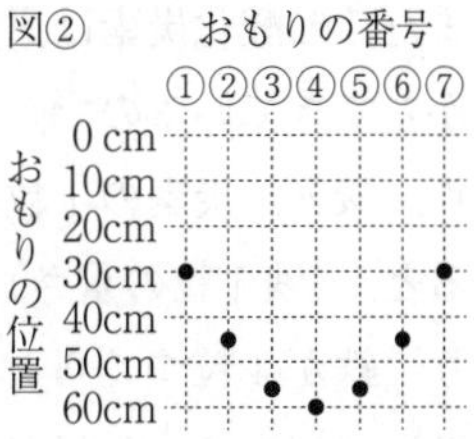

解　説

1 気象についての問題

問１　最高気温が25℃以上の日を夏日，30℃以上の日を真夏日，35℃以上の日を猛暑《もうしょ》日という。また，最低気温が25℃以上の夜のことを熱帯夜という。

問２　次々と発生する積乱雲が列をなすことで，強い雨が降っている区域が帯状(線状)にできているとき，その区域を線状降水帯とよぶ。線状降水帯ができると，ある特定の区域が数時間にわたって非常に強い雨に見まわれることがあり，大雨による災害《さいがい》が発生する危険が高まる。

問３　北半球では，高気圧の中心からは時計回りに風が吹《ふ》き出し，低気圧の中心に向かって反時計回りに風が吹きこんでいる。

問４　寒冷前線では，寒気が暖気の下にもぐりこむように進むため，暖気が急激に持ち上げられることで上昇《じょうしょう》気流ができる。

問５　**P**　「□風・□の風(□には方角が入る)」という表現は，「□の方角から吹いてくる風」という意味である。図２で，貿易風は東から西に向かって吹いているので，この風は東風となる。

Q　夏の蒸し暑い晴天をもたらす太平洋高気圧がより強く北に張り出すと，南寄りから暖気が次々と日本に入りこんでくるため，気温が高くなる。　　**R**　暖かい海水域が西側に寄ると，日本の南の海水温が上昇する。すると，台風は暖かい海面から蒸発する水蒸気をエネルギーとするため，台風が発生しやすくなったり，その勢力が強くなりやすくなったり，日本付近に来てもおとろえにくくなったりする。そのため，日本は台風の影響《えいきょう》を受けやすくなる。

2 物質と酸素の結びつきについての問題

問１　**A**　生物が酸素をつくり出すはたらきのことなので，植物が行う光合成があてはまる。地球が誕生したばかりのころ，大気中に酸素はほとんどなかったが，光合成を行う生物が出現したことで大気中に酸素が増加したと考えられている。　　**B**　大昔に海底でたい積したものが現在大陸で見られるのは，海底がりゅう起した(もち上がった)からである。

問２　**ア，イ**　酸化鉄は鉄と酸素が結びついてできているが，これと炭素を混ぜて高温に熱すると，酸素が鉄からはなれ，炭素と結びつく。この現象から，酸素は鉄よりも炭素と結びつきやすいと考えられる。　　**ウ**　酸化鉄から酸素がはなれて鉄となるので，得られた鉄の重さはもとの酸化鉄よりも，はなれた酸素のぶんだけ軽くなる。

問３　実験では，二酸化炭素中の炭素から酸素がはなれ，酸素がマグネシウムに結びついたと考えられる。したがって，酸素は炭素よりもマグネシウムに結びつきやすいといえるから，酸素が結びつきやすい順にマグネシウム，炭素，鉄となる。

問４　(1)　図より，酸化鉄は，(鉄)：(酸素)＝７：３の重さの比で結びついており，鉄２粒《つぶ》と酸素３粒からできているので，(鉄１粒の重さ)：(酸素１粒の重さ)＝$\frac{7}{2}:\frac{3}{3}$＝７：２＝14：４となる。

また，二酸化炭素は，(炭素)：(酸素)＝３：８の重さの比で結びついており，炭素１粒と酸素２粒からできているので，(炭素１粒の重さ)：(酸素１粒の重さ)＝$\frac{3}{1}$：$\frac{8}{2}$＝３：４になる。したがって，鉄，酸素，炭素の１粒あたりの重さの比は，14：４：３とわかる。　**(2)**　(1)で求めた比を利用すると，(鉄１粒の重さ)：(二酸化炭素１粒の重さ)＝14：(３＋４×２)＝14：11である。問２の図より，鉄が４粒つくられると二酸化炭素は３粒できるから，(鉄４粒の重さ)：(二酸化炭素３粒の重さ)＝(14×４)：(11×３)＝56：33となる。よって，18万トンの鉄がつくられるときに生じる二酸化炭素は，$18\times\frac{33}{56}=10.6\cdots$より，約11万トンとわかる。なお，次の方法でも求められる。酸化鉄から鉄が18万トンつくられるとき，酸素は$\left(18\times\frac{3}{7}\right)$万トンできる。この酸素を使って二酸化炭素が発生するので，その重さは，$18\times\frac{3}{7}\times\frac{3+8}{8}=10.6\cdots$より，11万トンとなる。

３　ばねにつるしたおもりの運動についての問題

問１　表より，おもりは１往復6.0秒で上下運動していることがわかる。したがって，9.5秒後のおもりの位置や動く向きは，9.5−6.0＝3.5(秒後)と同じになる。つまり，おもりの位置は56cmで，上向きに動いている。

問２　**X**　「谷」のときのおもりの位置は，おもりがもっとも下にきたときなので，60cmである。　**Y**　問１で述べたように，一つ一つのおもりは１往復6.0秒で上下運動している。　**Z**　ばねは10cm間隔《かんかく》でつるしてあり，0.5秒ごとにおもりを順に板から外していったので，「山」の位置は0.5秒で10cm動いているように見える。つまり，１秒あたり，10÷0.5＝20(cm)の速さで右へ伝わっていくように見える。

問３　10.5秒後に，おもり①の位置は，10.5−6.0＝4.5(秒後)のときと同じ30cmである。おもり②は，おもり①より0.5秒おくれて運動しているので，その位置は，4.5−0.5＝4.0(秒後)のときと同じ45cmとなる。同様に考えて，おもり③の位置は3.5秒後と同じ56cm，おもり④の位置は3.0秒後と同じ60cm，おもり⑤の位置は2.5秒後と同じ56cm，おもり⑥の位置は2.0秒後と同じ45cm，おもり⑦の位置は1.5秒後と同じ30cmになる。

問４　カレーのにおいは，においの成分そのものが移動することで伝わってくる。これは波のような伝わり方ではない。

問５　表で，おもりの位置が「山」から「谷」(０cmから60cm)になるまでに3.0秒かかっている。図２では，「山」から「谷」までに間隔が６あるので，おもりを外したのは，3.0÷６＝0.5(秒)ごととわかる。これと同じように考えると，図３では，「山」から「谷」までに間隔が12あるので，3.0÷12＝0.25(秒)ごとにおもりを外したといえる。

４　カビについての問題

問１　菌《きん》類にはカビのなかまやキノコのなかまがあり，胞子《ほうし》で増える。コウジ菌はコウジをつくるカビの一種，シイタケはキノコのなかまである。なお，スギナはシダ植物(春にツクシとよばれる胞子茎《けい》を出す)，イチョウとチューリップは種子植物である。

問２　コウジ菌(コウジカビ)はしょう油や味噌《みそ》，日本酒などをつくるときに用いられる。

問３　からだを形づくる情報が親から子へ引き継がれるとき，親から子へわたす情報がつねにまったく同じ場合には，なかまを効率よく増やしやすいという利点はあるが，著しい環境《かんきょう》の変化に適応(対応)しにくいという欠点がある。子へわたす情報が少しずつちがっていれば，性質が多様化するので，環境の変化に適応するものがいる可能性が高くなり，それだけなかまが全滅《ぜんめつ》するおそれが低くなる。

問４，問５　カビＡ～Ｄの４種類のうち，物質Ｙを加えた場合はカビＡ～Ｃの３種類が生育しているが，これははたらき④が失われたカビ以外の３種類である。よって，はたらき④が失われているのはカビＤで，物質Ｙはウに入る。また，物質Ｚを加えた場合はカビＡとカビＣの２種類が生育しているが，これははたらき③が失われたカビとカビＤをのぞいた２種類である。これより，はたらき③が失われているのはカビＢで，物質Ｚはイに入る。そして，物質Ｘを加えた場合はカビＣの１種類だけが生育しているが，これははたらき②が失われたカビとカビＢ，カビＤ以外なので，はたらき②が失われているのはカビＡとなる。したがって，物質Ｘはアに入り，カビＣははたらき①が失われている。

国　語　＜第２回試験＞（50分）＜満点：100点＞

解　答

一　**問１**　ホ　**問２**　ニ　**問３**　（例）　夫婦げんかが原因で父親が店を休んだこと。　**問４**　ハ　**問５**　ニ　**問６**　休業は　**問７**　ハ　**問８**　イ　**問９**　イ　**問10**　ニ　**問11**　（例）　ペンキで壁の塗装をする仕事。　**問12**　（例）　冷やしタヌキそば始めました　**問13**　ロ　二　**問１**　ハ　**問２**　イ　**問３**　（例）　唐鳩のヒナを朱雀門にある巣から捕ろうとして，松明で照らして探していた　**問４**　ニ　**問５**　象徴　**問６**　Ｂ　ロ　Ｃ　イ　Ｄ　ニ　Ｅ　ハ　**問７**　ハ　**問８**　ロ　**問９**　天敵で　**問10**　目　**問11**　ロ　**問12**　ニ　**問13**　（例）　建造物の高層化が進み，ドバトが好む営巣場所が増えたから。　**問14**　イ　三　**問１**　ロ　**問２**　ハ，ニ　**問３**　ニ　**問４**　青と白　**問５**　Ⅰ　青い空，青い海　Ⅱ　周りの人たち　Ⅲ　周りにとけてゆけない自分　四　①～③　下記を参照のこと。　④　じろん

●漢字の書き取り

四　①　干(し)　②　功績　③　綿密(な)

解　説

一　**出典は高橋秀雄《たかはしひでお》の『本日休業　かもしれません』による。**母親の言葉に腹を立てた父親は家の稼《か》業《ぎょう》のそば屋に「本日休業」と張り紙を貼《は》ったが，「ぼく」が「かもしれません」と書き加えたことで，夕方から営業することになる。

問１　後の部分で，今朝起こった夫婦げんかに強いショックを受けた「ぼく」のようすが描《えが》かれている。直後に「今まで眠《ねむ》っていたのか，今，目が覚めたのか，そんなことまであわてて確かめている」とあるとおり，「ぼく」は「おそうじばあさん」とのやりとりを経《へ》て，朝のできごとを引きずり，ぼんやりとしていた自分の意識がようやくはっきりしてきたのだから，ホが選べる。

問２　「日差し」のない「六月の午後」なので，湿気《しっけ》の多い梅雨《つゆ》の時期の曇《くも》り空だと考えられる。よって，「どんよりとした雲の下」とするのがよい。なお，「どんより」は，重苦しさを感じるようす。

問３　ショックのあまり「ぼく」の頭から離《はな》れない「朝のこと」は，続く大段落で描かれている。母親の何気ない一言に父親が腹を立てて大げんかに発展し，家の稼業であるそば屋が朝から休業するはめになった，というできごとである。

問４　「クラスで自慢《じまん》ばかりするイヤなヤツ」だった大木瑠奈《おおきるな》(近くで営業していた「昇竜《しょうりゅう》」の家の子)が転校していなくなったのだから，「ぼく」の気分は晴れたはずである。よって，「清々」と書くのがよい。なお，「せいせいする」は，“わずらわしさがなくなり，気持ちがすがすがしくなる”という意味。

問５　朝の夫婦げんかのことを気に病んでいた「ぼく」は，学校からの帰り道，「張り紙がなくなっていたらいい」と祈《いの》ったが，その願いもむなしく，相変わらず店の前に張られていた「本日休業」の紙に落胆《らくたん》している。へこんだり膨《ふく》らんだりする張り紙が，自分の願いをあざ笑っているかのように「ぼく」の目には映ったと想像できるので，ニが合う。

問６　「本日休業」の張り紙を破り捨てたところで，夫婦げんかが収まって店が再開するわけでもないと思い直し，「ぼく」は脱力《だつりょく》している。後の部分にあるとおり，「ぼく」は「父さん母さんに仲直りしてもらいたい」と考え，「休業は昼までで終わりにして，美味《おい》しい匂《にお》いのする，にぎやかなお店にして欲《ほ》しい」と願っているのである。

問７　夫婦げんかの発端《ほったん》となった，父さんを怒《おこ》らせた母さんの言葉とは，“夏らしく，冷やし中華《ちゅうか》を始めたという張り紙を出したい”といった内容である。よって，ハが選べる。

問８　直前に，「家の前の細い通りを，見知らぬ人が通って行く」とあるとおり，「ぼく」は周囲の目を気にしている。「本日休業」の張り紙がある店の前に立ったままの「ぼく」は，考えごとをしていてなかなか家に入らずにいるが，店の前にずっと立っているのを道行く人から不審《ふしん》に思われないか気になったものと考えられるので，イが合う。

問９　直前で，「本日休業」の張り紙を前に四苦八苦していた「ぼく」が，ふと，「そうじばあさん」のことを思い出したことをふまえる。「そうじばあさん」に自身を重ねたことで，「ぼく」は彼《かの》女《じょ》が「どうして掃除《そうじ》をしているのか」が「わかった気」がしたものと想像できるので，d→aが最初になる。次に「そうじばあさんは，掃除しかできないのかもしれない」から「掃除をして」いる，つまり自らの「できることをしていた」と具体的な気づきを続けるのが自然なので，e→b→cがくる。すると，直後で「ぼく」が「そうじばあさん」のあり方を自分に引きつけて考えるという流れになり，文意が通る。

問10　ここでの店の“暗さ”は，「柱時計が五回，ボーンと鳴った」とあるように，文字通り夕方の五時になり店内が暗くなったのとともに，相変わらず夫婦げんかが収まっておらず，雰囲気《ふんいき》が暗いままであることも意味している。まだ仲直りしていないらしい両親に対する不安のほか，「今から，そばを打ち出しても，お客の来る時間に間に合うだろうか」と考えるほど，「ぼく」は開店時刻がせまっていることへのあせりも覚えているので，ニがふさわしい。

問11　ぼう線③の少し後で，左官屋さんは「家の塗装《とそう》までやる」と書かれていることに注目する。つまり，「左官屋さんの新人」は，雨だと壁《かべ》がぬれてペンキを使うことができないため，雨の降らないうちに，夜中までかかっても仕事をしてしまおうというのである。

問12　「冷やしタヌキそば」はないかと聞かれた父親は，結局つくろうかという気分になっている。妹は「タヌキが池で涼《すず》んでいる絵を描く」だろうが，「ぼく」は母親の提案した「冷やし中華始めました」をまねて，「冷やしタヌキそば始めました」と張り紙に書くのだろうと考えられる。

問13　物語はすべて主人公の「ぼく」の視点から描かれており，「ぼく」の体験や思い，考えを読者は共有し，「ぼく」の立場で味わうことができるので，ロが選べる。

二　**出典は柴田《しばた》佳秀《よしひで》の『となりのハト　身近な生きものの知られざる世界』による。**日本に持ちこまれたドバトが，どのようにあつかわれ，広まっていったのかについて説明されている。

問１　前の部分で，「七九七年の『続日本紀《しょくにほんぎ》』には，六九九年に河内国《かわちのくに》から，七二〇年に太宰府《だざいふ》からそれぞれ白鳩《しらはと》が献上《けんじょう》された」との記述があったと説明されている。このことは，奈良時代にドバトが存在したことの「根拠《こんきょ》」となるので，「多くの書物」で，「日本のドバトは奈良時代に日本に入った」と記載《きさい》されているのである。

問２　平安時代に書かれた『源氏物語』の記述から，その作者が「ドバトとキジバトの違《ちが》いまではわからずとも，『いへばと』という鳥が日本にいるという知識は持ち合わせていたのかもしれない」と述べられている。よって，イの「紫式部《むらさきしきぶ》」が合う。なお，ハの「清少納言《せいしょうなごん》」は随筆《ずいひつ》の『枕草子』，ニの「樋口一葉《ひぐちいちよう》」は小説の『たけくらべ』，ホの「与謝野晶子《よさのあきこ》」は歌集の『みだれ髪《がみ》』の作者である。ロの「小野妹子《おののいもこ》」は飛鳥時代に隋《ずい》(中国)に遣隋使として派遣された人物であり，文学者ではない。

問３　次の段落までの内容からまとめる。後鳥羽《ごとば》上皇からの命を受け，朱雀《すざく》門に巣をつくった唐鳩《からばと》のヒナを捕《と》ろうと，松明で照らしながら巣を探していたところ火事になったというのである。

問４　「無類」は，比べるものがないようすをいうので，ニが選べる。

問５　八幡宮《はちまんぐう》では，ハトを「神様の使い」に見立てているのだから，少し後にある「象徴《しょうちょう》」がぬき出せる。なお，「象徴」とは，思想や観念などの抽象《ちゅうしょう》的なものごとを，具体的な事物によりわかりやすく表現すること。

問６　**B**　石清水《いわしみず》八幡宮も鶴岡《つるがおか》八幡宮も，扁額《へんがく》がハトの図柄《ずがら》であることに加え，鶴岡八幡宮ではハトを飼育していたり，ハトにちなんだお菓子《かし》を売る店が参道にあったりする，という文脈である。よって，前のことがらに後の内容をつけ加えるときに用いる「また」が合う。　**C**　八幡宮でハトがシンボルとされていることを受け，そう位置づけられているそもそもの理由に話題を移しているので，話題を転換《てんかん》するときに用いる「では」が入る。　**D**　源平合戦での源氏の勝利が八幡神の加護のおかげであり，ハトはその象徴だとした後，筆者はハトを「勝利をもたらす瑞鳥《ずいちょう》」だと言っている。よって，“要するに”とまとめて言いかえるときに用いる「すなわち」がよい。

E　鎌倉時代以降，戦いの神である八幡信仰が広がったことで各地に八幡神社が建てられ，結果的にハトは八幡神の使いとして大切にされたというつながりである。よって，あることがらに続いて次のことが起こるときに用いる「そして」が合う。

問７　「ハト派」は，政治的に穏健《おんけん》な立場をとる人たちをいうが，対義語は外国に対して強硬《きょうこう》な姿勢をとる「タカ派」である。

問８　ドバトは崖《がけ》に暮らす習性があるが，当時の日本の街には神社仏閣《ぶっかく》以外に崖の代わりになるような大きな建造物がなかったうえ，神社や寺にいればエサがたくさんもらえたと，続く部分で述べられている。よって，ロがあてはまる。

問９　最後から二つ目の段落で，ドバトが高いところを営巣場所として好むのは，「天敵であるネコなどのほ乳類が近づきにくいから」だろうと述べられている。

問10　日本に連れてこられたドバトは，自分たちがマイホームを設《しつら》える場所として「神社や寺院の大きな建造物」こそうってつけだと確信したはずなので，“注目する”“関心をよせる”という意味の「目をつけた」が合う。

問11　同じ段落で，ハトは神の使いであるため，エサをやることが善行にあたると述べられている。八幡宮ではハトが神様の使いとされていたことも，ぼう線④をふくむ段落で説明されているので，ロが選べる。

問12　ドバトは当時，生息場所が神社仏閣に限られていたのだから，生息場所は「少ない」とされたと考えられる。

問13　最後の段落で，ドバトが好む高さのある建物は長い間神社仏閣くらいしかなかったが，一九五〇年代以降には建造物の高層化が進んだため，さまざまな場所でドバトが見られるようになったと述べられている。

問14　ぼう線⑥の直前の段落で，安土・桃山時代には「堂鳩」とよばれ，江戸時代ではそれが「土鳩」に転じて「ドバト」の名称《めいしょう》が定着したと述べられているので，イが正しい。

三　**出典は佐佐木幸綱《ささきゆきつな》の『ジュニア版　目でみる日本の詩歌《しいか》⑧　近代の短歌』による。**筆者は若山牧《わかやまぼく》水《すい》の短歌を取りあげ，鑑賞している。

問1　空の青さ，海の青さにも染まらずにただよっている白い鳥に，作者は「かなしくはないか」と呼びかけているので，周囲とちがっていてとけこんでいけない「孤独《こどく》」な鳥と感じたはずである。

問2　ハは在原業平《ありわらのなりひら》，ニは小野小町《おののこまち》の作品で，いずれも平安時代の歌人である。なお，イは昭和時代に活躍《かつやく》した寺山修司《てらやましゅうじ》，ロは北原白秋《きたはらはくしゅう》，ホは前田夕暮《まえだゆうぐれ》の作品で，いずれも明治～昭和時代に活動した。

問3　若山牧水の短歌(白鳥は～)が描き出すものに，当時の青少年たちの心は強くひきつけられたのだから，気持ちにうったえてくるものがあるさまを表す，「ぴんとくる」が合う。

問4　「カラフル」は，色彩が豊かであざやかなようす。ぼう線②の直前に「いま言った」とあるので，これより前の部分から，この歌の魅力《みりょく》の一つとしてあげられている「青と白のコントラストのあざやかさ」がぬき出せる。

問5　Ⅰ「白くぬり残された部分」が白鳥なので，白鳥を囲む「全面が青くぬられた画面」とは「青い空，青い海」を指す。「空の青　海のあを」でもよい。　Ⅱ　白鳥を囲む「青い空，青い海」は，自分とはちがっている「周りの人たち」にあたる。　Ⅲ「白くぬり残された部分」とは，周りの青さにとけこめない部分なので，「周りにとけてゆけない自分」を表していると考えられる。

四　**漢字の書き取りと読み**

①　音読みは「カン」で，「干拓《かんたく》」などの熟語がある。訓読みにはほかに「ひ(る)」がある。

②　立派なはたらき。　③　細かくゆきとどいているようす。　④　前から主張している自分の意見。

2022年度　大 妻 中 学 校

〔電　話〕 (03) 5275－６００２
〔所在地〕 〒102-8357　東京都千代田区三番町12
〔交　通〕 東京メトロ半蔵門線―「半蔵門駅」より徒歩５分
JR線・東京メトロ各線―「市ヶ谷駅」より徒歩10分

【算　数】〈第１回試験〉（50分）〈満点：100点〉

◎　円周率を用いるときは3.14として答えなさい。

◎　式，計算，または考え方は必ず書きなさい。これのないものは正解としません。

1　次の□にあてはまる数を求めなさい。

(1)　$\left\{1\frac{1}{3} \div \left(2\frac{1}{30}+0.1\right)+0.75\right\} \times 1\frac{5}{11}=\square$

(2)　$\left(\frac{5}{\square}+\frac{57}{\square}-\frac{10}{\square}\right) \times 26-69=100$　（□には同じ数が入ります。）

(3)　20から30までの整数全部をかけてできる数は一の位から０が□個続きます。

(4)　原価□円の品物に150円の利益を付けて売り出しました。しかし，売れなかったので50円安くして売ったら，１個の利益の割合が原価の２割になりました。

2　生徒に10枚ずつカードを配ると，ちょうどカードがなくなります。さらに３人の生徒が増えても，全員へ配るカードを２枚ずつ減らして配ると，ちょうどカードがなくなります。最初生徒が何人いましたか。

3　O中学校のあるクラス40人にテストをしたところ，出席番号１番から30番までの平均点は，残りの10人の平均点の２倍でした。全体の平均点が70点のとき，１番から30番までの平均点は何点ですか。

4　８％の食塩水 150ｇに食塩を混ぜ，混ぜた食塩と同じ重さの水を蒸発させたところ，13％の食塩水ができました。混ぜた食塩は何ｇですか。

5　ＡさんとＢさんが競争し，スタート地点を同時に出発しました。Ａさんがコースのちょうど真ん中 10km 地点で休憩《けい》したとき，Ｂさんは２km 後ろにいました。Ａさんは休憩中に眠ってしまったため，休憩開始から15分後にＢさんに追いつかれたことに気が付きませんでした。ＡさんはＢさんに追い抜かれてから少しして目が覚め，休憩前と同じ速さで追いかけました。しかし，Ａさんがゴール手前２km のところでＢさんがゴールしました。

(1)　Ａさんが休憩に入ったのは，スタートしてから何分後ですか。

(2)　Ａさんの休憩中に，Ｂさんは何 km 走りましたか。

6　姉妹が自宅から1.8km離《はな》れている図書館まで行きます。姉が自宅を徒歩で出発してから，10分後に妹が自転車で出発したところ，自宅から x kmの地点で姉を追い越し，姉より5分早く図書館に着きました。x の値はいくつですか。

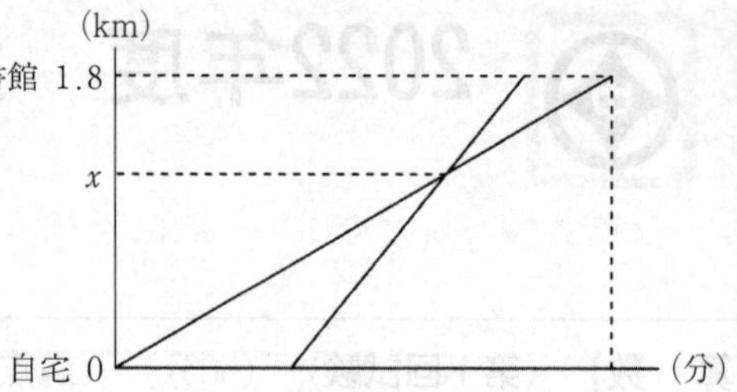

7　次のように，ある規則にしたがって分数が並んでいます。ただし，約分する前の形になっています。

$$\frac{1}{1},\ \frac{1}{2},\ \frac{2}{2},\ \frac{1}{3},\ \frac{2}{3},\ \frac{3}{3},\ \frac{1}{4},\ \frac{2}{4},\ \frac{3}{4},\ \frac{4}{4},\ \frac{1}{5},\ \ldots\ldots$$

(1)　$\dfrac{20}{21}$ は何番目ですか。

(2)　100番目の分数はいくつですか。

8　図のような半円において，CDは半円の周上にある点Pを円の中心Oに重ねたときの折り目です。このとき角ODCの大きさは何度ですか。

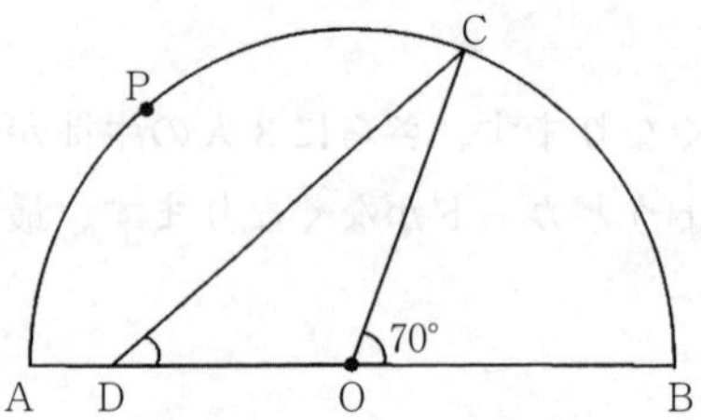

9　図のような，縦9cm，横10cmの長方形において，かげのついている部分とついていない部分の面積の比はいくつですか。最も簡単な整数の比で求めなさい。

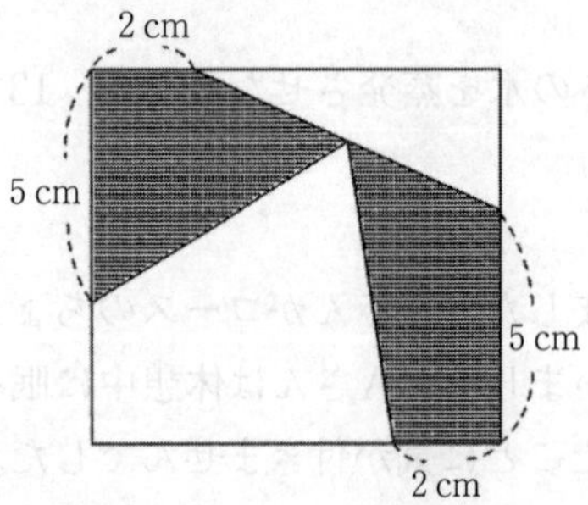

10　図のような直角二等辺三角形ABCを，直線 l を軸として1回転させてできる立体の体積は何 cm^3 ですか。

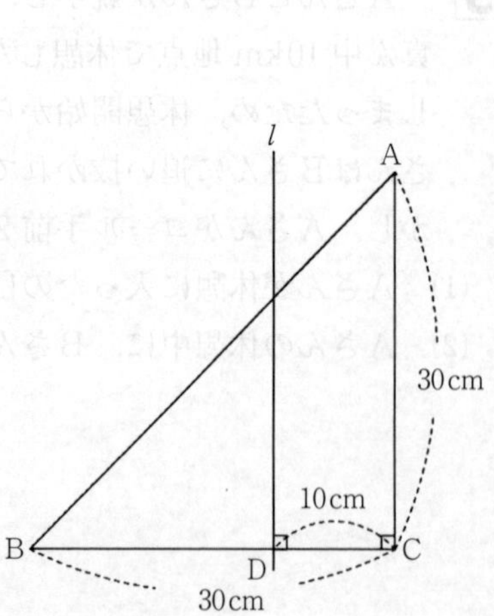

【社　会】〈第１回試験〉（30分）〈満点：60点〉

（注意）　地名・用語は，特別の指示がないかぎり，漢字で答えなさい。

1　右下の地図は，山口県萩市の一部を示したものです。地図と，その地域について説明した次の文を読み，あとの問いに答えなさい。

> 山口県萩市は日本海に面している。阿武川と橋本川の河口付近に形成された，標高の低い平野の上に市街地が発達している。江戸時代に毛利輝元が築いた城を中心に発展した(　　)町であり，現在でも「江戸時代の地図がそのまま使えるまち」というキャッチコピーがつけられる観光地である。

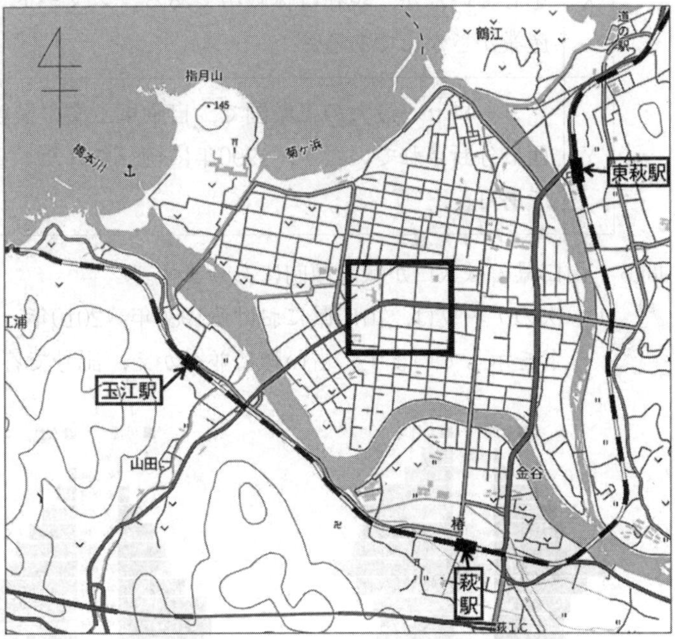

（地理院地図をもとに作成）

問１．文中の空らんにあてはまる語句を答えなさい。

問２．地図中にあるJR山陰本線の玉江《たまえ》駅から東萩《ひがしはぎ》駅の間では，市の中心市街地を通らずに南側へ大きく迂回《うかい》した形で鉄道が整備されています。そのことは，結果として中心市街地の観光地としての価値を守ることにつながりました。鉄道を迂回させることが，なぜ観光地としての価値を守ることにつながったのか，その理由を考えて答えなさい。

問３．右の図は，上の地図中の太枠《わく》で囲まれた範囲を拡大したものです。この範囲にみられる施設として**まちがっているもの**を，次から２つ選び，記号で答えなさい。

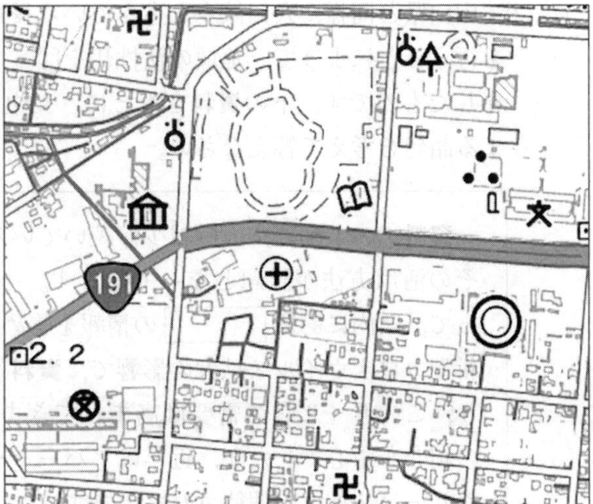

ア．老人ホーム　　イ．官公署
ウ．高等学校　　エ．病院
オ．市役所　　カ．裁判所

問４．萩市では伝統工芸品として萩焼が有名です。伝統工芸品と代表的な生産地の組み合わせとして正しいものを，次から２つ選び，記号で答えなさい。

ア．天童将棋駒－山梨県　　イ．加賀友禅－新潟県　　ウ．有田焼－滋賀県
エ．津軽塗－青森県　　オ．琉球びんがた－沖縄県

問５．萩市は２つの外国の都市と姉妹都市協定を結んでいます。次の文Ｘ・Ｙは，それらの都市が属している国の説明です。それぞれの国を答えなさい。

Ｘ	この国は，萩市とは海を隔《へだ》てて向かい側にある。冷戦期は北側に隣接《りんせつ》する国と戦争をしていたが，現在は休戦中である。スマートフォンや半導体の製造など，先端技術産業がさかんである。
Ｙ	ヨーロッパ最大の工業国で，自動車工業や製鉄業が発展してきた。冷戦中は国が東西に分断されていたが，1990年に統一された。ビールやソーセージの産地として有名である。

問６．山口県では人口が減少傾向にあります。

(1)　次のア～ウは，山口県における1980年，2010年，2045年(予測)のいずれかの人口ピラミッドを示しています。古い順に並べかえ，記号で答えなさい。

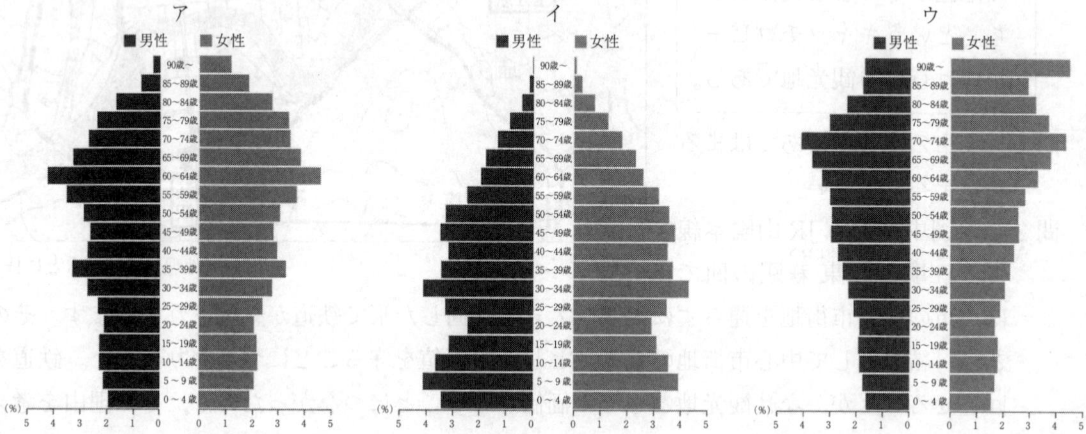

(RESAS より作成)

(2)　山口県と同様に人口減少が進んでいる長野県では，県外に住む人々に「あるサービス」を行うことによって，地域の活性化を図っています。次の文は，そのサービスについて紹介したものです。下の**資料**をもとに，文中と**資料①**の中の空らん□に共通してあてはまる語句を考えて答えなさい。

> **資料①**のように，人口減少が続いている農村部を中心に□は増加しており，その活用方法が課題となっています。そこで，□バンクというサービスによって，県内にある□の情報を集め，必要としている人たちに紹介しています。新型コロナウイルス拡大の影響で，**資料②**のように人々の働き方が変わったこともあり，このサービスの需要は高まってきました。従来の□バンクは，一戸建ての紹介が中心でしたが，近年はアパートやマンションの部屋も対象に加わり，さらなるサービス拡大が期待されています。

資料①

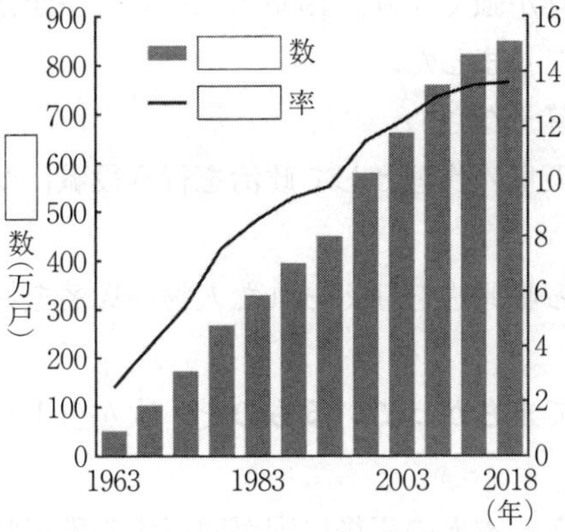

資料②

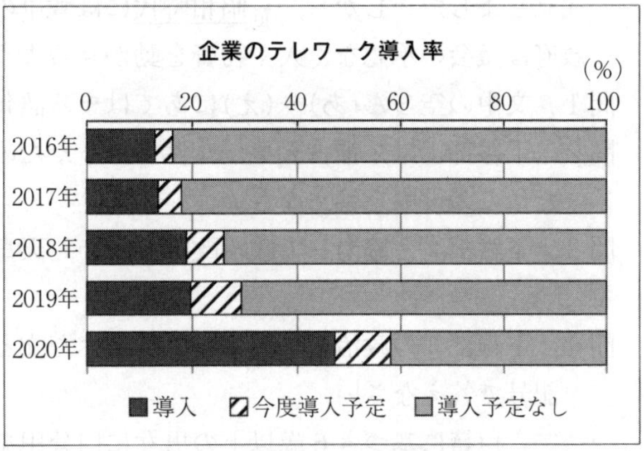

(資料①・②ともに総務省統計資料をもとに作成)

問７．山口県ではセメント工業，自動車工業，造船業がさかんです。次の地図Ａ～Ｃは，それぞれの主要な工場の分布を示したものです。地図Ａ～Ｃが示す工場として正しいものを，下のア～ウから１つずつ選び，記号で答えなさい。

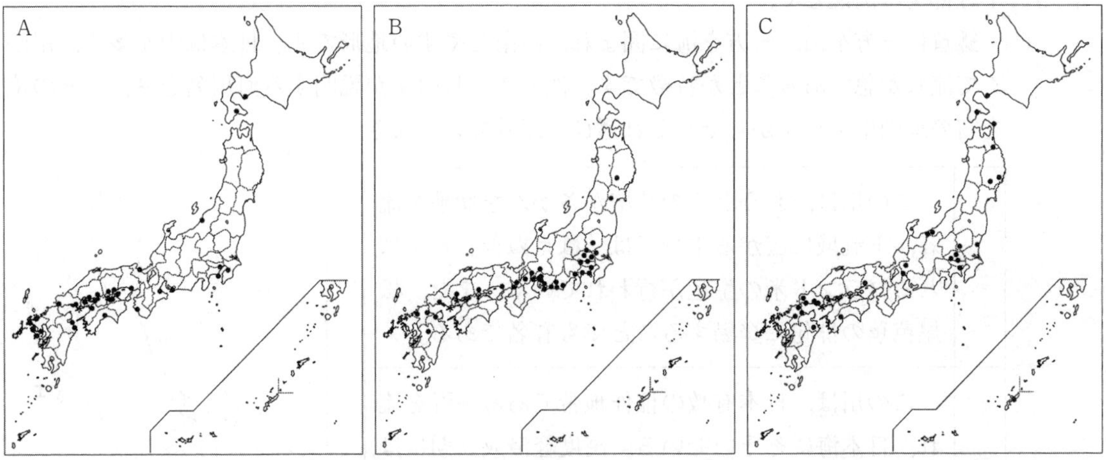

セメント工場，自動車組立工場の地図は『データでみる県勢 2021年版』をもとに，
造船所の地図は国土交通省資料(2017年)をもとに作成

ア．セメント工場　　イ．自動車組立工場　　ウ．造船所

2　日本の法の歴史に関する次の文を読み，あとの問いに答えなさい。

日本ではじめての法は，604年に①厩戸《うまやど》王(聖徳太子)らが定めた(　あ　)とされています。その後，中国にならった律令の作成が開始されました。②天智天皇の時代にすでに律令の一部が制定されたという説もありますが，701年に大宝律令が完成したことにより，③奈良時代には律令に基づく中央集権制度が整っていきました。

④鎌倉時代には，北条泰時が(　い　)を制定し，御家人を対象とした裁判の基準を文書で示しました。これは長く武家社会における法の手本となり，⑤室町幕府にも受け継がれました。その後，江戸幕府は，⑥大名を厳しく統制するために(　う　)という法を定めました。

明治時代になると，欧米にならった法の整備がすすめられ，1889年に大日本帝国憲法が発布されました。国民の政治意識が高まった⑦大正時代には⑧政党政治が発展し，⑨普通選挙法も成立しました。しかし，⑩昭和時代には戦争の影響が強くなり，1938年に(え)法が定められ，政府は議会の承認なく人や物資を動かせるようになりました。

問１．文中の空らん(あ)～(え)にあてはまる語句を答えなさい。

問２．下線部①は，推古天皇が女性であったため，天皇の代理として政治を行う役職につきました。この役職を答えなさい。

問３．下線部②と協力して政治改革を行い，天皇から藤原姓を与えられた人物の氏名を答えなさい。

問４．下線部③の政治や社会について述べた文として**まちがっているもの**を，次から１つ選び，記号で答えなさい。

ア．戸籍に基づき６歳以上の男女に口分田を与え，本人の死後に国が回収する班田収授を行った。

イ．地方は国・郡・里に分けられ，中央の貴族が国司として諸国に派遣され，国を治めた。

ウ．口分田の不足を解消するために墾田永年私財法が出された結果，公地公民制が完成した。

エ．政治と仏教の関わりが深くなり，寺院や僧侶が国家の保護を受けることもあった。

問５．下線部④に関連して，

(1)　鎌倉は三方を山，一方を海に囲まれ，防衛しやすい地形です。日本は山が多く，川が短くて流れが急であることが特徴です。次のＡ・Ｂの文が説明する河川名を答え，その位置を右の地図中ア～オからそれぞれ選び，記号で答えなさい。

A	この川は，おうとうの栽培がさかんな盆地を流れ，下流域に広がる平野では「はえぬき」とよばれるブランド米の生産が行われている。また，松尾芭蕉の俳句に登場することでも有名である。
B	この川は，日本有数の稲作地帯である平野を流れ，日本海にそそいでいる。高度経済成長期には，工場から出された有機水銀を原因とする公害病が発生し，流域の住民に健康被害をもたらした。

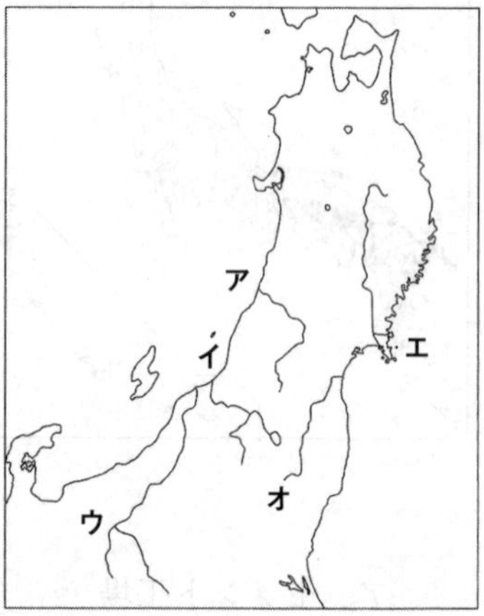

(2)　鎌倉幕府は，ある乱が起こったことをきっかけに，朝廷の監視や西国武士を統括《とうかつ》する六波羅探題を京都に置きました。その乱を答えなさい。

問６．下線部⑤に関連して，

(1)　室町幕府について述べた文として**まちがっているもの**を，次から１つ選び，記号で答えなさい。

ア．室町幕府は京都に置かれたため，関東地方を監視する目的で鎌倉に役所を設置した。

イ．室町幕府から厚い保護を受けた浄土真宗の法然が，水墨画を中国から日本に伝えた。

ウ．自治的な村である惣村の農民たちが，室町幕府に借金の帳消しを求める土一揆を起こした。

エ．約11年間も続いた応仁の乱後は室町幕府の力がおとろえ，下剋上の風潮が広まった。

(2)　室町幕府の全盛期に足利義満は中国と貿易を始めましたが，このときの中国の王朝名を答えなさい。

問７．下線部⑥について，

(1)　右の資料は江戸幕府による大名の配置を示した図です。江戸幕府は，図中のア～ウのように大名を３つに区分し，統制していました。図中のウが示している区分を答えなさい。

(2)　図を参考に，図中ウの大名の特徴を，「配置」「石高」という語句を使用して説明しなさい。

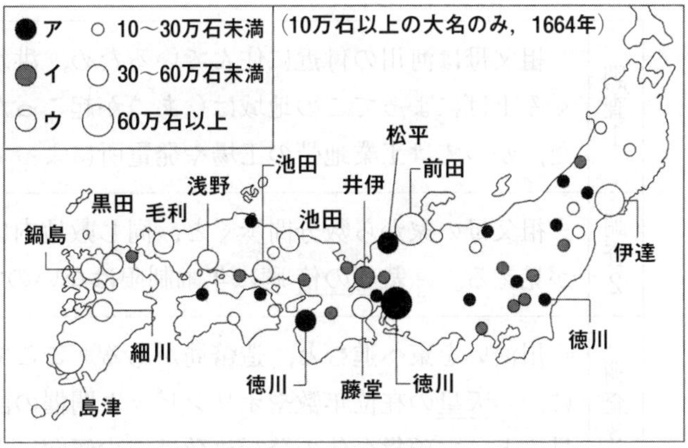

問８．下線部⑦に関連して，次のア～ウのできごとを，古い順に並べかえ，記号で答えなさい。

ア．日本は国際連盟で，常任理事国という地位についた。

イ．日本は戦勝国として，パリ講和会議に出席した。

ウ．日本は日英同盟を理由に，第一次世界大戦に参戦した。

問９．下線部⑧は，満州国の成立に反対した首相が暗殺された事件により，とだえることとなりました。この事件を答えなさい。

問10．下線部⑨により，選挙権は「満（　お　）歳以上のすべての（　か　）」に認められました。

(1)　空らん（お）にあてはまる数字を答えなさい。

(2)　空らん（か）にあてはまる語を，次から１つ選び，記号で答えなさい。

ア．女子　　イ．男子　　ウ．男女

問11．下線部⑩に関連して，1929年に起こった世界恐慌により，日本経済が受けた影響は農村にも及びました。世界恐慌は日本の農村にどのような影響を及ぼしましたか。グラフ１・２をふまえて説明しなさい。

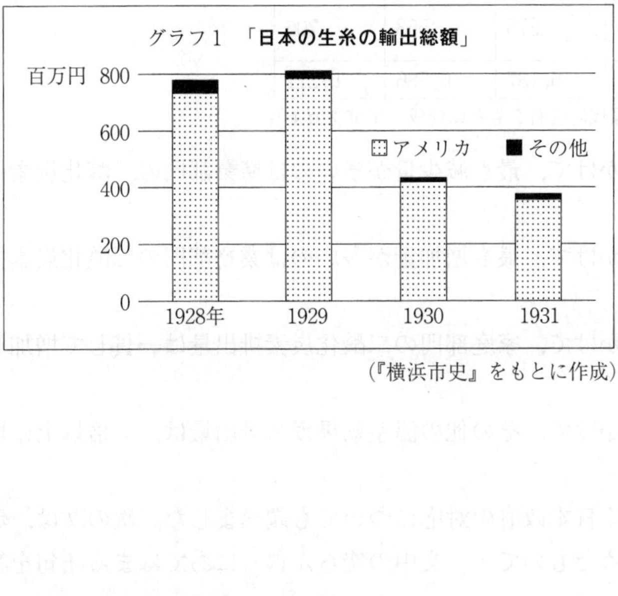

（『横浜市史』をもとに作成）

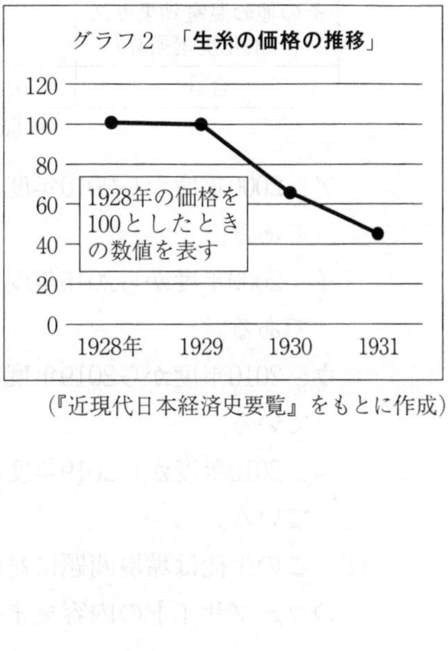

（『近現代日本経済史要覧』をもとに作成）

3 ある生徒は，祖父母の家の周りについて調べ，次のようにまとめました。これについて，あとの問いに答えなさい。

調査1	祖父母は河川の付近に住んでいるため，洪水の被害を受ける危険性がある。地下水のくみ上げによってこの地域は(　あ　)が起こったため被害が大きくなりやすいようだ。また，かつては工業地帯の工場や発電所によって①大気汚染が引き起こされていた。
調査2	祖父母の家から数分間歩くと，同じ敷地内に簡易裁判所，地方裁判所，②高等裁判所が見える。③裁判の傍聴《ほうちょう》に年齢制限はないので，いつか裁判を見に行こうと思う。
調査3	川沿いを東へ進むと，造幣《ぞうへい》局がある。ここでは私たちが日常で使用している硬貨の他に，④天皇の在位年数やオリンピック開催の記念硬貨も製造している。造幣局の資料を見ると，⑤硬貨全体の発行枚数は減少傾向にあるようだ。

問１．調査１について，

(1)　文中の空らん(あ)にあてはまる語句を答えなさい。

(2)　下線部①に関連して，全国各地で発生していたこのような公害問題に対処するため，1967年に制定された法律を答えなさい。

(3)　調査１の内容から環境問題に興味を持ったこの生徒は，次の資料を見つけました。この資料の内容を正しく読み取ったものを，下のア～エから１つ選び，記号で答えなさい。

東京都の温室効果ガス排出量の状況

		2000年度	2010年度	2015年度	2019年度
二酸化炭素	産業部門	679	456	431	381
	業務部門	2,048	2,435	2,643	2,382
	家庭部門	1,283	1,559	1,663	1,612
	運輸部門	1,765	1,206	1,128	940
	廃棄物	120	156	168	190
その他の温室効果ガス(二酸化炭素換算)		325	375	553	706
合計		6,220	6,187	6,586	6,211

(東京都環境局資料をもとに作成　単位：万ｔ)

ア．2000年度から2010年度にかけて，最も減少量が多いのは産業部門の二酸化炭素排出量である。

イ．2000年度から2015年度にかけて，最も増加量が多いのは業務部門の二酸化炭素排出量である。

ウ．2010年度から2019年度にかけて，家庭部門の二酸化炭素排出量は一貫して増加し続けている。

エ．2010年度から2019年度にかけて，その他の温室効果ガス排出量は，２倍以上に増加している。

(4)　この生徒は環境問題に対する日本政府の対応についても調べました。次の文は，環境省のウェブサイトの内容をまとめたものです。文中の空らん(い)にあてはまる語句を答えなさい。

> 2020年の国会において，内閣総理大臣は2050年までに，温室効果ガスの排出を全体としてゼロにする脱炭素社会，すなわちカーボン（　い　）の実現を目指すことを宣言した。「排出を全体としてゼロ」とは，温室効果ガスの排出量から，森林などによる吸収量を差し引いた，実質ゼロを意味している。

問２．調査２について，

(1)　下線部②について述べた文として正しいものを，次から１つ選び，記号で答えなさい。

ア．ここで行われるのは，地方裁判所の判決に対して控訴した裁判に限られる。

イ．特定の刑事裁判では，国民が参加する裁判員裁判が行われることがある。

ウ．裁判の際，法律などが憲法に違反していないか判断する権限を持っている。

エ．裁判官としてふさわしくない行為をした者に対し，弾劾裁判を開く場である。

(2)　国民には裁判を受ける権利が認められており，これは請求権の一つとされています。請求権に最も関わりが深いものを，次から１つ選び，記号で答えなさい。

ア．遊園地で男女の入場料金に違いがあったため，企業に同じ値段にするよう求めた。

イ．仕事を失い生活が苦しくなったため，住んでいる地方自治体に生活保護を求めた。

ウ．自分が働いている企業の労働組合に加入して，雇《やと》い主に労働条件の向上を求めた。

エ．逮捕《たいほ》されて身柄《みがら》を拘束《こうそく》されていたが，無罪の判決を受けたため国に補償を求めた。

(3)　下線部③に関連して，次の文は，この生徒がある裁判について調べ，それに対する自分の考えをまとめたものです。文中の空らん（う）にあてはまる語句を**５字**で答えなさい。

> 砂利《じゃり》採取法では，他人に危害を及ぼすとき，施設を損傷するとき，または他の産業の利益を損ねるときには，砂利の採取が認められないと定められている。この裁判では砂利採取業者の権利が制限されたが，その制限には地下水を保全する目的があり，憲法の条文にもある（　う　）のために必要な規制だと考えた。

問３．調査３について，

(1)　下線部④について述べた次の文中の空らん（え）にあてはまる語句を答えなさい。また，（え）の例として正しいものを，下のア～エから１つ選び，記号で答えなさい。

> 天皇は，日本国および日本国民統合の象徴とされ，権力を持たず，内閣の助言と承認にもとづく（　え　）を行うと憲法に規定されている。

ア．改正した憲法を国民に公布する。

イ．内閣総理大臣を指名する。

ウ．内閣の作成した予算を承認する。

エ．衆議院や参議院を解散する。

(2)　下線部⑤について，次の会話中の空らんにあてはまる文を10～20字で考えて答えなさい。

生徒：硬貨の発行枚数を調べてみました。造幣局の資料によれば，1990年は約49億枚ですが，2020年は10億枚未満でした。30年間で，発行枚数は約５分の１になっています。

先生：大きく減少していますね。この理由は考えてみましたか？

生徒：人口が減少したから，でしょうか。

先生：確かに最近は約10年間，人口が減っていますが，30年前と比べればわずかに増えています。発行枚数の減少は，人口が理由ではなさそうです。…コンビニで何かを買う場面を思い浮かべてみましょう。

生徒：あっ！　(　　　　　　)からですね！

先生：それが大きな理由でしょう。今後も，この動きは続きそうですね。

【理　科】〈第１回試験〉（30分）〈満点：60点〉

〈編集部注：実物の入試問題では，1と3の図はカラー印刷です。〉

1　りか子さんは植物展に行き，花の受粉について興味をもちました。そこで，育てているアサガオやヘチマを用いて，受粉に関する実験を行いました。

【実験１】　アサガオのつぼみをとう明な袋《ふくろ》でおおって育てたところ，種子ができました。このことから，アサガオは１つの花の中で受粉(自家受粉)することがわかりました。

【実験２】　アサガオのつぼみからおしべを取り除いたあと，つぼみをとう明な袋でおおって育てたところ，種子ができませんでした。

【実験３】　アサガオのつぼみからおしべを取り除いたあと，つぼみをとう明な袋でおおって育てました。花がさいたらすぐに袋を取り外し，別のアサガオからとった花粉をつけ，再び花を袋でおおって育てたところ，種子ができました。

問１　アサガオには開花時に自家受粉しやすくするための工夫があります。その特徴《とくちょう》をふまえ，開花直後のおしべのようすを解答らんの図にかきなさい。ただし，アサガオのおしべ５本のうち１本をかくこと。なお，出題の都合上，図にはめしべのみ示してあります。

問２　実験の結果から，アサガオは自家受粉だけではなく，別のアサガオの花粉と受粉(他家受粉)できることがわかります。これについて述べた次の文中の(　)にあてはまる語句を答えなさい。

> 自然界においてアサガオが他家受粉するためには，昆虫《こんちゅう》や風などのはたらきが必要です。アサガオは昆虫に花粉を運んでもらうために，(　　)というつくりを発達させました。

問３　アサガオが他家受粉することを確かめるために，【実験４】を行いました。次の文中のＰ～Ｒの[　]にあてはまる言葉としてもっとも適切なものをそれぞれ１つずつ選び，番号で答えなさい。

> 【実験４】　アサガオのつぼみから$_{P}$[①：めしべ　②：おしべ]をとり，つぼみをとう明な袋で$_{Q}$[①：おおって　②：おおわないで]育てると，種子ができました。この結果と$_{R}$[①：実験１　②：実験２　③：実験３]とを比べると，昆虫や風などのはたらきによって他家受粉したことがわかります。

次にりか子さんは【実験１】と同様にして，ヘチマの花のつぼみをとう明な袋でおおって育てたところ，どの花にも種子ができませんでした。

ヘチマの花をよく観察してみると，つくりの違う２種類の花があることがわかりました。図１と図２は花の中心部のつくりをスケッチしたものです。

図１

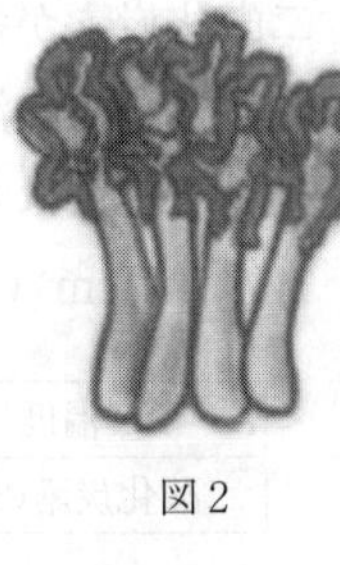

図２

問４　ヘチマの花の観察について述べた次の文中のＰ，Ｑの[　]にあてはまる言葉を選び，番号で答えなさい。また，[Ｒ]にあてはまる言葉を答えなさい。

図１や図２の先たんをさわったときに，P[①：トゲトゲ　②：さらさら　③：ベタベタ]している方がめしべで，ルーペで拡大して観察したときに粉が出ている方がおしべである。めしべをもつ花をQ[①：め花　②：お花]とよび，Qの根元には[R]がみられる。

問５　植物は命をつなぐために種子をつくっています。しかし，その受粉の方法はさまざまです。下の表に，自家受粉と他家受粉についてまとめました。(　)にあてはまる他家受粉の利点を答えなさい。

	自家受粉	他家受粉
利点	・高い確率で受粉することができる ・花粉を大量につくらなくてもよい	(　　　　　　　　　　)
欠点		・昆虫や風などのはたらきがなければ，受粉できない ・花粉を大量につくらなければならない

2　**次の文章を読んで，あとの問いに答えなさい。**

かつて，私たち人類は馬や牛などの動物の力，水や風の力をエネルギー源として使ってきました。しかし，18世紀後半に産業革命が起こり，石油や石炭，天然ガスなど化石燃料をエネルギー源として使うようになりました。その結果，二酸化炭素が大量に放出され，大気中の二酸化炭素の量が急激に増えました。このような人類の活動により放出された二酸化炭素のうち，約30％が海に吸収されていると考えられています。地球温暖化の進行を予測するためには，その吸収量や変化を知ることが大変重要です。1990年代から進められた国際的な観測により，次のようなことがわかりました。

・[人類が放出した二酸化炭素]と[海に吸収された二酸化炭素]の割合は，今も産業革命前とほとんど変わっていない。
・海水温だけで考えると，より多くの二酸化炭素が(　①　)付近の海に溶《と》けると考えられる。現在，(　①　)付近の海にはすでに二酸化炭素がたくさん溶けていて，これ以上溶けることができない状態にある。

二酸化炭素を吸収する海には，地球温暖化の進行を和らげる重要な役割があります。一方，二酸化炭素が多く溶けこむことにより，海の水は年々(　②　)性が強くなってしまいます。このことで多くの海洋生物に影《えい》響《きょう》をあたえるおそれがあるのです。

問１　下の表は水１cm^3 あたりに溶ける二酸化炭素の体積を，温度別に表したものです。60℃の水300cm^3 には何cm^3 の二酸化炭素が溶けますか。

温度[℃]	0	20	40	60	80
二酸化炭素の体積[cm^3]	1.72	0.88	0.53	0.37	0.28

問２　文中の(①)(②)にあてはまる語句をそれぞれ１つずつ選び，記号で答えなさい。

①　(ア)　赤道　　(イ)　北極　　(ウ)　日本　　(エ)　ハワイ

②　(ア)　酸　　(イ)　中　　(ウ)　アルカリ

問３　文章中の下線部はどのようなことを意味しますか。もっとも適当な説明を次の(ア)～(エ)から１つ選び，記号で答えなさい。

(ア)　今も産業革命前も人類が放出する二酸化炭素の量はほとんど変化していない。

(イ)　産業革命以降，約200年間で排出《はいしゅつ》する二酸化炭素の量は増えたが，海水温が変化したことにより，海水に溶ける二酸化炭素の量が増えた。

(ウ)　産業革命以降，約200年間で海水温が変化したことにより，海水に溶ける二酸化炭素の量は減ったが，技術の発達により二酸化炭素の排出量も減っている。

(エ)　産業革命以降，約200年間で大気中の二酸化炭素濃度《のうど》が上がったことにより，海水に溶ける二酸化炭素の量が増えた。

問４　二酸化炭素は地球温暖化におよぼす影響がもっとも大きな温室効果ガスです。二酸化炭素に次いで影響をおよぼしている温室効果ガスは何ですか。また，その大きな原因となっているものは何ですか。下の(ア)～(エ)からそれぞれ１つずつ選び，記号で答えなさい。

【温室効果ガス】

(ア)　二酸化窒素《ちっそ》　(イ)　メタン　(ウ)　オゾン　(エ)　二酸化硫黄《いおう》

【原因】

(ア)　冷蔵庫やエアコンの冷媒《れいばい》　(イ)　自動車の排ガス

(ウ)　家畜《かちく》のげっぷ　(エ)　工場の煙

問５　ある年の世界全体の二酸化炭素排出量は330億トンでした。このうち，30％が海に吸収されたとします。海に吸収された二酸化炭素の量は，二酸化炭素中に含《ふく》まれる炭素の重さで表します。その年，海に吸収された二酸化炭素中の炭素の重さが27億トンだったとします。このことから二酸化炭素中に含まれる炭素の重さの割合はいくつだと考えられますか。もっとも簡単な分数で答えなさい。

3　**下の図は河口付近の地形を模式的に示したものです。あとの問いに答えなさい。**

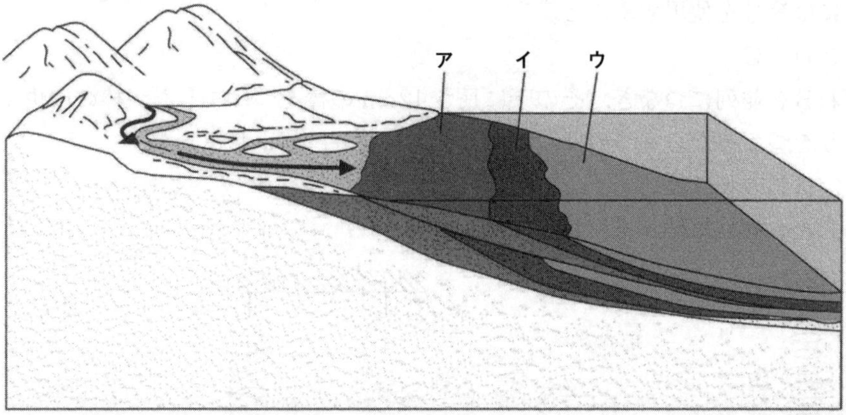

問１　この地形の河口部には，河川によって運ばれた土砂が堆積《たいせき》することにより形成された特《とく》徴的《ちょうてき》な地形がみられます。この地形の名前を答えなさい。

問２　図のア～ウは，何をさしていますか。**泥《どろ》**，**れき**，**砂**から選んで，それぞれ答えなさい。

問３　問２をふまえ，図のア～ウのように順に海底に土砂が堆積していくのはなぜですか。文中の(①)(②)に適当な言葉をそれぞれ答えなさい。

土砂の粒《つぶ》が(　①　)ほど，海岸線に近いところに運ばれ，土砂の粒が(　②　)ほど，海岸線から離れたところまで運ばれやすいから。

問4　川の水の運搬《うんぱん》力は，ある断面積を通過する水の重さと関係しています。川の流れの速さが1秒間に5 cm のとき，川の断面積1 m^2 あたり1秒間に何 kg の力を受けるか答えなさい。ただし，水1 cm^3 の重さは1 g とします。

問5　アオウミガメは砂浜に産卵をします。産卵された砂浜の温度で雌雄《しゆう》が決まり，ある基準となる温度よりも高いとメスに，低いとオスになります。昨今，地球温暖化により砂浜の温度が上昇《じょうしょう》し，雌雄の個体数に差が出ることで，繁殖《はんしょく》に不都合が生じるといわれています。

地球温暖化によるアオウミガメの繁殖への影響《えいきょう》はこれだけではありません。この他にどのような要因が考えられますか。産卵地形との関わりをふまえ，次の文中の(　)をうめなさい。

地球温暖化により，(　　　　　　　　　　　　　　　　　　　　　　　　　)。

4　**ばねについて，あとの問いに答えなさい。**

A～Dの4種類のばねを用意しました。それぞれのばねにおもりをつるし，おもりの重さとばねの長さの関係を調べたところ，右のグラフのようになりました。ただし，ばねと棒の重さは考えないものとします。また，答えが割り切れない場合は，小数第1位を四捨五入し，整数で答えなさい。

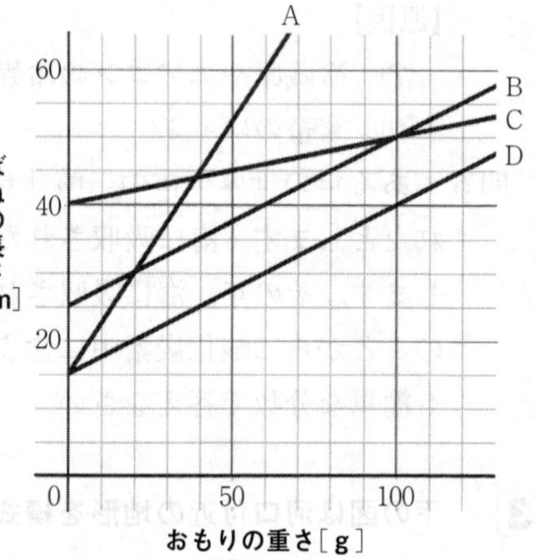

問1　ばねに同じ力を加えたとき，ばねののびが大きいばねを，「のびやすいばね」とよぶことにします。ばねA～Dをのびやすい順に並べ，不等号を用いて表しなさい。ただし，同じのびやすさのばねがある場合には等号を使用すること。

(例)　B＞A＞D＝C

問2　ばねAとばねBを並列につなぎ，その下に長さ12cm の棒をつけました。棒の中央に，ある重さのおもりをつるしたら2つのばねは同じ長さになり，静止しました。

①　このとき，ばねの長さは何 cm になりましたか。

②　棒につるしたおもりは何 g ですか。

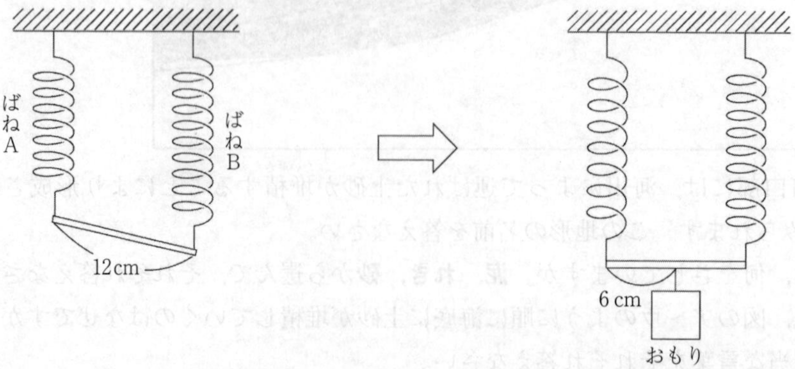

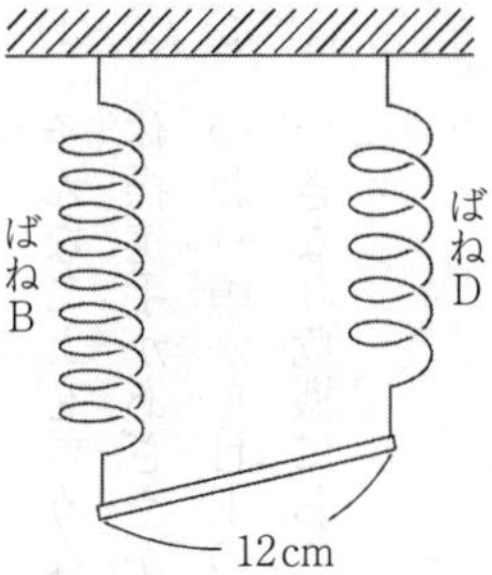

問３　問２と同様に，ばねＢとばねＤを並列につなぎ，その下に長さ12cmの棒をつけました。棒に120ｇのおもりをつるして，２つのばねが同じ長さになるようにしました。

①　このとき，ばねの長さは何cmになりましたか。

②　おもりをつるした位置は，ばねＢから何cmのところですか。

問４　ばねＡとばねＤを直列につなぎました。このばねにつるしたおもりの重さと，そのときのばねの長さの関係を解答らんのグラフに表しなさい。

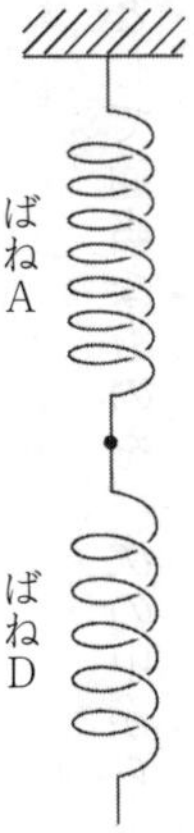

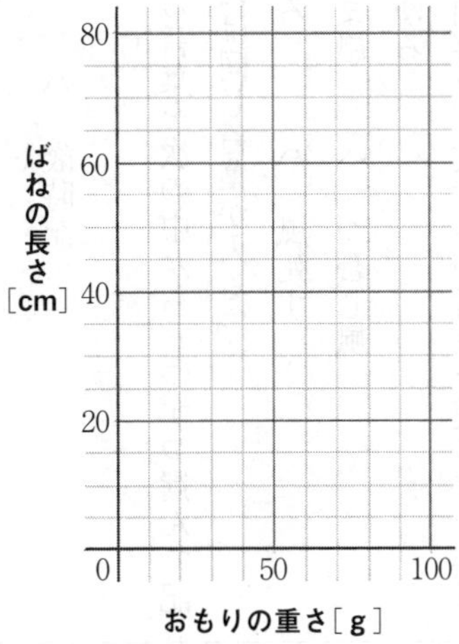

問５　ばねＢを10cmと15cmとなるように切りわけ，２つのばねにしました。10cmのばねにおもりをつるすと，15cmのばねに40ｇのおもりをつるしたときと同じ長さになりました。10cmのばねにつるしたおもりは何ｇですか。

問4　――線②「ポーカーフェイス」を説明した次の文の【　】に当てはまる言葉を、文章中から二字でぬき出しなさい。

・【　】を変えないこと。

問5　C に当てはまる言葉として適当なものを、次の中から一つ選んで記号で答えなさい。

イ　時刻表　ロ　四季報　ハ　歳時記《さいじき》
ニ　見聞録　ホ　風土記《ふどき》

問6　D ～ G に当てはまる言葉を次の中から一つずつ選んで記号で答えなさい（同じ記号には同じ言葉が入る）。

イ　風暑し　ロ　風躍《おど》る　ハ　風死す
ニ　風光る　ホ　すきま風　ヘ　つむじ風
ト　色なき風　チ　風冴《さ》ゆる

問7　――線③「その」が指す内容を、文章中の言葉を使って十字以上二十字以内で説明しなさい。

問8　――線④「風一つとっても」とあるが、次の「風」に関する季語の季節を、それぞれ漢字で答えなさい。

(1)　木枯《こがらし》
(2)　雪解風《ゆきげかぜ》

四

次の文の――線のひかれたカタカナは漢字に直し、漢字はその読みをひらがなで答えなさい。ただし③は、送《おく》り仮名《がな》も書くこと。

①　そんなことを言うならもうコンリンザイ話をしない。
②　体操選手《たいそうせんしゅ》があざやかにチュウガエりして着地した。
③　つね日頃《ひごろ》から目上の人をウヤマウ態度を忘れない。
④　いきなり危機におちいった主人公の胸中やいかに。

句会は、完全［Ｂ］です。句会では、大人も子どもも、三十年のベテランも昨日俳句をはじめた人も、年齢《ねんれい》や性別や職業にかかわらず、みなが平等に扱《あつか》われます。初心者だからといって甘《あま》やかしてはくれませんが、そのことがかえって、一創作者として尊重されているようで嬉《うれ》しいのです。私も①女子高生という窮屈《きゅうくつ》な制服を脱《ぬ》いで、一人の作者として座に加わりました。

「この句は季語が効いてますねえ」「少し甘いけど、発想は面白《おもしろ》いんじゃないかな」。私の句について語られるときも、他の参加者はまだ作者を知らないから、②ポーカーフェイスで聞きます。「さて、評は出そろいました。では、この句の作者はどなたでしょう？」。合評の最後に初めて、作者の名前が明かされます。名乗る瞬間《しゅんかん》のどきどきも、作った俳句を本音で語り合う喜びも、初めての経験でした。句会のライブ感、楽しい！　俳句では、作品を共有し合う句会という場が、言葉への興味を何倍にも増幅《ぞうふく》させてゆくのです。

俳句を作るようになってから、学校の行き帰りが楽しくなりました。住んでいたのは蜜柑《みかん》山のふもとです。片道四十分、自転車を一人で漕《こ》ぐ道のりは、夏は暑いし冬は寒いし大変だなあと思っていましたが、実はその四十分が、季語と出会うスペシャルタイムだったのです。

俳句をはじめるとき、母から［Ｃ］をもらいました。［Ｃ］は、季語の辞典です。季節を表す言葉が春夏秋冬に分類され、解説のあとに過去の名句が例として載っています。季語には、桜や水着、紅葉やおでんのようによく知っている身近なものもあれば、初めて出会う言葉もたくさんありました。

たとえば、春の季語である「［Ｄ］」も③その一つでした。輝《かがや》く日差しに、見えるはずのない風までまばゆく感じる、春の光量を言いとめた季語です。［Ｄ］、［Ｄ］、と唱えながら自転車を漕ぐと、町のビルもお堀《ほり》の柳《やなぎ》も、にぎやかに光りはじめます。「風」つながりでいくと、夏は「［Ｅ］」。ぱたりと風がやみ、息苦しい暑さです。ああ風よ、復活せよ、汗《あせ》だらだらで入道雲を目指します。秋は「［Ｆ］」。スマホの写真機能で、セピア色の加工を加えたイメージです。冬は「［Ｇ］」。大気が澄《す》んでさえざえと吹《ふ》き渡《わた》る風です。寒い寒いと耐《た》える通学も〈［Ｇ］坂を一直線に漕げ〉と詠《よ》めばまるでヒーローのよう。

④風一つとっても、季語の多様な表現を知れば、季節によってまったく違《ちが》う表情が見えてきます。今、みなさんのまわりには、どんな風が吹《ふ》いていますか？　色は？　匂《にお》いは？　きっとその風にも、名前があるはずです。

（神野紗希《こうのさき》『俳句部、はじめました——さくら咲《さ》く一度っきりの今を詠む』による）

問１　［Ａ］に当てはまる漢数字を答えなさい。

問２　［Ｂ］に当てはまる言葉として適当なものを、次の中から一つ選んで記号で答えなさい。

イ　競争主義　ロ　現実主義　ハ　合理主義

ニ　実力主義　ホ　秘密主義

問３　——線①「女子高生という窮屈な制服を脱いで」とはどのような意味か。その説明として最も適当なものを、次の中から一つ選んで記号で答えなさい。

イ　性別や立場といった素性《すじょう》を、他の人に知られないようにして

ロ　年齢や身分といった、自分自身をしばる社会的立場を離《はな》れて

ハ　若さや美しさといった生命のきらめきを、ひた隠《かく》すようにして

ニ　勉強や試験といったやらねばならないことを、すべて放棄《ほうき》して

ていたら、友だちが増えたこと。

ハ　昨日は久しぶりの休日だったので、自由になる時間を有効に使ってジョギングに励《はげ》んだこと。

ニ　遠くから自分の名前を呼ばれたが、目立って恥《は》ずかしいのでやめてほしいと思ってしまうこと。

ホ　タイムはよくなかったがマラソン大会で優勝できる気がして、練習を頑張《がんば》ったら入賞できたこと。

問7　――線⑤「人を食ったような」という言葉が正しく使われているものを、次の中から一つ選んで記号で答えなさい。

イ　弟の人を食ったような態度は、周囲から反感を買ってしまった。

ロ　彼女《かのじょ》の人を食ったような経験談は、一度聞いてみる価値がある。

ハ　生徒会長の堂々とした演説は、人を食ったような迫力《はくりょく》があった。

ニ　友人は私を励まそうとして、人を食ったような顔をしてみせた。

問8　――線⑥「それ」の指す内容を二十字以上三十字以内で説明しなさい。

問9　――線⑦「私たちの祖先が生き残るためには何が必要であったか」とあるが、「必要であった」のはどのようなものか。次の中から適当なものを、二つ選んで記号で答えなさい。

イ　食べ物のある場所を覚えておく能力

ロ　敵に食料を奪《うば》われないための強い腕力《わんりょく》

ハ　木に登ったり降りたりできる強い脚力《きゃくりょく》

ニ　比較的血のつながりの濃い家族的な集団

ホ　視覚・聴覚・嗅覚・触覚・味覚の五感から得た情報

問10　――線⑧「そう考える」とは、どのように「考える」ことか。その説明として最も適当なものを、次の中から一つ選んで記号で答えなさい。

イ　生き残るためには、他の集団とのコミュニケートや関係をうまく保つことが必要だと考えること。

ロ　生き残るためには、大脳新皮質が他の部位よりもさかんに活動しなければならないと考えること。

ハ　生き残るためには、グループ内の他の個体と協力してやっていく方がよいと考えること。

ニ　生き残るためには、数百人以上の規模の大きな部族で活動する方が有利だと考えること。

問11　[F]に当てはまる七字の表現を、文章中の言葉を使って答えなさい。

三

次の文章を読んで、後の1～8の問いに答えなさい(問題の都合上、本文を変えているところがあります)。

句会は、次のような流れで進んでゆきます。

1　〈投句《とうく》〉作った俳句を、短冊《たんざく》(細く切った紙)に書き提出する
2　〈清記《せいき》〉投句をシャッフルして、作者を伏《ふ》せ、一覧に清書する
3　〈選句《せんく》〉清記を回覧し、好きな句を書き抜《ぬ》く
4　〈披講《ひこう》〉選んだ俳句を、各自順番に発表する
5　〈合評《がっぴょう》〉点数の入った句から順に俎上《そじょう》に載《の》せ、自由に語り合う

驚《おどろ》いたのは、誰《だれ》が作ったのか分からない状態で、[A]音だけを見て俳句を選評するというシステムです。作者名を隠《かく》して評し合う

料を分けてもらったり、手が必要なときに手伝ってもらったり、協力して狩りをしたり、捕食者を見つけたらいち早く知らせてもらったりと、生き残るうえで大いに有利だったと考えられます。

⑧そう考えると、今の私たちも、普段《ふだん》職場や趣味《しゅみ》や地域活動で親しくつきあっている人や、もし小中高校生であれば同級生と仲違《なかたが》いするとなぜ落《お》ち込《こ》むのかが理解できます。

私たちは人間関係がうまくいかないと不安になりますが、それは不安という気持ちが起きることによって「何かがうまくいってないから注意するように」というメッセージを心が発しているといえます。そして、そのメッセージが人間関係を F ような行動を促《うなが》し、自分のグループから排除《はいじょ》されることを防ぐ行動をとらせます(Buss, 1990)。

それに対して、気分がいいときというのは、自分の人生がうまくいっていると感じられるときです。周囲の人とも問題なくやっていると判断しますし、将来への不安もないと考えるでしょう(Mayer et al., 1992)。そういう状態では、自分の今の状況を慎重《しんちょう》に調べて考え直す必要はありませんし、周囲の環境や人間関係については、ある程度いい加減な情報収集と処理でもよいのです。

(藤田政博《ふじたまさひろ》『バイアスとは何か』による)

問1 A ～ D に当てはまる言葉として適当なものを、次の中から一つずつ選んで記号で答えなさい(同じ記号は二度使えない)。

イ また　ロ しかし　ハ つまり

ニ たとえば　ホ なぜなら

問2 ――線①「ダイレクト」の意味として最も適当なものを、次の中から一つ選んで記号で答えなさい。

イ 楽観的　ロ 直接的

ハ 現実的　ニ 結果的

問3 ――線②「ポジティブなバイアス」とあるが、この「バイアス」が有利に働く環境はどういう環境か。文章中から四十九字で探し、最初の五字をぬき出しなさい。

問4 ――線③「認知がゆがんでいるとダメかというと、かならずしもそうとはいえないのです」とあるが、それはどうしてか。その理由を説明した次の文の中から筆者の考えに当てはまらないものを、一つ選んで記号で答えなさい。

イ「自己高揚バイアス」というゆがみにより、日々前向きに生きていくことができるようになるから。

ロ 他者の望ましくない行動に着目するバイアスというゆがみにより、人との付き合い方がわかるから。

ハ ネガティブなバイアスというゆがみにより、自分の大切なものを失われずにすむから。

ニ ポジティブなバイアスというゆがみにより、基本的に他人にだまされにくくなるから。

問5 E に当てはまる言葉として適当なものを、次の中から一つ選んで記号で答えなさい。

イ 環境の変化　ロ 情報の収集

ハ 身体の構造　ニ 人間の進化

問6 ――線④「認知のゆがみ」について、次の(1)、(2)の問いに答えなさい。

(1) 同じ意味の四字の言葉を、文章中からぬき出しなさい。

(2)「認知のゆがみ」とは具体的にどのようなものか。次の中から適当なものを、二つ選んで記号で答えなさい。

イ 放課後ははやく家に帰りたいので、教室の掃除《そうじ》なんてしたくないなと思ってしまうこと。

ロ クラスで自分が人気者だと思《おも》い込《こ》んでみんなにニコニコし

リチャード・ドーキンスの『利己的な遺伝子』です。なお、自分の遺伝子が残ることが重要であるという考えでは、子や孫といった直系の血族だけでなく、きょうだいやいとこやその子孫などの生き残りも重視します。そもそも自分の子どもでも自分の遺伝子を継ぐ率は50％ですから、子ども以外の個体でも自分と似ている度合いの高い遺伝子が残ればそれでよいからです。

生き残りに必要な要素

それでは、生き残るのにどんな要素が必要だったか、考えてみましょう。ここでは、中心に関係がありそうな要素にしぼって考えていきます。

そのためにはまず、⑦私たちの祖先が生き残るためには何が必要であったかを考えねばなりません。それを考えるには、私たちの祖先がどのような環境で暮らしてきたかを想像することが役に立ちます。

現在の人類の祖先は、20万年ほど前にアフリカのエチオピア・ソマリア付近で誕生した(Stringer, 2003)といわれています(ただ、誕生の過程は複雑であるともされています[Acker-mann et al., 2016])。地球の長期的な気候のサイクルからすると当時の北アフリカは湿潤《しつじゅん》で(deMenocal et al., 2000)、６０００年ほど前までは植物が広がり、現在のサハラが広がる地域のほとんどはサバンナやステップであったと考えられています(Hoelzmann et al., 1998)。現在の人類の祖先は森林のなかで、木に登ったり降りたりしながら、食料を探し、ときに狩《か》りをし、また、捕食者《ほしょくしゃ》から身を守って生きていたと考えられます。比《ひ》較的《かくてき》血のつながりの濃《こ》い家族的な集団がいくつも集まって集団を作り、協力しあって生きていました。また、二足歩行をしながらサバンナでも暮らしていたようです。そのような状況《じょうきょう》で必要だったのは、どんな要素だったでしょうか。

物理的環境への適応

まず、森林のなかを自由に移動できなければなりません。昼間活動するならば、光を使って周りの木の形や枝の形、地形などを見分ける必要があります。また、自分を襲《おそ》う捕食者に気づいて逃《に》げなければなりません。食べ物がある場所を見つけて覚えておくことも必要です。口に入れたものが、自分の体にとって良いものかどうか判断できる必要もあります。そう考えると、私たちの視覚・聴覚《ちょうかく》・嗅覚《きゅうかく》・触覚《しょっかく》・味覚はそういった必要を満たすために発達し、受け継がれてきたと考えられます。(中略)

対人関係的(社会的)環境への適応

そして、私たちの祖先はグループを作って暮らしていました。類人《るいじん》猿《えん》の推定グループサイズは5から20、30人くらいであり(Janson & Goldsmith, 1995)、人間の祖先もそのくらいの大きさのグループで移動しながら暮らしていたと考えられます。集団内の他の個体の行動について覚えておくには脳が大きくなければなりません。大脳新皮質の大きさから推定した人間の集団サイズは１４７・８人という研究があります(Dunbar, 1993)。そして、狩猟採集社会《しゅりょうさいしゅうしゃかい》で生活するさまざまな部族の集団の大きさについての20世紀の調査結果を見ると、最小集団のキャンプ(寝泊《ねと》まりして一緒《いっしょ》に暮らす集団)が20人から50人くらい、それより大きな「バンド」または村が60人から２００人くらい、それより大きな部族(tribe)が４００人から２０００人くらいでした。

これだけ大きなグループで活動するならば、グループ内の他の個体と協力してやっていくことが必要です。そのために、言葉を使って他の個体とコミュニケートしたり、関係をうまく保つような仕組みを持つ個体が生き残ったはずです。他の個体とうまくやっていければ、食るという指摘《してき》があります（Shettleworth, 2010）。

ゆがんだ認知は受《う》け継《つ》がれてきた

そのようにして、私たちの祖先は何万年にもわたり対人関係をうまくこなして同じグループの個体と協力し、必要な食料や住居、パートナーを得てきました。そうして生き残って子孫を残してきた人々の末《まつ》裔《えい》が私たちです。そうすると、私たちが今持っている自分や他者についての④認知のゆがみというのは、それが生き延びるのに有利だった、少なくとも不利ではなかったために受け継がれてきたと考えるのが合理的です。

生物は、遺伝子を子孫に伝えるための装置、「遺伝子の乗り物」であるという考え方があります（ドーキンス、1991）。その考え方からすると、人間の体の仕組みはもちろん、心の仕組みも生き延びるのに成功した個体が持っていたものが受け継がれてきたと考えられます。

そうすると、人間が今持っている認知の能力やその仕方は、生き残るのに有利に働いたものが現在まで伝わっているのであって、現実をあるがままに認知できるかどうかは二の次であったと考えられます。

私たちは、自分が世界をありのままに正しく認知していると思っているので、私たちの認知機構も世界を十分に、正しく認知するために進化してきたと考えがちです。しかし、実際には生き残りに必要で、それに適合したものが引《ひ》き継《つ》がれてきている（ホフマン、2020）、というのは大事な視点です。

生き残りマシンとしての生物

少し回り道になりますが、「遺伝子の乗り物」の話をもう少し続けましょう。

生物は何のために生きているのでしょうか。これについてはいろいろな答えが考えられますが、「生き延びるため」という答えがありえます。生きることの目的が生き延びるため、というのはなんだか⑤人を食ったような答えですが、この後の話の前提になります。

生物は環境に適合するように進化したと考えられています。遺伝子にさまざまな変異（バリエーション）が生じ、生物の身体などで違《ちが》った形を生み出します。⑥それが生き残りに適したものだった場合、子孫に遺伝子が伝えられていくという考え方です。「利己的な遺伝子」という言葉をどこかで耳にした方もいらっしゃるかもしれません。そのベースになっているのはこのような考え方なのです。

進化心理学は進化の考え方を取り入れた心理学の一分野です（Buss, 2019）。進化という場合、通常は身体の構造について言われる場合が多いでしょう。たとえば、鳥のくちばしの形が生息する場所によって異なるのは、餌《えさ》を採るのに都合のよい形が環境によって異なっていたからだと説明されたりします（Lamichhaney et al., 2015）。環境に合った身体の形を持ったものが自然選択《しぜんせんたく》の結果生き残ったというわけです。進化生物学では、私たちの今の身体の仕組みは、私たちの祖先が当時生きていた環境での生き残りに有利だったものが残って受け継がれてきたと考えるのです。それと同じように、進化心理学では、今の私たちがもっている心の仕組みは、それが私たちの先祖の生き残りに有利だったから現在まで受け継がれてきていると考えます（そして、今この瞬間《しゅんかん》も変異が生じて選択が起きていると考えます）。

「生き延びる」と言いましたが、生物は個体としての自分が生き残るだけでなく、自分の遺伝子をコピーして、自分と同じ遺伝子を持った個体を残そうとします。個体としての自分は一代で滅《ほろ》びますが、遺伝子は受け継がれた子孫のなかで生き続けます。自分の遺伝子が受け継がれていくこと、これこそが生物が「生き延びる」こととして重要なのです。以上のことを正面から主張したのがイギリスの進化生物学者事」をしたのか。その理由として最も適当なものを、次の中から一つ選んで記号で答えなさい。

イ　友だちを作るためにも、兄には今かまってほしくないから。

ロ　友だちができないことを、兄に知られるのがはずかしいから。

ハ　本当は友だちを作りたくないが、兄に心配をかけたくないから。

ニ　本当は友だちはほしくないけれど、兄とは一緒に散歩したいから。

二　次の文章を読んで、後の1～11の問いに答えなさい（問題の都合上、本文を変えているところがあります）。

ゆがんだ認知《にんち》のメリット

まずは、自己についての認知がゆがんでいることによる心理的なメリットを考えてみましょう。

[A]、自分自身を実際よりもいいものだと考える「自己高揚《じここうよう》バイアス」（John & Robins, 1994）というバイアスがあります。これがあれば、精神的にポジティブに過ごすことができますし、周囲の他者とも積極的に関わることができ、良い関係を維持《いじ》できるでしょう。生きていくうえで欠かせないさまざまな作業もはかどるかもしれません。一方、精神的に十分にポジティブでなければ活動量が落ちたり自殺を考えたりと生存に①ダイレクトに影響《えいきょう》します。このように、精神的にポジティブな状態でいることは、われわれが生物として生きていくうえでとても重要なことです。

[B]、他の例として、基本的に人間は好ましいものだと思っていれば（これを「パーソン・ポジティビティ・バイアス」［Sears, 1983］といいます。）他者に感じよく接することができ、他者と良好な関係を築くのに役立ちます。相手の立場からすると、初対面で感じよくしてくれる人とはいい関係を作りやすいでしょう。このように、パーソン・ポジティビティ・バイアスを持っていれば、周囲の協力者を増やすことができ、それだけ助けてもらえる機会が増えて、結果として生き延びることが容易になるでしょう。

他者が基本的に信頼《しんらい》できる行動をとり、新しく知り合いになった人ともオープンに付き合うことができる環境《かんきょう》では、パーソン・ポジティビティ・バイアスは役に立つでしょう。一方で、周囲の他者が信頼できない行動をとりがちな環境では、他者は基本的に信用できないと認知し、決まった相手とのみ付き合ったほうが、自分の大事なものが失われずに済みます（Yamagishi et al., 1998）。

②ポジティブなバイアスとネガティブなバイアスのどちらが生き延びるのに役立つかは、その人の周囲に協力的な人が多いか、危害を加えて収奪《しゅうだつ》しようとする人が多いかという、環境次第《しだい》です。環境に適したバイアスは人間関係的世界（自分の周囲の人間との相互作用《そうごさよう》が連続していって人間関係が構築され、それが自分の環境となっていく状態）を生き延びるのに有利に働きます。

したがって、③認知がゆがんでいるとダメかというと、かならずしもそうとはいえないのです。他者の望ましくない行動に着目するようなバイアスがあれば、周囲の人を実際以上に悪いと認知するでしょう。この世は「憂《う》き世《よ》」だと思うようになるかもしれません。[C]、そのときに得た情報で身近な人の性格的特徴《とくちょう》が確実にわかるなら、そのほうが役に立ちます。[D]、その人と協力関係を築くかどうか、長く付き合うべきかどうかがわかり、自分が生きていくうえで必要なときに適切な人から助けが得られる可能性が高まるわけです。

人間について認知することを「社会的認知」または「対人認知」といいますが、これは次に述べるように、[E]と深く関わってい

ロ　自分と一緒にインドネシアに行くことよりも、自分がいなくても日本に残ることを健一郎と朝子が選んだから。

ハ　忙《いそが》しいことを理由に子どもといることを避《さ》けてきた自分のことを、子どもたちが信用していないと気づいたから。

ニ　自分が料理やそうじをすることができないせいで、子どもたちはインドネシアについて来ないのだと思ったから。

問4　――線③「うすいまくがおりてきます」とは「朝子」のどのような状態を表すと考えられるか。その説明として最も適当なものを、次の中から一つ選んで記号で答えなさい。

イ　気を失ってしまうほど、辛《つら》いことを思い出している状態。

ロ　自分でも気づかぬうちに、涙《なみだ》を流してしまっている状態。

ハ　自分の想像の中に入《はい》り込《こ》んで、ぼんやりとしている状態。

ニ　母のいない寂《さび》しさに、歯を食いしばってたえている状態。

問5　――線④「いろいろ事情があっていままで兄妹のつきあいをしてこなかった」について、次の(1)、(2)の問いに答えなさい。

(1)　「いろいろ事情があって」とあるが、どういう事情か。それを説明した次の文の【　】に当てはまる表現を文章中から三十二字で探し、最初の五字をぬき出しなさい。

・【　　　】という事情。

(2)　「いままで兄妹のつきあいをしてこなかった」とあるが、この二人の関係を比喩《ひゆ》を用いて表した表現がふくまれている一文を文章中から探し、最初の五字をぬき出しなさい。

問6　――線⑤「ほかに方法がないんだ」とあるが、「方法」とはここではどのようなことを指しているか。「～方法。」に続くように十字以内の表現を考えて答えなさい。

問7　――線⑥「黒いワンピースを着た」とあるが、どうして「おばさん」は「黒いワンピースを着」てきたのか。その理由を二十字以内で説明しなさい。

問8　――線⑦「準備」とあるが、具体的にどのようなことをしておくのか。その説明として最も適当なものを、次の中から一つ選んで記号で答えなさい。

イ　二人で住めるように物置を改築し、生活用品や食料をそろえておくこと。

ロ　これからおばさんとなかよく生活するために、心の準備をしておくこと。

ハ　インドネシアに出発するため、日本から持参するものを買っておくこと。

ニ　二週間したら運送屋が来るから、その時までに荷物をまとめておくこと。

問9　――線⑧「ほんの少し、くちびるを横にひろげます」とは「おばさん」のどのような表情を表しているか。それを説明した次の文の【　】に当てはまる言葉を五字以内で考えて答えなさい。

・【　　　】表情。

問10　D～F に当てはまる表現として適当なものを、次の中から一つずつ選んで記号で答えなさい。

イ　いっしょの生活はいやでしょ？

ロ　こんなところに、人が住めるの……

ハ　わたくしだって、住みたくありません

ニ　すみません。いやということじゃ……

ホ　わたしたち、おばさんといっしょに住まなくていいのですか？

ヘ　もうしわけありません。でも、本当の気持ちなのでごめんなさい

問11　――線⑨「うその返事」とあるが、なぜ「朝子」は「うその返

「［F］」

言葉につまった朝子に、おばさんが小さく首をふってみせます。

「いいのです。わたくしも同じですから」

子どもたちの先頭を歩いていたおばさんは、踏《ふ》み石《いし》が四つ目になるところで左に曲がり、庭の奥を指さしました。

植えこみのあいだから、黒い屋根と白いかべが見えます。

「物置だったのです。ちゃんと住めるようにしておきましたよ」

家の前まで来ると、おばさんはふたりにそれぞれ家のカギをわたして、帰っていきました。

家には、台所、ふろば、洗面所のほかに、たたみの部屋がふたつありました。

台所には冷蔵庫があり、あけると、野菜室にも冷凍室《れいとうしつ》にも食品がいっぱい入っていました。

朝子は台所の窓から庭の植えこみに目をやりました。

「母さん、天国でびっくりしているかもしれないね」

「そうかもな。父さんは母さんと結婚《けっこん》するとき、家族に反対されて、家を追いだされたらしい。それっきり、親せきともつきあわなかったって」

「きいたの?」

「うん。おばさんにめいわくをかけないでくれって。きっと、父さんはおばさんの世話になりたくなかっただろうな」

「そうだね」

いいながら、朝子は自分たちをひきとったおばさんの気持ちを考えていました。

おばさん夫婦《ふうふ》には子どもがいなくて、お手伝いさんと三人で暮らしています。

越《こ》してきた日の夜に、おばさんたちといっしょに食事をしたけれど、会社を経営しているというおじさんは無口で、朝子たちとはほとんど話しませんでした。

おばさんも子どもたちとかかわりたくないのか、それ以後、朝子たちを家にまねくことはありませんでした。四月の終わりに越してきてから、一年たつまでのあいだ、母屋《おもや》へ行ったのは正月の元旦《がんたん》だけでした。

朝子は、学校にいるとき、できるだけひとりでいるようにしました。いまの生活を知られたくないので、だれとも話さないで、だれとも友だちになりたくなかったのです。

ぼつぼつ梅雨《つゆ》に入りそうな夕方、朝子は神社の近くの公園にいました。健一郎がめずらしく、朝子を散歩にさそったのです。

「家にばっかりいないで、外であそべよ。友だちといっしょにさ」

「うん、そうする」

健一郎に⑨うその返事をしながら、朝子は夕空を見あげました。日はとっくに暮れていて、木々は少しずつ影絵《かげえ》のようになっていきます。

（中川《なかがわ》なをみ『バトン』による）

問1　――線①「父さんの話」の内容とはどのようなことか。三十五字以上四十五字以内で具体的に説明しなさい。

問2　［A］～［C］に当てはまる言葉として適当なものを、次の中から一つずつ選んで記号で答えなさい（同じ記号は二度使えない）。

イ　ざっと　　ロ　ぱっと　　ハ　ほっと

ニ　ちらっと　　ホ　ぼそっと

問3　――線②「おれは、よほどたよりない父親なんだな」と「父さん」が言った理由として最も適当なものを、次の中から一つ選んで記号で答えなさい。

イ　朝子が自分と二人で生活することに楽しさを見つけられず、兄と一緒《いっしょ》におばの家で生活しようと決意したから。

「時間がないんだ。しょうがないだろ？」

父さんはいつものように荒《あら》っぽくいったけれど、すぐにやさしい声になりました。

「すまない。でも、⑤ほかに方法がないんだ。わかってくれないか」

目まぐるしくいろいろなことがかわり、ばたばたしているうちに父さんの出国の前日になりました。

その日の夕方、父さんの妹という人が、朝子たちの家をたずねてきました。

⑥黒いワンピースを着たおばさんは、大きな花束といっしょにあらわれました。

おばさんの頭には、ネットのついた黒い小さなぼうしがあって、ネックレスもイヤリングも黒っぽい大つぶの真珠《しんじゅ》でした。

はじめて会ったおばさんは、日焼けしたたたみの上にきちんと正座しています。

「はじめてお会いしますね。どうぞよろしく」

おばさんの声は、はっとするほど澄《す》んでいてきれいでした。

おばさんはしずかに頭をさげたあと、仏壇《ぶつだん》の前に進み、母さんに花と線香《せんこう》をたむけました。

父さんが「世話になります」と頭をさげると、おばさんは「おあずかりします」と、やはり頭をさげました。

ふたりのやりとりはぎこちなくて、まるで他人同士のようでした。

「これから⑦準備にかかります。二週間ほどかかりそうです」

おばさんは、二週間したら運送屋をよこすから荷物をまとめておくようにといいのこして、早々に帰っていきました。家にいるあいだ、おばさんはただの一度もわらわなかったし、朝子と目をあわすこともありませんでした。

上品で洋服もすてきだけれど、つめたい人かもしれないというのが、朝子の印象です。

父さんが出国し、あっというまに約束の二週間もすぎました。

朝子たちは、おばさんが手配してくれた運送屋のトラックに、まとめた荷物といっしょに乗りこみました。

おばさんの家はテレビドラマに出てくるようなりっぱなお屋敷《やしき》でした。

木でできた大きな門には屋根までついていて、門の向こうには、つややかな黒い飛び石が一列につづいています。飛び石の先に、屋敷の玄関《げんかん》とびらが見えました。

（あんなりっぱな家に住むの？）

朝子のからだがこわばってきます。他人《ひと》ごとなら、うらやましがるかもしれないけれど、自分のこととなると、つい、こわくなってしまいます。それに、あのおばさんといっしょなのです。

門の前で、おばさんは朝子たちが来るのを待っていてくれました。

おばさんは、運送屋に荷物をはこぶ場所を説明したあと、朝子たちと向きあいました。

「健一郎さんと朝子さんね。よくいらしたわ」

おばさんはふたりの名前をよびながら、⑧ほんの少し、くちびるを横にひろげます。

「あなたがたの家は、庭の奥《おく》にあります」

「えっ？　あなたがたの家って……［　D　］」

ほっとしたとたんに、本音をいってしまった朝子に、おばさんはちょっとおどろいたようでした。

「ええ、そうですよ。あなたたちだけで住む家です。

［　E　］」

おばさんは朝子を見つめているけれど、感情のない表情で、朝子におこっているのかどうかさえわかりませんでした。

の部屋にひきあげました。

その話し合いでも、健一郎と朝子の決意はかわりませんでした。

肩《かた》を落とした父さんが、

「②おれは、よほど、たよりない父親なんだな」

というのをきいて、朝子ははじめて父さんのさびしさを思いました。

桜がちって、少しずつ緑が濃《こ》くなってきました。晴れればあせばむような気候になり、家々の庭には、春の草花が咲《さ》いています。朝子たちの家のせまい花壇《かだん》では、母さんのすきなハナダイコンの花が、むらさき色の小花をいっぱいつけていました。

母さんが亡くなってから、ときおり、朝子のまわりに③うすいまくがおりてきます。まくは外からの音も景色もふせいでくれました。なにもない世界に、朝子はひとりでじっとたたずんでいることがよくありました。まくの中にいる時間は、ほんの一瞬《いっしゅん》だったり数十分だったりしますが、朝子にはとくべつな時間でした。

暗い闇《やみ》の中に、ひとりきりでほうりだされたようでもあり、まくにまもられて、 C しているようでもありました。

まくの中で見えるのは母さんでした。うれしそうにわらっているときの母さんや、店でいそがしそうに働いている母さんでした。

「朝子、お兄ちゃんといっしょに、晩ごはんをつくってくれる？　カレーがいいけどな」

などとたのみごとをしたあと、母さんはきまって、あとに「ごめんね」とつけたしたものでした。

「白井《しらい》さん」

まくがすっときえて、目の前に辻圭《つじけい》くんがいました。

「だいじょうぶ？　ぐあいがわるいの？」

「ううん、なんでもないから」

「それならいいけど」

辻くんが心配そうに朝子を見ています。

「ほんとうに、だいじょうぶだから」

「うん」

辻くんにまくの中からつれだされたのは、これで二回目になります。となりの席にいる辻くんは、勉強ができるだけじゃなくて、やさしい男の子でした。

父さんがインドネシアに行ったあとは、健一郎と朝子が家に残るときまっていたのに、父さんは、出発まぎわになって、子どもだけでこの家に残るのはむりだといいだしました。

家は借家で、大家さんがいやがっているというのがその理由です。

「インドネシアの仕事がおわるまで、おばさんのところへ行っていてくれないかなぁ」

健一郎がおどろいています。

「親せきって？　まさか、熊本《くまもと》のおばさんのところ？」

熊本には母さんの妹が住んでいて、たまに会うことがありました。

「いや、そのおばさんじゃなくて、父さんにも妹がいるんだ」

父さんはひとりっ子だということになっていました。

朝子だって、びっくりです。

「おばさんて、どういうこと？」

父さんは、④いろいろ事情があっていままで兄妹《きょうだい》のつきあいをしてこなかったとしか、説明しません。

しかも、父さんの妹はこの近所に住んでいるというから、なおもびっくりです。

父さんはもうそのおばさんと話をして、朝子たちのことをたのんできたといいます。

健一郎がぷいっと横を向きました。

「おれたちのことなのに、相談もなくきめてしまったんだ」

二〇二二年度 大妻中学校

【国語】〈第一回試験〉（五〇分）〈満点：一〇〇点〉

（注意）解答に字数の指定がある場合は、句読点やかっこなどの記号も字数として数えます。

一 次の文章を読んで、後の1～11の問いに答えなさい（問題の都合上、本文を変えているところがあります）。

朝子《あさこ》が二年生になった四月に、小さな食堂をやっていた母さんが交通事故で亡《な》くなりました。市場に食材を仕入れに行った帰りでした。会社員の父さんと中学生のお兄さん、それに朝子の三人が、母さんのいない家で生活して半年がたったときです。

いつものように、夜おそく帰ってきた父さんが、朝子とお兄さんを、自分の部屋によびました。

「インドネシアへ行くことになった。たぶん、五年ぐらいの勤務になると思う」

父さんの会社は、道路や橋をつくっていて、海外での仕事も多かったのです。今回の仕事は、最初から父さんがかかわっていたので、どうしても行かなければならないそうです。

「来月はじめに出国する。そのつもりで準備しておきなさい」

とつぜんのことで、ふたりは、①父さんの話を理解するのに、少し時間がかかりました。

中学二年生の健一郎《けんいちろう》が、［　A　］こたえます。

「おれは、行きたくない。友だちと同じ高校へ行くって、きめている」

「なにをいっているんだ。そんなわけにはいかないだろ」

「母さんがいたころから、そうじや料理はやっていた。洗たくなんか、なんでもない。ひとりでも、生活できる」

「自分のことだけ考えるな。朝子はどうするんだ。ひとりで、かわいそうじゃないか。言葉が通じない国で、ひとりなんだぞ」

「ひとりじゃないよ。父さんがいるだろ？」

「わたしは仕事でいそがしい」

「父さんはどこにいてもいそがしいんだね。海外へ行ったときぐらい、子どものめんどうを見てよ」

「なんだ、その言い方は？」

父さんと健一郎は、母さんがいるころから、よく言いあらそいをしていました。

ふたりの口ゲンカをききながら、朝子は考えこんでしまいました。

テレビや写真で見たことのあるインドネシアの家を想像してみました。ヤシの木が見える窓辺で、帰りのおそい父さんをひとりで待っている自分のすがたは、不安でさびしくなります。父さん以外の人とは話もできない海外での生活に、いいところはなかなか見つかりません。なによりも、父さんとふたりで楽しくすごしている自分を思いえがけませんでした。

「お兄ちゃん、わたしも、家にいていい？」

健一郎の表情が［　B　］明るくなりました。

「いいにきまってる。だいじょうぶだよ、朝子」

健一郎が、朝子をよろこんでうけいれてくれたことで、朝子の気持ちはきまりました。

「わたしも、残る」

父さんは思いがけない方向に話が進んでしまって、とまどっているようでしたけれど、あしたの夜にもう一度話しあうことで、それぞれ

2022年度 大妻中学校 ▶解説と解答

算数 ＜第１回試験＞（50分）＜満点：100点＞

解答

1 (1) 2　(2) 8　(3) 4個　(4) 500円　2 12人　3 80点　4 7.5g　5 (1) 60分後　(2) 5.6km　6 1.2　7 (1) 230番目　(2) $\frac{9}{14}$　8 40度　9 17：28　10 12560cm^3

解説

1 四則計算，逆算，整数の性質，売買損益

(1) $\left\{1\frac{1}{3}\div\left(2\frac{1}{30}+0.1\right)+0.75\right\}\times1\frac{5}{11}=\left\{\frac{4}{3}\div\left(\frac{61}{30}+\frac{1}{10}\right)+\frac{3}{4}\right\}\times\frac{16}{11}=\left\{\frac{4}{3}\div\left(\frac{61}{30}+\frac{3}{30}\right)+\frac{3}{4}\right\}\times\frac{16}{11}=\left(\frac{4}{3}\div\frac{64}{30}+\frac{3}{4}\right)\times\frac{16}{11}=\left(\frac{4}{3}\times\frac{30}{64}+\frac{3}{4}\right)\times\frac{16}{11}=\left(\frac{5}{8}+\frac{3}{4}\right)\times\frac{16}{11}=\left(\frac{5}{8}+\frac{6}{8}\right)\times\frac{16}{11}=\frac{11}{8}\times\frac{16}{11}=2$

(2) $\frac{5}{\square}+\frac{57}{\square}-\frac{10}{\square}=\frac{52}{\square}=52\div\square$より，$52\div\square\times26-69=100$，$52\div\square\times26=100+69=169$，$52\div\square=169\div26=\frac{13}{2}$　よって，$\square=52\div\frac{13}{2}=52\times\frac{2}{13}=8$

(3) 一の位から続く０の個数は10で割り切れる回数に等しい。また，10＝２×５より，２と５で１回ずつ割り切れるとき10で１回割り切れる。ここでは，２で割り切れる回数の方が多いので，５で割り切れる回数を考える。20から30までの整数の中に５の倍数は20，25，30の３個あり，そのうち25は，25＝５×５より，５で２回割り切れるから，20から30までの整数をかけてできる数は５で４回割り切れる。よって，20から30までの整数をかけてできる数は一の位から０が４個続くとわかる。

(4) 150円の利益を付けて売り出した後，50円安くしたので，売った値段は原価よりも，150－50＝100(円)高い。このとき，利益の割合が原価の２割だったので，100円が原価の２割にあたる。よって，原価は，100÷0.2＝500(円)と求められる。

2 差集め算

最初の生徒の人数を□人とする。生徒が増える前と後でカードの枚数の合計は等しいので，もとの生徒から減らす枚数の合計と，増えた３人の生徒に配る枚数の合計が等しくなる。よって，２×□＝(10－２)×３より，□＝24÷２＝12(人)とわかる。

3 平均

全体の平均点が70点で，全体の人数は40人だから，全体の合計点は，70×40＝2800(点)である。また，出席番号１番から30番までの30人と残りの10人で，平均点の比は２：１，人数の比は，30：10＝３：１だから，合計点の比は，(２×３)：(１×１)＝６：１とわかる。よって，１番から30番までの合計点は，$2800\times\frac{6}{6+1}$＝2400(点)だから，その平均点は，2400÷30＝80(点)と求められる。

4 濃度《のうど》

混ぜた食塩と同じ重さの水を蒸発させたから，できた13％の食塩水の重さは，最初の食塩水と同じ150ｇとなる。よって，その中にふくまれる食塩の重さは，150×0.13＝19.5(ｇ)である。最初の

８％の食塩水150ｇには食塩が，$150\times0.08=12$（ｇ）ふくまれていたから，混ぜた食塩は，$19.5-12=7.5$（ｇ）とわかる。

5　速さ

⑴　Ａさんが休憩《きゅうけい》に入ったとき，ＢさんはＡさんの２km後ろにおり，その15分後にＢさんはＡさんに追いついたから，Ｂさんは15分で２km走る。したがって，Ｂさんの速さは時速，$2\div\frac{15}{60}=8$（km）となる。また，Ａさんが休憩に入るまでに，Ｂさんは，$10-2=8$（km）走っているから，Ａさんが休憩に入ったのは，スタートしてから，$8\div8=1$（時間後），つまり，60分後とわかる。

⑵　スタートからゴールまでの道のりは，$10\times2=20$（km）なので，Ｂさんがゴールしたのは，スタートしてから，$20\div8=2.5$（時間後）である。また，⑴より，Ａさんは10km走るのに１時間かかったので，Ａさんの速さは時速，$10\div1=10$（km）である。さらに，Ｂさんがゴールするまでに，Ａさんは，$20-2=18$（km）走ったから，そのときまでにＡさんが走った時間は合わせて，$18\div10=1.8$（時間）となる。よって，Ａさんが休憩した時間は，$2.5-1.8=0.7$（時間）だから，Ａさんの休憩中にＢさんは，$8\times0.7=5.6$（km）走ったとわかる。

6　グラフ―速さ

姉が出発してから10分後に妹が出発し，妹は姉より５分早く図書館に着いたので，右の図のようになる。この図で，三角形ABCと三角形AEDは相似であり，その相似比は，BC：ED＝10：５＝２：１となる。よって，アとイの比も２：１となるから，xの値は，$1.8\times\frac{2}{2+1}=1.2$（km）と求められる。

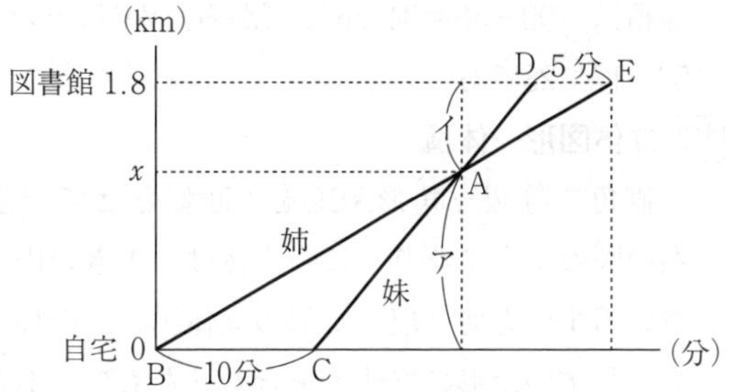

7　数列

⑴　右の図のように，分母が同じ分数ごとに区切って，左から順に１組，２組，…とすると，

1組	2組	3組	4組	
$\frac{1}{1}$	$\frac{1}{2}$，$\frac{2}{2}$	$\frac{1}{3}$，$\frac{2}{3}$，$\frac{3}{3}$	$\frac{1}{4}$，$\frac{2}{4}$，$\frac{3}{4}$，$\frac{4}{4}$	$\frac{1}{5}$，…

１組には分母が１の分数が１個，２組には分母が２の分数が２個，…のように，どの組にも組の番号と同じ分母の分数が，組の番号と同じ個数だけ並んでいる。また，分子の数は，どの組も小さい順に，１，２，３，…のようになっている。よって，$\frac{20}{21}$は21組の20番目の分数であり，20組までには全部で，$1+2+3+\cdots+20=(1+20)\times20\div2=210$（個）の分数が並んでいるから，$\frac{20}{21}$は，$210+20=230$（番目）の分数となる。

⑵　$1+2+3+\cdots+13=(1+13)\times13\div2=91$より，100番目の分数は，14組の，$100-91=9$（番目）の分数だから，$\frac{9}{14}$とわかる。

8　平面図形―角度

右の図で，CDを折り目として折ると，点Ｐが点Ｏと重なるので，PCとOCの長さは等しい。また，OPとOCは半円の半径なので，長さは等しい。よって，PC，OC，OPの長さが等しいから，三角形OCPは正三角形であり，角OCPの大きさは60度とわかる。また，角OCDと角PCDの大きさは等しいので，

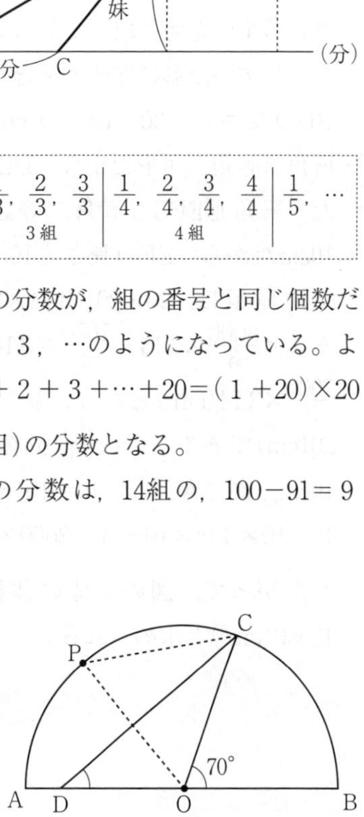

角OCDの大きさは，60÷２＝30(度)となる。したがって，三角形OCDの内角と外角の関係から，角ODCの大きさは，70−30＝40(度)と求められる。

9 平面図形―面積

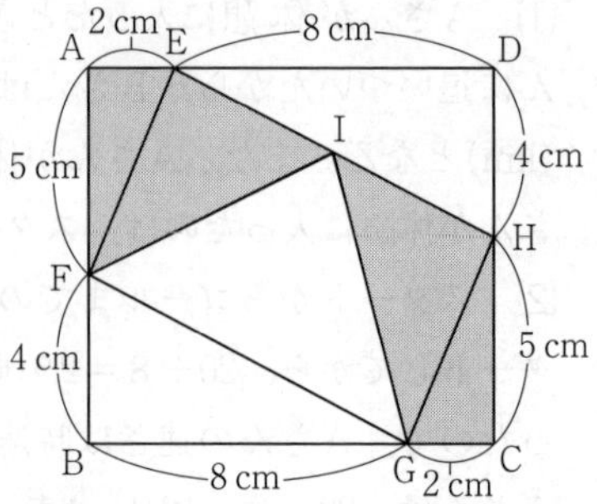

右の図で，DE，BGの長さはどちらも，10−２＝８(cm)，DH，BFの長さはどちらも，９−５＝４(cm)である。また，三角形AEFと三角形CGH，三角形DEHと三角形BGFはそれぞれ合同な直角三角形だから，EFとGH，EHとGFの長さはそれぞれ等しい。よって，四角形EFGHは平行四辺形だから，三角形FGIの面積は四角形EFGHの面積の半分とわかる。ここで，長方形ABCDの面積は，９×10＝90(cm^2)で，三角形AEFと三角形CGHの面積はそれぞれ，５×２÷２＝５(cm^2)，三角形DEHと三角形BGFの面積はそれぞれ，８×４÷２＝16(cm^2)だから，四角形EFGHの面積は，90−５×２−16×２＝48(cm^2)となり，三角形FGIの面積は，48÷２＝24(cm^2)と求められる。したがって，かげのついていない部分の面積は，16×２＋24＝56(cm^2)で，かげのついている部分の面積は，90−56＝34(cm^2)だから，かげのついている部分とついていない部分の面積の比は，34：56＝17：28である。

10 立体図形―体積

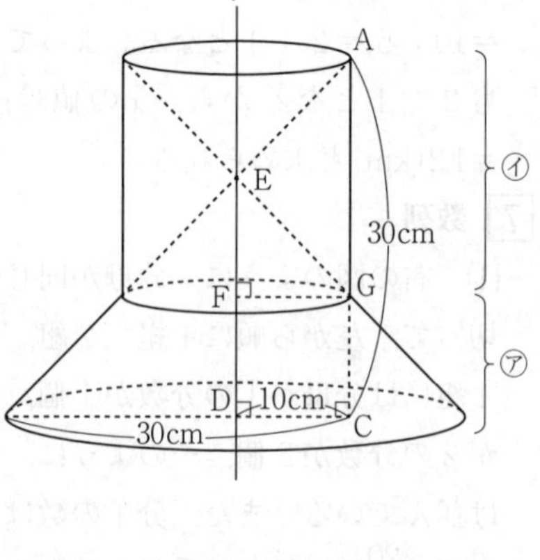

直角二等辺三角形ABCを１回転させてできる立体は右の図のようになり，この立体は，大きい円すいから小さい円すいを切り取った形の立体㋐と，円柱から円すいをくり抜《ぬ》いた形の立体㋑を合わせたものである。図で，BDの長さは，30−10＝20(cm)であり，三角形BDEは直角二等辺三角形だから，DEの長さも20cmとなる。また，三角形EFGも直角二等辺三角形で，FGの長さは10cmだから，EFの長さも10cmとなる。すると，立体㋐の体積は，20×20×3.14×20÷３−10×10×3.14×10÷３＝$\frac{8000}{3}$×3.14−$\frac{1000}{3}$×3.14＝$\left(\frac{8000}{3}-\frac{1000}{3}\right)$×3.14＝$\frac{7000}{3}$×3.14($cm^3$)となる。さらに，GCの長さは，20−10＝10(cm)だから，AGの長さは，30−10＝20(cm)である。よって，立体㋑は，底面の半径が10cm，高さが20cmの円柱から，底面の半径が10cm，高さが，20−10＝10(cm)の円すいをくり抜いた立体となり，体積は，10×10×3.14×20−10×10×3.14×10÷３＝2000×3.14−$\frac{1000}{3}$×3.14＝$\left(2000-\frac{1000}{3}\right)$×3.14＝$\frac{5000}{3}$×3.14($cm^3$)となる。したがって，図の立体の体積は，$\frac{7000}{3}$×3.14＋$\frac{5000}{3}$×3.14＝$\left(\frac{7000}{3}+\frac{5000}{3}\right)$×3.14＝4000×3.14＝12560($cm^3$)と求められる。

社　会　＜第１回試験＞（30分）＜満点：60点＞

解　答

1 **問１**　城下(町)　**問２**　(例)　鉄道が中心市街地を迂回して整備されたため，伝統的な街並みを保存することができたから。　**問３**　ア，エ　**問４**　エ，オ　**問５**　**X**　韓国(大韓民国)　**Y**　ドイツ　**問６**　(1)　イ→ア→ウ　(2)　空き家　**問７**　**A**　ウ　**B**　イ　**C**　ア　**2** **問１**　**あ**　十七条の憲法　**い**　御成敗式目(貞永式目)　**う**　武家諸法度　**え**　国家総動員(法)　**問２**　摂政　**問３**　中臣鎌足　**問４**　ウ　**問５**　(1)　**A**　最上(川)，ア　**B**　阿賀野(川)，イ　(2)　承久の乱　**問６**　(1)　イ　(2)　明　**問７**　(1)　外様大名　(2)　(例)　石高の大きい大名が多く，江戸から遠い地域に配置されている。　**問８**　ウ→イ→ア　**問９**　五・一五事件　**問10**　(1)　25(歳)　(2)　イ　**問11**　(例)　生糸の最大の輸出先であったアメリカが深刻な不景気となり，生糸の輸出量が激減して生糸の価格が暴落したことで，養蚕を行っていた日本の多くの農家が大きな打撃を受けた。　**3** **問１**　(1)　地盤沈下　(2)　公害対策基本法　(3)　イ　(4)　ニュートラル　**問２**　(1)　ウ　(2)　エ　(3)　公共の福祉　**問３**　(1)　国事行為(国事に関する行為)，ア　(2)　(例)　電子マネーが普及して現金を使わなくなった(キャッシュレス決済が普及した)(から)

解　説

1 **山口県の地理と歴史を題材とした問題**

問１　萩《はぎ》市は江戸時代，長州藩(山口県)の藩主毛利氏が築いた城を中心に城下町として発展した都市である。

問２　萩市の中心市街地には江戸時代の城下町の街並みが多く残っており，それが多くの観光客を集める要因の１つとなっている。鉄道が中心市街地を通っていれば，開発などによって市街地が取り壊《こわ》されたりするため，昔ながらの街並みが守られることはなく，今日のような人気の観光地になっていなかったはずである。

問３　老人ホーム(⌂)と病院(⛨)の地図記号は見られない。なお，中央付近にあるのは保健所(⊕)である。

問４　津軽塗《ぬり》は青森県の弘前市周辺で生産される漆器《しっき》，琉球《りゅうきゅう》びんがたは沖縄県那覇《なは》市などで生産される染物である。なお，天童将棋駒《しょうぎこま》は山形県，加賀友禅《ゆうぜん》は石川県，有田焼は佐賀県の伝統工芸品である。

問５　Xは韓国(大韓民国)で，萩市と姉妹都市となっているのは同国南東部にある蔚山《ウルサン》広域市である。Yはドイツで，萩市と姉妹都市となっているのはユーリンゲン・ビルゲンドルフである。ここは，スイスとの国境近くにある保養地として知られる。

問６　(1)　日本では1947～49年ごろに第一次ベビーブームが，1970年代前半に第二次ベビーブームが起きている。それぞれのブームの時期に生まれた世代が30～34歳と５～９歳になっているイが1980年，60～64歳と35～39歳になっているアが2010年，残るウが2045年(予測)と判断できる。現代の日本は出生数の低下で少子化が進んでおり，今後，その傾向《けいこう》はますます強まることが予想されている。　(2)　長野県では「空き家バンク」という制度が進められている。これは，県と市町村，不動産業者などが協力して，県内に移住・定住を希望する人に条件に合う空き家を紹介《しょうかい》するもの。人口の減少に歯止めをかけることや地域の活性化をはかるために始められた制度だが，近年は自宅などで仕事を行うテレワークが普及《ふきゅう》してきていることもあり，都会に住居を所有したまま，いわゆるセカンドハウスとしての物件を求める人も増えており，需要《じゅよう》が高まってきている。

問７　瀬戸内海沿岸と長崎県に工場が集中するＡは造船所で，函館市(北海道)や川崎市・横須賀市(ともに神奈川県)などがふくまれていることからも判断できる。関東地方と愛知・静岡の各県に工場が集中するＢは自動車組立工場で，苅田《かんだ》町(福岡県)や広島市(広島県)などがふくまれている。埼玉・山口・福岡の各県に工場が集中するＣはセメント工場で，秩父《ちちぶ》市(埼玉県)や宇部市(山口県)がよく知られるが，八戸市(青森県)や津久見市(大分県)などにもある。

2 各時代の法を題材とした問題

問１　**あ**　厩戸《うまやと》王(聖徳太子)が604年に定めたのは十七条の憲法で，政治を行う役人の守るべき心構えを示したものである。　**い**　北条泰時《やすとき》が1232年に定めた御成敗式目(貞永《じょうえい》式目)は，源頼朝以来の先例や武家社会の道徳などをもとに，御家人の務めや裁判の基準などを示したもので，その後の武家法の手本とされた。　**う**　江戸幕府が大名統制のために定めた武家諸法度《しょはっと》は，1615年に第２代将軍徳川秀忠の名で初めて出され，以後，将軍の代がわりごとに多少の修正が加えられた。**え**　1938年に定められた国家総動員法は，日中戦争が長期化したことを受け，戦時体制の強化をはかるために制定されたもので，議会の承認を経ずに政府が経済や国民生活などに統制を加えられるようにした。

問２　593年，厩戸王はおばにあたる推古天皇の摂政《せっしょう》となった。摂政は天皇が幼いときや女性のとき，天皇に代わって政治を行う役職である。

問３　中大兄《なかのおおえの》皇子(のちの天智天皇)とともに大化の改新を進めた中臣鎌足《なかとみのかまたり》は死の直前に天皇から「藤原」の姓を賜《たまわ》り，以後，その子孫は長く朝廷内で大きな力を持つこととなった。

問４　土地と人民をすべて国のものとする公地公民制は，645年の大化の改新によって方針が示され，701年の大宝律令の制定により完成したとされるしくみだが，743年に一定の条件をつけて開墾《かいこん》した土地の私有を認める墾田永年私財法が制定されたことによってその原則がくずれることとなった。したがって，ウがまちがっている。

問５　(1)　Ａの文は，地図中アの最上川について説明している。最上川は山形県内をおおむね南から北に貫くように流れ，流域には米沢・山形・新庄の各盆地や庄内平野が広がっている。Ｂの文は，地図中イの阿賀野川について説明している。阿賀野川は福島県を流れる阿賀川と只見《ただみ》川が会津盆地で合流して西に向かい，越後平野を流れて日本海にそそいでいる。下流域ではかつて四大公害病に数えられる新潟水俣《みなまた》病(第二水俣病)が発生した。なお，地図中のウは信濃川，エは北上川，オは阿《あ》武隈《ぶくま》川である。　(2)　政治の実権を朝廷の手に取りもどそうとした後鳥羽《ごとば》上皇は，1221年，鎌倉幕府の執権《しっけん》北条義時を討《う》つ命令を全国の武士に出したが，味方して集まる者は少なく，わずか１か月で幕府の大軍の前に敗れ，上皇は隠岐《おき》(島根県)に流された。承久の乱とよばれるこのできごとのあと，幕府は京都に六波羅《ろくはら》探題を置き，朝廷の監視と西国の御家人の統率を受け持たせた。

問６　(1)　法然《ほうねん》は平安時代末期に浄土《じょうど》宗を開いた僧であるから，イがまちがっている。　(2)　1404年，足利義満は明(中国)の求めに応じて倭寇《わこう》(日本の武装商人団・海賊《かいぞく》)を取りしまるとともに明との間で朝貢《ちょうこう》貿易を始めた。日明貿易では倭寇と区別するため正式の貿易船に勘合《かんごう》とよばれる合い札を持たせたことから，この貿易は勘合貿易ともよばれる。

問７　(1)　御三家とよばれる尾張(愛知県)・紀伊(和歌山県)・水戸(茨城県)の徳川氏をふくむアは，徳川一門である親藩，井伊氏をふくむイは，徳川氏の古くからの家臣が大名となった譜代《ふだい》大名，伊《だ》達《て》・前田・毛利・島津などの各氏をふくむウは，関ヶ原の戦いの前後に徳川氏に従った外様大名である。　(2)　親藩や譜代大名の多くが石高30万石未満であるのに対して，外様大名には30万石以上の領地を持つものが多い。その一方で，外様大名は信用が置けないとして江戸から遠い地域に配置され，幕府の役職につくことも認められていなかった。

問８　アは1920年，イは1919年，ウは1914年のできごとである。国際連盟は，アメリカのウィルソン大統領の提案にもとづき，パリ講和会議において設立された。

問９　1932年５月15日，立憲政友会総裁であった犬養《いぬかい》 毅《つよし》首相が海軍の若手将校らに暗殺された。五・一五事件とよばれるこのできごとにより８年間続いた政党内閣がとだえ，以後は役人や軍人を首相とする内閣が，第二次世界大戦が終わるまで続くこととなった。

問10　1925年，加藤高明内閣のときに普通選挙法が成立し，満25歳以上のすべての男子に選挙権が認められた。

問11　第二次世界大戦前の日本においては生糸が最大の輸出品であり，そのおもな輸出先はアメリカであった。1929年，アメリカのニューヨーク株式市場で株価が大暴落したのをきっかけに，不況の波は全世界に広がった(世界恐慌《きょうこう》)。これによりアメリカが深刻な不景気になったことから，生糸の輸出量は大きく減り，その結果，生糸の価格が暴落して，養蚕を行っていた多くの農家が大きな打撃を受けることとなった。

３　地域にある施設などを題材とした問題

問１　(1)　地下水のくみ上げによって発生する公害は，地盤沈下《じばんちんか》である。問題文中の「祖父母の家」は，大阪市の大川(旧淀《よど》川の流路の１つ)流域と考えられるが，大阪市など淀川流域の低地では，高度経済成長の時代，生活用水や工業用水を得るために大量の地下水がくみ上げられたことから，地盤沈下が発生した。　(2)　高度経済成長期が続いた1950年代後半から1960年代にかけては，全国各地で大気汚染や水質汚濁《おだく》，地盤沈下などの公害が発生した。こうした問題に対処するため，1967年に公害対策基本法が制定された。なお，地球環境問題などにも対応するため，1993年には同法を発展させる形で環境基本法が制定されている。　(3)　ア　2000年度から2010年度にかけて，二酸化炭素排出量が最も大きく減少しているのは，運輸部門である。　イ　2000年度から2015年度にかけて，二酸化炭素排出量が最も増加しているのは業務部門である。なお，ここでいう「産業部門」とはおもに工業を，「業務部門」とは商業やサービス業などの第三次産業(運輸業を除く)を指している。　ウ　2019年度の家庭部門の二酸化炭素排出量は，2015年度よりも減少している。エ　その他の温室効果ガスの排出量は，2010年度が375万ｔ，2019年度が706万ｔであるから，２倍以上にまでは達していない。　(4)　植物は生長するさい二酸化炭素を取りこみ，燃焼，分解するさいに二酸化炭素を放出するので，生物資源(バイオマス)を燃焼するときに排出される二酸化炭素の量はゼロとみなされる。これをカーボンニュートラルという。カーボンは「炭素」，ニュートラルは「中立」を意味する英語である。

問２　(1)　ア　高等裁判所は，地方・家庭・簡易の各裁判所をそれぞれ第一審とする刑事裁判と，家庭・簡易の各裁判所を第一審とする民事裁判において，いずれも控訴《こうそ》された裁判を第二審として裁くが，簡易裁判所を第一審とする民事裁判は地方裁判所で第二審が行われるので，高等裁判所は上告された裁判を第三審として裁くことになる。 イ 裁判員裁判は重大な刑事事件の第一審において行われるものであるから，すべて地方裁判所で開かれる。 ウ 高等裁判所をふくめ，すべての裁判所は，法律が憲法に違反していないかどうかを具体的な裁判を通して判断する違憲立法審査権を持っている。 エ 弾劾《だんがい》裁判は国会において開かれる。 (2) 日本国憲法が保障する請求権とは，個人の権利が侵害《しんがい》された場合に，国や地方公共団体に対して補償《ほしょう》を求めることができる権利のことで，裁判を受ける権利，公務員の不法行為により損害を受けた場合に補償を求めることができる損害補償請求権，エで述べられている刑事補償請求権があてはまる。なお，アは平等権，イとウは社会権にもとづくものである。 (3) 公共の福祉は「社会全体の利益」を意味する言葉で，これを優先するため，個人の人権が制限される場合がある。

問３ (1) 日本国憲法に規定された，天皇が内閣の助言と承認にもとづいて行う行為は，国事行為(国事に関する行為)とよばれる。憲法や法律，条約などの公布はその１つなので，アがあてはまる。イとウは国会の権限に属するもの。エについて，衆議院の解散は天皇の国事行為であるが，参議院に解散はない。 (2) 硬貨《こうか》の発行枚数が減っている大きな原因の１つは，クレジットカードや電子マネーなどを使って支払いを行うキャッシュレス決済が普及したことにより，人々が現金を用いる機会が減っていることである。

理 科 ＜第１回試験＞（30分）＜満点：60点＞

解 答

[1] **問１** 右の図① **問２** みつせん **問３** **P** ② **Q** ② **R** ② **問４** **P** ③ **Q** ① **R** 子ぼう **問５** (例) さまざまな性質をもつものができ，かん境の変化に対応しやすい。 [2] **問１** 111cm³ **問２** ① (イ) ② (ア) **問３** (エ) **問４** **温室効果ガス**…(イ) **原因**…(ウ) **問５** $\frac{3}{11}$ [3] **問１** 三角州 **問２** **ア** れき **イ** 砂 **ウ** 泥 **問３** ① 大きい ② 小さい **問４** 50kg **問５** (例) (地球温暖化により,)産卵場所となる砂浜が減少すること(。) [4] **問１** A＞B＝D＞C **問２** ① 30cm ② 40ｇ **問３** ① 35cm ② 8 cm **問４** 上の図② **問５** 110ｇ

図①

図②

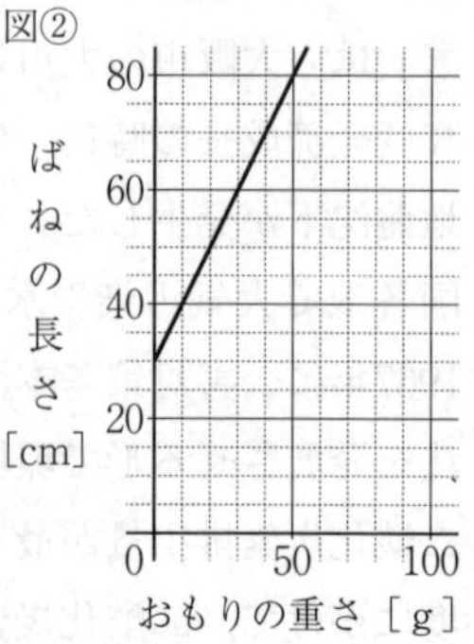

解 説

[1] **花の受粉についての問題**

問１ アサガオの花では，開花のときにおしべがめしべを追いこしてのびていき，そのときめしべの柱頭におしべのやくから出る花粉がつくようになっている。

問２ アサガオなどのように，昆虫《こんちゅう》に花粉を運んでもらう花では，花の奥《おく》の方にみつを出すみつせんというつくりを用意しているものが多い。みつにさそわれて花を訪れる昆虫のからだに花粉が

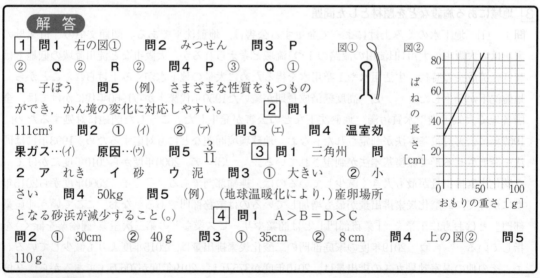

つき，その昆虫が別の花を訪れたとき，からだについていた花粉によって受粉が行われる。また，花粉は昆虫のからだにくっつきやすいように，表面にたくさんの突起《とっき》がついている。

問３　実験４では，昆虫のはたらきによって他家受粉することを確かめるのだから，まず自家受粉させないように，つぼみのうちにおしべを取り除く必要がある。そして，実験２ではおしべを取り除いたつぼみを袋《ふくろ》でおおい，昆虫が花に近寄れないようにしたので，実験４では袋でおおわずそのままにしておき，昆虫が花に近寄れるようにしておく。この結果，実験４で種子ができれば，これが他家受粉によるものと確かめられる。

問４　ヘチマの花は，図１のめしべをもつめ花と，図２のおしべをもつお花に分かれてつく。めしべの先たんは花粉がつきやすいようにベタベタしている。また，め花には花びらの下の方に長いふくらみがあるが，これはめしべの根元にあたり，子ぼうとよばれる。子ぼうの中には，受粉すると成長して種子になる，はいしゅというつくりが入っている。

問５　植物が自家受粉をくり返すと，特定の性質をもった個体ばかりが増えていくが，かん境が大きく変化したとき，この性質が変化に適応できないものだと，なかま全体が絶滅《ぜつめつ》するおそれが高くなる。一方，他家受粉の場合は，それぞれがもつ性質が混じり合い，さまざまな性質の個体が生まれるため，かん境が大きく変化しても，なかまの中にそれを乗りこえられる個体がいて，なかま全体として子孫を残せる可能性が高くなる。また，自家受粉が続くと健全でない個体が生まれやすくなり，なかま全体として子孫を残しにくくなっていくが，他家受粉ではそれを防げるという利点もある。

2　地球温暖化と二酸化炭素についての問題

問１　表より，60℃の水１cm^3あたりに溶《と》ける二酸化炭素は0.37cm^3だから，60℃の水300cm^3に二酸化炭素は，0.37×300＝111(cm^3)溶ける。

問２　①　表にあるように，二酸化炭素は温度が低いほど溶けやすい。したがって，もっとも寒冷である北極が選べる。　②　二酸化炭素が水に溶けた水溶液《すいようえき》は酸性を示す。溶けこむ二酸化炭素の量が増えるほど，海の水の酸性がしだいに強くなっていくことになる。

問３「人類の活動により放出された二酸化炭素のうち，約30％が海に吸収されていると考えられています」と述べられているが，このことが今も産業革命前とほとんど変わっていないのである。よって，産業革命以降，今に至るまでに大気中の二酸化炭素の量(濃度《のうど》)が増え，それにつれて海水に溶ける二酸化炭素の量も増えていったといえる。

問４　メタンも二酸化炭素と同様に，地球温暖化に影響《えいきょう》をおよぼしている温室効果ガスである。家畜《かちく》のげっぷの中に含《ふく》まれて排出《はいしゅつ》されたり，天然ガスなどの採掘《さいくつ》のさいにもれ出たりすることで大気中に放出される。

問５　海に吸収された二酸化炭素は，330億×0.3＝99億(トン)で，この二酸化炭素中に含まれる炭素の重さが27億トンなので，二酸化炭素に含まれる炭素の重さの割合は，27億÷99億＝$\frac{3}{11}$となる。

3　地層のでき方についての問題

問１　河口部では，河川に運ばれてきた土砂が堆積《たいせき》し，流れの中に三角形状の島のようなものができることがあり，このような地形は三角州とよばれる。

問２，問３　河川に運ばれてきた土砂が河口から海に流れ出ると，れきは粒《つぶ》が大きくて重いので早くしずみ，海岸線に近いところに堆積する。一方，泥《どろ》は粒が小さくて軽いのでなかなかしずまず，海岸線から遠く離《はな》れたところまで運ばれて堆積する。粒の大きさがれきと泥の中間にあたる砂は，れきと泥の間の場所に堆積する。よって，図のアにはれき，イには砂，ウには泥がそれぞれ堆積している。

問４　川の断面積を１秒間に通過する水の重さが，断面にはたらく力の大きさにあたると考える。１秒間に川の断面積１m^2(＝10000cm^2)を通過する水の体積は，10000×５＝50000(cm^3)で，この重さは，１×50000÷1000＝50(kg)である。この重さに等しい力がはたらく。

問５　「産卵地形との関わり」とは，アオウミガメが砂浜《すなはま》に産卵することを指す。地球温暖化が進むと海面が上昇《じょうしょう》し，アオウミガメの産卵場所である砂浜が各地で減少することが心配されている。

4　ばねののびと力についての問題

問１　グラフより，ばねＡは20ｇあたり15cm，ばねＢは20ｇあたり５cmのびる。ばねＣは50ｇあたり５cmのびるので，20ｇあたりでは，$5\times\frac{20}{50}=2$(cm)のびる。また，ばねＤは20ｇあたり５cmのびる。よって，もっとものびやすいのはばねＡ，次にのびやすいのはばねＢとばねＤ，もっとものびにくいのはばねＣである。

問２　①　棒の中央におもりをつるしたので，おもりの重さは棒の両はしにあるばねＡとばねＢに等しく分かれてかかる。よって，同じ重さがかかって同じ長さになるから，このときのばねの長さはグラフのばねＡとばねＢの交点より，30cmである。　②　グラフでばねＡとばねＢの交点は，おもりの重さ(ばねにかかる重さ)が20ｇなので，棒につるしたおもりの重さは，20＋20＝40(ｇ)とわかる。

問３　①　自然長(おもりの重さが０ｇのときの長さ)はばねＢが25cm，ばねＤが15cmなので，まずばねＤがばねＢと同じ25cmになるのに必要なかかる重さを考えると，$20\times\frac{25-15}{5}=40$(ｇ)となる。また，ばねＢとばねＤはのび方が同じだから，残りの，120−40＝80(ｇ)がばねＢとばねＤに等しく分かれてかかると，同じ長さになる。したがって，ばねＢにかかる重さが，80÷２＝40(ｇ)，ばねＤにかかる重さが，40＋40＝80(ｇ)になる。このときのばねの長さはそれぞれ，グラフより35cmである。　②　ばねＢとばねＤにかかる重さの比が，40：80＝１：２のとき，おもりは２つのばねの間を２：１に分ける位置にある。それはばねＢから，$12\times\frac{2}{2+1}=8$(cm)の位置である。

問４　ばねＡとばねＤの長さの和は，おもりの重さが０ｇのときが，15＋15＝30(cm)，20ｇのときが，30＋20＝50(cm)，40ｇのときが，45＋25＝70(cm)となるので，解答に示したようなグラフとなる。

問５　２つに切ったばねのうち，10cmのばねは20ｇあたり，$5\times\frac{10}{25}=2$(cm)のび，15cmのばねは20ｇあたり，$5\times\frac{15}{25}=3$(cm)のびる。15cmのばねに40ｇのおもりをつるしたときのばねの長さは，$15+3\times\frac{40}{20}=21$(cm)である。10cmのばねが同じ21cmの長さになるには，21−10＝11(cm)のびる必要がある。よって，つるしたおもりの重さは，$20\times\frac{11}{2}=110$(ｇ)である。

国　語　＜第１回試験＞（50分）＜満点：100点＞

解　答

一　問１　（例）　父さんのインドネシア勤務が決まったから，来月の出国までにふたりも準備するようにということ。　問２　Ａ　ホ　Ｂ　ロ　Ｃ　ハ　問３　ロ　問４　ハ　問５　⑴　父さんは母　⑵　ふたりのや　問６　（例）　子どもふたりで暮らす(方法。)　問７　（例）　兄の亡くなった奥さんにお参りをするため。　問８　イ　問９　（例）　努めて笑う　問10　Ｄ　ホ　Ｅ　イ　Ｆ　ニ　問11　ハ　二　問１　Ａ　ニ　Ｂ　イ　Ｃ　ロ　Ｄ　ハ　問２　ロ　問３　他者が基本　問４　ニ　問５　ニ　問６　⑴　バイアス　⑵　ロ，ホ　問７　イ　問８　（例）　遺伝子のさまざまなバリエーションが生み出した，身体などの形。　問９　イ，ホ　問10　ハ　問11　（例）　うまくいかせる

三　問１　十七　問２　ニ　問３　ロ　問４　表情　問５　ハ　問６　Ｄ　ニ　Ｅ　ハ　Ｆ　ト　Ｇ　チ　問７　（例）　歳時記で初めて出会った，たくさんの言葉。　問８　⑴　冬　⑵　春　四　①～③　下記を参照のこと。　④　きょうちゅう

●漢字の書き取り

四　①　金輪際　②　宙返(り)　③　敬う

解　説

一　**出典は中川《なかがわ》なをみの『バトン』による。**母親が交通事故で亡《な》くなって半年ほどたち，父さんのインドネシアへの転勤が決まったが，朝子《あさこ》は兄の健一郎《けんいちろう》と日本に残りたいと言う。

問１　五年ぐらいインドネシアで勤務することになったので来月はじめの出国までに海外へ行く準備をしておくようにと，父さんは朝子と健一郎に伝えている。これをもとに，「父さんの海外勤務が決まったから，健一郎と朝子も来月の出国までに準備するようにということ」のようにまとめる。

問２　**Ａ**　父さんからとつぜん，海外勤務が決まったから出国の準備するようにと言われた健一郎は，「少し時間」をかけて「話を理解」した後，「行きたくない」と答えている。よって，小声でつぶやくようすの「ぼそっと」が合う。　**Ｂ**　日本に残ると言って父さんと口論しているなか，「わたしも，家にいていい？」と話す朝子のことばを聞いた健一郎はよろこんだのだから，その表情は「ぱっと」明るくなったものと想像できる。なお，「ぱっと」は，ものごとが瞬間《しゅんかん》的に起こるようす。　**Ｃ**　母さんが亡くなってからときおり自分のまわりにおりてくる「うすいまく」に，朝子はひとりきりでほうりだされたようにも思えたほか，「まもられて」いるような感覚も抱《いだ》いている。よって，安心するようすの「ほっと」が入る。

問３　口論のなかで父さんは，健一郎に「母さんがいたころから，そうじや料理」，「洗たく」はやっていたのでひとりでも生活できるということや，ふだん「子どものめんどうを見」ないことへの不満をぶつけられたばかりか，朝子にまで日本に残ると言われている。後日改めて話し合ったときも揺《ゆ》らぐことのなかったふたりの「決意」を聞いて，自分がいなくても暮らしていけると思われていたことに，父さんは情けなさを感じたものと考えられるので，ロが選べる。

問４　外からの音も景色も遮断《しゃだん》された暗い闇《やみ》の中で，朝子はうれしそうにわらったり，店でいそがしそうに働いたりしている母さんの姿を見ている。つまり，この「なにもない世界」は失った母さ

んを思う朝子の内面を表したものだろうと考えられる。よって，ハが合う。

問５　⑴　父さんがいままでおばさんと兄妹《きょうだい》としてのかかわりを持たなかったことについては，空らんＦの少し後に書かれている。「父さんは母さんと結婚《けっこん》するとき，家族に反対されて，家を追いだされた」ため，つきあいがなかったのである。　⑵　父さんの出国の前日，「朝子たちの家」におばさんがきた場面に注目する。父さんとおばさんは兄妹なのに「ふたりのやりとりはぎこちなくて，まるで他人同士のよう」だったとある。「他人同士のよう」という比喩《ひゆ》に，ずっと「つきあいをしてこなかった」お互《たが》いの関係をうかがい知ることができる。なお，「ぎこちない」は，不慣れだったり気持ちがともなわなかったりして，動作や表現が不自然なようす。

問６　子どもだけでいまの家に住むことを大家さんにいやがられた父さんが，やむをえず妹(おばさん)に朝子と健一郎を預かってもらえるよう話をつけてきたことをおさえる。相談もなく，その存在さえ知らなかったおばさんに自分たちのことをたのんだ父さんへ健一郎は不満をもらしたものの，父さんからは時間もなく，大家さんもいやがっている以上，近所に住む妹をたよるほかにふたりだけで日本に置いておける方法がなかったのだからわかってくれと，理解を求められたのである。これをふまえ，「子どもだけ日本にいる」方法などとするのがよい。

問７　続く部分で，おばさんが「仏壇《ぶつだん》の前に進み，母さんに花と線香《せんこう》をたむけ」たことに注目する。おばさんは，父さんから朝子たちを預かる相談を受けるとともに，半年前に交通事故で亡くなった奥《おく》さん(母さん)の話を聞き，弔意《ちょうい》を表すための「黒いワンピース」を着てきたものと想像できる。これをもとに，「朝子たちの母親が半年前に亡くなったから」，あるいは「兄の亡くなった奥さんの供養《くよう》をするため」のようにまとめる。

問８　朝子と健一郎が，おばさんのところにはじめて行った場面に注目する。「庭の奥《おく》に」ふたりの家があると言ったおばさんは，物置を「ちゃんと住めるようにして」おいたと，建物に案内している。また，建物の中も整えられ，冷蔵庫には「食品がいっぱい」入っていたのだから，おばさんの「準備」とは，ふたりが不自由なく暮らしていけるよう環境《かんきょう》を整えることだとわかる。よって，イが選べる。

問９　「くちびるを横にひろげ」たという描写《びょうしゃ》には，努めてほほえもうとした心情が表れていると考えられる。それが「ほんの少し」だったのは，ずっと「つきあいをしてこなかった」関係だからであろう。この後，朝子に話すときも「感情のない表情」だったことや，おばさんには子どもがいないことなどからも，どう接していいのかわからず困惑《こんわく》しているようすがうかがえる。なじみのない甥《おい》と姪《めい》を前にしてとまどう一方，ねぎらってあげたい気持ちもあると考えられるので，距離《きょり》のとり方がわからずにゆらぐおばさんの感情を表す言葉がよい。

問10　**Ｄ**　「つめたい」印象のおばさんと「りっぱなお屋敷《やしき》」に住むことを思い，朝子の「からだがこわばって」いた点に着目する。その状況《じょうきょう》で「あなたがたの家は，庭の奥にあります」と言われたときの「本音」なので，朝子は「わたしたち，おばさんといっしょに住まなくていいのですか？」とつい口に出てしまったものと考えられる。　**Ｅ**　おばさんが少し後で，朝子の気づまりを察して「わたくしも同じです」と言ったことに着目する。つまり，急に同居が決まり，自分同様に朝子たちも気づまりだろうと理解しているのだから，おばさんは「いっしょの生活はいやでしょ？」と言ったと考えられる。　**Ｆ**　おばさんから「いっしょの生活はいやでしょ？」と言われた朝子の返事なので，「すみません。いやということじゃ……」と恐縮《きょうしゅく》したものと想像できる。

問11　少し前にあるように,「いまの生活を知られたく」なかった朝子は，だれとも話さず，友だちにもならず，学校では「できるだけひとり」でいた。しかし，この状況を知られればきっと健一郎に心配をかけてしまうと思い,「外であそべよ。友だちといっしょにさ」と言われたとき,「そうする」と「うそ」をついたのである。よって，ハがふさわしい。

二　**出典は藤田政博《ふじたまさひろ》の『バイアスとは何か』による。**人間にはものごとを認知《にんち》するときにゆがみがあることを指摘《してき》し，どんなゆがみがあり，それはどんなふうに生存に役立ってきたのかが説明されている。

問１　**A**「自己についての認知がゆがんでいることによる心理的なメリットを考えて」みたいと述べた後,「自己高揚《こうよう》バイアス」の例をあげているので，具体的な例をあげるときに用いる「たとえば」が入る。　**B**　自己認識に関するバイアスの例として,「自己高揚バイアス」のほかに「パーソン・ポジティビティ・バイアス」もとりあげている。よって，ことがらを並べ立てるときに用いる「また」があてはまる。　**C**「他者の望ましくない行動に着目するようなバイアス」には，この世を「憂《う》き世」だと思ってしまいがちになるデメリットはあるが，それで身近な人の性格的特徴《とくちょう》がわかるのなら自分が生きていくうえで役立つはずだと述べられている。よって，前のことがらを受けて，それに反する内容を述べるときに用いる「しかし」が合う。　**D**　他者の望ましくない行動に着目するようなバイアスによって，身近な人の性格的特徴がわかるなら，それは自分が生きていくのに役立つはずだと述べた後,「その人と協力関係を築くかどうか，長く付き合うべきかどうかがわかり，自分が生きていくうえで必要なときに適切な人から助けが得られる可能性が高まる」と，より具体的に説明しなおしているので,“要するに”と言いかえるときに用いる「つまり」がよい。

問２「ダイレクト」は直接的なようすをいうので，ロが選べる。

問３　筆者は「ポジティブなバイアス」として,「自己高揚バイアス」や「パーソン・ポジティビティ・バイアス」をあげたうえで,「他者が基本的に信頼《しんらい》できる行動をとり，新しく知り合いになった人ともオープンに付き合うことができる環境」ならば，そのバイアスが役立つと述べている。なお,「ポジティブ」は積極的なようす。対義語の「ネガティブ」は消極的なようす。

問４「他者が基本的に信頼できる行動をとり，新しく知り合いになった人ともオープンに付き合うことができる環境」ならば，好意的に他者を認識して接したほうがお互《たが》い良好な関係を築くのに役立ち，助けてもらえる機会も増えるが,「だまされにくくなる」とは述べられていないので，ニがふさわしくない。一般《いっぱん》には,「他者は基本的に信用できない」と考えるネガティブなバイアスのほうが,「基本的に人間は好ましいものだ」と考えるポジティブなバイアスよりも，他者を警戒《けいかい》して「だまされにくくなる」と考えられる。

問５　直前に「これは次に述べるように」とあるので，次の段落以降を見ると，人間が今持っている「認知のゆがみ」は，祖先から受け継《つ》いできた「生き残るのに有利に働いたもの」だと説明されている。つまり，対人認知とかかわっているのは「人間の進化」だといえる。

問６　⑴　はじめの大段落で，筆者は「自己についての認知がゆがんでいることによる心理的なメリット」を考えてみたいと述べたうえで,「自己高揚バイアス」や「パーソン・ポジティビティ・バイアス」,「ネガティブなバイアス」をとりあげている。よって,「バイアス」が「認知のゆがみ」にあたる。　⑵　自分が人気者だと思い込《こ》んだり，マラソン大会で優勝できるような心理状態に自分を置いたりする「自己高揚バイアス」によって，良い結果がもたらされたのだから，ロとホが選べる。

問７　「人を食った」は，“相手を小ばかにした態度をとる”という意味。よって，イが合う。

問８　この「それ」は，遺伝子の「さまざまな変異(バリエーション)」によって生まれた生物の身体などの，生き残りに適した「形」である。これをもとに，「遺伝子のさまざまな変異によって生み出された身体などの形」のようにまとめる。

問９　この後，筆者は人類の祖先が「森林のなか」で「比較《ひかく》的血のつながりの濃《こ》い家族的な集団」として暮らしていたと述べたうえで，その環境で生き残るのに必要だった要素を説明している。木の形や地形を見分け，捕食《ほしょく》者から逃《に》げ，食物のある場所を覚え，口に入れたものについて有害かどうか判断する力，つまり視覚・聴覚《ちょうかく》・嗅覚《きゅうかく》・触覚《しょっかく》・味覚を発達させ，記憶《きおく》や判断力を働かせることで「物理的環境への適応」を果たしてきたのだから，イとホがふさわしい。

問10　「そう」とあるので，直前の段落に注目する。グループで活動していた人間の祖先にとって，ほかの個体と「関係をうまく保つ」ことのできる個体が「生き残るうえで大いに有利だったと考えられ」るので，ハが合う。

問11　「人間関係がうまくいかない」ときに感じる「不安」は，「グループから排除《はいじょ》されることを防ぐ行動」を促《うなが》す心の「メッセージ」だと述べられている。つまり，心の「メッセージ」は人間関係を「うまくいかせる」ような行動を促しているといえる。なお，「促す」は，“ある行動をとるよう仕向ける”という意味。

三　**出典は神野紗希《こうのさき》の『俳句部，はじめました―さくら咲《さ》く一度っきりの今を詠《よ》む』による。**句会とはどのようなものか，俳句を始めて以来「季語」と出会う楽しみができたことなどが語られている。

問１　俳句は，季語を詠みこんだ五・七・五の「十七音」からなる定型詩(有季定型)である。

問２　句会のシステムは，提出した俳句を「誰《だれ》が作ったのか分からない状態」で選評する。大人も子どもも，ベテランも初心者もなく，平等に扱《あつか》われるのだから，完全「実力主義」だといえる。

問３　高校生だった筆者の「句会」でのようすを表している。問２で検討《けんとう》したように，作者が誰か分からないように選評するシステムだから，「女子高生」という属性にしばられることなく参加できる。これには，ロの「社会的立場を離《はな》れて」が合う。

問４　「ポーカーフェイス」は，ポーカーをするとき手札をさとられないように無表情を装《よそお》うことからそうよばれる。よって，「表情」を変えないこととするのがよい。

問５　「季語の辞典」だから「歳時記《さいじき》」が入る。なお，「時刻表」は，定期的に運行する交通機関の発着時刻をまとめた表。「四季報」は，ある分野に関する情報や資料などを掲載《けいさい》して年に四回(季節ごとに)刊行される出版物。「見聞録」は，見聞したことがらの記録。「風土記」は，地方の歴史や文物などを記した地誌。

問６　**D**　「輝《かがや》く日差し」のなかを吹《ふ》く風が「まばゆく感じ」られることを表す春の季語なので，「風光る」があてはまる。　**E**　「ぱたりと風がやみ，息苦しい暑さ」になることを表す夏の季語なので，「風死す」が入る。　**F**　「セピア色」とは，暗めの茶色で，一般にはノスタルジック(懐《なつ》かしさを感じるもの，あるいは失われてしまったものに対し，しみじみと感じ入ること)でさびしげな印象をともなう。このようすには，無色透明の秋風が持つさびしさを表現した「色なき風」が合う。　**G**　「大気が澄《す》んでさえざえと吹《ふ》き渡《わた》る風」を表す冬の季語だから，「風冴《さ》ゆる」があてはまる。

問７　「その」とあるので，前の部分に注目する。筆者にとって，春の季語である「風光る」も「初めて出会う言葉」の一つだったというのだから，これをもとに「歳時記で初めて出会った，たくさんの言葉」のようにまとめる。

問８　⑴「木《こ》枯《がらし》」は，晩秋から初冬にかけて吹く強く冷たい風。「冬」の季語にあたる。　⑵「雪解風」は，雪が解けるころに吹く風で，「春」の季語になる。

四　漢字の書き取りと読み

①　後に打ち消しの語をともなって，“絶対に～ない”“断じて～ない”という意味を表す。　②　空中で体を回転すること。　③　音読みは「ケイ」で，「尊敬」などの熟語がある。　④　心に思っていること。

2022年度　大 妻 中 学 校

〔電　話〕 (03) 5275－６００２
〔所在地〕 〒102-8357　東京都千代田区三番町12
〔交　通〕 東京メトロ半蔵門線―「半蔵門駅」より徒歩５分
JR線・東京メトロ各線―「市ヶ谷駅」より徒歩10分

【算　数】〈第２回試験〉（50分）〈満点：100点〉

◎　円周率を用いるときは3.14として答えなさい。

◎　式，計算，または考え方は必ず書きなさい。これのないものは正解としません。

1　次の□にあてはまる数を求めなさい。

(1)　$5-\left\{\left(10\div5\frac{5}{6}-1\frac{1}{3}\right)\times2\frac{5}{8}+3\right\}=$□

(2)　$30\div\{15-4\times(12-$□$)\}-7=3$

(3)　３，４，５のどれで割っても余りが２になる数のうち，550に最も近い数は□です。

(4)　図のＡからＢまで，最短の道順で行きます。Ｐを通らない行き方は□通りあります。

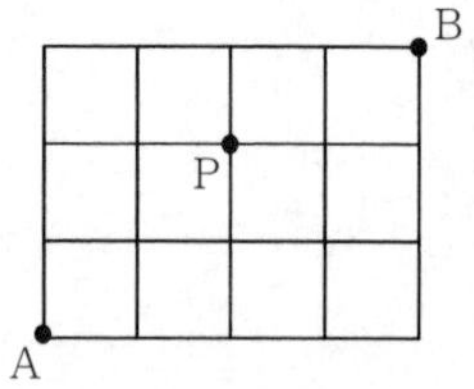

2　図で，角㋐の大きさと角㋑の大きさの比は１：２です。角㋐の大きさは何度ですか。

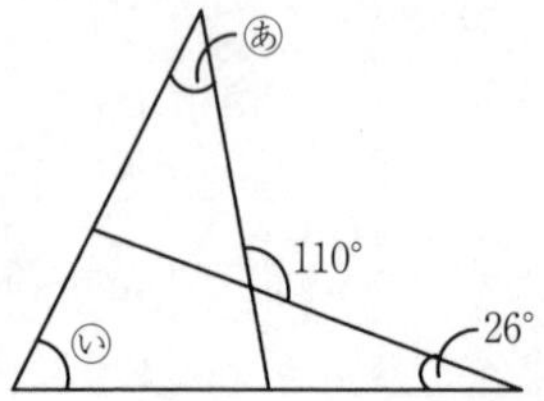

3　次のグラフは，Ａ中学校の生徒の住所を表したものです。住所が東京都の生徒は288人で，埼玉県の生徒は千葉県の生徒より42人多くいました。住所が埼玉県の生徒は何人ですか。

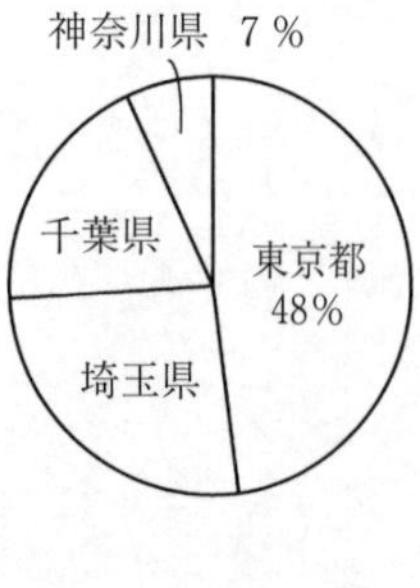

4　１周960ｍの池のまわりを，Ａさんは毎分70ｍ，Ｂさんは毎分50ｍの速さで同じ場所から歩きはじめます。

(1)　ふたりが反対方向に同時に出発しました。ふたりは何分後に出会いましたか。

(2)　Ａさんが出発してから９分後に，ＢさんがＡさんと同じ向きに歩き始めました。Ｂさんは，何ｍ歩いたところでＡさんに追い越されましたか。

5　筆箱２個とペン３本の代金の合計は820円です。筆箱を３個，ペンを７本にすると，代金の合計は1380円になります。ペン１本の代金は何円ですか。

6　ＡさんとＢさんのはじめの所持金の比は７：４でした。ＡさんからＢさんに140円を渡したところ，所持金はＢさんのほうがＡさんより多くなり，ふたりの所持金の差は100円でした。はじめのＡさんの所持金はいくらでしたか。

7　底面の半径が５cm，高さが12cmの円柱のグラスに，ある高さまでジュースが入っています。容器に入ったジュースの $\frac{1}{4}$ を飲んだ後，314cm^3 のジュースを加えたところ，ジュースの高さは，はじめから２cm高くなりました。はじめに入っていたジュースの高さは何cmでしたか。

8　図は，長針が１分で１周し，短針が10分で１周する時計です。はじめ長針と短針はどちらも10の目盛りにありました。はじめから何秒経つと，長針と短針でできる角が２度目の直角になりますか。

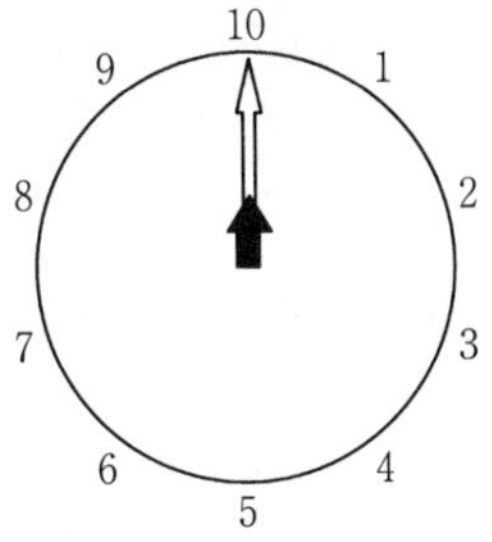

9　図のように，ある規則にしたがって奇数が順番に並んでいます。

(1)　22番目の(あ)に書かれている数はいくつですか。

(2)　(あ)から(お)の５個の数字の和が1065になるのは何番目ですか。

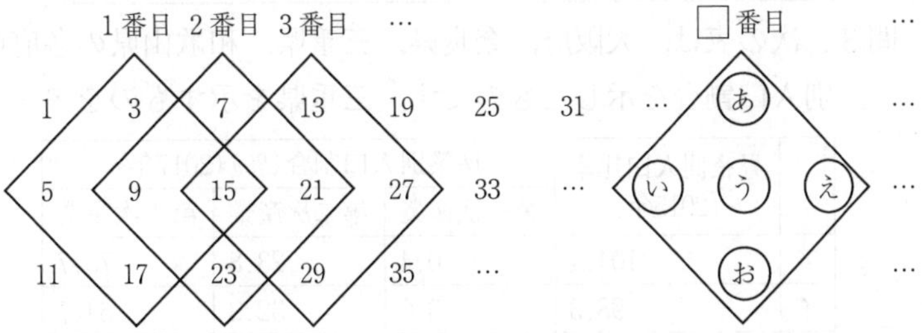

10　図のような，１辺の長さ８cm，面積48cm^{2}のひし形ABCDがあり，点Pは対角線AC上を動きます。EPとPFの長さの和が最も小さくなるとき，四角形EPFDの面積は何cm^{2}になりますか。

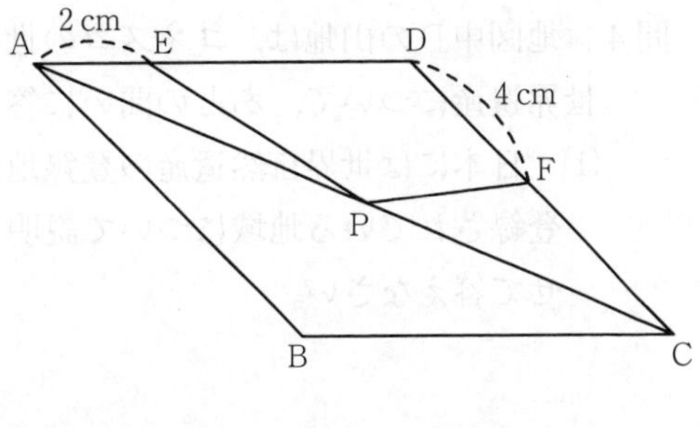

【社　会】〈第２回試験〉　(30分)〈満点：60点〉

（注意）　地名・用語は，特別の指示がないかぎり，漢字で答えなさい。

1　右の地図で示される地域について，あとの問いに答えなさい。

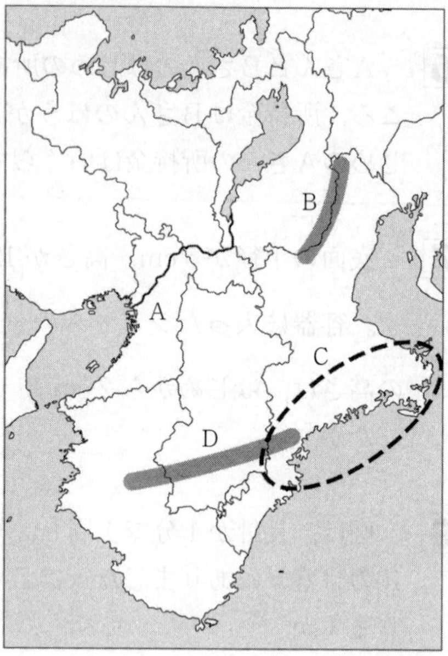

問１．空らん(あ)・(い)にあてはまる地名を答えなさい。

> 地図中Aは(　あ　)川で，琵琶湖を水源とし，大阪平野を流れたのちに大阪湾にそそぎます。Bは(　い　)山脈で，三重県と滋賀県の県境です。

問２．次の文は，和歌山県と三重県の水産業についての説明です。空らん(う)～(お)にあてはまる語句を答えなさい。

> 太平洋には暖流である(　う　)が流れており，マグロやカツオなどの暖水魚が水揚げされています。和歌山県では，南部にある太地《たいじ》町をはじめ，各地で伝統的に(　え　)の漁が行われてきましたが，現在は国際的な取り決めもあり，調査目的以外で(　え　)を捕獲することは制限されています。また，地図中Cには，複雑に入り組んだリアス海岸が見られ，(　お　)の養殖がさかんです。(　お　)はアコヤ貝などの貝からつくられ，三重県はその養殖に世界で初めて成功した地です。

問３．次の表は，大阪府，奈良県，三重県，和歌山県の各府県について，昼夜間人口比率，産業別人口割合を示したものです。三重県を示すものをア～エから１つ選び，記号で答えなさい。

	昼夜間人口比率(2015年)	産業別人口割合(%)(2017年)		
		第一次産業	第二次産業	第三次産業
ア	104.4	0.4	23.8	75.7
イ	98.3	3.0	32.3	64.7
ウ	98.2	8.4	21.0	70.6
エ	90.0	2.3	23.1	74.5

昼夜間人口比率…夜の人口を100としたときの，昼の人口の割合。

(『データでみる県勢 2021』をもとに作成)

問４．地図中Dの山地は，ユネスコの世界文化遺産「紀伊山地の霊場と参詣《さんけい》道」の登録地です。世界遺産について，あとの問いに答えなさい。

(1)　日本には世界自然遺産の登録地が５件あります。次の文X・Yは日本で世界自然遺産に登録されている地域について説明したものです。X・Yが説明する地域を解答らんに合わせて答えなさい。

X	北半球で流氷が見られる最も南の地域で，流氷とともに豊富な栄養分が流れつくため，多様な生物が生息する。世界遺産の構成要素の中には「カムイワッカの滝」や「フレペの滝」など，この地域の先住民が使っていた言葉に由来する地名も見られる。
Y	東京都に属している島々であるが，東京からは約1,000km離れており，船での移動には片道約24時間かかる。この島々は過去に日本列島や大陸と地続きになったことがないため，独自の動植物が多数生息している。そのため「東洋のガラパゴス」とも呼ばれている。

(2) 世界遺産の中には，自然災害や紛争などによって破壊されているところがあり，そのような遺産は「危機にさらされている世界遺産リスト」(危機遺産リスト)に登録されます。危機遺産が集中している地域として最も適切なものを，次から１つ選び，記号で答えなさい。

ア．アフリカ州

イ．オセアニア州

ウ．北アメリカ州

エ．ヨーロッパ州

問５．地図中Ｄの山地では林業がさかんに行われていますが，森林資源をもとに製紙工業を行う地域もあります。図Ⅰのように，日本国内において，近年紙の生産量は減少傾向にあります。2005年から2010年にかけての減少は，世界的な不景気が大きな要因であるといわれていますが，2010年以降の減少には，別の大きな要因があると考えられています。2010年以降に紙の生産量が減少した要因として考えられることは何ですか。**図Ⅱから読み取れることをふまえて**説明しなさい。

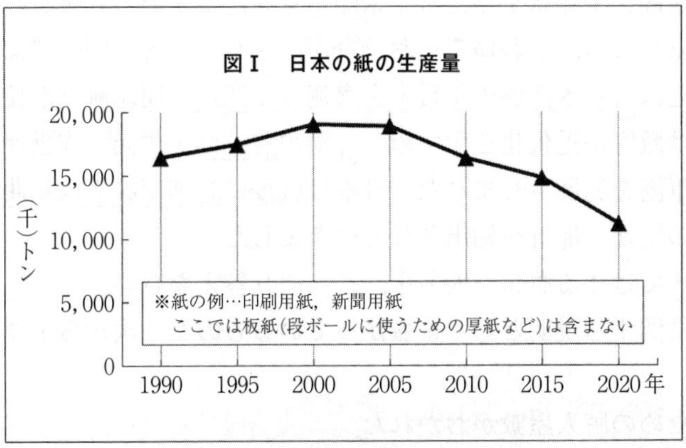

(経済産業省「生産動態統計」をもとに作成)

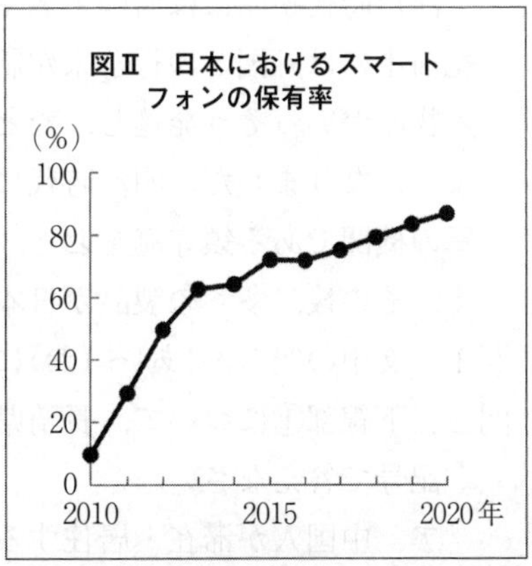

(総務省「通信利用動向調査」をもとに作成)

問６．地図中のある地域で起きる災害について，あとの問いに答えなさい。

(1) 地震・火山活動・水害など，各種災害の被害を予測し，その被害範囲や状況を示した地図を何といいますか。カタカナで答えなさい。

(2) 右の写真は，ある災害による被害を防ぐための施設です。この施設の目的として最も適切なものを，次から１つ選び，記号で答えなさい。

ア．火山噴火からの避難

イ．津波からの避難

ウ．竜巻からの避難

エ．雪崩《なだれ》からの避難

2 日本の港の歴史について説明した次の文を読み，あとの問いに答えなさい。

2021年は①長崎港の開港450周年にあたる年でした。島国である日本は，外の世界と主に海を通してつながってきました。

日本列島が島になったころ，すでに海運が行われていたと考えられており，（ あ ）県の三内丸山遺跡からは，他地域から運ばれてきたヒスイや黒曜石が出土しています。１世紀の半ばには②奴国から中国へ使いが送られ，漢の皇帝から（ い ）を授かったといわれています。７世紀には③遣隋使や初期の④遣唐使が難波津《なにわのつ》（現在の大阪港）から中国へ向かいました。⑤平安時代中ごろの10世紀には，瀬戸内海の港を拠点《きょてん》とする海ぞくを率いた（ う ）が大宰府を襲《おそ》う乱も起きました。さらに，12世紀になると武士としてはじめて太政大臣に就任した（ え ）が⑥大輪田泊を改修して中国との貿易をすすめました。

鎌倉時代になると，物流が発達して港や川沿いの都市を拠点として⑦倉庫業を営む業者もあらわれました。室町時代には複数の港が⑧日明貿易で栄えました。また，九州の五島列島や⑨平戸など，倭寇の拠点とされて中国人が居住する港もありました。⑩戦国時代になると，⑪堺の商人などが貿易で利益を上げました。

江戸時代初期には西国大名や豪商に朱印状を与える⑫朱印船貿易がすすめられました。17世紀前半には外国との行き来が制限される，いわゆる（ お ）令が出される一方，国内では船による物流がいっそう発達し，たとえば⑬日本海側の年貢米を東廻りで江戸に運ぶ航路が使われるようになりました。明治時代には政府が近代化をすすめ，⑭横須賀・呉・舞鶴・佐世保に⑮海軍の機関である鎮守府《ちんじゅふ》をおき，軍港を発展させました。日本は戦後に⑯高度経済成長期をむかえ，その後，多くの製品が日本の港から海外へ輸出されていきました。

問１．文中の空らん（あ）～（お）にあてはまる語句や人名を，それぞれ答えなさい。

問２．下線部①について，長崎県に関する説明として**まちがっているもの**を，次から１つ選び，記号で答えなさい。

ア．中国人が滞在・居住するための唐人屋敷がおかれた。

イ．アメリカが原子爆弾を投下し，多くの犠牲者が出た。

ウ．ヨーロッパに向けて，天正遣欧少年使節が出発した。

エ．ポルトガル人によって，はじめて鉄砲が伝えられた。

問３．下線部②について，奴国のあった場所は，現在の何県と考えられているか答えなさい。

問４．下線部③について，607年に遣隋使を派遣した人物に関する説明として**まちがっているも**

のを，次から１つ選び，記号で答えなさい。

ア．冠位十二階の制度を設けて，家柄《いえがら》にとらわれず，有能な人を役人にした。

イ．十七条の憲法を定め，大王の命令に従うことなど，役人の心得を示した。

ウ．中臣鎌足と協力して蘇我馬子と蘇我入鹿を滅ぼし，政治の実権を握った。

エ．仏教を熱心に信仰し，飛鳥文化の代表的建築である法隆寺建立を命じた。

問５．下線部④について，遣唐使によって唐の律令制度が日本に伝えられました。701年に日本で定められた律令を答えなさい。

問６．下線部⑤について，平安時代に起きた次のできごとを，古い順に並べかえ，記号で答えなさい。

ア．桓武天皇が平安京に都をうつす。

イ．白河上皇が院政を始める。

ウ．壇ノ浦の戦いが起こる。

エ．藤原道長が摂政になる。

問７．下線部⑥について，この一帯は現在でも日本有数の港です。この港を【表１】のＡ～Ｃから１つ選び，記号で答えなさい。

　ただし，【表１】は2019年の日本の貿易港の輸出入額を示しており，Ａ～Ｃは博多港・名古屋港・神戸港のいずれかを示しています。また，【表２】は【表１】中のＡ～Ｃの港の主要貿易品目を示しています。

【表１】　主要港別貿易額

(単位：億円)(2019年)

	輸出	輸入	計
Ａ港	123,068	50,849	173,916
東京港	58,237	114,913	173,151
横浜港	69,461	48,920	118,381
Ｂ港	55,571	33,103	88,675
大阪港	37,742	47,781	85,524
Ｃ港	29,773	10,465	40,238

(『日本国勢図会 2020/21』をもとに作成)

【表２】　港別の主要貿易品目

Ａ港				**Ｂ港**				**Ｃ港**			
輸出	**%**	**輸入**	**%**	**輸出**	**%**	**輸入**	**%**	**輸出**	**%**	**輸入**	**%**
自動車	26.3	**液化ガス**	8.4	**プラスチック**	6.3	**たばこ**	6.8	**集積回路**	28.3	**魚介類**	7.5
自動車部品	16.7	**石油**	7.8	**建設・鉱山用機械**	5.6	**衣類**	6.5	**自動車**	26.1	**家具**	5.5
内燃機関	4.3	**衣類**	7.1	**内燃機関**	3.3	**無機化合物**	4.2	**タイヤ・チューブ**	4.8	**絶縁電線・ケーブル**	5.1

(『日本国勢図会 2020/21』をもとに作成)

問８．下線部⑦について，このような業者を何というか答えなさい。

問９．下線部⑧について，日明貿易を始めた室町幕府の第３代将軍の氏名を答えなさい。

問10．下線部⑨について，平戸の位置を，【地図１】中ア～オから１つ選び，記号で答えなさい。

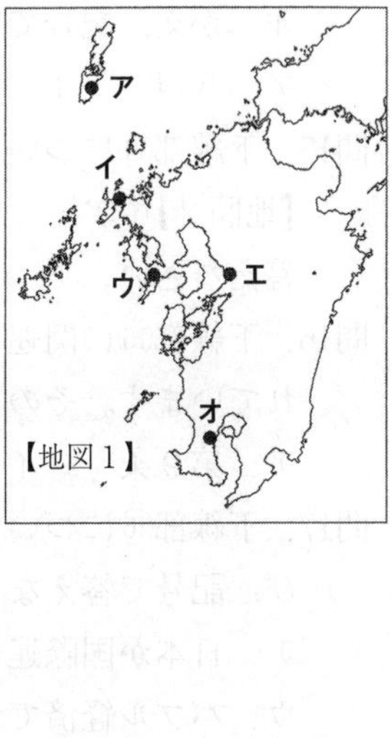

【地図１】

問11．下線部⑩について，次の史料は，戦国時代に各国の大名が自分の領地に住む人々に向けてつくった規則である分国法の一部です。これら２つの条文を見て，ここから読み取れる共通の目的を簡単に説明しなさい。ただし，条文は現代の言葉になおしてあります。

朝倉孝景条々《あさくらたかかげじょうじょう》

一．わが朝倉家の城以外に，領国内に城をつくってはいけない。すべて自分の領地を持つ者は，みな一乗谷《いちじょうだに》の城下へ引っ越させ，村々の領地にはただ，役人だけをおくようにすべきである。

今川仮名目録《いまがわかなもくろく》

一．駿河《するが》・遠江《とおとうみ》両国の今川氏の家臣たちは，自分勝手に他国から嫁をもらったり，あるいは婿《むこ》をむかえたり，娘を嫁にやることは，今後，これを禁止する。

問12．下線部⑪について，堺に関する文として正しいものを，次から１つ選び，記号で答えなさい。

ア．毛利氏が治めており，町の人々の生活は厳しく監視されていた。

イ．周囲を堀で囲み，大商人たちが自ら町を運営する自治都市だった。

ウ．マルコ＝ポーロは堺の繁栄ぶりを見て日本をジパングと名付けた。

エ．延暦寺の門前町として栄えており，多くの参拝者でにぎわった。

問13．下線部⑫について，朱印船貿易で扱われた貿易品目を示した下のグラフのうち，品目Xにあてはまる品として正しいものを，次から１つ選び，記号で答えなさい。

ア．綿糸　　イ．刀剣　　ウ．陶磁器　　エ．銀

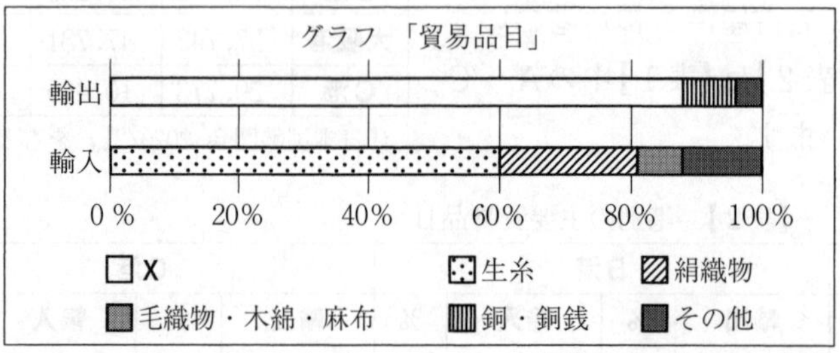

(『日本歴史館』より作成)

問14．下線部⑬について，酒田を出発した船が東廻り航路で江戸を目指したとき，次のア～エの港をすべて経由するものとします。経由する順番に港を並べかえ，記号で答えなさい。

ア．八戸　　イ．銚子　　ウ．石巻　　エ．宮古

問15．下線部⑭について，横須賀と呉の位置を，右の【地図２】中ア～カからそれぞれ１つ選び，記号で答えなさい。

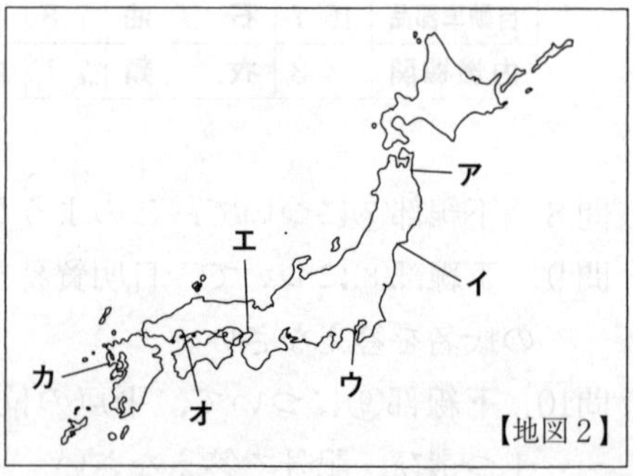

問16．下線部⑮に関連して，大日本帝国憲法とは異なり，日本国憲法では戦力の不保持が定められています。そのことを規定した条文を，次から１つ選び，記号で答えなさい。

ア．第９条　　イ．第13条　　ウ．第25条　　エ．第96条

問17．下線部⑯について，1960～1970年代の日本のできごととして正しいものを，次から１つ選び，記号で答えなさい。

ア．日本が国際連合に加盟した。　　　イ．阪神・淡路大震災が起きた。

ウ．バブル経済で地価が高騰《こうとう》した。　　エ．沖縄が日本に復帰した。

3　人権問題に関する娘と母の会話を読み，あとの問いに答えなさい。

娘：「昨日，欧米の人種差別や，ミャンマーの①ロヒンギャ問題について学校で調べたの。②世界にはさまざまな人権問題があって驚いちゃった。自由で平等な社会が早く来ると良いのにな」

母：「日本にも人権問題があることを忘れてはいけないわ。たとえば明治時代には，③女性の社会的地位を改善するために努力した女性がいたのよ」

娘：「社会の授業で習った！　今は，憲法に④男女平等について書かれているよね」

母：「ええ。とはいえ，日本の社会から差別がなくなったわけではないわ。人権をめぐる⑤裁判はたくさん起きているし，⑥憲法の理念にもとづいて，差別問題の解消を目指す取り組みはこれからも必要なのよ」

問１．下線部①について，ロヒンギャ族の多くはある宗教を信仰しており，そのことが差別の原因の１つになったといわれています。この宗教を答えなさい。

問２．下線部②に関連して，1948年に国連で採択された，国際的な人権保障を目指した宣言を答えなさい。

問３．下線部③に関連して，

(1)　次のグラフは，年齢別に見た日本の女性の※1労働力率と，女性の※2育児休業取得率を示したものです。これを見て，母と娘が会話をしています。会話中の空らん(X)・(Y)にあてはまる文を，考えて答えなさい。また，空らん(A)～(C)にあてはまる語句を，下の選択肢ア～ウから１つずつ選び，記号で答えなさい。

※1：ここでは，15歳以上の人口における，仕事に就《つ》いている人の割合と考えて良いものとする。

女性の年齢別労働力率の推移

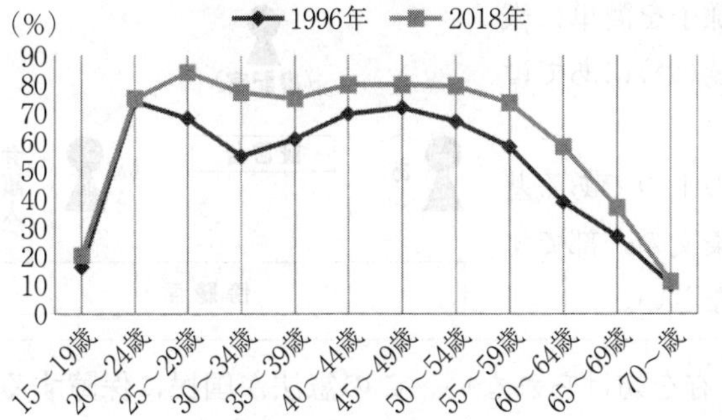

(内閣府・男女共同参画局の資料をもとに作成)

※2：ここでは，その年に育児休業を取得した人の割合と考えて良いものとする。

女性の育児休業取得率の推移

(厚生労働省「雇用均等基本調査」をもとに作成)

母：「働く女性の割合は，一度減った後，再び上昇しているわ。減った理由と増えた理由が何か，それぞれわかる？」

娘：「労働力率と育児休業取得率の，２つのグラフを手がかりに考えると，(　　X　　)から仕事をやめたけれど，(　　Y　　)からまた働くことにしたのかな？」

母：「その可能性が高そうね。制度が整って女性の働く環境は少しずつ改善されているけれど，まだまだ課題は多いわ。たとえば，男性に比べて女性は(　　A　　)状況があるのを知っている？」

娘：「ああ！　パートタイム労働者の割合は，女性のほうが高いと教わったわ」

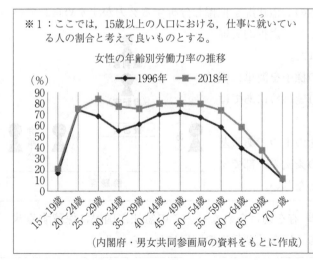

母：「一方で，(　　B　　)状況があることも忘れてはいけないわ。もっと働き方改革をすすめないとだめね」

娘：「でも，女性の労働力率の推移から考えると，1996年と比べて，(　　C　　)状況は改善されているみたい。もちろん，まだ解決すべきことは残っているけれど，そこは確実に良いことだと思うな」

選択肢

ア．働きすぎて家族といる時間が減る

イ．働いても，もらえる給料が少ない

ウ．女性の働く自由がうばわれている

(2)　第二次世界大戦以前の日本の女性の権利として正しいものを，次から１つ選び，記号で答えなさい。

ア．女性に選挙権が与えられたが，投票できる年齢は男性より高く設定された。

イ．女性の議員は存在していたが，女性議員の任期は男性の半分とされた。

ウ．家制度が整えられ，家族内に限れば男女の権利の完全な平等が実現した。

エ．教育制度が整えられ，女性も小学校に通うことができるようになった。

問４．下線部④について，男女平等に対する日本のこれまでの取り組みとして**まちがっているもの**を，次から１つ選び，記号で答えなさい。

ア．男女共同参画社会基本法が制定され，男女が差別なく活躍できる社会が目指されている。

イ．男女雇用機会均等法が制定されたことで，雇用などにおける男女差別が禁止されている。

ウ．女性活躍推進法が制定され，女性の活躍状況を把握し分析する努力がすすめられている。

エ．女性差別撤廃条約に調印したことで，選択的夫婦別姓(別氏)が法律によって認められた。

問５．下線部⑤について，右は刑事裁判の様子を簡単に表した見取り図です。図中の空らん(あ)・(い)にあてはまる語句を，それぞれ答えなさい。

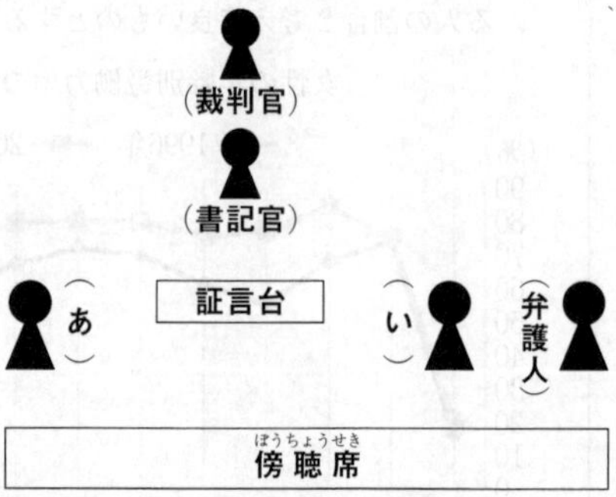

問６．下線部⑥について，次は憲法の理念の１つである基本的人権について述べた日本国憲法の条文の一部です。空らんにあてはまる語句を**12字**で答えなさい。

国民は，すべての基本的人権の享有《きょうゆう》を妨げられない。この憲法が国民に保障する基本的人権は，(　　　　　　)権利として，現在及び将来の国民に与へられる。

【理　科】〈第２回試験〉（30分）〈満点：60点〉

〈編集部注：実物の入試問題では，図の大部分と写真はカラー印刷です。〉

1　**2021年の５月に，スーパームーンと皆既《かいき》月食が同時に起こりました。日々，月を観察していると，周期的に姿を変えていくことがわかります。月について，あとの問いに答えなさい。**

問１　ある日，東京に住むりか子さんの部屋の南向きの窓から満月が見えました。りか子さんが月を見た時間帯を，次の(ア)～(エ)から１つ選び，記号で答えなさい。

(ア)　明け方　　(イ)　昼間　　(ウ)　夕方　　(エ)　真夜中

問２　別の日の日没《にちぼつ》時，南西の空に図１のような月が見えました。月の満ち欠けは，図２のような模式図を使って考えることができます。月の位置が(カ)にあるとすると，太陽はA～Dのどの位置にあると考えられますか。１つ選び，記号で答えなさい。

図１

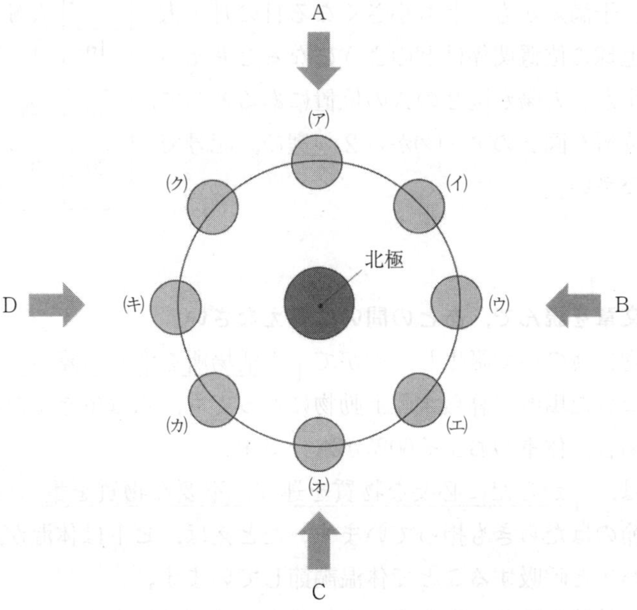

図２

問３　問２のとき，南半球のオーストラリアでは，月はどの<u>方角</u>にどのような<u>形</u>で見えますか。形については，次の(ア)～(エ)から１つ選び，記号で答えなさい。

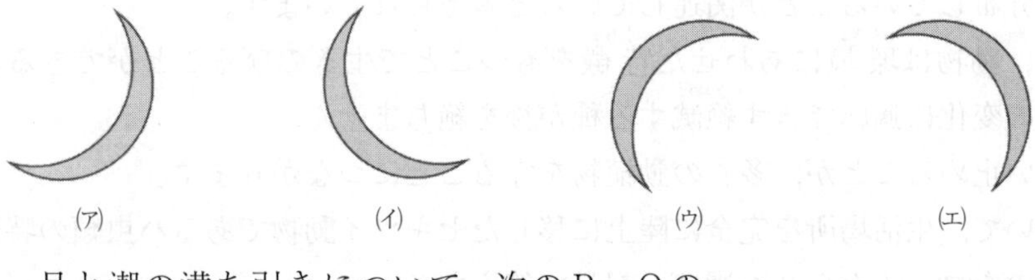

問４　月と潮の満ち引きについて，次のP，Qの［　］内にあてはまる数として適切なものをそれぞれ１つずつ選び，番号で答えなさい。

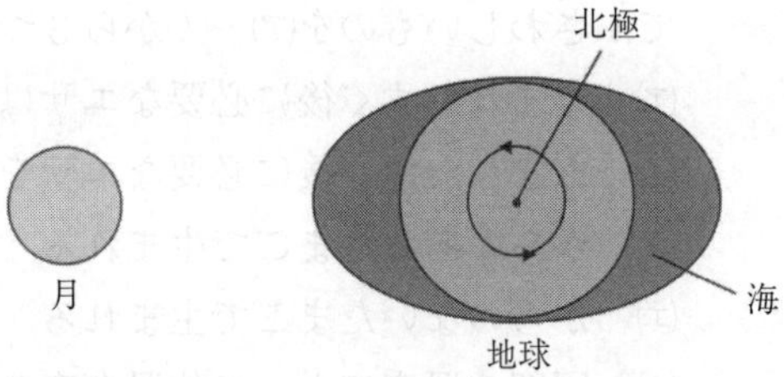

図３

潮の満ち引きは，主に月が引き起こす現象である。海面が上がりきった状態を満潮，下がりきった状態を干潮という。図３のように，月が真正面にあるときの海面は，月の影響《えいきょう》で大きく引き寄せられて満潮になり，地球の裏側でも満潮となる。また，月と直角に位置する場所では海面が低くなり干潮となる。このため，多くの場所で満潮と干潮は，１日にそれぞれ$_{P}$[①：１　②：２　③：３　④：４]回ずつ起こる。

月は約１か月かけて地球の周りを１回転するため，満潮と干潮の時刻は毎日約$_{Q}$[①：５　②：10　③：50　④：120]分ずつおくれていく。

問５　１日の中での干潮時と満潮時の海面の高さの差を干満差といいます。図４のように，干満差がもっとも大きくなる日の前後をふくめた日を大潮，もっとも小さくなる日の前後をふくめた日を小潮といいます。2021年５月26日は満月でした。干満差がもっとも小さくなる日の月・太陽・地球の位置関係はどのようになると考えられますか。太陽が図２のＡの位置にあるとして，月の位置を図２の(ア)～(ク)から２つ選び，記号で答えなさい。

2021年５月

日	月	火	水	木	金	土
						1
2	3 小潮	4 小潮	5 小潮	6	7	8
9	10 大潮	11 大潮	12 大潮	13 大潮	14	15
16	17	18 小潮	19 小潮	20 小潮	21	22
23	24	25 大潮	26 大潮	27 大潮	28 大潮	29
30	31					

図４

2　**次の文章を読んで，あとの問いに答えなさい。**

生き物は海の中で誕生し，やがて$_{\text{I}}$生活場所を海から陸へと移してきました。そのため，水からはなれた場所で暮らす陸上動物にとっても，水は生きるために欠かすことができません。ヒトの場合，体重のおよそ60％が水分です。

血液は，$_{\text{II}}$からだに必要な物質を運び，不要な物質を集め尿《にょう》として排出《はいしゅつ》する役割に加え，体温調節のはたらきも担《にな》っています。たとえば，ヒトは体温が上がると$_{\text{III}}$汗をかき，イヌは口でハアハアと呼吸することで体温調節しています。

近年，地球温暖化が進む中，オーストラリアに生息するアカサカオウムやビセイインコのくちばしの表面積が大きくなったり，アラスカに生息するトガリネズミの尾《お》が長くのびてきているといった，動物のからだの一部が大きくなったことが報告されています。これはくちばしや尾に（　Ｘ　）が多く分布していることが関連していると考えられています。

この例をみると，動物は環境《かんきょう》にあわせた特徴《とくちょう》をもつことで生きのびることができるように思えますが，環境の変化に適応できず絶滅《ぜつめつ》する種が後を絶ちません。

地球温暖化を食い止めることが，多くの動植物を守ることにつながります。

問１　下線部Ｉについて，生活場所を完全に陸上に移したセキツイ動物であるハ虫類の特徴としてふさわしいものを(ア)～(カ)から３つ選び，記号で答えなさい。

(ア)　うまれたすぐ後に必要なエサは親からあたえられる
(イ)　うまれたすぐ後に必要なエサを自分でとる
(ウ)　からのあるたまごで生まれる
(エ)　からのないたまごで生まれる
(オ)　周囲の温度によって体温が変わる
(カ)　周囲の温度によって体温が変わらない

問２　下線部Ⅱについて，右の図はヒトの血液の循環《じゅんかん》の様子を表したものです。図中のＡ～Ｅは，心臓，かん臓，じん臓，小腸，肺のいずれかです。次の①～③にあてはまる血管を**あ～こ**からそれぞれ１つずつ選び，記号で答えなさい。

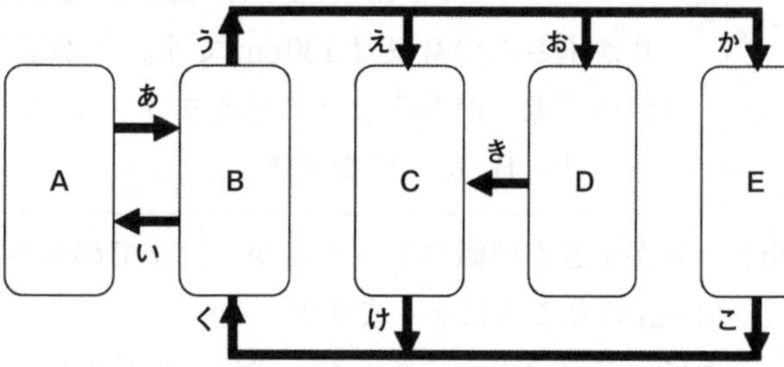

①　酸素がもっとも多くふくまれる

②　食後，養分がもっとも多くふくまれる

③　二酸化炭素以外にふくまれる不要物がもっとも少ない

問３　下線部Ⅲについて，ヒトがサルから進化する過程について述べた次の文中の(　)にあてはまるからだの特徴を答えなさい。

> 私たちヒトは，草原に出て生活するようになり，森に住むサルに比べて，活動量がふえた。そのため，汗をたくさんかけるようになり，また，(　　)がほとんどなくなったため体温の上がりすぎを防げるようになったと考えられている。

問４　文章中の(Ｘ)にあてはまるからだのつくりを答えなさい。

問５　ゾウは汗をかくことができません。暑いとき，寒いとき，耳をどのようにして，体温を調節していますか。それぞれについて簡単に説明しなさい。

3　**次の文章を読んで，あとの問いに答えなさい。**

りか子さんは，鏡で自分の姿を見るときに，鏡のどの部分をどのくらいの面積を使って見ているのか疑問をもち，実験を行いました。

鏡にうつって見えるものを『像』といい，図１の赤い部分のように○○をうつすときに使用している鏡の部分を「**○○をうつすときに使用する鏡の長さ(面積)**」ということにします。

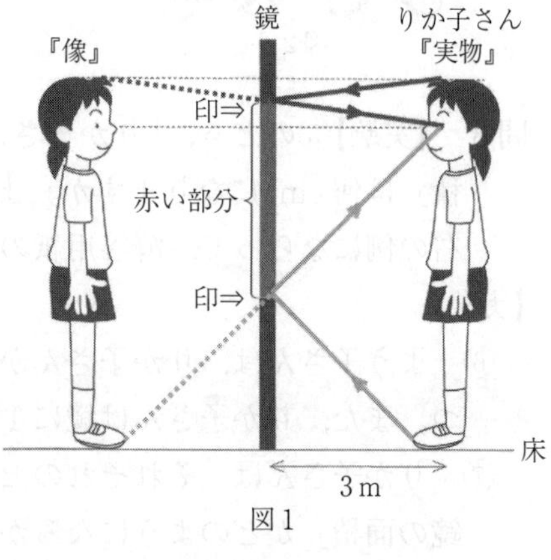

図１

【実験】

①　鏡から３ｍ離《はな》れて立ち，鏡の中の自分の姿を見る。頭のてっぺんと足の先がうつっている位置を友達に伝え，鏡に印をつけてもらう。(図１)

問１　次の文章中の(Ａ)(Ｂ)にあてはまる数字を答えなさい。

りか子さんの身長は150cmです。りか子さんは自分から（ A ）m離れたところに，自分の『像』があるように見えます。また，「りか子さんをうつすときに使用する鏡の長さ」は（ B ）cmになります。

問２　りか子さんの頭のてっぺんから目までの長さは12cmです。鏡につけた下の印は，床《ゆか》から何cmのところにありますか。

次に，友達のよう子さんも一緒《いっしょ》に，自分たちがつけている「ゼッケンをうつすときに使用する鏡の面積」がどのようになるのか確かめてみることにしました。

【実験】

②　りか子さんとよう子さんは，縦《たて》30cm，横20cmのゼッケンをつける。（図２）

③　体育館の大きな鏡に，縦・横それぞれ５cm間かくになるように，細いテープをはる。（図３）

④　りか子さんは鏡から３m離れて立つ。（図４）

⑤　りか子さんは，鏡の ┓（図５）にゼッケンの右上の角が合うように位置を調節し，「ゼッケンをうつすときに使用する鏡の面積」を確認する。

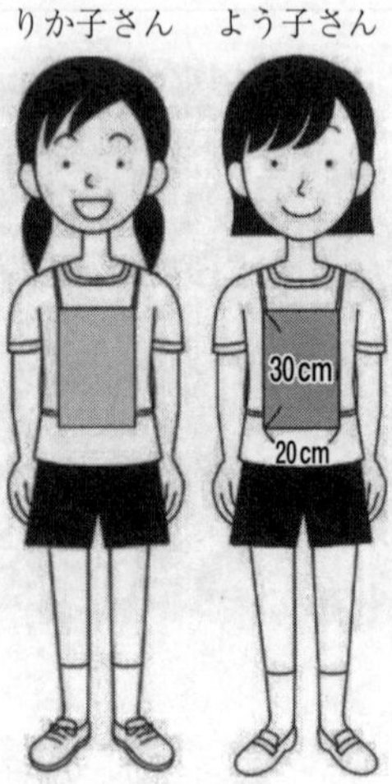

図２

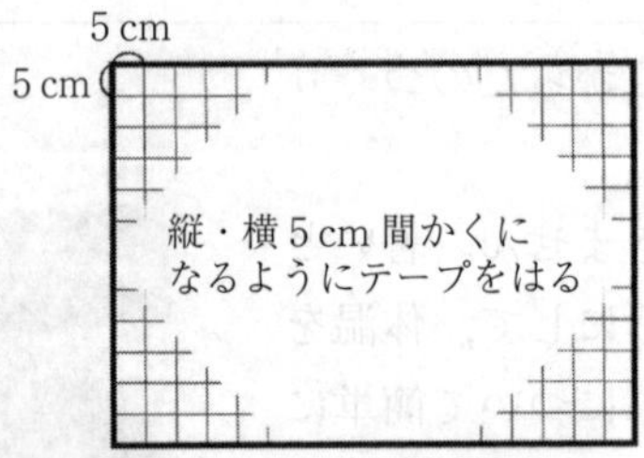

図３　体育館の鏡

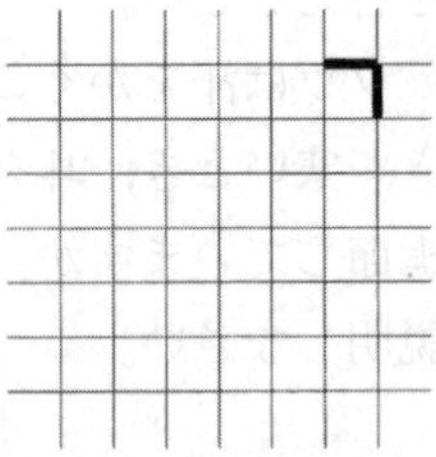
図５　鏡の一部

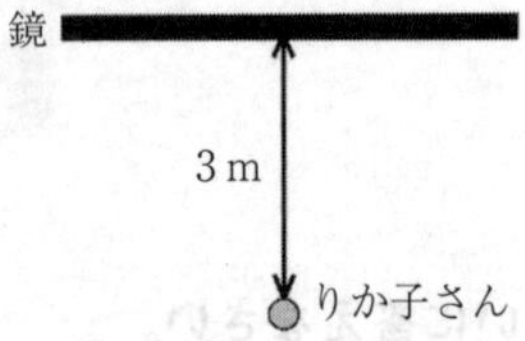

図４　上から見た図

問３　【実験】⑤のとき，「りか子さんのゼッケンをうつすときに使用する鏡の面積」は何cm^2になりますか。また，使用する鏡の部分はどこになりますか。右の例にならって，解答用紙の図のマス目をぬりなさい。

（例）

【実験】

⑥　よう子さんは，りか子さんが立っていた位置から一歩左に立つ。また，りか子さんは鏡に１m近づく。（図６）

⑦　りか子さんは「それぞれのゼッケンをうつすときに使用する鏡の面積」がどのようになるか確認する。

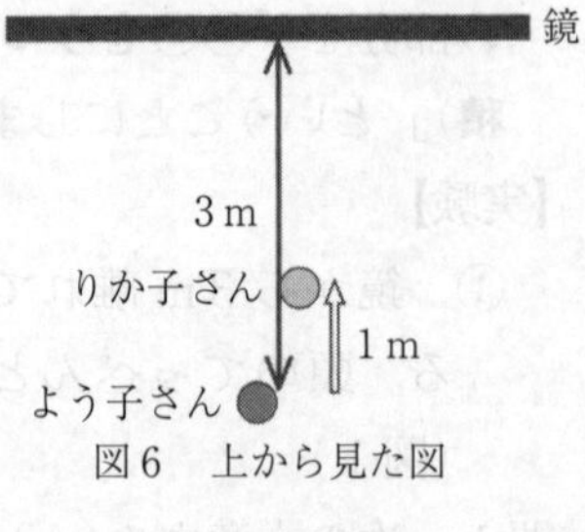

図６　上から見た図

問４　【実験】⑦でりか子さんが見た結果を，問３の面積と比べます。次の(1)(2)の面積は，どのようになりますか。(ア)～(ウ)からそれぞれ１つずつ選び，記号で答えなさい。

(1)　自分のゼッケンを鏡にうつすときに使用する鏡の面積

(2)　よう子さんのゼッケンを鏡にうつすときに使用する鏡の面積

(ア)　大きくなる　　(イ)　小さくなる　　(ウ)　変わらない

問５　問４(2)の面積は何 cm^2 ですか。

4　**次の文章を読んで，あとの問いに答えなさい。ただし，計算の答えが割り切れないときは，小数第３位を四捨五入して，小数第２位まで答えなさい。**

2021年に行われた東京オリンピック・パラリンピックでは，史上初めて聖火の燃料に水素が使われ，大きな話題となりました。水素は，これまでわたしたちが日常的に用いてきた化石燃料などと異なり，(　　A　　)ことから，環境《かんきょう》への負荷が小さく，新たな資源のひとつとして注目されています。

水素は，少し必要なときには(　　B　　)という方法で発生させますが，多量に必要なときには，都市ガスの主成分であるメタンと水を適切な条件で反応させたり，水に電気を流して水素と酸素に分解する方法でつくられます。

問１　(A)について，これまでに用いてきた燃料と比べて，水素が特に優れていると考えられる点を，次の(ア)～(エ)から１つ選び，記号で答えなさい。

(ア)　軽くて安全な物質であるため，運搬《うんぱん》がしやすい

(イ)　安い価格でつくることができる

(ウ)　燃えたときに温室効果ガスを出さない

(エ)　地上に多く存在しているため，加工しないで使える

問２　(B)について，薬品を混ぜ合わせることで水素が発生する組み合わせを２通り考えます。次の(X)(Y)にあてはまる薬品を，下の(ア)～(オ)からそれぞれ１つずつ選び，記号で答えなさい。ただし，同じ記号は一度しか使えません。

・うすい塩酸に(X)を加える

・うすい水酸化ナトリウム水溶液《すいようえき》に(Y)を加える

(ア)　鉄　　(イ)　石灰石　　(ウ)　アルミニウム　　(エ)　銅　　(オ)　二酸化マンガン

問３　水素または都市ガスを燃やした熱で水を温めようと思います。ただし，１gの水の温度を１℃上昇《じょうしょう》させるのに必要な熱量(熱のエネルギー)を１cal(カロリー)とします。

(1)　20℃の水200gを温めて80℃にするためには何kcal(キロカロリー)の熱量が必要ですか。ただし，１kcalは1000calです。

(2)　右の表１は気体を１L燃焼させたときに生じる熱量を表しています。(1)に必要な水素の量は何Lですか。同様に，都市ガスを用いた場合，何L必要ですか。ただし，各気体を燃焼させて生じた熱の80％は空気中に逃《に》げてしまい，水の温度上昇には使われません。

(表１)　気体を１L燃焼させたときに生じる熱量

	水素	都市ガス
熱量(kcal)	3.0	9.6

問４　水素と都市ガスをそれぞれ燃焼させて同じ熱量を得るとき，都市ガスの燃焼に必要な空気は水素の燃焼に必要な空気の何倍ですか。ただし，水素１Lの燃焼に必要な酸素は0.5L，都市ガス１Lの燃焼に必要な酸素は２Lであり，空気の体積のうち20％が酸素であるとします。

イ　視覚　　ロ　味覚　　ハ　嗅覚《きゅうかく》
ニ　触覚《しょっかく》　　ホ　聴覚《ちょうかく》

問6　――線⑦「かつて」が直接かかる言葉はどれか。最も適当なものを、次の中から一つ選んで記号で答えなさい。

・かつてイ江戸時代には、この町に大名庭園をロはじめとしてさまざまな花の名所がハあり、そのなかのニあるものは、公園と姿を変えて現在までホ受け継がれている。

四

次の文の――線のひかれたカタカナを漢字に直しなさい。ただし③は、送《おく》り仮名《かな》も書くこと。

① 結婚披露宴《けっこんひろうえん》のショウタイジョウが友人からとどいた。
② 母の日に赤いカーネーションをフンパツして買った。
③ 久しぶりに田舎《いなか》にあるおばあちゃんの家をタズネル。

花に託《たく》して春日ののどかさを吟《ぎん》じた④芭蕉《ばしょう》に

⑤花の雲鐘《かね》は上野か浅草か

の一句がある。この場合、上野は東叡山寛永寺《とうえいざんかんえいじ》、浅草は金龍山浅草《きんりゅうざんせんそう》寺《じ》であろう。芭蕉には、それと対《つい》をなすかたちで、「⑥観音《かんのん》のいらかみやりつ花の雲」の吟がある。観音は言うまでもなく浅草観音《あさくさかんのん》のことで、浅草寺の壮麗《そうれい》な屋根を見やる視覚的効果と、遠くから流れてくるゆったりとした「鐘」の響《ひび》きが、春の日ののどかさを漂《ただよ》わす「花の雲」によって結びつけられる。

⑦かつて江戸《えど》時代には、この町に大名庭園をはじめとしてさまざまな花の名所があり、そのなかのあるものは、公園と姿を変えて現在まで受《う》け継《つ》がれている。上野公園はまさしくそのような人気スポットの一つとなっている。(後略)

(『朝日新聞』2021年4月13日　夕刊)

問1　――線①「□上」の□に当てはまる方角を、漢字一字で答えなさい。

問2　――線②「このようなこと」とはどのようなことか。その内容として最も適当なものを、次の中から一つ選んで記号で答えなさい。

イ　桜が地域ごとに時期をずらして咲《さ》いていくこと。

ロ　桜の開花状況《じょうきょう》がニュースとして報道されること。

ハ　日本列島では各地の花便りの様子が異なること。

ニ　春の年中行事として桜の花見を行っていること。

問3　――線③「この風習」とは、どのような「風習」か。文章中の言葉を使って十五字以内で説明しなさい。

問4　――線④「芭蕉」が詠《よ》んだ句を、次の中から二つ選んで記号で答えなさい(引用の俳句は、すべて浜島書店『国語便覧』による)。

イ　いくたびも雪の深さを尋《たず》ねけり

ロ　五月雨《さみだれ》をあつめて早し最上川

ハ　菜の花や月は東に日は西に

ニ　夏草や兵《つわもの》どもが夢の跡《あと》

ホ　名月を取ってくれろとなく子かな

ヘ　目に青葉山ほととぎす初鰹《はつがつお》

問5　――線⑤「花の雲鐘は上野か浅草か」、――線⑥「観音のいらかみやりつ花の雲」について、次の(1)~(3)の問いに答えなさい。

(1)　二つの句と同じ季節の季語を、次の中から一つ選んで記号で答えなさい。

イ　女郎花《おみなえし》　ロ　菊《きく》　ハ　山茶花《さざんか》

ニ　芹《せり》　ホ　水芭蕉《みずばしょう》

(2)　「花の雲」とはどのようなものか。その説明として最も適当なものを、次の中から一つ選んで記号で答えなさい。

イ　青空に浮《う》かぶ花びらのような雲の様子。

ロ　花見に集まった人々ののどかな様子。

ハ　桜の花が一面に咲いている様子。

ニ　桜が咲く季節の曇《くも》り空《ぞら》の様子。

(3)　二つの句について説明している次の文章の(A)、(B)に当てはまる言葉として最も適当なものを、後のイ~ホの中から一つずつ選んで記号で答えなさい。

・⑤、⑥ともに、人々が満開の桜の中集まっていることを、芭蕉が家で想像している俳句である。⑤は「上野か浅草か」と(A)を働かせて想像し、⑥は「観音のいらか」を(B)的に想像することで、より春ののどかさを表現している句となっている。

とができ、移動しやすいから。

ハ　体が大きいことで行動範囲が広がり、地上でも樹上でも食べ物を採れる範囲が広がるから。

ニ　体が大きいほうが力も強いことが多くて、地上でも捕食者に狙《ねら》われる可能性が少ないから。

ホ　体が大きいほうが手足も長く、木と木の間隔が広い場所でも隣の木に手が届きやすいから。

問10　F～H に当てはまる言葉として適当なものを、次の中から一つずつ選んで記号で答えなさい（同じ記号は二度使えない）。

イ　もし　ロ　さらに　ハ　しかし　ニ　つまり

問11　――線⑦「安全装置」とほぼ同じ意味で使われている言葉を、文章中から漢字二字でぬき出しなさい。

問12　X～Z に当てはまる表現を、次の中から一つずつ選んで記号で答えなさい（二か所ある X には同じ言葉が入る。同じ記号は二度使えない）。

イ　隙間がない

ロ　光が入らない

ハ　つる植物が障害になる

ニ　木を伝って移動をする

ホ　手を伸ばせば隣の枝に届く

ヘ　木と木の間を飛んで移動する

問13　――線⑧「それ」の指す内容を、三十字以上四十字以内で説明しなさい。

問14　この文章の内容に合っているものを、次の中から一つ選んで記号で答えなさい。

イ　狭鼻類は捕食者を避《さ》けて、食料を効率的に手に入れ、エネルギーの消費を最小限に抑《おさ》えるために樹上生活を選択《せんたく》した。

ロ　サルが尻尾で木からぶら下がるというのは、人間が想像して描《えが》いた姿であり、本来の野生の姿とは異なるものである。

ハ　アジアと南米の熱帯雨林に棲んでいる生きものたちは、それぞれの環境に合わせて、まったく違った方向性で進化を遂げた。

ニ　旧世界ザルは生存するのに適した場所を求めて新世界に移動し、そこで競争相手が少ない環境を生活の場所として選んだ。

三　次の新聞記事「美の季想《きそう》　桜の上野公園（高階《たかしな》 秀爾《しゅうじ》）」を読んで、後の1～6の問いに答えなさい（問題の都合上、本文を変えているところがあります）。

各地で花便りの聞かれる季節となった。南北に長く、起伏《きふく》に富んだ日本列島では、開花の時期は場所によって一定ではない。この季節になると、テレビでも桜前線がどこまで①□上したか連日のように報じられるが、②このようなことはフランスでは見られない、と友人が笑っていた。

日本人がそれほどまでに桜の開花の時期を気にするのは、それに合わせて花《はな》の宴《えん》を催《もよお》すためである。日本では昔から、春の年中行事として花見が盛んであったが、③この風習は、どうやら日本独自のものらしい。そう言えば、アメリカ、ワシントンのポトマック河畔《かはん》には、日本から贈《おく》られた3千本あまりの桜並木が並んでいるが、その下で宴《うたげ》が開かれたという話は聞いたことがない。

満開の時期を迎《むか》えた東京の上野公園では、さすがに新型コロナウイルスの感染症《かんせんしょう》のせいで宴席《えんせき》は禁止されていたが、遊歩道には花を楽しむ人びとの姿が絶えない。

木と木の間に吊《つ》り橋《ばし》のようなつるや蔦《つた》があるので、それを伝って移動すれば良いのでわざわざ飛ぶことはない、という理由もある。

つる植物の存在は、木に登る生きものにとっては有利に働くので、それをもっと生かすために巻きつく尻尾が進化したというわけだ。

（岡部《おかべ》　聡《さとし》『誰《だれ》かに話したくなる　摩訶不思議《まかふしぎ》な生きものたち』による）

問１　――線①「みんながそういう思い違いをしている」とあるが、「みんな」はどのような思い違いをしているのか。それを説明した次の文の【Ⅰ】、【Ⅱ】に当てはまる表現を、（　）内に示した指定の字数で考えて答えなさい。

・本当は【Ⅰ（二十五字以内）】のに【Ⅱ（十五字以内）】という思い違いをしている。

問２　――線②「是非教えていただきたい」とあるが、何を教えてほしいのか。最も適当なものを、次の中から一つ選んで記号で答えなさい。

イ　サルが尻尾で枝をつかんでいる描写《びょうしゃ》の絵本

ロ　サルが尻尾で物をつかむことができない事実

ハ　サルが尻尾で枝にぶら下がることができる理由

ニ　サルが尻尾で物を持つことができるとされた根拠《こんきょ》

問３　[A]に当てはまる文として適当なものを、次の中から一つ選んで記号で答えなさい。

イ　では、どうしてサルは尻尾を枝に巻きつけるのか？

ロ　では、なんのためにサルは尻尾を持っているのか？

ハ　では、サルの生息地とは何か関係があるのだろうか？

ニ　では、何を使ってサルはバランスを取るのだろうか？

問４　[B]に当てはまる言葉として適当なものを、次の中から一つ選んで記号で答えなさい。

イ　大きかった　　ロ　小さかった

ハ　遠かった　　ニ　近かった

問５　[C]～[E]には、「イ　狭鼻類」か「ロ　広鼻類」のどちらかが当てはまる。それぞれ選んで記号で答えなさい。

問６　――線③「南米に新しいサルの世界を作り上げた」とあるが、「新世界ザル」が「新しいサルの世界を作り上げた」過程はどのようなものであったか。その説明として最も適当なものを、次の中から一つ選んで記号で答えなさい。

イ　数千万年前、哺乳類の時代が始まったユーラシア大陸から大西洋の海流に乗ってたどり着いた。

ロ　６６００万年前に恐竜《きょうりゅう》が絶滅し、哺乳類の時代が始まったことによって昼の世界に進出した。

ハ　およそ一億年前のアフリカと南米は地続きであったため、祖先が地上を移動し進化をした。

ニ　およそ３５００万年前に、寝ぐらにしていた木が嵐で倒れ、海に流され南米に漂着《ひょうちゃく》した。

問７　――線④「捕食者」とほぼ同じ意味の熟語を、次の中から一つ選んで記号で答えなさい。

イ　強敵　　ロ　宿敵　　ハ　天敵　　ニ　無敵

問８　――線⑤「そこ」とあるが、「そこ」とはこの場合どこをさすか。その場所について具体的に説明した表現を、これより後の文章中から十一字で探し、最初の三字をぬき出しなさい。

問９　――線⑥「体が大きい方が有利になるのだ」とあるが、なぜそう言えるのか。その理由として最も適当なものを、次の中から一つ選んで記号で答えなさい。

イ　体が大きいことで薄暗い中でもお互《たが》いの個体を認識《にんしき》しやすく、集団行動を取りやすいから。

ロ　体が大きいことで巨木の森の中でもてっぺん付近まで登るこ

枝から枝に移る時、常に尻尾を枝に巻きつけておけば、安心して手を伸ばせるし、万が一つかんだ枝が折れても落下を防ぐことができる。[H]、木に実っている食べ物を採る時も、もうちょっとで手が届くという時にも、尻尾を支えに使える。こうして、⑦安全装置としての巻きつく尻尾が進化したと考えられている。

（中略）

南米で尻尾が進化した秘密

実は、サルに限らず、自分の体を支えられるほど強い力で巻きつく尻尾を持っている哺乳類はかなりの少数派だ。森の中に棲む生きものでは、有袋類《ゆうたいるい》のオポッサム、樹上性のアリクイ、アライグマの仲間のキンカジュー、カピバラの仲間のオマキヤマアラシ、ジャコウネコの仲間のビントロング、そして全身鱗《うろこ》に覆《おお》われたセンザンコウなど、6つのグループに限られている。

そのうちの4つが、南米大陸の森で進化を遂げたのだ。つまり、巻きつく尻尾が進化した秘密は、生きものとしての特異性以上に、南米の森の環境《かんきょう》が関係していると推測されている。なぜ、南米には、他の地域と比べ巻きつく尻尾を持つ哺乳類が多いのか？　その説明でよく用いられるのが、森の構造の違いだ。

世界最大の熱帯雨林、アマゾンは、空から見るとまるで絨毯《じゅうたん》のように一面の緑で覆われている。文字通り、隙間《すきま》なく高さもほぼ均一の森が、地平線まで大地を埋《う》めつくしている。

木の高さがほぼ均一なので、隣《とな》り合《あ》っている木と木の間に[X]。[X]ということは、生きものにとっては[Y]ので、[Z]ことが多くなる。そのため、安全装置としての巻きつく尻尾が進化したと考えられているのだ。

（中略）

尾巻き生物のスターたちが棲む南米（新世界）に比べると、アジアやアフリカ（旧世界）では、巻きつく尻尾を持った森に棲む哺乳類は、先述の通り、ビントロング1種と、センザンコウの仲間8種しか知られていない。それはいったいなぜなのか？

その理由の一つとして、東南アジアの熱帯雨林には、高さ70メートルにもなる、突出《とっしゅつ》して大きな木が聳《そび》え立《た》っており、林冠《りんかん》（森のてっぺん）がでこぼこしていて、木と木の間のギャップが大きいことが挙げられる。こうした森では、隣の枝を手でつかんで移動することは難しい。そのため、生きものたちは、木と木の間を移る手段として「滑《かっ》空《くう》」という方法を進化させてきたのだ。爬虫類《はちゅうるい》では、肋骨《ろっこつ》を広げて翼《つばさ》のような構造を作り出すトビトカゲや、同じように肋骨を広げて体を平らにし、S字型になることで抵抗《ていこう》を増やし滑空するトビヘビがいる。

両生類のトビガエルは、水かきのある手と足を大きく広げ、抵抗にして飛ぶ。哺乳類では、手足の間の皮膚《ひふ》を使って滑空するムササビやモモンガの仲間が有名だ。

さすがにサルの仲間で滑空を進化させたものはいないが、霊長目《れいちょうもく》と近縁《きんえん》で皮翼目《ひよくもく》という独特の分類をされるヒヨケザルの仲間がいる。ヒヨケザルは、ムササビと同じように首、前脚《まえあし》、後脚《あとあし》、尻尾の先端《せんたん》の間にかけて皮膚が伸びた「飛膜《ひまく》」を持っている。木の幹から勢いよく飛び出すと、素早く手足を伸ばし飛膜を広げることで、まるでグライダーのように100メートル以上の距離を滑空するのだ。

この滑空は、東南アジアで主に進化した移動方法で、南米ではまったく見られない。⑧それは、南米には、木からぶら下がるつる植物が多く、それが滑空する時の障害物になるからだといわれている。また、

ったろう。川から海に流しだされた時に乗っていた大木か流木が集まった筏《いかだ》の上で、昆虫《こんちゅう》や木の実、樹液などを食べて、漂流《ひょうりゅう》生活を生き延びたと考えられている。

彼らはたどり着いた南米大陸でも、まずは大きな森の周辺にある、細い木が混《こ》み合《あ》ったブッシュのような場所で生活を始めたのだろう。ブッシュの中は、食べ物になる昆虫が多く、タカなどの④捕食者《ほしょくしゃ》からも身を隠《かく》しやすい。そんな木々の間を、身軽な体で枝から枝に跳《と》んで、移動していたと考えられている。

新世界ザルの祖先は、当初は広大な森の奥《おく》には進出できなかった。30メートルを超《こ》える巨木《きょぼく》がそびえ立つ原生林の中は、木と木の間が広く、小さな体では移動できないからだ。

しかし、生きものは、生存するのに適した場所（生態的地位、ニッチ）が空いていると、⑤そこに進出していく傾向《けいこう》がある。新世界ザルの祖先がたどり着いた当時の南米大陸の森で、樹上生活をしていた哺乳類といえば、オポッサムとナマケモノやアリクイの仲間ぐらい。素《す》早《ばや》く動ける哺乳類はいなかったと考えられている。

競争相手がいない原生林をサルたちが見逃《みのが》すはずはない。巨木の森に生息範囲《はんい》を広げていくものが現れたのだ。

地面を歩かない2つの理由

樹上生活をする生きものにとって、巨木の生《お》い茂《しげ》る原生林で一番問題になるのは、木と木の間が離れている森の中をどのように移動するのかということ。地面を歩けばいいじゃないか、と思うのは、自然の厳しさを知らない、都会で生きている人間の考え方だ。

現に新世界ザルの中で、積極的に地面を歩く進化を遂げたものはいない。その理由は、大きく分けて2つある。

1つ目は、地面には得体の知れない恐《おそ》ろしい捕食者がたくさんいることだ。木の上の方がずっと安全。

2つ目は、背の高い森を移動するために、木の上から一度地面に降りて、また木に登るのは、余分なエネルギーを消費することになるからだ。ダイエットのために階段の上り下りぐらいしたほうがいいと考えるのは、あなたが有り余る食料を食べているから。野生動物は基本的に、ギリギリのエネルギー収支で生活している。移動に使うエネルギーは最小限にする方向に進化するのが定石なのだ。

植物群集の変化を「遷移《せんい》」と言うのは、中学校の理科で習ったと思う。湿潤《しつじゅん》な熱帯地域で何万年、何十万年も自然のまま遷移した森は、数十メートルある巨木がそびえる「極相林《きょくそうりん》」と呼ばれる状態になる。

巨木は、てっぺんに茂る葉で太陽の光を独占《どくせん》するため、森の中は薄《うす》暗《ぐら》く、他の木は育ち難《がた》くなるため、地面に近い場所では木と木の間は離れている。そこに棲む生きものは、ある程度の間隔《かんかく》が空いている場所を移動するために、⑥体が大きい方が有利になるのだ。

巨木の森で隣《となり》の木との間隔が一番狭いのは、葉っぱが茂るてっぺん付近。そこなら木から木へ枝をつかんで移動できるかもしれない。

F、地面から何十メートルもの高さがあるため、万が一にもつかんだ枝が折れて地面に落ちたら死んでしまう。しかも、右手で今いる木の枝をつかみ、左手で移動する先の木の枝をつかむという方法では、枝と枝が接している木にしか移ることができない。もう少し、手を伸《の》ばせば届くんだけど……、というところを無理して手を伸ばすと、元いた木の方の枝が折れて落下、ということもある。

G、あなたがどうしてもそんな場所を移動しなければならないとしたなら、どうするだろうか？　間違《まちが》いなく1本のロープで体を固定する命綱《いのちづな》を使うだろう。しかし生きものたちは、そんな道具を使うことはできない。そこで、体の使っていない部分が、その役割を担《にな》うように進化した。それが、巻きつく尻尾なのだ。

のであまり参考にならないが、長い尻尾を持っているサルを見つけても、ほとんどがだらんとお尻《しり》からぶら下がっているだけで、物に巻きつけることはできないとわかるはずだ。

説明板でその生息地を見てもらえば、アフリカからアジアに棲《す》むサルであることがわかるだろう。実は、アフリカやアジアに分布しているサルをいくら探しても、巻きつく尻尾を持っているものはいない。[A]それは、樹上で生活する時に、バランスを取るために使っていると考えられている。

そして、もし動物園で運良く巻きつく尻尾を持つサルを見つけたら、彼《かれ》らの生息地は、中南米であるはずだ。地球上で「巻きつく尻尾」を持っているサルは、中南米に棲んでいるクモザルとホエザルの仲間だけなのだ。

実は、アジアとアフリカで進化したサルと南米で進化したサルは、分類学的には、かなり系統が違《ちが》う。前者を旧世界ザル（鼻の穴の間が狭《せま》いので狭鼻類《きょうびるい》という）というのに対し、後者は新世界ザル（鼻の穴の間が広いので広鼻類《こうびるい》という）と呼ばれている。その名の通り、サルにとって、南米は新しい世界なのだ。

サルは、６６００万年前に恐竜《きょうりゅう》が絶滅《ぜつめつ》し、哺乳類《ほにゅうるい》の時代が始まった後のユーラシアに起源があり、そこからアフリカに渡《わた》って進化していったと考えられている。現在も生きている原始的なサルを原猿《げんえん》というが、そのほとんどはアフリカ周辺に棲んでいる。マダガスカルに生息する有名なアイアイをはじめとするキツネザルのグループがその代表だ。

原猿はもともと夜行性だったが、恐竜が絶滅したことで、昼の世界に進出するサルが現れた。我々人間につながっていく現在のサルの主流派である真猿《しんえん》の誕生だ。

およそ３５００万年前、その中にアフリカから大西洋を渡り、南米にたどり着いたものがいた。まだ体が小さかった真猿の祖先は、木の洞《うろ》などで群れが一緒《いっしょ》に寝《ね》ていたと考えられている。アフリカで大きな嵐《あらし》が起こった時、寝ぐらにしていた大木が倒《たお》れ、川から海に流し出され、海流に乗って南米大陸までたどり着いたと推測されているのだ。

現在の世界地図を見ると、アフリカから南米まで、最も近い場所で３０００キロも離《はな》れている。これは、知床《しれとこ》半島の先から与那国島《よなぐにじま》まで、つまり日本列島の端《はし》から端までとほぼ同じ距離《きょり》になる。とても流木に乗って渡るなんてできそうにもない。

しかし、よく知られているように、アフリカと南米は、およそ1億年前に大陸移動によって分裂《ぶんれつ》を始め離《はな》れ離《ばな》れになった大地。３５００万年前は、今よりも[B]のだ。

しかも、赤道付近の海流は、アフリカから南米に向かって流れているので、流木は早ければ1ヶ月《いっかげつ》、長くても2、3ヶ月で大西洋を渡り、南米にたどり着いたと推測されている。

３５００万年前、真猿には幾《いく》つかの原始的な系統があったと考えられている。その中から南米に渡ったのは偶然《ぐうぜん》、[C]の祖先だった。その後、アフリカでは、[D]の祖先は[E]との競争に敗れ絶滅したが、元々サルが棲んでいなかった南米で独自の進化を遂《と》げてきたのだ。

現在、１５０種ほどいる新世界ザルは、遺伝子の研究により、たった1種類の祖先から分化したことがわかっている。つまり、大西洋を渡ってきたのは1回だけ。数千万年の間に起きた、1度の奇跡《きせき》が、③南米に新しいサルの世界を作り上げたのだ。

手のひらに収まるほどの小ささ

渡ってきた祖先はおそらく、現在のマーモセットやタマリンのような小型のサルに似ていて、人間の手のひらに収まるほどの小さな体だなものを、次の中から一つ選んで記号で答えなさい。

イ　昔から言い伝えられている小鬼の存在を暗示するような、幻想的《げんそうてき》な話題。

ロ　呪文を唱えると小鬼を追い払うことができるという、迷信《めいしん》じみた話題。

ハ　大人が子供へお説教するための、今ではもはや時代遅《じだいおく》れとなった話題。

ニ　言霊の力のおかげでリラックスできるという、科学的に根拠《こんきょ》のない話題。

問11　――線⑧「編みかけのオタマジャクシが、友梨の手の中で、ほわっとあたたかくなったように感じられる」とあるが、この時の「友梨」の心情の説明として最も適当なものを、次の中から一つ選んで記号で答えなさい。

イ　無理をして周囲に合わせていたが、周りの意見など気にしない瑛人に刺激《しげき》され、自分への自信を取《と》り戻《もど》している。

ロ　評判の悪いオタマジャクシを、友梨の作品らしいと言った瑛人に勇気づけられて、編み物への情熱が再燃している。

ハ　女の子らしいという一般的《いっぱんてき》な見方など気にせず、友梨の幼い頃《ころ》を忘れずにいてくれる、瑛人への好意を確信している。

ニ　周囲の声を気にしていたが、ありのままの友梨を認めてくれた瑛人の言葉によって、少し前向きな気持ちになっている。

問12　[D]～[G]に当てはまる言葉として適当なものを、次の中から一つずつ選んで記号で答えなさい(同じ記号は二度使えない)。

イ　うっかり　ロ　ちゃんと　ハ　てっきり

ニ　ふわりと　ホ　まっすぐ

二

次の文章を読んで、後の1～14の問いに答えなさい(問題の都合上、本文を変えているところがあります)。

ほとんどのサルは尻尾《しっぽ》で物をつかむことができない

子どもの頃《ころ》、両手がふさがっているのに、もう一つ持たなければならない荷物がある時に、尻尾があったらいいなと思ったことがある。それは漠然《ばくぜん》と、サルには物をつかめる尻尾があって便利だなぁ、というイメージを持っていたからだ。

どうしてそんなふうに思っていたのか。何かの絵本で、サルが尻尾で枝をつかんで、楽しそうにぶら下がっているのを見たような記憶《きおく》がある。しかし、最近になって、どの絵本だったろうかといくら調べても、それらしいものが見当たらないのだ。

僕《ぼく》の子ども時代にサルの絵本といえばH・A・レイの「ひとまねこざる」だったので確認《かくにん》してみたが、主人公のジョージは、アフリカから連れてこられた尻尾のないサルという設定だった。残念ながら尻尾でぶら下がっている描写《びょうしゃ》はなかった。

単なる思《おも》い込《こ》みなのか、今となってはよくわからない。そして、大人になってわかったのは、実はほとんどのサルは、尻尾で物をつかむことができない、という事実だった。

この話をすると、結構生きものに詳《くわ》しい人でも、えっ、サルの尻尾って巻きつくのが普通《ふつう》でしょ?　という反応をする。やはり、僕だけではなく多くの人がそう思い込んでいるのだ。

どうして①みんながそういう思《おも》い違《ちが》いをしているのか。僕は今でも絵本の影響《えいきょう》だと思っているのだが、それが見つからない。知っている人がいたら②是非《ぜひ》教えていただきたい。

もし動物園に行く機会があれば、どんな種類でもいいので、サルを見て欲《ほ》しい。私たちに一番身近なニホンザルは、尻尾がほとんどないは偏見《へんけん》で、和島酒造《わじましゅぞう》の奥《おく》さんでもある瑛人の母親は、ご近所でも評判の若女将《わかおかみ》だ。

完璧の基準なんて、人それぞれなのだとしたら、どうしてみんなは、丸山の母親を完璧だと思うのだろう。

待っていた電車が、ようやくホームに入ってくる。友梨と瑛人は立ち上がる。[F]膝《ひざ》から落としてしまった毛糸玉を瑛人が拾う。

友梨のカバンからつながった、藍色《あいいろ》の毛糸玉を持ったまま、瑛人は歩き出す。オタマジャクシの渦巻きから、[G]伸《の》びた糸が彼につながっているのが、なぜか妙にくすぐったかった。

（谷《たに》 瑞恵《みずえ》『神さまのいうとおり』による）

問1 [A]に当てはまる言葉として適当なものを、次の中から一つ選んで記号で答えなさい。

イ 淵《ふち》をのぞいて　ロ 輪に加わって
ハ 腰《こし》を折って　ニ 種になって
ホ 山に入って

問2 [B]に当てはまる言葉として適当なものを、次の中から一つ選んで記号で答えなさい。

イ 意気消沈《いきしょうちん》　ロ 自由奔放《じゆうほんぽう》　ハ 支離滅裂《しりめつれつ》
ニ 本末転倒《ほんまつてんとう》　ホ 優柔不断《ゆうじゅうふだん》

問3 ――線①「突っかかってくる」とあるが、このような「丸山」の態度を表現した三字の言葉を、文章中からぬき出しなさい。

問4 ――線②「友梨のお弁当のうそ」とは具体的にどのようなことか。三十字以上四十字以内で説明しなさい。

問5 ――線③「友梨は本当に手芸が好きなのだろうか」とあるが、「友梨」がこのように考える理由として最も適当なものを、次の中から一つ選んで記号で答えなさい。

イ 頭の中にあるものを目に見える形にすることの方が、編み物そのものよりも好きだから。
ロ 手芸は女の子らしい趣味なのに、なぜか女の子らしくないものをつくりたいと思うから。
ハ 好きなものをつくるのは楽しいが、人が強要したものをつくるのは好きではないから。
ニ 好きでないものをつくる時には、毛糸を強く引っ張ってますます絡ませてしまうから。

問6 ――線④「足の生えかけたオタマジャクシ」とあるが、「友梨」が「オタマジャクシ」に心ひかれている理由を述べた一続きの二文を文章中から探し、最初の三字をぬき出しなさい。

問7 ――線⑤「はっとして、友梨は編みぐるみを急いでカバンに突っ込んだ」とあるが、それはなぜか。その理由として最も適当なものを、次の中から一つ選んで記号で答えなさい。

イ 周囲からの評判が悪く、こっそり編んでいたオタマジャクシを見られたくなかったから。
ロ 手芸部からバザーに出品するものを、その日まで瑛人には秘密にしておきたかったから。
ハ 本当はウサギを完成させなければいけないのに、オタマジャクシを優先させているから。
ニ 結び目をほぐすのに、まじめにおまじないをつぶやいていたことがはずかしかったから。

問8 二か所ある[C]に共通して当てはまる漢字二字を答えなさい。

問9 ――線⑥「無心になって」の意味として最も適当なものを、次の中から一つ選んで記号で答えなさい。

イ 精神統一して　ロ 適当におこなって
ハ 何も考えないで　ニ 関心を持たないで

問10 ――線⑦「こういう話題」とは、どのような話題か。最も適当うのよね。もっと女の子らしい動物の編みぐるみにすればって。でも、女の子らしい動物って、なんだろ。哺乳類《ほにゅうるい》ならドブネズミでもいいの？　よくわからないな」

「そうか、オタマジャクシ。友梨ちゃんらしい」

瑛人が笑う。彼には、ゆったりとした独特のテンポがある。どこか周囲とは違う空間にいるかのようなのだけれど、地元で会うときも、繁華街《はんかがい》の駅でも変わらない。友梨は巻《ま》き込《こ》まれて、オタマジャクシでもやもやしていた気持ちも消《き》え失《う》せる。

「小さいころ、田んぼのオタマジャクシを真剣《しんけん》に見てたよね？　友梨ちゃんは、虫も花もトカゲでも、[C]津々だったからなあ」

たぶん、マンション暮らしでは見ないものが、ひいおばあちゃんの家やその周囲にはたくさんあって、じっと見ていても飽《あ》きなかった。思えば瑛人も、そういうものをずっと見ていられる子供だったから、よくいっしょに過ごしていたのではないだろうか。

長い時間ふたりで、黙って田んぼの縁《ふち》に座っていたから、お互《たが》いが現実の友達なのか空想なのか、曖昧《あいまい》にもなったのかもしれない。

「これも、後ろ足とお腹《なか》の渦巻《うずま》きにすごいこだわりを感じるよ。この感じ、形とか」

女の子らしく、お姉さんらしく、高校生らしく、何かとそんなふうに言われてきて、疑問ばかりが頭に浮かぶのに、友梨らしいという瑛人の言葉には、不思議とキラキラした思いで胸を満たされる。⑧編みかけのオタマジャクシが、友梨の手の中で、ほわっとあたたかくなったように感じられる。

もしゃしゃのおまじないがほどくのは、糸だけじゃないのだろうか。

「らしいって、何だろうね。わたしなんて手芸部で、お弁当を自分でつくってるからって、女の子らしいって言われることあるけど、編みぐるみは不気味だし、お弁当は自分でつくってるなんてうそだし」

「ふうん、そんなうそついてるんだ」

どういうわけか、瑛人には話せてしまう。お父さんが家事をしていることを、隠す必要がないからか。

「だって、野菜にこだわっててヘルシーだし、やたらおしゃれな女の子向けのお弁当なのに、お父さんがつくってるなんて言いにくくて。それに、お父さんが無職だってこと、中学のときにはいやなこと言う子もいたから」

友梨のお父さんは、みんなのお父さんとは違う。毎日家にいるし、ジャージ姿で昼間からスーパーで買い物をして、家族のご飯をつくる。ゴミ出しも、掃除《そうじ》もアイロン掛《が》けもする。

でも、それは恥《は》ずかしいことだろうか。

「この前ね、クラスの男子にお弁当のこと突っ込まれたの。ピクルス、どうやってつくるのかって。わたし、わからなくて答えられなかったけど、あの子はうちのお父さんが無職だって知ってるのかも」

「知ってて、わざとつくりかたを訊《き》いてきたってこと？」

そんな気がする。

「答えられなかったら、本当に料理できるのかって言われた。彼のお母さんは料理上手で、毎日お弁当が凝ってるの。とにかく完璧な人らしいから、できもしないのにできるふりしてる女はむかつくのかなあ」

「完璧なお母さんか。そんな人いるのかな」

瑛人が首をかしげると、くせのある前髪《まえがみ》が[D]ゆれる。また友梨は、不思議なものを見ている気分になる。

「うちのお母さんは、酒造りに詳《くわ》しいけど、全く飲めない」

「えっ、ホント？」

飲めないのは意外だけれど、[E]仕事ができるなら問題ない。ただ、それを完璧じゃないと思う人もいるのだろう。でも、そんなの

しゃしゃもしゃもなし～

いったい、もしゃしゃって何だろう。

「ふうん、オタマジャクシか」

顔を上げると、和島瑛人《わじまえいと》がこちらを見下ろしている。⑤はっとして、友梨は編みぐるみを急いでカバンに突っ込んだ。

「なんで隠すの？」

「ていうか、どうして瑛人くんがここにいるの？」

「叔母《おば》さんのお見舞《みま》い。病院がこの近くなんだ」

それで彼も帰るところらしい。

「もしゃもしゃって何？ 今つぶやいてただろ？」

「絡《から》まった糸をほどくおまじない」

「じゃあ、ちゃんとほどかないと、ますます絡まるよ」

彼の言うとおりだ。どうせオタマジャクシは見られてしまったし、友梨はあきらめて編みかけを取り出す。

「おまじないで、本当にほどけるの？ やってみてよ」

瑛人は隣《となり》に座《すわ》って、［C］津々《しんしん》で友梨の手元を覗《のぞ》き込《こ》んだ。ひいおばあちゃんに教わったとおりに、唱えながらほぐしていく。やがてきれいにほどけると、瑛人はまじめな顔で驚《おどろ》いている。

「不思議でしょう？ いつも時間がかかってうんざりするんだけど、呪文《じゅもん》を唱えたらずっと早くほどけるの」

「へえ、ほどこうとあちこち引っ張るより、⑥無心になってまんべんなく力を加えたほうが、糸がゆるむってことなのかな」

「じゃあ、呪文は何でもいいのかな？」

「いや、その言葉にも力があるんじゃない？ 糸をほどく呪文だっていう意識で、昔から使われてたなら、きっと言霊《ことだま》が宿ってるんだ」

「言霊って、言ったことが本当になるってやつね」

「うん。そのゆるーいリズムや音のイメージで、リラックスできるのも効果的なんだろうな」

「なるほど、そうなのかも……。ひいおばあちゃんは、小鬼《こおに》を追《お》い払《はら》うって言ってたけど」

小鬼か、と瑛人は楽しそうに笑う。⑦こういう話題でも小馬鹿《こばか》にしないから、友梨は瑛人と話すのが好きだ。

「小鬼が毛糸に、一生懸命《いっしょうけんめい》結び目をつくってるとすると、数学のできる奴《やつ》らだね」

「数学？ どうして？」

「結び目理論っていうのがあって、紐状《ひもじょう》のものは、自由に動いているうちに必ず絡まってしまうんだって。で、そのパターンも決まってる、らしい」

「じゃあその、決まったパターン以外の絡まり方はしないってこと？」

「うん、だからそのもしゃしゃの神さま？ もパターンを熟知してて、小鬼がどの結び目をつくっても、たちどころにほどいてしまうんだよ、きっと」

小鬼と神さまが数式を駆使《くし》して対戦しているところを想像し、友梨は笑ってしまった。

「オタマジャクシ、後ろ足が生えかけてるんだね」

「これね……、ま、瑛人くんになら見せてもいいか」

カエルになるなんて、とても想像できないようなオタマジャクシ、そこに足が生え、尻尾《しっぽ》がなくなるなんてどういうことだろう。幼かった友梨には神業《かみわざ》としか思えなかったから、編みぐるみをつくるとなったときに思い浮かんだのだ。

「秘密にしてるの？」

「オタマジャクシを編みたいって言ったら、みんな気持ち悪いって言友梨から視線をそらし、洗い終えたお弁当箱を勢いよく振《ふ》って水気を切る。小さなしぶきが、キラキラと舞《ま》う。友梨は、お父さんが畑に撒《ま》く水に虹《にじ》が光るのを思《おも》い浮《う》かべる。お父さんはいろんな野菜をピクルスにして、瓶《びん》を並べている。家の台所では、色とりどりの瓶が、窓辺でキラキラ輝《かがや》いている。

「本当に料理できんの？」

そうか、丸山は、本当のところ友梨が自分でお弁当をつくっていないのではないかと勘《かん》ぐっているのだ。でも、だからって、①突《つ》っかかってくるのはどうしてだろう。

お弁当袋《べんとうぶくろ》に洗ったものを放《ほう》り込《こ》んで、丸山はくるりと背を向ける。友梨は黙ったまま、彼の背中とぶら下げたお弁当袋が遠ざかるのを眺《なが》めていた。

使《つか》い込《こ》んだお弁当袋だ。紐《ひも》を通したところがほつれている。何度も洗って使い込んだ生地《きじ》も、ずいぶん色あせていた。

友梨はふと気がついた。芽依《めい》の好きな男子は、丸山だ。同じフットサル部だし、芽依が言っていたように、母親が料理上手で完璧《かんぺき》だというのも合う。何よりあのお弁当袋だ。新しいものをつくってあげたいと思ったに違いない。

それにしても、友梨は不愉快《ふゆかい》な気分だった。どうして丸山は、②友梨のお弁当のうそに気づいたのだろう。思い浮《う》かぶのは、芽依が話した可能性だ。芽依とはまた、以前のようにつきあえそうな気がしていたのに、やっぱり気を許してはいけないのだろうか。いや、そもそも友梨がお父さんのことを秘密にしているからややこしいのであって、父親が家にいることくらいどうってことはないと割り切ってしまえば、何の問題もない。実際に芽依にとっては、友梨の家の事情なんて、ちょっとした会話の足しでしかない。隠《かく》すほどのことでもないと思っているのだろうし、悪気はないから話してしまうのだ。

しかし、芽依から聞いたとしても、丸山にとっては聞き流すようなことではなかったのか。どういうわけか、友梨のうそが気に障《さわ》っている。

いったい何なの？　こんがらがった毛糸みたいに、ほどけそうにない。

しゃしゃもしゃや〜
もしゃしゃの中のしゃしゃもしゃや〜

帰りの電車を待ちながら、友梨は駅のベンチで編み物をする。部活ではウサギを編んでいるが、学校を出たらオタマジャクシだ。

編み物が好きなのは、思《おも》い描《えが》いたものが少しずつできあがっていくからだ。手を動かせば、だんだんと形になる。選んだ色と、編み方の組み合わせ、編み目を飛ばしたり増やしたりすれば形も変わる。友梨の手の中で、オタマジャクシができていく。頭の中にあったものが、目の前に現れる。でもウサギは、友梨が考えたものじゃない。

作業は同じだけれど、たぶん友梨は、編むことそのものよりも、想像したものをつくり出すことが好きで、その手段がたまたま手芸だっただけなのだ。

だったら③友梨は本当に手芸が好きなのだろうか。手芸部は女子部員ばかりだ。女の子らしい趣味《しゅみ》なのに、④足の生えかけたオタマジャクシは女の子らしくないからバザーには出せないなんてことに引っかかって、せっかく好きなものを編んでいても楽しめない。

つい乱暴に毛糸を引っ張ってしまうからか、固い結び目ができてしまう。

もしゃしゃなければ

二〇二二年度 大妻中学校

【国語】〈第二回試験〉（五〇分）〈満点：一〇〇点〉

（注意）解答に字数の指定がある場合は、句読点やかっこなどの記号も字数として数えます。

一 次の文章を読んで、後の1～12の問いに答えなさい（問題の都合上、本文を変えているところがあります）。

「あれ、なんて野菜？ 白っぽいの」

丸山《まるやま》のほうから話しかけてくるなんて、初めてではないだろうか。渡《わた》り廊下《ろうか》で、友梨《ゆうり》は立ち止まる。すぐ外にある水飲み場にいた彼《かれ》は、確かにこちらを見ているから、友梨に声をかけたのは間違《まちが》いなさそうだ。

「吉住《よしずみ》の弁当に入ってただろ？」

そういえば、昼食の時間にそばを通りかかった丸山に、お弁当をじっと見られたような気がしていたが、気のせいではなかったらしい。

「うん……、白いパプリカ。めずらしいでしょ？」

クラスの数人で話の［A］いても、彼は頷《うなず》いているだけで言葉を発することが少ないのに、よほどパプリカが気になったのだろうか。白いパプリカは、お父さんが育てたのだ。まだ収穫量《しゅうかくりょう》は少ないし、家で食べているだけで、色も真っ白というよりほんのり黄色味《きいろみ》がかっている。

「白いのってあるんだ。味は？」

「お弁当のはピクルスだから……」

ピクルスの味、なんて言えば、自分でつくったのではないことがバレてしまいそうで、友梨は口をつぐんだ。続きを待っているのか、丸山も黙《だま》っているから、微妙《びみょう》な空気が流れる。

「ふつうのパプリカと同じだよ」

赤いのと黄色いのでも味は違《ちが》うんだと、お父さんが言っていたのを思い出すが、友梨にはよくわからない。料理が得意なはずなのに、パプリカの微妙な違いを同じだと言うなんておかしい、と丸山が思ったかどうかはわからないが、まだ納得《なっとく》できないように、友梨をじっと見ている。それ以上突《つ》っ込《こ》まれたくないから話をそらそうとして、彼が流しで洗っていたらしいお弁当箱に、友梨は目をとめた。

「お弁当箱、いつも洗って帰るの？」

彼は頷く。

「丸山のお弁当っていつも凝《こ》ってるよね。お母さん、料理上手なんだろうなって、みんな言ってるよ」

無難な話題だったつもりだけれど、彼は気分を害したように見えた。

「ピクルス、どうやってつくってんの？」

また話が戻《もど》る。ぶっきらぼうな口調はいつもそんなふうだけれど、今はもっと攻撃的《こうげきてき》に聞こえた。実際、彼にとってはそういう意図だったのかもしれない。

「えっ、どうって……」

「つくりかた、教えてよ。自分でつくってるんだろ？」

「興味、あるの？ 料理に？」

「あるわけないだろ」

［B］だ。

「……そうだよね。料理なんてできなくても、おいしいもの食べられるもんね」

彼はにらむように友梨を見ている。ピクルスのつくりかたなんてわからないから、友梨は困惑《こんわく》したまま黙っているしかない。

2022年度

大妻中学校　▶解説と解答

算数　＜第２回試験＞（50分）＜満点：100点＞

解答

[1] (1) 1　(2) 9　(3) 542　(4) 17通り　[2] 28度　[3] 156人　[4] (1) 8分後　(2) 825m　[5] 60円　[6] 420円　[7] 8 cm　[8] 50秒　[9] (1) 127　(2) 35番目　[10] 14cm^2

解説

[1] 四則計算，逆算，整数の性質，場合の数

(1)　$5-\left\{\left(10\div5\frac{5}{6}-1\frac{1}{3}\right)\times2\frac{5}{8}+3\right\}=5-\left\{\left(10\div\frac{35}{6}-\frac{4}{3}\right)\times\frac{21}{8}+3\right\}=5-\left\{\left(10\times\frac{6}{35}-\frac{4}{3}\right)\times\frac{21}{8}+3\right\}=5-\left\{\left(\frac{12}{7}-\frac{4}{3}\right)\times\frac{21}{8}+3\right\}=5-\left\{\left(\frac{36}{21}-\frac{28}{21}\right)\times\frac{21}{8}+3\right\}=5-\left(\frac{8}{21}\times\frac{21}{8}+3\right)=5-(1+3)=5-4=1$

(2)　$30\div\{15-4\times(12-\square)\}-7=3$ より，$30\div\{15-4\times(12-\square)\}=3+7=10$，$15-4\times(12-\square)=30\div10=3$，$4\times(12-\square)=15-3=12$，$12-\square=12\div4=3$　よって，$\square=12-3=9$

(3)　3，4，5の最小公倍数は，$3\times4\times5=60$だから，3，4，5のどれで割っても余りが2になる数は，2に60を足していった数となる。よって，$(550-2)\div60=9$ 余り 8 から，550に最も近い数は，$2+60\times9=542$とわかる。

(4)　Pを通らないで行く場合，各交差点まで最短で行く道順の数は，右の図のようになる。たとえば，点Cまでの最短の道順は1通り，点Dまでの最短の道順は1通りなので，点Eまでの最短の道順は，$1+1=2$（通り）と計算できる。よって，AからPを通らないでBまで行く最短の道順は17通りある。

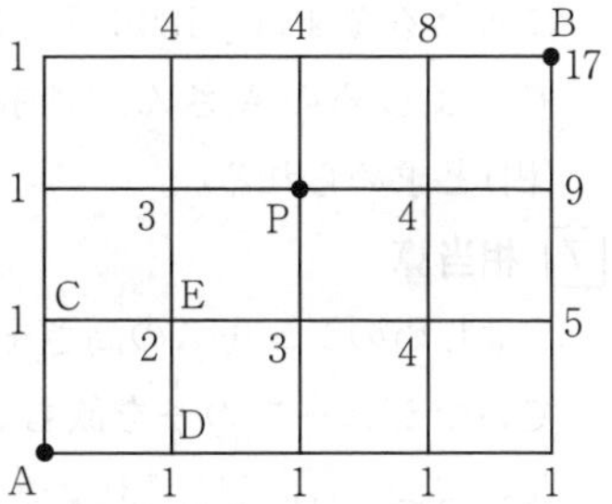

[2] 平面図形―角度

右の図で，三角形CDEの内角と外角の関係から，角㋒$=110-26=84$（度）である。また，三角形ABCの内角と外角の関係から，角㋐＋角㋑$=84$（度）だから，角㋐：角㋑$=1:2$より，角㋐$=84\times\frac{1}{1+2}=28$（度）と求められる。

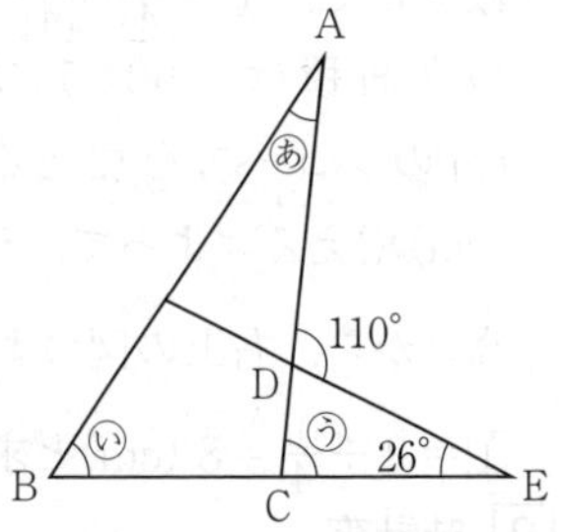

[3] グラフ―割合，和差算

東京都の生徒は全体の48％で，288人いるから，全体の人数は，$288\div0.48=600$（人）である。また，千葉県と埼玉県の生徒を合わせた人数の割合は，全体の，$100-48-7=45$（％）なので，その人数は，$600\times0.45=270$（人）となる。さらに，埼玉県の生徒は千葉県の生徒より42人多いから，上の図のように表せる。よって，

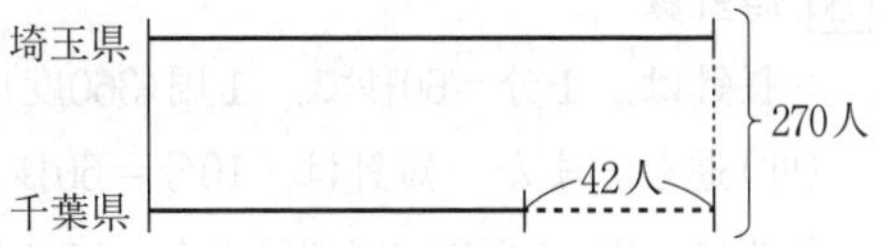

埼玉県の生徒は，(270＋42)÷２＝156(人)いる。

4 旅人算

(1) ふたりが出会うのは，ふたり合わせて１周の長さ(960m)だけ歩いたときとなる。ふたりは１分間に合わせて，70＋50＝120(m)歩くので，ふたりは，960÷120＝８(分後)に出会う。

(2) Ａさんは９分間で，70×９＝630(m)歩くので，Ａさんが出発してから９分後，ＡさんはＢさんよりも，960－630＝330(m)後ろにいると考えることができる。Ｂさんが歩き始めてからは，ふたりの距離《きょり》が１分間に，70－50＝20(m)の割合で縮まるから，Ｂさんは，330÷20＝16.5(分)歩いたときにＡさんに追い越《こ》される。よって，Ｂさんは，50×16.5＝825(m)歩いたところで追い越される。

5 消去算

それぞれの買い方を式に表すと，右のア，イのようになる。アの式を３倍，イの式を２倍して，筆箱の個数を６個にそろえると，ウ，エのようになる。ウとエの差を考えると，ペン，14－９＝５(本)の代金が，2760－2460＝300(円)となるので，ペン１本の代金は，300÷５＝60(円)と求められる。

(筆箱)×２＋(ペン)×３＝ 820(円)…ア
(筆箱)×３＋(ペン)×７＝1380(円)…イ
(筆箱)×６＋(ペン)×９＝2460(円)…ウ
(筆箱)×６＋(ペン)×14＝2760(円)…エ

6 比の性質

ふたりのお金のやりとりは右の図のように表せる。図より，はじめのふたりの所持金の差は，140－100＋140＝180(円)とわかる。すると，比の，⑦－④＝③にあたる金額が180円となるから，①にあたる金額は，180÷３＝60(円)である。よって，はじめのＡさんの所持金は，60×７＝420(円)と求められる。

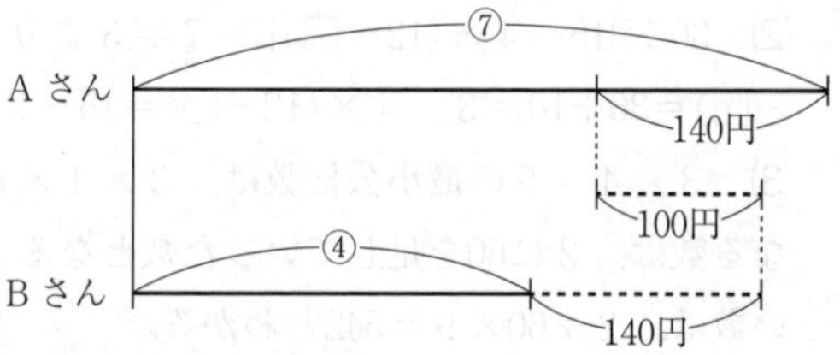

7 相当算

はじめのジュースの高さを$\boxed{1}$とする。はじめに入っていたジュースの$\frac{1}{4}$を飲むと，高さは，$\boxed{1}\times\frac{1}{4}=\boxed{\frac{1}{4}}$減るので，$\boxed{1}-\boxed{\frac{1}{4}}=\boxed{\frac{3}{4}}$になる。また，円柱のグラスの底面積は，５×５×3.14＝78.5(cm^2)だから，314 cm^3のジュースを加えると，高さは，314÷78.5＝４(cm)増える。よって，ジュースを加えた後の高さは，$\boxed{\frac{3}{4}}$＋４(cm)となり，これが$\boxed{1}$よりも２cm高いから，右上の図のように表せる。したがって，$\boxed{1}-\boxed{\frac{3}{4}}=\boxed{\frac{1}{4}}$が，４－２＝２(cm)にあたるから，$\boxed{1}$＝２÷$\frac{1}{4}$＝８(cm)と求められる。

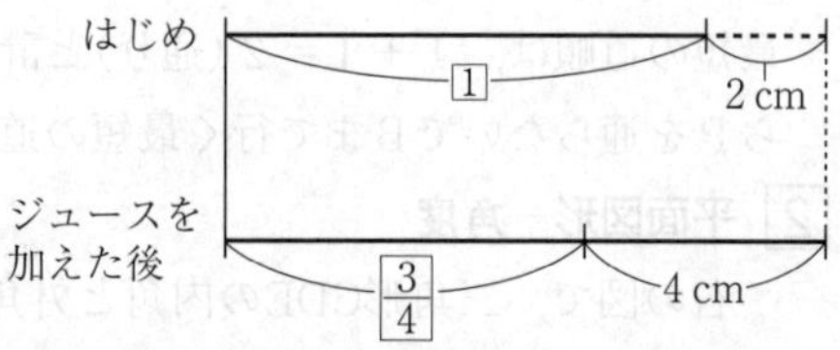

8 時計算

長針は，１分＝60秒で，１周(360度)進むから，１秒間に，360÷60＝６(度)進む。また，短針は，10分＝60秒×10＝600秒で，１周進むから，１秒間に，360÷600＝0.6(度)進む。右の図のように，大きい方の角が270度になるとき，小さい方の角が，360－270＝90(度)になるから，このときに

ふたつの針は２度目の直角になる。よって，２度目の直角になるのは，はじめから長針が短針よりも270度多く進んだときであり，１秒間に長針は短針よりも，６－0.6＝5.4(度)多く進むので，270÷5.4＝50(秒)経ったときとわかる。

9 数列

⑴　右の図のように，１から奇数《きすう》が小さい順に，右上から左下の方向に並んでいる。また，７，９，11からはそれぞれ右へ１つ進むごとに数字が６ずつ増え，22番目の(あ)は，７から右へ，22－２＝20(個)進んだところにあるので，７よりも，６×20＝120大きい数となる。よって，７＋120＝127である。

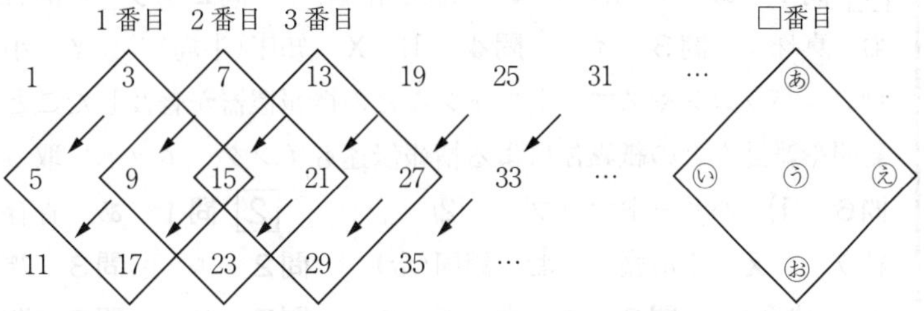

⑵　１番目を除くと，(あ)は(う)より８小さく，(お)は(う)より８大きい。また，(い)は(う)より６小さく，(え)は(う)より６大きい。よって，(あ)＋(い)＋(う)＋(え)＋(お)＝((う)－８)＋((う)－６)＋(う)＋((う)＋６)＋((う)＋８)＝(う)×５となるから，(あ)から(お)までの数字の和が1065のとき，(う)＝1065÷５＝213となる。さらに，213は９よりも，213－９＝204大きいので，９から右へ，204÷６＝34(個)進んだところにある。したがって，(う)が213となるのは，１＋34＝35(番目)だから，(あ)から(お)までの数字の和が1065になるのは35番目である。

10 平面図形―面積，相似，辺の比と面積の比

右の図で，四角形ABCDはひし形なので，角ACBと角ACDの大きさは等しい。これより，辺BC上に，CF′＝CFとなるような点F′をとると，点Pが対角線AC上のどの部分にあるときも，三角形PCF′と三角形PCFは合同だから，PF′＝PFになる。EP＋PF′が最も小さくなるのは，点E，P，F′が一直線上にあるときである。EP＋PF＝EP＋PF′だから，対角線ACと直線EF′の交わったところに点Pがあるとき，EP＋PFが最も小さくなることがわかる。このとき三角形AEPと三角形CF′Pは相似となり，CF′＝CF＝８－４＝４(cm)だから，AP：CP＝AE：CF′＝２：４＝１：２である。よって，三角形ADPと三角形CDPは高さが等しいので，面積の比は底辺の長さの比に等しく，１：２となる。すると，三角形ACDの面積は，48÷２＝24(cm^2)だから，三角形ADPの面積は，$24\times\frac{1}{1+2}=8$(cm^2)，三角形CDPの面積は，24－８＝16(cm^2)とわかる。同様に考えると，三角形ADPと三角形EDPの面積の比は，AD：ED＝８：(８－２)＝４：３なので，三角形EDPの面積は，$8\times\frac{3}{4}=6$(cm^2)となり，三角形CDPと三角形FDPの面積の比は，CD：FD＝８：４＝２：１だから，三角形FDPの面積は，$16\times\frac{1}{2}=8$(cm^2)となる。したがって，四角形EPFDの面積は，６＋８＝14(cm^2)と求められる。

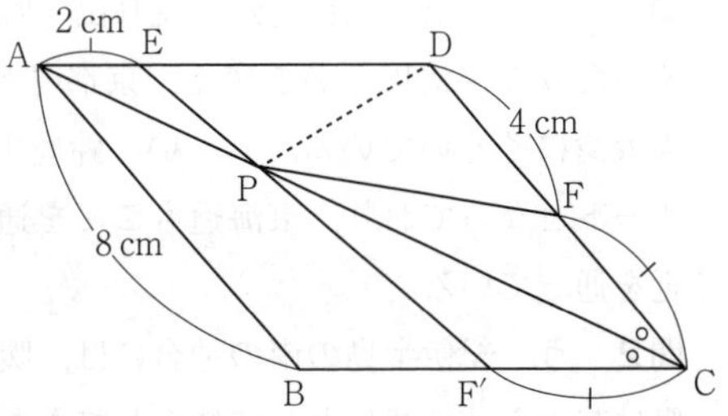

社　会　＜第２回試験＞（30分）＜満点：60点＞

解　答

1 **問１**　**あ**　淀(川)　**い**　鈴鹿(山脈)　**問２**　**う**　黒潮(日本海流)　**え**　鯨(くじら)　**お**　真珠　**問３**　イ　**問４**　(1)　**X**　知床(半島)　**Y**　小笠原(諸島)　(2)　ア　**問５**　(例)　パソコンやスマートフォンなどの情報機器が普及したことで，紙の文書を使う機会が減り，新聞や雑誌などの紙媒体による情報伝達もインターネットに取って代わられつつあるから。　**問６**　(1)　ハザードマップ　(2)　イ　**2** **問１**　**あ**　青森(県)　**い**　金印　**う**　藤原純友　**え**　平清盛　**お**　鎖国(令)　**問２**　エ　**問３**　福岡(県)　**問４**　ウ　**問５**　大宝(律令)　**問６**　ア→エ→イ→ウ　**問７**　B　**問８**　問丸(問)　**問９**　足利義満　**問10**　イ　**問11**　(例)　家臣を管理下におくとともに，自国の情報が他国に伝わるのを防ぐため。　**問12**　イ　**問13**　エ　**問14**　ア→エ→ウ→イ　**問15**　**横須賀**…ウ　**呉**…オ　**問16**　ア　**問17**　エ　**3** **問１**　イスラム教　**問２**　世界人権宣言(人権に関する世界宣言)　**問３**　(1)　**X**　(例)　結婚や出産をした(から)　**Y**　(例)　育児に手がかからなくなった(から)　**A**　イ　**B**　ア　**C**　ウ　(2)　エ　**問４**　エ　**問５**　**あ**　検察官　**い**　被告人　**問６**　侵すことのできない永久の

解　説

1 **近畿地方の地理を中心とした問題**

問１　**あ**　淀《よど》川は琵琶湖から流れ出す唯一《ゆいいつ》の河川で，流れ出たときは瀬田川とよばれ，京都府に入るあたりで宇治川と名を変え，京都府と大阪府の境付近で木津川，桂《かつら》川と合流して淀川となり，大阪湾にそそいでいる。　**い**　鈴鹿《すずか》山脈の中央付近にある鈴鹿峠《とうげ》は古代から畿内と東国を結ぶルートとなっており，東海道もここを通っていた。現在は国道１号線や新名神高速道路がこの峠付近を通っている。

問２　**う**　紀伊半島の南の沖合には，暖流の黒潮(日本海流)が流れている。　**え**　和歌山県太地《たいじ》町は昔から捕鯨《ほげい》基地として知られてきた。世界的に反捕鯨の声が高まる中，日本は1988年に商業捕鯨を中止し，調査捕鯨の名目で鯨をとり続けてきたが，2019年，IWC(国際捕鯨委員会)からの脱《だっ》退《たい》を発表し，排他的経済水域内に限り商業捕鯨を再開している。　**お**　三重県の志摩半島では，英虞《あご》湾を中心とする真珠の養殖がさかんに行われている。真珠はかつては天然のものが取り引きされていたが，明治時代に英虞湾で研究を続けた御木本幸吉《みきもとこうきち》が真珠の養殖に成功してから，養殖真珠が世界に出回ることとなった。

問３　昼夜間人口が100を超《こ》えているアは大阪府，第一次産業の就業人口の割合がほかよりも高いウは和歌山県と判断できる。残る２つのうち，第二次産業の割合が高いイが中京工業地帯にふくまれる三重県で，第三次産業の割合が高いエは観光地が多く観光業がさかんな奈良県である。

問４　(1)　Xは知床半島で，世界自然遺産の登録名は「知床」である。Yは小笠原諸島で，はるか昔に島々が形成されて以来，一度も大陸とつながったことがないため，エクアドルのガラパゴス諸島と同様に独自の進化をとげた動植物が多く，「東洋のガラパゴス」ともよばれる。　(2)　地域別に見て「危機にさらされている世界遺産リスト」(危機遺産リスト)に最も多く登録されている州

は，アフリカ州である。内戦や政情不安から管理が行き届かないものが多く，自然災害や密猟《みつりょう》などども不安材料となっている。

問５　図Ⅰからは，2005年以降，日本の紙の生産量が減少し続けていることが，図Ⅱからは，2010年以降，スマートフォンの保有率が急増していることがわかる。こうしたことから，パソコンやスマートフォンなどの情報通信機器およびインターネットの普及《ふきゅう》により，これまでの手紙やファクシミリ，コピーなどを用いた文書による情報のやり取りや，新聞・雑誌などの紙媒体《ばいたい》による情報伝達が，メールやインターネットなど通信機器を利用したものに取って代わられる，いわゆる「ペーパーレス化」が進みつつある状況が読み取れる。

問６　(1)　津波や洪水などの水害，土砂災害，火山の噴火などの自然災害について，被害の発生が予測される地域や避難場所，避難経路などを記した地図はハザードマップとよばれ，多くの自治体によって作成されている。　(2)　写真の施設は，「津波避難《ひなん》タワー（ビル）」とよばれる。津波が発生したさいに高い場所に避難できるように設けられた緊急《きんきゅう》用の施設で，東日本大震災の教訓から，全国各地の沿岸部でつくられるようになった。

2　各時代の海運・水運と港を題材とした問題

問１　**あ**　三内丸山遺跡は青森市郊外で発掘《はっくつ》された縄文時代の大規模集落跡で，多いときで500人前後が住んでいたと考えられている。　**い**　中国の歴史書『後漢書』東夷《とうい》伝には，57年に倭《わ》（日本）の奴国《なこく》の王が後漢（中国）に使いを送り，皇帝から金印を授けられたことなどが記されている。
う　10世紀前半，瀬戸内海で反乱を起こした藤原純友《すみとも》は，大宰府《だざいふ》を襲撃《しゅうげき》して一時これを占拠《せんきょ》した。
え　保元・平治の乱を勝ちぬいて政治の実権を握《にぎ》った平清盛は，大輪田泊《おおわだのとまり》（現在の神戸港の一部）を整備するなど瀬戸内海の航路を整え，宋（中国）と貿易を行って大きな利益を上げた。　**お**　17世紀前半，江戸幕府はスペイン船やポルトガル船の来航を禁止したり，日本人の海外渡航や海外在住の日本人の帰国を禁止したりするなど，いわゆる「鎖国令」を次々と出し，海外との交流を厳しく制限した。

問２　1543年，種子島（鹿児島県）に中国船が流れ着き，乗っていたポルトガル人によって鉄砲が伝えられた。

問３　江戸時代，志賀島（福岡県）で「漢委奴国王《かんのわのなのこくおう》」と刻まれた金印が発見された。これは，奴国の王が後漢の皇帝から授かったものとされており，奴国は現在の福岡県にあったと考えられている。

問４　607年に遣隋使を派遣したのは厩戸《うまやと》王（聖徳太子）であるから，ア，イ，エは正しい。中臣《なかとみの》鎌足《かまたり》らとともに蘇我《そが》氏を倒したのは中大兄《なかのおおえの》皇子である。また，皇子らが倒したのは蘇我蝦夷《えみし》・入《いる》鹿《か》の父子で，蘇我馬子（蝦夷の父）は厩戸王（聖徳太子）と協力して朝廷の政治を動かしていた。

問５　701年，唐（中国）の律令にならってつくられた大宝律令が発布された。律は現代の刑法，令は現代の民法や行政法にあたる。編さんの中心となったのは刑部《おさかべ》親王や藤原不比等《ふひと》らである。

問６　アは794年，イは1086年，ウは1185年，エは1016年のできごとである。

問７　貿易額から，Ａが名古屋港，Ｂが神戸港，Ｃが博多港と判断できる。自動車や自動車部品の輸出が多い名古屋港は，輸出額が輸入額を大きく上回っている。また，神戸港はたばこや衣類の輸入が多い。

問８　鎌倉時代には，問丸（問）とよばれる倉庫業・運送業を営む業者が活動していた。もともと荘園から徴収《ちょうしゅう》した米などを運んでいた業者が，商業の発達とともに独立したもので，近畿地方の港や川沿いの地域などに多く見られた。

問９　室町幕府の第３代将軍であった足利義満は，1404年に日明貿易を始めた。ただし，貿易を開始した時点では，将軍職は子の義持に譲《ゆず》っている。

問10　平戸は長崎県北部の平戸島に開かれた港町で，戦国時代には南蛮《なんばん》貿易の拠点として栄え，オランダやイギリスもこの地に商館を設けていた。現在は九州本土側と橋で結ばれている。

問11　多くの戦国大名は家臣を城下に住まわせるとともに，他国の者と婚姻《こんいん》関係を結ぶことを禁止した。これは家臣を近くに配置することで統率しやすくするとともに，特に情報が他国にもれることを警戒したためと考えられる。

問12　ア，イ　戦国時代の堺は有力商人たちを中心とした自治都市であり，いずれの大名にも支配されていなかった。　ウ　マルコ＝ポーロはイタリアのヴェネツィア出身の商人・旅行家で，元の時代の中国でフビライに仕えた。帰国後，彼の見聞をまとめた『世界の記述(東方見聞録)』が出版され，その中で日本は「黄金の国ジパング」として紹介《しょうかい》されているが，マルコ＝ポーロ自身は日本には来ていない。　エ　延暦寺の門前町として栄えたのは近江《おうみ》(滋賀県)の坂本である。

問13　朱印船貿易における日本の輸出品の中心は銀で，その多くは石見《いわみ》銀山(島根県)で産出されたものであった。

問14　東廻《まわ》り航路は東北地方の日本海側から津軽海峡を通って太平洋側にぬけ，南下して江戸に向かう航路なので，酒田(山形県)から八戸(青森県)→宮古(岩手県)→石巻(宮城県)→銚子(千葉県)という経路をたどることになる。

問15　横須賀(神奈川県)は三浦半島の東岸，呉《くれ》(広島県)は広島湾の東岸に位置する港湾都市で，ともにかつては軍港として栄え，現在は造船業などが発達している。

問16　日本国憲法は，第９条で戦力の不保持を定めている。また，国権の発動たる戦争と武力による威嚇《いかく》または武力の行使を永久に放棄《ほうき》することや，国の交戦権の否認なども定めている。

問17　アは1956年，イは1995年，ウは1989～90年ごろ，エは1972年のできごとであるから，エがあてはまる。

３　人権問題を題材とした問題

問１　ロヒンギャは，ミャンマー北部などに住む少数民族のことである。ミャンマー国民の大多数が仏教を信仰する中でイスラム教を信仰していることや，公用語のビルマ語ではなく独自のロヒンギャ語を使っていることなどから差別や弾圧を受けており，隣国《りんごく》のバングラデシュに難民としてのがれる人々も多数出ている。

問２　1948年，国連総会で世界人権宣言(人権に関する世界宣言)が採択《さいたく》された。第二次世界大戦中の人権弾圧に対する反省から，人権の基準を明文化するために作成された。

問３　(1)　**X**，**Y**　わが国における女性の年齢別労働力率は，20代後半から30代半ばにかけて急激に下がり，その後，40代後半にかけて再び上昇する「M字形」の曲線を描くことが特色とされてきた。これは，結婚や出産をきっかけにいったん仕事を離れ，子どもがある程度大きくなり育児に手がかからなくなったころに再び働き始める女性が多いためと考えられる。　**A**　女性は男性と比べて非正規雇用《こよう》労働者の割合が高く，そのことが平均賃金が男性よりも低い要因の１つとなっている。　**B**　男性・女性を問わず，日本の労働者の平均労働時間は世界的に見ても長く，そのことが女性が働きやすい環境づくりの妨《さまた》げともなっている。　**C**　1996年においては，女性の育児休業取得率は50％前後であったが，その後は上昇を続けた。近年は80～90％前後を推移しており，女性の働く権利という面で見ると状況は少し改善しているといえる。　(2)　ア，イ　女性に選挙権が認められたのは，第二次世界大戦直後の1945年12月のことである。また，選挙権と同様，被選挙権も認められていなかったから，女性議員は存在しなかった。　ウ　第二次世界大戦前の日本では，男性を「戸主」とする家制度が設けられており，戸主は子どもの結婚に許可をあたえるなど強い権限を持ち，妻の財産は夫である戸主が管理するなど，女性の権利は著しく制限されていた。　エ　1872年に発布された学制にもとづき全国に小学校が設置され，６歳以上の男女はすべて小学校教育を受けることとされた。

問４　日本の民法では，男女は結婚後，夫または妻のどちらかの姓を名乗ることとされており，選択的夫婦別姓は認められていないから，エがまちがっている。

問５　「あ」が検察官で，弁護人がついている「い」が被告人である。刑事裁判は，警察が逮捕《たいほ》した容疑者（被疑者）を検察官がさらに取り調べて容疑が固まり，被疑者を被告人として起訴《きそ》することで裁判が開始される。

問６　日本国憲法第11条は，基本的人権を「侵《おか》すことのできない永久の権利」として保障している。

理　科　＜第２回試験＞（30分）＜満点：60点＞

解　答

[1] **問１**　(エ)　**問２**　D　**問３**　**方角**…北西　**形**…(イ)　**問４**　**P**　②　**Q**　③　**問５**　(ウ)，(キ)　**[2]** **問１**　(イ)，(ウ)，(オ)　**問２**　①　あ　②　き　③　こ　**問３**　体毛　**問４**　（毛細）血管　**問５**　**暑いとき**…（例）　耳をパタパタ動かす。　**寒いとき**…（例）　耳をからだにピタリとつける。　**[3]** **問１**　**A**　6 m　**B**　75cm　**問２**　69cm　**問３**　150cm^2，右の図　**問４**　(1)　(ウ)　(2)　(イ)　**問５**　96cm^2　**[4]** **問１**　(ウ)　**問２**　**X**　(ア)　**Y**　(ウ)　**問３**　(1)　12kcal　(2)　**水素**…20 L　**都市ガス**…6.25 L　**問４**　1.25倍

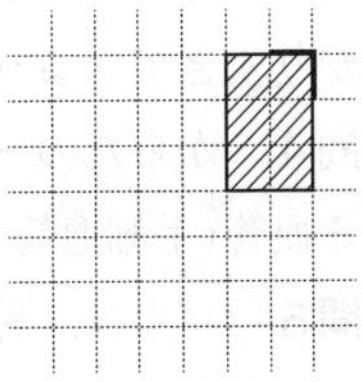

解　説

[1]　月の見え方と潮の満ち引きについての問題

問１　満月は，夕方（午後６時ごろ）に東からのぼり，真夜中（午前０時ごろ）に南中して，明け方（午前６時ごろ）に西へしずむ。よって，満月を南向きの窓から見たのは真夜中だと考えられる。

問２　図１は三日月で，地球から見て太陽から東へ約45度離《はな》れた方向に月があるときに見られる。図２で，月は(カ)にあるから，太陽は西へ約45度離れたDの位置にある。なお，(カ)が三日月の位置だとすると，新月の位置は(キ)となり，新月のときには太陽と月が同じ方向にあるから，太陽はDの位置にあると考えることもできる。

問３　南半球のオーストラリアでは，太陽や月は東からのぼると北の空を通り，西へしずむ。よって，北半球の東京で南西の空にある三日月は，オーストラリアでは北西の空に見られる。また，三日月は太陽のある側が細く光った月なので，オーストラリアでは西側（北に向かって左側）が細く光

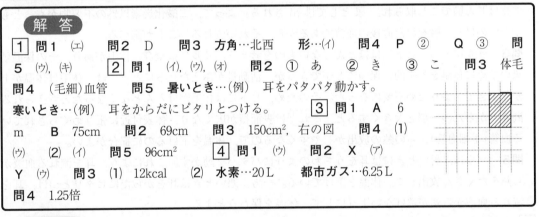

った(イ)の形となって見られる。

問４　**P**　図３で，地球が１日かけて１回自転すると，地球上のある地点は満潮のところと干潮のところを２回ずつ通ることになる。つまり，ふつう満潮と干潮は１日に２回ずつ起こる。　**Q**　月の出の時刻は１日に約50分ずつおくれていくので，満潮と干潮の時刻も約50分ずつおくれていく。

問５　図４によると，満月の５月26日は大潮であり，その２週間前の新月のころも大潮となっている。一方，満月の１週間前の上げんの月のころは小潮で，満月の３週間前の下げんの月のころも小潮となっている。したがって，干満差がもっとも小さくなるのは上げんの月や下げんの月のころ（つまり半月のとき）である。図２で，太陽がＡの位置にあるとすると，新月の位置は(ア)，上げんの月の位置は(キ)，満月の位置は(オ)，下げんの月の位置は(ウ)となる。

２　動物の特徴《とくちょう》についての問題

問１　(ア)，(イ)　ハ虫類はふつう，うんだたまごやうまれた子の世話をしない。よって，うまれた子は自分でエサをとらなければならない。　(ウ)，(エ)　ハ虫類はからのあるたまごをうむ。　(オ)，(カ)　ハ虫類は，周囲の温度によって体温が変化する変温動物である。

問２　図で，Ａは肺，Ｂは心臓，Ｃはかん臓，Ｄは小腸，Ｅはじん臓である。　①　酸素は肺で血液中に取りこまれるので，肺を出た直後の血液が酸素をもっとも多くふくむ。よって，「あ」が選べる。　②　養分は小腸で血液中に取りこまれるから，小腸を出た直後の血液が養分をもっとも多くふくむ（ただし，食後の場合）。したがって，「き」が選べる。　③　二酸化炭素以外の不要物はじん臓でこし取られ，尿《にょう》として排出《はいしゅつ》される。よって，二酸化炭素以外の不要物がもっとも少ないのはじん臓を出た直後の血液であるから，それが流れる「こ」が選べる。

問３　サルにあってヒトにはほとんどないものを考える。サルには全身に体毛があり，その保温効果のために体温を効率的に保つことができるが，活動量がふえたヒトにとっては，体毛は体温が上がりすぎてしまうため不要になった。そのため，ヒトには体毛がほとんどなくなったと考えられる。

問４　からだの一部を大きくすると，それだけ表面積が広くなり，体表付近に張りめぐらされている血管（毛細血管）からの熱の放出がしやすくなるので，体温を下げるのに都合がよい。

問５　ゾウは，暑いときには耳をうちわのようにパタパタ動かす。これにより，耳を流れる血液から熱をたくさん放出して，体温を下げている。一方，寒いときは耳をからだにピタリとつけ，耳を流れる血液から熱が逃《に》げないようにして，体温を保とうとする。

３　ものをうつすときの鏡の大きさについての問題

問１　**A**　像は鏡に対してりか子さんと線対称《たいしょう》の位置にできるので，鏡から像までの距離《きょり》は３ｍである。したがって，りか子さんは自分から，３＋３＝６（ｍ）離《はな》れたところに像があるように見える。　**B**　図１で，ⓐりか子さんの目を頂点，りか子さんをうつすときに使用する鏡の長さ（鏡につけた２つの印の間）を底辺とする三角形と，ⓑりか子さんの目を頂点，像全体の高さを底辺とする三角形を考える。ⓐとⓑの三角形は，３：６＝１：２の相似な関係（ⓑはⓐの２倍の拡大図）なので，底辺の長さの比も１：２である。よって，像全体の高さはりか子さんの身長と同じ150cmだから，りか子さんをうつすときに使用する鏡の長さは，150÷２＝75（cm）と求められる。

問２　図１で，ⓒ像の足の先を頂点，鏡につけた下の印から床《ゆか》までの長さを底辺とする三角形と，ⓓ像の足の先を頂点，りか子さんの目から床までの長さを底辺とする三角形を考えると，ⓒとⓓの三角形は，３：６＝１：２の相似な関係（ⓓはⓒの２倍の拡大図）である。したがって，鏡につけた下の印から床までの長さは，(150－12)÷２＝69(cm)とわかる。

問３　問１のＢで考えたことからわかるように，ものをうつすときに使用する鏡の長さは，うつしたものの長さの$\frac{1}{2}$になる。そのため，ゼッケンをうつすときに使用する鏡の長さは，縦の長さも横の長さもゼッケンの$\frac{1}{2}$となり，縦は，30÷２＝15(cm)，横は，20÷２＝10(cm)になる。したがって，ゼッケンをうつすときに使用する鏡の面積は，15×10＝150(cm^2)である。また，図示すると，１マスは５cmだから，縦３マス，横２マスの長方形となる。

問４　(1)　問３で考えたことは，鏡からの距離に関係しない。つまり，鏡からの距離が３ｍから，３－１＝２(ｍ)になっても，ゼッケンをうつすときに使用する鏡の長さは，縦の長さも横の長さもゼッケンの$\frac{1}{2}$となり，面積は変わらず150cm^{2}となる。　(2)　よう子さんのゼッケンとその像，りか子さん，鏡の位置関係は，右の図のように表せる。ⓔりか子さんの位置を頂点，よう子さんのゼッケンをうつすときに使用する鏡の長さを底辺とする三角形と，ⓕりか子さんの位置を頂点，よう子さんのゼッケンの像を底辺とする三角形を比べると，ⓔとⓕの三角形は，２：(２＋３)＝２：５の相似な関係(ⓔはⓕの$\frac{2}{5}$の縮図)なので，よう子さんのゼッケンをうつすときに使用する鏡の長さは，縦の長さも横の長さもゼッケンの$\frac{2}{5}$になり，縦は，$30\times\frac{2}{5}$＝12(cm)，横は，$20\times\frac{2}{5}$＝８(cm)となる。よって，面積は，12×８＝96(cm^2)になるので，問３の面積(150cm^2)より小さくなる。

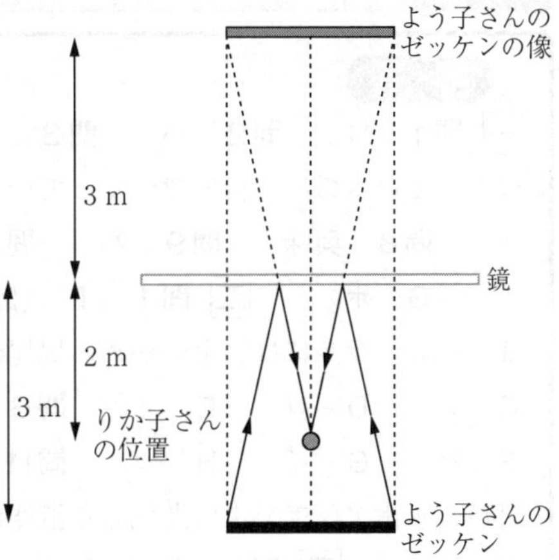

問５　問４の(2)の解説を参照のこと。

4　水素の性質，ものの燃焼についての問題

問１　水素は化石燃料と異なり，環境《かんきょう》への負荷が小さいと述べられていることから考える。化石燃料を燃やすと，温室効果ガスである二酸化炭素が発生するが，水素は燃えても，酸素と結びついて水になるだけなので，二酸化炭素などの温室効果ガスを発生しない。

問２　水素は，うすい塩酸に鉄やアルミニウムなどを加えると発生する。また，うすい水酸化ナトリウム水溶液《すいようえき》にアルミニウムを加えても発生する。

問３　(1)　200ｇの水の温度を，80－20＝60(℃)上昇《じょうしょう》させるので，60×200÷1000＝12(kcal)の熱量が必要である。　(2)　水素１Ｌを燃焼させると3.0kcalの熱量が生じるが，その80％が空気中に逃げていくので，水の温度上昇に使われる熱量は，3.0×(１－0.8)＝0.6(kcal)となる。したがって，必要な水素の量は，12÷0.6＝20(Ｌ)になる。また，都市ガス１Ｌを燃焼させたとき，水の温度上昇に使われる熱量は，9.6×(１－0.8)＝1.92(kcal)となるから，必要な都市ガスの量は，12÷1.92＝6.25(Ｌ)である。

問４　たとえば，同じ9.6kcalの熱量を得ることを考える。水素を燃焼させて9.6kcalを得るには，9.6÷3.0＝3.2(Ｌ)の水素が必要で，これを燃焼させるのに必要な酸素は，0.5×3.2＝1.6(Ｌ)，この量の酸素をふくむ空気は，1.6÷0.2＝８(Ｌ)である。一方，都市ガスを燃焼させて9.6kcalを得るに

は１Ｌの都市ガスが必要で，これを燃焼させるのに必要な酸素は２Ｌ，この量の酸素をふくむ空気は，２÷0.2＝10(Ｌ)になる。よって，都市ガスの燃焼に必要な空気は水素の燃焼に必要な空気の，10÷８＝1.25(倍)とわかる。なお，燃焼に必要な酸素の体積で比べても，２÷1.6＝1.25(倍)と求められる。

国　語　＜第２回試験＞（50分）＜満点：100点＞

解　答

一　**問１**　ロ　**問２**　ハ　**問３**　攻撃的　**問４**　(例)　本当はお父さんが友梨のお弁当をつくっているのに，自分でつくっていると言ったこと。　**問５**　イ　**問６**　カエル　**問７**　イ　**問８**　興味　**問９**　ハ　**問10**　ロ　**問11**　ニ　**問12**　**Ｄ**　ニ　**Ｅ**　ロ　**Ｆ**　イ　**Ｇ**　ホ　二　**問１**　Ⅰ　(例)　ほとんどのサルは尻尾で物をつかむことはできない　Ⅱ　(例)　サルには物をつかめる尻尾がある　**問２**　イ　**問３**　ロ　**問４**　ニ　**問５**　**Ｃ**　ロ　**Ｄ**　ロ　**Ｅ**　イ　**問６**　ニ　**問７**　ハ　**問８**　競争相　**問９**　ホ　**問10**　**Ｆ**　ハ　**Ｇ**　イ　**Ｈ**　ロ　**問11**　命綱　**問12**　**Ｘ**　イ　**Ｙ**　ホ　**Ｚ**　ニ　**問13**　(例)　東南アジアで主に進化した滑空が，南米の生きものではまったく見られないこと。　**問14**　ハ　三　**問１**　北　**問２**　ロ　**問３**　(例)　桜の開花に合わせて花の宴を催す(風習)　**問４**　ロ，ニ　**問５**　⑴　ニ　⑵　ハ　⑶　**Ａ**　ホ　**Ｂ**　イ　**問６**　ハ　四　下記を参照のこと。

●漢字の書き取り

四　①　招待状　②　奮発　③　訪ねる

解　説

一　**出典は谷瑞恵《たにみずえ》の『神さまのいうとおり』による。**ほかの家とは違《ちが》って無職で家事をする父親や，自分を見つめ，友梨《ゆうり》は「らしい」必要性に疑問を抱《いだ》く。

問１　クラスの数人で会話をしていても，丸山は頷《うなず》くだけで言葉を発することが少ないのだから，ロが選べる。なお，「輪に加わる」は“参加する”という意味。

問２　丸山から執拗《しつよう》にピクルスのつくり方をきかれたので料理に興味があるのかきいたところ，「あるわけないだろ」と言われた友梨はその一貫《いっかん》性のなさにあきれたものと想像できる。よって，筋道が立っておらず，滅茶苦茶《めちゃくちゃ》なさまをいう「支離滅裂《しりめつれつ》」があてはまる。

問３　「本当に料理」ができるのかどうか疑っている丸山は，友梨に対してピクルスの味やつくり方をたたみかけるようにたずねている。友梨にとってそのぶっきらぼうな口調は，いつにも増して「攻撃《こうげき》的」に感じられたと空らんＢの少し前に書かれている。

問４　ぼう線⑧の後，友梨は和島瑛人《わじまえいと》にお弁当を「自分でつくってるなんてうそ」だと話したうえで，「野菜にこだわっててヘルシーだし，やたらおしゃれな女の子向けのお弁当なのに，お父さんがつくってるなんて言いにく」いと話している。つまり「お弁当のうそ」とは，実際にはお父さんがお弁当をつくってくれているのに，それを知られるのがはずかしくて，自分でつくっていると言ったことにあたる。

問５　少し前で，「編み物が好きなのは，思い描《えが》いたものが少しずつできあがっていくから」だが，実のところ「編むことそのものよりも，想像したものをつくり出すことが好きで，その手段がたまたま手芸だっただけ」だと友梨は考えている。つまり，「想像したものをつくり出すこと」ができる別の手段があれば「手芸」でなくてもいいという思いがあるため，友梨は自身を振《ふ》り返り，「本当に手芸が好きなのだろうか」と疑問を感じたのである。よって，イが合う。

問６　後の部分に，オタマジャクシが「カエルになるなんて，とても想像でき」ず，幼かった自分にはそれが「神業《かみわざ》としか思えなかったから」，友梨はオタマジャクシを編みぐるみの題材に選んだと書かれている。

問７　後の部分で，みんなから「気持ち悪い」オタマジャクシよりも「もっと女の子らしい動物の編みぐるみにすれば」いいと言われた友梨は，オタマジャクシを編んでいることが「秘密」なのだと話している。つまり，評判の悪いオタマジャクシの編みぐるみを瑛人に見られるのをおそれ，友梨は「急いでカバンに突《つ》っ込《こ》んだ」のだから，イがふさわしい。

問８　一つ目の空らんＣの前で，友梨の言う「絡《から》まった糸をほどくおまじない」に関心を示した瑛人は，その手元を覗《のぞ》き込んでいる。二つ目の空らんＣの前後では，オタマジャクシもふくめ「虫も花もトカゲ」も何にでも真剣《しんけん》な眼差《まなざ》しを向けていた幼いころの友梨のようすを，瑛人は思い起こしている。これらのことから，興味が次から次へとわいてつきないようすの「興味津々《しんしん》」とするのがよい。

問９　「無心になる」は，“よけいなことを考えず，ただ目の前のことに集中する”という意味。

問10　「こういう話題」とは，「糸をほどく呪文《じゅもん》」には「小鬼《こおに》を追い払《はら》う」言霊《ことだま》が宿っているという話題を指す。迷信《めいしん》じみた話も「小馬鹿《ばか》にしない」瑛人と話すのが友梨は好きなのだから，ロがよい。

問11　「オタマジャクシ」を編みぐるみの題材にしていることについて，瑛人は「友梨ちゃんらしい」と認めてくれている。「女の子らしく，お姉さんらしく，高校生らしく，何かとそんなふうに言われてきて，疑問ばかりが頭に浮《う》かぶ」友梨にとって，瑛人のかけてくれたその言葉は，「不思議とキラキラした思いで」自分の胸を満たしてくれたのである。ありのままの自分を受け入れ，認めてくれた瑛人の言葉に，友梨は前向きな気持ちになれたのだから，ニが選べる。

問12　**Ｄ**　「くせのある前髪《まえがみ》」が「ゆれる」ようすなので，軽いものが動くさまを表す「ふわりと」が入る。　**Ｅ**　瑛人のお母さんが「飲めないのは意外」だが，しっかりと「仕事ができるなら問題ない」というのだから，確実できちんとしているようすの「ちゃんと」があてはまる。　**Ｆ**　立ち上がった拍子《ひょうし》に，友梨はつい毛糸玉を膝《ひざ》から落としてしまっているので，ぼんやりしていて注意が行き届かないようすの「うっかり」が合う。　**Ｇ**　藍色《あいいろ》の毛糸玉から「伸《の》びた糸」が瑛人につながっているのだから，少しも曲がることのないさまを表す「まっすぐ」が入る。

二　**出典は岡部聡《おかべさとし》の『誰《だれ》かに話したくなる摩訶《まか》不思議な生きものたち』による。**南米で進化した「巻きつく尻尾《しっぽ》」を持つ「新世界ザル」について，その進化の過程や生態を解説している。

問１　Ⅰ，Ⅱ　「そういう」とあるので，前の部分に注目する。ほとんどのサルは「尻尾で物をつかむことができない」にもかかわらず，子どものころの筆者は「サルには物をつかめる尻尾があって便利だ」と思っていたり，生き物に詳《くわ》しい人でもサルの尻尾は「巻きつくのが普通《ふつう》」だと考えていたりと，「思い違《ちが》いをしている」というのである。

問２　尻尾で枝をつかみ楽しそうにぶらさがるサルのようすを，「何かの絵本」で見た記憶《きおく》があると筆者が述べていることをおさえる。問１でみたような「思い違い」は，今もその絵本の影響《えいきょう》によるものだと思って探したものの，どうしても見つからないというのだから，筆者は「サルが尻尾で枝をつかんでいる描写《びょうしゃ》の絵本」を知っている人がいたら「是非《ぜひ》教えていただきたい」と言っていることになる。

問３　この後，樹上で生活するさいに「バランスを取るため」，サルは尻尾を使うと述べられていることに注目する。サルの尻尾の役割について筆者は述べているのだから，空らんＡにはサルの尻尾の役割を問う質問が入ると考えられる。よって，ロがあてはまる。

問４　現在の世界地図では，アフリカと南米は「最も近い場所で3000キロも離《はな》れている」が，それらは「およそ１億年前に大陸移動によって分裂《ぶんれつ》を始め離れ離れになった大地」であることを考えると，3500万年前は，今よりももっと「近かった」はずなので，ニが選べる。

問５　筆者は「アジアとアフリカで進化したサル」と「南米で進化したサル」は系統が違うと述べたうえで，前者は「旧世界ザル(鼻の穴の間が狭《せま》いので狭鼻《きょうび》類)」，後者は「新世界ザル(鼻の穴の間が広いので広鼻類)」というと説明している。　**Ｃ**　南米で進化したサルは広鼻類なので，3500万年前に南米に渡《わた》ったサルは「広鼻類の祖先」ということになる。　**Ｄ，Ｅ**　「アジアとアフリカで進化したサル」は「狭鼻類」だから，「広鼻類」がいたとしても「狭鼻類」との競争に敗れ，現在は絶滅《ぜつめつ》したことになる。

問６　「およそ3500万年前」に「アフリカで大きな嵐《あらし》が起こった時，寝《ね》ぐらにしていた大木が倒《たお》れ，川から海に流し出され，海流に乗って南米大陸までたどり着いた」広鼻類の祖先がいたために，南米では「新世界ザル」が進化したのだろうと筆者は推測している。「現在，150種ほどいる新世界ザル」が，「たった１種類の祖先」より分化したものだと判明している点からも，3500万年前，奇跡《きせき》的に南米へと偶然漂着《ぐうぜんひょうちゃく》した広鼻類の祖先によって，「新しいサルの世界」がつくり上げられたということがわかる。よって，ニが合う。

問７　「捕食者」は，ここではサルを捕《つか》まえて食べるタカのような動物を指す。よって，ある動物に対して捕食者となるような動物をいう「天敵」が合う。

問８　「そこ」は，直接には「生存するのに適した場所(生態的地位，ニッチ)」を指す。続く部分で，南米大陸へたどりついた新世界ザルの祖先は「競争相手がいない原生林」に目をつけ，生息範《はん》囲《い》を広げていったと説明されているので，この部分がぬき出せる。

問９　前の部分で，「樹上生活をする生きものにとって」の一番の問題は「木と木の間が離れている森の中をどのように移動するのか」だと述べられていることをおさえる。つまり，そもそも「体が大きい」個体のほうが手足は長く，木々の間が離れていてもつかまりやすいと考えられるので，ホが選べる。直前の大段落で，筆者が「新世界ザルの祖先は，当初は広大な森の奥《おく》には進出できなかった。30メートルを超《こ》える巨木がそびえ立つ原生林の中は，木と木の間が広く，小さな体では移動できないからだ」と述べていることも参考になる。

問10　**Ｆ**　巨木の森では「隣《となり》の木との間隔《かんかく》が一番狭《せま》」く，「葉っぱが茂《しげ》るてっぺん付近」から移動するのがよいが，その高さゆえ「万が一にもつかんだ枝が折れて地面に落ちたら死んでしまう」と述べられている。よって，前のことがらを受けて，それに反する内容を述べる時に用いる「しかし」があてはまる。　**Ｇ**　後に「どうしてもそんな場所を移動しなければならないとしたなら」とあるので，これと呼応して仮定の意味を表す「もし」が入る。　**Ｈ**　「巻きつく尻尾」は，「枝から枝に移る時」のほか，「木に実っている食べ物を採る時」にも役立つというのだから，前のことがらにつけ加える時に用いる「さらに」が合う。

問11　「巻きつく尻尾」が「安全装置」となるのは，移動するさいに枝が折れたとしても，落下する危険を防ぐことができるからである。同じように落下を防ぐための道具として，二つ前の段落に「命綱《いのちづな》」が示されている。

問12　**X～Z**　アマゾンの熱帯雨林は，「隙間《すきま》なく高さもほぼ均一の森」だと述べられている。つまり，隣《とな》り合っている木と木の間に「隙間がない」のなら，「手を伸ばせば隣《となり》の枝に届く」ことになり，枝から枝へと「木を伝って移動をする」ことができるのである。そうなると枝が折れて落下する危険もあるので，「安全装置としての巻きつく尻尾が進化した」と説明されている。

問13　東南アジアで主に進化した滑空《かっくう》が，南米ではまったく見られないのは，「南米には，木からぶら下がるつる植物が多く，それが滑空する時の障害物になるから」だと述べられている。

問14　「南米で尻尾が進化した秘密」の見出しのついた大段落から文章の最後までで，「森の構造の違い」に応じてそれぞれの進化をとげる「南米」と「アジア」の生きものについて説明されているので，ハが正しい。なお，筆者は南米で進化した「新世界ザル(広鼻類)」が樹上生活を選択《せんたく》した理由について述べているので，イは合わない。また，中南米で進化したサルは「巻きつく尻尾」を持っているのだから，ロも正しくない。さらに，「旧世界ザル」が南米に漂着したのは偶然のできごとによるものであり，自ら進出したわけではないので，ニもふさわしくない。

三　**出典は二〇二一年四月十三日付「朝日新聞」夕刊掲載《けいさい》の「美の季想　桜の上野公園(高階秀爾《たかしなしゅうじ》著)」による。**日本独特の花見という風習について述べられている。

問１　「桜前線」とは，日本国内各地の桜，特にソメイヨシノの開花日をつないだ線のことで，三月中旬《ちゅうじゅん》ごろに九州や四国南部から北上を始め，五月上旬に北海道に達する。

問２　「このような」とあるので，直前に注目する。テレビで「桜前線がどこまで北上したか連日のように報じられる」ことなどフランスでは見られないのだから，ロが選べる。

問３　「この風習」とは，桜の開花に合わせて「花の宴《えん》を催《もよお》す」独自の風習が日本にあることを指す。

問４　松尾芭蕉《まつおばしょう》の俳諧《はいかい》紀行文である『おくのほそ道』に，ロとニの句が収録されている。なお，イは正岡子規《まさおかしき》，ハは与謝蕪村《よさぶそん》，ホは小林一茶《こばやしいっさ》，へは山口素堂《やまぐちそどう》が詠《よ》んだ句である。

問５　(1)　俳句で「花」といえば桜を指すので，季語は春である。よって，春の七草にふくまれるニの「芹《せり》」が選べる。なお，イの「女郎花《おみなえし》」とロの「菊《きく》」は秋の季語，ハの「山茶花《さざんか》」は冬の季語，ホの「水芭蕉」は夏の季語となる。　(2)　「花の雲」は，桜の花が一面に咲き連なるようすを雲に見立てた表現なので，ハが合う。　(3)　**A，B**　ぼう線⑤の句の「鐘《かね》」は，時を知らせるために寺で鳴らされる鐘の音。また，ぼう線⑥の句の「いらか」は，屋根のいちばん高いところ。続く部分に，「浅草寺の壮麗《そうれい》な屋根を見やる視覚的効果と，遠くから流れてくるゆったりとした『鐘』の響《ひび》き」と書かれていることから，Aにはホ，Bにはイがあてはまるとわかる。

問６　ことばのかかり受けでは，直接つなげてみて意味のまとまる部分が答えになる。「江戸時代には，この町に大名庭園をはじめとしてさまざまな花の名所が」，「かつて」「あり」とつながる。

四　**漢字の書き取り**

①　もよおしなどに客として招くことを記した案内状。　②　思い切ってたくさんお金を出すこ

と。　③　音読みは「ホウ」で，「訪問」などの熟語がある。訓読みにはほかに「おとず(れる)」がある。

2021年度　大 妻 中 学 校

〔電　話〕 (03) 5275－６００２
〔所在地〕 〒102-8357　東京都千代田区三番町12
〔交　通〕 東京メトロ半蔵門線―「半蔵門駅」より徒歩５分
JR線・東京メトロ各線―「市ヶ谷駅」より徒歩10分

【算　数】〈第１回試験〉（50分）〈満点：100点〉

◎　円周率を用いるときは3.14として答えなさい。

◎　式，計算，または考え方は必ず書きなさい。これのないものは正解としません。

1　次の□にあてはまる数を求めなさい。

(1)　$1\frac{1}{4}\div\left(0.75-\frac{1}{6}\right)\times\frac{7}{8}+\frac{1}{2}=$ □

(2)　$9+8\times($ □ $\div 7-2)=777$

(3)　３つの整数があり，２つずつの和は46，60，68です。最も大きい数は□です。

(4)　４％の食塩水 75g と□％の食塩水 125g を混ぜ合わせると，９％の食塩水ができます。

2　５km 離《はな》れた目的地まで，はじめは毎分 180m の速さで走りましたが，途《と》中から毎分 80m の速さで歩いたところ，40分で目的地に到着しました。毎分 180m の速さで走ったのは何分間ですか。

3　A，B，Cの３人の所持金の合計は15600円です。３人がそれぞれ同じ金額だけ使うと，３人の所持金はそれぞれはじめの $\frac{2}{3}$，$\frac{3}{4}$，$\frac{5}{6}$ になります。Aがはじめに持っていた金額はいくらですか。

4　ある中学校に昨年入学した生徒の人数は330人でした。今年は昨年に比べると，男子は１割減少し，女子は12％増加して，女子が男子より６人多く入学しました。今年入学した女子の人数は何人ですか。

5　図１は，長方形，おうぎ形，半円が重なったものです。図２において，角 x の大きさは何度ですか。

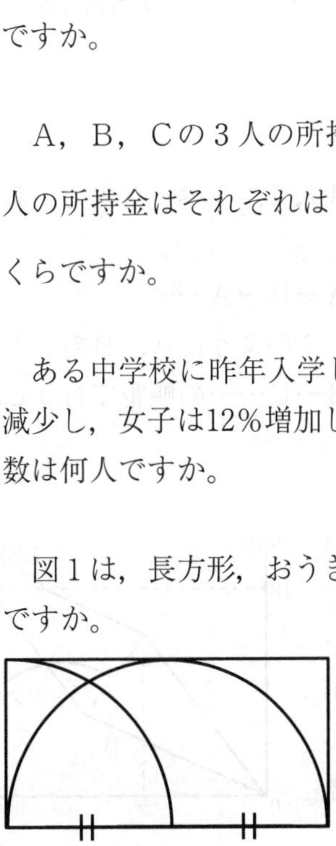

図１

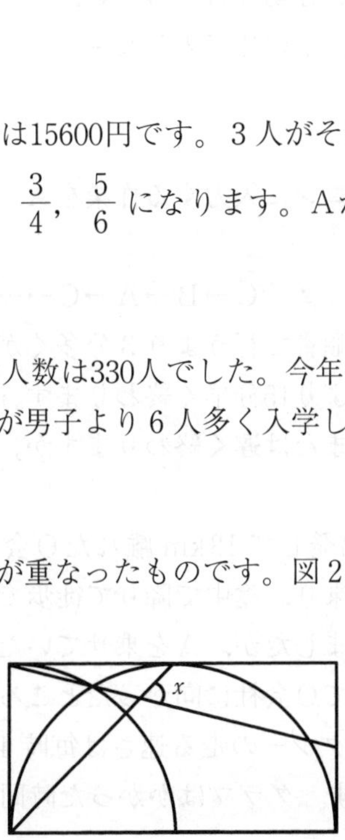

図２

6　図の点Ａから点Ｇは円を７等分する点です。

・Ｐは点Ａを，Ｑは点Ｃを同時に出発し，１秒ごとに移動します。

・Ｐは時計回りに点を１つ飛ばしに，Ｑは反時計回りに点を２つ飛ばしに移動します。

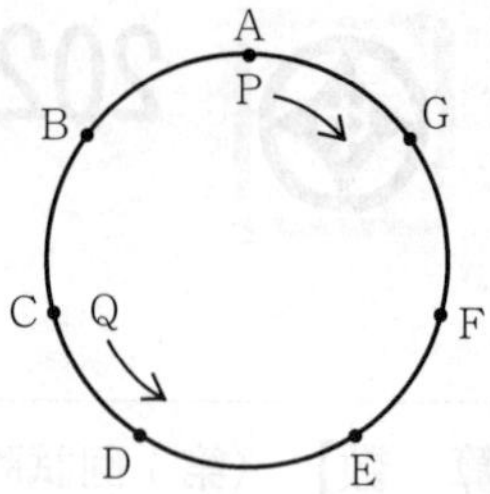

⑴　２度目にＰとＱが同じ点で出会うのはどの点ですか。

⑵　2021秒後，ＰとＱはそれぞれどの点に移動しますか。

7　４種類の数字０，３，５，９を用いて表される整数を次のように小さい順に並べます。

３，５，９，30，33，35，39，50，…

このとき，5039は何番目に出てきますか。

8　図１のように，円柱の容器の中に４つの仕切りが底面と垂直に立てられています。図２は円柱を上から見たものです。㋐の真上から水を一定の割合で入れ始めました。水が仕切りＡ，Ｂ，Ｃを超えたのは水を入れ始めてそれぞれ３分後，８分後，17分後でした。また，28分後に円柱は水でいっぱいになりました。仕切りＡ，Ｂ，Ｃ，Ｄの高さの比を最も簡単な整数の比で表しなさい。

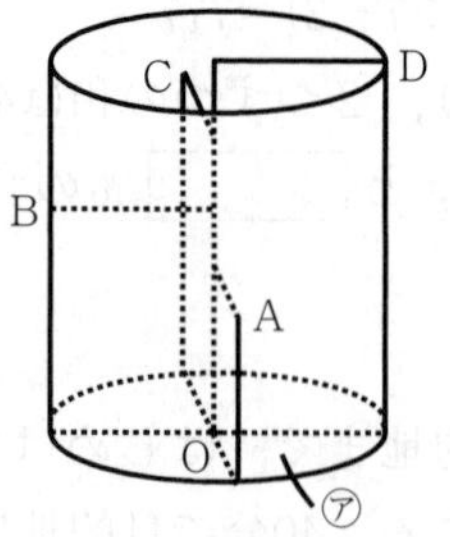

図１

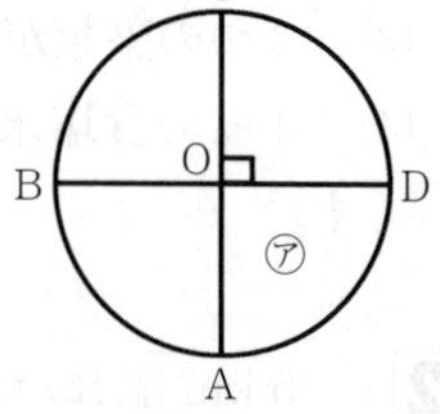

図２

（Oは円の中心です）

9　20ページある文書をパソコンに入力する作業をＡ，Ｂ，Ｃの３人で，１ページ入力するごとに交代します。

①　Ａ→Ｂ→Ｃ→Ａ→…　　②　Ｃ→Ｂ→Ａ→Ｃ→…　　③　Ａ→Ｂ→Ａ→…

②の順番で行うと，①の順番で行うより３分多くかかります。③のようにＡ，Ｂの２人だけで行うと，①の順番で行うより15分早く終わります。Ｃ→Ａ→Ｂ→Ｃ→…の順番で行うと，①の順番で行うより何分**早く**または**遅く**終わりますか。

10　ＡとＢが同時に会社を出発して18km 離れたＯ会社へ向かいます。Ａは初めタクシーに乗り，途中で降りて徒歩で向かいました。Ｂは初め徒歩で向かいましたが，Ａを乗せていたタクシーが戻ってきたのでそれに乗ってＯ会社に向かったところ，Ａより16分遅れて到着しました。タクシーの走る速さは毎時 45km，２人の歩く速さは毎時５km です。グラフはかかった時間と距離の関係を表したものです。

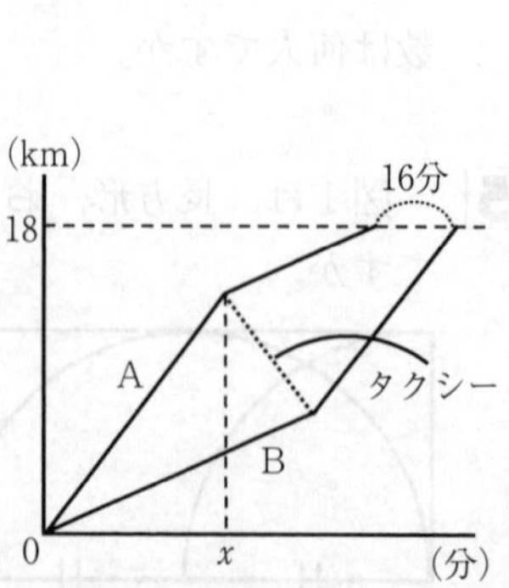

⑴　２人が同時に到着するためには，Ａは出発して何 km のところでタクシーを降りればよいですか。

⑵　グラフの x はいくつですか。

【社　会】〈第１回試験〉（30分）〈満点：60点〉

（注意）　地名・用語は，特別の指示がないかぎり，漢字で答えなさい。

1　次の地形図は，種子島の一部の地域を示したものです。この図と説明文について，あとの問いに答えなさい。

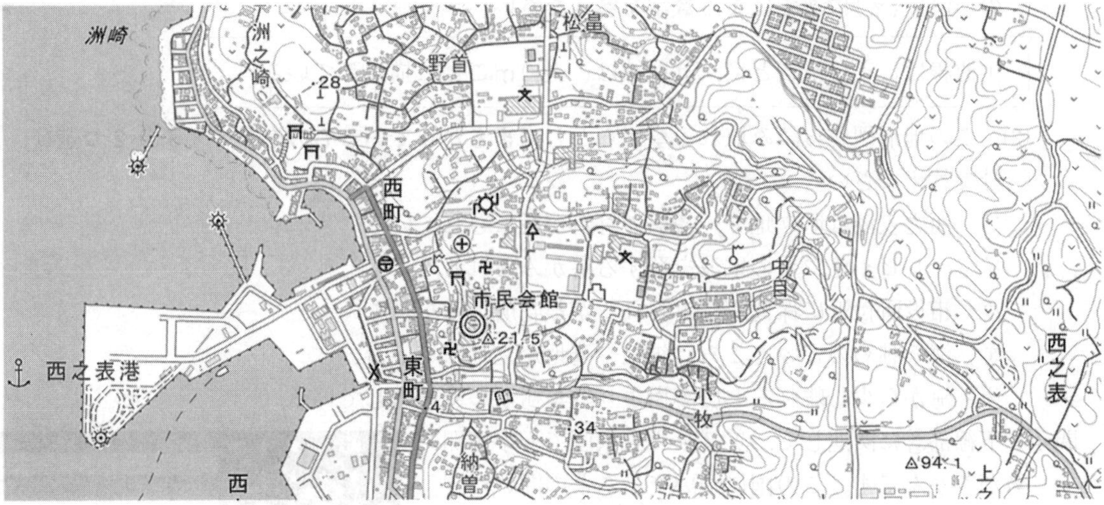

〈編集部注：編集上の都合により原図の80％に縮小してあります。〉

種子島は，①鹿児島県で（　あ　）大島，（　い　）島に続いて３番目に大きな島です。②上の地形図は西之表港付近を示しています。この島には，宇宙センターがあり，日本の③宇宙開発において中心的な役割を果たしています。

問１．文中の(あ)・(い)にあてはまる島を答えなさい。

問２．下線部①について，この県の産業に関するあとの問いに答えなさい。

(1)　製造品出荷額のうち３割を占め，最も大きな割合となっている工業(2018年)をア～エより選び，記号で答えなさい。

ア．繊維　　　イ．鉄鋼

ウ．食料品　　エ．電気機械

(2)　(1)の工業の出荷額10位までの都道府県(2018年／単位：億円)を下の表に示しました。北海道以外の府県でこの工業がさかんな理由を答えなさい。

1位	北海道	21946	6位	千葉	15455
2位	埼玉	18962	7位	茨城	14840
3位	兵庫	16846	8位	静岡	13806
4位	愛知	16639	9位	大阪	12705
5位	神奈川	16096	10位	福岡	9999

『データでみる県勢 2020年度版』より作成

(3)　右の表は，鹿児島県で生産のさかんな農産物について，収穫量上位の県(Ａ・Ｂは2018年，Ｃは2016年／単位：％)を示しました。Ａ～Ｃにあてはまる農産物をア～カよりそれぞれ選び，記号で答えなさい。

Ａ		Ｂ		Ｃ	
北海道	11.8	静岡	38.7	沖縄	44.4
千葉	11.3	鹿児島	32.6	宮崎	37.5
青森	9.2	三重	7.2	鹿児島	13.8
鹿児島	7.2	宮崎	4.4	―	
神奈川	6.0	京都	3.6	―	

『データでみる県勢 2020年度版』より作成

ア．キャベツ　　イ．きく　　　ウ．だいこん
エ．マンゴー　　オ．すいか　　カ．茶

問3．下線部②に関連して，あとの問いに答えなさい。

(1)　この地形図の縮尺は2万5000分の1です。この地形図の等高線について述べた次の文中の(う)・(え)にあてはまる数字を答えなさい。

主曲線は(　う　)mごとに，計曲線は(　え　)mごとに描かれている。

(2)　この地形図から読み取れる事がらとして**まちがっているもの**をア～オより**2つ**選び，記号で答えなさい。

ア．西之表港は埋立地で，複数の灯台が設置されている。
イ．テレビやラジオの電波を発する塔がみられる。
ウ．市役所付近に保健所はみられるが裁判所はみられない。
エ．海の眺めのよいところに神社や墓地が立地している。
オ．海から少し離れると広葉樹より針葉樹が多く分布している。

問4．下線部③に関連して，アメリカ合衆国でも宇宙開発がさかんです。この国について，あとの問いに答えなさい。

(1)　右はアメリカ合衆国の国旗です。国旗の星は何の数を示したものですか。

(2)　アメリカ合衆国は英語を話す人が多いですが，アメリカ以外にも英語を話す人の多い国があります。X・Yの説明にあてはまる国を答えなさい。

X：国土の中央部に岩山があり，先住民アボリジニによって「ウルル」とよばれている。日本はこの国からたくさんの鉄鉱石や石炭を輸入している。

Y：アメリカの植民地支配を受けていたこともあって，バスケットボールは人気のあるスポーツである。日本はこの国からたくさんのバナナを輸入している。

2　日本の建築の歴史に関する次の文を読み，あとの問いに答えなさい。

①旧石器時代の住居は，②地形を利用した洞穴《どうけつ》やテント式の住居でしたが，縄文時代になると，竪穴《たてあな》住居がつくられました。飛鳥・奈良時代には，仏教の伝来とともに寺院が多く建てられました。例えば，厩戸王(聖徳太子)が建てたと伝えられる(　あ　)は現存する最古の木造建築物です。710年に都が移された③平城京には，瓦葺《かわらぶき》の建物も多くできました。④平安時代には，貴族の住宅として，日本風の(　い　)造の建物がつくられました。

⑤鎌倉時代には，武家政権が誕生し，武家造とよばれる建物がつくられていきました。また，中国と頻繁《ひんぱん》に行き来をした⑥禅僧によって，中国の建築様式も伝えられました。⑦室町時代には，再び京都が政治の中心になり，貴族文化と武家文化がまじり合いました。8代将軍(　う　)の時代になると，現在の和風住宅のもととなった書院造という様式が生まれました。安土・桃山時代になると，天守閣をもつ大きな城がつくられるようになりました。1590年に全国統一をなしとげた(　え　)が建てた大坂城などが代表的です。また，茶の湯が(　お　)によって大成され，

茶室も多く建てられました。⑧江戸時代には，江戸・京都・大坂といった都市が発達し，都市には⑨芝居《しばい》小屋が見られるようになりました。

明治時代になると，政府が富国強兵や⑩殖産興業《しょくさんこうぎょう》の政策をすすめ，欧米の文化や生活様式を取り入れたので，洋館が建てられるようになります。東京都にある旧岩崎邸は，政府が⑪条約改正交渉に利用した鹿鳴館《ろくめいかん》の設計者コンドルに⑫三菱財閥《みつびしざいばつ》が依頼したものです。ただ，このような住宅に住んでいたのは，⑬政治家や実業家などのごく限られた人たちでした。

問１．文中の(あ)～(お)にあてはまる語句や人名を答えなさい。

問２．下線部①について，関東ローム層から打製石器が発見され，日本に旧石器文化があることを証明した遺跡を答えなさい。また，この遺跡がある県を答えなさい。

問３．下線部②に関連して，日本は山がちです。次のＡ・Ｂの文が説明する山地・山脈を答え，位置を地図中ア～オより選びなさい。

Ａ．温暖で雨の多い気候のもとで，すぎなどの林業がさかんであり，周辺ではみかんやうめの栽培も行っている。

Ｂ．日本海側ではフェーン現象が，太平洋側ではやませによる冷害が起こることがある。周辺では鉄器やこけしなどさまざまな伝統工芸品が生産されている。

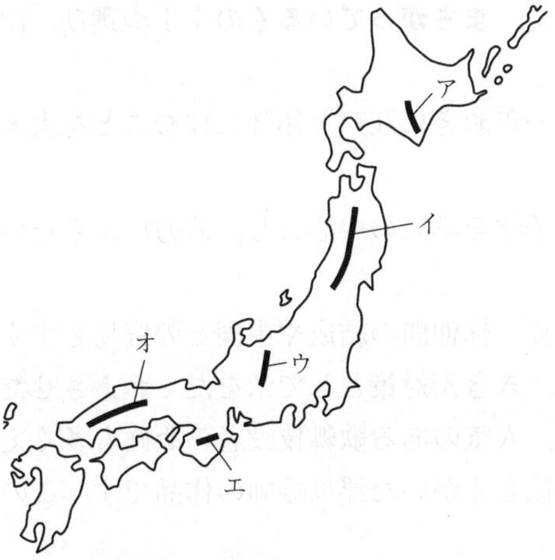

資料Ａ

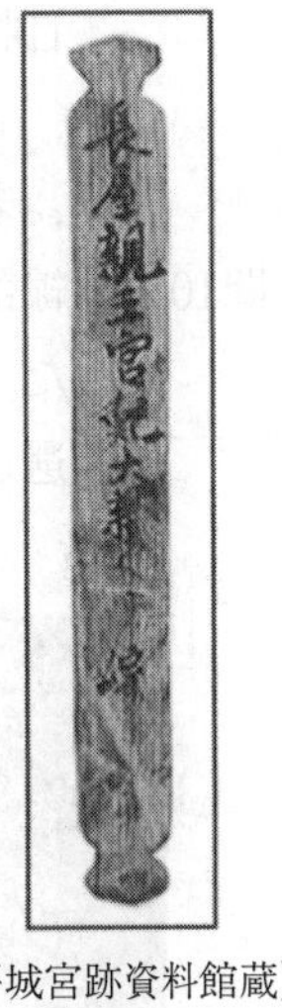

（平城宮跡資料館蔵）

問４．下線部③に関連して，

(1)　平城京跡からは，全国から都へ運ばれてきた特産物につけられていた資料Ａのような物が多く出土しており，当時の様子をうかがい知ることができます。このような出土品を何と言いますか。

(2)　平城京に都が置かれていた時代に起きた出来事として，**まちがっているもの**を１つ選び，記号で答えなさい。

ア．墾田永年私財法が出された。　　　イ．『日本書紀』が完成した。

ウ．日本が白村江の戦いで大敗した。　エ．鑑真が唐招提寺を開いた。

問５．下線部④に関連して，藤原道長と平清盛の政治に関して述べた次の文のうち，２人に共通するものを**すべて**選び，記号で答えなさい。

ア．摂政や関白の地位につき，政治の実権をにぎった。

イ．広い荘園を所有し，そこから多くの収入を得ていた。

ウ．中国との貿易に力を入れ，貨幣や絹織物などを輸入した。

エ．一族で朝廷の重要な役職を独占して政治の実権をにぎった。

オ．娘を天皇のきさきにして，政治の実権をにぎった。

問６．下線部⑤について，この時代の武士について述べた文として**まちがっているもの**を１つ選び，記号で答えなさい。

ア．土地を仲立ちとして鎌倉幕府の将軍と主従《しゅじゅう》関係を結んだ武士を御家人といった。

イ．武芸の訓練のほか，地頭として，荘園・公領の管理や，年貢の徴収を行うものもいた。

ウ．合戦への参加のほか，九州に３年間滞在して大宰府の警備を行う義務を負った。

エ．元寇の後は，生活が苦しくなり，借金を返済できなくなる武士も増えていった。

問７．下線部⑥について，代表的な禅宗の開祖を１人選び，記号で答えなさい。

ア．法然　　イ．最澄　　ウ．空也　　エ．栄西　　オ．一遍

問８．下線部⑦に関連して，室町幕府の仕組みの中で，将軍を補佐するために置かれた役職を答えなさい。

問９．下線部⑧に関連して，

(1) 江戸時代の初めごろ，途絶《とだ》えていた朝鮮との国交が回復しました。これを仲介した藩はどこですか。

(2) 江戸幕府の政策について説明した文として，**まちがっているもの**を１つ選び，記号で答えなさい。

ア．３代将軍徳川家光は，武家諸法度で，一年おきに江戸と領地に住むことを大名に義務づけた。

イ．５代将軍徳川綱吉は，儒学の中でも朱子学を学問の中心とし，武力によらない政治を目指した。

ウ．８代将軍徳川吉宗は，税収を増やすため，株仲間の結成や中国との貿易をすすめた。

エ．老中松平定信は，各地につくった蔵に，ききん対策として米をたくわえさせた。

問10．下線部⑨で上演された演劇に歌舞伎《かぶき》があり，人気のある歌舞伎役者の版画も多くえがかれました。資料Ｂは江戸時代後半に多くの役者絵をえがいた浮世絵師の作品です。この絵師を１人選び，記号で答えなさい。

資料Ｂ

（国立国会図書館蔵）

ア．近松門左衛門　　イ．東洲斎写楽　　ウ．葛飾北斎　　エ．俵屋宗達

問11．下線部⑩に関連して，資料Ｃは1885年と1899年の日本の輸入品の割合を示したグラフです。２つのグラフを比べると，1885年から1899年にかけて，日本の産業に大きな変化が起きたことがわかります。グラフの違いに注目し，資料Ｄをふまえて，日本の産業の変化について説明しなさい。

資料Ｃ

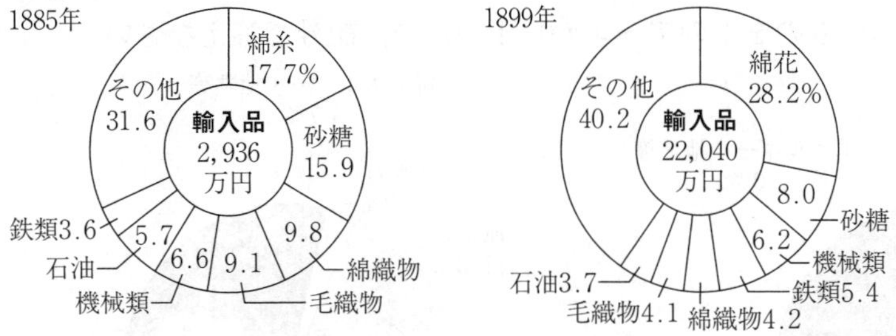

『詳説日本史』(山川出版社)より

資料Ｄ

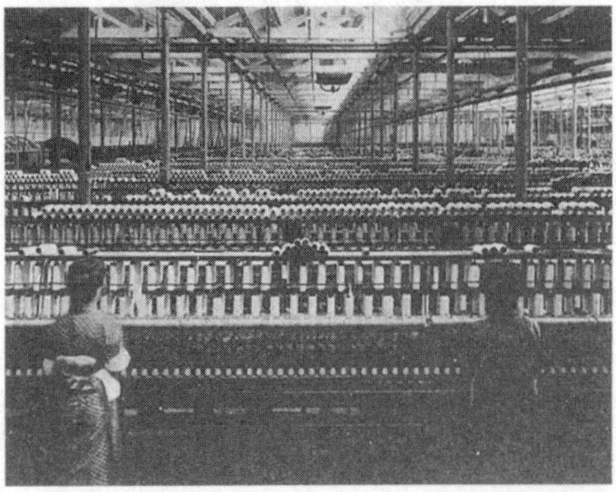
(国立国会図書館蔵)

問12．下線部⑪に関連して，アメリカが日本の◯◯◯◯権を認め，不平等条約の改正が完全に達成されたのは1911年のことでした。◯◯◯◯にあてはまる語句を答えなさい。

問13．下線部⑫に関連して，三菱財閥《みつびしざいばつ》は，岩崎弥太郎《やたろう》が現在の高知県にあった藩から事業をうけついだのが始まりでした。この藩の出身者で，民撰議院設立建白書を政府に提出し，自由党の初代党首として自由民権運動を行った人物を答えなさい。

問14．下線部⑬に関連して，現在の日本の政治家について説明した文として正しいものを１つ選び，記号で答えなさい。

ア．国会議員や地方議員に立候補するためには，ともに30歳以上でなければならない。

イ．知事や市町村長は住民が直接選挙で選ぶが，国会議員は国民が直接選ぶことができない。

ウ．内閣総理大臣は国会議員の中から国会の議決により指名され，天皇が任命する。

エ．有権者は，決められた署名《しょめい》数を集めれば，国会議員に対して解職を請求することができる。

3 日本や世界で起きているさまざまな問題に関連して，あとの問いに答えなさい。

問１．1973年に，第一次石油危機が起こり，日本の産業に大きな影響をもたらしました。その原因の１つは，その年にイスラエルとアラブの国ぐにとの間で始まった戦争でした。この戦争を答えなさい。

問２．次の図は，日本の一次エネルギー供給量の推移を示したものです。エネルギー供給の変化に関する説明として正しいものを下のア～エから１つ選び，記号で答えなさい。

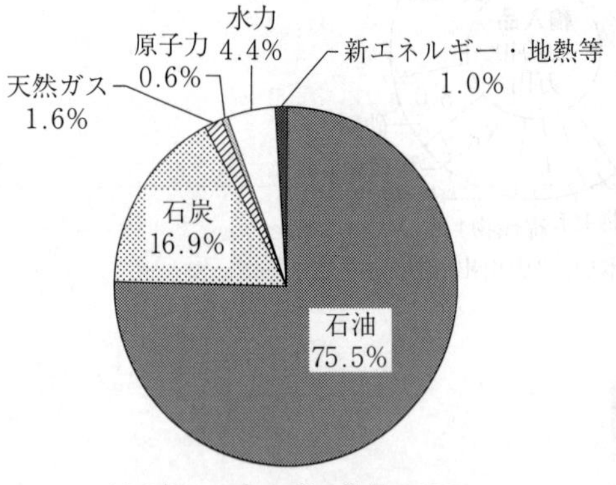

1973年　エネルギー総量：3585

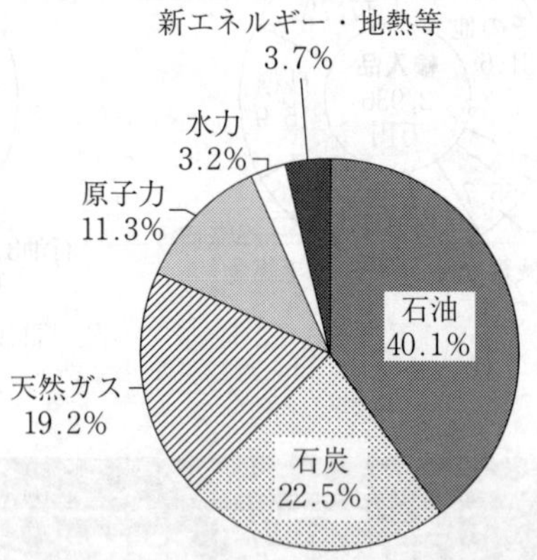

2010年　エネルギー総量：5258

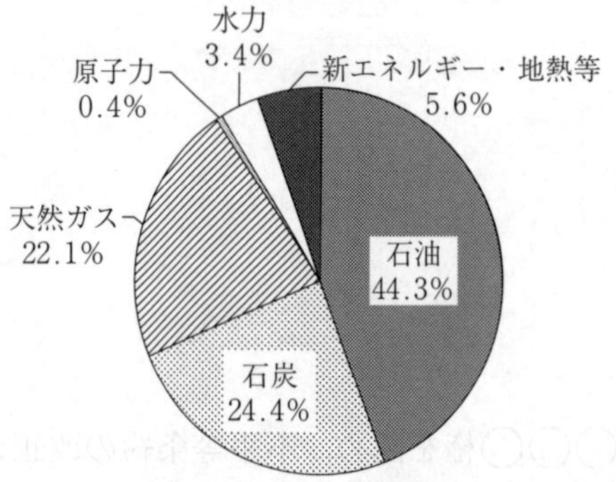

2015年　エネルギー総量：5019

※エネルギー総量の単位は，千兆トン。ただし，とても大きな数字になるためグラフ下に記された数値のみで考えてよい。

資源エネルギー庁「総合エネルギー統計」をもとに作成

ア．1973年から2010年の間で水力発電の発電量が減少したのは，東日本大震災の影響と考えられる。

イ．2010年から2015年の間で石油の発電割合が増加したのは，世界同時多発テロの影響と考えられる。

ウ．1973年から2015年の間で電力供給の割合が最も増加したのは，新エネルギー・地熱等である。

エ．2010年から2015年の間で化石燃料が電力供給に占める量と割合は，どちらも増加傾向にある。

問３．世界では，現在も多くの難民が発生しています。難民の国際的な保護と救済を目指して活動している国連の機関は何ですか。

問４．世界の核問題に関する説明として正しいものを次から１つ選び，記号で答えなさい。

ア．部分的核実験停止条約が結ばれたことで，加盟国による核実験は地下実験を除いて禁止された。

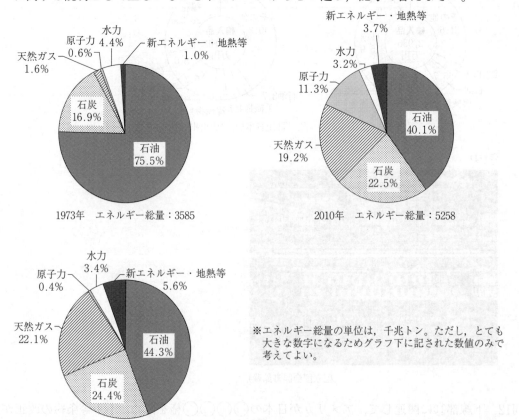

イ．核拡散防止条約が結ばれ，インドやパキスタンのような核保有国が核実験を停止した。

ウ．包括的核実験禁止条約は，国連加盟国すべての国が調印し，実際に核実験を停止した。

エ．国際原子力機関は，核兵器が平和的に利用されているか，定期的に調査を行っている。

問５．世界の大きな問題として南北問題が話題になることがあります。南北問題とはどのような問題ですか。空らんにあてはまる語句を答えなさい。

発展途上国と先進国の間の(　　)の問題

問６．次の図は，2019年12月から2020年４月にかけての原油価格と訪日《ほうにち》客数の移り変わりを示したものです。2020年以降，原油価格が大きく値下がりした理由を，この２つのグラフの関係を手がかりにして１つ答えなさい。

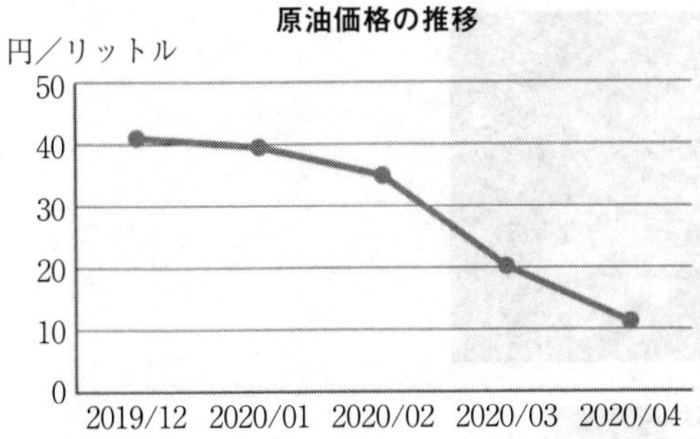

『World Bank Commodity Markets』をもとに作成

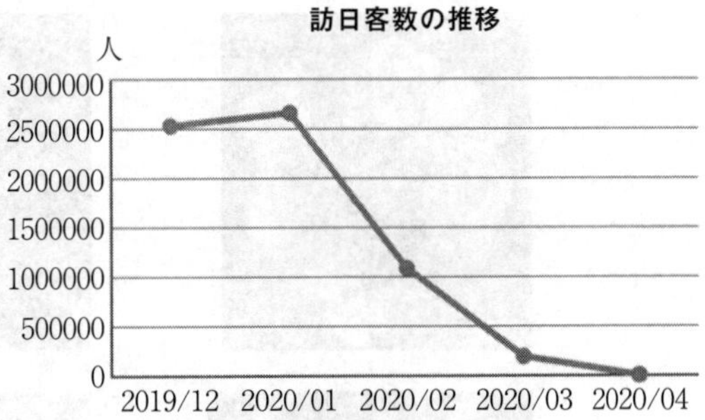

日本政府観光局「月別・年別統計データ（訪日外国人・出国日本人）」をもとに作成

問７．2020年10月，世界の紛争地域で支援活動を行った実績が認められてノーベル平和賞を受賞した機関を答えなさい。

【理　科】〈**第１回試験**〉(30分)〈満点：60点〉

〈編集部注：実物の入試問題では，写真はすべて，図の一部もカラー印刷です。〉

1　**植物について，あとの問いに答えなさい。**

問１　次の文章は，ある植物について述べたものです。

> 関東では，２～３月ころに良い香りの花を咲《さ》かせます。この植物の実が熟し始める６月ころになると，この植物の名前の入った前線が関東付近にとどまるようになり，長い雨がしばらく続きます。この前線が消えると，夏がやってきます。

(1)　この文章に出てくる植物の名前をカタカナで答えなさい。

(2)　この植物の花を次の(ア)～(エ)から１つ選び，記号で答えなさい。

(ア)

(イ)

(ウ)

(エ)

問２　下の植物について答えなさい。

(1)　この植物の名前をカタカナで答えなさい。

(2)　この植物の花の特ちょうを次の(ア)～(エ)から１つ選び，記号で答えなさい。

(ア)　Ｘの部分から花粉が飛ぶ。

(イ)　Ｘの部分には，将来種子となる胚《はい》しゅがある。

(ウ)　Ｙの部分にある胚しゅは，子ぼうにおおわれている。

(エ)　Ｙの部分にある胚しゅは，子ぼうにおおわれていない。

問３　次の文章を読み，空らん(１)と(２)にあてはまる言葉を入れなさい。

下はスギナという名前の植物で，シダ植物の仲間です。ツクシはスギナの体の一部で，春先になると野原などの斜面《しゃめん》から顔を出し始めます。ツクシの根元から出ているツンツンとした緑色の葉は，(　１　)をおこなって，栄養を作り出すはたらきをしています。一方，ツクシは(　２　)を飛ばして，仲間を増やすはたらきをしています。

問４　右はトウモロコシの果実で，細い毛のようなものが多数ついています。この毛について，適切な説明を次の(ア)～(エ)から１つ選び，記号で答えなさい。

(ア)　毛はおしべの一部で，１つの粒《つぶ》から数本出ている。

(イ)　毛はめしべの一部で，１つの粒から数本出ている。

(ウ)　毛はおしべの一部で，１つの粒から１本だけ出ている。

(エ)　毛はめしべの一部で，１つの粒から１本だけ出ている。

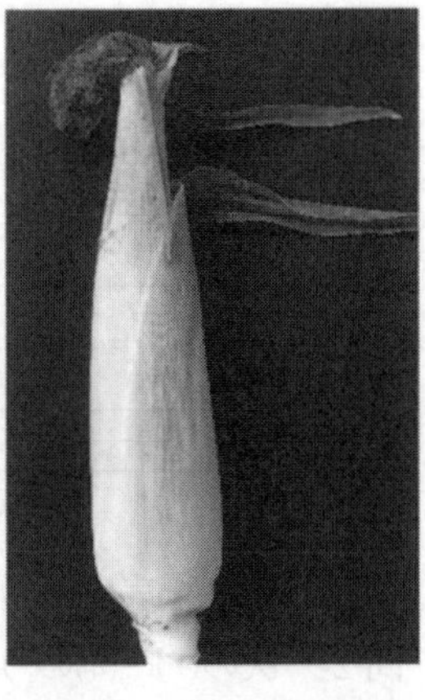

問５　下は冬のタンポポの葉の様子です。中心部の短い茎《くき》についた多数の葉が，放射状に広がっている様子がわかります。このような葉のつき方をロゼットといいます。このロゼットの形で冬を越《こ》すことの利点を１つ述べなさい。

2　台風について，あとの問いに答えなさい。

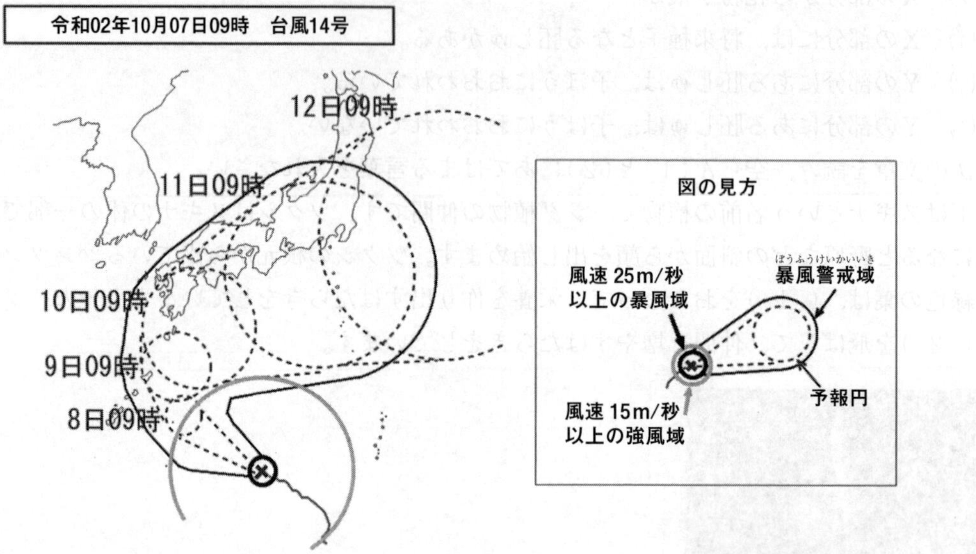

図は，昨年の台風14号の10月７日午前９時の時点での位置，風速 25m 以上の暴風域と風速 15m 以上の強風域，さらに５日先までの24時間ごとの予報を示したものです。また，この台風の２日前からの中心気圧と最大風速は，表のようになっていました。

日時	中心気圧(hPa)	最大風速(m/秒)
10月５日９時	998	18
５日21時	998	18
６日９時	992	23
６日21時	990	25
７日９時	975	30

(表の数値は気象庁ホームページによる)

問１　気圧を表す単位「hPa」の読み方をカタカナで答えなさい。

問２　次の(ア)〜(オ)のうち，述べている内容が正しいものを２つ選び，記号で答えなさい。

(ア)　中心気圧がだんだん下がってきていることから，台風が強まってきたことがわかる。
(イ)　予報円がだんだん大きくなっているので，台風は今後大きくなっていくと予想される。
(ウ)　10月７日午前９時の時点では，この台風は日本列島に確実に上陸する予報であった。
(エ)　この台風は，赤道上の海で発生した熱帯低気圧が発達したものである。
(オ)　この台風に暴風域がともなうようになったのは10月６日であると考えられる。

問３　台風による風の強さは，台風の進行方向に向かって右側と左側で異なることが知られています。台風の右側では風の強さはどのようになりますか。また，それはなぜですか。次の文章中の空らん①②にあてはまる言葉を答え，説明文を完成させなさい。

〔説明文〕

台風の右側のほうが，風の強さが(①)。なぜなら，台風の右側では，台風自身の風の向きと，台風を運んでいる風の向きが(　②　)からである。

問4　予報によると，この台風の進路は9日ごろに東向きに変わるとされています。日本付近に近づいてきた台風が，このように東向きに移動していくことが多いのは，上空にふいている「東向きの風」に運ばれるからです。この風の名前を答えなさい。

問5　問4の「東向きの風」はいつでも同じようにまっすぐふいているわけではなく，季節や年によって，曲がりくねり，北にずれたり南にずれたりしながらふいていることが知られています。台風以外にも，この風が関係している現象がいくつもあります。次の(ア)～(オ)のうち，「東向きの風」とは関係のないことがらを1つ選び，記号で答えなさい。

(ア)　飛行機の所要時間が，行きと帰りで異なる場合がある。
(イ)　年によって，梅雨明けが早かったり遅かったりする。
(ウ)　年によって，暖冬になったり厳冬になったりする。
(エ)　雨上がりの空に，にじが見えることがある。
(オ)　夕焼けの翌日は晴れる，といわれている。

3　**次の会話文を読み，あとの問いに答えなさい。**

りか子：この前ガリレオ温度計(図1)を買ったの。

よう子：これが温度計なの？

りか子：そうよ。ガラスの円柱の中に，無色透明《むしょくとうめい》の液体と，小さいガラス球が5つ入っているの。小さいガラス球には色のついた液体が入っていて，このガラス球の下には18から26までの偶数《ぐうすう》の数字が書かれたプレートがついているのよ。室温が変化すると，浮《う》いているガラス球の数が変わって，温度を測ることができるのよ。

よう子：とてもきれいね。今は何℃なの？

りか子：ここにアルコール温度計(図2)もあるから2つの温度計で測ってみよう。

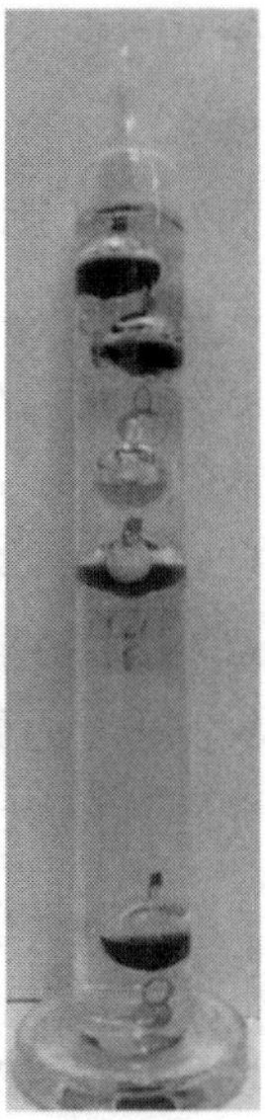
図1

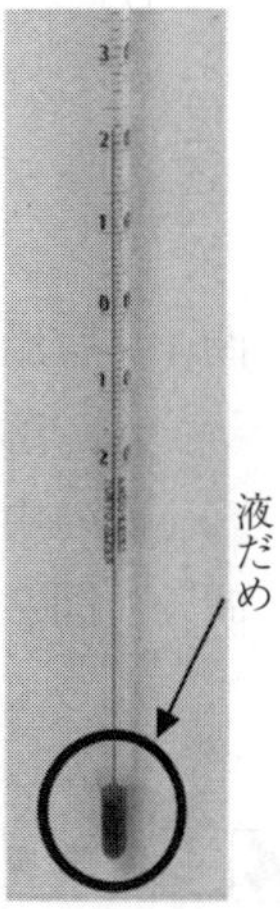

図2

よう子：アルコール温度計といえば，この前学校の実験で割ってしまったの。中から出てきた赤い液体は，アルコールのにおいではなかったから，赤い液体が何なのか先生に聞いてみたら，灯油だって言っていたわ。なぜ，アルコールではなく灯油なのですかって聞いたら，ヒントをあげるから自分で考えてごらんって，表(表1)をわたされたの。

	固体から液体になる温度(℃)	液体から気体になる温度(℃)
水	0	100
アルコール	−115	78
灯油	−40℃以下	175～325
水銀	−39	357

表1

りか子：このアルコール温度計の目盛りは，−20℃～105℃だね。

よう子：そう。だから，私はアルコール温度計の液体が灯油なのは，もしアルコールが入っていたとしたら，(　　ア　　)からだと思ったの。

りか子：私もそうだと思うわ。早速，今の室温を測りましょう。

よう子：アルコール温度計は，22℃を示しているね。

りか子：このガリレオ温度計の説明書には，上に浮いているガラス球のうち一番下にあるガラス球の数値を読むって書いてあったから，ガリレオ温度計で測っても22℃だわ。(図３)

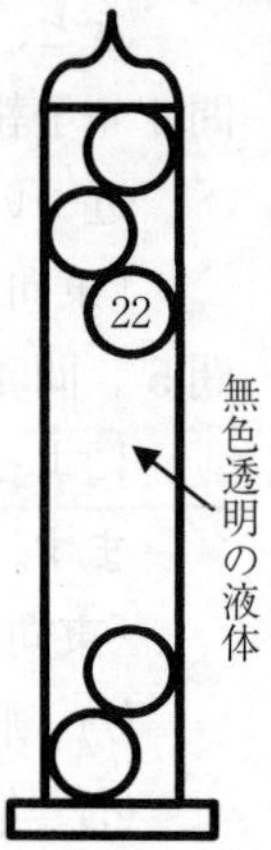

図３

問１　文章中の空らん(ア)にはどのような文が入りますか。考えて書きなさい。

問２　ガリレオ温度計のしくみについて，次の文章中のＡ～Ｃにあてはまる言葉として正しいものをそれぞれ１つずつ選び，①～⑨の番号で答えなさい。

室温が高くなると，円柱に入っている無色透明の液体の温度が上がる。液体の温度が上がると，液体の体積が$_{A}$(①　大きくなり　　②　変わらず　　③　小さくなり)，同じ体積あたりの重さが$_{B}$(④　重くなる　　⑤　変わらない　　⑥　軽くなる)。

一方，中に入っている小さなガラス球の体積は，室温が変化してもほとんど変わらず，重さも変わらない。以上のことから，室温が上がると，ガリレオ温度計内のガラス球は$_{C}$(⑦　上に動くものがある　　⑧　すべてそのままの位置にとどまる　　⑨　下に動くものがある)。

問３　ガリレオ温度計の中に入っている５つのガラス球の体積が等しいとすると，その重さとプレートの数字とはどのような関係になっていますか。次の(ア)～(エ)から１つ選び，記号で答えなさい。

(ア)　プレートの数字が大きいガラス球の方が重い。
(イ)　プレートの数字が大きいガラス球の方が軽い。
(ウ)　プレートの数字にかかわらず，ガラス球の重さはどれも同じ。
(エ)　プレートの数字によって重さが変わるが，その順番は数字によらない。

問４　室温が26℃のとき，ガリレオ温度計の中の５つのガラス球はどのような状態になっているか，解答らんの図にかきなさい。ただし，図３のようにガラス球を◯でかき，そのすべての◯の中に18～26までの偶数の数字を書きなさい。

問５　図２のように，アルコール温度計の液だめ部分は，目盛りの部分に比べてガラスがうすくなっています。なぜ，液だめ部分のガラスがうすくなっているのか，考えて書きなさい。

4　**酸素を発生させる実験を行いました。使用する薬品は，うすい過酸化水素水，二酸化マンガンの２種類です。装置には，ふたまた試験管を使い，発生した気体を水上置換《ちかん》法で集めました。次の問いに答えなさい。**

問１　二酸化マンガンの写真を次の(ア)～(エ)から１つ選び，記号で答えなさい。

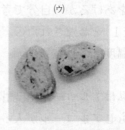

(ア)
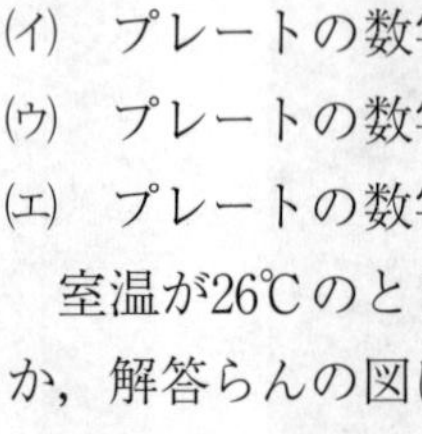
(イ)
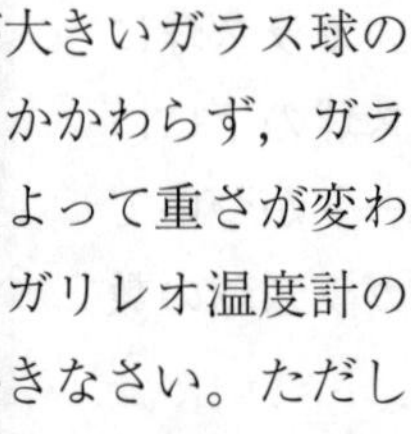
(ウ)
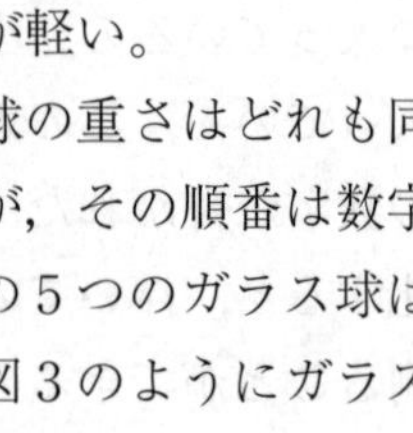
(エ)
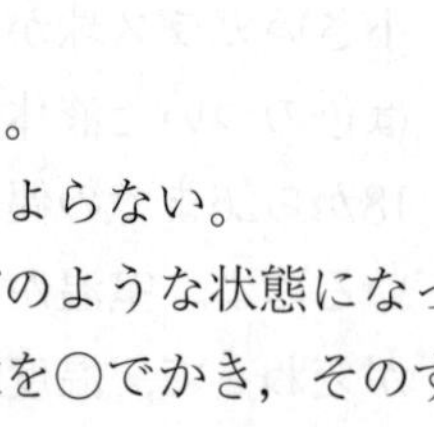

問２　ふたまた試験管は，途中で反応を止めることができるように，形の一部に工夫がなされています。正しい[形]と[使い方]をそれぞれ選び，記号で答えなさい。

［形］

(ア)　外側にへこみがある　　(イ)　内側にへこみがある

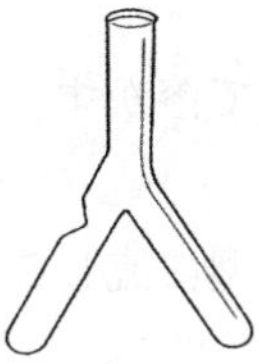

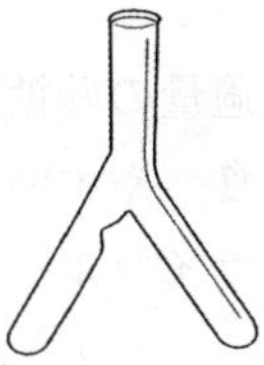

［使い方］ へこみのある方に入れる薬品

(ウ)　うすい過酸化水素水　　(エ)　二酸化マンガン

問３　うすい過酸化水素水と二酸化マンガンを加えた反応前のふたまた試験管の重さが37.71ｇありました。酸素を発生させたあとのふたまた試験管の重さを測ったら，37.20ｇになっていました。水上置換で集めた気体の体積が350 cm^3 あったとき，酸素の気体１Ｌあたりの重さは何ｇですか。割り切れない場合は，小数第３位を四捨五入して，小数第２位まで答えなさい。

この実験では，二酸化マンガンの重さに変化がありませんでした。このように反応の前後でそれ自身は変化しない物質のことを触媒《しょくばい》といいます。調べてみると，二酸化マンガンの代わりに，小さく切った野菜や果物などを用いても，同様の反応が見られることがわかりました。生物がつくり出す，触媒のはたらきをもつ物質のことを酵素《こうそ》とよびます。

触媒と温度の関係を調べるために，次の実験を行いました。

［方法］

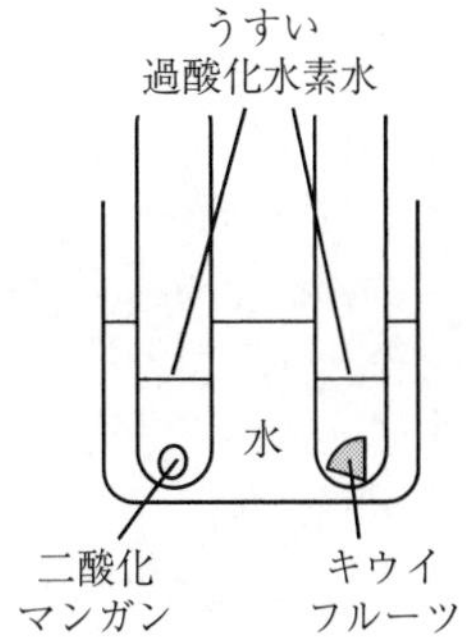

①　試験管Ａ～Ｆに同じ量のうすい過酸化水素水を入れる。

②　６本の試験管を水の入ったビーカーに入れる。ただし，ビーカーの水温はＡとＤは０℃，ＢとＥは30℃，ＣとＦは80℃とした。

③　試験管Ａ～Ｃには同量の二酸化マンガンを，試験管Ｄ～Ｆには小さく切った同量のキウイフルーツをそれぞれ入れる。

④　泡《あわ》の出方を比べる。

［結果］

	A	B	C	D	E	F
触媒	二酸化マンガン	二酸化マンガン	二酸化マンガン	キウイフルーツ	キウイフルーツ	キウイフルーツ
水の温度	０℃	30℃	80℃	０℃	30℃	80℃
泡の出方	○	○	○	△	○	×

×：発生なし　△：わずかに発生した　○：発生した

問４　反応があまり進まなかったＤ，Ｆの試験管を30℃の水につけたところ，Ｄは気体が発生しましたが，Ｆは発生しませんでした。酵素の働きかたについて，この実験からわかることを次の(ア)～(エ)からすべて選び，記号で答えなさい。

(ア)　はじめ温度を低くしても，そのあと温度を上げれば酵素は働く。

(イ)　はじめ温度を低くすると，そのあと温度を上げても酵素は働かない。

(ウ)　はじめ温度を高くしても，そのあと温度を下げれば酵素は働く。

(エ)　はじめ温度を高くすると，そのあと温度を下げても酵素は働かない。

問５　次の手順でキウイフルーツのゼリーを作ったところ，うまく固まりませんでした。

[手順]

①　60℃くらいまで温めた水に，適量の砂糖とゼラチンを加えて溶《と》かす。

②　キウイフルーツの皮をむいて食べやすい大きさに切る。

③　①が30℃に冷めたら，②のキウイフルーツを加えて混ぜ，型に流しこむ。

④　冷蔵庫で数時間冷やす。

あとで調べると，キウイフルーツは過酸化水素だけでなく，ゼラチンを分解する酵素ももっていることがわかりました。ゼラチンが分解されてしまったために，ゼリーが固まらなかったようです。材料の変更をすることなくこのゼリーを固めるためには，キウイフルーツにどのような工夫をしたらよいですか。次の文の空らん(X)には手順の番号を，空らん(Y)には方法をそれぞれ答えなさい。

手順(X)のあとに(　　Y　　)。

イ　「寂しい」という感情を詠んだ歌は社会に多く存在するから。
ロ　「寂しい」という感情を金が持っていても驚く人はいないから。
ハ　「寂しい」という感情を人間が持つのは金に困った時のことだから。
ニ　「寂しい」という感情を人間が持つのはごく自然のことと言えるから。

問４　――線⑥「石川啄木」の作品を、次の中から一つ選んで記号で答えなさい。

イ　一握《いちあく》の砂　　ロ　おらが春
ハ　みだれ髪《がみ》　　ニ　おくのほそ道

問５　[⑦]に当てはまる表現として最も適当なものを、次の中から一つ選んで記号で答えなさい。

イ　目を疑ってしまう
ロ　飛び上がってしまう
ハ　目をそらしてしまう
ニ　吸い寄せられてしまう

問６　[⑧]に当てはまる言葉として最も適当なものを、次の中から一つ選んで記号で答えなさい。

イ　ポジティブ　　ロ　ドラマチック
ハ　クリエイティブ　　ニ　ダイナミック

問７　――線⑨「犬の幸い」とあるが、犬はなぜ「幸い」なのか。それを説明した次の文の【　】に当てはまるように、文章中の言葉を使って二十字以上二十五字以内で答えなさい。

・犬は【　　　　】から。

問８　「体言止め」が用いられている和歌を、Ａ～Ｆの中からすべて選んで記号で答えなさい。

木の短歌に出合い、歌人を志す。その後も様々な職を転々とした異色の経歴を持っています。「短歌は生き方である」という宣言は、紆余《うよ》曲折《きょくせつ》を経た生身の経験に裏付けられているのです。

C　しじみ蝶《ちょう》ひらめきながら白昼を目先の金のように飛びおり

内山《うちやま》晶太《しょうた》『窓、その他』

春の穏《おだ》やかな真昼、しじみ蝶がちらちらと景色を横切ってゆく。いかにも自然なありふれた場面です。ところが「目先の金」の比喩《ひゆ》の奇抜《きばつ》さにその印象はひっくり返されることに。思わず［⑦］、という意味なのでしょう。「ひらめきながら」という表現が、はばたきの様子であり、お札を目の前でちらつかされているイメージでもあります。

D　信長《のぶなが》が斃《たお》れし齢《とし》にわれなりて住宅ローン残千八百万

小池《こいけ》光《ひかる》『静物』

本能寺の変は天正十(一五八二)年。織田《おだ》信長《のぶなが》が数え年四十九歳の時のことでした。天下統一を目前にして、家臣の明智《あけち》光秀《みつひで》に謀反《むほん》を起こされ、自ら放った火のなかで自刃《じじん》したエピソードはあまりにも有名。一方、同じ歳《とし》の作者には住宅ローンがまだ千八百万円残っているという。月々十万円の返済で十五年。ここで斃れたりなんかしたら大変なことになってしまいます。［⑧］な信長と平凡な作者。それぞれ別の重責を背負っています。名詞を重ねた下句のリズムに、金額の重みと人生のおかしみがないまぜになって漂《ただよ》います。果たして本当に大変なのはどちらなのか。

E　わが犬に金銭のこと考へ(え)ぬ幸ひ(い)のあり水を飲みをり(お)

大口《おおぐち》玲子《りょうこ》『トリサンナイタ』

これまでの歌を見るだけでも、いかに人間がお金に翻弄《ほんろう》されてきているかがわかります。そしてこの一首。動物の生き様《ざま》のなんと簡潔なこと。金銭を所有する幸いと金銭に無縁《むえん》である幸い。生涯《しょうがい》何ひとつ所有することのない⑨犬の幸いは、私たち人間には途方《とほう》もなく遠いものに感じられます。

F　アコーディオンちぢむ空気の力もて金銭うごく年末年始

小島なお(歌集未収録)

(小島なお「短歌のなかの物たち　さびしがりやの金」による)

問1　［①］～［③］に当てはまる言葉として最も適当なものを、次の中から一つずつ選んで記号で答えなさい(同じ記号は二度使えない)。

イ　きびきび　　ロ　びくびく　　ハ　ほくほく

ニ　ぼそぼそ　　ホ　もやもや

問2　――線④「ない」と同じ使い方のものを、次の中から一つ選んで記号で答えなさい。

イ　友達と会えなくてつまらない。

ロ　これ以上お説教は聞きたくない。

ハ　おなかが痛くて何も食べられない。

ニ　このおかしはちっともおいしくない。

問3　――線⑤「『人間』と『金』の位置が逆であったら、きっとこの歌は平凡なものになっていたでしょう」とあるが、それはなぜか。その理由として最も適当なものを、次の中から一つ選んで記号で答えなさい。

三　次の文章を読んで、後の1～8の問いに答えなさい。（問題の都合上、本文を変えているところがあります。※のついた説明は出題者が加えたものです。）

私は金運がいいらしい。「らしい」は実感ではなく人に言われたことなのですが。三年前、前厄《まえやく》に入った私は、運勢・運気に敏感《びんかん》な友人に連れられて成田山新勝寺《なりたさんしんしょうじ》に行きました。彼女曰《かのじょいわ》く、スゴイ易占《えきうらな》い師がいると。

二月はじめの極寒《ごっかん》のなか、電車と徒歩《とほ》で約三時間かけてはるばる辿《たど》り着いた境内《けいだい》には、易断所《えきだんしょ》がずらりと軒《のき》を並べていました。「奥《おく》から何番目の店」という彼女の指示に従い、［①］しながら軒をくぐる。なかに座っているのは推定八十歳《さいご》超えの不機嫌《ふきげん》そうなお婆《ばあ》さん。「生年月日は」「右手出して」と言われたきり、目も合わせてもらえません。しばしの後、［②］とした小声、しかも早口でしきりに何かを呟《つぶや》いているけれど、それが私に向けて発せられているのか、はたまた独《ひと》り言《ごと》なのかよくわからないまま、かろうじて聞き取れたのは「あんたは金運がいい」と「男運は諦《あきら》めなさい」の二言。喜んだらいいのか、悲しんだらいいのか。微妙《びみょう》な結果に［③］しつつ、いいらしい金運に任せて鰻重《うなじゅう》を食べて帰りました。

考えてみれば、「男運」というものは非常に曖昧《あいまい》です。どんな相手なら運がいいと言えるのか。その判断には何十年という長い歳月と複雑かつ緻密《ちみつ》な基準が必要になると思われます。それに比べて金運はもっと単純明快。やはりあの占いの結果は喜ぶべきだと思ってはいるのですが……。

A　あすか河淵《ふち》にもあらぬわが宿も瀬《せ》にかは（わ）りゆくものにぞありける

伊勢《いせ》『古今和歌集《こきんわかしゅう》』

詞書《ことばがき》（※歌の作られた事情などを簡単に説明した前書き）に「家を売りてよめる」とある一首。「わが家は飛鳥《あすか》川ではないから淵にも扶《ふ》持《ち》にもならなかったけれど、売ったら意外にも瀬になって銭《ぜに》となったわ」という。「淵」と「扶持（食い扶持、生活の助け）」、「瀬に」と「銭」が掛詞《かけことば》になっています。「あすか河（飛鳥川）」は、川筋が淵に瀬に、変わりやすいことから無常なものを象徴《しょうちょう》する歌枕《うたまくら》（※昔から和歌によまれてきた名所）でありました。伊勢といえば宇多天皇《うだてんのう》の皇后《こうごう》温子《おんし》に仕え、のちに天皇の皇子を産んだ女房《にょうぼう》でもあります。そんな貴族でも経済事情のために家を売らなければならない④ないことがあるなんて。また「銭」という卑俗《ひぞく》（※品がなくて俗っぽいこと）な言葉を和歌のなかに巧《たく》みに詠《よ》み込《こ》んだ大胆《だいたん》さにも驚《おどろ》きます。八代集《はちだい》（『古今和歌集』から『新古今和歌集』までの勅撰《ちょくせん》和歌集）の中でも、「銭」の語が登場するのはただこの一首のみ。

B　人間とて金と同じでさびしがりやですから集《あつま》るところに集る

石田比呂志《いしだひろし》『滴滴《てきてき》』

誰《だれ》にとなく呟きかけるような調子であり、どこか箴言《しんげん》（※教訓・いましめとなる短い言葉）めいた味わいも醸《かも》されています。「お金はお金持ちの人のところに集まる」とはよく耳にする言葉ですが、なるほど、お金が「さびしがりや」だったとは。もし⑤「人間」と「金」の位置が逆であったら、きっとこの歌は平凡《へいぼん》なものになっていたでしょう。お金が寂《さび》しいことを前提として、人間の心理に展開させているところにひねりが効いていて巧みです。

昭和五（一九三〇）年生まれの作者。旧制中学二年の時に素行不良で退学し、自暴自棄《じぼうじき》になり愚連隊《ぐれんたい》の世界に足を踏《ふ》み入れた頃《ころ》、⑥石川啄《いしかわたく》リュックが移動しているように見えた」とあるが、ここでは「僕」は「くるみ」をどのような人物だと感じているか。最も適当なものを、次の中から一つ選んで記号で答えなさい。

イ　石に共感するが人間社会には背を向ける人物。
ロ　どんな個性も受け入れる心の広い人物。
ハ　思ったことをつらぬき通す強さを持った人物。
ニ　弱みを見せず他人を寄せ付けない人物。

問9　――線⑨「その苦しさ」の説明として最も適当なものを、次の中から一つ選んで記号で答えなさい。

イ　好きなことを突き詰めていっても、将来の生活に役に立つわけではないという苦しさ。
ロ　好きなことを突き詰めていっても、友のいない人生に価値は見出せないという苦しさ。
ハ　好きなことを突き詰めていくと、新しい友人を作るゆとりを持てなくなるという苦しさ。
ニ　好きなことを突き詰めていくと、孤独に耐えなければいけないこともあるという苦しさ。

問10　――線⑩「そのメッセージを、何度も繰り返し読んだ」とあるが、ここでの「僕」の心情として最も適当なものを、次の中から一つ選んで記号で答えなさい。

イ　理解されないかもしれないと恐《おそ》れていたが、興味を持ってくれたことをうれしく思っている。
ロ　理解してくれていただけでなく、刺繍の知識を持っていたことが分かり親近感を抱《いだ》いている。
ハ　理解してくれたと思う反面、自分にお世辞を言っているだけなのではないかと疑っている。
ニ　理解されない上に、自分の作った刺繍をわざとらしくほめられたことにがっかりしている。

問11　――線⑪「願う」とあるが、何を「願う」のか。適当でないものを、次の中から一つ選んで記号で答えなさい。

イ　触れることができずに消えてしまう美しいものを、糸で表現すること。
ロ　きらめき、揺らめくものを指で触れて確かめられるようにしていくこと。
ハ　作ったドレスを、すべてのものを「無理」と遠ざける姉に着てもらうこと。
ニ　消える前に保管した美しいものを、太陽の光によって再びかがやかせること。

問12　⑫ に当てはまる表現として最も適当なものを、次の中から一つ選んで記号で答えなさい。

イ　無理しなくていいから、刺繍に興味があるふりをするなと言おう
ロ　祖母に褒められた猫の刺繍のハンカチを、実際に見せてあげよう
ハ　例のにゃんこなんとかというゲームのことを、教えてもらおう
ニ　にゃんこなんとかというゲームに、本当に興味がないと言おう

問13　===線(1)「カマ(わない)」、(2)「仕草」、(3)「カワゾ(い)」のカタカナは漢字に直し、漢字はその読みをひらがなで答えなさい。

問1　次の一節は、文章中の《A》～《D》のどこに当てはまるか。最も適当なところを一つ選んで記号で答えなさい。

・だって友だちがいないのは、よくないことなのだ。家族に心配されるようなことなのだから。

問2　[①]に当てはまる言葉として最も適当なものを、次の中から一つ選んで記号で答えなさい。

イ　港　ロ　孤島《ことう》　ハ　無人島　ニ　埋《う》め立て地

問3　――線②「ぽかんと口を開ける宮多たちに、背を向ける」とあるが、これより前の「僕」の心情として適当なものを、次の中から二つ選んで記号で答えなさい。

イ　昼休みに男女混合グループで他愛のない会話をすることにほとほと嫌気《いやけ》がさしている。

ロ　宮多たちのにゃんこなんとかというスマホゲームの話についていけずに困っている。

ハ　高校から始まったお弁当を仲のよい友だちと食べることに強い抵抗《ていこう》を感じている。

ニ　図書室から借りてきた好きな刺繡の本を一人になって静かに見たいと思っている。

ホ　一人きりでお弁当を食べている高杉くるみのようにはなりたくないと思っている。

ヘ　自分が席を離《はな》れたことで高杉くるみが一人になったのは気の毒《どく》だと思っている。

問4　――線③「彼らはもごもご言い合い、視線を逸らす」とあるが、この時の「彼ら」の心情として最も適当なものを、次の中から一つ選んで記号で答えなさい。

イ　思いも寄らない反応が返ってきたので驚《おどろ》き、落ち着きを失っている。

ロ　急に問い詰《つ》められてあわててしまったが、冷静さを取り戻している。

ハ　不用意な言動で教室の空気を悪くしてしまったことを反省している。

ニ　宮多たちのグループとの関係がこじれてしまうことを心配している。

問5　【④】・【⑤】に当てはまる言葉の組み合わせとして最も適当なものを、次の中から一つ選んで記号で答えなさい。

イ　④　うけながされる　⑤　うけいれられる

ロ　④　うちとけられる　⑤　うちひしがれる

ハ　④　とりきめられる　⑤　とりつくろわれる

ニ　④　もてはやされる　⑤　もてあまされる

問6　――線⑥「しげしげと」の意味として最も適当なものを、次の中から一つ選んで記号で答えなさい。

イ　こっそりと　ロ　じっくりと

ハ　しみじみと　ニ　せかせかと

問7　――線⑦「頰がかすかに上気している」とあるが、この時の「くるみ」の心情として最も適当なものを、次の中から一つ選んで記号で答えなさい。

イ　石に対する思いを「僕」に伝えようとして夢中になっている。

ロ　石を拾っていることを「僕」に知られて恥ずかしく思っている。

ハ　石をやすりで磨く楽しさを「僕」に疑われて少し気分を悪くしている。

ニ　石を集める趣味を「僕」に受け入れてもらえるか確信が持てないでいる。

問8　――線⑧「ずんずんと前進していくくるみの後ろ姿は、巨大な

「キヨくん、まっすぐやろ。私、こっちやから」

(3)カワゾいの道を一歩踏《ふ》み出してから振り返った。⑧ずんずんと前進していくくるみの後ろ姿は、巨大《きょだい》なリュックが移動しているように見えた。

石を磨くのが楽しいという話も、石の意思という話も、よくわからなかった。わからなくて、おもしろい。わからないことに触《ふ》れるということ。似たもの同士で「わかるわかる」と言い合うより、そのほうが楽しい。

ポケットの中でスマートフォンが鳴って、宮多からのメッセージが表示された。

「昼、なんか怒ってた？　もしや俺あかんこと言うた？」

違う。声に出して言いそうになる。宮多はなにも悪いことをしていない。ただ僕があの時、気づいてしまっただけだ。自分が楽しいふりをしていることに。

いつも、ひとりだった。

教科書を忘れた時に気軽に借りる相手がいないのは、心もとない。ひとりでぽつんと弁当を食べるのは、わびしい。でもさびしさをごまかすために、自分の好きなことを好きではないふりをするのは、好きではないことを好きなふりをするのは、もっともっとさびしい。

好きなものを追い求めることは、楽しいと同時にとても苦しい。

⑨その苦しさに耐《た》える覚悟《かくご》が、僕にはあるのか。

文字を入力する指がひどく震《ふる》える。

「ちゃうねん。ほんまに本読みたかっただけ。刺繍の本」

ポケットからハンカチを取り出した。祖母に褒《ほ》められた猫の刺繍を撮影《さつえい》して送った。すぐに既読《きどく》の通知がつく。

「こうやって刺繍するのが趣味《しゅみ》で、ゲームとかほんまはぜんぜん興味なくて、自分の席に戻りたかった。ごめん」

ポケットにスマートフォンをつっこんだ。数歩歩いたところで、またスマートフォンが鳴った。

「え、めっちゃうまいやん。松岡くんすごいな」

⑩そのメッセージを、何度も繰《く》り返し読んだ。

わかってもらえるわけがない。どうして勝手にそう思いこんでいたのだろう。

今まで出会ってきた人間が、みんなそうだったから。だとしても、宮多は彼らではないのに。

いつのまにか、また靴紐《くつひも》がほどけていた。しゃがんだ瞬間、川で魚がぱしゃんと跳《は》ねた。波紋《はもん》が幾重《いくえ》にも広がる。太陽の光を受けた川の水面《みなも》が風で波打つ。まぶしさに目の奥《おく》が痛くなって、じんわりと涙《なみだ》が滲《にじ》む。

きらめくもの。揺《ゆ》らめくもの。目に見えていても、かたちのないものには触れられない。すくいとって保管することはできない。太陽が翳《かげ》ればたちまち消え失《う》せる。だからこそ美しいのだとわかっていても、⑪願う。布の上で、あれを再現できたらいい。そうすれば指で触れてたしかめられる。身にまとうことだって。そういうドレスをつくりたい。着てほしい。すべてのものを「無理」と遠ざける姉にこそ。きらめくもの。揺らめくもの。どうせ触れられないのだから、なんてあきらめる必要などない。無理なんかじゃないから、ぜったい。

どんな布を、どんなかたちに裁断して、どんな装飾《そうしょく》をほどこせばいいのか。それを考えはじめたら、いてもたってもいられなくなる。

それから、明日。明日、学校に行ったら、宮多に［⑫］。

好きじゃないものを好きなふりをする必要はない。でも僕はまだ宮多たちのことをよく知らない。知ろうともしていなかった。

靴紐をきつく締《し》め直して、歩く速度をはやめる。

（寺地《てらち》はるな『水を縫《ぬ》う』による）

「どっちでも」

名字が高杉というだけで塾《じゅく》の子らに「晋作《しんさく》」と呼ばれていた時期があって嫌《いや》だった、なので晋作でなければ、なんと呼ばれても(1)カマわないらしい。

「高杉晋作、嫌《きら》いなん？」

「嫌いじゃないけど、もうちょい長生きしたいやん」

「なるほど。じゃあ……くるみさん、かな」

歩いていると、グラウンドの野球部やサッカー部の声がどんどん遠くなっていく。今日は世界がうっすらと黄色くて、遠くの山がぼやけて見えた。春はいつもそうだ。すべての輪郭《りんかく》があいまいになる。

「あんまり気にせんほうがええよ。山田くんたちのことは」

「山田って誰《だれ》？」

僕の手つきを真似て笑っていたのが山田某《なにがし》らしい。

「私らと同じ中学やったで」

「覚えてない」

個性は大事、というようなことを人はよく言うが、学校以上に「個性を尊重すること、伸《の》ばすこと」に向いていない場所は、たぶんない。柴犬《しばいぬ》の群れに交じったナポリタン・マスティフ。あるいはポメラニアン。集団の中で【　④　】個性なんて、せいぜいその程度のものだ。犬の集団にアヒルが入ってきたら、あつかいに困る。

アヒルはアヒルの群れに交じれば見分けがつかなくなる。その程度のめずらしさであっても、学校では【　⑤　】。浮《う》く。くすくす笑いながら(2)仕草を真似される。

「だいじょうぶ。慣れてるし」

けど、お気遣《きづか》いありがとう。そう言って隣を見たら、くるみはいなかった。数メートル後方でしゃがんでいる。灰色の石をつまみあげて、⑥しげしげと観察しはじめた。

「なにしてんの？」

「うん、石」

うん、石。ぜんぜん答えになってない。入学式の日に「石が好き」だと言っていたことはもちろんちゃんと覚えていたが、まさか道端《みちばた》の石を拾っているとは思わなかった。

「いつも石拾ってんの？　帰る時に」

「いつもではないよ。だいたい土日にさがしにいく。河原とか、山に」

「土日に？　わざわざ？」

「やすりで磨《みが》くの。つるつるのぴかぴかになるまで」

放課後の時間はすべて石の研磨《けんま》にあてているという。ほんまにきれいになんねんで、と言う⑦頬がかすかに上気している。

ポケットから取り出して見せられた石は三角のおにぎりのような形状だった。たしかによく磨かれている。触《さわ》ってもええよ、と言われて、手を伸ばした。指先で、しばらくすべすべとした感触《かんしょく》を楽しむ。

「さっき拾った石も磨くの？」

くるみはすこし考えて、これはたぶん磨かへん、と答えた。

「磨かれたくない石もあるから。つるつるのぴかぴかになりたくないってこの石が言うてる」

石には石の意思がある。駄洒落《だじゃれ》のようなことを真顔で言うが、意味がわからない。

「石の意思、わかんの？」

「わかりたい、といつも思ってる。それに、ぴかぴかしてないときれいやないってわけでもないやんか。ごつごつのざらざらの石のきれいさってあるから。そこは尊重してやらんとな」

じゃあね。その挨拶《あいさつ》があまりに唐突《とうとつ》でそっけなかったので、怒《おこ》ったのかと一瞬焦《あせ》った。

二　次の文章を読んで、後の1～13の問いに答えなさい。（問題の都合上、本文を変えているところがあります。）

昼休みの教室には、机《つくえ》をくっつけたいくつもの島ができていた。大陸と呼びたいような大所帯もある。中学の給食の時間とは違《ちが》う。めいめい仲の良い相手と昼食をともにすることができる。

入学式から半月以上過ぎた。僕《ぼく》は教卓《きょうたく》の近くの、机みっつ分の島にいる。宮多《みやた》を中心とする、五人組のグループだ。

宮多たちは、にゃんこなんとかという僕の知らないスマホゲームの話で盛り上がっている。猫《ねこ》のキャラクターがたくさん出てきて戦うのだという。ゲームをする習慣がないから、意味がよくわからない。さっきからぜんぜん会話に入れない。課金とかログインボーナスという単語が飛び交《か》っている。もう、相槌《あいづち》すら打てなくなってきた。

祖母の顔を思い出して、懸命《けんめい》に話についていこうとした。《　A　》

「なあ、松岡《まつおか》くんは」

宮多の話す声が、途中《とちゅう》で聞こえなくなった。ふいに高杉《たかすぎ》くるみが視界に入ったから。

世界地図なら、砂粒《すなつぶ》ほどのサイズで描《えが》かれる［　①　］。そこに彼《かの》女《じょ》はいた。箸《はし》でつまんだたまごやきを口に運んでいる。唇《くちびる》の両端《りょうはし》がきゅっと持ち上がった。虚勢《きょせい》を張るわけでもなく、おどおどするでもなく、たまごやきを味わっている。その顔を見た瞬間《しゅんかん》「ごめん」と口走っていた。《　B　》

「え」

「ごめん。俺《おれ》、見たい本あるから席に戻《もど》るわ」

②ぽかんと口を開ける宮多たちに、背を向ける。

図書室で借りた、世界各国の民族《みんぞく》衣装《いしょう》に施《ほどこ》された刺繍《ししゅう》を集めた本を開く。宮多たちがこの本に興味を示すとは到底《とうてい》思えない。わかってもらえるわけがない。ほんとうは『明治の刺繍絵画名品集』というぶあつい図録がよかった。残念ながらそちらは貸出禁止になっていたのだ。どのように糸を重ねてあるか、食い入るように眺《なが》める。ここはこうなって、こうなってて。勝手に指が動く。

ふと顔を上げると、近くにいた数名がこっちを見ていた。男女混合の四人グループのうちのひとりが僕の手つきを真似《まね》て、くすくす笑っている。《　C　》

「なに？」

自分で思っていたより、大きな声が出た。他の島の生徒たちが気づいて、こちらに注目しているのがわかった。宮多たちも。でももう、あとには引けない。《　D　》

「なあ、なんか用？」

まさか話しかけられるとは思っていなかったのか、ひとりがぎょっとしたように目を見開く。その隣《となり》の男子が「は？　なんなん」と頬《ほお》をひきつらせた。

「いや、なんなん？　そっちこそ」

べつに。なあ。うん。③彼《かれ》らはもごもごと言い合い、視線を逸《そ》らす。教室に、ざわめきが戻る。遠くで交わされるひそやかなささやきや笑い声が、耳たぶをちりっと掠《かす》めた。

校門を出たところでキヨくん、と呼ばれた。振《ふ》り返ったその瞬間に、強い風が吹《ふ》く。

キヨくん。小学校低学年の頃《ころ》のままに、高杉くるみは僕の名前を呼ぶ。当時は僕も彼女を「くるみちゃん」と親しげな感じで呼んでいたのだが、学年が上がるにつれて会話の機会が減り、今ではもうどう呼べばいいのかわからない。

「高杉さん。くるみさん。どっちで呼んだらええかな？」

問6　――線③「□種□様」の□には同じ漢字が当てはまる。その漢字一字を答えなさい。

問7　[a]～[d]に当てはまる言葉の組み合わせとして最も適当なものを、次の中から一つ選んで記号で答えなさい。

イ　a　ナンバー1　b　ナンバー1
　　c　オンリー1　d　オンリー1

ロ　a　オンリー1　b　オンリー1
　　c　ナンバー1　d　ナンバー1

ハ　a　ナンバー1　b　オンリー1
　　c　ナンバー1　d　オンリー1

ニ　a　オンリー1　b　ナンバー1
　　c　オンリー1　d　ナンバー1

問8　――線④「みんなみんなすごいニッチを持っている」とあるが、それについて説明した次の文の【Ⅰ】・【Ⅱ】に当てはまる言葉を、文章中からそれぞれ三字以内でぬき出して答えなさい。

・ミミズは【Ⅰ】、オケラは地面の下、アメンボは【Ⅱ】という「ニッチ」を持っている。

問9　――線⑤「水を探すこと」とはどのようなことを表すか。それについて説明した次の文の【　】に当てはまる表現を、文章中から十二字でぬき出して答えなさい。

・【　　】ポジションを見つけること。

問10　【Z】に当てはまる三字以内の言葉を、考えて答えなさい。

問11　――線⑥「ニッチの考え方は、今まさに個性の時代を生きようとしている私たちにとっても、じつに参考になる」とあるが、「ニッチの考え方」を生かした行動の具体例として適当なものを、次の中から二つ選んで、記号で答えなさい。

イ　徒競走では活躍《かつやく》できないが、応援団長《おうえんだんちょう》としてクラスに貢献《こうけん》する。

ロ　歌手になる夢をあきらめて家業を継《つ》ぐために旅館の女将《おかみ》になる。

ハ　投稿《とうこう》した動画の再生回数を伸《の》ばすために人気動画のまねをする。

ニ　算数は不得意科目だが、努力を重ねることで全国一位を目指す。

ホ　得意な「パン食い競走」の大会を自分自身で企画《きかく》して出場する。

ヘ　学校で一番速く泳げるので、オリンピックの金メダルを目指す。

問12　――線⑦「『ニッチ』という生物の種の基本的な考え方が、自分の社会的役割を再考するのに、とても参考になるのではないでしょうか」とあるが、これはどのようなことを述べているのか。最も適当なものを、次の中から一つ選んで記号で答えなさい。

イ　生態系は異なる種を認め合うことによって成り立つのだから、高度に複雑化した社会に生きる人間も他の生物と共生する道を探《さぐ》るべきだということ。

ロ　生物には助け合いの精神が必ずあると分かると、人間においても社会の中で生きていくうえでは助け合いの精神が重要だと再認識《にんしき》できるということ。

ハ　生態系の中に生物ごとの輝ける場所があるという考え方は、人間も何らかの役割で自分の力を発揮することができるという認識につながるということ。

ニ　生物にはオンリー1になれる場所が必ずあるという考え方は人間にも当てはまるものであり、オンリー1を目指すことが人間の使命であるということ。

魚になっていないでしょうか。飛ぶことに憧《あこが》れるダチョウになっていないでしょうか。

誰にも自分の力を発揮できる輝《かがや》ける場所があります。ダメなのはあなたではなく、あなたに合わない場所なのかもしれません。

持っている力を発揮できるニッチを探すことが大切なのです。

勘違《かんちが》いしてはいけないのは、この時限で紹介した「ニッチ」という考え方は、モンシロチョウやアフリカゾウといった、生物の種の単位での話です。

人間という生物は自然界の中で確かなニッチを確立しているのですから、本当は私たち個人個人がニッチを探す必要などありません。

しかし、⑥ニッチの考え方は、今まさに個性の時代を生きようとしている私たちにとっても、じつに参考になる話のように思えます。

人間は、「助け合う」ということを発達させてきました。助け合いを通して、さまざまな役割分担を行い、社会を築いてきたのです。

たとえば力の強い人たちは、獲物《えもの》を獲《と》りに狩《か》りに行きます。目の良い人たちは、果物《くだもの》などの食べ物を探しに行きます。泳ぐのが得意な人は魚を獲り、手先の器用な人たちは道具を作ったり、調理の得意な人は食べ物を調理しました。神に祈《いの》る人がいたり、子どもたちの面倒《めんどう》を見る人がいたり、人間は古くから役割分担をしていたのです。そうした役割分担によって、人間社会は発達していきました。「得意な人が得意なことをする」、これが人間の作り上げた社会です。

人間の一人ひとりが、社会の中のさまざまなポジションで、さまざまな役割を果たすことは、さまざまな生物種が、生態系の中でそれぞれの役割を担《にな》っているのと同じです。

しかし、社会は高度に複雑になり、役割分担もまたわかりにくくなってしまいました。誰がどんな役割分担を担っているかもわからないし、社会の中で自分が得意なのは何なのかも、簡単には見出《みいだ》せなくなってしまったのです。

そのため、⑦「ニッチ」という生物の種の基本的な考え方が、自分の社会的役割を再考するのに、とても参考になるのではないでしょうか。私はそう思います。

（稲垣栄洋《いながきひでひろ》『はずれ者が進化をつくる』による）

問1　[1]～[4]に当てはまる言葉として最も適当なものを、次の中から一つずつ選んで記号で答えなさい（同じ記号は二度使えない）。

イ　しかし　ロ　すると　ハ　そして
ニ　もしも　ホ　そのため

問2　二か所ある【X】に共通して当てはまる言葉として最も適当なものを、次の中から一つ選んで記号で答えなさい。

イ　干渉《かんしょう》　ロ　共存　ハ　進化
ニ　妥協《だきょう》　ホ　敵対

問3　【Y】に当てはまる四字熟語として最も適当なものを、次の中から一つ選んで記号で答えなさい。

イ　日進月歩　ロ　弱肉強食　ハ　虎視眈々《こしたんたん》
ニ　一進一退　ホ　悪戦苦闘《あくせんくとう》

問4　――線①「大きなヒントとなる」とあるが、どのようなことについて考える時に、この実験が「大きなヒントとなる」のか。「～ということ。」に続くように五十五字以上六十五字以内で答えなさい。

問5　――線②「違う生き方」の説明となるように、次の文の【　】に当てはまる表現を、これより前の文章中から五字以上十字以内でぬき出して答えなさい。

・【　　　　】が別だということ。

のことを生態学では「ニッチ」といいます。

「ニッチ」という言葉は、もともとは、装飾品《そうしょくひん》を飾《かざ》るために教会の壁面《へきめん》に設けたくぼみのことです。

一つのくぼみには、一つの装飾品しか掛《か》けることができないように、一つのニッチには一つの生物種しか入ることができません。

私たちのまわりには、たくさんの生き物がいます。弱そうな生き物もいます。人間と比べると、単純でつまらない存在に見える生き物もたくさんいます。しかし、すべての生物がナンバー1になれる自分だけのニッチを持っているのです。

「ぼくらはみんな　生きている」の歌詞で歌いだされる子どもたちに人気の唱歌《しょうか》「手のひらを太陽に」（やなせたかし作詞・いずみたく作曲）には、こんな歌詞があります。

　ミミズだって　オケラだって　アメンボだって
　みんな　みんな生きているんだ
　友だちなんだ

ミミズもオケラも、アメンボも、けっして強い生き物には思えません。優秀《ゆうしゅう》な生き物にも思えません。

しかし、この生き物たちのニッチには、驚かされます。

ミミズは、肉食でも草食でもありません。土の中で土を食べて生きています。土の中で土を食べる生き物の中でミミズは最強です。

じつは、手も足もないミミズは、ずいぶんと単純な生き物に思えるかもしれませんが、ミミズの祖先は、もともとは頭や移動のための足のような器官をもつ生物だったと考えられています。しかし、土の中で土を食べて生きるというナンバー1になるために、足を捨ててしまったのです。

オケラはどうでしょうか。

オケラはコオロギの仲間です。地面の上にはたくさんの種類のコオロギがいますが、地面の下で穴を掘《ほ》って暮らしているコオロギなんて他にいません。それだけで、間違いなくナンバー1なのです。

アメンボはどうでしょう。

アメンボのニッチもすごいです。

何しろ陸の上でも、水の中でもありません。地上にはたくさんの生き物がいます。水中にもたくさんの生き物がいます。しかし、水面という範囲《はんい》ではアメンボは最強の肉食昆虫《こんちゅう》です。

ミミズもオケラも、アメンボも④みんなみんなすごいニッチを持っているのです。

「フレーム理論」というものがあります。

たとえば、あなたが魚だったとしましょう。水の中であればスイスイと泳ぎ回るあなたも、陸の上に上げられたとたんにピチピチとはねることしかできません。陸上ではどんなに歯を食いしばって努力しても、他の生き物のように陸の上を歩くことはできません。あなたにとって大切なことは、⑤水を探すことなのです。

あるいは、あなたがダチョウだったとしましょう。ダチョウは世界最大の鳥です。あなたは、誰《だれ》よりも強い脚力《きゃくりょく》で速く走ることができます。太い足で蹴《け》り上げるキック力は猛獣《もうじゅう》たちも恐《おそ》れるほどです。

しかし、どうして他の小鳥のように空を飛べないのかと悩《なや》み始めたら、ダチョウはとてもダメな鳥になってしまいます。ダチョウは陸の上で力を発揮します。【Ｚ】としてはダメなのです。

あなたは自分のことをダメな存在だと思うことがあるかもしれません。しかし、本当にそうでしょうか。あなたは陸の上でもがいているこれは、どういうことなのでしょうか。

じつは、ゾウリムシとミドリゾウリムシとは、②違《ちが》う生き方をしていました。

ゾウリムシは、水槽の上の方にいて、浮《う》いている大腸菌《だいちょうきん》をエサにしています。これに対して、ミドリゾウリムシは水槽の底の方にいて、酵母菌《こうぼきん》をエサにしているのです。

[4]、ゾウリムシとヒメゾウリムシのときのような争いは起きなかったのです。

「ナンバー1しか生きられない」

これは、間違いなく自然界の鉄則です。

しかし、ゾウリムシもミドリゾウリムシも、どちらもナンバー1の存在として生き残りました。

つまり、ゾウリムシは水槽の上の方でナンバー1、ミドリゾウリムシは水槽の底の方のナンバー1だったのです。

このように、同じ水槽の中でも、ナンバー1を分け合うことができれば、競い合うこともなく共存することができます。生物学では、これを「棲《す》み分け」と呼んでいます。

自然界には、たくさんの生き物が暮らしています。

つまり、すべての生き物は棲み分けをしながら、ナンバー1を分け合っています。

そのように、自然界に生きる生き物は、すべての生き物がナンバー1なのです。

自然界には、わかっているだけで一七五万種の生物が生存していると言われているのですから、少なくとも一七五万通りのナンバー1があるということになります。

ナンバー1になる方法はいくらでもあるということなのです。

ナンバー1しか生きられない。これが自然界の鉄則です。

自然界に暮らす生き物は、すべてがナンバー1です。どんなに弱そうに見える生き物も、どんなにつまらなく見える生き物も、必ずどこかでナンバー1なのです。

ナンバー1になる方法はいくらでもあります。

この環境《かんきょう》であれば、ナンバー1、この空間であればナンバー1、このエサであればナンバー1、この条件であればナンバー1……。こうしてさまざまな生き物たちがナンバー1を分け合い、ナンバー1しか生きられないはずの自然界に、③□種□様な生き物が暮らしているのです。

自然界は何と不思議なのでしょう。

そして、ナンバー1はたくさんいますが、それぞれの生物にとって、[a]になるポジションは、その生物だけのものです。すべての生物は、[b]になれる自分だけの[c]のポジションを持っているのです。そして、オンリー1のポジションを持っているということは、[d]の特徴《とくちょう》を持っているということになります。

つまり、すべての生物はナンバー1であり、そして、すべての生物はオンリー1なのです。

これが「ナンバー1が大切なのか、オンリー1が大切なのか?」という問いに対する自然界の答えです。

しかし、ナンバー1しか生きられない。これが自然界の鉄則です。

そして、地球上に棲むすべての生物は、ナンバー1になれるものを持っているのです。このナンバー1になれるオンリー1のポジション

二〇二一年度 大妻中学校

【国語】〈**第一回試験**〉（五〇分）〈満点：一〇〇点〉

（注意）解答に字数の指定がある場合は、句読点やかっこなどの記号も字数として数えます。

[一] 次の文章を読んで、後の1～12の問いに答えなさい。（問題の都合上、本文を変えているところがあります。）

「ナンバー1しか生きられない」

じつは、生物の世界では、これが鉄則です。

理科の教科書には、ナンバー1しか生きられないという法則を証明する「ガウゼの実験」と呼ばれる実験が紹介《しょうかい》されています。

旧ソビエトの生態学者ゲオルギー・ガウゼは、ゾウリムシとヒメゾウリムシという二種類のゾウリムシを一つの水槽《すいそう》でいっしょに飼う実験を行いました。

[1]、どうでしょう。

最初のうちは、ゾウリムシもヒメゾウリムシも【X】しながら増えていきますが、やがてゾウリムシは減少し始め、ついにはいなくなってしまいます。[2]、最後には、ヒメゾウリムシだけが生き残ったのです。

二種類のゾウリムシは、エサや生存場所を奪《うば》い合い、ついにはどちらかが滅《ほろ》ぶまで競《きそ》い合います。そのため、一つの水槽に二種類のゾウリムシが【X】することはできないのです。

「ナンバー1しか生きられない」

これが自然界の厳しい鉄則なのです。

競争は水槽の中だけではありません。

自然界は、【Y】、激しい競争や争いが日々繰《く》り広げられている世界です。あらゆる生き物がナンバー1の座を巡《めぐ》って、競い合い、争い合っているのです。

[3]、不思議なことがあります。

自然界には、たくさんの生き物がいます。

もし、ナンバー1の生き物しか生き残れないとすれば、この世の中には、ナンバー1である一種類の生き物しか生き残れないことになります。それなのに、どうして自然界には、たくさんの種類の生き物がいるのでしょうか。

ゾウリムシだけを見ても、自然界にはたくさんの種類のゾウリムシがいます。

もし、ガウゼの実験のようにナンバー1しか生きられないとすれば、水槽の中と同じように、自然界でも一種類のゾウリムシだけが生き残り、他のゾウリムシは滅んでしまうはずです。しかし、自然界にはたくさんの種類のゾウリムシがいます。

これは、どうしてなのでしょうか?

じつは、ガウゼが行った実験には、続きがあります。そして、この実験が①大きなヒントとなるのです。

続きの実験では、ガウゼはゾウリムシの一種類を変えて、ゾウリムシとミドリゾウリムシという二種類で実験をしてみました。

すると、どうでしょう。

驚《おどろ》くことに、どちらのゾウリムシも滅ぶことなく、二種類のゾウリムシは、一つの水槽の中で共存をしたのです。

2021年度

大妻中学校　▶解説と解答

算数　＜第１回試験＞（50分）＜満点：100点＞

解答

1 (1) $2\frac{3}{8}$　(2) 686　(3) 41　(4) 12％　2 18分間　3 3600円　4 168人　5 60度　6 (1) 点Ｆ　(2) **P**…点Ｅ，**Q**…点Ｄ　7 135番目　8 9：12：17：21　9 ２分遅く終わる　10 (1) 15km　(2) $21\frac{2}{3}$

解説

1 四則計算，逆算，消去算，濃度《のうど》

(1) $1\frac{1}{4}\div\left(0.75-\frac{1}{6}\right)\times\frac{7}{8}+\frac{1}{2}=\frac{5}{4}\div\left(\frac{3}{4}-\frac{1}{6}\right)\times\frac{7}{8}+\frac{1}{2}=\frac{5}{4}\div\left(\frac{9}{12}-\frac{2}{12}\right)\times\frac{7}{8}+\frac{1}{2}=\frac{5}{4}\div\frac{7}{12}\times\frac{7}{8}+\frac{1}{2}$ $=\frac{5}{4}\times\frac{12}{7}\times\frac{7}{8}+\frac{1}{2}=\frac{15}{8}+\frac{1}{2}=\frac{15}{8}+\frac{4}{8}=\frac{19}{8}=2\frac{3}{8}$

(2) ９＋８×(□÷７－２)＝777より，８×(□÷７－２)＝777－９＝768，□÷７－２＝768÷８＝96，□÷７＝96＋２＝98　よって，□＝98×７＝686

(3) ３つの整数を小さい順にA，B，Cとすると，右のア，イ，ウのように表せる。ア，イ，ウの式をすべてたすと，$A+A+B+B+C+C=(A+B+C)\times2=46+60+68=174$となるから，$A+B+C=174\div2=87$とわかる。よって，最も大きい数$C$は，$87-(A+B)=87-46=41$と求められる。

$A+B$　　＝46…ア
$A+$　　C＝60…イ
　　$B+C$＝68…ウ

(4) 混ぜ合わせてできた９％の食塩水の重さは，75＋125＝200(g)だから，その中に含《ふく》まれる食塩の重さは，200×0.09＝18(g)である。また，４％の食塩水75gに含まれる食塩の重さは，75×0.04＝３(g)なので，125gの食塩水に含まれる食塩の重さは，18－３＝15(g)となる。よって，その濃度は，15÷125＝0.12より，12％とわかる。

2 速さ，つるかめ算

毎分80mで40分間歩いたとすると，進む道のりは，80×40＝3200(m)となり，実際に進んだ道のりよりも，５×1000－3200＝1800(m)少ない。毎分80mで１分歩くかわりに毎分180mで１分走ると，進む道のりは，180－80＝100(m)多くなるから，毎分180mで走った時間は，1800÷100＝18(分間)とわかる。

3 比の性質

Ａが使った金額ははじめの所持金の，$1-\frac{2}{3}=\frac{1}{3}$，Ｂが使った金額ははじめの所持金の，$1-\frac{3}{4}=\frac{1}{4}$，Ｃが使った金額ははじめの所持金の，$1-\frac{5}{6}=\frac{1}{6}$である。これらは同じ金額だから，Ａ，Ｂ，Ｃのはじめの所持金の比は，$\left(1\div\frac{1}{3}\right):\left(1\div\frac{1}{4}\right):\left(1\div\frac{1}{6}\right)=3:4:6$とわかる。この比の，３＋４＋６＝13にあたる金額が15600円だから，比の１にあたる金額は，15600÷13＝1200(円)となる。よって，Ａのはじめの所持金は，1200×３＝3600(円)と求められる。

4 消去算

b ×1.12－ a ×0.9＝ 6 (人)…ア
a ×0.9＋ b ×0.9＝297(人)…イ

昨年入学した男子の人数を a 人，女子の人数を b 人とすると，今年入学した男子の人数は，a ×（１－0.1）＝ a ×0.9(人)，女子の人数は，b ×（１＋0.12）＝ b ×1.12(人)なので，右の図のアの式のように表せる。また，a 人と b 人の合計は330人だから，（a ×0.9)人と（b ×0.9)人の合計は，a ×0.9＋ b ×0.9＝（a ＋ b ）×0.9＝330×0.9＝297(人)となり，イの式のように表せる。よって，アとイの式を足すと，b ×1.12－ a ×0.9＋ a ×0.9＋ b ×0.9＝ b ×1.12＋ b ×0.9＝ b ×(1.12＋0.9)＝ b ×2.02(人)が，６＋297＝303(人)となるから，b ＝303÷2.02＝150(人)と求められる。したがって，今年入学した女子の人数は，150×1.12＝168(人)とわかる。

5 平面図形―角度

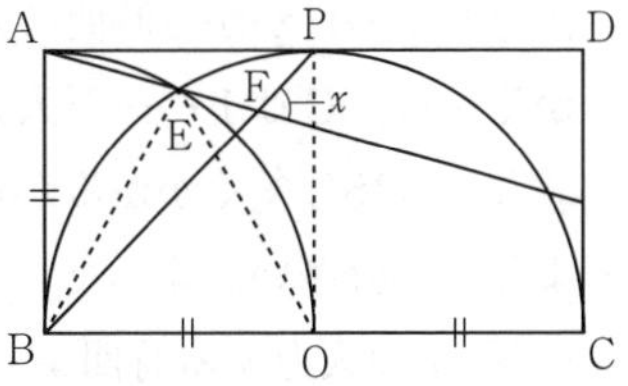

右の図で，三角形BOEは３つの辺の長さが等しいので，正三角形であり，角OBEの大きさは60度となる。これより，角ABEの大きさは，90－60＝30(度)で，三角形ABEは二等辺三角形だから，角BAEの大きさは，(180－30)÷２＝75(度)とわかる。また，四角形ABOPは正方形なので，角ABPの大きさは45度である。よって，三角形ABFに注目すると，角AFBの大きさは，180－(75＋45)＝60(度)だから，角 x の大きさも60度となる。

6 図形上の点の移動，調べ，周期算

⑴　１秒ごとにＰとＱがそれぞれ移動する点を調べると，右の表のようになる。よって，ＰとＱが２度目に出会うのは８秒後で，その点は点Ｆである。

(秒後)	1	2	3	4	5	6	7	8
P	F	D	B	G	E	C	A	F
Q	F	B	E	A	D	G	C	F

⑵　表より，７秒後にＰ，Ｑが移動する点はどちらも出発した点と同じだから，８秒後からは，１秒後から７秒後までの移動のしかたをくり返すことがわかる。したがって，2021÷７＝288あまり５より，2021秒後にＰ，Ｑが移動する点は５秒後と同じになるから，2021秒後に移動する点は，Ｐは点Ｅで，Ｑは点Ｄとなる。

7 数列

１けたの整数は３，５，９の３個並ぶ。２けたの整数は，十の位が３，５，９の３通りあり，そのそれぞれについて一の位は０，３，５，９の４通りあるから，全部で，３×４＝12(個)並ぶ。同様に考えると，３けたの整数は，百の位が３，５，９の３通りで，十の位と一の位は０，３，５，９の４通りずつあるから，全部で，３×４×４＝48(個)並ぶ。さらに，３で始まる４けたの整数は，百の位，十の位，一の位がそれぞれ４通りあるから，全部で，４×４×４＝64(個)並ぶ。この後は，5000，5003，5005，5009，5030，5033，5035，5039，…と並ぶから，5039は5000から数えて８番目に出てくる。よって，はじめから数えると，３＋12＋48＋64＋８＝135(番目)に出てくる。

8 水の深さと体積，比の性質

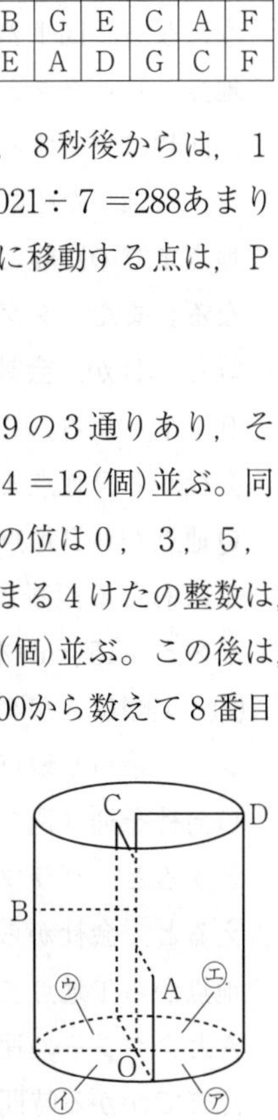

右の図で，㋐の部分に仕切りＡの高さまで水が入るのに３分かかる。また，㋐と㋑の部分に仕切りＢの高さまで水が入るのに８分かかる。㋐と㋑の部分の底面積は等しいので，㋑の部分だけに仕切りＢの高さまで水を入れるとすると，８÷２＝４(分)かかる。同様に，㋐と㋑と㋒の部分に仕切

りCの高さまで水が入るのに17分かかるから，㋒の部分だけに仕切りCの高さまで水を入れるとすると，$17\div3=\frac{17}{3}$(分)かかる。さらに，㋐と㋑と㋒と㋓の部分に仕切りDの高さまで水が入るのに28分かかるから，㋓の部分だけに仕切りDの高さまで水を入れるとすると，$28\div4=7$(分)かかる。よって，仕切りA，B，C，Dの高さの比は，$3:4:\frac{17}{3}:7=9:12:17:21$とわかる。

9 仕事算

C→A→B→C→…の順番を④の順番とよぶことにすると，それぞれの順番で行うときの，A，B，Cが入力するページ数は右の図のようになる。まず，①と④を比べると，④と①でかかる時間の差は，CとBが１ページ入力するのにかかる時間の差と等しくなる。同様に，①と②を比べると，②は①よりも３分多くかかるから，Cは１ページ入力するのにAよりも３分多くかかる。さらに，①と③を比べると，①は③よりも15分多くかかるから，Cが６ページ入力する時間は，AとBが３ページずつ入力する時間よりも15分多い。よって，Cが，$6\div3=2$(ページ)入力する時間は，AとBが，$3\div3=1$(ページ)ずつ入力する時間よりも，$15\div3=5$(分)多い。Cは１ページ入力するのにAよりも３分多くかかるので，Cは１ページ入力するのにBよりも，$5-3=2$(分)多くかかることがわかる。よって，④のとき，①のときよりも２分遅《おそ》く終わる。

① A７ページ，B７ページ，C６ページ
② A６ページ，B７ページ，C７ページ
③ A10ページ，B10ページ
④ A７ページ，B６ページ，C７ページ

10 グラフ―速さと比

(1) ２人が同時に到着《とうちゃく》するときのグラフは右の図１のようになる。図１のように，Aがタクシーを降りた地点をP地点，Bがタクシーに乗った地点をQ地点とすると，２人が同時に到着するとき，２人が歩いた距離《きょり》と，２人がタクシーに乗った距離はそれぞれ等しくなるから，会社からQ地点までの距離と，P地点からO会社までの距離は等しくなる。また，タクシーが，会社→P地点→Q地点と進む距離と，Bが，会社→Q地点と進む距離の比は，タクシーとBの速さの比に等しいので，$45:5=9:1$となる。この比を用いると，会社からP地点までの距離の２倍が，比の，$9+1=10$だから，会社からP地点までの距離は，比の，$10\div2=5$となる。すると，会社からQ地点までの距離は１，Q地点からP地点までの距離は，$5-1=4$，P地点からO会社までの距離は１となるから，比の１にあたる距離は，$18\div(1+4+1)=3$(km)とわかる。よって，会社からP地点までの距離は，$3\times5=15$(km)なので，Aは出発して15kmのところでタクシーを降りればよい。

図１

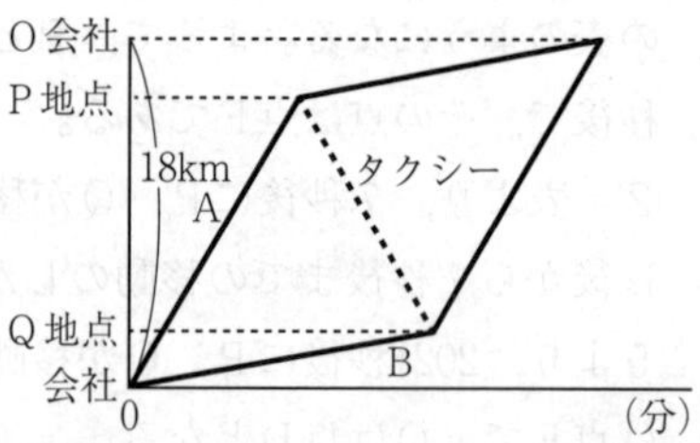

(2) 実際にAがタクシーを降りた地点をR地点，Bがタクシーに乗った地点をS地点とする。もし，Aとタクシーが O会社を通り過ぎて，タクシーがT地点でAに追いついたとすると，グラフは右の図２のようになり，(1)と同様に考えると，会社からS地点まで，S地点からR地点まで，R地点からT地点までの距離の比は$1:4:1$となる。また，Aとタクシーの速さの比は$1:9$なので，O会社からT地点までかかる時間の比は，$\frac{1}{1}:\frac{1}{9}=9:1$である。この比の，$9-1=8$にあたる時間が16分だか

図２

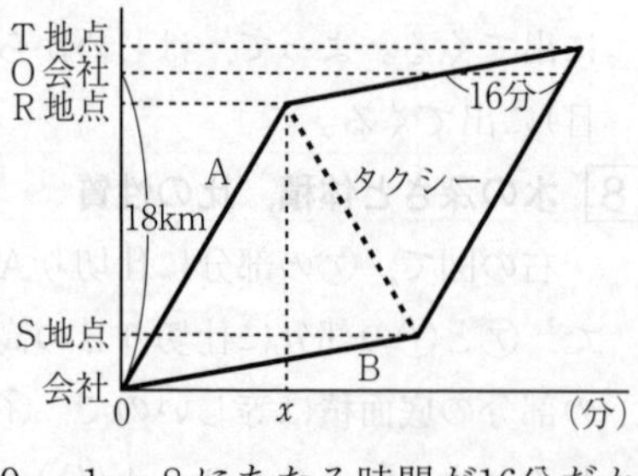

ら，比の１にあたる時間，つまり，タクシーがＯ会社からＴ地点までかかる時間は，$16\div 8=2$(分)となる。よって，２分＝$\frac{2}{60}$時間＝$\frac{1}{30}$時間より，Ｏ会社からＴ地点までの距離は，$45\times\frac{1}{30}=1.5$(km)だから，会社からＴ地点までの距離は，$18+1.5=19.5$(km)とわかる。したがって，会社からＲ地点までの距離は，$19.5\times\frac{1+4}{1+4+1}=\frac{39}{2}\times\frac{5}{6}=\frac{65}{4}$(km)なので，タクシーが会社からＲ地点までかかった時間は，$\frac{65}{4}\div 45=\frac{13}{36}$(時間)とわかる。これは，$60\times\frac{13}{36}=\frac{65}{3}=21\frac{2}{3}$(分)だから，図２の$x$は$21\frac{2}{3}$である。

社　会　＜第１回試験＞（30分）＜満点：60点＞

解　答

1　**問１**　**あ**　奄美(大島)　**い**　屋久(島)　**問２**　(1)　ウ　(2)　(例)　大消費地である東京・大阪・名古屋などに近いから。　(3)　**A**　ウ　**B**　カ　**C**　エ　**問３**　(1)　**う**　10　**え**　50　(2)　ウ，オ　**問４**　(1)　州(の数)　(2)　**X**　オーストラリア　**Y**　フィリピン

2　**問１**　**あ**　法隆寺　**い**　寝殿　**う**　足利義政　**え**　豊臣秀吉　**お**　千利休　**問２**　岩宿(遺跡)，群馬(県)　**問３**　**A**　紀伊(山地)，エ　**B**　奥羽(山脈)，イ　**問４**　(1)　木簡　(2)　ウ　**問５**　イ，エ，オ　**問６**　ウ　**問７**　エ　**問８**　管領　**問９**　(1)　対馬(藩)　(2)　ウ　**問10**　イ　**問11**　(例)　機械を用いた紡績業が発展し，海外から輸入した綿花を原料として綿糸をさかんに生産するようになった。　**問12**　関税自主(権)　**問13**　板垣退助　**問14**　ウ

3　**問１**　第四次中東戦争　**問２**　エ　**問３**　国連難民高等弁務官事務所(UNHCR)　**問４**　ア　**問５**　(例)　経済格差(経済的格差)　**問６**　(例)　新型コロナウイルスによる感染症の拡大により，世界各国で人の移動が制限され，経済活動も停滞したことで，石油の需要が大きく落ちこんだため。　**問７**　世界食糧計画(WFP)

解　説

1　**地形図の読み取りを中心とした問題**

問１　鹿児島県に属する島では，奄美《あまみ》大島，屋久島，種子島の順に面積が大きい。

問２　(1)　2018年における鹿児島県の製造品出荷額等の割合は，食料品33.6％，飲料・飼料19.4％，電子部品14.5％，窯業《ようぎょう》・土石9.0％の順である。統計資料は『データでみる県勢』2021年版による。

(2)　食料品工業の出荷額は，北海道を除くと，東京，大阪，名古屋の大都市圏《けん》とその周辺に位置する府県で多い傾向《けいこう》にある。これは，大消費地に近い地域のほうが輸送費も安くてすみ，販売に有利であるためと考えられる。　(3)　北海道が第１位で，神奈川県が第５位に入っているＡはだいこん。神奈川県では三浦半島が主産地となっている。静岡県が第１位，鹿児島県が第２位を占めるＢは茶。沖縄・宮崎・鹿児島の３県で全国生産量の95％以上を占めるＣはマンゴー。インドや東南アジアが原産地とされる果実で，気候の温暖な地域で栽培される。なお，キャベツは愛知県と群馬県，きくは愛知県と沖縄県，すいかは熊本県や千葉県などが，それぞれ上位を占める。

問３　(1)　縮尺２万5000分の１の地形図では，主曲線(等高線の細い線)は10ｍごと，計曲線(等高線の太い線)は50ｍごとに引かれている。なお，縮尺５万分の１の地形図では，主曲線は20ｍごと，

計曲線は100mごとに引かれている。　(2)　ア　海岸線が直線的で，堤防も築かれていることから，西之表《にしのおもて》港は埋立《うめたて》地と判断できる。灯台(☼)も複数設置されている。　イ　内陸部の「中目」付近と市民会館の北側に電波塔《とう》(ᕲ)がある。　ウ　市民会館の北に保健所(⊕)があり，その東に裁判所(⍋)がある。　エ　市民会館の北西の沿岸部に，神社(⛩)や墓地(⊥)がみられる。　オ　内陸部には針葉樹林(Λ)もあるが，広葉樹林(Q)と畑・牧草地(∨)が広く分布している。

問４　(1)　アメリカ合衆国の国旗の左上の部分に描かれている50の星は，現在の州の数(50州)を示している。なお，赤と白の計13本の横じまは，独立時の州の数(13州)を表している。　(2)　Xはオーストラリア。先住民のアボリジニが住む土地であったが，18世紀にイギリスの植民地となり，1901年に独立した。Yはフィリピン。16世紀にスペインの植民地となったが，19世紀末にアメリカ合衆国とスペインの間で起こった米西戦争の結果，アメリカに譲《ゆず》り渡された。1946年に独立をはたしている。

2　日本の建築の歴史を題材とした問題

問１　**あ**　厩戸《うまやど》王(聖徳太子)が現在の奈良県斑鳩《いかるが》町に建てた法隆寺は，607年に創建されたのち，670年に焼失して再建されたと考えられているが，現存する世界最古の木造建築物として世界文化遺産に登録されている。　**い**　寝殿造は，平安時代に貴族の住宅に取り入れられた建築様式で，主人の住む寝殿を中心とし，その東・西・北に家族の住む対屋《たいのや》などの建物を透渡殿《すきわたどの》とよばれる渡り廊下《ろうか》でつなぎ，正面に池のある庭園を設けることを特色としている。　**う**　室町幕府の第８代将軍は足利義政。その時代には，東山文化とよばれる簡素で気品のある文化が栄えた。　**え**　1590年に全国統一をなしとげた豊臣秀吉は，焼失した石山本願寺の跡地に大坂(大阪)城を建て，根《こん》拠《きょ》地とした。　**お**　16世紀末，堺(大阪府)の商人出身の千利休は，茶の湯を大成した。

問２　1946年，考古学愛好家の相沢忠洋《ただひろ》は，群馬県みどり市にある岩宿遺跡の関東ローム層から打製石器を発見した。その後の本格的調査で，今から２～３万年前の旧石器時代のものと考えられる石器が複数出土し，日本にも縄文文化以前の旧石器文化があったことが初めて確認された。

問３　Aはエの紀伊山地。付近一帯は林業がさかんで，和歌山県はみかんやうめ，かきの生産量が全国第１位である。Bはイの奥羽山脈。東北地方の太平洋側では，梅雨期から盛夏にかけて「やませ」とよばれる冷たく湿った北東風が吹《ふ》くことがある。これが長く続くと日照不足となって冷害の原因となる。奥羽山脈の東側の地域では伝統工業がさかんで，盛岡市などの南部鉄器や，宮城県大崎市の鳴子こけしなどがよく知られる。なお，アは日高山脈，ウは飛驒《ひだ》山脈(北アルプス)，オは中国山地。

問４　(1)　資料Aは木簡。うすい板に墨《すみ》で文字を記したもので，奈良時代には役所の文書や調(地方の特産物を納める税)として都に送る税物の荷札などに用いられた。　(2)　663年の白村江《はくすきのえ》の戦いは，朝鮮半島の百済《くだら》を支援するために送られた日本軍が唐(中国)と新羅《しらぎ》の連合軍に大敗したできごとである。なお，アは743年，イは720年，エは759年のできごと。いずれも平城京が都とされた奈良時代のできごとだが，厳密には，アの時期には恭仁《くに》京(京都府)に一時的に都が移されていた。

問５　イ・エ・オは道長と清盛に共通してあてはまる。道長は摂政《せっしょう》と太政《だいじょう》大臣の地位，清盛は太政大臣の地位だけについているから，アは誤り。ウは，日宋貿易を行った清盛だけにあてはまる。

問６　九州に３年間滞在《たいざい》して警備を行うのは，律令制度下における防人《さきもり》である。よって，ウがまちがっている。なお，鎌倉時代後期には，元(中国)が再び襲《おそ》ってくることに備えるため，九州の御家人に異国警固番役が義務づけられていた。

問７　禅《ぜん》宗は座禅を組んで悟《さと》りを開くことをめざす仏教の宗派で，宋の時代の中国でさかんになった。日本に伝えられた禅宗としては，12世紀末に栄西が伝えた臨済宗と，13世紀前半に道元が伝えた曹洞《そうとう》宗がよく知られる。なお，アは浄土宗，イは天台宗，オは時宗の開祖。ウの空也は，平安時代に浄土教を広めた僧。

問８　室町幕府で将軍を補佐するために置かれた役職は管領《かんれい》。足利氏の一族で，有力な守護大名でもあった細川・斯波《しば》・畠山の３氏が交代で務めた。

問９　(1)　豊臣秀吉による侵攻《しんこう》以来，途絶《とだ》えていた朝鮮との国交は，徳川家康の時代になって対馬《つしま》藩(長崎県)の仲立ちにより回復した。対馬藩は鎖国の完成後も，朝鮮の釜山《プサン》に設けられた倭館《わかん》で貿易を行った。　　(2)　商工業者に株仲間の結成を積極的に奨励《しょうれい》してこれから税を取り，長崎貿易では銅や海産物の輸出を奨励したのは田沼意次《おきつぐ》であるから，ウがまちがっている。ただし，徳川吉宗も株仲間をつくらせて公認している。

問10　資料Ｂは東洲斎写楽《とうしゅうさいしゃらく》の「市川鰕蔵《えびぞう》の竹村定之進《さだのしん》」。写楽は18世紀末に活躍した浮世絵師で，個性的な役者絵で人気を博したが，その人物像などについては謎《なぞ》が多い。

問11　資料Ｃからは，1885年には綿糸，1899年には綿花が輸入品目の第１位になっていることがわかる。これは，それまでは綿糸の輸入量が国内産の綿糸の生産量を上回っていたものが，国内の紡《ぼう》績《せき》業の発展により，輸入した綿花を原料とする綿糸の生産量が大きく伸びたことを意味している。江戸時代末期に貿易が始まると，海外から安い綿糸や綿織物が大量に輸入されるようになったため，国内の綿織物産業は大きな打撃を受けていた。しかし，1880年代後半から国内で紡績業がさかんになると，1891年には国産の綿糸の生産量が輸入量を上回り，1897年には綿糸の輸出量が輸入量を上回るようになった。紡績業がこのように発展した理由は，資料Ｄにあるように，海外製の機械を導入した大規模な工場が各地に建てられたことによる。また，それらの工場では多くの若い女性が低賃金で長時間労働を強いられていたが，日本の製糸業や紡績業の発展はそうした女工たちの労働によって支えられていたのである。

問12　輸入品に自国の判断で関税を課す権利を関税自主権という。江戸時代末期に幕府が欧米諸国との間で結んだ通商条約では，日本にその権利は認められていなかったが，1911年，外務大臣の小村寿太郎《じゅたろう》がアメリカとの交渉《こうしょう》で関税自主権の回復に成功し，条約改正を達成した。

問13　1874年に民撰《みんせん》議院設立建白書を政府に提出した板垣退助は，その後，自由民権運動を中心となってすすめ，1881年には自由党を結成して初代総理(党首)となった。

問14　ア　参議院議員の被選挙権は30歳以上であるが，衆議院議員と地方議会議員の被選挙権は25歳以上である。　　イ　都道府県知事や市町村長と同様に，国会議員も国民による直接選挙により選出される。　　ウ　内閣総理大臣は，国会議員の中から国会がこれを指名し，天皇が任命する。　　エ　地方の政治においては，有権者に首長や議員の解職を請求する権利が認められているが，国会議員についてはそのような制度はない。

３　現代の日本や世界のできごとについての問題

問１　1948年以来，イスラエルと周辺のアラブ諸国との間でたびたび起きた戦争は，中東戦争とよばれる。そのうち，1973年に起きた第四次中東戦争のさいには，アラブの産油国が原油の生産量削《さく》減《げん》と原油価格の大幅引き上げを行ったことから，世界経済が混乱におちいった。これを第一次石油危機（オイルショック）という。

問２　ア　1973年に比べて2010年の水力発電の割合は低下しているが，エネルギー総量が増えているから，発電量そのものは減っていない。　イ　2010年から2015年の間で石油の発電割合が増えたのは，2011年に起きた東日本大震災のさい，福島第一原子力発電所の原発事故を原因として全国の原子力発電所が操業停止に追いこまれ，電力不足を補うために火力発電所の発電量を増やしたためである。世界同時多発テロ（一般には「アメリカ同時多発テロ」という）は2001年のできごとである。　ウ　1973年から2015年の間で電力供給の割合が最も増えたのは，天然ガスである。　エ　化石燃料にあてはまるのは石油・石炭・天然ガスであるから，この文は正しい。

問３　紛争などが原因で発生する難民の保護や救済を目的として活動している国際連合の自立的補助機関は，国連難民高等弁務官事務所（UNHCR）。1991年から2000年にかけては，日本人の緒方貞《おがたさだ》子《こ》がその長である国連難民高等弁務官を務めた。

問４　ア　部分的核実験停止（禁止）条約は，地下実験を除く大気圏内，水中，宇宙空間での核実験を禁止したもの。1963年にアメリカ合衆国，イギリス，ソ連（現在はロシア）によって調印され，その後，多くの国が調印している。　イ　核拡散防止条約は，アメリカ・ソ連・イギリス・フランス・中国の５か国以外の国が核兵器を保有することを禁止するもの。1963年に国連総会で採択《さいたく》されたが，核保有国であるインドやパキスタンなどは調印していない。　ウ　包括《ほうかつ》的核実験禁止条約は，地下実験をふくむすべての核実験を禁止するもので，1996年に国連総会で採択されたが，アメリカ合衆国などが批准《ひじゅん》していないため，現在も発効されていない。　エ　国際原子力機関（IAEA）は，原子力の平和利用の推進を目的とする国際連合の関係機関である。

問５　南北問題とは，先進国と発展途上国との経済格差をめぐる諸問題のこと。先進国が北に多く，発展途上国が南（赤道周辺や南半球）に多いことから，このようによばれる。

問６　2020年２月以降，新型コロナウイルスによる感染症《しょう》の広がりを原因として，世界各国で人の移動が制限され，経済活動も著しく停滞《ていたい》することとなった。その結果，原油の需要《じゅよう》が大きく落ちこみ，原油価格の下落を招くこととなった。

問７　2020年のノーベル平和賞を受賞したのは世界食糧計画（WFP）。食糧欠乏《けつぼう》国への食糧援助と天災などの被災国に対する緊急《きんきゅう》援助をほどこすことを目的とした国連の補助機関で，近年は紛争地域における支援活動に力を入れていることが評価された。

理　科　＜第１回試験＞（30分）＜満点：60点＞

解　答

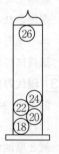

[1] **問１**　(1)　ウメ　(2)　(エ)　**問２**　(1)　マツ　(2)　(イ)　**問３**　(1)　光合成　(2)　胞子　**問４**　(エ)　**問５**　（例）　広げた葉で日光を多く受けて光合成をおこなうことができる。　[2] **問１**　ヘクトパスカル　**問２**　(ア)，(オ)　**問３**　①　強い　②　同じになる　**問４**　へん西風　**問５**　(エ)　[3] **問１**　（例）　78℃以上で気体になってしまう　**問２**　A　①　B　⑥　C　⑨　**問３**　(イ)　**問４**　右の図　**問５**　（例）　熱を伝わりやすくして，液だめをまわ

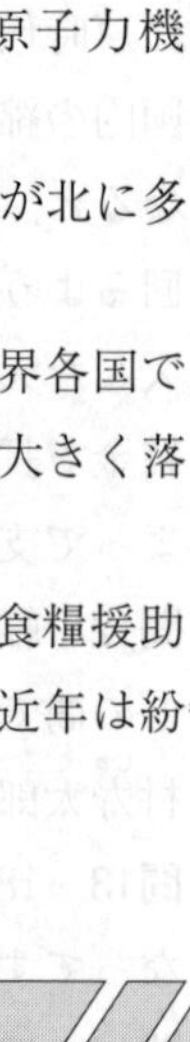

りと同じ温度にしやすくするため。　**4**　**問１**　(エ)　**問２**　**形**…(イ)　**使い方**…(エ)　**問３**　1.46ｇ　**問４**　(ア), (エ)　**問５**　**Ｘ**　②　**Ｙ**　(例)　キウイフルーツを80℃くらいまで加熱する

解　説

1　いろいろな植物についての問題

問１　(1)　６～７月ごろに関東付近にとどまる前線は梅雨前線である。したがって，この文章に出てくる植物はウメとなる。　(2)　ウメはバラ科の植物で落葉広葉樹である。２～３月ごろに花が咲《さ》く。ウメの花は花びらが１枚１枚分かれている離弁花《りべんか》で，花びらが５枚，がくが５枚，めしべが１本，おしべが多数ある。ウメの花びらは，(エ)のように先が丸い形をしている。なお，(ア)はアジサイ，(イ)はツツジ，(ウ)はキンモクセイである。

問２　(1)　写真の植物はマツで，葉が長い針状になっている。　(2)　マツは裸子《らし》植物で，お花とめ花の区別がある。Ｘの部分はめ花で，将来種子となる胚しゅが子ぼうにおおわれておらず，むき出しになっている。一方，Ｙの部分はお花で，ここから花粉が飛ぶ。

問３　スギナはシダ植物の仲間で，土の中に地下茎《ちかけい》が長くのびており，そこから光合成をおこなうための茎《くき》や，ツクシとよばれる部分が上に向かってのびている。光合成をおこなうための茎は枝分かれし，全体がスギの葉を集めたような形で，緑色をしている。ツクシとよばれる部分からは，仲間を増やすために胞子《ほうし》を飛ばす。

問４　トウモロコシの花にはお花とめ花の区別がある。茎の一番上で穂《ほ》のようになっている部分がお花の集まりで，ここから花粉が飛ぶ。め花はお花より下にあり，めしべが多数ある。めしべの先は写真のように細い毛のようになっていて，胚しゅ１個から細い毛のようなものが１本出ている。この細い毛のようなものに花粉がつくと，胚しゅ１個がトウモロコシの１粒《つぶ》になる。

問５　地面に葉がへばりつくようにしてロゼットの形で葉を広げることで，植物は冬でも太陽の光を多く受けて光合成をおこなうことができる。また，太陽に温められた地面から熱を得ることもできる。他にも，風に当たりにくくなるため，植物の体内から空気中へ出ていく熱が少なくなるという利点もある。

2　台風についての問題

問１　気圧を表す単位「hPa」は「ヘクトパスカル」と読む。気圧は，単位面積当たりの空気がおす力の大きさのことである。

問２　(ア)　表より，10月５日から７日にかけて，この台風は中心気圧がだんだん下がってきていることがわかる。台風は中心の気圧が低くなるほど発達して勢力が強くなる。　(イ), (ウ)　台風の予報円は，予報時刻のときに台風の中心があると予想される範囲《はんい》を円で表したもので，台風の中心が予報円に入る確率は約70％である。したがって，台風は必ずしも予報円の中心を進むわけではなく，予報円自体が台風の大きさを表すわけでもない。　(エ)　北西太平洋の熱帯地方などの海上で発生した熱帯低気圧の勢力がだんだん増して，最大風速が秒速17.2m以上になったものを台風とよぶ。赤道上では地球の自転によって生じる力が働きにくく，空気のうずができにくいので，台風に発達するような熱帯低気圧はできない。　(オ)　表より，10月６日21時から７日９時にかけて最大風速が25～30ｍになっているので，10月６日からこの台風に風速25ｍ/秒以上の暴風域《ぼうふういき》がともなうよう

になったと考えられる。

問３　台風は，中心付近に向かって反時計回りに風がふきこんでいるため，進行方向の右側では，台風自身の風のふく方向と台風の進む方向が同じ方向となる。そのため，台風の進行方向に向かって右側では左側よりも風が強くなる。

問４　北緯《ほくい》約20～60度の範囲の上空を西から東に向かってふく風をへん西風という。台風が北上してへん西風がふいているところまでくると，この風に乗って台風は進路を東向きに変える。

問５　(ア)　飛行機はへん西風がふいている高度10kmあたりを飛ぶので，東に行くときはへん西風がふく向きと同じ向きとなり，へん西風は追い風となって飛行機の所要時間は短くなる。逆に西に行くときは，へん西風が向かい風になるので，飛行機の所要時間は長くなる。　(イ)　へん西風は春ごろに，チベットやヒマラヤにぶつかって２つに分かれてふくようになる。夏に向かい，南側のへん西風のふく位置が北上し，チベットやヒマラヤの北側をふくようになると，２つに分かれなくなる。このときが梅雨明けの目安の１つである。年によってへん西風のふき方に変化があると，梅雨明けの時期も変わる。　(ウ)　へん西風が平年よりもだ行して日本の北側をふくようになると，寒気の流れこみが弱くなり，暖冬になる。一方，このだ行がずれて関東付近にへん西風がふくようになると北側の寒気が入りやすくなって厳冬(寒冬)となる。　(エ)　にじは，太陽の光が雨粒に入るときにくっ折をして色が分かれ，それが雨粒に反射して出てくることでできる。　(オ)　日本上空をへん西風がふいているため，雲が西から東へと移動することになり，天気は西から東に変わることが多い。よって，夕焼けがきれいなときは西の空が晴れているので，翌日は晴れになると予想できる。

３　ガリレオ温度計についての問題

問１　表１によると，アルコールは78℃以上で液体から気体になる。もしアルコール温度計の液体がアルコールだとすると，温度が78℃以上では気体になってしまい，温度が測れなくなる。一方，灯油は，アルコール温度計の目盛りの範囲である－20℃～105℃では液体なので，温度を測ることができる。

問２　**A**　液体はふつう温度が上がると，体積が大きくなる。　**B**　温度が上がって体積が大きくなっても重さは変わらないので，同じ体積当たりの重さは軽くなる。　**C**　ガラス球は液体の中にあるので，ガラス球には浮力《ふりょく》が働いている。物体が液体から受ける浮力の大きさは，その物体がおしのけた液体の重さに等しいため，液体の同じ体積当たりの重さが軽くなると，浮力は小さくなる。そのため，室温が上がると，ガリレオ温度計内のガラス球に働く浮力が小さくなるので，下に動くものがある。

問３　温度が上がっていくと，プレートの数字が小さいものから順に下にしずんでいく。つまり，温度が高いときには，プレートの数字が大きいものが上に浮《う》かんでいるため，プレートの数字が大きいガラス球の方が，プレートの数字が小さいものより軽いことになる。

問４　ガリレオ温度計では，上に浮いているガラス球のうち１番下にあるガラス球が室温を表すので，浮かんでいるガラス球はプレートの数字が26の１つだけとなる。また，数字の小さいガラス球から下にしずむため，しずんでいるガラス球のプレートの数字は下から18，20，22，24となっている。

問５　アルコール温度計はまわりにある気体や液体の温度を測るので，その温度と液だめの液体の温度とがなるべく早く同じ温度になる必要がある。そのため，ガラスをうすくして熱が伝わりやすくなるようにしている。

4 酸素を発生させる実験についての問題

問１　二酸化マンガンは㈤のような黒色をした固体で，過酸化水素が酸素と水に分解するのを助ける働きをもつ。なお，㈠は青色のすき通った固体，㈡は銀色っぽい色をした固体，㈢は白っぽい固体に黒っぽい点が見られる固体である。

問２　ふたまた試験管は，途《と》中《ちゅう》で反応を止めることができるように，㈡のように内側にへこみがついていて，へこみのある方に固体を入れ，へこみのない方に液体を入れる。反応させるときは，ふたまた試験管をかたむけて，液体を固体のある方に少しずつ注いで反応させる。反応を途中で止めたいときは，ふたまた試験管を反対側にかたむけて，液体をもとの管にもどす。このとき，固体はへこみで止められるようになっている。

問３　発生した酸素は，ふたまた試験管から出ていくので，反応前と比べて反応後に減った重さは酸素の重さとなる。よって，発生した酸素の重さは，37.71－37.20＝0.51（g）である。この酸素の体積は350cm^3なので，酸素の気体１Ｌ当たりの重さは，0.51÷350×1000＝1.457…より，1.46ｇと求められる。

問４　Ｄの試験管では，０℃にすると酵《こう》素《そ》があまり働かず気体はわずかにしか発生していないが，そのあと30℃にすると，酵素が働いて気体が発生している。一方，Ｆの試験管では，80℃にしたあと30℃にしても，酵素が働かず気体が発生していない。これらのことから，はじめ温度を低くしても，そのあと適温にすれば酵素は働くが，はじめ温度を高くすると，そのあと適温にしても酵素は働かないことがわかる。

問５　キウイフルーツがゼラチンを分解する酵素をもっているので，ゼラチンにキウイフルーツを加えて混ぜる前に，この酵素の働きをなくしておく必要がある。酵素の働きをなくすためには，問４で述べたように，酵素をいったん温度の高い状態にすればよいので，手順②のあとに，キウイフルーツを80℃くらいまで加熱してからゼラチンに混ぜればよい。

国語　＜第１回試験＞（50分）＜満点：100点＞

解答

一　**問１**　**１**　ロ　**２**　ハ　**３**　イ　**４**　ホ　**問２**　ロ　**問３**　ロ　**問４**　（例）ナンバー１しか生きられないのが自然界の厳しい鉄則であるはずなのに，実際の自然界にはどうしてたくさんの種類の生き物がいるのだろうか（ということ。）　**問５**　エサや生存場所　**問６**　多　**問７**　イ　**問８**　Ⅰ　土の中　Ⅱ　水面　**問９**　持っている力を発揮できる　**問10**　（例）飛ぼう　**問11**　イ，ホ　**問12**　ハ　**二**　**問１**　Ａ　**問２**　ロ　**問３**　ロ，ニ　**問４**　イ　**問５**　ニ　**問６**　ロ　**問７**　イ　**問８**　ハ　**問９**　ニ　**問10**　イ　**問11**　ニ　**問12**　ハ　**問13**　⑴，⑶　下記を参照のこと。　⑵　しぐさ　**三**　**問１**　①　ロ　②　ニ　③　ホ　**問２**　ハ　**問３**　ニ　**問４**　イ　**問５**　ニ　**問６**　ロ　**問７**　（例）何も所有しないので，人間のように金銭に翻弄されない（から。）　**問**

8 D，F

●漢字の書き取り

三 問13 ⑴ 構(わない) ⑶ 川沿(い)

解　説

一 出典は稲垣栄洋《いながきひでひろ》の『はずれ者が進化をつくる―生き物をめぐる個性の秘密』による。 ナンバー１しか生き残れない自然界に，たくさんの生き物がいることをニッチという考え方で説明し，人の生き方にも応用できると語っている。

問１　1　ガウゼがゾウリムシとヒメゾウリムシを「一つの水槽《すいそう》でいっしょに飼う実験」を行った結果，それらは「エサや生存場所を奪《うば》い合い，ついにはどちらかが滅《ほろ》ぶまで競《きそ》い合」ったのだから，前の内容の結果を導く「すると」が入る。　**2**　最初はゾウリムシもヒメゾウリムシも増えていったが，やがてゾウリムシは減少し始め，最終的にヒメゾウリムシだけが生き残ったという文脈である。よって，前のことがらを受けて，それに続いて次のことが起こる意味を表す「そして」が合う。　**3**　自然界では，あらゆる生き物がナンバー１の座を巡《めぐ》って激しい競争や争いを日々繰《く》り広げているはずだが，不思議なことに，自然界にはたくさんの種類の生き物が存在しているというつながりなので，前のことがらを受けて，それに反する内容を述べるときに用いる「しかし」があてはまる。　**4**　同じ水槽の中でも，ゾウリムシとミドリゾウリムシは居場所もエサも違《ちが》ったため，争いが起きなかったという文脈である。よって，前のことがらを原因・理由として，後にその結果をつなげるときに用いる「そのため」がよい。

問２　一つの水槽の中で，ゾウリムシとヒメゾウリムシは「エサや生存場所を奪い合い，ついにはどちらかが滅ぶまで競い合」ってしまったのだから，それらは「共存」できなかったのだといえる。なお，「共存」は，二つ以上のものが同時に存在すること。

問３　「ナンバー１しか生きられない」自然界では，あらゆる生き物が日々激しい競争や争いを繰り広げている。よって，“強者が弱者をえじきにして栄える”という意味の「弱肉強食」が入る。なお，「日進月歩」は，絶えず進歩すること。「虎視眈々《こしたんたん》」は，虎《とら》が鋭《するど》い目で獲物《えもの》をねらうように，じっと機会をねらうようす。「一進一退」は，よくなったり悪くなったりを繰り返すこと。「悪戦苦《く》闘《とう》」は，困難の中で苦しみながら努力すること。

問４　ゾウリムシとヒメゾウリムシを一つの水槽でいっしょに飼うという，最初に行われたガウゼの実験の結果から「ナンバー１しか生きられない」自然界の鉄則がうかがい知れたが，実際のところ，自然界にはたくさんの生き物が存在している。そこでガウゼは「ゾウリムシの一種類を変えて」，居場所もエサも異なる二種類のゾウリムシが「一つの水槽の中で共存」できたという結果を得たことで，多様な生物が存在する自然界の「不思議」にこたえたのである。つまり，自然界の鉄則にしたがえば自然界には一種類の生き物しか生き残れないはずだが，なぜ自然界にはたくさんの種類の生き物がいるのだろうかということを考えるとき，ガウゼの行った「続きの実験」がヒントになるのだといえる。

問５　ゾウリムシは「水槽の上の方」で「大腸菌《だいちょうきん》」をエサにしていたのに対し，ミドリゾウリムシは「水槽の底の方」で「酵母菌」をエサにしていた。つまり，「エサや生存場所」が異なるために，二種類のゾウリムシは「一つの水槽の中で共存」できたのである。

問６　「ナンバー１を分け合」うことで，さまざまな生物たちは自然界で暮らしていけると述べられているので，種類，状態，性質などがさまざまであるようすの「多種多様」が入る。

問７　「ナンバー１」は，ある集団内で最も優《すぐ》れたもの。「オンリー１」は，ただ一つの存在を表す。　a　自然界にはたくさんの「ナンバー１」がおり，「それぞれの生物」にとってのその「ポジション」なので，「ナンバー１」が入る。　b　直前の文をふまえ，すべての生物は，それに「なれる」というのだから，「ナンバー１」があてはまる。ここでイに決まる。　c　「自分だけ」の「ポジション」だから，「オンリー１」とするのがよい。　d　「オンリー１のポジションを持っているということ」は，つまりそれにふさわしい「特徴《とくちょう》を持っている」といえるので，「オンリー１」が正しい。

問８　Ⅰ，Ⅱ　「ニッチ」とは，生物学的には“ある生物が生態系の中で占《し》める位置”を意味する。ここでは，生物たちの持つ「ナンバー１になれるオンリー１のポジション」，つまりそれぞれの活動の場と考えればよい。前の部分で，ミミズは「土の中」，オケラは「地面の下」，アメンボは「水面」を活動の場としていると述べられている。

問９　「水」は，生き物それぞれが「力を発揮できる輝《かがや》ける場所」の比喩《ひゆ》にあたる。同じ大段落の最後に「持っている力を発揮できる」ニッチを探すことが大切だとあるので，ここがぬき出せる。

問10　「陸の上」にいてこそ「力を発揮」できるダチョウは，「飛ぶことに憧《あこが》れ」てはいけないのだから，「飛ぼうとしてはダメ」だとするのがよい。「飛ぶ鳥としてはダメ」などでも文意は通る。

問11　「ニッチ」とは，それぞれが「持っている力を発揮できる」場をいうので，「貢献《こうけん》」できるポジションがあるイ，「得意」なことを企画《きかく》して出場するホがよい。　ロ　「旅館の女将《おかみ》」がこの人の力を発揮できるポジションかどうかわからないので，合わない。　ハ　「人気動画のまねをする」ことは，自分の持てる力を発揮したことにはならないので，正しくない。　ニ，ヘ　努力で「不得意科目」を克復して「全国一位」になる，「オリンピックの金メダル」をとるといった競争は，ニッチの考え方ではない。

問12　イ，ロ　生物は異なる種を認めたり，助け合いの精神を発揮したりしているわけではないため，合わない。　ニ　オンリー１を目指すことは「使命」ではないので，正しくない。「使命」は，ほかから与《あた》えられた任務。

二　**出典は寺地《てらち》はるなの『水を縫《ぬ》う』による。**刺繍《ししゅう》が好きなことをグループの宮多《みやた》たちにかくしていた「僕《ぼく》」だが，ひとりを貫《つらぬ》く高杉《たかすぎ》くるみを見て，刺繍が好きだと伝えることを決める。

問１　もどす一節には，家族のために友だちをつくろうとする「僕」のようすが描《えが》かれている。《A》に入れると，「祖母の顔を思い出し」た「僕」が，「家族に心配」をかけないよう，懸命《けんめい》に宮多たちのグループになじもうとする流れになり，文意が通る。

問２　昼食時，「めいめい仲の良い相手と昼食をともにする」ため「机をくっつけ」，いくつかの「島」に分かれる中，高杉くるみだけはひとりで昼食をとっていたのだから，「世界地図」でいうならば彼女の存在は「砂粒《すなつぶ》ほどのサイズで描《えが》かれ」た「孤島」にたとえられる。「孤島」は，陸やほかの島から一つだけ遠く離《はな》れている島。なお，ハの「無人島」は人のいない島をいうので正しくない。

問３　イ　「宮多を中心とする，五人組のグループ」が男女混合かどうかはわからないので，合わない。　ハ　「僕」には「仲のよい友だち」と呼べる存在はいないうえ，「仲のよい友だちと食べること」に対して「強い抵抗《ていこう》」を感じているようすも描かれていないので，正しくない。ホ　ひとりであっても堂々としている高杉を見た「僕」は，彼女に触発《しょくはつ》され，宮多たちの会話からぬけ出してひとりで好きな刺繍の本を読んでいる。よって，ふさわしくない。　へ　高杉くるみは，もともとひとりで昼食をとっているため，合わない。

問４　刺繍の本を見ながら指を動かす自分の手つきを真似《まね》て，くすくすと笑っていた生徒に対し，「僕」が「なに？」，「なあ，なんか用？」と大きな声でいらだちをぶつけたところ，まさか話しかけられるとは思ってもいなかったであろう生徒のひとりは「ぎょっとしたように目を見開」き，その隣《となり》にいた男子は「は？　なんなん」と頬《ほお》を引きつらせながらも言い返してきている。しかし，さらにたたみかけるように「いや，なんなん？　そっちこそ」と詰《つ》め寄る「僕」の勢いにひるんだ「彼《かれ》らはもごもごと言い合い，視線を逸《そ》ら」したのだから，イが選べる。

問５　学校という集団で許容される「個性」の限度を，柴犬《しばいぬ》の群れに「ナポリタン・マスティフ」や「ポメラニアン」といった犬が混じった場合と，「アヒル」が混じった場合を例に「僕」は考えている。犬なら「個性」は重宝されても，鳥では「あつかいに困る」のだから，ニが合う。なお，「もてはやす」は“盛んにほめる”という意味。「もてあます」は“うまく扱《あつか》えず，処置に困る”という意味。

問６「しげしげと」は，よく見るようすなので，ロが正しい。なお，「こっそりと」は，人に隠《かく》れてするようす。「しみじみと」は，感じ入るようす。「せかせかと」は，言動がせわしいようす。

問７「頬《ほお》が上気する」は，“気分が高揚《こうよう》するなどで頬が赤くなる”という意味。「放課後の時間はすべて石の研磨《けんま》にあてている」高杉くるみは，好きな石の魅力《みりょく》を「僕」に伝えようと，頬を赤く染めながら「ほんまにきれいになんねんで」と説明しているので，イがよい。

問８「ずんずんと」は，迷わず勢いよく進むようす。問２で見たように，昼休みに周りがグループで昼食をとっている中，ひとりであっても高杉くるみは堂々としていた。ここでも，好きな石について熱弁をふるっていたかと思えば，分かれ道になると急にそっけなく「じゃあね」と言い，去っている。そのようすからは，周囲に左右されない精神の「強さ」がうかがえる。よって，ハが選べる。

問９　直前の段落から，以前の「僕」が「好きなこと（刺繍）」のせいで「教科書を忘れた時に気軽に借りる相手がいない」心もとなさや「ひとりでぽつんと弁当を食べる」わびしさを味わってきたことがわかる。「好きなものを追い求めること」には，ひとりになる苦しさがともなうと「僕」は考えているのだから，ニがよい。

問10　刺繍の画像を送った後，宮多から返ってきた「え，めっちゃうまいやん。松岡くんすごいな」というメッセージを，「僕」が「何度も繰《く》り返し」読んでいることをおさえる。これまでは，刺繍が好きだという自分のことなど「わかってもらえるわけがない」と思っていたが，宮多がそれを理解し受け入れてくれているのだと感じた「僕」は，「涙《なみだ》が滲《にじ》む」ほどうれしさで胸がいっぱいになり，彼のメッセージを何度も読み返したものと想像できるので，イが合う。

問11「消える前に保管した美しいものを，太陽の光によって再びかがやかせる」といった内容は本文からは読み取れないので，ニが正しくない。

問12　刺繍が好きだという自分を理解し，受け入れてくれた宮多を「知ろうともしていなかった」ことに気づいた「僕」は，同じように彼らのことを知る努力をしなければならないと思ったのだから，ハが合う。

問13 ⑴　音読みは「コウ」で，「構造」などの熟語がある。　⑵　何かをするときの動作。

⑶　川に沿っていること。

三 **出典は小島《こじま》なおの「短歌のなかの物たち　さびしがりやの金」による。**「金」が詠《よ》みこまれている短歌を五首取りあげて鑑賞《かんしょう》し，最後に「金」を詠みこんだ筆者自身の短歌を一首置いている。

問１　①「スゴイ易占《えきうらな》い師」の店の軒《のき》をくぐる場面なので，おそれや不安で落ち着かないようすの「びくびく」が合う。　②「小声，しかも早口でしきりに何かを呟《つぶや》いている」のだから，低い小声で話すようすの「ぼそぼそ」が入る。　③「金運がいい」だとか「男運は諦《あきら》めなさい」といった「微妙《びみょう》」な占い結果なので，ぼんやりと不分明な感じを表す「もやもや」がよい。

問２　「～ならない」は，動詞の「なる」に打ち消しの助動詞である「ない」がついたもの。よって，「食べられる」を打ち消しているハが同じ。なお，イは形容詞の「つまらない」の一部。ロ，ニは，補助形容詞にあたる。

問３　金が「さびしがりや」だということを前提にしているのが面白《おもしろ》いのだから，ニが選べる。

問４　『一握《いちあく》の砂』は，石川啄木《いしかわたくぼく》の歌集である。なお，『おらが春』は，小林一茶《こばやしいっさ》の句集。『みだれ髪《がみ》』は，与謝野晶子《よさのあきこ》の歌集。『おくのほそ道』は，松尾芭蕉《まつおばしょう》の俳諧《はいかい》紀行文。

問５　お金を目前でちらつかされたら目が離《はな》せないように，ひらひらと飛んでいる小さな「しじみ蝶《ちょう》」に関心が向かっているのだから，「吸い寄せられてしまう」が合う。

問６　織田信長《おだのぶなが》は，天下統一を目前にして謀反《むほん》にあい「自ら放った火のなかで自刃《じじん》した」人物なので，劇的なようすをいう「ドラマチック」が入る。なお，「自刃」は刀剣を用いて自身の命を絶つこと。「ポジティブ」は積極的・肯定《こうてい》的なようす。「クリエイティブ」は，創造的なさま。「ダイナミック」は，動的・躍動《やくどう》的なようす。

問７　「何ひとつ所有することのない」犬は，人間のように金銭に翻弄《ほんろう》されることなく，簡潔な生《しょう》涯《がい》を送る。これを「幸い」といっているので，「何ひとつ所有しないので所有物に翻弄されることがない」のようにまとめればよい。

問８　「体言止め」は名詞・代名詞で結んでいるものをいうので，歌の最後が「千八百万」，「年末年始」となっているＤ，Ｆが選べる。

2021年度　大妻中学校

〔電　話〕(03) 5275－６００２
〔所在地〕〒102-8357　東京都千代田区三番町12
〔交　通〕東京メトロ半蔵門線―「半蔵門駅」より徒歩５分
JR線・東京メトロ各線―「市ヶ谷駅」より徒歩10分

【算　数】〈第２回試験〉(50分)〈満点：100点〉

◎　円周率を用いるときは3.14として答えなさい。

◎　式，計算，または考え方は必ず書きなさい。これのないものは正解としません。

1　次の□にあてはまる数を求めなさい。

(1)　$6.5-\left\{1\frac{3}{10}+(9-3.4)\div\frac{4}{7}\right\}\times\frac{1}{3}=$□

(2)　$15\times(19\times$□$-$□$\times6-7)\div3+41=2021$　(□には同じ数が入ります。)

(3)　縦６cm，横９cm，高さ８cmの直方体を同じ向きにすき間なく並べて立方体を作ります。最も小さい立方体を作るためには，直方体は□個必要です。

(4)　原価2400円の品物に３割の利益を見込んで定価をつけましたが，売れなかったので定価の□%引きで売ったところ，60円の損失になりました。

2　５つの整数A，B，C，D，Eがあり，

$A+C=6$，$B+D=11$，$C+E=13$，$A+D=8$，$B+E=12$

です。$B+C$はいくつですか。

3　同じ重さのおもりがたくさんあります。箱におもりを５個入れると全体の重さは85gになり，おもりを９個入れると全体の重さは137gになります。全体の重さを300g以上にするためには，おもりを最低何個入れればよいですか。

4　12時より前で，時計の長針と短針が最後に重なるのは何時何分ですか。

5　列車Ａと，毎秒25mの速さで走る列車Ｂがあります。列車Ａは，花子さんの目の前を通過するのに12秒かかり，列車Ｂとすれ違うのに10秒かかります。また，列車Ａが長さ1520mのトンネルの中に完全にかくれている時間は１分８秒です。

(1)　列車Ａの速さは毎秒何mですか。

(2)　列車Ｂの長さは何mですか。

6　Ｏ中学校の生徒が林間学校に行きます。１部屋に７人ずつ入ると，24人が部屋に入れなくなります。また，１部屋に９人ずつ入ると，６人の部屋が１つと空き部屋が５つできます。生徒は何人いますか。

7　図の角Ａ，Ｂ，Ｃ，Ｄ，Ｅ，Ｆ，Ｇの大きさの和は何度ですか。

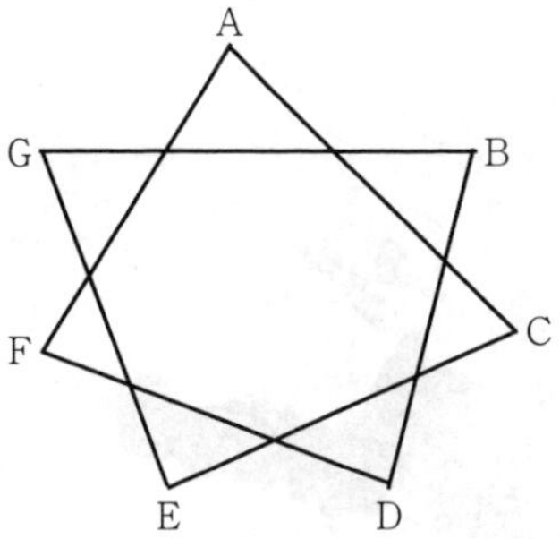

8　Ａ君，Ｂ君，Ｃ君がある仕事をします。１日当たりのＡ君とＣ君の仕事量の比は１：２です。Ａ君が９日働いた後にＢ君が10日働くと仕事が終わりますが，Ａ君が15日働いた後にＢ君が６日働いても仕事が終わります。また，最初はＣ君が１人で働いて途《と》中からＢ君が手伝うと，９日で仕事が終わります。Ｂ君は何日手伝えばよいですか。

9　次のように，ある規則にしたがって数が並んでいます。

１，２，１，３，２，１，４，３，２，１，５，４，３，２，１，…

(1)　初めて10が現れるのは何番目ですか。

(2)　140番目の数は何ですか。

10　マス目の１辺が１cmの方眼紙に，図のような図形がかかれています。この図形を，直線 l を軸にして１回転させてできる立体の表面積は何 cm^2 ですか。

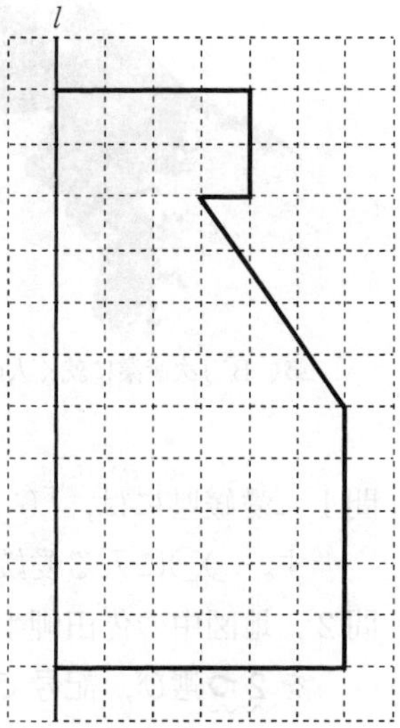

【社　会】〈第２回試験〉(30分)〈満点：60点〉

(注意)　地名・用語は，特別の指示がないかぎり，漢字で答えなさい。

1　次の愛媛県の地図をみて，あとの問いに答えなさい。

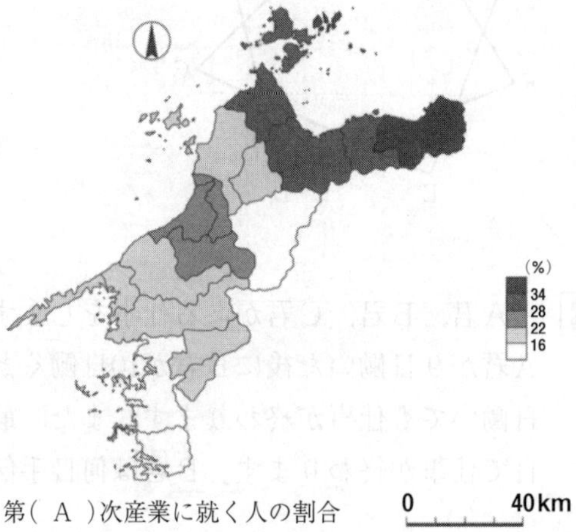

第(A)次産業に就く人の割合

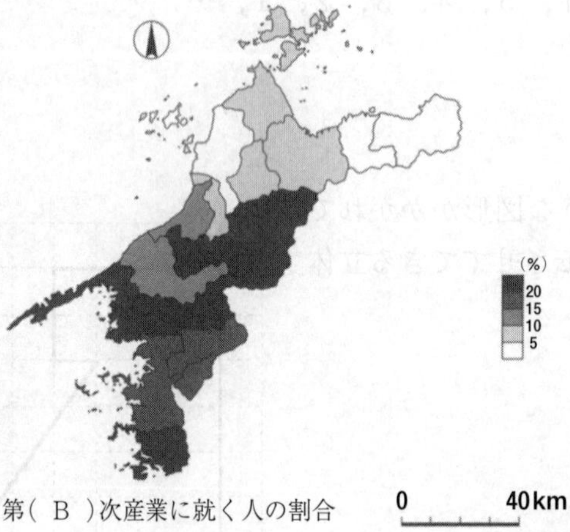

第(B)次産業に就く人の割合

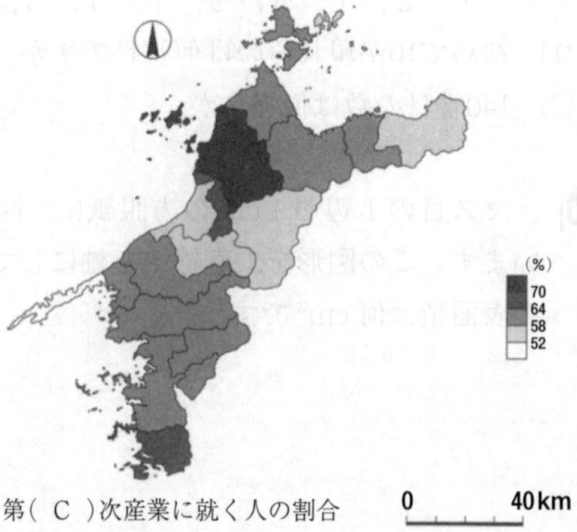

第(C)次産業に就く人の割合

各産業に関する３つの地図は「平成27年度国勢調査」をもとに作成

問１．愛媛県には，「◯◯ 鉄道」や「◯◯柑」といった旧国名を用いた例がたくさんあります。◯◯に入る愛媛県の旧国名を答えなさい。

問２．地図中の佐田岬半島に関連して，次の半島と都道府県の組み合わせが**まちがっているもの**を**2つ**選び，記号で答えなさい。

ア．知床半島ー北海道

イ．男鹿半島ー山形県

ウ．能登半島ー石川県

エ．渥美半島ー静岡県

オ．丹後半島ー京都府

カ．大隅半島ー鹿児島県

問３．地図中の新居浜市は，かつて，ある鉱産資源をたくさん産出していました。

(1)　次の文は，その鉱産資源の特色について述べたものです。あてはまる資源を答えなさい。

・電気や熱をよく伝える。

・再利用がさかんに行われている。

・世界で最も産出している国はチリである(2017年)。

・明治時代に関東地方で，鉱石から金属を取りだす過程で生じた廃棄《はいき》物によって環境汚染がおきた。

(2)　現在，日本は多くの鉱産資源を輸入していますが，それに限らず貿易がさかんに行われています。日本と貿易のさかんな国について，日本からある国への「輸出額」を日本のそのある国からの「輸入額」で割った数値(2019年)を右の表に示しました。(あ)～(う)にあてはまる国をア～ウよりそれぞれ選び，記号で答えなさい。

	輸出額÷輸入額
（ あ ）	1.77
（ い ）	0.80
オーストラリア	0.32
（ う ）	0.18

『日本国勢図会 2020/21』より作成

ア．アメリカ合衆国　　イ．サウジアラビア　　ウ．中国

問４．愛媛県は第１次産業から第３次産業に就く人の割合が地域ごとに異なっています。前のページの地図中(A)～(C)にあてはまる数字を答えなさい。

問５．前のページの地図中の西瀬戸自動車道には，自転車の専用道が設けられています。そこを利用する観光客を呼び込むためのキャッチフレーズを＜　＞にあてはまるように**８字以上13字以内**で考えて答えなさい。なお，キャッチフレーズには，この道路の魅力が伝わるような語句を含めること。

「＜　　　　　＞を楽しめるサイクリング!!」

問６．愛媛県の人口は約134万人(2019年)です。

(1)　愛媛県よりも人口の多い市を右の表(単位：万人／2019年)に示しました。(M)(N)にあてはまる市を答えなさい。

（ Ｍ ）市	374.6	福岡市	154.1
大阪市	271.4	神戸市	153.8
（ Ｎ ）市	229.4	川崎市	150.0
札幌市	195.5	京都市	141.3

『日本国勢図会 2020/21』より作成

(2)　次のＸ・Ｙの文は愛媛県と同程度の人口の県について，愛媛県との共通点を述べたものです。あてはまる県をそれぞれ答えなさい。

Ｘ：愛媛県にはたくさんの島があるが，この県は日本で最も島の多い県である。また，愛媛県では全国２位の生産量をほこる果実がこの県では５位となっている(2018年)。

Ｙ：愛媛県には石灰岩でできた地形のみられる高原があるが，この県には日本で最大級の石灰岩の地形がある。また，愛媛県と同じように，たい類の漁獲《ぎょかく》量が多い。

2　日本の女性の歴史に関する次の文を読み，あとの問いに答えなさい。

日本の歴史の中で，はじめて名前があらわれる女性は①弥生時代に邪馬台国の女王であった卑弥呼です。彼女はまじないや予言によって政治を行っていたようです。その後，６世紀末から②奈良時代にかけて６人の女性の天皇があらわれました。このうち最初の女性の天皇である推古天皇は，③さまざまな政策を行いました。平安時代になると，④女流文学もさかんになりました。

⑤鎌倉時代に，政治の舞台で活躍《かつやく》した女性としては，源頼朝の妻，（ あ ）があげられます。彼女は頼朝の死後，幕府の実権を握り，尼《あま》将軍ともよばれました。⑥室町時代には，８代将軍

足利義政の妻の日野富子が，11年間におよぶ(い)という戦いに影響力を持ったといわれています。

江戸時代になると，女性はあまり政治の場に登場してきません。その中では，⑦徳川綱吉の母で，政治に関与したといわれている桂昌院《けいしょういん》が有名です。また，⑧女性がさまざまな産業で重要な労働力となっていたことが，当時の資料からわかります。

明治時代には，⑨岩倉使節団に同行し，女子の教育にたずさわった津田梅子，⑩日露戦争に際し，「君死にたまふことなかれ」という詩をつくり反戦を訴えた与謝野晶子，青鞜社をつくって女性解放運動をすすめた(う)など，多くの女性が歴史に名を残しました。大正時代には，富山県の漁村の主婦たちが，⑪米の値段の上昇に対して暴動《ぼうどう》を起こしました。これが全国的な米騒動に発展し，⑫当時の内閣を総辞職に追い込みました。ただし，女性の参政権は認められておらず，1930年代から戦争が激しくなると，女性も戦争への協力を求められるようになりました。

第二次世界大戦後，⑬平等権や参政権が認められ，1946年には，女性国会議員が誕生しました。

問１．文中の(あ)～(う)にあてはまる語句や人名を答えなさい。

問２．下線部①について述べた次の文のうち，正しいものを**すべて**選び，記号で答えなさい。

ア．朝鮮半島から金属器が伝わり，鉄器は木製の農具や舟をつくる道具として使われた。

イ．朝鮮半島から漢字が伝わり，天皇家の由来を説明するために歴史書がつくられた。

ウ．中国から，仏教が伝わると，その受け入れをめぐって豪族同士の争いが起こるようになった。

エ．土地や水の利用をめぐる争いが起こり，物見やぐらや柵《さく》を備えた集落がつくられた。

オ．日本は大陸と陸続きだったため，ナウマンゾウなどの大型の動物がわたってきた。

問３．下線部②に関連して，次の史料は奈良時代につくられたある書物の一部です。この書物を答えなさい。

佐伎毛利尓《さきもりに》　由久波多我世登《ゆくはたがせと》　刀布比登乎《とふひとを》　美流我登毛之佐《みるがともしさ》　毛乃母比毛世受《ものもひもせず》

問４．下線部③に関連して，次の史料は，推古天皇の時代に日本からある国の皇帝に届けられた手紙の一部です。ある国とはどこですか。**漢字１字**で答えなさい。史料は現代のことばに直し，一部書き改めてあります。

日出《い》づる処《ところ》の天子，書を日没する処の天子に致す。つつがなきや…

問５．下線部④に関連して，藤原氏の娘に仕えた清少納言が書いた随筆《ずいひつ》を答えなさい。

問６．下線部⑤に関連して，次のア～エの鎌倉時代のできごとを古い方から年代順に並べかえなさい。

ア．後鳥羽上皇が承久の乱をおこした。

イ．２回にわたり元軍が襲来《しゅうらい》した。

ウ．御成敗式目が制定された。

エ．幕府が徳政令を出した。

問７．下線部⑥の政治や社会について述べた文として**まちがっているもの**を１つ選び，記号で答えなさい。

ア．中国との貿易で輸入された銅銭がさかんに使用され，土倉のような高利貸し業者も登場した。

イ．将軍を補佐するために置かれた執権という役職には，足利氏と関りの深い大名が交代で就任した。

ウ．農民たちが寄合を開き，おきてを決めて村の運営を行う惣村《そうそん》とよばれる村がつくられた。

エ．墨一色でえがく水墨画が中国から伝わり，雪舟はこれを日本独自の水墨画として完成させた。

問８．下線部⑦が将軍として政治を行っていたころ，上方中心の町人文化がさかえましたが，「見返り美人図」の作者で，浮世絵を確立した人物を次から１人選び，記号で答えなさい。

ア．俵屋宗達　　イ．井原西鶴

ウ．狩野永徳　　エ．菱川師宣

問９．下線部⑧に関連して，次の資料は江戸時代の終わりごろの尾張国で織物をつくっている様子です。この資料についてあとの問いに答えなさい。

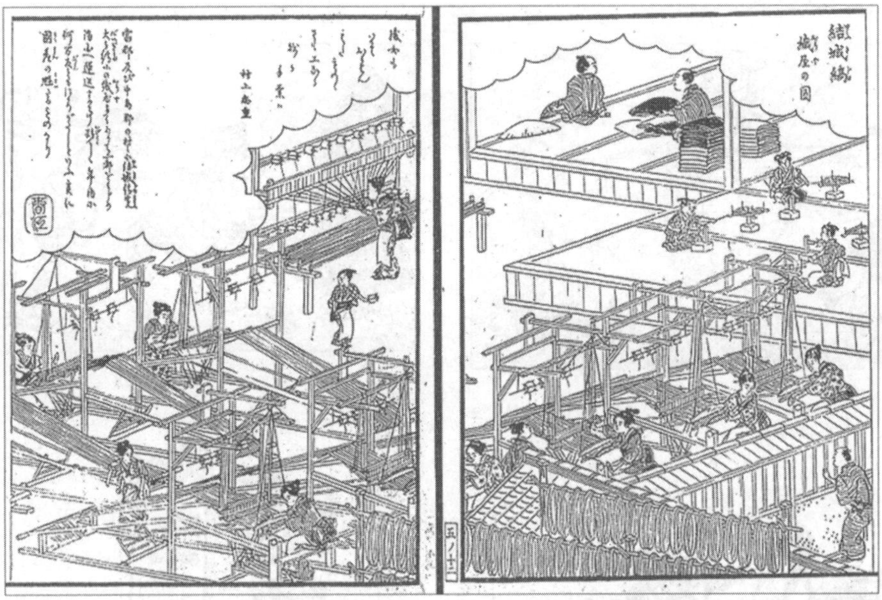

(『尾張名所図会』国立国会図書館蔵)

⑴　この資料から職場に人を集め，分業で製品をつくっていることがわかりますが，このような生産のしくみを何といいますか。**漢字**で答えなさい。資料中の文字は，解答には関係しません。

⑵　尾張は，水戸，紀伊とならぶ御三家の１つですが，御三家のような徳川一門の大名を何といいますか。

⑶　次の文は，江戸時代の織物に関連するものです。文中の(か)～(さ)にあてはまる語句を答えなさい。

江戸時代には，朝鮮から伝わった木綿が衣服の原料として広まりました。木綿を育てる肥料として効果的だったのは，当時(　か　)藩が支配していた蝦夷地でとれるニシンのしぼりかすでした。ニシンは北前船《きたまえぶね》とよばれる大型船で大坂へ運ばれ，そこから全国各地へと売られました。北前船は毎年３月ごろ，大坂を出発すると，瀬戸内海を進んで，現在の(　き　)市と北九州市の間にある関門海峡を通りました。日本海に出ると(　く　)海流とよばれる暖流が流れていました。のこぎりの歯のような海岸地形である(　け　)海岸で有名な若狭湾に面する敦賀，長さ日本一の(　こ　)川の河口に位置する新潟，庄内平野を流れる(　さ　)川の河口に位置する酒田などに寄り，さまざまな物を売買しながら，蝦夷地へ向かいました。

問10．下線部⑨の一員として派遣された人物として**まちがっているもの**を１つ選び，記号で答えなさい。

ア．大久保利通　　イ．伊藤博文　　ウ．木戸孝允　　エ．西郷隆盛

問11．下線部⑩に関連して，

⑴　次のア～エの風刺画《ふうしが》のうち，日露戦争直前の状況をえがいているものを１つ選び，記号で答えなさい。

ア

イ

ウ

エ

(『トバエ』国立国会図書館蔵)

⑵　日露戦争の講和条約の内容として正しいものを１つ選び，記号で答えなさい。

ア．ロシアは日本の関税自主権を認める。

イ．日本とロシアはお互いに中立の義務を負う。

ウ．ロシアは樺太の南半分を日本にゆずる。

エ．ロシアは日本に対して賠償金《ばいしょうきん》を支払う。

問12．下線部⑪について，この米の値上がりは，シベリア出兵を見込んだ米の買い占めが主な原因でした。その後，第二次世界大戦が始まると，米の値段がさらに上昇していきました。その原因として考えられることを，資料Ⅰ，資料Ⅱをふまえて説明しなさい。

資料Ⅰ　米の収穫量の変化

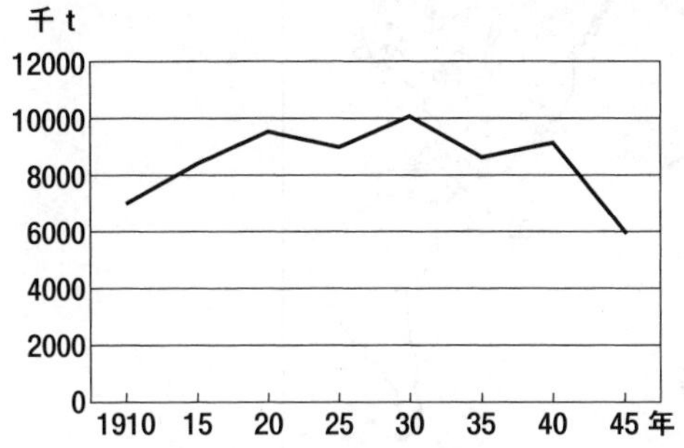

農林水産省『作物統計』より作成

資料Ⅱ　兵員数の変化

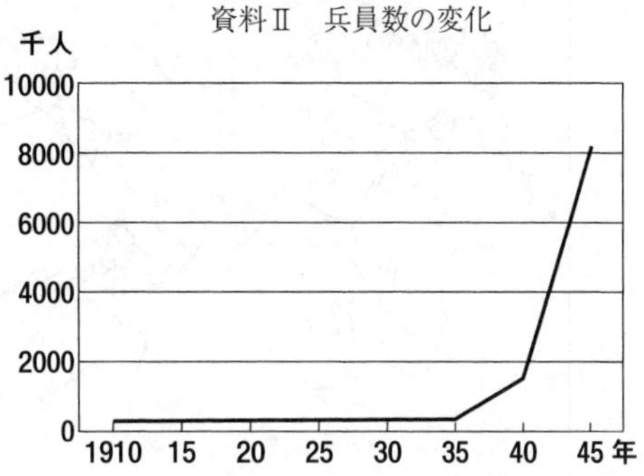

『数字でみる日本の100年』より作成

問13．下線部⑫のあと，日本初の本格的な政党内閣を組織した人物を答えなさい。

問14．下線部⑬に関連して，

(1)　日本国憲法14条の条文の空らんにあてはまる語句を答えなさい。

> すべて国民は，［　　　　］に平等であって，人種，信条，性別，社会的身分又は門《もん》地《ち》により，政治的，経済的又は社会的関係において，差別されない。

(2)　次の文のうち，平等権にもとづく行動として**まちがっているもの**を１つ選び，記号で答えなさい。

ア．会社で，女性であることを理由に昇格できなかったため，平等権にもとづいて会社に抗議した。

イ．病気で働けず，身内からの援助も見込めないため，平等権にもとづいて生活保護を申請した。

ウ．選挙で，選挙区ごとの当選者の得票数に大きな差があり，平等権にもとづいて選挙のやり直しを求めた。

エ．体の障《しょう》がいを理由に高校合格が取り消しになったため，平等権にもとづいてその撤回《てっかい》を求めた。

3　次の文を読み，あとの問いに答えなさい。

近年は「グローバル化」がさけばれ，政治も経済も，①国際社会の出来事に対する理解が欠かせません。ただし，世界で活躍するためには②自分の住んでいる国のことをきちんと知っておく必要があります。さらに，③選挙権を得られる年齢が引き下げられたこともあり，積極的に④時事的な問題に関心を持つ姿勢が求められています。

問１．下線部①について，あとの問いに答えなさい。

(1)　1962年，ある場所でミサイル基地が発見されたことがきっかけとなり，アメリカとソ連の間で極度《きょくど》に緊張関係が高まる事件が起きました。この事件のきっかけとなったミサイル基地のあった島はどこですか。次の地図中のア～エから１つ選び，記号で答えなさい。

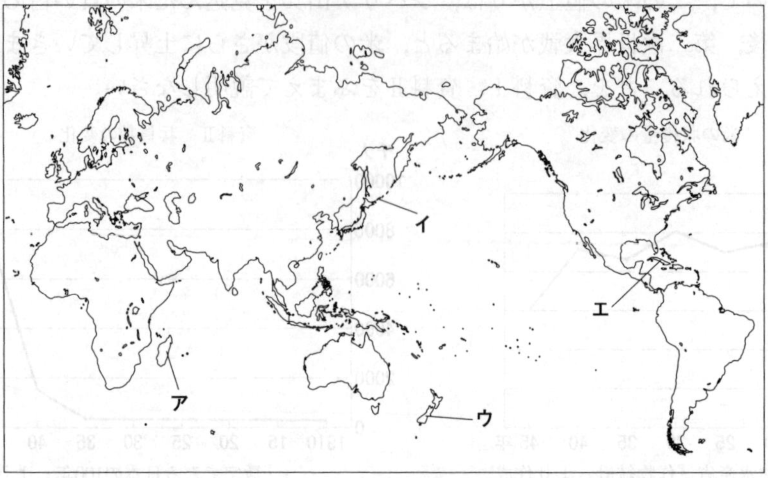

⑵　国際社会のさまざまな問題を解決する組織に国際連合があります。その旗はどれですか。正しいものを次から１つ選び，記号で答えなさい。

ア　　　イ　　　ウ　　　エ

⑶　世界の平和や安全を乱す国に対する制裁《せいさい》や軍事行動を要求することができるなど，国際連合の主要機関の中で最も大きな権限を持つ機関を答えなさい。

問２．下線部②について，あとの問いに答えなさい。

⑴　日本において立法権を持つ機関を答えなさい。

⑵　日本の行政機関に関する説明として正しいものを次から１つ選び，記号で答えなさい。

ア．国民を代表し，国権の最高機関とよばれている。

イ．最高責任者は，天皇によって任命される。

ウ．予算案を審議し，国の予算を議決する権限を持つ。

エ．法令審査権を持ち，憲法の番人とよばれている。

⑶　日本国憲法の内容に関する説明として正しいものを次から１つ選び，記号で答えなさい。

ア．憲法は，天皇が内閣に対する助言を行うことを国事行為として認めている。

イ．憲法は，憲法自体を変更する手続きに関して規定していない。

ウ．憲法は，地方公共団体の組織や運営について規定している。

問３．下線部③について，選挙に関するＡ子とＢ子の会話を読み，あとの問いに答えなさい。

Ａ子：高校生の姉が，選挙で投票に行ってきたって自慢するんだけど，何の選挙だったのかしら。

Ｂ子：あら。一緒に考えてあげるわ。どんな特徴の選挙だったか聞いている？

Ａ子：定数は465人で，小選挙区から289人，比例代表で176人を選ぶって言ってたわ。

Ｂ子：（ あ ）じゃない，それ。

⑴　空らん(あ)にあてはまる，Ａ子の姉が投票した選挙を答えなさい。

(2)　(1)の選挙で投票できる年齢と，立候補できる年齢を，それぞれ答えなさい。

(3)　選挙の原則である「秘密選挙」とはどのような原則ですか。何を秘密にするかを明らかにして答えなさい。

問４．下線部④について，あとの問いに答えなさい。

(1)　次の文中の(い)(う)にあてはまる語句を答えなさい。

新型コロナウイルス対策を盛り込んだ，国の2020年度(い)予算が，４月30日成立しました。(い)予算は，新型コロナウイルスの影響で収入が急に減って困っている人たちを助ける狙いがあります。 その中でも，全国民に一律《いちりつ》10万円の「特別(う)給付金」を配ることが注目されています。市区町村が窓口になり，世帯主《せたいぬし》が家族の分をまとめて受け取るのが基本です。

(2)　2020年11月に行われたアメリカ合衆国の大統領選挙で，第45代大統領のドナルド・トランプ氏と大統領の座を争った候補者は誰ですか。また，その候補者の所属する政党を答えなさい。

【理　科】〈第２回試験〉（30分）〈満点：60点〉

〈編集部注：実物の入試問題では，写真はすべて，図の一部もカラー印刷です。〉

1　アサガオについて，次の問いに答えなさい。

問１　アサガオの種はどれですか。次の(ア)～(オ)から１つ選び，記号で答えなさい。

問２　図１は開花したアサガオの花の断面図です。図２は開花後しばらくしてできたものです。図２のＡの部分は，図１の(ア)～(オ)のどの部分が変化したものですか。適当なものを１つ選び，記号で答えなさい。

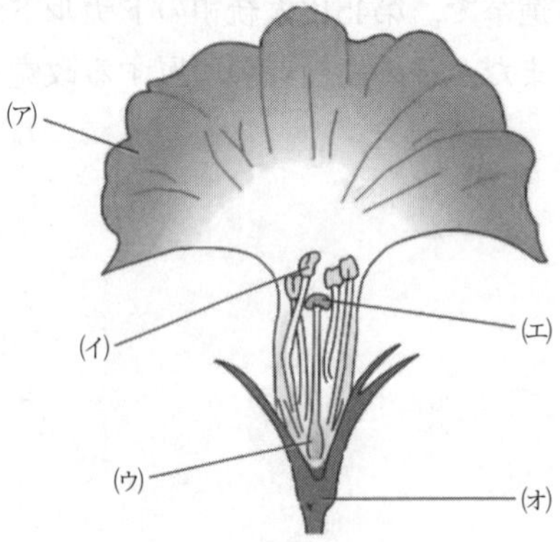

図１

図２

問３　アサガオの花弁は，問２の図１からもわかるように合弁花です。次の(ア)～(オ)から合弁花をすべて選び，記号で答えなさい。

(ア)　タンポポ　　(イ)　アブラナ　　(ウ)　ツツジ

(エ)　サクラ　　(オ)　ツバキ

りか子さんは夏休みの宿題でアサガオの観察をしました。アサガオは７月終わり頃《ころ》からつぼみをつけはじめ，朝５時少し前に花を咲《さ》かせるようになりました。花の咲く時刻を記録していたところ，少しずつ早くなっていることに気がつき，詳《くわ》しく調べるとアサガオの開花には暗い時間が連続して10時間以上必要なことがわかりました。

問４　下の表は，ある年の日の出と日の入りの時刻です。①～⑤の中で花が咲くと考えられる日をすべて選び，番号で答えなさい。ただし，アサガオの開花には暗い時間が連続して10時間必要とし，日の入りから日の出までは，光が全く当たらない場所にアサガオの鉢《はち》が置いてあるとします。

	観察日	前日の日の入り時刻	観察日の日の出時刻
①	7/21	18:54	4:41
②	7/26	18:51	4:44
③	7/31	18:45	4:50
④	8/5	18:42	4:52
⑤	8/10	18:37	4:56

問５　りか子さんは，７時頃に起きる妹にもアサガオが開花する様子を見せてあげたいと思いました。７時頃に花を咲かせるためには，どのような工夫をすればよいですか。空らん①には数字(24時間表記)，②③には言葉を入れて，下の文を完成させなさい。

アサガオの鉢を，前日の(　①　)時頃まで(　　②　　)，その後，朝７時頃まで(　　③　　)。

2　**次の文章を読み，あとの問いに答えなさい。**

かつて多くの人々は，地球は天の中心にあり，周りの天体が動いていると信じていました。その後，16世紀のコペルニクスの考えを皮切りに，地球は宇宙の中に存在する天体のひとつであり，地球自らも回転し，動いていることがわかってきました。この地球自らが回転している現象を自転と呼びます。この自転により，周囲の天体は，１日の時間の中で地球を中心として動いているように見えます。

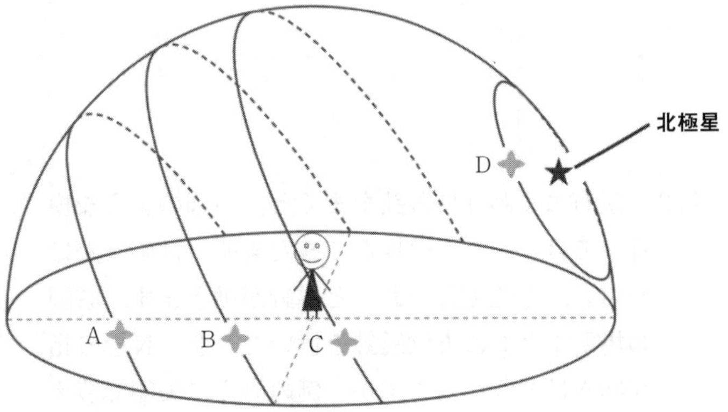

図

図は，北半球での北極星を中心とした星Ａ～Ｄの，１日の観測上の動きを示したものです。

問１　下線部のような見かけ上の天体の動きを何といいますか。

問２　星Ｂは，どの方角から昇《のぼ》り，どの方角へ沈《しず》むか答えなさい。

問３　北極星を肉眼で長時間観測したとき，ほぼ動いていないように見えるのはなぜですか。【地軸《ちじく》】という言葉を使用して簡潔に答えなさい。地軸とは，北極点と南極点を結んだ直線で，地球の自転の軸です。

問４　北極点で夜空を観測したら，星Ｄはどのような軌跡《きせき》をえがくと考えられますか。図には，北極星を★で，星Ｄの１日を通しての動きを線と矢印で，解答らんにかきなさい。

問５　地球上の１日の長さは，太陽の南中から次の南中までの時間を24時間として定めています。また，地球は自転するとともに，太陽の周りを公転している天体でもあります。したがって，本来地球が１周自転する時間(自転周期)と，南中から次の南中までにかかる時間(24時間)は異なります。このことから，地球の自転周期は何時間何分と考えられますか。割り切れない場合は，小数第１位を四捨五入して，整数で答えなさい。ただし，１年は360日，公転軌道は完全な円(真円《しんえん》)とし，地球の地軸の傾《かたむ》きは考えないものとします。

3 **磁石について，次の問いに答えなさい。ただし，地磁気の影響《えいきょう》は考えないものとします。**

問１　下図のように，磁石のＮ極とＳ極に鉄のクギをいくつかつけました。これらのクギは一時的に磁石になっています。下図のアとイの部分はＮ極かＳ極かを答えなさい。

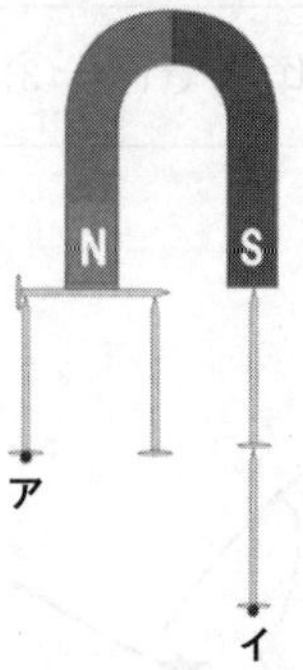

問２　磁石のまわりに砂鉄をまくと，右図のような模様ができました。模様ができた場所には磁力がはたらき，方位磁針をおくと磁針が動きます。右図の場所①と②に方位磁針を置いたとき，Ｎ極の指す向きはどうなりますか。例のように矢印で答えなさい。

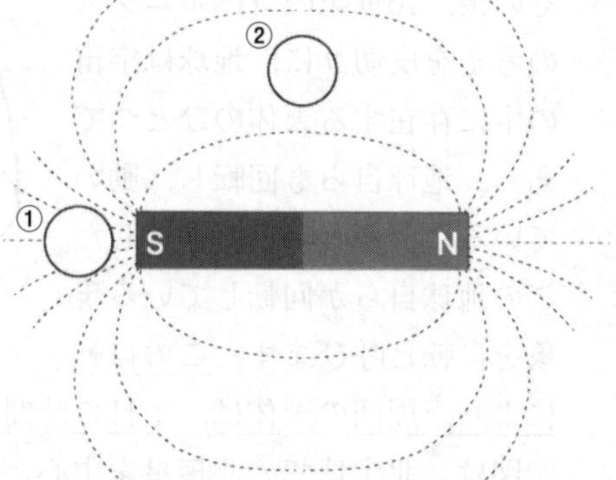

例：のとき，と表します。

問３　２本の棒磁石のＮ極どうしを向かい合わせて置き，まわりに砂鉄をまきました。砂鉄はどのような模様になりますか。図の(ア)〜(エ)からもっとも適当なものを１つ選び，記号で答えなさい。

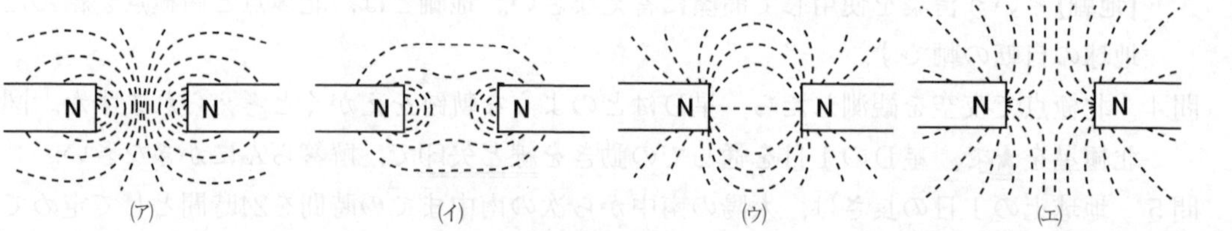

(ア)　(イ)　(ウ)　(エ)

問４　鉄心を入れたコイルに電流を流すと，電磁石になります。

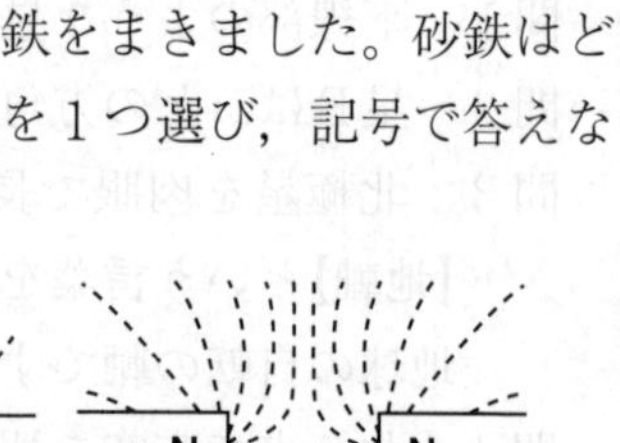

①　鉄心の右側ＡはＮ極，Ｓ極のどちらになっているか答えなさい。

②　コイルと鉄心のまわりに砂鉄をまくと，どのような模様ができると考えられますか。次の(ア)〜(エ)からもっとも適当なものを１つ選び，記号で答えなさい。

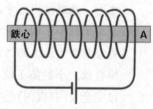

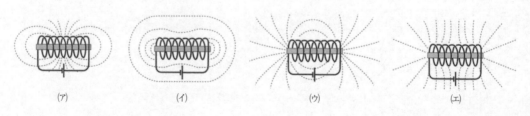

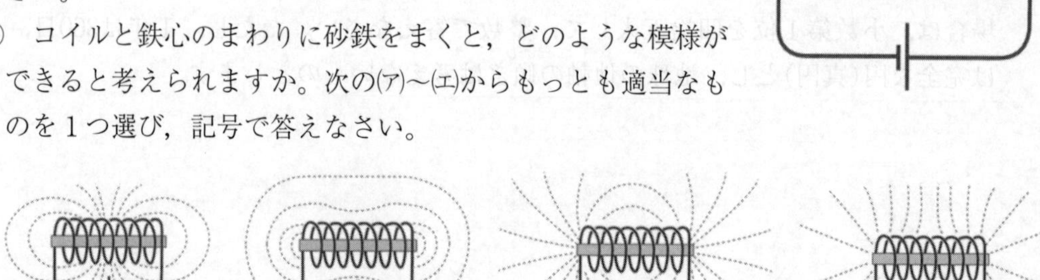

(ア)　(イ)　(ウ)　(エ)

図1は，鉄心を入れたコイル，電池，スイッチ，鉄製の振動板《しんどうばん》でできた，ブザーの回路を表しています。振動板は図2のように下に曲がることもできます。

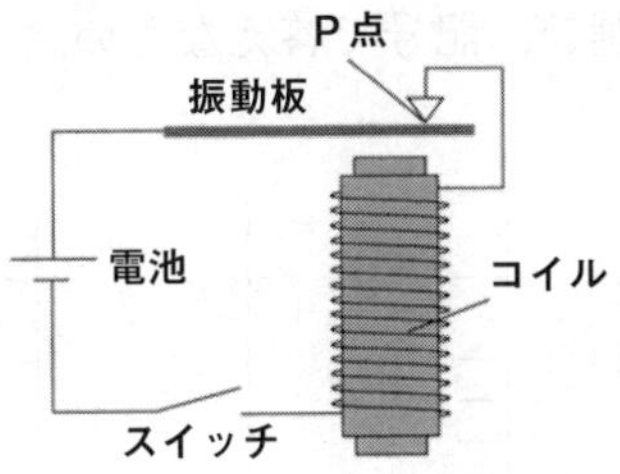

図1

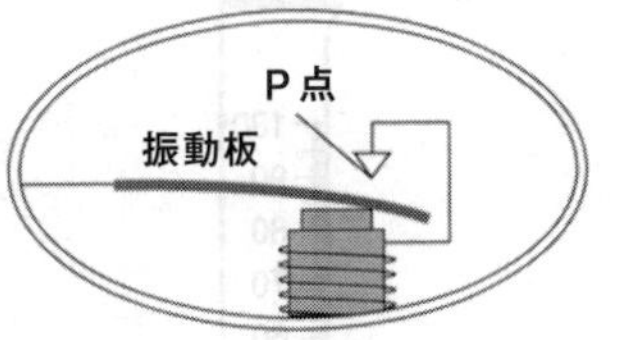

図2

問5　下の(ア)～(カ)を，現象のおこる順に並べかえて，ブザーの鳴るしくみについての説明を完成させなさい。ただし，④には(エ)が入ります。

> 回路のスイッチを入れる→(　①　)→(　②　)→(　③　)→(④　(エ))→(　⑤　)→(　⑥　)→(　①　)→…
> ①～⑥を繰り返すことで，その振動が空気に伝わり，ブザーの音となって聞こえます。

(ア)　振動板がP点につく
(イ)　振動板がP点から離《はな》れる
(ウ)　回路に電流が流れる
(エ)　回路に電流が流れなくなる
(オ)　コイルが電磁石になる
(カ)　コイルが電磁石でなくなる

4　**次の会話文を読み，あとの問いに答えなさい。**

先　生：水溶液《すいようえき》について勉強します。水溶液とは，物質を水に溶《と》かした液体のことをいいます。水に溶けている物質を，一般に何といいますか。

りか子：溶質《ようしつ》といいます。

先　生：その通りです。今日は溶質として，ホウ酸を使います。上皿てんびんを使って，ホウ酸10gをはかり，水溶液をつくりましょう。上皿てんびんと(1)この器具を用意してください。

りか子：わかりました。

先　生：(2)上皿てんびんの正しい使い方は大丈夫ですか。

りか子：実験の基本操作には自信があります。

先　生：たのもしいですね。ではしっかりやってください。

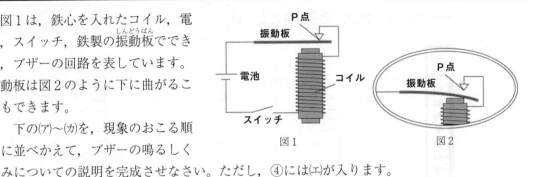

下の表は，水100gに溶けるホウ酸の限度量を表しています。

水の温度(℃)	0	20	40	60	80	100
ホウ酸の質量(g)	3	5	9	15	24	38

このように，温度が高くなると溶ける質量が増加していることがわかります。また，(3)ホウ酸水溶液の内部での濃度《のうど》を比べるとどうなっているのでしょうか。溶ける量と濃度と温度についてさらに深く考えてみましょう。

りか子：先生，がんばります。

問1　波線部(1)のこの器具とは，図1の器具です。この器具の名前をカタカナで答えなさい。また，この器具を使って，水を50mLはかりとったときの水面のようすとして正しいものを次の(ア)～(ウ)から１つ選び，記号で答えなさい。

図１

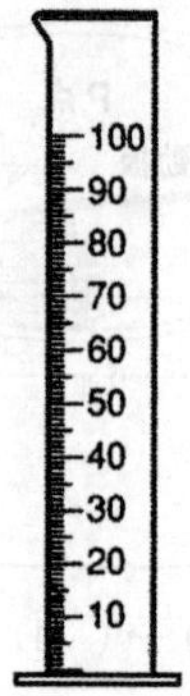

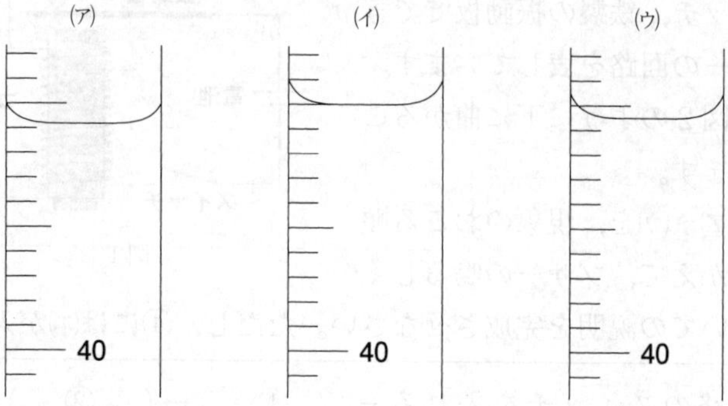

問２　波線部(2)の上皿てんびんの正しい使い方について，次のようにまとめました。文中の空らん①～③にもっとも適当な言葉を(ア)～(オ)からそれぞれ選び，記号で答えなさい。

右ききの人がホウ酸10gをはかりとるとき，分銅を（ ① ）の皿にのせ，ホウ酸をもう一方の皿にのせていきます。なお，このとき，（ ② ）の皿に（ ③ ）をしいてはかります。

(ア)　ろ紙　　(イ)　薬包紙　　(ウ)　左側　　(エ)　右側　　(オ)　両方

問３　波線部(3)のホウ酸水溶液の濃度について考えます。図のように，ビーカーの液面に近い場所の水溶液を**A**，底に近い場所の水溶液を**B**とします。

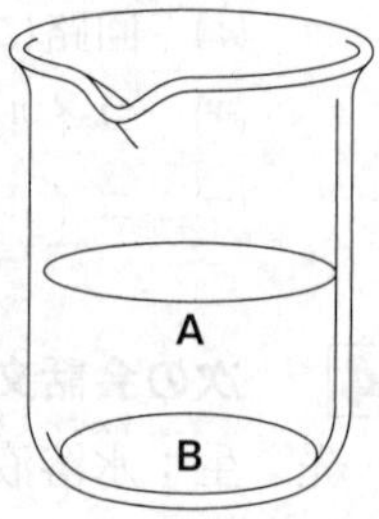

①　40℃の水50gにホウ酸を10g入れ，かき混ぜずに２分置きました。このとき，**A**，**B**の水溶液の濃度はどのようになっていますか。次の(ア)～(ウ)から１つ選び，記号で答えなさい。

(ア)　**A**の方が濃《こ》い　　(イ)　**B**の方が濃い

(ウ)　どちらも同じ濃さである

②　次に，この溶液をビーカーの水が蒸発しないようにふたをして，数日放置しました。このとき，**A**，**B**の濃度はどのようになっていますか。上の(ア)～(ウ)から１つ選び，記号で答えなさい。

問４　60℃の水150gにホウ酸を10g溶かしたところ，すべて溶けました。このホウ酸水溶液を20℃に冷やすと，溶けきれずに出てくるホウ酸は何gですか。

問５　40℃の水100gにホウ酸を10g入れ，ガラス棒でかき混ぜました。水溶液の濃度は何％になりますか。割り切れない場合は，小数第２位を四捨五入して，小数第１位まで答えなさい。

しさが見て取れるところ。

問9　⑧・⑨に当てはまる言葉の組み合わせとして最も適当なものを、次の中から一つ選んで記号で答えなさい。

イ　⑧晩秋から初冬にかけての　⑨冬
ロ　⑧春のおとずれを待つころの　⑨冬
ハ　⑧残暑がおさまったころの　⑨秋
ニ　⑧激しい台風が去ったあとの　⑨秋

問10　⑩・⑪に当てはまる言葉の組み合わせとして最も適当なものを、次の中から一つ選んで記号で答えなさい。

イ　⑩風花　⑪春
ロ　⑩残雪　⑪冬
ハ　⑩みぞれ　⑪冬
ニ　⑩雪解け　⑪春

って「おお寒」とあわてて窓を閉める。これが夜の秋です。

「斑雪（はだれゆき）」は、「はだら雪」「はだれ野」とか、単に「はだれ」と言うこともありますが、これは、積もった雪が解け始め、地面の土色と雪の白色がまだらとなった状態のこと。そう、⑩なので⑪の季語です。

俳句をやると、こういう言葉に出会えるからたのしいんです。

（小倉一郎《おぐらいちろう》『小倉一郎のゆるりとたのしむ俳句入門』による）

問1　次の一文は、文章中の【イ】～【ホ】のどこに当てはまるか。最も適当なところを一つ選んで記号で答えなさい。

・「風花」は、その実態は雪ですが、花＝桜のイメージを背後に持っています。

問2　――線①「風花や衣山町は坂の町」の「や」のような言葉を、俳句の用語では何と呼ぶか。三字以内で答えなさい。

問3　②に当てはまる言葉として最も適当なものを、次の中から一つ選んで記号で答えなさい。

イ　田舎《いなか》で人情深い　　ロ　桜咲く山深い
ハ　春なお雪深い　　ニ　雅《みやび》な情趣《じょうしゅ》深い

問4　――線③「はすかいの季語」とあるが、**B**の文章で取り上げられている次の季語のうち、「はすかいの季語」ではないものを、一つ選んで記号で答えなさい。

イ　竹の秋　　ロ　小春日和
ハ　秋の夜　　ニ　夜の秋

問5　――線④「先入観」の例として最も適当なものを、次の中から一つ選んで記号で答えなさい。

イ　「風花」は冬の季語だから、春のおとずれを待ちわびる人々の思いを表現できる。
ロ　「麦秋」は夏の季語だから、麦をすくすく成長させる力強い生命力を感じさせる。
ハ　「竹の春」は春の季語だから、山里の春の生活を詠んだ句に使うのがふさわしい。
ニ　「夜の秋」は夏の季語だから、寝苦しい夜中の暑さを表現するのにはふさわしい。

問6　――線⑤「それ」を説明したものとして最も適当なものを、次の中から一つ選んで記号で答えなさい。

イ　竹が青々と茂っていること。
ロ　竹が春の季節を告げること。
ハ　山里が秋の風景であること。
ニ　山里の生活がわびしいこと。

問7　――線⑥「嬉しいことに」とあるが、なぜ「嬉しい」と思ったのか。その理由を説明した次の文の【　】に当てはまる表現を、**A**の文章中から二十字以上二十五字以内でさがし、その初めと終わりの三字ずつをぬき出して答えなさい。

・筆者は「竹の秋」という季語にも、【　　　　】と思ったから。

問8　――線⑦「そのずれの面白さがこの句の眼目です」とあるが、**A**の文章の筆者は、句の「眼目」（重要な点）である「面白さ」をどのようなところに感じたと考えられるか。最も適当なものを、次の中から一つ選んで記号で答えなさい。

イ　季節は春なのに、離宮の裏門のあたりは秋のようなものさびしさが感じられるところ。
ロ　表門の秋のようなにぎわいにくらべ、裏門は春らしい静けさにつつまれているところ。
ハ　春の日に、裏門の竹やぶの中はすずしく、秋を思わせる心地《ここち》よさが感じられるところ。
ニ　黄ばんだ竹は秋のような色だが、離宮の裏門には確かな春ら

って来たちらつく雪のままです。【　ニ　】

次のような句があります。

①風花や衣山町《きぬやままち》は坂の町　　森川大和《もりかわやまと》

今、風花が、都の衣笠山《きぬがさやま》を思わせる衣山（きぬやま）という美しい名の町を、包《つつ》み込《こ》んで舞《ま》っています。【　ホ　】舞い散る桜をおぼろにイメージさせつつ風花の舞う衣山の町は、一句においては［②］坂の町なのです。

「風花」と似たポピュラーな季語に、「麦の秋」「麦秋《ばくしゅう》」があります。「風花」は、「風の花（春）」なのに「雪（冬）」であるというように季節がずれています。夏の季語「麦秋」「麦の秋」の場合は、季語を構成する言葉そのものがずれています。こうした内に季節のずれを持つ季語のことを「③はすかいの季語」と呼ぶことにします。

（中略）

多くの歳時記《さいじき》は、麦秋の「秋」は、実りの時ということであると述べていますが、この麦秋という言葉は、実りの時ということにとどまりません。「麦秋」という言葉通りに、秋それ自体のイメージを背後に持っているのです。爽《さわ》やかな感じはそこから生まれます。

歳時記などによる④先入観にしばられて言葉を味わうのではなく、書かれている言葉そのものに即《そく》し一句を味わうのです。そうすることによって、もっと自由に新鮮《しんせん》に、深く一句を味わうことができます。

（中略）

一むらの竹の春ある山家かな　　高浜虚子《たかはまきょし》

「竹の春」も「春」とありますが、季節は春ではありません。秋です。落葉の季節に竹は枝葉ともども青々としていよいよ盛《さか》んです。だから、「竹の秋」とはならず「竹の春」と言います。ここでも、言葉をはすかいに配置して楽しむ遊び心が見えて面白《おもしろ》いです。

では、句の読みですが、この句は青々と茂《しげ》った一むらの竹がある山里の長閑《のどか》な風景であると同時に、⑤それを重々承知の上で、「竹の春」の「春」を「春」そのものとして使っている句です。山里のわびしい家にもそれなりの幸福＝春があるのだと詠《よ》んでいるのです。

⑥嬉《うれ》しいことに、この「竹の春」に対して「竹の秋」という季語もあります。

こゝ《こ》にある離宮《りきゅう》裏門竹の秋　　高浜虚子

同じ高浜虚子（一八七四―一九五九）の句を例に挙げましたので、読者の方も一度レトリック的な読みを試みてください。一見秋のような世界ですが、実は春なのです。⑦そのずれの面白さがこの句の眼目です。

（武馬久仁裕《ぶまくにひろ》『俳句の不思議、楽しさ、面白さ』による）

B

「竹の秋」という季語があります。秋の季語かと思いきや、実は、春の季語。春先になると竹の葉が黄ばんでくる。これが秋のようなので、竹の秋と言うのです。

文字だけで判断すると季節を間違《まちが》えてしまいそうな季語が、日本語には意外にたくさんあります。有名なところでは、「小春日和（こはるびより）」。［⑧］暖かく穏《おだ》やかな晴天のことで、［⑨］の季語です。また、「秋の夜」は秋の季語ですが、「夜の秋」なら夏の季語になります。暑いから、窓を開けっぱなしで寝《ね》ていたところ、夜中にな

ロ　敬語が失った分の敬意を前後の言葉で補おうとすること。
ハ　時間の経過とともに敬語で表せる敬意が減少していくこと。
ニ　相手への敬意が減っているのに丁寧な敬語を使おうとすること。

問７　【ｂ】に当てはまる言葉として最も適当なものを、次の中から一つ選んで記号で答えなさい。
イ　供する　　ロ　ごちそうされる
ハ　賞味させる　　ニ　食べさせてあげる

問８　――線⑤「奥歯に何かはさまったような言い方」が表現している様子として最も適当なものを、次の中から一つ選んで記号で答えなさい。
イ　敵意を隠《かく》して表に出さない様子。
ロ　軽薄《けいはく》な表現で他人を不快にさせる様子。
ハ　言葉足らずで納得《なっとく》できない様子。
ニ　思うことを率直《そっちょく》には言いきらない様子。

問９　【ｃ】に当てはまる表現を、十字以内で考えて答えなさい。

問10　【ｄ】に当てはまる一語を、これより後の文章中からぬき出して答えなさい。

問11　――線⑥「お小言」の「小」と同じ読みをするものを、次の中から一つ選んで記号で答えなさい。
イ　小一時間考え事をする。
ロ　小康状態に落ち着く。
ハ　小心者ほど声が大きい。
ニ　小川には魚がおよぐ。

問12　――線⑦「今のところはまだ誤用と言いたい」とあるが、そこに込められている筆者の考えとして最も適当なものを、次の中から一つ選んで記号で答えなさい。
イ　現在は誤用として認識されている使い方を、次世代の人たちはもっと良い使い方に変えてほしい。
ロ　現在は残念ながら誤用が広がってきており、近い将来は誤用の方が一般的《いっぱんてき》になってしまうだろう。
ハ　誤用がだんだんと広まっていく現状をなげく人もいるが、その変化を前向きに受け入れていこう。
ニ　誤《あやま》った表現が多く使用されているが、それを認めることは不適切なので絶対に認めてはいけない。

問13　――線⑧「参加賞はお帰りの際にいただいてください」とあるが、「いただいてください」が適当な敬語となるよう、次の【　】に当てはまる表現を、五字以内で考えて答えなさい。
・参加賞はお帰りの際に【　　】ください。

問14　【ｅ】に当てはまる漢字二字の言葉を、文章中からぬき出して答えなさい。

三

次の**Ａ**・**Ｂ**二つの文章を読んで、後の１～10の問いに答えなさい。（問題の都合上、本文を変えているところがあります。）

Ａ

季語は、俳句に季節感をもたらす機能を持っている語だと言われます。それはそうかもしれません。しかし、季語自体は一つの言葉です。だから、一つのイメージを持った言葉としても読む必要があります。

たとえば、「風花《かざはな》」です。【　イ　】風花は晴天に風に乗ってどこからともなく吹《ふ》かれてくる雪ですが、「花」という言葉に注目する必要があります。【　ロ　】そのため、雪に、散る桜の花のイメージを重ねて読むことで美しい光景が現れ、「風花」という季語の読みは完成するのです。【　ハ　】このように読まなければ、単に風に乗料理番組やレストランなどの、食べる行為にかかわる場面がほとんどなのです。たとえば何かの説明会やイベントで、司会者の発言や貼《は》り紙などに「資料がご入用の方は一部五百円でいただけます」だの、「⑧参加賞はお帰りの際にいただいてください」だのとあってもよさそうなものなのに、ふしぎなことにそうした飲食に関係のない場面では、あやしい「いただく」を見聞きした覚えがありません。

なぜ飲食の場面に限って、謙譲語だったはずの「いただく」が、単なる丁寧表現として使われてしまうのか。保育園、幼稚園《ようちえん》のときから、食事のたびにきちんと「いただきます」と手を合わせてきた国民にとっては、食べ物はどこか高いところからくだされるありがたいもの、という意識が染《し》みついているのかもしれません。だから自分が食べるときはもとより、客の行為にも、つつしんで「いただく」という動詞を使うのである。——なんていう説明で済めば、話はきれいですね。お百姓《ひゃくしょう》さんや漁師さん、料理してくれたコックさん、はたまた頭ごとかじられる運命を受け入れてくれたエビさん、それらすべてに対する【ｅ】のゆえなのである、と。

（清水由美《しみずゆみ》『すばらしき日本語』による）

問１　——線①「【　】も湧かないし【　】も躍らない」とあるが、これは「【　】湧き【　】躍る」という慣用句が元になっている。その慣用句を、次の中から一つ選んで記号で答えなさい。

イ　泉湧き人躍る　　ロ　興湧き心躍る
ハ　血湧き肉躍る　　ニ　湯湧き胸躍る

問２　1～4に当てはまる言葉として最も適当なものを、次の中から一つずつ選んで記号で答えなさい（同じ記号は二度使えない）。

イ　さらに　　ロ　すると　　ハ　それとも
ニ　たとえば　　ホ　つまり

問３　——線②「某球団の監督さんが、応援歌の中で選手を『お前』と呼ぶのは、いささか礼を失するのではないか、やめてほしい、と苦言を呈した」について、次の⑴、⑵の問いに答えなさい。

⑴　「苦言を呈する」の意味として最も適当なものを、次の中から一つ選んで記号で答えなさい。

イ　耳の痛《いた》い忠告《ちゅうこく》をする
ロ　頭が下がる発言をする
ハ　苦々しげに悪口を言う
ニ　心苦しそうに頼《たの》み事をする

⑵　「監督さん」が「苦言を呈した」理由として最も適当なものを、次の中から一つ選んで記号で答えなさい。

イ　目下の者に対して使う「お前」という言葉で選手を呼ぶことは、選手に対して失礼にあたると考えたから。
ロ　本来は敬う気持ちの強い「お前」という言葉で選手を呼ぶと、ばかにした呼び方になり失礼だと考えたから。
ハ　敬語として不適切な「お前」という言葉を使うことは、相手チームの選手を見下す失礼な行為だと考えたから。
ニ　親しい仲で使われる「お前」という言葉を選手に使うと、選手との適切な距離感が失われて失礼だと考えたから。

問４　——線③「敬意がすり減って」とあるが、「敬意がすり減っ」た具体例としてどのようなことが文章中に挙がっているか。ゼラニウム、お水をあげる、上位者、下位者の四つの言葉を必ず用いて五十字以上六十字以内で説明しなさい。

問５　【ａ】に当てはまる二字の言葉を、考えて答えなさい。

問６　——線④「敬意逓減の法則」の説明として最も適当なものを、次の中から一つ選んで記号で答えなさい。

イ　謙譲語で適切に敬意を表す人の割合が減っていくこと。

いくせに、しばしば料理番組を鑑賞《かんしょう》するのでありますが、見ていてどうも気になるのが、「いただく」の使われ方です。番組のホストや料理人がゲストに向かって、「どうぞいただいてみてください」のように言うんですね。それも、けっこう頻繁《ひんぱん》に。

どうやら「食べる」の丁寧語として使っているつもりらしい。しかし、「いただく」は謙譲語《けんじょうご》です。あくまでも話し手側が自分や自分の身内の行為を低めていう謙譲語です。食べようとする客の側が、供されたものについて「これ、いただいてみていいですか」とか「じゃ、いただきます」というように使うべき動詞です。もてなす側の立場で、お客さんの行為に使う動詞ではありません。

たとえばパーティの主催者《しゅさいしゃ》が言うとして、「本日は食べ放題でございます。みなさま、どうぞご自由に～」のあとに入れられるのは次のどれでしょうか。

A　お召《め》し上がりください。

B　いただいてください。

C　ご賞味ください。

D　召し上がってください。

A、C、Dはどれも問題ありませんが、Bは規範的《きはんてき》な使い方とはいえません。発話者本人も【　b　】側の人であるかのように聞こえてしまいます。

「規範的な使い方とはいえません」などと⑤奥歯《おくば》に何かはさまったような言い方をしましたが、ほんとうなら、「間違いです！」と断言したい。実際、これがマナー教室とか国語のクイズとかだったら、断言していいと思います。しかし、現実の日本語使用場面では、この「誤用」がかなりの勢いで広がりつつあるのを感じるのです。早晩、誤用とは言い切れなくなる日が来そうな予感がします。

もともと「いただく」に含《ふく》まれていた敬意、この場合は【　c　】ことによって相対的に相手を持ち上げることになるわけですが、そうした敬意がすり減ってきたのでしょう。単に「食べる」のちょっと丁寧な言い方である、という認識《にんしき》が広まりつつある気がします。

先日は、都内のレストランの店頭の案内に、「通常一万二千円のディナーコースが○月○日まで九千八百円でいただけます」と書かれているのを見かけました。旅先でフンパツして入ったホテル内の和食店では、上品な着物姿の仲居《なかい》さんから「まずは塩だけでいただいてみてください」と、てんぷらをすすめられました。さらに、ある友人は、ちょいとおしゃれなお店で、前菜を運んできた店員さんにこう言われたそうです。

「こちら大根餅《もち》と有頭海老《えび》の××です。海老は頭までいただけます」

ううむ。

「いただく」は、もともと何かを頭上に置くことです。「雪をいただいた富士山」というのがそれです。うわ、白髪《しらが》が出てきちゃったよ、というときも、「私も頭に【　d　】をいただく年齢《ねんれい》になりましてね」と余裕《よゆう》をかますのに使えます。ついでにご紹介《しょうかい》すれば、私は草や虫や鳥を見るのが好きなのですが、キクイタダキという、それはもう愛らしい小鳥がいます。めったにお目にはかかれませんけれども、この鳥、頭にちょこんと菊《きく》の花を乗せたような模様があります。キクイタダキ、すなわち「菊戴《いただ》き」です。

で、そんな「頭上にささげ持つ」というところから転じて、何かを頂戴《ちょうだい》する、拝領する、という語義が生じました。ですから、「いただく」ものは何も食べものに限りません。菊の花でも霜《しも》でも勲章《くんしょう》でも、あるいは⑥お小言でも、いいはずです。しかし、どういうわけか、先述のような誤用（⑦今のところはまだ誤用と言いたい）を見かけるのは、て、もう一つけっこうだったのが、応援《おうえん》合戦であります。

あれ、たのしいですね。広いすり鉢《ばち》状の客席にみっちり詰《つ》まった大観衆から地響《じひび》きのごとく湧き上がる歓声《かんせい》は、鳥肌《とりはだ》が立つようなすごみがありました。［１］、試合なんかろくに見ないで応援に専念しているらしき献身的《けんしんてき》な人(団長さん？)がいて、その人の号令一下、人々は立ったり座ったり、うちわを振《ふ》ったり、歌ったり、じつに統制の取れた応援が繰《く》り広げられている。あの応援シーンを見るためだけにでも、球場に足を運ぶ価値はあるな、と思いました。

ところが、少し前、その応援について少々残念なニュースが流れてきました。②某《ぼう》球団の監督《かんとく》さんが、応援歌の中で選手を「お前」と呼ぶのは、いささか礼を失するのではないか、やめてほしい、と苦言を呈《てい》したそうな。ために、応援団はその歌を使うのを自粛《じしゅく》し、そんなこんなで応援風景がなんとなく元気のないものになってしまった、という話でした。

いっとき話題になりましたから、覚えておいでの方もいらっしゃいましょう。話題になる中で、「敬意逓減《けいいていげん》の法則」などという、日ごろ聞きなれない専門用語も飛び出しました。「逓減」とは、少しずつ減ること、です。［２］「敬意逓減」とは、長年のうちに、当初そのことばに込《こ》められていた敬意が少しずつすり減ることをいいます。

［３］、こういうときにままあることですが、さっそく早とちりする人が現れました。「ああ、やっぱりね。日本人はだんだん丁寧《ていねい》な話し方をしなくなるんだね。日本語、どうなっちゃうのかね」と嘆《なげ》くような言説がネットに流れました。

いえいえ、違《ちが》います。逆です。敬語が廃《すた》れるんじゃなくて、敬意がすり減るのです。つまりそれまで使ってきた敬語ではじゅうぶんに敬意を表せないような気がしてきて、もっと敬意を盛り込んだ表現が必要だと感じるようになるのです。応援歌の例でいえば、「お前」という単語にもともと込められていた③敬意がすり減って、相手を「お前」と呼ぶことがむしろ失礼に響《ひび》くようになってしまう、そういう現象です。その結果、敬語は減るどころか、むしろ往々にしてくどく、しつこく、なっていきます。

［４］、プレゼントなどの所有権を移転するときの動詞、「あげる」を例にとりましょう。もともとは文字通り「上げる」、つまり下から上、下位者から上位者に向けて、何かを進呈《しんてい》する行為《こうい》でした。でもやがて上下関係のない間柄《あいだがら》、たとえば相手が友だちや自分の家族であっても「あげる」を使うようになり、今では、(完全に下位者であったはずの)ペットや植木鉢《うえきばち》のゼラニウムにエサや水を与《あた》えるときにも、「【 a 】」ではなく、「あげる」を使う人のほうが多数派になっています。また、そういう人たちは、「エサ」や「水」などという単語もそのまま使うことはしません。かわいいゼラニウムには「お水」をあげなくちゃ、と言っていそうだし、愛《いと》しのポチには、そろそろ「お食事」をあげる時間ね、と言っていそうです。「さしあげる」と言い出す時代も、すぐそこかもしれません。あいや、猫《ねこ》ブログなどを見ていると、猫さまのお世話にいそしむ人々は、すでに日常的に「お食事」を「さしあげる」と使っています。

さて、「お前」に話を戻《もど》します。「お前」は「御前《おまえ》」です。本来は上位の人を敬って呼ぶ語でした。それが、長く使われているうちにそこに込められていた敬意がすり減ってしまい、やがては対等の者に使われるようになり、ついで目下の者や子ども、しまいには犬猫を呼ぶ際に使われるようになり果てたのです。ですから、監督さんがたいせつな自軍の選手たちを、いくら応援のためとはいえ、犬猫を呼ぶように「お前」呼ばわりされるのはいやだ、と思った気持ちも理解できます。

(中略)

④敬意逓減の法則は、料理番組にも見られます。作る気も能力もな

・火に油を【　】

問11 ――線⑨「そういうとこ」とあるが、具体的にはどういうところか。その説明として最も適当なものを、次の中から一つ選んで記号で答えなさい。

イ 場の雰囲気を察し周囲に合わせる、という行動を取らないところ。

ロ 人から言われたことを聞こうとせず、自分勝手に行動するところ。

ハ いつも自分中心にふるまい、自分は悪くないという態度をとるところ。

ニ 何を言われても動じることがなく、だれに対してもえらそうなところ。

問12 ――線⑩「たしなめる」の意味として最も適当なものを、次の中から一つ選んで記号で答えなさい。

イ 見逃《みのが》す　ロ 注意する

ハ 非難する　ニ 叱《しか》りとばす

問13 ――線⑪「詩織の方が声を高めてしまった」のは何に驚いたからか。その理由として最も適当なものを、次の中から一つ選んで記号で答えなさい。

イ 大隈くんは坂田くんが出入り禁止になったことを知っているのに、自分の意見をぶつけようとしていたから。

ロ 大隈くんは詩織の図書室ノートを廃止するという提案に反対したのに、廃止を招きそうな内容を書いたから。

ハ 大隈くんが先輩や先生からの指導を全く受け入れようとせず、自分の利益ばかりを考えて行動していたから。

ニ 大隈くんが図書室ノートに書き残していった内容が、トラブルをさらに引き起こしかねないものだったから。

問14 ――線⑫「間違ったことは書いてない！」とあるが、「大隈くん」は何を主張しているのか。「大隈くん」の主張として適当でないものを、次の中から一つ選んで記号で答えなさい。

イ ウィキペディアに書かれた内容ほど、情報源として確実なものは無いということ。

ロ 自分がノートに書いたことは、現地で実際に見聞きした正しい情報だということ。

ハ 白河ラーメンのチャーシューは、食紅で赤く色づけをしているわけではないということ。

ニ 先輩のことをけなしたのではなく、ラーメン屋の主人の言葉をかりただけだということ。

問15 ‖線(1)「トウジシャ」、(2)「大真面目」のカタカナは漢字に直し、漢字はその読みをひらがなで答えなさい。

二

次の文章を読んで、後の1～14の問いに答えなさい。（問題の都合上、本文を変えているところがあります。）

ラグビーにもオリンピックにも、まったく①【　】も湧《わ》かないし【　】も躍《おど》らないスポーツ音痴《おんち》のわたくしですが、一度だけ、野球場で野球を観戦したことがございます。投げる人が投げた球を、棒を持った人がひっぱたいてなるべく遠くに飛ばし、それが誰の所属にも帰さないうちにひっぱたいた人が場内を一周できれば、ひっぱたいた側に点が入る、という程度の知識しかないのですけれども、それでもじゅうぶん楽しめました。夕暮れどきの群青色《ぐんじょういろ》の空、見上げればその空は思いのほか広く、下のほうでは豆粒《まめつぶ》みたいな選手たちが超人的《ちょうじんてき》な身体能力を発揮して跳《と》んだり走ったりしている。そんな天地の情景をながめながら飲むビールは、たいへんけっこうでありました。そし

問4　六か所ある[B]に当てはまる言葉として最も適当なものを、次の中から一つ選んで記号で答えなさい。

イ　スパイス　　ロ　ソース

ハ　ソルト　　ニ　ペッパー

問5　――線③「少々意地悪な笑みを浮かべた」とあるが、「笑みを浮かべた」のはなぜか。その理由として最も適当なものを、次の中から一つ選んで記号で答えなさい。

イ　困っている詩織に対し、余裕《よゆう》があるところを見せたいと思ったから。

ロ　東田先生の誤りを皆の前で指摘することができ、誇《ほこ》らしく思ったから。

ハ　不確かな根拠《こんきょ》に基《もと》づいて熱く議論している二人に、未熟さを感じたから。

ニ　若者らしく議論を戦わせている二人に、頼《たの》もしさとあやうさを感じたから。

問6　――線④「意に介さない」の意味として最も適当なものを、次の中から一つ選んで記号で答えなさい。

イ　気がおけない　　ロ　気がつかない

ハ　気にくわない　　ニ　気にしない

問7　――線⑤「詩織としては抵抗を覚えた」とあるが、それはなぜか。その理由として最も適当なものを、次の中から一つ選んで記号で答えなさい。

イ　原因である図書室とノートから坂田くんを遠ざければ、揉め事はとりあえず解決するという津島先生の考えに納得《なっとく》できなかったから。

ロ　坂田くんの就職に関することばかりを優先して、揉め事の原因が図書室にあると決めつける津島先生に対して納得できなかったから。

ハ　自分が担任しているクラスの生徒のことまでも人任せにして、適当に問題を解決しようとしている津島先生の態度に納得できなかったから。

ニ　図書室ノートがきっかけの揉め事が原因で一人の生徒の人生が台無しになるという津島先生の考えは、大げさすぎて納得できなかったから。

問8　――線⑥「心外そうに言い返した」とあるが、「心外そうに」とはどのような様子か。最も適当なものを、次の中から一つ選んで記号で答えなさい。

イ　昨日の一件で自分が嫌《いや》な思いをしたことを、詩織をふくめ誰にも知られたくないという様子。

ロ　昨日の一件の原因を作った一人である詩織からは、あれこれ口出しされたくないという様子。

ハ　昨日の一件を心から後悔《こうかい》しているので、今となってはこれ以上思い出したくないという様子。

ニ　昨日の一件を自分は大事ととらえていないし、まわりにも騒ぎ立てられたくないという様子。

問9　――線⑦「雑誌コーナーの方に行った」とあるが、「大隈くん」は何のために「行った」のか。最も適当なものを、次の中から一つ選んで記号で答えなさい。

イ　ノートに挑発的なことを書いて、先輩に喧嘩を売るため。

ロ　自分への書き込みが、ノートにあるかどうか調べるため。

ハ　自分が以前、何をノートに書いたのかを確認するため。

ニ　雑誌を読むふりをして、詩織との会話を打ち切るため。

問10　――線⑧「火に油」は慣用句の一部である。次の【　】に漢字をふくむ二字の言葉を入れて、その慣用句を完成させなさい。

報を伝えてくれたのだ。

「オークマが脅《おど》されても動じなかったのは、勝てる相手と思ったからだって」

「殴ってくるほどはキレてないし、殴られたって平気そうだって見定めたらしいです」

「一応、上級生みたいだから敬語で答えたし、だから自分は悪くないってことみたい」

『舐《な》めたこと言ってんじゃねえぞ』って凄《すご》まれても『舐めてません』、『知ったかぶったバカって書いただろうが』『それはラーメン屋さんの言葉の引用です』って返してたって」

「でもオークマのそういう態度って、怒《おこ》ってる相手からしたら⑧火に油なんだろうね」

「オークマくん、空気読めないからなー……」

「たとえ読めてたって、本気でどうでもいいって思ってるんだよ。あいつの場合。⑨そういうとこがイラっとくるんだと思う」

こうなってくると、揉め事の続報というより大隈くんの人物評である。そろそろ注意しておいた方がよさそうだ。

しかし実行する前に、雑誌コーナーから声が上がった。

「ありゃりゃー……」

「これはやばいですねー」

何かと思って目をやると、三年生のベースくんと一年生の新田《にった》瞳《ひとみ》ちゃんのカップルだった。雑誌コーナーの丸テーブルで二人して図書室ノートを開いている。

詩織はそちらに移動することにした。二人にそっと近づいて、わざと囁《ささや》き声で告げた。

「二人とも、声は控《ひか》えめにねー」

私語は絶対禁止という図書室ではないけれど、お喋《しゃべ》りしているうちに声が高まることは多い。時々は⑩たしなめることにしていた。

ところが、無言で一礼したベースくんからノートを見せられると、⑪詩織の方が声を高めてしまった。

「あらー、これを書いてってたのかー」

さっき大隈くんは、出て行く前に雑誌コーナーに立ち寄った。それはこの書き込みのためだったらしい。

『先輩《せんぱい》や先生から指導されましたので、自分がノートに何を書いたのか、確認しました。

やっぱり俺、⑫間違ったことは書いてない！

以上。　二年A組　大隈広里《おおくまひろさと》』

それを見ている詩織に、瞳ちゃんとベースくんは小声で告げてきた。

「――ね？　やばそうでしょ？」

「坂田がこれ見たら、また悶着《もんちゃく》あるんじゃないかなあ？」

そこに大木くんや小枝嬢もやってきた。

（竹内《たけうち》　真《まこと》『図書室のバシラドール』による）

問1　――線①「確認しておいた」とあるが、何を「確認しておいた」のか。それを説明した次の文の【　】に当てはまる表現を十字以上十五字以内で答えなさい。

・【　　】いきさつを確認しておいた。

問2　――線②「誰かが、そんな指摘を入れていた」とあるが、「誰か」とは具体的に誰のことか。その氏名を文章中からぬき出して答えなさい。

問3　[A]に当てはまる言葉として最も適当なものを、次の中から一つ選んで記号で答えなさい。

イ　アウェー　　ロ　コミカル

ハ　シリアス　　ニ　マイルド

ったのだろう。それが年明けになって揉め事に発展したというわけだ。

上級生に対して言葉づかいが生意気と受け取られたのかもしれないが、互いに名乗り合っての議論じゃないのだから仕方ない。なにも教室にまで乗り込んで締《し》め上げなくたってよかろうにという話ではあった。

まあそれでも、東田先生が割って入ってその場を収めたのなら心配することもない。詩織が口出しすることでもないかと思っていたが──ノートを確認した津島先生は、③少々意地悪な笑《え》みを浮《う》かべた。

「何のこたあない、どっちも間違ってるな」

「えっ？」

「ここで言い合いしてる両方──片方はうちのクラスの坂《さか》田《た》友伸《とものぶ》らしいですが、もう一方だって威張《いば》れたもんじゃないです」

「書いてることが、間違ってるんですか？」

「書いてることというか……考え方ですね。二人まとめて指導してやりたいとこだ」

「指導、ですか……」

詩織は首を傾《かし》げてみせたが、津島先生は④意に介《かい》さない。ノートを棚《たな》に戻《もど》して帰り仕度《じたく》を始めた。

「まあ何にせよ、東田先生が割って入ってくれてよかった。坂田は就職《しゅうしょく》決まってますからね。下手に下級生でも殴《なぐ》って怪我《けが》でもさせて、内定取り消しなんてなったら大変だ」

「そこまでの騒《さわ》ぎじゃなさそうですが……」

「でもまあ、坂田から仕掛《しか》けたわけだし、あいつには当面、図書室の立ち入りも、このノートを見るのも禁止って言っときますよ」

クラス担任としてそういう処分を下して終了《しゅうりょう》、という結論らしい。しかし⑤詩織としては抵抗《ていこう》を覚えた。

「でも、図書館は全ての利用者に開かれている、というのが原則なんです。相手の大隈くんは図書委員ですし──」

「まあ二年の子は東田さんに任せます。でも坂田は、一度の注意で懲《こ》りずにまた揉めたら停学だの謹慎《きんしん》だのってことになりかねないし、原因から遠ざけちゃうのが一番ですよ」

「でも、図書室やノートが原因っていうのはちょっと違うと──」

「こういうのはネットの喧嘩《けんか》と一緒《いっしょ》ですからね。書き込みが気になって見たくなる、見ると書きたくなる、言い合いから感情的になる、ってことなら、一方だけでも禁止するのが一番です。なにしろ坂田の就職先、外食チェーンですから。客商売には暴力傾向《けいこう》なんてまずいから──じゃ、お邪魔《じゃま》しましたー」

詩織の反論は聞こえなかったのだろうか。津島先生は独り言みたいに言いながら図書室を出ていった。つくづくマイペースな人物で、これじゃあ生徒も大変だろうなあと思えた。

（中略）

昼休み（※翌日の昼休み）、大隈くんが図書室に現れた。詩織がカウンターから「よかった。元気そうね」と声をかけると、⑥心外そうに言い返した。

「昨日の話なら、俺は別に何もなかったし」

「ならいいけど、心配してたんだよ。噂《うわさ》がいろいろ聞こえてきて──図書室ノートがきっかけなら、何か対策した方がいいかなって」

「必要ないです」きっぱり告げられた。「下手にノート廃止《はいし》とか書き込み禁止とかされたら、俺が恨《うら》まれちゃうよ」

そう言って⑦雑誌コーナーの方に行ったと思ったら、すぐに図書室を出ていった。他に用事もなさそうだったところを見ると、昨日の一件について彼なりの言い分を告げに来たということかもしれない。

結局、本人から細かい話は聞けなかったが、噂は入ってきた。大木くんやら智美《ともみ》ちゃんやら小枝嬢《こえだじょう》やら、二年生の常連たちが口々に続

二〇二一年度 大妻中学校

【国　語】〈第二回試験〉（五〇分）〈満点：一〇〇点〉

（注意）解答に字数の指定がある場合は、句読点やかっこなどの記号も字数として数えます。

一　次の文章を読んで、後の1～15の問いに答えなさい。（問題の都合上、本文を変えているところがあります。※のついた説明は出題者が加えたものです。）

大隈《おおくま》くんと揉《も》めたのは三年生らしい。大隈くんの担任の東田《ひがしだ》先生から、その三年生の担任である津島《つしま》先生に事情が伝わったのかもしれない。それで揉め事の種らしい図書室ノートを見にきたというわけだ。

だったら放っておくわけにもいかない。詩織《しおり》もすぐに司書室を出た。

——津島先生は、立ったままノートのページを開いている。

「どうやら、このあたりですね」

彼は十二月の書き込《こ》みを指差した。何の話か説明する気もなさそうだ。——事情を察することができたのは、詩織も昼休みが終わってすぐに①確認《かくにん》しておいたからだった。

元は他愛のないラーメン談義だった。自分は豚骨《とんこつ》ラーメンが好きだとか、いや魚介系《ぎょかいけい》の方がいいとか、通は塩ラーメンで店の実力を見抜《みぬ》くとか、何人かの男子がわいわいやっていた。そのうちに見覚えのある大隈くんの字で、『俺《おれ》は白河《しらかわ》ラーメン。あっさり醤油系《しょうゆけい》で最高！』などと書き込んであった。

それを読んだ誰《だれ》かが、東京ラーメンや喜多方《きたかた》ラーメンとの違《ちが》いを質問して、大隈くんは白河ラーメンの特徴《とくちょう》を説明していた。トラブルの気配が漂《ただよ》い始めたのはその直後だ。

『白河ラーメンって、チャーシューを食紅で赤くすんだろ？　体に悪いんじゃね？』

②誰かが、そんな指摘《してき》を入れていた。大隈くんの書き込みに矢印を向けて書いてある。

大隈くんはそんなツッコミに対してさらに矢印を向けて反論した。

『それ、ただのデマ。食紅なんて使ってないし、だから体にも悪くない』

そこからは、互《たが》いに矢印を向けて書き合う議論になっていった。——詩織から見ると［A］な雰囲気《ふんいき》さえあるやりとりだが、(1)トウジシャたちは(2)大真面目だったらしい。

『デマじゃねえよ、ちゃんとウィキペディアに書いてあった』

『ウィキだから正しい、とは限らない』

『じゃあお前、まともな［B］があんのか』

［B］というのは、ニュース［B］とか情報源とかいう意味合いらしい。詩織は調味料の［B］を連想してしまったが、醤油ラーメンのチャーシューに［B］は似合わなそうだ。

『実際に白河でチャーシューメン食べて、ラーメン屋の店主の人から聞いた。ウィキよりよっぽど確実な［B］』

『そんなの、その店が使ってないだけだろ』

『そのおっちゃん、元はサラリーマンでラーメン食べ歩きにはまって、脱《だつ》サラして弟子《でし》入りして暖簾《のれん》分けでラーメン屋を開いた人。白河ラーメンだけで何十軒《けん》も回って何百杯《ぱい》も食べたけど、食紅で赤くしたチャーシューなんて一度も見たことないって。彼曰《かれいわ》く、食紅とか言ってるのは「嘘《うそ》を鵜呑《うの》みにして知ったかぶったバカ」だって』

ラーメンがらみの話題はそこまでだった。——おそらくそれが昨年末のことで、大隈くんはその書き込みで議論をしめくくったつもりだ

2021年度

大 妻 中 学 校　▶解説と解答

算　数　＜第２回試験＞（50分）＜満点：100点＞

解　答

1 (1)　2.8　(2)　31　(3)　864個　(4)　25％　2　9　3　22個　4　10時$54\frac{6}{11}$分　5 (1)　毎秒19m　(2)　212m　6　276人　7　540度　8　４日　9 (1)　46番目　(2)　14　10　565.2cm^2

解　説

1　四則計算，逆算，倍数，売買損益

(1)　$6.5-\left\{1\frac{3}{10}+(9-3.4)\div\frac{4}{7}\right\}\times\frac{1}{3}=6.5-\left(1\frac{3}{10}+5.6\div\frac{4}{7}\right)\times\frac{1}{3}=6.5-\left(1\frac{3}{10}+\frac{56}{10}\times\frac{7}{4}\right)\times\frac{1}{3}=6.5-\left(\frac{13}{10}+\frac{49}{5}\right)\times\frac{1}{3}=6.5-\left(\frac{13}{10}+\frac{98}{10}\right)\times\frac{1}{3}=6.5-\frac{111}{10}\times\frac{1}{3}=6.5-\frac{37}{10}=6.5-3.7=2.8$

(2)　15×(19×□−□×６−７)÷３＋41＝2021より，15×(19×□−□×６−７)÷３＝2021−41＝1980，15×(19×□−□×６−７)＝1980×３＝5940，19×□−□×６−７＝5940÷15＝396，19×□−□×６＝396＋７＝403，□×(19−６)＝403，□×13＝403　よって，□＝403÷13＝31

(3)　直方体を並べてできる立体の縦の長さは６の倍数，横の長さは９の倍数，高さは８の倍数になる。また，立方体を作るためには縦の長さ，横の長さ，高さを等しくすればよいので，最も小さい立方体の１辺の長さは６，９，８の最小公倍数である72cmとなる。このとき，直方体は縦の方向に，72÷６＝12(個)，横の方向に，72÷９＝８(個)，高さの方向に，72÷８＝９(個)並ぶから，直方体は，12×８×９＝864(個)必要になる。

(4)　原価2400円の品物に３割の利益を見込《みこ》んでつけた定価は，2400×(１＋0.3)＝3120(円)である。また，定価の何％引きかで売ったところ，60円の損失になったので，売った値段は，2400−60＝2340(円)である。よって，割引いた金額は，3120−2340＝780(円)であり，これは定価の，780÷3120＝0.25(倍)だから，定価の25％引きで売ったとわかる。

2　消去算

$A+C=6$，$B+D=11$より，$A+B+C+D=6+11=17$となる。また，$A+D=8$だから，$B+C=(A+B+C+D)-(A+D)=17-8=9$と求められる。

3　消去算

おもり１個の重さを①とすると，(箱の重さ)＋⑤＝85(g)，(箱の重さ)＋⑨＝137(g)だから，２つの場合の差を考えると，⑨−⑤＝④にあたる重さが，137−85＝52(g)となる。よって，おもり１個の重さは，①＝52÷４＝13(g)なので，箱の重さは，85−⑤＝85−13×５＝20(g)とわかる。したがって，全体の重さを300g以上にするためには，おもりを，300−20＝280(g)以上入れればよいから，280÷13＝21あまり７より，最低，21＋１＝22(個)入れればよい。

4　時計算

長針と短針が重なってから再び重なるまでの間に，長針は短針よりも360度多く動く。１分間に長針は，360÷60＝６（度），短針は，360÷12÷60＝0.5（度）動くので，１分間に長針は短針よりも，６－0.5＝5.5（度）多く動く。よって，長針と短針が重なってから再び重なるまでの時間は，360÷5.5＝$\frac{720}{11}$＝65$\frac{5}{11}$（分）だから，12時より前で，長針と短針が最後に重なるのは，12時－65$\frac{5}{11}$分＝11時60分－１時間5$\frac{5}{11}$分＝10時54$\frac{6}{11}$分とわかる。

5 通過算

⑴　列車Ａの長さを□ｍとすると，右の図１より，列車Ａは□ｍ進むのに12秒かかり，右下の図２より，（1520－□）ｍ進むのに１分８秒かかる。よって，□＋（1520－□）＝1520（ｍ）進むのに，12秒＋１分８秒＝１分20秒＝80秒かかるから，列車Ａの速さは毎秒，1520÷80＝19（ｍ）と求められる。

図１

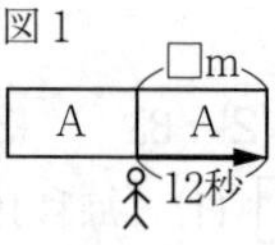

図２

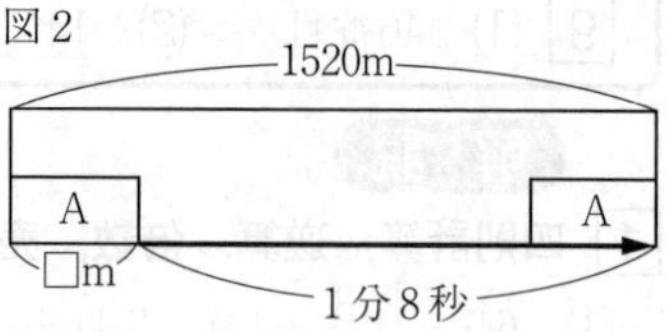

⑵　列車Ａの長さは，19×12＝228（ｍ）である。また，列車Ａと列車Ｂがすれ違《ちが》い始めたときの様子は右下の図３のようになる。この後，列車Ａと列車Ｂの最後尾《さいこうび》どうしが出会うと，すれ違い終わるので，すれ違い終わるまでに列車Ａと列車Ｂは合わせて２つの列車の長さの和だけ進むことになる。よって，２つの列車の長さの和は，列車Ａと列車Ｂが10秒間に進む距離《きょり》の和に等しいから，（19＋25）×10＝440（ｍ）となる。したがって，列車Ｂの長さは，440－228＝212（ｍ）とわかる。

図３

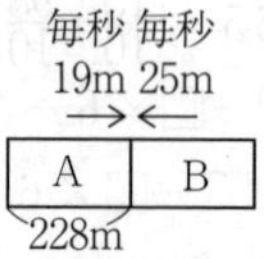

6 過不足算

１部屋に７人ずつ入ったときと９人ずつ入ったときの様子はそれぞれ右の図の㋐，㋑のように表せる。１部屋に

㋐　７人，…，　７人，７人，７人，…，７人 ⇒ 24人入れない
㋑　９人，…，　９人，６人，０人，…，０人
（５部屋）

９人ずつ入るとき，６人の部屋にはあと，９－６＝３（人），空き部屋には９人ずつ入れるので，㋑の状態ではあと，３＋９×５＝48（人）入れる。よって，１部屋に７人ずつ入るときと９人ずつ入るときで，入れる人数の差は，24＋48＝72（人）となる。これは，１部屋あたり，９－７＝２（人）の差が部屋の数だけ集まったものだから，部屋の数は，72÷２＝36（部屋）とわかる。したがって，生徒の人数は，７×36＋24＝276（人）と求められる。

7 平面図形―角度

右の図のように，FDとCEの交点をＨとすると，三角形FHCと三角形EHDの内角の和はどちらも180度で，角FHCと角EHDの大きさは等しいから，角ア＋角イ＝角ウ＋角エとなる。すると，角Ｆ＋角Ｃは，（角オ＋角カ）＋（角ア＋角イ）＝（角オ＋角カ）＋（角ウ＋角エ）と等しいから，角Ａ～角Ｇの和は，角Ａ＋角Ｆ＋角Ｃ＋角Ｇ＋角Ｂ＋角Ｅ＋角Ｄ＝角Ａ＋（角オ＋角カ）＋（角ウ＋角エ）＋角Ｇ＋角Ｂ＋角Ｅ＋角Ｄとなる。ここで，角Ａ＋（角オ＋角カ）は三角形AFCの内角の和より，180度で，（角ウ＋角エ）＋角

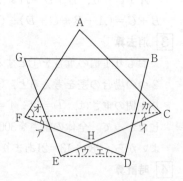

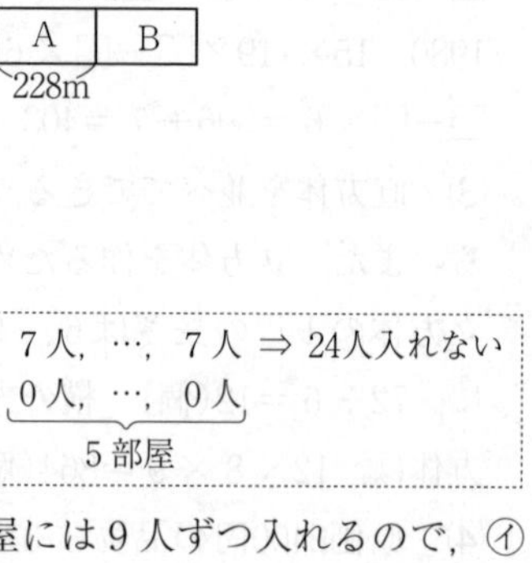

Ｇ＋角Ｂ＋角Ｅ＋角Ｄは，四角形GEDBの内角の和より，360度である。よって，角Ａ～角Ｇの和は，180＋360＝540(度)と求められる。

8 仕事算，比の性質

Ａ君が９日働いた後にＢ君が10日働くと仕事が終わり，Ａ君が15日働いた後にＢ君が６日働いても仕事が終わるので，Ａ君の，15－９＝６(日)の仕事量と，Ｂ君の，10－６＝４(日)の仕事量は同じである。よって，１日当たりのＡ君とＢ君の仕事量の比は，$\frac{1}{6}$：$\frac{1}{4}$＝２：３となり，１日当たりのＡ君とＣ君の仕事量の比は１：２だから，１日当たりのＡ君，Ｂ君，Ｃ君の仕事量の比は，２：３：(２×２)＝２：３：４とわかる。ここで，Ａ君，Ｂ君，Ｃ君の１日の仕事量をそれぞれ２，３，４とすると，この仕事全体の量は，２×９＋３×10＝48と表せる。最初はＣ君１人で，途《と》中《ちゅう》からＢ君も手伝って９日で仕事を終わらせるとき，Ｃ君は９日働くから，Ｃ君がする仕事量は，４×９＝36である。よって，Ｂ君は，48－36＝12の仕事をすればよいから，12÷３＝４(日)手伝えばよい。

9 数列

(1) 右の図のように区切って，順に１組，２組，…とすると，各組に並ぶ数は，１組では{1}，

1，	2，1，	3，2，1，	4，3，2，1，	5，4，3，2，1，	…
1組	2組	3組	4組	5組	

２組では{2，1}，３組では{3，2，1}，…，□組では{□，…，3，2，1}のようになるから，初めて10が現れるのは10組の１番目とわかる。また，各組に並ぶ数の個数は組の番号と等しいから，９組までに並ぶ数の個数は，１＋２＋３＋…＋９＝(１＋９)×９÷２＝45(個)となる。よって，初めて10が現れるのは，45＋１＝46(番目)である。

(2) １＋２＋３＋…＋16＝(１＋16)×16÷２＝136より，16組までには136個の数が並ぶ。よって，140番目の数は，17組の，140－136＝４(番目)となり，17組では並ぶ数が{17，16，15，14，…，1}となるから，140番目の数は14とわかる。

10 立体図形―表面積

１回転させてできる立体は，右の図のようになり，表面積は㋐～㋕の面の面積の和となる。まず，㋐の面積は，４×４×3.14＝16×3.14(cm^2)，㋑の面積は，４×４×3.14－３×３×3.14＝16×3.14－９×3.14＝(16－９)×3.14＝７×3.14(cm^2)，㋒の面積は，６×６×3.14＝36×3.14(cm^2)である。次に，㋓の面積は，縦が２cm，横が(４×２×3.14)cmの長方形の面積に等しいので，２×(４×２×3.14)＝16×3.14(cm^2)となり，同様に，㋔の面積は，５×(６×２×3.14)＝60×3.14(cm^2)となる。また，点Ａ～点Ｄを図のような位置にとり，BDをのばした線と直線 l が交わる点をＥとする。三角形ECDと三角形EABは相似で，EC：EA＝CD：AB＝３：６＝１：２より，EC：CA＝１：(２－１)＝１：１だから，ECの長さは４cm，EAの長さは，４＋４＝８(cm)である。すると，三角形ECDと三角形EABはどちらも３辺の比が３：４：５の直角三角形とわかり，EDの長さは５cm，EBの長さは，６×$\frac{5}{3}$＝10(cm)と求められる。よって，㋕の面積は，母線の長さが10cmで底面の半径が６cmの円すいの側面積から，母

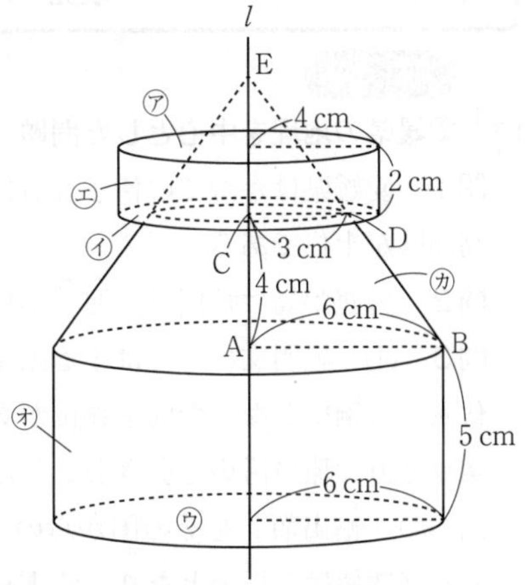

線の長さが５cmで底面の半径が３cmの円すいの側面積をひいた面積となり，（円すいの側面積）＝（母線の長さ）×（底面の半径）×（円周率）だから，㋕の面積は，10×６×3.14－５×３×3.14＝60×3.14－15×3.14＝（60－15）×3.14＝45×3.14（cm^2）となる。したがって，この立体の表面積は，16×3.14＋７×3.14＋36×3.14＋16×3.14＋60×3.14＋45×3.14＝（16＋７＋36＋16＋60＋45）×3.14＝180×3.14＝565.2（cm^2）と求められる。

社　会　＜第２回試験＞（30分）＜満点：60点＞

解　答

[1] **問１**　伊予　**問２**　イ，エ　**問３**　(1)　銅　(2)　**あ**　ア　**い**　ウ　**う**　イ　**問４**　**A**　２　**B**　１　**C**　３　**問５**　（例）　海と島々が織りなす絶景　**問６**　(1)　**M**　横浜（市）　**N**　名古屋（市）　(2)　**X**　長崎（県）　**Y**　山口（県）　[2] **問１**　**あ**　北条政子　**い**　応仁の乱　**う**　平塚雷鳥（らいてふ）　**問２**　ア，エ　**問３**　万葉集　**問４**　隋　**問５**　枕草子　**問６**　ア→ウ→イ→エ　**問７**　イ　**問８**　エ　**問９**　(1)　工場制手工業　(2)　親藩　(3)　**か**　松前（藩）　**き**　下関（市）　**く**　対馬（海流）　**け**　リアス（式）（海岸）　**こ**　信濃（川）　**さ**　最上（川）　**問10**　エ　**問11**　(1)　イ　(2)　ウ　**問12**　（例）　日中戦争が長期化し，太平洋戦争の戦局が悪化するのにともない，多くの若い男性が徴兵されたため，国内で労働力が不足するようになり，その結果，米などの農産物の生産量が減ったから。　**問13**　原敬　**問14**　(1)　法の下　(2)　イ　[3] **問１**　(1)　エ　(2)　ウ　(3)　安全保障理事会　**問２**　(1)　国会　(2)　イ　(3)　ウ　**問３**　(1)　衆議院議員総選挙　(2)　**投票**…18（歳）　**立候補**…25（歳）　(3)　（例）　無記名投票を行うことで，だれがどの候補者に投票したかわからないようにすること。　**問４**　(1)　**い**　補正　**う**　定額　(2)　**候補者**…ジョー・バイデン　**政党**…民主（党）

解　説

[1]　愛媛県の地理を中心とした問題

問１　愛媛県はかつての伊予（国）にあたる。四国の他県の旧国名は，香川県が讃岐《さぬき》，徳島県が阿波，高知県が土佐である。

問２　男鹿《おが》半島は秋田県，渥美《あつみ》半島は愛知県にある。

問３　(1)　説明文にあてはまる鉱産資源は銅。愛媛県新居浜市には，江戸時代に発見され，日本を代表する銅山となった別子銅山があったが，1973年に閉山された。なお，文中にある，明治時代に関東地方で環境汚染を引きおこしたできごととは，足尾銅山鉱毒事件のことである。　(2)　ある国への「輸出額」をその国からの「輸入額」で割った数値なのだから，日本から見て輸出超《ちょう》過《か》であれば数値は１以上となり，輸入超過であれば数値は１未満となる。３国のうち，日本から見て輸出超過となっている「あ」はアメリカ合衆国，日本にとって最大の原油の輸入先であるサウジアラビアは，日本から見て輸入額が輸出額を大きく上回っているから，「う」はサウジアラビアと判断できる。残った「い」は中国である。なお，2019年における相手国別の貿易額では，中国は輸入先で第１位，輸出先ではアメリカ合衆国についで第２位となっている。統計資料は『日本国勢図会』

2020／21年版による。

問4　今治《いまばり》市や新居浜市などがある県北東部で数値が高いAは第2次産業，山地が広がる県中西部で数値が高いBは第1次産業，県庁所在地の松山市で特に数値が高いCは第3次産業と判断できる。Cは割合の数値そのものが高くなっていることも，手がかりとなる。

問5　本州四国連絡橋のうち，西瀬戸自動車道がある尾道・今治ルートは，「瀬戸内しまなみ海道」の愛称でもよばれる。多くの島々を橋で結ぶそのルートは，瀬戸内海とそこに浮かぶ島々が織りなす絶景が楽しめることから，近年はサイクリングロードとしても人気を集めている。

問6　(1)　全国で最も人口が多い市であるMは横浜市，200万人を超《こ》える全国第3位のNは名古屋市である。　**(2)**　**X**　日本で最も島が多い県は長崎県。愛媛県が全国第2位，長崎県が第5位(いずれも2019年)の生産量をほこる果実はみかんである。　**Y**　愛媛県と高知県の県境付近には，四国カルストとよばれるカルスト地形の台地が広がるが，日本で最大級のカルスト地形として知られるのは山口県の秋吉台である。また，愛媛県・山口県は養殖業がさかんで，ともにたい類の漁獲《ぎょかく》量が多い。

2　**歴史上の女性を題材とした問題**

問1　**あ**　源頼朝の妻は北条政子で，「尼《あま》将軍」ともよばれた。承久《じょうきゅう》の乱(1221年)が起こったとき，動揺《どうよう》する御家人たちを前に，亡き頼朝の恩を訴《うった》えて結束をよびかけたことはよく知られる。　**い**　応仁の乱(1467～77年)は，足利義政と日野富子の間に生まれた義尚《よしひさ》と，義政の弟の義視《よしみ》による将軍の後継者《こうけいしゃ》争いに，有力守護大名どうしの対立がからんでおきた争乱で，富子は争乱の前後を通して幕府の政治に深くかかわった。　**う**　女性の解放をめざし，女性による文学者団体である青《せい》鞜《とう》社を創設したのは平塚雷鳥(らいてふ)。雑誌「青鞜」の創刊号に掲載《けいさい》された「元始，女性は実に太陽であった」で始まる巻頭の言葉はよく知られる。

問2　弥生時代は紀元前4世紀ごろから紀元3世紀ごろまでの期間で，稲作と金属器の使用が広まったことや，ムラやクニが生まれ，ムラ同士，クニ同士の戦いが続いたことなどを特色としている。したがって，アとエが正しい。イとウは6世紀以降(漢字の伝来は5世紀ごろ)，オは旧石器時代にあてはまる。

問3　史料の歌は，防人《さきもり》として九州に行くことになった兵士の妻がよんだもので，現存する日本最古の歌集である『万葉集』に収められている。当時はまだかな文字が発明されておらず，漢字の音や訓をかりて日本語を書き表していた。これは「万葉仮名《がな》」とよばれる。

問4　史料は，遣隋使として隋(中国)に渡った小野妹子が持参した手紙(国書)の一部である。この手紙は，聖徳太子が隋の皇帝にあてたものとされている。

問5　清少納言は，一条天皇のきさきの定子(藤原道隆《みちたか》の娘)に仕える女官であった。その著書『枕草子』は，宮中生活での体験や感想，自然や人生などについての考えをまとめた随筆である。

問6　アは1221年，イは1274年と1281年，ウは1232年，エは1297年のできごとである。

問7　執権《しっけん》は鎌倉幕府における将軍の補佐役であるから，イがまちがっている。室町幕府における将軍の補佐役は管領である。

問8　「見返り美人図」の作者として知られる菱川師宣《ひしかわもろのぶ》は，17世紀後半に活躍《かつやく》した浮世絵師で，浮世絵の創始者とされている。

問9　(1)　資料の絵に描かれているように，作業場に人を集め，分業で製品をつくっていくしくみは工場制手工業（マニュファクチュア）とよばれる。日本では19世紀前半，織物業や酒造業などで見られるようになった。工場制手工業がさらに発展し，機械を用いた大量生産のしくみが広がっていくことが産業革命である。　(2)　江戸幕府は大名を，徳川氏の一門である親藩《しんぱん》，関ヶ原の戦い以前から徳川氏の家臣であった者が大名に取り立てられた譜代《ふだい》大名，関ヶ原の戦いの後に徳川氏に従った外様《とざま》大名の３つに分け，要地には親藩や譜代大名を配置した。親藩のうち，尾張・紀伊・水戸の徳川家は御三家とよばれ，将軍家に跡継《あとつ》ぎがいない場合には御三家から次の将軍を出すこととされた。　(3)　**か**　江戸時代に蝦夷《えぞ》地（北海道）南部を支配していたのは松前藩。アイヌとの交易を独占し，大きな利益を上げていた。　**き**　関門海峡は山口県下関市と福岡県北九州市の間にある海峡で，下関と北九州市の門司の間にあることからついた名称である。　**く**　日本海沿岸部の沖合を北上するのは，暖流の対馬《つしま》海流である。　**け**　山地が海中に沈み，谷間にあたる部分に海水が入りこんでできた出入りの複雑な海岸地形をリアス（式）海岸という。若狭《わかさ》湾は，代表的なリアス海岸として知られる。　**こ**　長さ日本一の河川は信濃川で，その河口に位置する新潟は日本海側を代表する港町として発展してきた。　**さ**　庄内平野を流れるのは最上川。その河口に位置する酒田は，西廻《まわ》り航路の起点の１つとして栄えた港町である。

問10　岩倉使節団は1871～73年に欧米諸国を歴訪し，条約改正交渉《こうしょう》という当初の目的は達成できなかったが，各国の制度や産業などを視察し，のちの政府による近代化政策に大きな影響をあたえた。使節団の正使は岩倉具視《ともみ》，副使は大久保利通《としみち》，木戸孝允《たかよし》，伊藤博文，山口尚芳《なおよし》であった。西郷隆盛は使節団が欧米を歴訪している間，留守役として政府を守り，地租改正などの改革を進めた。

問11　(1)　ア～エはいずれもフランス出身の画家ジョルジュ・ビゴーがえがいた風刺画《ふうしが》。ビゴーは明治時代の日本で17年間にわたり活躍した。作品はおもに横浜などの外国人居留区で発行される新聞や雑誌に掲載されたものが多く，一般の日本人にはほとんど知られていなかったが，当時の日本の社会や国際情勢などが巧《たく》みにえがかれている。日露戦争直前の状況にあてはまるのはイで，イギリスが日本に対して大国ロシアと戦うようけしかけており，それをアメリカ合衆国がだまって見ているという絵である。なお，アは日清戦争直前の東アジアの情勢，ウはノルマントン号事件，エは鹿鳴館《ろくめいかん》での舞踏《ぶとう》会に向かう日本の政府高官夫妻を，それぞれ風刺してえがいている。　(2)　1905年に結ばれたポーツマス条約により，日本はロシアから南樺太《からふと》をゆずり受けたほか，清（中国）の旅順や大連などの租借権，南満州鉄道の権利などを手に入れた。

問12　資料Ⅰからは1940年以降，米の収穫量が減少していることが，資料Ⅱからは1935年以降，兵員数が増加し始め，1940年以降はさらに大きく増加していることがわかる。これは，日中戦争の長期化と太平洋戦争の開戦，さらに戦局の悪化により多くの若い男性が徴兵されたため，国内で働き手が不足し，それが米など農産物の生産量の低下につながったからだと考えられる。

問13　1918年，米騒動《そうどう》の責任を取って寺内内閣が総辞職したあと，立憲政友会総裁の原敬《たかし》が首相となった。原内閣は，外務・陸軍・海軍以外のすべての大臣を立憲政友会の党員が務める，日本初の本格的な政党内閣であった。

問14　(1)　日本国憲法第14条は，「法の下《もと》の平等」に関する規定。法の下の平等は，憲法第13条が保障する「個人の尊重」とともに，平等権の基盤となる考え方である。　(2)　生活保護の申請は生存権にもとづく権利であるから，イがまちがっている。

3　現代の国際社会と日本の政治についての問題

問1　(1)　1959年に起こった革命により社会主義国となったキューバは，ソ連との関係を深めていった。そうした中の1962年，ソ連がキューバにミサイル基地を建設しようとしていることが明らかになり，アメリカ合衆国がこれを阻止《そし》するため海上封鎖《ふうさ》を行うなど，米ソ間の緊張が極度に高まった。このできごとはキューバ危機とよばれ，ソ連が基地建設を断念したことで武力衝突《しょうとつ》が回避《かいひ》された。キューバはカリブ海に浮かぶ島国で，地図中のエにあたる。　(2)　国際連合の旗を示すのはウで，北極を中心としてえがかれた世界地図の周りに，平和を象徴するオリーブの葉を配置している。なお，アはEU(ヨーロッパ連合)の旗，イは国際パラリンピック委員会の旗，エは東京都の紋章《もんしょう》である。　(3)　安全保障理事会は，海外侵略《しんりゃく》を行った国などに対する制裁や軍事行動などを決議できる国際連合の主要機関で，常任理事国５か国(アメリカ合衆国・イギリス・フランス・ロシア・中国)と，総会の選挙で選ばれる任期２年の非常任理事国10か国の計15か国で構成されている。

問2　(1)　日本では日本国憲法の下，国会が立法権を，内閣が行政権を，裁判所が司法権を担当している。　(2)　行政の最高責任者である内閣総理大臣は，国会が指名して天皇が任命するので，イが正しい。アとウは国会にあてはまる。エについて，法令審査権(違憲立法審査権)はすべての裁判所が持つ権限で，特に最高裁判所は法律が合憲か違憲かを最終的に判断する終審裁判所であることから，「憲法の番人」とよばれている。　(3)　ア　天皇は，内閣の助言と承認にもとづいて，憲法に定められた国事に関する行為を行う。　イ　日本国憲法の改正に関する手続きについては，第96条に規定されている。　ウ　日本国憲法はその第８章(第92～95条)を「地方自治」の項としており，地方公共団体の組織や運営などについて規定している。

問3　(1)　定員が465人(小選挙区289人，比例代表176人)であるのは衆議院なので，衆議院議員総選挙である。　(2)　衆議院議員の選挙権は18歳以上，被選挙権(立候補する権利)は25歳以上で与えられる。選挙権の年齢は，2015年にそれまでの20歳以上から引き下げられた。　(3)　秘密選挙とは，無記名投票を行うことにより，だれがどの候補者に投票したかわからないようにするもので，普通選挙，平等選挙，直接選挙とともに選挙の原則とされている。

問4　(1)　**い**　年度の途中に，４月１日から執行された「当初予算」を補う形で組まれる予算を「補正予算」という。社会情勢の変化や自然災害対策など，新たな財政需要《じゅよう》が発生したときなどに，当初予算を修正・追加する形で編成されるもので，2020年度のように複数回作成されることもある。　**う**　新型コロナウイルスによる感染症《しょう》の広がりと「緊急事態宣言」を出したことにともなう経済の停滞《ていたい》により，多くの人が経済的に困窮《こんきゅう》する状況となった。こうした事態に対処するため，2020年４月末から，「特別定額給付金」として全国民に一律10万円が支給された。支給は世帯を単位として行われ，居住する自治体から世帯主に支払う形で実施された。　(2)　2020年11月に行われたアメリカ合衆国の大統領選挙は，現職大統領で共和党のドナルド・トランプ候補と，民主党のジョー・バイデン候補の間で争われ，接戦のすえにバイデン候補が勝利した。

理　科　＜第２回試験＞（30分）＜満点：60点＞

解　答

1 **問１**　(イ)　**問２**　(ウ)　**問３**　(ア)，(ウ)　**問４**　③，④，⑤　**問５**　①　21　②　(例)　光の当たる場所に置き　③　(例)　光が全く当たらない場所に置く　**2** **問１**　日周運動　**問２**　東(から)西(へ)　**問３**　(例)　地軸の延長線上に北極星があるから。　**問４**　右の図ｉ　**問５**　23時間56分　**3** **問１**　ア　N極　イ　S極　**問２**　①　右の図ii　②　右の図iii　**問３**　(エ)　**問４**　①　S極　②　(ウ)　**問５**　①　(ウ)　②　(オ)　③　(イ)　⑤　(カ)　⑥　(ア)　**4** **問１**　メスシリンダー，(イ)　**問２**　①　(ウ)　②　(オ)　③　(イ)　**問３**　①　(イ)　②　(ウ)　**問４**　2.5ｇ　**問５**　8.3％

図ｉ
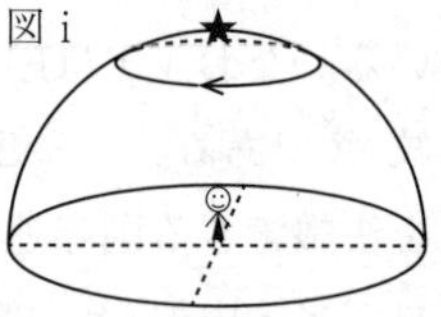

図ii
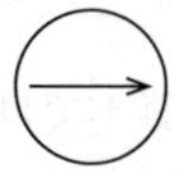

図iii
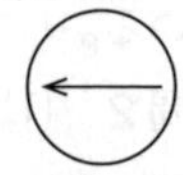

解　説

1 アサガオについての問題

問１　アサガオの種は３～５mmぐらいの大きさで，(イ)のように黒っぽい色で，球を６等分したような形をしている。

問２　図２のＡの部分はアサガオの果実である。図１で(ア)は花弁(花びら)，(イ)はおしべ，(ウ)はめしべの子ぼう，(エ)はめしべの柱頭，(オ)はがくを示している。めしべの柱頭に花粉がつくと，子ぼうが育って果実となる。

問３　花弁が根もとでくっついているものを合弁花という。タンポポやツツジの花は合弁花である。なお，アブラナ，サクラ，ツバキは花弁が１枚ずつ離《はな》れている離弁花《りべんか》に仲間分けされる。

問４　観察日ごとの暗い時間の長さを求めると，７月21日は，24時－18時54分＋４時41分＝９時間47分，７月26日は，24時－18時51分＋４時44分＝９時間53分，７月31日は，24時－18時45分＋４時50分＝10時間５分，８月５日は，24時－18時42分＋４時52分＝10時間10分，８月10日は，24時－18時37分＋４時56分＝10時間19分となる。アサガオの開花には暗い時間が連続して10時間以上必要なので，花が咲《さ》いたと考えられる日は，７月31日，８月５日，８月10日となる。

問５　アサガオは７月終わり頃《ころ》からつぼみをつけはじめ，朝５時少し前に花を咲かせるようになったと述べられていることから，アサガオは日の出頃の明るくなったときに花を咲かせることがわかる。また，アサガオの開花には暗い時間が連続10時間以上必要なので，７＋24－10＝21(時)頃までは光を当てておき，その後アサガオを光が全く当たらない場所に置き，朝７時頃に再び光を当てれば，朝７時頃に花が咲くと考えられる。

2 星の１日の動きについての問題

問１　地球の自転により，地球から見ると，星座をつくる星などが１日でほぼ１回転して見えることを日周運動という。

問２　北極の上空から見て地球は反時計回りに自転している。そのため，地球の北半球では，北極星を中心に星が反時計回りに動いているように見える。このとき，星Ｂは東から昇《のぼ》り，南の空を通って，西に沈《しず》むように，時計回りに動いて見える。

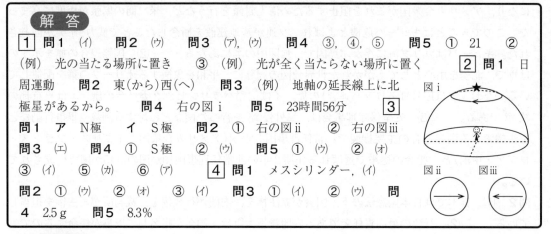

問３　北極星は地軸《ちじく》の北側の延長線上にあるために，北の空にあってほとんど動いていないように見える。

問４　北極点では北極星の高さが90度なので，北極星は観測者の真上に見える。星は北極星を中心に反時計回りに動いて見えるので，北極点では，空を見上げると星Ｄが地平線と平行に反時計回りに動いていく。

問５　北極の上空から見て，地球は太陽のまわりを反時計回りに公転している。ここでは，360日で360度公転するので，１日当たりに，360÷360＝１(度)公転することになる。すると，右の図のように，太陽が南中してから次の日に南中するまでの24時間に，地球は361度自転しなければならない。よって，地球が360度自転するのにかかる時間は，$60\times24\times\frac{360}{361}=1436.0\cdots$より，1436分となる。1436分は，23時間56分である。

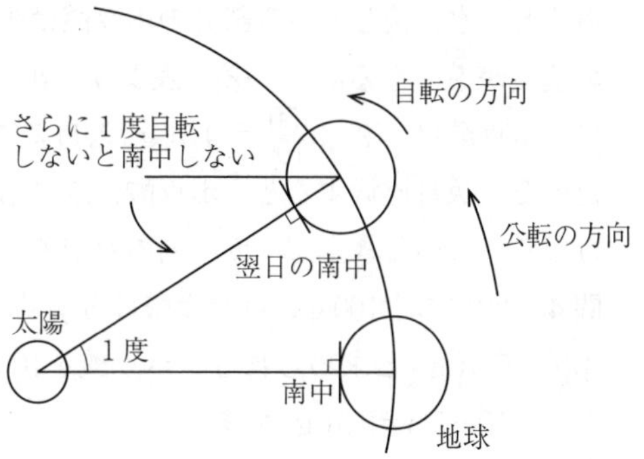

３　磁石の磁力とブザーのしくみについての問題

問１　磁石は，同じ極どうしは引き合うが，異なる極どうしはしりぞけ合う。磁石に鉄がつくとき，鉄は一時的に磁石になり，右の図のように極ができる。

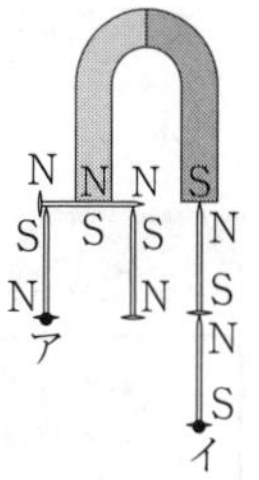

問２　Ｎ極とＳ極が引き合うので，砂鉄は磁力にそってＮ極とＳ極がつながるように並ぶ。①に置いた方位磁針のＮ極は磁石のＳ極に引かれるので，方位磁針のＮ極は磁石のＳ極の方を向く。また，図で②の位置の上下では砂鉄の並んだ線(磁力線)が磁石におよそ平行になっているので，方位磁針の針も磁石とおよそ平行になる。磁石の左側にＳ極があるので，方位磁針のＮ極は左側を向く。

問３　Ｎ極から出た磁力線は磁石のＳ極に向かう。磁石のＮ極どうしを向かい合わせて置いた場合，砂鉄はＮ極どうしを結ぶように並ぶことはなく，㈣のように並ぶ。

問４　①　電池の電気用図記号は線が長い方が＋極，短い方が－極で，電流は電池の＋極から出て－極に向かう向きに流れる。また，電磁石は，コイルの電流の流れる向きに右手の親指以外の４本の指を合わせてにぎるようにしたとき，親指の向く側にＮ極ができている。したがって，鉄心の左側のはしがＮ極，右側のはしがＳ極になっている。　②　鉄心を入れたコイルは，電流が流れているときには磁石のようになるので，問２の図と同じように砂鉄が並ぶと考えられる。

問５　回路のスイッチを入れると，回路に電流が流れる。すると，コイルに電流が流れるので，コイルが電磁石になり，電磁石の極が振動板《しんどうばん》を引きつける。振動板が電磁石に引きつけられてＰ点から離れると，回路に電流が流れなくなる。コイルに電流が流れなくなると，コイルは電磁石ではなくなるので，振動板を引きつけなくなり，振動板はコイルから離れてＰ点につく。振動板がＰ点につくと，再び回路に電流が流れる。これらの流れを繰《く》り返すことで，振動が空気に伝わり，ブザーの音となる。

４　水溶液《すいようえき》のつくり方と濃度《のうど》についての問題

問１　図１は液体の体積をはかる器具でメスシリンダーという。メスシリンダーは，液面の低くなっているところを真横から見て目盛りを読みとるので，水を50mLはかりとったときの水面のようすは(イ)のようになる。

問２　決まった重さの薬品を上皿てんびんではかりとるときは，きき手と反対側の皿にはかりとる重さと等しい分銅をのせ，きき手側の皿に薬品をのせていく。このとき，あらかじめ左右両方の皿に薬包紙をしいてつり合わせてから，その上に分銅や薬品をのせる。

問３　①　ビーカーの水にホウ酸を入れると，ホウ酸は下に沈む。このまま，かき混ぜないで２分置くと，水に接している部分のホウ酸は少しずつ水に溶《と》け出す。よって，Ｂの方がＡよりもホウ酸の濃度が濃《こ》くなる。　②　表より，40℃の水100ｇにはホウ酸は９ｇ溶けるので，40℃の水50ｇにはホウ酸は，$9 \times \frac{50}{100}=4.5$(ｇ)溶けることになる。ここでは，40℃の水50gにホウ酸を10ｇ入れたので，数日放置すると，ホウ酸は水に溶けるだけ溶けてほう和水溶液となり，ホウ酸の一部が溶け残る。このとき，ビーカー内の水溶液はどの部分も濃度が同じになっている。

問４　20℃の水100ｇにはホウ酸は５ｇ溶けるので，20℃の水150ｇに溶けるホウ酸の重さは，$5 \times \frac{150}{100}=7.5$(ｇ)と求められる。ホウ酸を10ｇ溶かしていたので，溶けきれずに出てくるホウ酸の重さは，$10-7.5=2.5$(ｇ)である。

問５　水溶液の濃度は，(水に溶けている物質の重さ)÷(水溶液の重さ)×100で求められる。40℃の水100ｇにはホウ酸が９ｇ溶けるので，入れたホウ酸10ｇのうち９ｇが溶けることになる。よって，この水溶液の濃度は，$9 \div (9+100) \times 100 = 8.25\cdots$より，8.3％となる。

国　語　＜第２回試験＞（50分）＜満点：100点＞

解　答

一　**問１**　(例)　大隈くんを三年生が締め上げた　**問２**　坂田友伸　**問３**　ロ　**問４**　ロ　**問５**　ハ　**問６**　ニ　**問７**　イ　**問８**　ニ　**問９**　ハ　**問10**　注ぐ　**問11**　イ　**問12**　ロ　**問13**　ニ　**問14**　イ　**問15**　⑴　下記を参照のこと。　⑵　おおまじめ

二　**問１**　ハ　**問２**　１　イ　２　ホ　３　ロ　４　ニ　**問３**　⑴　イ　⑵　イ　**問４**　(例)　もとは上位者に何かを進呈する意味の「あげる」を，今は「ゼラニウムにお水をあげる」のように下位者へ与えるときにも使うこと。　**問５**　やる　**問６**　ハ　**問７**　ロ　**問８**　ニ　**問９**　(例)　自分を低くする　**問10**　霜　**問11**　イ　**問12**　ロ　**問13**　お受け取り(ください。)　**問14**　敬意

三　**問１**　ロ　**問２**　切れ字　**問３**　ニ　**問４**　ハ　**問５**　ロ　**問６**　ハ　**問７**　言葉を～面白い　**問８**　イ　**問９**　イ　**問10**　ニ

●漢字の書き取り

一　**問15**　⑴　当事者

解　説

一　**出典は竹内真《たけうちまこと》の『図書室のバシラドール』による。**図書室ノート上でのラーメン談義が大隈《おおくま》くんと上級生の口論へ，さらに現実の揉《も》めごとへと進み，周囲が心配して収めようとする場面である。

問１　「いきさつ」は，ことのなりゆき。本文の最初で，大隈くんと揉めた三年生の坂田友伸《さかたとものぶ》の担任をしている津島《つしま》先生が，発端《ほったん》の「図書室ノート」を見に来ていることをおさえる。揉めごとの具

体的な内容は，ノート上でのラーメン談義から大隈くんと坂田が無記名の口論を始め，坂田が大隅くんの「教室にまで乗り込《こ》んで締《し》め上げ」たというものである。司書の詩織《しおり》がノートを見たのは，それほどに揉めた「いきさつを確認《かくにん》」するためなので，「大隈くんが締め上げられた」あるいは，「三年生を大隅くんが怒《おこ》らせた」のようにまとめる。

問２　白河ラーメンの特徴《とくちょう》を説明した大隈くんの書き込みに対し，「白河ラーメンって，チャーシューを食紅で赤くすんだろ？　体に悪いんじゃね？」と指摘《してき》したことが揉め事のきっかけになったのだから，「指摘を入れ」た「誰か」とは，問１でみた「坂田友伸」である。少し後で，図書室ノートの書き込みを見た津島先生が「ここで言い合いしてる両方――片方はうちのクラスの坂田友伸らしい」と言っている。

問３　当事者たちにとっては「大真面目《まじめ》」なつもりだろうが，ラーメンに関して議論が白熱してゆくさまは，詩織にとってはこっけいなものに映ったと想像できるので，「コミカル」があてはまる。「コミカル」は，こっけいなようすやおどけた感じを与《あた》えるさま。「アウェー」は，敵地・対戦相手の本拠地《ほんきょち》。「シリアス」は，深刻なようす。「マイルド」は，おだやかなさま。

問４　三つ目の空らんＢの直後に，「情報源」とあるので，情報の出どころを表す「ソース」があてはまる。大隈くんと坂田は，情報という意味合いで「ソース」という言葉を用い，議論を続けていたが，詩織は「調味料」の「ソース」を連想してしまったというのである。

問５　「チャーシューを食紅で赤くすんだろ？」と「ウィキペディア」で調べたことをもとに批判する坂田も，それに対し「ラーメン屋の店主」の言葉を信じ切って反論の根拠《こんきょ》とした大隈くんも，そもそも議論に向けた「考え方」が間違《まちが》っているとして，図書室ノートを読んだ津島先生は「少々意地悪な笑《え》みを浮《う》かべた」のだから，ハが合う。

問６　「意に介さない」と似た意味の言葉には，「気にしない」のほかに「歯牙《しが》にもかけない」などがある。なお，「気がおけない」は，遠慮《えんりょ》の必要がなく打ち解けたようす。「気がつかない」は，あることに思い至らないようす。「気にくわない」は，ものごとに対し不満を抱《いだ》くようす。

問７　坂田へ向けて「図書室の立ち入りも，このノートを見るのも禁止」という処分を下そうとする津島先生に，詩織が「抵抗《ていこう》」感を抱いたことをおさえる。続く部分で詩織は，「図書館は全ての利用者に開かれている」のが原則だと話したうえで，「図書室やノート」自体が揉め事の原因と決めつけ，それらから坂田を遠ざけようとする処分は「違う」のではないかと反論しているのだから，イがよい。

問８　「心外」は，自分の考えに反していることへの残念な思い。揉め事を「心配」する詩織に対し，大隅くんは，「別に何もなかったし」と答えている。また，大隅くんはこの後「ノート」に「間違ったことは書いてない！／以上」と書き込んで図書室を去っている。つまり，大隈くんは揉め事を「心配」されるほどのことではないととらえ，自分も悪くないと思っているので，ニがふさわしい。

問９　このとき大隈くんが雑誌コーナーで何をしていたかは，本文の最後のほうで，瞳《ひとみ》ちゃん，ベースくん，詩織の三人が「ノート」を見たことで判明する。大隅くんはノートに「先輩《せんぱい》や先生から指導されましたので，自分がノートに何を書いたのか，確認《かくにん》しました」と書いていたのだから，ハが選べる。

問10　「火に油を注ぐ」は，“勢いのさかんなものにさらに勢いを加えるようなことをする”という意味で，主に好ましくない勢いを助長して悪化させる場合に用いる。ここでは，「舐《な》めたこと言ってんじゃねえぞ」と凄《すご》まれても淡々《たんたん》と返答する大隈くんの態度が，坂田をさらに怒らせることを言っている。

問11　図書室の常連たちが語る，大隈くんの坂田に対する態度をおさえる。大隈くんは坂田から「凄まれても」動じず，一応彼が上級生だからと「敬語」を使って淡々と返答しているが，むしろこうした「空気」を読まず，自分をつらぬこうとする態度こそ相手を「イラっと」させるのだろうというのである。よって，イが合う。

問12　「たしなめる」は“注意して反省をうながす”という意味。

問13　図書室ノートに書かれた内容や，瞳ちゃんとベースくんの会話を整理する。図書室ノートには，先輩や先生に指導されたから「ノートに何を書いたのか，確認」したが，やはり自分は間違っていないと書き込まれていたうえ，「大隈広里《ひろさと》」と署名までされていた。瞳ちゃんとベースくんが「ありゃりゃー……」「これはやばいですねー」ともらしたとおり，坂田と「またひと悶着《もんちゃく》あるんじゃないか」と思わせるような内容が図書室ノートには書かれていたことに驚《おどろ》き，詩織は「声を高めてしまった」のだから，ニがふさわしい。なお，「悶着」は，揉めごと。

問14　二重ぼう線⑵に続く部分で，大隈くんは「ウィキだから正しい，とは限らない」とノートに書き込んだことが書かれているので，イが合わない。なお，「ウィキ」は「ウィキペディア」の略で，オンライン百科事典。

問15　⑴　そのことがらに直接関係している人。　⑵　非常に実直で，誠実なようす。

二　**出典は清水由美《しみずゆみ》の『すばらしき日本語』による。**日本語における敬語の「敬意逓減《ていげん》」という現象について，人称《にんしょう》代名詞の「お前」，動詞の「あげる」，謙譲《けんじょう》語の「いただく」を取りあげて説明している。

問１　「血湧《わ》き肉躍《おど》る」は“戦いや試合などを目前にひかえる，あるいは観戦するなどして，感情が高ぶり，勇気があふれ，全身に活力がみなぎる”という意味。

問２　**１**　筆者は「応援《おうえん》合戦」における大観衆の歓声《かんせい》にはすごみがあると述べた後で，団長さんの号令による統制の取れた行動を見るためだけにでも，球場に足を運ぶ価値があるとつけ加えているので，前のことがらに別のことをつけ加えるときに使う「さらに」がよい。　**２**　筆者は「逓減」の意味を説明した後，「敬意逓減」とは「そのことばに込《こ》められていた敬意が少しずつすり減ること」だと述べている。よって，“要するに”とまとめて言いかえるときに用いる「つまり」が入る。　**３**　「敬意逓減の法則」などという言葉が話題になると，「ああ，やっぱりね。日本人はだんだん丁寧《ていねい》な話し方をしなくなるんだね。日本語，どうなっちゃうのかね」と，早とちりをして嘆《なげ》き始める人が出てくるというつながりである。よって，前のことがらに続いて後のことが起こることを表す「すると」が合う。　**４**　「敬意逓減」という現象が起きた結果，「敬語は減るどころか」，敬意を補うために「くどく，しつこく」なってしまったことの例として，「あげる」の用法の変化があげられているので，具体的な例をあげるときに用いる「たとえば」がふさわしい。

問３　⑴　「苦言を呈する」は，“相手のためを思い，あえて忠告する”という意味。よって，イがふさわしい。　⑵　本来は上位の人を敬って呼ぶものだった「お前」という言葉は，時代とともに敬意がすり減っていった結果，今では「対等の者」や「目下の者や子ども」，しまいには「犬猫《いぬねこ》」に向けて使われるようになってしまったと述べられていることをおさえる。つまり「監督さん」は，たいせつな自軍の選手が「お前」と呼ばれることで「目下の者」として扱《あつか》われたかのように思え，「やめてほしい，と苦言を呈した」ものと考えられるので，イが選べる。

問４　直後の段落で，もともとは「下位者から上位者に向けて，何かを進呈する行為《こうい》」だった「あげる」という言葉が，今では下位者の「ゼラニウム」に「お水」を与《あた》える場合も使うようになったと述べられている。これをもとにまとめる。

問５　「ペットや植木鉢《うえきばち》のゼラニウムにエサや水を与えるとき」に使う言葉なので，自分と同等以下の存在に与えるときに使う「やる」があてはまる。しかし，今では「やる」よりも，本来は上位者に向けて用いられていたはずの「あげる」を使う人のほうが多いというのである。

問６　四つ目の段落で，「敬意逓減の法則」とは「長年のうちに，当初そのことばに込められていた敬意が少しずつすり減ること」だと述べられているので，ハがよい。

問７　「いただく」は「食べる」の謙譲語。話し手が「いただいてください」と言うと，話し手自身もパーティの客の一人でみんなを仕切る立場にあり，いっしょに食べましょうとうながしている印象を受ける。つまり，話し手も「ごちそうされる」側のように聞こえるのである。

問８　ぼう線⑤は，「奥歯《おくば》にものがはさまったような言い方」という表現を少し変えたものと推測できる。はっきり言いきらないようすを表すので，ニが選べる。似た意味を持つ言葉には「煮《に》え切らない」などがある。

問９　「いただく」は「相対的に相手を持ち上げる」敬語，つまり，自分を引き下げる謙譲語だから，「自分を低くする」，「自分を下に置く」などとするのがよい。

問10　少し後に，「『いただく』もの」は食べ物に限らず「菊《きく》の花でも霜《しも》でも勲章《くんしょう》でも，あるいはお小言《こごと》でも，いい」と述べられていることをおさえる。よって，「白髪《しらが》」をたとえた「霜」を入れ，「私も頭に霜をいただく年齢《ねんれい》になりましてね」とするのがよい。

問11　“ぶつぶつと文句を言う”という意味の「お小言」と同じ読みをする言葉は，“一時間弱”という意味の「小《こ》一時間」である。なお，ロは“一時的な安定”を意味する「小康《しょうこう》」，ハは“臆病《おくびょう》な人”を意味する「小心《しょうしん》者」，ニは“小さな川”を意味する「小川《おがわ》」。

問12　「先述のような誤用」とは，料理番組でホストが「いただいてみてください」と言ったことや，仲居さんが「塩だけでいただいてみてください」と話したこと，おしゃれなお店で店員さんが「海老《えび》は頭までいただけます」と表現したことを指し，謙譲語を客の行為に使っている点が誤っている。現在，こうした用法は「食べる行為にかかわる場面」で見受けられることが「ほとんど」だが，やがて世の中に広まることで，むしろ一般《いっぱん》的な表現になってしまうであろうことに対する嘆きを込めて，筆者は「今のところはまだ誤用と言いたい」と主張している。よって，ロがよい。

問13　もらうように伝える尊敬表現なので，「お受け取り」くださいとするのがよい。

問14　食べ物を「いただく」という謙譲表現に込められている気持ちを考える。お百姓《ひゃくしょう》さんや漁師さん，コックさん，食べられる生き物，「それらすべてに対する」気持ちなので，「敬意」がよい。

三　**Ａの出典は武馬久仁裕《ぶまくにひろ》の『俳句の不思議，楽しさ，面白《おもしろ》さ』，Ｂの出典は小倉一郎《おぐらいちろう》の『小倉一郎のゆるりとたのしむ俳句入門』による。**風花・竹の春・竹の秋など，季節を間違いやすい季語について説明されている。

問１　もどす文では，「風花」の実態とイメージについて説明されている。【ロ】に入れると，「風花」の実態は，「晴天に風に乗ってどこからともなく吹《ふ》かれてくる雪」だが，「花」という言葉には

「桜のイメージ」があるため，「雪に，散る桜の花のイメージを重ねて読むことで美しい光景が現れ，『風花』という季語の読みは完成する」というつながりになり，文意が通る。

問2　俳句で使われる「や」「かな」「けり」などを「切れ字」という。切れ字によって一句が切断され，そこに読み手の注目を集めたり，余情を表したりする。

問3　直前の文で，「風花が，都の衣笠山《きぬがさやま》を思わせる衣山という美しい名の町を，包み込んで舞《ま》っています」と鑑賞しているので，「雅《みやび》な情趣《じょうしゅ》深い」があてはまる。

問4　「はすかいの季語」とは，夏の季語の「麦秋」「麦の秋」のように，「内に季節のずれを持つ季語」をいう。イ～ニについては文章Ｂで説明されている。「竹の秋」は春の季語。「小春日和《びより》」は，晩秋から初冬にかけての暖かく穏《おだ》やかな晴天で，冬の季語。「秋の夜」は秋の季語，「夜の秋」は夏の季語。「秋」をふくみ，実際に秋の季語であるハが，「はすかいの季語」ではない。

問5　ここでの「先入観」は，歳時記《さいじき》に書かれた季語の説明にもとづいて俳句を鑑賞することを言っている。ロのように，「麦秋」は「夏の季語」だからと「力強い生命力」をイメージしてしまうのが，先入観にあたる。先入観にしばられず言葉そのものに着目すれば，「秋」をふくむ「麦秋」は，「秋それ自体のイメージ」で「爽《さわ》やかな感じ」を味わえるというのである。

問6　「竹の春」は，青々と竹が茂《しげ》る「秋」の季語。つまり，今は「秋」であると承知したうえで，「春」が持つ「幸福」のイメージを山里に重ねた句なのだから，ハが合う。

問7　「竹の秋」は竹の葉が黄ばむ「春」の季語で，はすかいの季語にあたる。前の部分で，はすかいの季語を「言葉をはすかいに配置して楽しむ遊び心が見えて面白い」と説明されている。

問8　「竹の秋」の季語は「春」だが，筆者は歳時記にしばられず「それ自体のイメージ」を持つ言葉として味わうよう勧《すす》めている。この句の，「秋」が本来持つさびしいイメージを「離宮《りきゅう》裏門」に重ねているところに，筆者は「面白さ」を感じているので，イが選べる。主城に対して別邸《べってい》にあたる「離宮」も，正門に対し邸宅の背後にある「裏門」も，主に対する従の位置づけなので，秋のさびしいイメージと呼応している。

問9　「小春日和」は，晩秋から初冬にかけての暖かく穏やかな晴天で，冬の季語である。

問10　「斑雪《はだれゆき》」は「雪が解け始め，地面の土色と雪の白色がまだらとなった状態」をいう。よって，「雪解け」のころ，つまり「春」の季語だとわかる。

2020年度　大　妻　中　学　校

〔電　話〕（03）5275－６００２
〔所在地〕〒102-8357　東京都千代田区三番町12
〔交　通〕東京メトロ半蔵門線―「半蔵門駅」より徒歩５分
JR線・東京メトロ各線―「市ヶ谷駅」より徒歩10分

【算　数】〈第１回試験〉（50分）〈満点：100点〉

◎　円周率を用いるときは3.14として答えなさい。
◎　式，計算，または考え方は必ず書きなさい。これのないものは正解としません。

1　次の□にあてはまる数を求めなさい。

(1)　$\left\{2.5-\left(3-1\frac{3}{8}\right)\div1.25\right\}\times20-19=$□

(2)　$\{7+6\times($□$-4)\}\div3-2=1$

(3)　円と正方形が図のように重なっています。重なっている部分の面積は，正方形の面積の $\frac{3}{16}$ で，円の面積の45％です。このとき，円の面積は□cm² です。

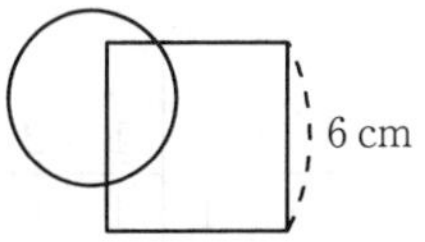

(4)　家から駅までの 1400ｍ の道のりを，はじめ，毎分 50ｍ の速さで12分歩き，残りを３倍の速さで□分□秒走ったところ，ちょうど駅に着きました。

2　図の中に，四角形は全部で何個ありますか。

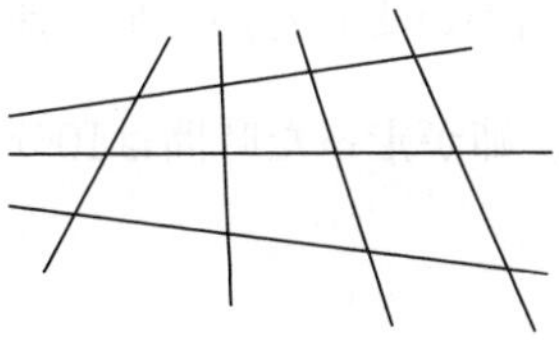

3　Ａさん，母，猫《ねこ》の年齢《れい》を考えます。Ａさんと母の年齢の差は30歳《さい》で，猫の年齢は下表をもとに計算します。今から９年後に，猫の年齢はＡさんと母の年齢の和と同じになります。Ａさんの今の年齢は何歳ですか。

年数	今	１年後	２年後	３年後	４年後	……
猫の年齢	28	32	36	40	44	……

4　グラフは，ろうそくに火をつけてからの時間と，ろうそくの長さの関係を表しています。途《と》中，ろうそくの火が消えていてろうそくの長さが変わらない時間が４分間ありました。ろうそくに再び火をつけたのは，はじめから何分何秒経《た》ったときですか。

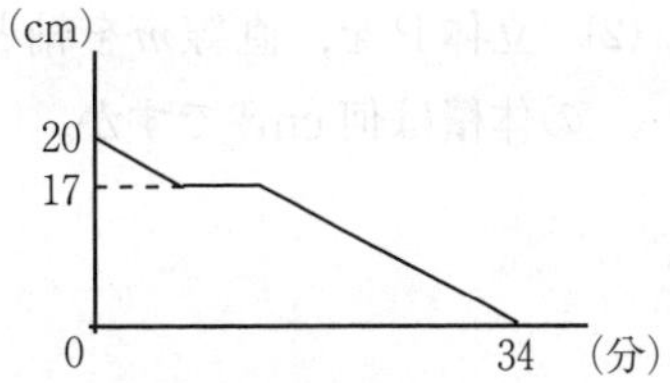

5 図の角あと角いの大きさの比と，角うと角えの大きさの比は，それぞれ１:２です。

(1) 角あと角うの大きさの和は何度ですか。

(2) 角あの大きさは何度ですか。

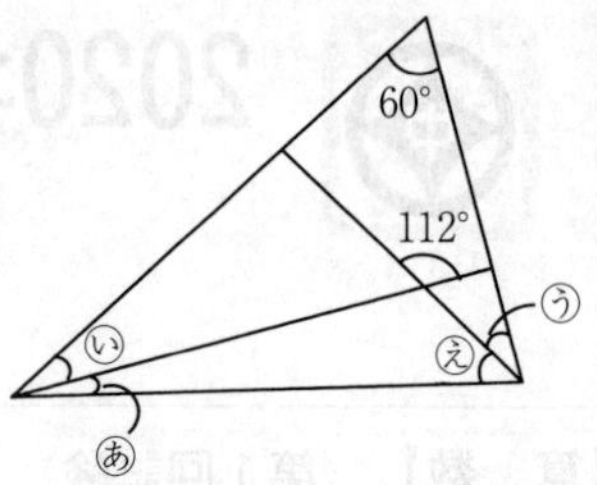

6 ある学校の男子の人数は，全体の $\frac{4}{9}$ より20人多く，女子の人数より８人多いです。女子の人数は何人ですか。

7 あるきまりにしたがって下表のように数が並んでいます。例えば，２行目４列目の数は11です。2020は何行目何列目の数ですか。

		列								
		1	2	3	4	5	6	7	…	…
	1	1	2	4	7	10	13	16	…	…
行	2	3	5	8	11	14	17	…	…	
	3	6	9	12	15	18	…	…		

8 家から公園までの道のりは960m です。姉妹が，同時に家を出て同じ速さで公園に向かって歩きました。姉は，途中で同じ速さで引き返して家まで戻り，その後，家から公園までは２倍の速さで走りました。妹は，姉が引き返した後もそのまま公園に向かいましたが，歩く速さは姉と一緒に歩いたときの $\frac{2}{3}$ 倍でした。姉妹は同時に公園に着き，姉が走った時間は10分間でした。姉は，家から何m歩いたところで引き返しましたか。

9 商品Ａと商品Ｂを，合わせて20000円で仕入れました。商品Ａは３割の，商品Ｂは２割の利益を見込んで，定価をつけました。なかなか売れないので，定価から，商品Ａは１割，商品Ｂは２割を値引きして売ったところ，売り値の合計から仕入れ値の合計を引いた金額は460円でした。商品Ａの仕入れ値はいくらでしたか。

10 図の三角形ABCを，直線 l を軸として矢印の方向に180度回転してできる立体を，立体Ｐとします。

(1) 立体Ｐの体積は何 cm^3 ですか。

(2) 立体Ｐを，直線 m を軸として矢印の方向に180度回転してできる立体の体積は何 cm^3 ですか。

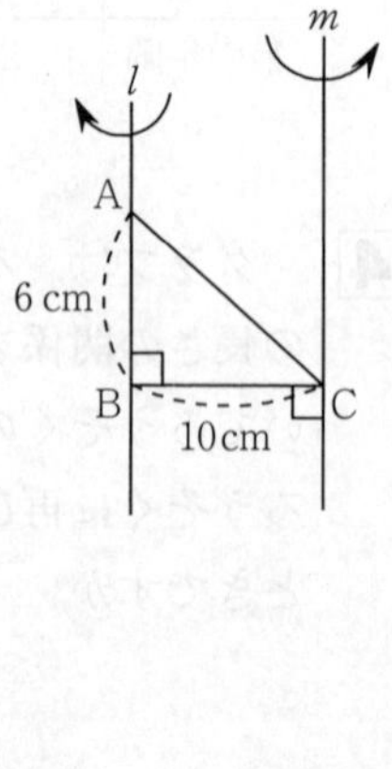

【社　会】〈第１回試験〉（30分）〈満点：60点〉

（注意）　地名・用語は，特別の指示がないかぎり，漢字で答えなさい。

1　右の表に示した県は，海に囲まれていない県です。これらの県に関する，次の問いに答えなさい。

	面積(km²)	人口(千人)
長野	13562	2063
岐阜	10621	1997
栃木	6408	1946
群馬	6362	1952
山梨	4465	817
滋賀	4017	1412
(あ)	3798	7330
奈良	3691	1339

人口は2018年10月
『日本国勢図会 2019/20』より作成

問１．表中(あ)の県について，他と比較した場合，(あ)の県が最も低い数値となるものをア～エより選び，記号で答えなさい。

ア．15歳未満の人口÷全人口

イ．昼間の人口÷夜間の人口

ウ．第３次産業に就く人口÷全就業者人口

エ．2015年の人口÷2010年の人口

問２．県境に大きな山がある場合があります。八ヶ岳は，どことどこの県の境にありますか。表中の県から**２つ**答えなさい。

問３．表中の奈良県は，中南部の吉野地方を中心に林業がさかんです。次の図は，用材(家具や建築物，パルプなどの原料として用いられるもの)の国産材と外国産材の供給量(千m³)について，1980年から2017年までの変化を示したものです。この図に関して説明した文を読み，あとの問いに答えなさい。

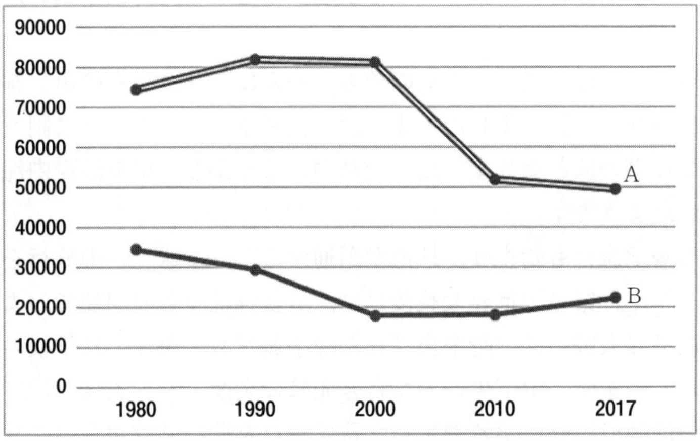

『日本国勢図会 2019/20』より作成

折れ線グラフＡは(　か　)材で，Ｂは(　き　)材である。この図から，2017年のわが国の用材の自給率は約(　く　)％であることがわかる。近年は中国などへの(　け　)が増加し，林業の活性化につながることが期待されている。

(1)　(か)(き)に「国産」・「外国産」のどちらかがあてはまります。それぞれ答えなさい。

(2)　(く)にあてはまる数字を[　]より選んで答えなさい。

[15　　30　　45　　60]

(3)　(け)にあてはまる語句を答えなさい。

問４．海に囲まれていない県においても，その土地で受け継がれる伝統工芸品があります。右の伝統工芸品は表中のどこの県のものですか。

問５．中学１年生の社会科の授業で，内陸地域の工業について，テーマを設定して調べました。多くの人が，あるキーワードが重要であると考えました。次ページに示したテーマ例の○○○○が，そのキーワードになります。あてはまる語句を**４字**で答えなさい。

テーマ例
「◯◯◯◯の整備とその影響」「◯◯◯◯によって拡大した流通網」

問６．海がなく内陸に位置する県では，地形や気候の特色を生かして果実の生産がさかんです。右の表はいくつかの果実の生産のさかんな上位４県を示したものです。〈**さ**〉～〈**す**〉にあてはまる果実をア～エより選び，記号で答えなさい。また，(イ)～(ハ)にあてはまる県を前ページの表中から選びなさい。

〈**さ**〉	〈**し**〉	〈**す**〉
(イ)	青森	(ハ)
福岡	(ロ)	(ロ)
熊本	山形	岡山
静岡	岩手	山形

統計は2017年 『データでみる県勢 2020』より作成

ア．ぶどう　　イ．みかん
ウ．いちご　　エ．りんご

2　日本の旅の歴史に関する次の文を読み，あとの問いに答えなさい。

現代において，旅は楽しむものであり，観光という意味が大きいものですが，昔はそうではありませんでした。

①３世紀の日本の様子をあらわした『魏志倭人伝』から，旅に出ることは，常に危険をともなうものであった様子がうかがえます。奈良時代につくられた和歌集『（ あ ）』の中には，九州の防備にあたった（ い ）の歌があり，任務として移動する旅もあったことがわかります。平安時代・鎌倉時代には，全国を旅して修行や布教をする僧が現れました。②時宗を開いた一遍などが有名です。

交通施設が整備された江戸時代には，楽しむための旅もさかんになり，皇室の祖先神をまつるとされる（ う ）への参詣《さんけい》は何度も流行しました。また，３代将軍（ え ）の時代に制度化された参勤交代は，大名にとって仕事の旅となりました。流れのゆるやかな③川や瀬戸内海，④琵琶湖などでは，船旅も行われたようです。

明治時代には，日本独自の修学旅行も始まり，鉄道が開通すると，⑤遠くへの旅行を実施する学校もしだいに多くなりました。第二次世界大戦後には，⑥新幹線などの開通で，より移動が便利になりました。第二次世界大戦中に一時中止された修学旅行も，現在では学校の教育活動の一つとして位置づけられています。中学生の主な行き先は⑦金閣，⑧二条城，法隆寺，広島・長崎の⑨原爆資料館，⑩沖縄で，歴史学習や平和学習に重点を置く学校が多いようです。

問１．文中の(あ)～(え)にあてはまる語句や人名を答えなさい。

問２．下線部①についての文として正しいものを，次から１つ選び，記号で答えなさい。

ア．縄目の模様をつけた土器を使用して，木の実などを煮炊《にた》きして食べていた。
イ．打製石器を使用して，狩りや採集をしながら，移動生活を送っていた。
ウ．渡来人によってもたらされた土師器《はじき》を祭りの道具として使用していた。
エ．鉄製の刃をつけた農具を用いて稲作を行い，収穫物は高床倉庫に貯蔵していた。

問３．下線部②について，次ページの資料Ａは『一遍上人絵伝』の一部で，鎌倉時代の商業の様子を示しています。この時代の商業の変化について，資料Ｂをふまえて説明しなさい。

資料A

資料B

問４．下線部③について，次のＸ・Ｙの河川はそれぞれ何という平野を流れて海に出ていますか。また，その平野の位置を右の地図中より選び，それぞれ記号で答えなさい。

Ｘ．木曽川　　Ｙ．最上川

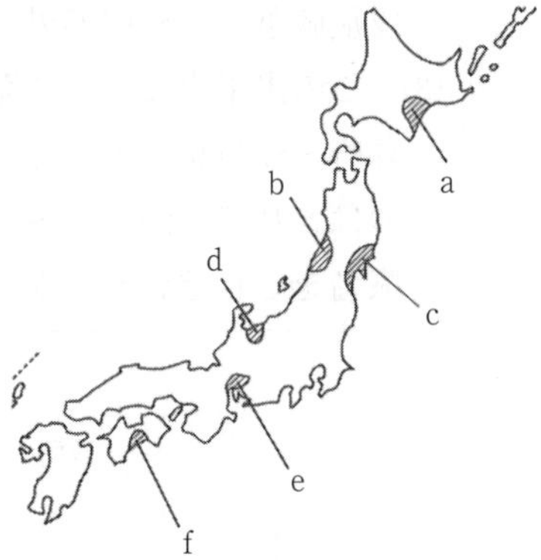

問５．下線部④について，

(1)　かつて，琵琶湖のある滋賀県は「近江《おうみ》国」，浜名湖がある静岡県は「遠江《とおとうみ》国」と呼ばれていました。この呼び方が８世紀ごろに定められたとすると，「近」「遠」とはどこからの距離をいいますか。

(2)　琵琶湖は，水鳥の住む場所としての自然環境を保護する条約の登録地です。日本が1980年に加盟したこの条約を答えなさい。

問６．下線部⑤について，第二次世界大戦前は，中国の遼東半島にある軍施設を見学する学校もありました。この見学地への旅行が行われるようになったのは，どの時期からと考えられますか。１つ選び，記号で答えなさい。

ア．日清戦争以降　　　　イ．日露戦争以降

ウ．第一次世界大戦以降　　エ．日中戦争以降

問７．下線部⑥について，次のア～エは，東海道・山陽新幹線が通過する都道府県の特色を描いたかるたの札です。福岡から東京に向かう場合，通過する順に札をならべかえ，記号で答えなさい。

ア　　　　イ　　　　ウ　　　　エ

問８．下線部⑦を建てた人物が行ったこととして**まちがっている**ものを１つ選び，記号で答えなさい。

ア．吉野の南朝側と交渉して南北朝の合体を行った。

イ．中国と，勘合という合い札を使用した貿易を始めた。

ウ．観阿弥・世阿弥によって完成した能を保護した。

エ．公平な裁判を行うために初めての武家法を制定した。

問９．下線部⑧は，徳川慶喜が政権を天皇に返した場所でもあります。

(1)　この出来事を何といいますか。

(2)　(1)と，次にあげた出来事を年代順にならべると(1)は何番目になりますか。数字で答えなさい。

戊辰戦争　　桜田門外の変　　薩長同盟

(3)　この出来事によって幕府政治は終わりをつげました。次のア～ウの図は鎌倉幕府・室町幕府・江戸幕府のしくみと役職をあらわしたものです。鎌倉幕府のしくみをあらわしたものはどれですか。ア～ウより記号で答えなさい。また，表中の(か)～(く)にあてはまる役職名をそれぞれ答えなさい。

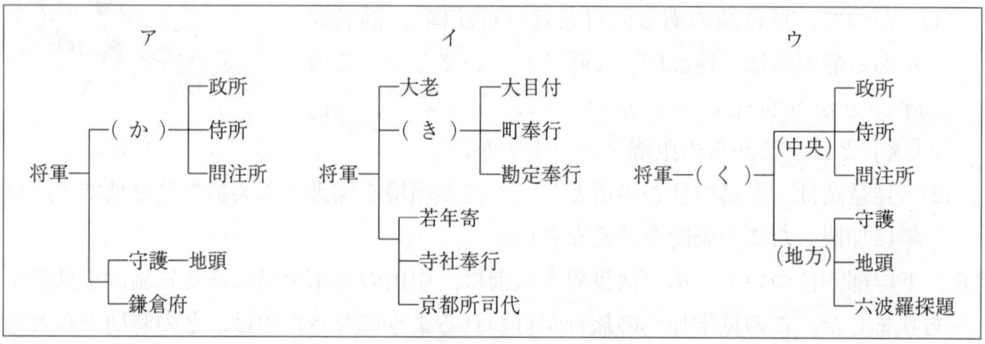

問10．下線部⑨に関連して，日本は第二次世界大戦中の1945年に世界で初めて原子爆弾が投下された国です。第二次世界大戦後，核軍縮の取り組みが行われてきましたが，核兵器の廃絶にはまだいたっていません。第二次世界大戦後の核兵器に関する文として**まちがっている**ものを１つ選び，記号で答えなさい。

ア．1950年代に，アメリカの水爆実験で日本の漁船が被害にあう事件がおきた。

イ．1990年代に，あらゆる場所での核実験を禁止する条約が国連総会で採択《さいたく》された。

ウ．アメリカのオバマ大統領が，『核なき世界』を目指すという演説を行った。

エ．北朝鮮は，核拡散防止条約から脱退したが，まだ核実験は行っていない。

問11．下線部⑩について，1853年，アメリカの艦隊を率いて日本へ行く途中，那覇に寄港した人物はだれですか。

3　お金と経済に関する次の文を読み，あとの問いに答えなさい。

経済のなかで①お金はさまざまな役割を果たしており，②政府も企業《きぎょう》も③家計も，お金を使って経済活動をおこなっています。

約30年前にバブル経済が崩壊《ほうかい》してから，日本の経済は停滞《ていたい》を続けました。2010年ごろから④税収は増えてきましたが，社会の変化を背景に⑤歳出《さいしゅつ》も増えています。いまの日本では，こうした財政の問題や将来の⑥生活への不安から，⑦老後に備えてお金を使わず貯蓄《ちょちく》する人も多いといわれています。

問１．下線部①について，昨年４月，新しい図柄《ずがら》の紙幣《しへい》が2024年に発行されることが発表されました。一万円札の図柄に選ばれた明治・大正時代の実業家の名前を答えなさい。

問２．下線部②について，

⑴　次のうち，内閣の仕事にあてはまるものを１つ選び，記号で答えなさい。

ア．予算案を審議《しんぎ》し予算を決定する

イ．外国の政府と条約を結ぶ

ウ．不適切な裁判官をさばく

エ．憲法改正を発議《はつぎ》する

オ．国政に関する調査をおこなう

⑵　内閣の助言と承認のもと，日本国の［　あ　］である天皇は，儀礼《ぎれい》的な行為《こうい》をおこなうと憲法で定められています。［あ］にあてはまる語句を答え，儀礼的な行為に**あてはまらない**ものを次から１つ選び，記号で答えなさい。

ア．国会の召集《しょうしゅう》

イ．法律や条約の公布

ウ．衆議院の解散

エ．最高裁判所長官の指名

問３．下線部③に関連して，高度経済成長以降，家庭生活の様子は大きく変わり，さまざまな電化製品などが普及《ふきゅう》しました。５つの製品の普及率を示した次のグラフを見て，Ａ・Ｂにあてはまるものをそれぞれ選び，記号で答えなさい。

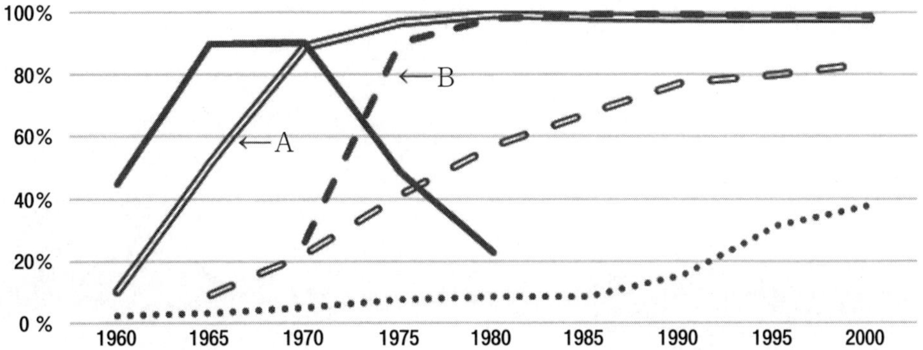

（内閣府　消費動向調査より作成）

ア．カラーテレビ　　イ．白黒テレビ

ウ．ビデオカメラ　　エ．乗用車

オ．電気冷蔵庫

問4．下線部④に関連して，

(1) 2019年10月に税率の引き上げがおこなわれた消費税は，間接税の1つです。間接税とはどのような税ですか。解答らんに合わせて，**15字以内**で説明しなさい。

(2) 次のうち，国に納める間接税にあたるものを1つ選び，記号で答えなさい。

ア．所得税　イ．住民税

ウ．法人税　エ．酒税

オ．自動車税

問5．下線部⑤について，右のグラフは，国の一般会計予算(2019年度)の歳出の内訳《うちわけ》(割合)を示したものです。**C費**の額は，社会の変化にともなって30年前の約3倍になっています。また，**D費**の割合が増加すると，国がさまざまな政策を実施するためのお金が減ることになります。グラフ中の**C**・**D**にあてはまる語句をア～オよりそれぞれ選び，記号で答えなさい。

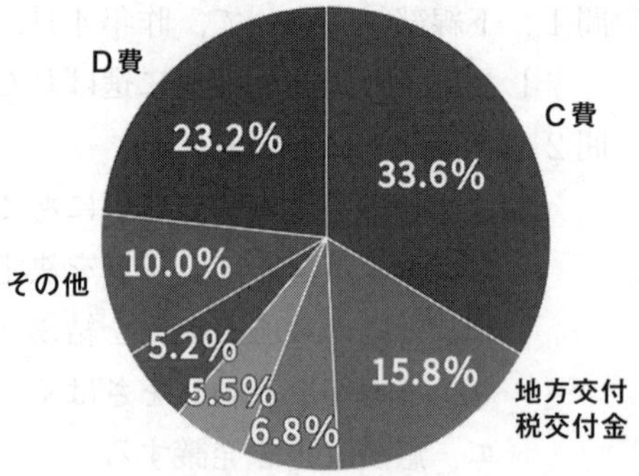

ア．文教・科学振興《しんこう》　イ．防衛　ウ．社会保障

エ．国債《こくさい》　オ．公共事業

問6．下線部⑥に関連して，日本国憲法第25条は「すべて国民は，［　い　］の生活を営む権利を有する」と定めています。［い］にあてはまる語句を**11字**で答えなさい。

問7．下線部⑦について，2019年6月，金融《きんゆう》庁は，老後の生活に必要な資金は［　う　］だけでは足りないとの報告書を発表しました。老齢《ろうれい》［　う　］は，原則として［　え　］歳《さい》から受け取ることができますが，希望者は，受給《じゅきゅう》開始年齢を遅《おく》らせる代わりに，支給《しきゅう》額を増やすことができます。［う］・［え］にあてはまる語句・数字を答えなさい。

【理　科】〈第１回試験〉（30分）〈満点：60点〉

1　2020年の東京オリンピックがいよいよ近づいてきました。りか子さんは，オリンピック期間の東京の気象についてニュースで取り上げられていることから，自分でも調べてみようと思い，2019年７月24日の東京の天気について調べました。次の表１と表２は，りか子さんが調べてまとめたものです。これについて，あとの問いに答えなさい。

2019年７月24日

時	気温	しつ度	風速	風向	天気	雲量
	℃	%	m／秒			
3	23.9	100	0.9	北西	◎	10
6	24.7	96	0.5	東北東	◎	10
9	26.9	81	1.4	西北西		9
12	28.6	90	1.1	西南西		9
15	31.0	64	4.1	南東	⦶	4
18	27.9	75	3.9	南東		5
21	26.6	82	2.7	南東		8

表１

階級	風速(m／秒)
0	0.0～0.2
1	0.3～1.5
2	1.6～3.3
3	3.4～5.4
4	5.5～7.9
5	8.0～10.7
6	10.8～13.8
7	13.9～17.1
8	17.2～20.7
9	20.8～24.4
10	24.5～28.4
11	28.5～32.6
12	32.7～

表２

問１　表１の天気「◎」はどのような天気ですか。もっとも適当なものを，次の(ア)～(オ)から１つ選び，記号で答えなさい。

(ア)　快晴　　(イ)　晴れ　　(ウ)　くもり

(エ)　雨　　　(オ)　雪

問２　この日の21時の天気図の記号を，天気・風向き・風力が分かるように解答らんにかきなさい。

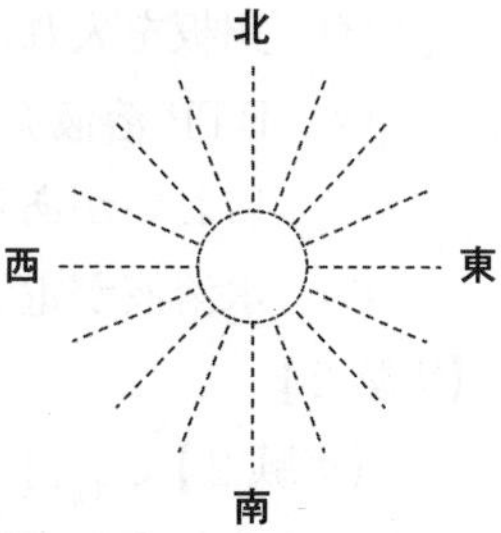

問３　この日のしつ度は一日の中で大きく変動しています。これについて次の問いに答えなさい。

(1)　次の文章中の空らん①～③にあてはまる数値や語句を答えなさい。

ある温度において，空気中にふくまれる水蒸気の量が限界まで達した状態だと，しつ度は(　①　)%になります。この状態に一番近いといわれている気象現象が(　②　)です。この現象は空気中の水蒸気がほう和状態となり，空気中にふくむことができなくなった水蒸気が水てきに変化して，空気中をただようことで発生します。この現象が上空の高いところで起きた場合には(　③　)になります。つまり，地表付近ならば「(　②　)が発生する状態」，上空ならば「(　③　)ができる状態」といえます。

(2)　この日の東京で，洗たく物が一番かわきやすいのは何時ごろですか。次の(ア)～(キ)から１つ選び，記号で答えなさい。

(ア)　３時　　(イ)　６時　　(ウ)　９時　　(エ)　12時

(オ)　15時　　(カ)　18時　　(キ)　21時

問４　この日の11時ごろ，１時間あたり5.0mmの雨が降ったとします。この１時間で70,000 m^2 のオリンピックスタジアムには何ｔ(トン)の雨が降ったことになりますか。なお，水は１ cm^3 あたり１ｇとして考えなさい。また，１ｔは1000kgです。

2　６種類の白い粉Ａ～Ｆがあります。これらは，食塩，砂糖，デンプン，ホウ酸，チョークの粉，消石灰のいずれかであることがわかっています。白い粉Ａ～Ｆが何であるかを調べるために，次の実験をしました。あとの問いに答えなさい。

【実験１】

白い粉Ａ～Ｆを５ｇずつ取って，100ｇの室温の水を加えてよく混ぜたら，よく溶《と》けたものはＢ，Ｃ，Ｆの３種類でした。この３種類の水溶《よう》液を少量ずつ蒸発皿に取り，ガスバーナーでゆっくり加熱するとＦはだんだんと茶色くなってこげ，残り２種類の水溶液Ｂ，Ｃは水が蒸発したあとに両方とも白いつぶが残りました。残った白いつぶをルーペで観察したときのスケッチが図１です。

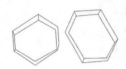

図１

問１　白い粉Ｂは何ですか。名前を答えなさい。また，加熱して残った白いつぶを観察する方法以外で，ＢとＣの水溶液を区別する方法を次の(ア)～(オ)から１つ選び，記号で答えなさい。

(ア)　フェノールフタレイン溶液を数滴《てき》ずつ加え，色が変化するかどうか観察する。

(イ)　銅板を入れて気体が発生するかどうか観察する。

(ウ)　BTB溶液を数滴ずつ加え，色に違いがあるかどうか観察する。

(エ)　においがあるかどうか観察する。

(オ)　水溶液が電気を通すかどうか観察する。

【実験２】

【実験２】で(あ)溶け残りがあった白い粉Ａ，Ｄ，Ｅを加えた水をろ過しました。ろ紙に残ったものにそれぞれ食酢《す》をかけたら，気体Ｘが発生したのはＤだけでした。このとき発生した気体と同じものをＡ，Ｅのろ液に通じると，Ｅのろ液が白くにごり，(い)Ａのろ液には変化がありませんでした。

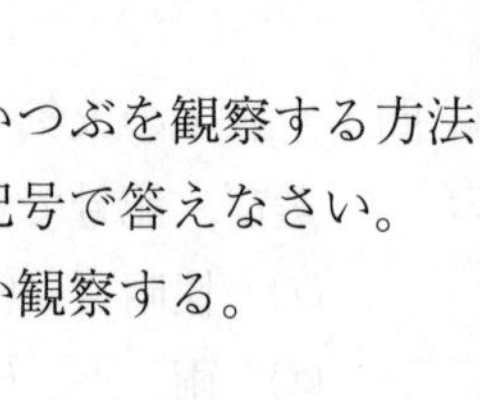

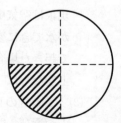

問２　下線部(あ)について，ろ過をしたあとのろ紙には溶け残った固体が残っています。ろ紙を開いたときに固体がついている可能性がある部分を，右図にならって解答らんの図に斜《しゃ》線で示しなさい。なお，図中の点線はろ紙の折り目とします。

問３　白い粉Ｄと同じように，食酢をかけたときに気体Ｘを発生させるものはどれですか。次の(ア)～(カ)からすべて選び，記号で答えなさい。

(ア)　シリカゲル　　(イ)　たまごのから　　(ウ)　大理石

(エ)　重そう　　(オ)　ペットボトル　　(カ)　銅

問４　下線部(い)について，白い粉Ａが何であるかを確認する「薬品」として最も適するものとその「結果」をそれぞれ答えなさい。

問５　波線部「気体Ｘ」について，次の問いに答えなさい。

2019年はアマゾン熱帯雨林の火災が急増し，大きなニュースとなりました。熱帯雨林の減少によって起こりうる問題はいくつもありますが，その一つとして「気体Ｘ」の増加によって地球温暖化の進行が早まるのではないか，という心配があげられます。

火災で熱帯雨林が減少することで大気中の「気体Ｘ」が増加する，と考えられているのはなぜですか。簡潔に説明しなさい。

3　メダカの血液の流れを調べるため，図１のように，水を入れたチャックつきのポリエチレンの袋《ふくろ》に生きているメダカを入れ，尾《お》びれの根もとに近い部分を顕微鏡《けんびきょう》で観察しました。図２はそのスケッチで，血管Ａや血管Ｂの中を多数のつぶが矢印の向きに流れている様子が観察されました。これについて，あとの問いに答えなさい。

図１

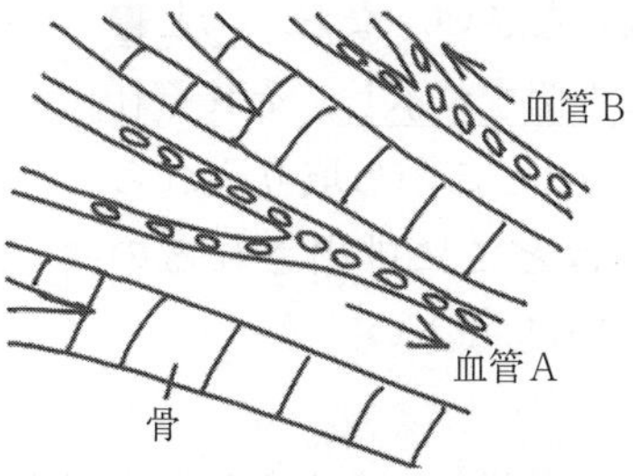

図２

問１　メダカの呼吸器官はえらです。メダカと同じようにえらで呼吸をしている動物を，次の(ア)～(ク)から３つ選び，記号で答えなさい。

(ア)　イルカ　　(イ)　ウサギ　　(ウ)　カメ　　(エ)　オタマジャクシ

(オ)　ワニ　　(カ)　カニ　　(キ)　カエル　　(ク)　イカ

問２　図２について，次の問いに答えなさい。

(1)　血管内を流れるつぶの名前を答えなさい。

(2)　動脈は血管Ａと血管Ｂのどちらですか，記号で答えなさい。また，血管Ａと血管Ｂをつなぐ細い血管の名前を答えなさい。

問３　メダカの血液の循環《じゅんかん》について，正しく説明している文を次の(ア)～(オ)から２つ選び，記号で答えなさい。

(ア)　血管Ａを流れる血液は，血管Ｂを流れる血液よりも多くの酸素をふくんでいる。

(イ)　心臓のつくりは一心房一心室で，心臓を通った血液がえらに運ばれたのち全身に向かう。

(ウ)　心臓のつくりは二心房一心室で，酸素の多い血液と少ない血液が心臓の中で混ざることがある。

(エ)　えらから出た直後の血液は，心臓から出た直後の血液よりも多くの酸素をふくんでいる。

(オ) 心臓に入る血液よりも心臓から出る血液の方が勢いが弱い。

問４ 図３は，メダカのえらの一部の断面を拡大した模式図です。血液が流れる血管は，えらの中を通っています。図中○印で示される酸素はえらの外から血液中に取り入れられ，●印で示される二酸化炭素は血液中からえらの外に排《はい》出されます。それぞれの移動の様子(どこから取り入れられ，あるいはどこに排出されるのか)は，矢印で示しています。

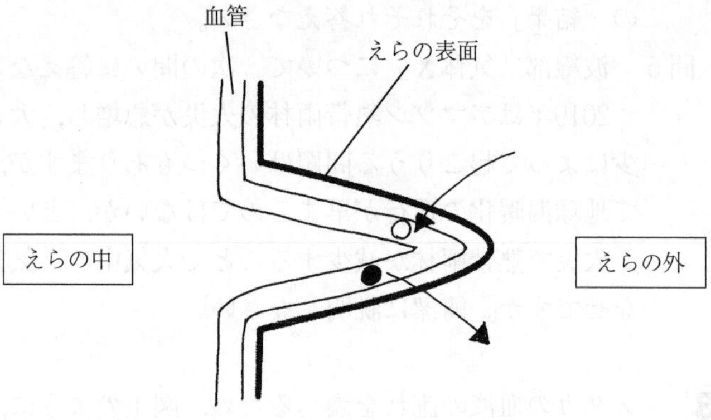

図３

一方，図４はヒトの呼吸器官である肺の肺胞の一部の断面を拡大した模式図です。図３とその説明を参考にして，血管と○と●を解答らんの図にかき入れなさい。なお，○と●は血管内に１個ずつ示し，それぞれの移動の様子(どこから取り入れられ，あるいはどこに排出されるのか)を矢印で示しなさい。

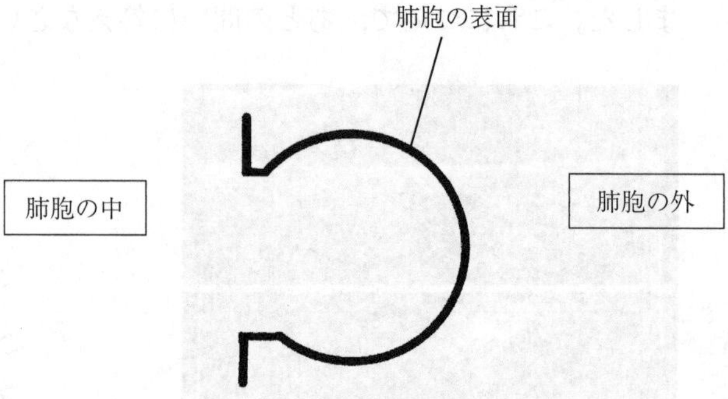

図４

4 現代の私たちの暮らしを支えるさまざまな電化製品には，永久磁石と電磁石を組み合わせて作られたものがいくつもあります。それらについて，次の問いに答えなさい。

問１ コイルに電流を流すと電磁石になります。コイルの巻き数を多くして，強い電流を流すと，磁力の強い電磁石ができますが，これ以外で電磁石の磁力を強くするためにはどんな方法がありますか。次の文がその答えになるように，空らん(　)にあてはまる言葉を答えなさい。

電磁石の磁力を強くするために，コイルの中に(　　)を入れる。

問２ 図１はスピーカーのしくみを説明するために，断面を模式的に表したものです。次の文章中の空らんＡ・Ｂにあてはまる記号・言葉の組み合わせとして正しいものを，あとの表の①～④から選んで番号で答えなさい。

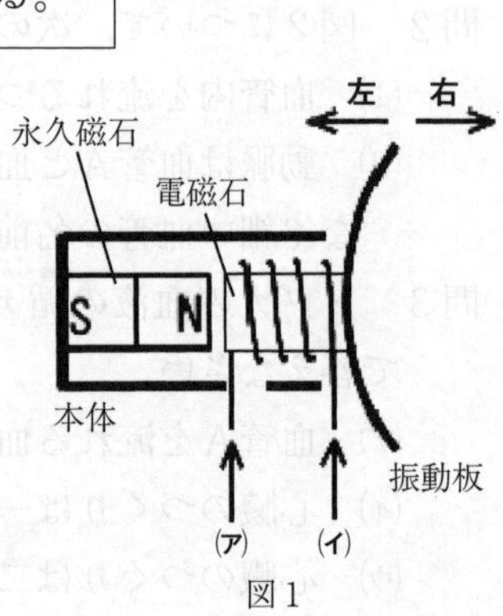

図１

図のように，スピーカーの本体には永久磁石がついていて，振動板《しんどう》には電磁石がついています。スピーカー本体は動かず，振動板が振動することで音が出るしくみです。電流が(Ａ)の向きに流れると電磁石が永久磁石に引きよせられて，振動板が図の左向きに動きます。電流の向きが逆になると振動板は図の右向きに動きます。そのため，音が流れているときスピーカーに流れている電流は，

(　B　)ようになっています。

	A	B
①	(ア)	ずっと同じ向きに流れ続ける
②	(ア)	向きが１秒あたりに何百回も入れかわる
③	(イ)	ずっと同じ向きに流れ続ける
④	(イ)	向きが１秒あたりに何百回も入れかわる

問３　図２はモーターのしくみを表しています。回転する電磁石の位置が図２のようになっている瞬間《しゅんかん》，電磁石の(ア)の極はＮ極またはＳ極のどちらになっていますか。また，このときに流れている電流の向きは(イ)または(ウ)のどちらになっていますか。それぞれ答えなさい。ただし，電磁石は図２のように時計回りに回転しています。

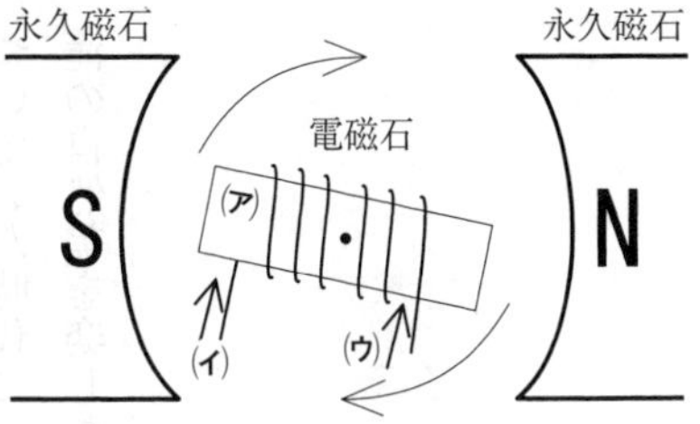

図２

問４　図２の電磁石が時計回りに回転を続けるためには，回転の途中《とちゅう》で電流の向きを逆向きに切りかえる必要があります。どの図と図の間で電流の向きを逆にすればよいですか。矢印(ア)〜(カ)から２つ選び，記号で答えなさい。

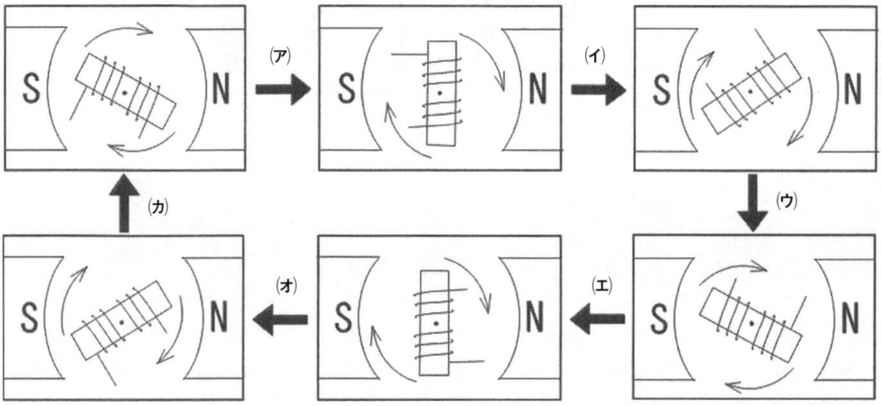

問５　けい帯電話やスマートフォンには，電話やメールの着信などを，音ではなく振動で知らせてくれるしくみがあります。どのようにして振動しているのか実験してみましょう。

調べてみると，この振動には「偏心《へんしん》モーター」というしくみが使われているという説明がありました。偏心モーターとは，重心が物体の中心からずれているおもりをモーターにとりつけたもののことです。図３のように，プロペラモーターにかん電池をつなぐと，モーターにとりつけたプロペラが回転します。このプロペラに簡単な加工をして，振動するしくみを作りたいと思います。どのようにすればよいか，簡単に説明しなさい。

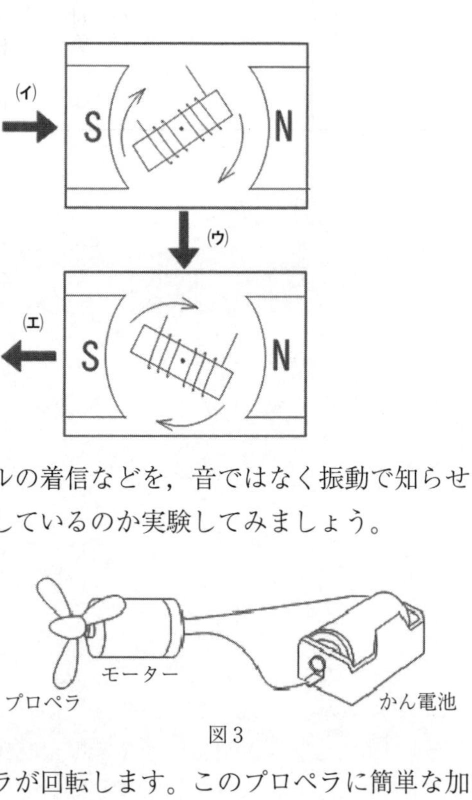

図３

ニ　a：ちる（秋）　b：うちこむ（夏）　c：かき合はす（秋）

問７　――線⑥「滝行」と同じように、上を訓、下を音で読む「湯桶《ゆとう》読み」の言葉を、次の中から一つ選んで記号で答えなさい。

イ　青菜のおひたしが好物だ。

ロ　赤飯をたいて合格を祝う。

ハ　竹輪は魚のすり身で作る。

ニ　夕食を家族全員で食べる。

問８　次の中から、本文の内容と合っていないものを二つ選んで記号で答えなさい。

イ　『万葉集』に早瀬を意味する「たぎ」という言葉はあるが、今日の「滝」と同義の「たき」という言葉は登場しない。

ロ　『万葉集』に出てくる「たるみ」は、いわゆる滝の中でも流れのゆるやかなものを表し、春の季語であった。

ハ　「たき」という言葉が、いわゆる滝を表すようになったのは昭和のはじめのことで、それまでは「たるみ」と言っていた。

ニ　芭蕉の時代には季語でなかった「滝」だが、現代では「滝殿」とともに夏の季語として歳時記に載《の》せられている。

ホ　登山が宗教と結びついていた時代には、滝が行楽の対象になることはあり得ず、滝の自然美を楽しむ習慣はなかった。

連季語として挙げられているに過ぎない。

　滝が身近なものになったのは、登山やハイキングが一般化《いっぱんか》したことが影響《えいきょう》しているだろう。山に登るというのは日本では宗教的な意味をもつもので、山伏修行《やまぶししゅぎょう》もそのひとつだった。山そのものが御神体《ごしんたい》になっているところも多い。滝もまた、修行のひとつとして身体を打たせる⑥滝行《たきぎょう》を行ったりするもので、自然を楽しむために出かけるようなところではなかったのである。

　登山の醍醐味《だいごみ》は、自然そのものの雄大《ゆうだい》さや美しさに触《ふ》れることにある。山中の滝と向き合うのも同様である。滝を見に出かけるという行《こう》為《い》、これはまさに近代のものであり、王朝歌人たちには思いもよらないことだった。

（片山由美子《かたやまゆみこ》『季語を知る』による）

問１　——線①「歳時記」の説明として最も適当なものを、次の中から一つ選んで記号で答えなさい。

イ　行事や古いならわしに関する季語を、俳句と共に季節の順に記した書物。

ロ　俳句の季語を分類してならべ、解説をつけて実例となる句をそえた書物。

ハ　伝統的な旧暦《きゅうれき》を用い、一日ごとにその日にふさわしい季語を配し解説した書物。

ニ　その年ごとに作られた優《すぐ》れた俳句を選び出し、春夏秋冬の四巻にまとめた書物。

問２　——線②「『万葉集』」の言葉にもとづいて、「令和」という新しい時代の名前が決められた。明治から大正へ、あるいは、昭和から平成へというように、年のよび名を新しくすることを一般に何と言うか。漢字二字で答えなさい。

問３　——線③「情景がはっきり浮かぶだろう」とあるが、どんな「情景」が浮かぶのか。最も適当なものを、次の中から一つ選んで記号で答えなさい。

イ　夏なのに涼《すず》しくて、ワラビの季節である春とかんちがいしそうな、滝壺近くの情景。

ロ　激流に耐《た》え、けなげに岩にへばりついているワラビを、滝殿から眺めている情景。

ハ　ワラビが小さな芽を出しているそのそばで、滝が勢いよく流れ落ちている情景。

ニ　滝を見上げて、はるか高いところにワラビの芽が出ているのを見つけた情景。

問４　——線④「造り滝」の場合と「つくり」の意味が最も近い言葉を、次の中から一つ選んで記号で答えなさい。

イ　つくり笑顔《えがお》にだまされるな。

ロ　折り紙のつくり方を教わる。

ハ　特産品のつくり手が減った。

ニ　つくり置きのおかずがある。

問５　——線⑤「芭蕉」の句を一つ選んで記号で答えなさい。

イ　菜の花や月は東に日は西に

ロ　春風や闘志《とうし》いだきて丘《おか》に立つ

ハ　我と来て遊べや親のない雀《すずめ》

ニ　古池や蛙《かわず》飛びこむ水の音

問６　［a］・［b］・［c］には、直前の例句の季語が入る。それぞれの季語と、その季節との組み合わせとして最も適当なものを、次の中から一つ選んで記号で答えなさい。

イ　a：ほろ〳〵（春）　b：鮎（夏）　c：滝見（秋）

ロ　a：山吹（春）　b：小鮎（春）　c：袷（夏）

ハ　a：滝（夏）　b：滝壺（夏）　c：滝見（夏）

問8 【Ⅰ】・【Ⅱ】に当てはまる言葉の組み合わせとして最も適当なものを、次の中から一つ選んで記号で答えなさい。

イ Ⅰ下がる・Ⅱ低い　ロ Ⅰ下がる・Ⅱ高い
ハ Ⅰ上がる・Ⅱ低い　ニ Ⅰ上がる・Ⅱ高い

問9 ――線⑥「首をかしげている」に表れている気持ちとして最も適当なものを、次の中から一つ選んで記号で答えなさい。

イ 不安　ロ 心配　ハ 混乱　ニ 疑問

問10 ――線⑦「わたしらは終戦後すぐからコーラ飲んだ」とあるが、その社会的背景として考えられる理由を、「～から。」に続くように**A**の文章中から十七字でぬき出し、最初の三字を答えなさい。

問11 Z に当てはまる表現として最も適当なものを、次の中から一つ選んで記号で答えなさい。

イ 加工された糖分　ロ 摂取する糖分の量
ハ 酸を生み出す虫歯菌　ニ 含まれている添加物

問12 文章中の**A**～**C**の部分の小見出しとして最も適当なものを、次の中から一つずつ選んで記号で答えなさい(同じ記号は二度使えない)。

イ 砂糖と健康　ロ 砂糖の実験
ハ 砂糖の仲間　ニ 砂糖の歴史
ホ カロリーゼロのひみつ　ヘ カロリーオフと糖質制限
ト カロリーとの上手な付き合い方

三

次の文章を読んで、後の1～8の問いに答えなさい。(問題の都合上、本文を変えているところがあります。*のついた説明は出題者が加えたものです。)

「滝《たき》」は現代では夏を代表する季語のひとつといってよいが、①歳時《さいじ》記《き》に登場したのは昭和のはじめである。それに至るまでが興味深い。

滝という言葉は②『万葉集』にも登場し、当時は「たぎ」と濁《にご》って発音されていた。しかもいわゆる滝ではなく、早瀬《はやせ》(*川の流れの急なところ)のことだった。動詞「たぎつ」の「たぎ」と同義である。現代の滝を意味するのは「垂水《たるみ》」であった。

石《（いわ）》ばしる垂水の上のさ蕨《わらび》の萌《も》えいづる春になりにけるかも
志貴皇子《しきのみこ》(『万葉集』巻八、春)

よく知られているこの歌の「垂水」が滝であると分かれば、③情景がはっきり浮《う》かぶだろう。

「たぎ」は、平安時代には「たき」と清音になり、いわゆる滝を表すようになった。そして、貴族の館《やかた》では「④造《つく》り滝」を楽しみ始めたのである。寝殿造《しんでんづく》りには水が欠かせないが、池のほとりに造り滝を設けることが様式化した。その滝を眺《なが》めるための建物が「滝殿《たきどの》」である。夏、涼味《りょうみ》を味わうための演出であった。これが季の詞《ことば》となるが、俳諧《はいかい》でも季語としたのは「滝」ではなく、あくまでも「滝殿」だった。

ほろ〳〵《ほろ》と山吹《やまぶき》ちるか滝の音　⑤芭蕉《ばしょう》
滝壺《たきつぼ》に命うちこむ小鮎《こあゆ》かな　為有《いゆう》
滝見《たきみ》して袖《そで》かき合は《（わ）》す袷《あわせ》かな　几董《きとう》

こうした作品を見ても、季語は「滝」ではなく、それぞれ「 a ・ b ・ c 」であることが分かる。和歌以来の長い時代を経《へ》て、季語として登載《とうさい》されたのは『最新俳句歳時記』(小泉迂外《うがい》編・昭和五)が最初である。

現代の歳時記では「滝」が主季語であり、「滝殿」は遠慮《えんりょ》がちに関

「ダイエットコーラは、おいしくないよ」

生徒からは、こんな声もあがる。そこで、ダイエットコーラの甘味《あまみ》成分として使われているアスパルテームを使った甘味飲料を味見してもらう。

「ものすごく甘いニオイですね」

「後までずっと甘みが口に残りますね」

人工甘《かん》味料《みりょう》にはショ糖の何百倍もの甘さをもつものがある。これを使えばショ糖を使うより、ずっと甘味料の量を少なくできることになる。つまり、そのぶん、カロリーを減らすことができる。ところが、カロリーがゼロということは、甘味があっても、まったくカロリーにはならないということだ。

あれこれ、生徒たちとやりとりをかわし、カロリーがゼロであるということは、結局、人間には分解できない糖分を使用していることに気づいてもらう。分解ができないから、エネルギーにならない（ゼロカロリー）のだ。

「分解しないで、体の外に全部でちゃうんなら、体に悪いことはないんじゃないですか？」

理論上はそういうことになる。ただ、本当に無害なのかは議論があり、その点については、個人で判断して利用するかどうかを決めるものだろうと話をした。

（盛口《もりぐち》　満《みつる》『めんそーれ！　化学―おばあと学んだ理科授業』による）

問１　X・Y に当てはまる言葉として最も適当なものを、次の中から一つずつ選んで記号で答えなさい（同じ記号は二度使えない）。

イ　でも　　ロ　さらに　　ハ　だから　　ニ　なぜなら

問２　――線①「チョコレートなんかを食べるといいって言うのも同じ」とはどういうことか。それを説明した次の文の【　】に当てはまる表現を十五字以上二十字以内で答えなさい。

・チョコレートには【　　　】ので、バナナと同じようにマラソンのときなどのエネルギー源に適しているということ。

問３　――線②「カロリーゼロのコーラって、カロリーがゼロなのに、なぜ甘いんですか」とあるが、甘くてもカロリーゼロなのはなぜか。その理由を説明した次の文の【　】に当てはまる表現を文章中から十五字以上二十字以内で探し、最初の五字をぬき出して答えなさい。

・カロリーゼロのコーラは【　　　】から。

問４　――線③「砂糖について学習したこと」として適当でないものを、次の中から一つ選んで記号で答えなさい。

イ　砂糖はエネルギー源として吸収されにくい。
ロ　砂糖から水分がなくなると炭に変化する。
ハ　砂糖に硫酸をかけると強いニオイを発する。
ニ　砂糖は炭と水からできた炭水化物である。

問５　═══線(1)「最近」、(2)「注意」と同じ熟語の成り立ちのものを、次の中から一つずつ選んで記号で答えなさい。

イ　円高　　ロ　往復　　ハ　加熱　　ニ　親友

問６　――線④「スポーツドリンク」の説明として最も適当なものを、次の中から一つ選んで記号で答えなさい。

イ　点滴に比べて非常に糖分の濃度が低い。
ロ　血糖値を低くするはたらきがある。
ハ　飲み過ぎると健康を害することがある。
ニ　ブドウ糖と水分のみでできている。

問７　――線⑤「もどき」を言いかえた熟語として最も適当なものを、次の中から一つ選んで記号で答えなさい。

イ　輸入品　　ロ　模造品　　ハ　日用品　　ニ　試作品

「これ飲んだら健康にいいかね？」

スポーツドリンクは、水分、ミネラル、エネルギー源としての炭水化物の急速な補給には適しているけれど、一定量の糖分が含《ふく》まれているので、糖分のとりすぎに(2)注意したほうがいいことを説明する。

「糖尿《とうにょう》の人はブドウ糖をとりすぎちゃいけないんですよね」

「糖尿病の人が注射する、インシュリンってなんですか？」

そこで、血糖値とインシュリンのはたらきについても、少し説明をする。

インシュリンは、すい臓から分泌《ぶんぴつ》される血糖値を調整するはたらきをするホルモンだ。インシュリンが分泌されると、体の各所の細胞《さいぼう》は、血液中のブドウ糖をエネルギー源として利用したり、たくわえたりして、結果として血液中のブドウ糖量（血糖値）は【Ⅰ】。

ところが、もし、インシュリンがうまく分泌できなくなったりすると、いつまでも血糖値が【Ⅱ】ままの状態が続くことになる。こうした状態が糖尿病で、こうなると、食事をしたあとなどには、体外からインシュリンを注射することで、血糖値を調整する必要があるわけだ。

C

ここで、市販《しはん》のヨーグルトの容器にはいっていた「シュガー」の袋《ふくろ》をとりだして見せた（これまた最近、ヨーグルトの容器に「シュガー」の袋は入っていないようになってしまっているが）。

「うちではそれは使いませんよ。捨てています」

そんな声があがる。

「これも甘いですが、なんという糖分かわかりますか？」

皆《みな》、⑥首をかしげている。

この「シュガー」は、一般《いっぱん》に使われる砂糖よりもさらさらしていて、甘さもひかえめだ。しかし、じつはこれが純粋《じゅんすい》の砂糖（ショ糖）である。生徒が「これこそ砂糖」と思っている上白糖は、ショ糖に果糖ブドウ糖液糖（デンプンを工業的に分解して作った果糖とブドウ糖の含まれている液状の糖）を加えたものだ。

「えーっ、あのヨーグルトに入っているものは、てっきり添加物《てんかぶつ》とか入っているかと思って捨てていたんですよ」

「逆に、普段《ふだん》使っている砂糖のほうに、その果糖……とかが入っているんですか？　じゃあ、体に悪いんですか？」

ショ糖、ブドウ糖、果糖のいずれも、天然の物質であり、市販の砂糖（上白糖）自体も体に悪いわけではないことを説明した。問題があるとしたら、その摂取量《せっしゅりょう》だ。

ショ糖の甘さを1とすると、ブドウ糖は0・5、果糖は1・5の甘さとなる。糖にも種類があり、種類によって甘さにちがいがあるということだ。

「あのね、センセイ。⑦わたしらは終戦後すぐからコーラ飲んだ。もう水がわりよ。だから今でも飲みます。コーラ飲んだら、骨が弱くなるって本当？」

こんな質問もだされる。

たとえばコーラに鳥の骨をつけこんでしばらくおくと、骨がやわらかくなる。これはコーラの炭酸が骨のリン酸カルシウムをとかしだしたからだ。ただ、生きている人がコーラを飲んでも、直接コーラが骨に作用することはないから、骨が弱くなるということはない。

もっとも、コーラには大量の糖分が含まれている。そのためコーラを飲むと口のなかに糖分がとどまり、その糖分をもとに虫歯菌《むしばきん》が酸をつくりだし、それによって歯がとかされて虫歯になるということはありうる。やはりここでも［　Z　］が問題だというわけだ。

ここまで話したところで、先週話題となった、カロリーゼロのコーラ——ダイエットコーラをとりあげることにする。

そのとおり。

「あの、筋肉をもりもりさせるために飲むものっていうのは何ですか?」

こんな質問も出たので、炭水化物以外の栄養素の話にも、少しふれる。

「あの、②カロリーゼロのコーラって、カロリーがゼロなのに、なぜ甘《あま》いんですか?」

なかなかおもしろい質問も飛びだす。食品に関《かか》わることは関心が強いようだ。

それにしても、夜間中学の授業でコーラという単語がポンとでてくるのがおもしろいと思ってしまう。夜間中学の生徒たちは60代、70代がほとんどなのに……。

これは、沖縄《おきなわ》がアメリカの統治下に長くあった影響《えいきょう》だろう。沖縄のおばあたちは案外コーラが好きなのだ。

カロリーゼロのコーラについては、次回扱《あつか》うことにしましょうと言って、この日の授業を終えることにした。

B

前回、塩と③砂糖について学習したことをふり返った。そのうえで、砂糖の仲間――「○○糖」とよばれるもので、どんなものを知っているかたずねてみた。

「グラニュー糖」

「ブドウ糖」

「粉砂糖というのもありますよね」

こんな答えが返ってくる。

「ダイコンから取れる砂糖があるって聞いたことがあるんですけど」

「それは、サトウキビの砂糖と、どちらが甘いんですか?」

サトウダイコンについての質問が出た。

サトウダイコンというのは、ダイコンの仲間ではなくて、ホウレンソウに近い仲間で、沖縄ではンスナバーとよばれるフダンソウと同じ植物だ。根の部分から糖分を取るために改良された品種であるということと、サトウダイコンから取れるものは、サトウキビから取れるものと同じ、砂糖であることを説明した(サトウダイコンはフダンソウという作物の品種で、ロシア料理でよく使うビートも同じなかま)。

「ンスナバーと同じ? ンスナバーは(1)最近、市場にでていないねえ」

「ンスナバーは、昔はブタのエサにも使いよったよ」

ここで、ブドウ糖を少しずつ配って、味を見てもらった。

「やっぱり甘いよ」

「でも、砂糖より甘くないね」

「なんだかすーっとする甘さですね」

「これはブドウから取るんですか?」

「ブドウ糖って、点滴《てんてき》に入っていますよね」

この発言を受ける形で、④スポーツドリンクの話をした。スポーツドリンクの開発には点滴もヒントになっているという話である。

口から栄養をとれなくなった人が、エネルギー源となるブドウ糖を、点滴によって直接血液に入れることがある。その点滴と、スポーツドリンクは、成分がよく似ている。ただ、スポーツドリンクの場合は、点滴よりも、ずっと糖分の濃度《のうど》が高くなっている。

この話のあと、各自で、ブドウ糖、塩、ビタミンを適量、はかりで計量してもらい、「スポーツドリンク・⑤もどき」をつくってもらった。

「冷やしたらおいしいかもしれないね」

「これなら家でもつくれるさ」

ロ　自分の娘がおどかされたのは二度目でもあり、「翔太」の行為はやりすぎだと思ったから。

ハ　自分の娘が「翔太」に真っ先に目をつけられ、川に落とされたことが許せなかったから。

ニ　自分の娘に対する行為は「ペタ」としては合格だが、それでも納得《なっとく》がいかなかったから。

問12　――線⑧「翔太はふっと笑い」とあるが、この時の「翔太」の気持ちを表す言葉として最も適当なものを、次の中から一つ選んで記号で答えなさい。

イ　ためらい　ロ　さげすみ

ハ　くやしさ　ニ　あきらめ

問13　――線⑨「【　】して」の【　】に当てはまる言葉として最も適当なものを、次の中から一つ選んで記号で答えなさい。

イ　覚悟《かくご》　ロ　後悔《こうかい》　ハ　察知　ニ　防止

問14　＝＝線(1)「ヒナン」、(2)「シュウラク」、(3)「コウミン」のカタカナを漢字に直して答えなさい。

二　次の**A**～**C**の文章を読んで、後の1～12の問いに答えなさい。
（問題の都合上、本文を変えているところがあります。）

A

砂糖はなぜ、燃えたりこげたりするのだろう。このことを明らかにするために、もうひとつ実験をしてみる。

小さなビーカーに上白糖を入れ、そこに硫酸《りゅうさん》を入れるという実験だ。

「硫酸や塩酸というのは、とても強い酸です」

そう説明すると、驚《おどろ》くことに、塩酸や硫酸についても、生活のなかでかかわったことのある生徒がいた。

「終戦直後、コーラのびんを洗う仕事をしていました。コーラのびんの口のところにつく、さびは、酸をつけるといっぺんにキレイになるんですよ。［X］、酸をまちがって洋服につけると大変です。スカートに穴があいちゃったりして」

こんな話だ。

では、砂糖に硫酸をかけるとどうなるだろう。

「やっぱり、とけちゃうんじゃないですか？」

「けむりが出そうです」

強いニオイが出る実験なので、ベランダに移動して、実験をしてみる。砂糖に硫酸をかけ、かき混ぜると、たちまち砂糖が黒ずんでいき、しばらく待つと蒸気とともに、むくむくと溶岩《ようがん》のような黒いかたまりがビーカーからもりあがってくる。

生徒たちは、予想外の反応に大喜びをしていた。

教室にもどって、実験の内容を確認《かくにん》した。

砂糖に硫酸をかけると、まっ黒く変色する。これは炭だ。硫酸は水を吸収する力が強い物質だ。つまり砂糖から水が奪《うば》われると炭に変化する（このときの反応熱で、水分が蒸発し、蒸気があがる）。逆に言うと、砂糖は炭と水からできていることになる。［Y］、砂糖は炭水化物とよばれる。

「炭水化物のはたらきってなんですか？」

炭水化物は人間のエネルギー源として使われていると説明をする。マラソンのときなどは、エネルギー源としてバナナなど炭水化物が豊富なものを口にするといいという話も紹介《しょうかい》した。

「昔はバナナがないから、長距離《ちょうきょり》の選手には、あんもちを持って行きましたよ」

「①チョコレートなんかを食べるといいって言うのも同じですか？」

問４　X に当てはまる言葉として最も適当なものを、次の中から一つ選んで記号で答えなさい。

イ　アイディア　　ロ　イメージ

ハ　ギャップ　　ニ　ルール

問５　――線③「保育園の時の記憶」の内容を説明した次の文の【　】に当てはまる表現を、――線③の後の文章中から二十四字でぬき出し、最初の三字を答えなさい。

・保育園の時、「ペタ」に【　　　　】こと。

問６　――線④「大きな分厚い手をふたたび翔太に向けて伸ばしてきた」とあるが、「ペタ役」の「健さん」は何をするために「手をふたたび翔太に向けて伸ばしてきた」と考えられるか。十字以上十五字以内で具体的に説明しなさい。

問７　――線⑤「面を付けた瞬間から、気持ちが変わった」とあるが、これはどのようなことか。最も適当なものを、次の中から一つ選んで記号で答えなさい。

イ　面越《めんご》しに外を見ることで映画の中の登場人物になったように思い、上手に怖がらせることができるように感じたということ。

ロ　面越しに見える景色が非現実的なものに感じられ、先ほどまで感じていた恐怖がうすれて気持ちが高ぶってきたということ。

ハ　面越しに見える世界から遮断されることで真っ暗な中に閉じ込められたように感じ、何の感情も働かなくなったということ。

ニ　面越しに見る景色が代々「ペタ」を演じてきた先輩《せんぱい》たちが見たものと同じだと感じ、誇らしい気持ちになったということ。

問８　Y・Z に当てはまる表現として最も適当なものを、次の中から一つずつ選んで記号で答えなさい。

イ　悪かったかな

ロ　どうしたのかな

ハ　うまくいったかな

ニ　思い切りあばれてやるか

ホ　ちょっと驚かしてやるか

ヘ　久しぶりに遊んでやるか

問９　――線⑥「へえ、ヨッちゃん低学年にも人気あるんだな」とあるが、この時の「翔太」の気持ちとして最も適当なものを、次の中から一つ選んで記号で答えなさい。

イ　小さい子たちとまだ遊んでいる「ヨッちゃん」を見下している。

ロ　やはり「ヨッちゃん」が「ハナ」役で良かったと安心している。

ハ　今まで知らなかった「ヨッちゃん」の一面を知って見直している。

ニ　低学年に人気のある「ヨッちゃん」にライバル心を燃やしている。

問10　文章中の……線に囲まれたA～Gの各文を意味が通るように並べかえた順序として最も適当なものを、次の中から一つ選んで記号で答えなさい。

イ　B→E→A→F→G→C→D

ロ　C→F→A→E→G→D→B

ハ　D→E→A→B→C→G→F

ニ　E→F→G→D→A→C→B

問11　――線⑦「怒りに満ちた顔でにらんでいた」とあるが、その理由として最も適当なものを、次の中から一つ選んで記号で答えなさい。

イ　自分の娘《むすめ》を助けた「ペタ」に感謝はしつつも、危険な振《ふ》る舞《ま》いをいさめようとしたから。

G　女の子を引き上げたとき、よろっと、翔太はバランスを崩《くず》した。

ずぶ濡《ぬ》れになった翔太が小川の中で立ち上がったときは、子どもたちはずっと遠くへ逃げていってしまっていた。

助けた女の子は泣いているようだった。その子を囲んで回りの子どもたちはなだめているようだった。その子の母親らしい人が近づいていって、抱《だ》きしめた。そして、川の中で突《つ》っ立《た》っているペタを⑦怒《いか》りに満ちた顔でにらんでいた。

（あの人だ……）

前に暗がりの道で出会った親子だと思い出した。

（おれ、完全に悪者だな）

⑧翔太はふっと笑い、川から這《は》い上《あ》がった。

その時はっとした。突然《とつぜん》、脳裏《のうり》に昔のことがよみがえる。

（あの時も、そうだったのかも……）

たしかあの時、ペタに腕をつかまれ田んぼの上に放り投げられた。そういう記憶だった。でも、待てよ。

あの時、自分が逃げた先は、がけだったような気がする。あのまま走っていたら、自分はがけに落ちていったのかもしれない。もしかしたら、健さんはそれを⑨【　　】して駆《か》けつけ、腕をつかんで田んぼへ放り投げてくれたのかも。

田んぼのやわらかい土の上で転がった翔太を、ペタの中の健さんの目がじっと見おろしていた。ペタににらまれて恐怖だけを感じていたが、不思議にペタのお面の奥《おく》に見えた瞳《ひとみ》は、穏やかで優しく自分を見つめてくれていたような気がする。その瞳の温かさを今、思い出したのだ。

「そうだったのか……」

ずぶ濡れの衣装のまま、ペタの翔太は神輿行列のみんなのいる方へゆっくり歩いていった。

代々、子どもたちの間で怖いと伝えられてきたペタの本当の中身を、翔太は内側からちょっぴりのぞいたような気がした。そして、伝説のペタである健さんに、いつかまた会ってみたい気がした。

（横沢《よこさわ》　彰《あきら》「秋祭りの記憶」による）

問１　――線①「ねり歩く」の意味として最も適当なものを、次の中から一つ選んで記号で答えなさい。

イ　大勢で練習しながら歩く
ロ　肩をいからせながら歩く
ハ　曲がりくねりながら歩く
ニ　列を作ってゆっくり歩く

問２　――線②「中学生のヨッちゃんがペタで、自分はハナであるべきだ」と「翔太」が考える理由として最も適当なものを、次の中から一つ選んで記号で答えなさい。

イ　「ハナ」より「ペタ」の方が、迫力が必要な難しい役なので年上の「ヨッちゃん」がやるべきだと考えたから。
ロ　「ヨッちゃん」は「ハナ」の経験があるので、自分より子どもたちを怖がらせることができると思ったから。
ハ　「ペタ」は昔から怖《おそ》れられる存在なので、「ペタ」役をやって子どもたちに嫌《きら》われたくないと思ったから。
ニ　はじめて役を与《あた》えられた「翔太」にとって「ペタ」より「ハナ」の方が強いやりがいを感じていたから。

問３　【a】～【d】に当てはまる言葉として最も適当なものを、次の中から一つずつ選んで記号で答えなさい（同じ記号は二度使えない）。

イ　ぐっと　ロ　そっと　ハ　ぞっと
ニ　ふっと　ホ　わっと

翔太は何もなかったように、そのまま通り過ぎた。

「どうしたの」

と、ヨッちゃんが不思議そうな声で翔太に聞いた。

「ちょっとつまずいた」

翔太はそれだけ言って、何事もなかったように歩いた。後ろの方で、女の子の泣き声が聞こえていた。[Z]という思いがちらりとよぎったが、自分はペタなんだと何だか誇《ほこ》らしいような気持ちにもなっていた。

祭りの当日になった。秋晴れの青空の下、神輿行列が地域に繰《く》り出《だ》した。行く先々に見物人がいるので、晴れやかな気持ちになって翔太は歩いた。ヨッちゃんとともに竹竿を振りながら歩く。ハナとペタの姿を見ると、小学校低学年の子たちや保育園児たちは怖がって、親にしがみついたり、逃げ回ったりする。それを見ているだけでも、何だか自分が強くなった気になって、翔太は気持ちが高ぶった。

（ちょっと暴れてやっか）

そんな気にもなって、強めに竹竿を道にたたきつけた。その度に、きゃあと、悲鳴がする。

「今年のペタは激しいな」

どこからかそんな声が聞こえた。ますますその気になる。

「ちょっとやり過ぎじゃない」

ハナにも言われたが、

「おれ、ペタだもん」と言って、バシッとたたきつけた。それきりハナは何も言わなかった。

空き地に来たところで、台を出して神輿を下ろし、休憩《きゅうけい》となった。炊《た》き出《だ》しで用意されたおにぎりを頬張る。おとなたちは、また酒を飲んだ。行列に参加している小学生たちが空き地で飛び回って遊びだした。ハナの面をはずして首の後ろにぶら下げたヨッちゃんのところにもやってきて、まとわりついている。

（⑥へえ、ヨッちゃん低学年にも人気あるんだな）

翔太は思った。自分は六年生になってからは、低学年の子たちと遊んだことなどない。

翔太はおしっこがしたくなり、土手下へ行って用を足した。戻《もど》ってくる途中《とちゅう》に、保育園児が何人か小川の近くで遊んでいた。

（やば）

ペタの素顔《すがお》を見られたら大変だ。翔太は首に掛《か》けていたペタのお面を顔に付けて頭の後ろでひもを縛《しば》った。

翔太が面を付けて歩いてくると、子どもたちがペタに気づいた。悲鳴を上げて一人が走り出すと、他の子たちもわっと逃げ出した。

（今は休憩中だ。追っかけることなどしない）

そう思いながら歩いているのに、子どもたちは必死になって逃《に》げ惑《まど》う。

（あっ、そっちは危ない）

一人の子が川の方に逃げていく。翔太はとっさに走り出した。その子はこちらを見て恐ろしさに泣け叫び、なおも逃げていく。

「待てっ」と、翔太は叫んだ。

その子は振り向きもせず、走っていく。ふいに、その子の背中が消えた。川だっ。危ないっ！

A　つかんだ腕を翔太は引き上げた。
B　とっさに翔太は手を伸ばしていた。
C　そのまま翔太は川の中へ崩《くず》れ込んだ。
D　水しぶきが上がり、翔太は背中から落ちた。
E　伸ばした右手がその子の腕をがっちりつかんだ。
F　川に落ちかけた女の子は間一髪《かんいっぱつ》で、引き上げられた。

ピードで追いかけられ、田んぼへ放り投げられた。あの恐怖が遠い記憶と共にいっきに吹《ふ》き上《あ》がった。お面を持つ手がかすかに震えた。

「付けてみ」

おじさんに言われ、二人は面を裏返した。

裏にした面を両手で顔に近づける。古い神社のような匂《にお》いがした。どれほど昔からこの祭りが続いているのかは知らないが、代々ペタをやってきた人たちの匂いが詰《つ》まっている気がした。顔をお面で覆《おお》って、ひもを後ろ頭で結んで取り付ける。外界から遮断《しゃだん》された暗い世界に閉じ込められたような気分になった。細い目の穴から差し込んでくる明かりだけが外界との接点となる。お面の裏側にあたった頬《ほお》やおでこやあごが、ひんやりした。同時に、しっとりとした木の感触《かんしょく》が皮膚《ひふ》に貼《は》りついた。

不思議なことに、⑤面を付けた瞬間《しゅんかん》から、気持ちが変わった。細い目からのぞき見る外の世界は、自分とは無関係に遮断された異世界のような気がした。まるで映画の映像をスクリーンごしに見ているような感じだった。これまで怖いと思っていたペタのお面を、自分が付けているなんて感じはしなかった。それどころか、なんとなく気持ちが大きくなって、何でもできるような気持ちにさえなっている自分に気づいた。

翌日から、練習が始まった。

お面をかぶって、装束を着る。わらじを履き、短い竹竿を持つ。身《み》支度《じたく》ができれば、ハナもペタもほとんどそれで練習することもない。竹竿を振り回して、道ばたの人たちを怖がらせればよいだけだ。翔太もヨッちゃんも板の間に腰《こし》を下ろして、笛や太鼓の練習をしたり、舞《まい》の練習をしたりする人たちの様子を眺《なが》めていた。

「おまえたち、暇《ひま》だったら、ちょっと外で歩く練習をしてこい」

役員のおじさんに言われた。

持った竹竿の振り方や歩き方を教わった。ハナは肩《かた》をいからせてのしのし歩く。ペタは着物姿でおしとやかに歩く。

「いいか、ペタは怖いもんだ。多少、子どもたちを怖がらせてやるのも必要だ。おしとやかに歩いていながら、急に走り出したり、竹竿を振り回したりするのもいい」

おじさんはいたずらっぽい笑みを浮かべて、翔太に言った。翔太はペタの面を付けたままうなずいた。

ヨッちゃんのハナと一緒《いっしょ》に翔太は表に出た。ハナの下駄《げた》の音とペタのわらじの音が、暗いアスファルトの道に響《ひび》く。

「悪かったね。ペタやらせちゃって」

ハナの面がこっちを向き、ヨッちゃんの声がした。

「べつにいいよ。お面かぶってれば、何だって同じだし」

翔太は、言った。本当にそう思った。ペタの面を付けるまでは、ハナの方がましだと思っていたが、面を付けてからは、どちらでもいいと思うようになっていた。いや、どちらかというと、ペタ役になって、ちょっと暴れてみたい気持ちも起こってきていた。

道の向こうから、お母さんと手をつないだ小さな女の子がやってきた。向こうの親子連れもこちらに気づいたようだった。一瞬、女の子はびくっと立ち止まった。暗がりの中にペタとハナが歩いているのだから、驚《おどろ》いたに違いない。そして、道の端《はし》に寄ってお母さんのしりに隠《かく》れるようにしながら、目を合わせないように通り過ぎようとした。

すれ違う瞬間に小さな女の子と目が合った。そのとたん、いたずら心が翔太の中にわき起こった。［　Y　］。翔太はわらじを履いた右足を、瞬間的にほんの少しだけ女の子の方へざっと出して、引っ込めた。

「ひっ」と、女の子のかすれた悲鳴が聞こえた。

母親が反射的に女の子の肩を引き寄せ、きっと、翔太をにらんだ。

らくる。あの時のことは断片的《だんぺんてき》だが、怖かった感情だけは胸の中にべったりはりついている。秋祭りの日、たしか家の前で友だち数人と遠くからやってくる御輿行列を見ていた時だった。ペタとハナが竹竿を振り回しながら、やってきた。みんな怖くなって大急ぎで逃げだした。ちょっと出遅《でおく》れてしまった自分に、ペタはねらいをつけたようだった。まっすぐこっちに向かって走ってくる。わらじを履《は》いた足がすごい速さで飛《と》び跳《は》ねてきたのを覚えている。

死《し》にもの狂《ぐる》いで翔太は逃げた。でも足の速さは比べものにならない。あっという間に翔太はペタに腕《うで》をつかまれた。(うわっ、殺される)と、思った。

腕を痛いほど強く握《にぎ》られて、【ｂ】ものすごい力で引っぱられた。体が宙に浮かび後ろ向きになって、稲刈りの終わった田んぼの上に倒《たお》された。きゃあと、まわりの子たちが叫《さけ》んで大騒《おおさわ》ぎになった。ペタは泣き叫ぶ子どもたちの中で、足もとに倒した翔太を、満足げに見下ろした。それから、④大きな分厚い手をふたたび翔太に向けて伸《の》ばしてきた。

「わっ、わっ、わああっ」

声にならない声で、翔太は腕を振って叫び、ペタの手を払いのけた。ペタは、【ｃ】、笑うような声を残し、竹竿を振り回して去っていった。

しばらくしてかあさんがやってきて自分を起こしてくれた。翔太はかあさんにしがみつき、ぶるぶる震えて泣いた。

「あの子、やりすぎだね」

「学校でも乱暴な子らしいよ」

近所のおばさんたちが、その時のペタ役の人のことを、口々に(1)ヒナンしていた。

その記憶が強烈《きょうれつ》に残っている。

その頃《ころ》のペタ役の人は、川向こうの(2)シュウラクの健さんだったということを、あとから聞かされた。健さんは、その当時高校生だったらしい。何度も問題行動を起こしては謹慎《きんしん》処分になる生徒だったという。毎年、祭りでも暴れまくる健さんを、地域の人たちはよくは言わなかった。しかし、そう言われながらも、暴れ役のペタには、健さんの気性《きしょう》はうってつけであり、健さんのペタ役は数年間続いたらしい。健さんが高校を中退してどこかに行ってしまった後は、ペタ役は何人かの人に替《か》わったが、健さんほどの迫力《はくりょく》のあるペタにはならなかった。でも、翔太の頭の中には、あの時のペタの恐怖《きょうふ》が張り付いている。中身が違っていてもペタはペタだ。いつ豹変《ひょうへん》して、暴れまくるかわからないペタに、絶対に近づくことはなかった。小学校高学年になって、みんながおもしろがってペタの回りに近寄っては逃げる遊びをしていても、翔太は遠巻きに見ているだけだった。

そのペタ役が、自分に回ってきたなんて。ペタのことを一番怖がっている自分がペタになる。複雑な気持ちで、しかたなく、翔太はペタ役を引き受けた。

祭りの前に数日間、夜、(3)コウミン館でそれぞれの役の練習がある。

「いいか、ペタとハナは露払いが役目だ。御神輿《おみこし》が通っていく道に、邪魔《じゃま》がないように露払いをする。だからな、多少は荒《あら》っぽく、竹竿を振り回して行くくらいがいい」

地区役員のおじさんに、翔太とヨッちゃんは教えられた。

「特に、代々ペタは怖いもんとされている。多少、子どもたちを怖がらせてやるのも必要なんだ」

ペタの面を翔太に手渡しながら、おじさんは言った。

ペタのお面を両手に持って、おそるおそる見おろした。下からペタが翔太を見つめてきた。ペタのうすら笑いの顔に見つめられて、背筋が【ｄ】した。この顔だ。うすら笑いを浮かべたこの顔のまま、猛《もう》ス

二〇二〇年度 大妻中学校

【国語】〈第一回試験〉（五〇分）〈満点：一〇〇点〉

（注意）解答に字数の指定がある場合は、句読点やかっこなどの記号も字数として数えます。

一　次の文章を読んで、後の1～14の問いに答えなさい。（問題の都合上、本文を変えているところがあります。）

稲刈《いねか》りがおおかた済むと、秋祭りは近づいてくる。

秋祭りは、おとなたちが神輿《みこし》を担《かつ》ぎ、地区内を①ねり歩く。神輿の前には、子どもたちが笛や太鼓《たいこ》を鳴らしたり、竹竿《たけざお》を担いで根本を道路にカタカタと音を立ててすべらせたりしながら歩く。

その行列の先頭を、お面をかぶり昔の装束《しょうぞく》を身にまとった二人が歩く。天狗《てんぐ》の面のハナと、おかめの面のペタだ。御輿《みこし》行列の行く先を安全にするための露払《つゆはら》いが役目だ。本当は魔除《まよ》けのための露払いなのだが、道のあちこちで子どもが遊んでいたりすると、威嚇《いかく》して追《お》い払《はら》う。持っている竹竿を振《ふ》り回《まわ》し、地面をたたいて威嚇する。時には、逃《に》げる子どもを追い回すこともある。子どもたちにとっては、昔から恐《おそ》ろしい存在として伝えられてきている。

今年の秋祭りの役決めで、翔太《しょうた》はペタをやるように頼《たの》まれた。翔太はまだ小六だ。

地区役員の大人から、おかめの面を手渡《てわた》された時は、ぎょっとした。なんで自分がそんな役をするのか。ペタやハナの役は、中学生か、もっと年上の人がやるはずなのだ。

「人手不足」と、役員のおじさんは即答《そくとう》した。

「この地区も、年寄りばかりになっちまった。中学生はもう神輿担ぎにも回っとる」

「けどなんで、ぼくがペタなん」

ハナは一つ年上のヨッちゃんがやるのだという。それなら②中学生のヨッちゃんがペタで、自分はハナであるべきだ。

不満を顔に表した翔太に、地区役員のおじさんは、

「ヨッちゃんは中一だけんど、おとなしいしな……」

わかってくれと笑顔《えがお》を見せて、それで決まってしまった。

ハナもペタも、子どもたちには怖《こわ》がられているが、より恐ろしいとされているのは、ペタの方だ。お面の怖さでいえば、天狗の面のハナの方がずっと怖いはずなのだが、優《やさ》しいおかめの面のペタの方が、性格が怖いと聞いている。

ハナは近づいてきて、【ａ】威嚇するだけで、見物人が怖がると満足そうに行ってしまう。だが、ペタは違《ちが》う。相手が怖がるのを楽しむように、しつこく追いかけ回す。ひどい時は、家に逃《に》げ込《こ》んだ子どもを追って中まで入ってきて、暴れたペタもいるという。昔からそうだったと、翔太もおとなたちから聞かされてきた。保育園のころから怖いと思って、絶対に近づかなかった。小六になった今だって、近づきたいとは思わない。それなのに、なぜ、自分がペタの役をしなければならないのだ。

翔太は手渡されたペタの面を両手で持ち、正面から見た。おだやかな下ぶくれの顔。垂れた目。少し笑ったようにしているその顔は決して怖い顔ではないはずなのに、見ているだけでも手にべったりと汗《あせ》がにじんでくる。穏《おだ》やかに笑《え》みを浮《う》かべたこの顔で、激しく恐ろしい行《こう》為《い》をする X が、御輿行列を見ている子どもたちを震《ふる》え上《あ》がらせるのだ。

翔太がいまだにペタを苦手としているのは、③保育園の時の記憶《きおく》か

2020年度

大妻中学校　▶解説と解答

算数　＜第１回試験＞（50分）＜満点：100点＞

解答

1 (1)　5　(2)　$4\frac{1}{3}$　(3)　15cm²　(4)　5分20秒　2 18個　3 8歳
4 8分30秒　5 (1)　40度　(2)　12度　6 140人　7 1行目675列目
8 384m　9 6000円　10 (1)　314cm³　(2)　2198cm³

解説

1　四則計算，逆算，割合，速さ

(1)　$\left\{2.5-\left(3-1\frac{3}{8}\right)\div1.25\right\}\times20-19=\left\{2.5-\left(\frac{24}{8}-\frac{11}{8}\right)\div1\frac{1}{4}\right\}\times20-19=\left(2.5-\frac{13}{8}\div\frac{5}{4}\right)\times20-19=\left(2.5-\frac{13}{8}\times\frac{4}{5}\right)\times20-19=\left(2.5-\frac{13}{10}\right)\times20-19=(2.5-1.3)\times20-19=1.2\times20-19=24-19=5$

(2)　$\{7+6\times(\square-4)\}\div3-2=1$ より，$\{7+6\times(\square-4)\}\div3=1+2=3$，$7+6\times(\square-4)=3\times3=9$，$6\times(\square-4)=9-7=2$，$\square-4=2\div6=\frac{1}{3}$　よって，$\square=\frac{1}{3}+4=4\frac{1}{3}$

(3)　正方形の面積は，$6\times6=36$(cm²)で，重なっている部分の面積はその$\frac{3}{16}$だから，$36\times\frac{3}{16}=\frac{27}{4}$(cm²)となる。これは円の面積の45％にあたるから，円の面積は，$\frac{27}{4}\div0.45=15$(cm²)と求められる。

(4)　毎分50mで12分歩くと，$50\times12=600$(m)進むので，駅までの残りの道のりは，$1400-600=800$(m)になる。また，走った速さは毎分，$50\times3=150$(m)だから，駅に着くまでに走った時間は，$800\div150=5\frac{1}{3}$(分)とわかる。これは，$\frac{1}{3}$分$=60\times\frac{1}{3}=20$秒より，5分20秒となる。

2　平面図形—構成

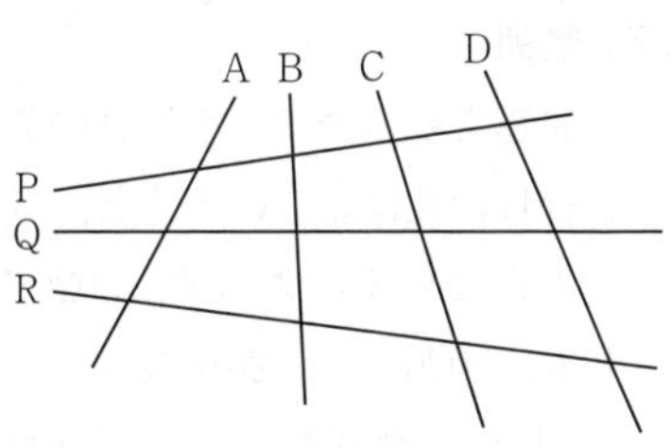

右の図の中にある四角形はすべて，直線Ａ～Ｄのいずれか２本と，直線Ｐ～Ｒのいずれか２本で囲むとできる。Ａ～Ｄから２本選ぶ方法は(Ａ，Ｂ)，(Ａ，Ｃ)，(Ａ，Ｄ)，(Ｂ，Ｃ)，(Ｂ，Ｄ)，(Ｃ，Ｄ)の６通りあり，Ｐ～Ｒから２本選ぶ方法は(Ｐ，Ｑ)，(Ｐ，Ｒ)，(Ｑ，Ｒ)の３通りあるので，Ａ～Ｄから２本と，Ｐ～Ｒから２本を選ぶ方法は，$6\times3=18$(通り)ある。よって，四角形は全部で18個ある。

3　年齢《ねんれい》算，和差算

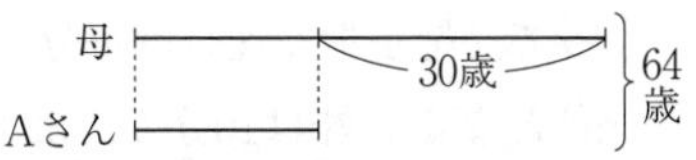

問題文中の表のように，猫《ねこ》の年齢を人間の年齢におきかえると，１年ごとに４歳《さい》ずつ増えるから，９年後の猫の年齢は，$28+4\times9=64$(歳)となる。よって，９年後のＡさんと母の年齢の和も64歳となり，Ａさんと母の年齢の差は30歳で変わらないから，右上の図より，９年後のＡさんの年齢は，$(64-30)\div2=17$(歳)とわかる。したがって，Ａさんの今の年齢は，$17-9=8$(歳)と求められる。

4　グラフ—正比例

問題文中のグラフより，火をつけ始めてから34分後までにろうそくは20cm短くなっており，途《と》中《ちゅう》４分間は火が消えていたので，ろうそくは，34－４＝30(分)で20cm短くなる。よって，１分あたり，$20\div30=\frac{2}{3}$(cm)短くなる。また，途中火が消えるまでに，ろうそくは，20－17＝３(cm)短くなったので，途中火が消えるまでの時間は，$3\div\frac{2}{3}=4.5$(分)とわかる。したがって，再び火をつけたのは，はじめから，4.5＋４＝8.5(分)経ったときで，0.5分＝60×0.5＝30秒だから，８分30秒経ったときである。

5 平面図形―角度

⑴　右の図で，角ABCと角ACBの大きさの和は，180－60＝120(度)である。また，角(あ)と角(い)の大きさの比は１：２なので，角(あ)の大きさは角ABCの，$\frac{1}{1+2}=\frac{1}{3}$であり，同様に，角(う)の大きさは角ACBの$\frac{1}{3}$となる。よって，角(あ)と角(う)の大きさの和は，角ABCと角ACBの大きさの和の$\frac{1}{3}$となるから，$120\times\frac{1}{3}=40$(度)と求められる。

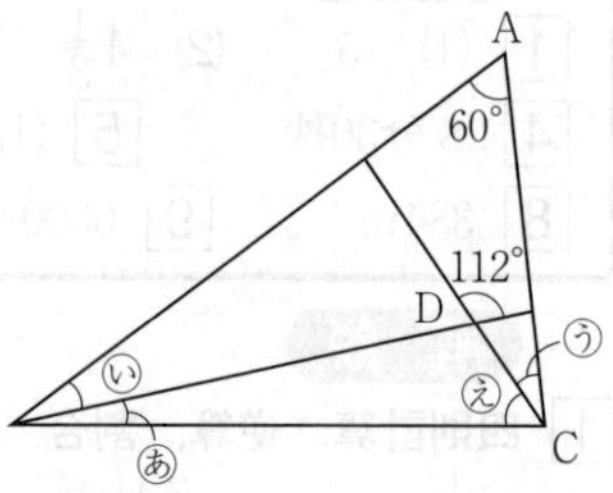

⑵　角BDCの大きさは112度となるから，角(あ)と角(え)の大きさの和は，180－112＝68(度)である。よって，(角(あ)＋角(え))－(角(あ)＋角(う))＝角(え)－角(う)＝68－40＝28(度)とわかる。また，角(う)と角(え)の大きさの比は１：２だから，この比の，２－１＝１にあたる角度が28度となる。したがって，角(う)の大きさは28度だから，角(あ)の大きさは，40－28＝12(度)と求められる。

6 相当算

男子の人数は全体の$\frac{4}{9}$よりも20人多く，女子の人数はそれよりも８人少ないから，女子の人数は全体の$\frac{4}{9}$よりも，20－８＝12(人)多い。よって，男子と女子の人数の合計は，全体の，$\frac{4}{9}+\frac{4}{9}=\frac{8}{9}$よりも，20＋12＝32(人)多いことになり，全体の人数の，$1-\frac{8}{9}=\frac{1}{9}$が32人とわかる。したがって，全体の人数は，$32\div\frac{1}{9}=288$(人)だから，女子の人数は，$288\times\frac{4}{9}+12=140$(人)と求められる。

7 数列

問題文中の表で，１行目の数は１と２をのぞくと，４から始まって３ずつ増えている。同様に，２行目の数は３をのぞくと，５から始まって３ずつ増えており，３行目の数は６から始まって３ずつ増えている。よって，2020÷３＝673余り１，１+３＝４より，2020は１行目の数であり，４よりも，2020－４＝2016大きいので，４から，2016÷３＝672(列)右にある。したがって，３＋672＝675より，2020は１行目675列目の数とわかる。

8 旅人算

姉は再び家を出た後，10分間で960m走ったので，姉の走る速さは毎分，960÷10＝96(m)である。よって，姉が歩く速さは毎分，$96\times\frac{1}{2}=48$(m)，姉が引き返した後の妹の速さは毎分，$48\times\frac{2}{3}=32$(m)となる。妹は10分で，32×10＝320(m)進むので，姉が家に戻《もど》ったときに妹は家から，960－320＝640(m)の地点にいたとわかる。したがって，姉が引き返してから家に戻るまでに２人は合わせて640m進んだことになり，姉は引き返してから家に戻るまでに，640÷(48＋32)＝８(分)かかったので，家から引き返した地点までの道のりは，48×８＝384(m)と求められる。

9 売買損益，消去算

$a+b=20000$(円)　…ア
$a\times1.17+b\times0.96=20460$(円)…イ
$a\times0.96+b\times0.96=19200$(円)…ウ

商品Ａの仕入れ値をa円，商品Ｂの仕入れ値をb円とすると，仕入れ値の合計が20000円なので，右のアのように表せる。また，商品Ａは，定価がa円の，$1+0.3=1.3$(倍)で，売り値は定価の，$1-0.1=0.9$(倍)だから，売り値は，$a\times1.3\times0.9=a\times1.17$(円)となる。同様に，商品Ｂの売り値は，$b\times(1+0.2)\times(1-0.2)=b\times1.2\times0.8=b\times0.96$(円)となる。さらに，売り値の合計は，$20000+460=20460$(円)だから，イのように表せる。ここで，アの式を0.96倍するとウのようになり，イとウの差を考えると，$a\times1.17-a\times0.96=a\times(1.17-0.96)=a\times0.21$(円)が，$20460-19200=1260$(円)となるから，$a=1260\div0.21=6000$(円)と求められる。

10　立体図形─体積

(1)　立体Ｐは底面の半径が10cm，高さが６cmの円すいを２等分した立体だから，体積は，$(10\times10\times3.14)\times6\div3\div2=100\times3.14=314(cm^3)$と求められる。

(2)　立体Ｐを，直線mを軸《じく》として180度回転した立体は，真上と正面から見ると，下の図１，図２のようになる。図２で，三角形OAQと三角形ADBは合同だから，この立体は底面の半径が，$10+10=20$(cm)，高さが，$6+6=12$(cm)の円すいから，底面の半径が10cm，高さが６cmの円すいを２個取り除いた立体を２等分したものに，(1)で求めた立体を付け加えた立体になる。底面の半径が20cm，高さが12cmの円すいの体積は，$20\times20\times3.14\times12\div3=1600\times3.14(cm^3)$，底面の半径が10cm，高さが６cmの円すいの体積は，$10\times10\times3.14\times6\div3=200\times3.14(cm^3)$である。よって，この立体の体積は，$(1600\times3.14-200\times3.14\times2)\div2+314=600\times3.14+314=1884+314=2198(cm^3)$と求められる。

図１

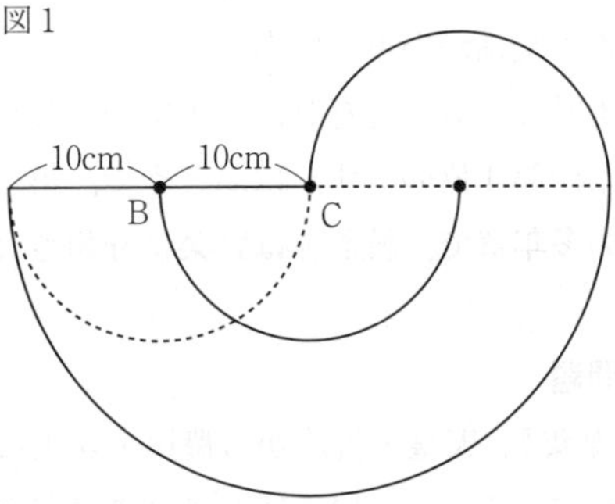

図２

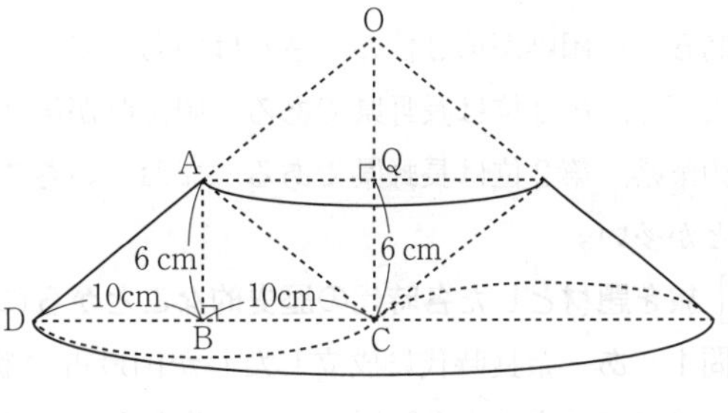

社会　＜第１回試験＞（30分）＜満点：60点＞

解答

1　**問１**　イ　**問２**　長野(県)，山梨(県)　**問３**　(1)　**か**　外国産　**き**　国産　(2)　30　(3)　輸出　**問４**　滋賀(県)　**問５**　高速道路　**問６**　**さ**　ウ　**し**　エ　**す**　ア　**イ**　栃木(県)　**ロ**　長野(県)　**ハ**　山梨(県)　**2**　**問１**　**あ**　万葉集　**い**　防人　**う**　伊勢神宮　**え**　徳川家光　**問２**　エ　**問３**　(例)　牛馬耕の普及などにより農業生産力が高まり，各地で定期市が開かれるなど，商業活動がさかんになった。　**問４**　**X**　濃尾(平野)，e　**Y**　庄内(平野)，b　**問５**　(1)　奈良(平城京)(からの距離)　(2)　ラムサール(条約)

問６　イ　**問７**　イ→エ→ア→ウ　**問８**　エ　**問９**　(1)　大政奉還　(2)　3（番目）　(3)　ウ　**か**　管領　**き**　老中　**く**　執権　**問10**　エ　**問11**　ペリー　**3**　**問１**　渋沢栄一　**問２**　(1)　イ　(2)　象徴，エ　**問３**　**A**　オ　**B**　ア　**問４**　(1)　（例）納める人と負担する人が異なる（税）　(2)　エ　**問５**　**C**　ウ　**D**　エ　**問６**　健康で文化的な最低限度　**問７**　**う**　年金　**え**　65

解　説

1　各都道府県の特色についての問題

問１　海に面していない内陸県は８つ。表にはそのうちの７つが示されており，残る１つは埼玉県である。東京都に隣接《りんせつ》する埼玉県は，都心に通勤する人たちの住宅地を中心に発達したベッドタウンあるいは衛星都市が多く，「昼間の人口÷夜間の人口」の数値が最も低いことが予想される。

問２　八ヶ岳は長野県と山梨県の県境付近に連なる火山群の総称。最高峰《ほう》は赤岳（2899m）である。

問３　(1)　わが国の木材供給量は，1970年代以降，外国産材が国産材を上回る年が続いているから，Ａが外国産材，Ｂが国産材と判断できる。　(2)　2017年の木材供給量は，外国産材が約5000万m^3，国産材が2000万m^3余りであるから，自給率は30％前後ということになる。　(3)　近年，中国や韓国，フィリピンなどへの木材（丸太，製材，合板など）の輸出が増えている。

問４　図は信楽《しがらき》焼のたぬきの置物。信楽焼は滋賀県甲賀《こうか》市信楽町を中心に生産される伝統工芸品。食器や花瓶《かびん》などの日用品や建築用タイルなどさまざまな製品がつくられているが，近年はたぬきの置物が特に有名になっている。

問５　内陸部に工業地域が形成されるためには，トラックなどの自動車により原料や製品の輸送がスムーズに行われることが必要で，そのためには高速道路の整備が不可欠である。

問６　福岡県が第２位の〈さ〉はいちごで，第１位は栃木県である。青森県が第１位の〈し〉はりんごで，第２位は長野県である。岡山県が第３位，山形県が第４位の〈す〉はぶどうで，第１位は山梨県，第２位は長野県である。なお，いちごはバラ科の多年草で，統計上は野菜に分類されることが多い。

2　旅を題材とした各時代の歴史的なことがらについての問題

問１　**あ**　奈良時代に成立したわが国最古の歌集は『万葉集』。天皇・貴族から農民・兵士にいたるまで，さまざまな階層の人々の作品が約4500首収められている。　**い**　律令制度の下で九州北部の防備にあたった兵士は防人《さきもり》。防人に選ばれたのは東国出身の農民がほとんどで，食料や武装，旅費の一部はみずから用意しなければならず，大きな負担となった。　**う**　皇祖神である天照《あまてらす》大神《おおみかみ》をまつるのは三重県伊勢市にある伊勢神宮。江戸時代には集団で旅をしながら伊勢神宮に参拝する「御蔭《おかげ》参り」が庶民《しょみん》の間で流行した。　**え**　江戸幕府の第３代将軍徳川家光は1635年に武家諸法度を改定し，参勤交代を大名に義務づけた。

問２　３世紀にあたる弥生時代末期には大陸方面から稲作や鉄器がすでに伝えられていたので，エが正しい。なお，アは縄文時代，イは旧石器時代，ウは古墳時代にあてはまる。

問３　鎌倉時代には草木を焼いてつくった草木灰などの肥料や牛馬耕が広まるなど農業技術が進歩し，農業生産力が高まった。その結果，多くの作物が生産され，それまで副業として行ってきた手工業が本業として行えるようになり，寺社の門前などで月３回の定期市（三斎《さんさい》市）が開かれるなど，商業も発達していった。

問４　**Ｘ**　木曽川は長野県から愛知・岐阜の両県を流れ，三重県で伊勢湾に注ぐ河川。下流域には濃尾平野が形成されている。　**Ｙ**　最上川は山形県の米沢・山形・新庄の各盆地を南から北に向かって流れ，庄内平野を経て酒田市で日本海に注ぐ。

問５　(1)「近江《おうみ》」の名前の由来は，淡水《たんすい》湖の琵琶湖を「淡海《あわうみ》」と書き，「近淡海《ちかつあわうみ》」とよんだことに，「遠江《とおとうみ》」の名前の由来は，浜名湖を「遠淡海《とおつあわうみ》」とよんだことにあるとされている。これらの旧国名は，中央集権化が進んだ７～８世紀ごろに定着していった。旧国名に使われている「近」「遠」や「上」「下」，さらには「前」「中」「後」などは都からの距離をもとにしたものであり，８世紀であれば奈良からの距離ということになる。　(2)　琵琶湖は1993年にラムサール条約の登録地となった。ラムサール条約は正式には「特に水鳥の生息地として国際的に重要な湿地に関する条約」という。1971年にカスピ海に面するイランのラムサールで採択《さいたく》され，日本は1980年に加盟している。

問６　1905年に結ばれた日露戦争の講和条約であるポーツマス条約によって，日本はロシアから遼東《リャオトン》半島先端部の旅順《リュイシュン》や大連《ターリエン》の租借権をゆずり受けた。以後，日本はこの地域を事実上の植民地として第二次世界大戦が終わるまで支配し，中学校(旧制)や高等女学校なども設けられていたから，ここではイがあてはまる。

問７　アは愛知県(豊臣秀吉，瀬戸焼などの陶磁器，自動車，菊)，イは山口県(秋吉台，関門橋，錦帯《きんたい》橋)，ウは静岡県(オートバイ，茶，富士山)，エは兵庫県(神戸港，明石のタコ，姫路城)である。したがって，西からイ→エ→ア→ウの順となる。

問８　金閣を建てたのは室町幕府の第３代将軍足利義満であるから，ア～ウは正しい。エの御成敗式目を定めたのは，鎌倉幕府の第３代執権《しっけん》北条泰時《やすとき》である。

問９　(1)　1867年10月，江戸幕府の第15代将軍徳川慶喜《よしのぶ》は政権を朝廷に返上した。これを大政奉還という。　(2)　戊辰《ぼしん》戦争は1868～69年，桜田門外の変は1860年，薩長同盟の成立は1866年である。(3)　アは室町幕府，イは江戸幕府，ウは鎌倉幕府のしくみを表したものであり，「か」～「く」にあてはまるのはそれぞれの幕府で将軍の補佐役として実際に政務を担当する役職であるから，順に管領《かんれい》，老中，執権となる。鎌倉幕府と室町幕府のしくみは似ているが，「鎌倉府」と「六波羅探題」から区別できる。また，鎌倉幕府においては守護と地頭の間に上下関係はないが，守護に大きな権限を認めた室町幕府の下では，守護はしだいに国内の地頭を支配下に組み入れていったので，守護の下に地頭が置かれる形になっている。

問10　アは1954年に中部太平洋で起きた第五福竜丸事件，イは1996年に調印された包括《ほうかつ》的核実験禁止条約，ウは2009年にアメリカのオバマ大統領がチェコの首都プラハで行ったいわゆる「プラハ演説」について述べたもの。北朝鮮は2003年に核拡散防止条約から正式に脱退し，2006年以降，複数回にわたって核実験を行っているから，エがまちがっている。

問11　アメリカ東インド艦隊司令長官のペリーは，1853年，艦隊を率いて琉球《りゅうきゅう》王国(沖縄県)の那覇に寄港したあと，浦賀(神奈川県)に来航し，開国を求める大統領の親書を浦賀奉行に提出した。ペリー一行はその後，香港《ホンコン》に寄港。翌54年，琉球を経由して再び浦賀に来航し，神奈川で日米和親条約に調印。帰路，琉球に上陸して琉球政府との間で琉米修好条約を結んでいる。

3　お金と経済についての問題

問１　2024年に発行される予定の新しい１万円札の肖像《しょうぞう》に採用されたのは渋沢栄一。明治時代に多くの会社や銀行の設立・経営にかかわり，「日本の資本主義の父」とよばれる人物である。晩年は教育や社会事業に力を注いだことでも知られる。

問２　(1)　条約を結ぶのは内閣の仕事なので，イがあてはまる。ほかの４つはすべて国会の仕事である。　(2)　日本国憲法第１条により，天皇は「日本国の象徴であり日本国民統合の象徴」であると定められている。また，天皇は内閣の助言と承認にもとづいて憲法に規定された国事行為を行うが，それらはすべて儀礼《ぎれい》的なものであり，ここではア～ウがあてはまる。最高裁判所長官は内閣の指名にもとづいて天皇が任命するから，エがあてはまらない。

問３　1960年代に急速に普及《ふきゅう》したが，1970年代になると普及率が低下しているのは白黒テレビ。1960年代に普及が進み，1980年ごろには普及率が100％近くになっているＡは電気冷蔵庫。白黒テレビと入れ替《か》わる形で普及が進んだＢはカラーテレビ。1960年代後半に普及が始まり，2000年には普及率が80％前後となっているのは乗用車，2000年の時点で普及率が40％近くになっているのはビデオカメラである。

問４　(1)　税を納める義務のある人と実際に負担する人が同じ直接税に対し，納める義務のある人と実際に負担する人が異なる税は間接税とよばれる。　(2)　酒税は価格に上乗せする形で課税される間接税。納める義務があるのは販売業者であるが，実際に負担するのは購入した客である。

問５　現在，日本の国の歳出で最も大きな割合を占《し》めるＣは社会保障費。ついで割合の大きいＤは，過去に発行した国債《こくさい》についての利子の支払いや元金の返済のための費用である国債費である。

問６　日本国憲法第25条１項が保障する「健康で文化的な最低限度の生活を営む権利」は，生存権とよばれる。

問７　老齢年金は，原則として65歳から受け取ることができる。なお，2019年６月，金融《きんゆう》庁は，95歳まで生きるには夫婦で年金以外に2000万円が必要であるとの試算を内容とする報告書を政府に提出したが，政府は世間に著しい不安と誤解をあたえるものであるとして，報告書の受け取りを拒否《きょひ》した。

理　科　＜第１回試験＞（30分）＜満点：60点＞

解　答

１　**問１**　(ウ)　　**問２**　右の図ｉ　　**問３**　(1)　①　100　　②　きり　　③　雲　　(2)　(オ)　　**問４**　350 t　　**２**　**問１**　**名前**…ホウ酸　　**記号**…(ウ)　　**問２**　(例)　右の図ⅱ　　**問３**　(イ)，(ウ)，(エ)　　**問４**　**薬品名**…よう素液　　**結果**…青むらさき色になる。　　**問５**　(例)　光合成によって大気中から吸収される気体Ｘが減るから。　　**３**　**問１**　(エ)，(カ)，(ク)　　**問２**　(1)　赤血球　　(2)　**動脈**…Ｂ　　**名前**…毛細血管　　**問３**　(イ)，(エ)　　**問４**　右上の図ⅲ　　**４**　**問１**　鉄しん　　**問２**　②　　**問３**　**極**…Ｓ極　　**向き**…(イ)　　**問４**　(ウ)，(カ)　　**問５**　(例)　プロペラの１枚の羽

図ｉ
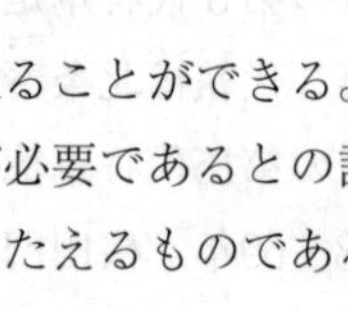

図ⅱ
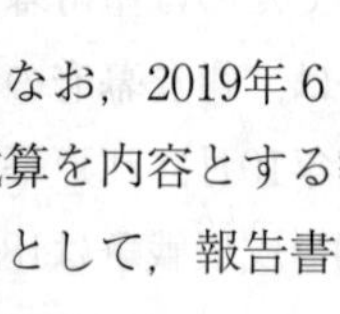

図ⅲ
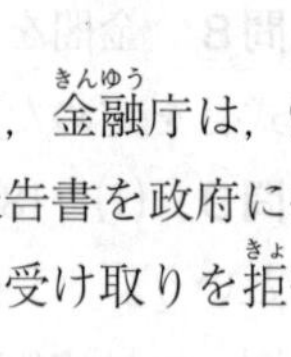

におもりをつけて重くする。

解　説

1 天気についての問題

問１　雲量とは，空全体を10として雲がしめる面積の割合を表したものである。雨などが降っていない場合，雲量０～１のときを快晴，雲量２～８のときを晴れ，雲量９～10のときをくもりという。表１で，３時と６時は雲量10で，天気記号はくもりとなっている。

問２　天気図の記号のかき方は，真ん中に天気記号をかき，中心に向かって風がふいていくように風向を表す16方位の線を引く。そして，その線に風力の階級に応じた数の矢羽根をかき加える。この日の21時は雲量が８なので，天気は晴れである。よって，天気記号は雲量が４で同じく晴れである15時と同じものになる。また，風向は南東で，風力は風速が2.7m/秒なので表２より階級が２である。

問３　(1)　空気中にふくまれる水蒸気《すいじょうき》の量が限界まで達した状態はしつ度100％で，これ以上空気中に水蒸気をふくむことができない。空気中にふくむことができなくなった水蒸気が水てきとなって，地上付近の空気中をただよっているものをきりといい，上空の高いところにういているものを雲とよぶ。　(2)　洗たく物が一番かわきやすいのは，表１で温度が高く，しつ度が低い15時ごろと考えられる。

問４　１m＝1000mmより，１時間あたり5.0mmの雨が降ると，70000m^2に１時間で降った雨の体積は，$70000\times\frac{5}{1000}=350(m^3)$となる。水は１$cm^3$の重さが１gなので，１$m^3$＝1000000$cm^3$，１t＝1000kg＝1000000gより，１$m^3$の重さが１tである。よって，70000$m^2$に１時間で降った雨の重さは350tとなる。

2 固体の物質の性質についての問題

問１　実験１の固体を水に溶《と》かしたものを加熱したようすより，茶色くこげたＦは砂糖，六角柱の形をしたつぶが残ったＢはホウ酸，立方体のような形のつぶが残ったＣは食塩とわかる。Ｂのホウ酸の水溶液《すいようえき》は酸性，Ｃの食塩の水溶液は中性なので，BTB溶液を加えるとＢの水溶液は黄色になり，Ｃの水溶液は緑色になる。なお，どちらの水溶液も，アルカリ性のときに赤色を示すフェノールフタレイン溶液を加えても無色で，銅板を入れても反応せず，においがなく，電気を通すため，(イ)～(オ)では２つの水溶液を区別することはできない。

問２　ろ紙を半分に折って，それをまた半分に折ると，円の$\frac{1}{4}$の部分が４枚重なるようになる。そのうちの１枚を残り３枚の重なる部分とはなれるように広げて開く。このとき，隣り合う円の$\frac{1}{4}$の部分が向かい合うことになる。したがって，ろ過をしたあとのろ紙に固体がついている部分は，隣り合う円の$\frac{1}{4}$の部分２つ，つまり半円状になる。

問３　チョークの粉には炭酸カルシウムがふくまれていて，炭酸カルシウムは食酢《しょくす》などの酸性の水溶液に反応して二酸化炭素を発生する。よって，Ｄはチョークの粉，気体Ｘは二酸化炭素である。たまごのからや大理石にも炭酸カルシウムがふくまれているので，食酢をかけたときに気体Ｘが発生する。また，重そうも食酢のような酸性の水溶液に溶けて気体Ｘが出る。なお，チョークには炭酸カルシウムをふくまないものもある。

問４　消石灰が水に溶けた水溶液は石灰水で，二酸化炭素を通したときに白くにごる。よって，Ｅ

は消石灰で，残るＡはデンプンとわかる。デンプンであるかを確認するためには，よう素液を用いる。よう素液はデンプンがあると青むらさき色を示す。

問５　熱帯雨林には膨大《ぼうだい》な植物がある。植物は光合成を行って大気中から二酸化炭素を吸収している。したがって，熱帯雨林が減少すると，植物の光合成によって吸収される二酸化炭素の量が減り，大気中の二酸化炭素が増加する。

３ メダカの血液循環《じゅんかん》についての問題

問１　ほ乳類のイルカやウサギ，は虫類のカメやワニは肺で呼吸をしている。また，両生類のカエルは親になると肺で呼吸をするが，オタマジャクシのときはえらで呼吸する。カニとイカは水中にすんでおり，えらで呼吸をしている。

問２　(1)　血管内に見られるつぶは赤血球である。赤血球はヘモグロビンをふくみ，酸素を運ぶ。

(2)　心臓から送り出された血液が通る血管を動脈，体の各部をめぐった後心臓にもどる血液が通る血管を静脈とよぶ。また，動脈と静脈の間をつなぐ細い血管を毛細血管という。血管Ａは細い血管から太い血管へと血液が流れているので静脈，血管Ｂは太い血管から細い血管へと血液が流れているので動脈である。

問３　メダカのような魚類の心臓は，１心房《しんぼう》１心室のつくりをしている。心臓から送り出された血液はえらを通った後全身へと運ばれる。えらでは血液中に酸素を取り入れ，二酸化炭素を排出《はいしゅつ》する。そのため，えらから出た直後の血液は心臓を出た直後の血液よりも多くの酸素をふくんでいる。なお，血管Ａを流れる血液は体をめぐって心臓にもどる血液なので体の細胞《さいぼう》に酸素をわたしていて酸素が少なく，血管Ｂを流れる血液はえらで取り入れた酸素を多くふくむ。心臓は血液を全身に送り出すポンプのようなはたらきをしているため，心臓から出る血液は心臓に入る血液より勢いが強い。

問４　肺胞《はいほう》は肺の気管支の先のふくろ状になった部分で，肺胞の周囲を毛細血管があみの目のように取り囲んでいる。口や鼻からすった空気は肺胞の中まで入り，この空気中の酸素は肺胞の表面を通して外側にある毛細血管の血液中に取り入れられる。反対に，血液中の二酸化炭素は肺胞の中の空気中に排出される。

４ 電磁石についての問題

問１　電磁石の磁力を強くするには，コイルの巻き数を多くし，強い電流を流し，コイルの中に鉄しんを入れるとよい。

問２　図１の電磁石が永久磁石に引きつけられるためには，電磁石の左側がＳ極になればよい。電磁石は，電流が流れる向きに合わせて右手をにぎるようにしたとき，横に開いた親指が向くほうがＮ極となる。したがって，電流を(ア)の向きに流せば電磁石の右側がＮ極，左側がＳ極になる。また，音が流れているときは振動《しんどう》板が左右に動いて振動する。そのために，電磁石に流れる電流の向きが入れかわり，電磁石は永久磁石に引きつけられたり，しりぞけられたりをくりかえしている。

問３　図２の電磁石が時計回りに回転するためには，電磁石の(ア)の極をＳ極にして永久磁石のＳ極としりぞけ合うようにすればよい。問２で述べたように，右手を使って(ア)の極がＳ極になるような電流の向きを考えると，電流の向きは(イ)となる。

問４　Ｎ極とＳ極は引きつけ合い，同じ極どうしはしりぞけ合う。下の図の①のように電磁石の極が永久磁石の極からはなれていくときは，近くの永久磁石の極と同じ極になっていてしりぞけ合っ

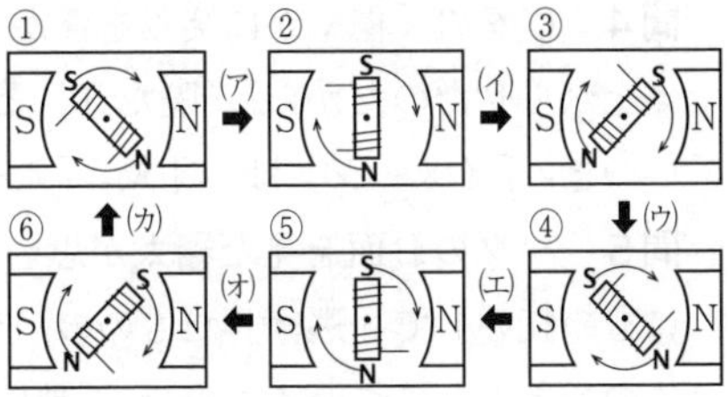

ている。③と④の間で電磁石の極が変わらないと，電磁石の極は近くの永久磁石の極と引きつけ合ってしまい，回転が止まってしまう。そのため，(ウ)で電流の向きを逆にして電磁石の極を変える必要がある。同様に(カ)でも電流の向きを変えると，電磁石は時計回りに回転を続ける。

問５　加工していないときのプロペラの重心は，プロペラの中心にある。重心をずらすためには，プロペラの羽の１枚におもりをつけてプロペラの重心をずらせばよい。

国　語　＜第１回試験＞（50分）＜満点：100点＞

解　答

一　**問１**　ニ　**問２**　イ　**問３**　**a**　ホ　**b**　イ　**c**　ニ　**d**　ハ　**問４**　ハ　**問５**　猛スピ　**問６**　（例）　倒れた翔太を助け起こすため。　**問７**　ロ　**問８**　**Y**　ホ　**Z**　イ　**問９**　ハ　**問10**　イ　**問11**　ロ　**問12**　ニ　**問13**　ハ　**問14**　下記を参照のこと。　**二**　**問１**　**X**　イ　**Y**　ハ　**問２**　（例）　炭水化物の砂糖がたくさんふくまれている　**問３**　人間には分　**問４**　イ　**問５**　(1)　ニ　(2)　ハ　**問６**　ハ　**問７**　ロ　**問８**　ロ　**問９**　ニ　**問10**　沖縄が　**問11**　ロ　**問12**　**A**　ロ　**B**　ハ　**C**　ホ　**三**　**問１**　ロ　**問２**　改元　**問３**　ハ　**問４**　イ　**問５**　ニ　**問６**　ロ　**問７**　ニ　**問８**　ロ，ハ

●漢字の書き取り

一　**問14**　(1)　非難（批難）　(2)　集落　(3)　公民

解　説

一　**出典は横沢《よこさわ》彰《あきら》の「秋祭りの記憶《きおく》」による。**御輿《みこし》の露払《つゆはら》いをする「ペタ」役を割りあてられた「翔《しょう》太《た》」が，練習中や祭り当日に出くわしたトラブル，保育園のときペタに追われたことなどが描《えが》かれている。

問１　「ねり歩く」は，“列になってゆっくりと歩く”という意味。ニ以外は，行列であることが盛りこまれていない。

問２　この後に描かれた，ハナとペタの性格に注目する。ハナは「威嚇《いかく》するだけ」だが，ペタは怖《こわ》がる相手を「しつこく追いかけ回す」ような存在である。より「恐《おそ》ろしい」ペタの役を年上である「中学生」のヨッちゃんが引き受け，ハナを「小六」の自分がやるべきだと翔太は思ったのだから，イがふさわしい。

問３　**a**　「威嚇する」のだから，驚《おどろ》かすために突然《とつぜん》上げる声が入るものと想像できる。よって，「わっと」が合う。「威嚇」は，おどし。　**b**　「ものすごい力でひっぱられた」のだから，力をこめるようすの「ぐっと」が入る。　**c**　直後に「笑うような声」とあるので，「ふっと」が合う。　**d**　ペタのお面を見た翔太は，以前「追いかけられ，田んぼへ放り投げられた」ときの「恐《きょう》怖《ふ》」を思い出したのだから，恐怖などで震《ふる》え上がるようすの「ぞっと」があてはまる。

問４　ペタの「穏《おだ》やかに笑《え》みを浮《う》かべた」顔と「激しく恐ろしい行為《こうい》」との差が，子どもたちを震え上がらせたのだから，“隔《へだ》たり”という意味の「ギャップ」が合う。なお，「アイディア」は，思いつき。「イメージ」は，印象。「ルール」は，決まり。

問５　ペタのお面を見た翔太が思い浮かべたのは，「すごい速さ」で「走って」きたペタから「死にもの狂《ぐる》い」で「逃《に》げ」たものの，つかまって「田んぼの上に倒《たお》された」という過去の記憶《きおく》である。このできごとについて，後で，「地区役員のおじさん」からペタのお面を渡《わた》された翔太は，「猛《もう》スピードで追いかけられ，田んぼへ放り投げられた」と再び思い出している。

問６　祭の当日，翔太の扮《ふん》するペタを見た子どもたちが逃げる場面に注目する。翔太は，「川」に「落ちかけた」子を助けたものの，その子は泣き出したうえ，母親からは「完全に悪者」扱《あつか》いを受けている。このとき翔太は，かつてペタを演じていた「健さん」も，「がけ」へ落ちそうになった自分を守るため「腕《うで》をつかんで田んぼへ放り投げてくれた」のかもしれないと気づいている。つまり，倒れた翔太に手を伸《の》ばしたのは，健さんの優しさにもとづいた行動だと推測できる。これをふまえ，「倒れている翔太に手を貸すため」のようにまとめる。

問７　「お面」を付ける前と，付けた後の翔太の気持ちが同じ段落で描かれている。「お面」を付ける前は「怖い」と思っていたが，「付けた瞬間《しゅんかん》から」，お面の細い目からのぞき見る外の世界は「異世界」のようで，「気持ちが大きく」なり，「何でもできるような気持ち」になったと書かれている。ロが，この変化を正確にとらえている。

問８　**Y**　ペタに扮した翔太は「いたずら心」から，すれ違《ちが》いざま「右足」を「ほんの少しだけ女の子の方へ」出して「引っ込《こ》め」ている。こういう「ほんの少し」の「いたずら」には，「ちょっと驚かしてやるか」と思ったとするのが合う。　**Z**　ペタとなり，翔太が近づくふりをした結果，女の子は「泣き」出してしまっている。申し訳ない気持ちもあったものの，「自分はペタなんだ」という「誇《ほこ》らし」さも同時に抱《いだ》いていたのだから，イがあてはまる。

問９　ヨッちゃんが小さい子たちから「まとわり」つかれているのを見た翔太は，意外そうに「へえ，ヨッちゃん低学年にも人気あるんだな」と思っているので，ハが合う。

問10　川の方へ走っていく女の子の背中が消え，「危ないっ！」と思ったのだから，翔太は「とっさに」「手を伸ばし」たものと考えられる。その後，翔太の「右手がその子の腕をがっちりつかん」で「引き上げ」たため，「間一髪《かんいっぱつ》で」助かったと続く。しかし，女の子を助けた代わりに，「翔太はバランスを崩《くず》し」て「川の中へ崩れ込」み，「背中から落ちた」という流れになる。よって，イが正しい。

問11　問８で検討したように，助けた女の子は「前に暗がりの道で出会った」とき，自分がしかけた「いたずら」のせいで「泣き」出した子だったので，翔太は母親から誤解されてしまい，怒《いか》りを買ってしまっている。よって，ロがふさわしい。

問12　問11でみたように，誤解された翔太は，「おれ，完全に悪者だな」と思っても言い訳できずにいる。この状況《じょうきょう》で，軽いため息のように「ふっ」と笑ったのだから，「あきらめ」が合う。

問13　問10で見たように，翔太は自分から逃げる女の子が「川」に落ちるのではないかと危険を感じ，追いかけていって助けている。同じように，健さんも翔太が「がけ」に落ちるかもしれないと思って駆《か》けつけたのだから，ものごとを推《お》し量って知ることを表す「察知」がよい。

問14　(1)　欠点や間違いなどを責めること。「批難」とも書く。　(2)　人が集まって住んでいるところ。　⑶「公民館」は，社会教育法によって定められ，市町村または公益法人が住民の教養の向上，生活文化の振興《しんこう》などの諸目的を持って設置する施設《しせつ》。

二　**出典は盛口 満《もりぐちみつる》の『めんそーれ！化学―おばあと学んだ理科授業』による。** 沖縄のおばあたちと実験をしながら，糖について，カロリーゼロのコーラの甘《あま》みについて，学んでいく。

問１　**Ｘ**　酸はびんのさびをきれいにするが，洋服につくと穴があくというのだから，前のことがらを受けて，それに反する内容を述べるときに用いる「でも」があてはまる。　**Ｙ**　砂糖は「炭」と「水」からできているため，「炭水化物とよばれる」という文脈なので，前のことがらを原因・理由として，後にその結果をつなげるときに用いる「だから」が合う。

問２　前の部分から読み取る。「バナナ」や「あんもち」と同じように，「チョコレート」も「炭水化物が豊富」なので，「長距離《きょり》の選手」の「エネルギー源として」適していると述べられている。これをもとに，「砂糖，つまり炭水化物が豊富にふくまれる」のようにまとめればよい。

問３　Ｃの文章の最後のほうに，ダイエットコーラのカロリーがゼロなのは，甘味成分にアスパルテームという「人間には分解できない糖分を使用している」からだと説明されている。

問４　Ａの文章の中ほどで，「砂糖は炭水化物とよばれ」，「人間のエネルギー源」となるため，マラソンのときなどは「炭水化物が豊富なもの」を食べるといいと述べられている。よって，イがふさわしくない。

問５　⑴「最近」は上の漢字が下の漢字を修飾《しゅうしょく》している組み立て。よって，「親友」が同じ。⑵「注意」は下の漢字が上の漢字の対象や目的になっている組み立て。よって，「加熱」が同じ。なお，「円高」は上の漢字が主語，下の漢字が述語になっている組み立て。「往復」は，反対の意味の漢字を重ねた組み立て。

問６　イ　点滴《てんてき》よりスポーツドリンクのほうが糖分の濃度《のうど》は高いと述べられているので，合わない。ロ　本文中に，スポーツドリンクと血糖値の関係は述べられていないが，糖分濃度が高いので，スポーツドリンクを飲めば血糖値は上がる。　ハ　ぼう線④の少し後で，「一定量の糖分が含《ふく》まれているので，糖分のとりすぎに注意したほうがいい」と述べられているので，正しい。　ニ「スポーツドリンク・もどき」の材料として「ブドウ糖，塩，ビタミン」があげられているので，ふさわしくない。

問７　「もどき」は“あるものに似せたもの”“まがいもの”という意味。よって，ロが選べる。

問８　Ⅰ　インシュリンの分泌《ぶんぴつ》により，血液中のブドウ糖は利用されるのだから，「血糖値」は「下がる」ものとわかる。　Ⅱ　Ⅰとは反対に，インシュリンがうまく分泌されないと「血糖値」が「高い」ままの状態になると述べられている。

問９　「首をかしげる」は，首をかたむけるしぐさで，考えめぐらしたり疑ったりするようす。

問10　終戦後の沖縄の社会的状況とコーラの普及《ふきゅう》の関係については，Ａの文章中で「沖縄がアメリカの統治下に長くあった」ことが背景にあると説明されている。

問11　コーラを飲んでも骨が弱くなることはないが，コーラに含まれる「大量の糖分」をもとに虫歯菌《きん》が酸をつくり，酸が歯をとかして虫歯になることはあると述べられているので，問題は「摂取する糖分の量」にあることが読み取れる。

問12　**Ａ**　「砂糖に硫酸《りゅうさん》をかける」実験をしたうえで，砂糖はエネルギー源となる「炭水化物」だと述べているので，「砂糖の実験」がよい。　**Ｂ**　「砂糖の仲間」を比較《ひかく》し，糖とインシュリンの関係を説明している。　**C**　ショ糖，ブドウ糖，果糖といった「天然の物質」に対し，「カロリーゼロのコーラ」に含まれている「アスパルテーム」という「人工甘味料」の説明をしているので，「カロリーゼロのひみつ」がふさわしい。

三　**出典は片山由美子《かたやまゆみこ》の『季語を知る』による。**和歌や俳句に詠《よ》まれた「滝《たき》」を紹介《しょうかい》しつつ，現代では夏を代表する季語だが，古くは違っていたこと，滝が身近になった経緯《けいい》などを説明している。

問１　「歳時記《さいじき》」は，季語を四季別や月別に並べ，時候，天文，人事，動植物などの部門別に分類し，解説を加えて例句をつけたもの。季語を分類しただけで解説のないものを「季寄《きよせ》」という。なお，旧暦では１～３月が春，４～６月が夏，７～９月が秋，10～12月が冬にあたる。

問２　年号を改めることを「改元」という。

問３　“岩に激しくぶつかって流れ落ちる滝のほとりの蕨《わらび》が，芽を出す春になったことだよ”という意味。雪どけで水量が増し，激しく流れ落ちる滝のほとりに，芽吹《めぶ》いた蕨を見つけて春の訪《おとず》れを喜ぶ歌である。視点は，蕨の芽が見える位置なので，ハがよい。

問４　「造り滝」は，人工的につくった滝。本物のまねだから，「つくり笑顔」が近い。

問５　イは与謝蕪村《よさぶそん》，ロは高浜虚子《たかはまきょし》，ハは小林一茶《こばやしいっさ》，ニが松尾芭蕉《まつおばしょう》の句にあたる。

問６　a　「ほろほろと山吹《やまぶき》ちるか滝の音」は，「山吹」が春の季語。滝音の響《ひび》きを背景に，岸辺に咲《さ》きほこる山吹の花が，風もないのにほろほろとちる情景を詠んでいる。　b　「滝壺《たきつぼ》に命うちこむ小鮎《こあゆ》かな」は「小鮎」が春の季語。ひたすら上流を目指す春の小鮎たちが，どうどうと水の落ちてくる滝壺から命がけで滝を登ろうとしている情景である。　c　「滝見して袖《そで》かき合はす袷《あわせ》かな」は「袷」が夏の季語。「袷」は，裏地のある着物で，現代では秋から春先に用いるが，近世では初夏と初秋に着た。夏だが，滝見をしていると着物の袖をかき合わせるほど肌寒《はだざむ》いようすを詠んでいる。

問７　「青菜」は，上下とも訓読みである。「赤飯」は，上下とも音読みになる。「竹輪」は，上が音読み，下が訓読みの「重箱読み」にあたる。

問８　ロ　「垂水《たるみ》」が流れのゆるやかな滝という説明は，本文中にないので正しくない。　ハ　歳時記に「滝」が登場したのは昭和のはじめだが，「たき」が「滝」を表すようになったのは「平安時代」である。

2020年度　大　妻　中　学　校

〔電　話〕 (03) 5275－６００２
〔所在地〕 〒102-8357　東京都千代田区三番町12
〔交　通〕 東京メトロ半蔵門線―「半蔵門駅」より徒歩５分
JR線・東京メトロ各線―「市ヶ谷駅」より徒歩10分

【算　数】〈第２回試験〉（50分）〈満点：100点〉

◎　円周率を用いるときは3.14として答えなさい。

◎　式，計算，または考え方は必ず書きなさい。これのないものは正解としません。

1　次の□にあてはまる数を求めなさい。

(1)　$1-\left(\frac{2}{3}+\frac{4}{5}\div 6\right)\times\frac{7}{8}+\frac{9}{10}=\square$

(2)　$2020\div\{(\square-11)\times 7+3\}=20$

(3)　13％の食塩水 340ｇと６％の食塩水□ｇを混ぜると，11％の食塩水ができます。

(4)　$\frac{9}{\square}$ は，$\frac{2}{3}$ より大きく $\frac{12}{17}$ より小さい分数です。ただし，□には整数が入ります。

2　底面の半径が５cm で母線の長さが６cm の円すいＰと，母線の長さが９cm の円すいＱがあります。ＰとＱの側面を展開したときのおうぎ形の中心角の大きさの比は 15：7 です。Ｑの底面の半径は何 cm ですか。

3　Ａさんが１人で行うと15日かかる仕事があります。まずＡさんが８日働き，次にＢさんが６日働き，最後にＡさんとＢさんが２日働くと，すべての仕事が終わります。この仕事をＢさんが１人で行うと何日かかりますか。

4　Ａさんは，家を出てコンビニで買い物をしてから駅まで行きました。コンビニから駅までの道のりは，家からコンビニまでの道のりの2.5倍です。家からコンビニまでは毎分 80ｍ の速さで歩いたところ，家から駅までの平均の速さは毎分 105ｍ でした。コンビニから駅までは毎分何ｍの速さで進みましたか。

5　$\boxed{0}$，$\boxed{1}$，$\boxed{2}$，$\boxed{3}$，$\boxed{4}$ の５枚のカードから３枚取り出して並べて３桁《けた》の整数を作るとき，偶数は何個できますか。

6　Ａさんは，ある本を４日かけて読みました。１日目に全体の４割，２日目に60ページ，３日目に残りの $\frac{1}{3}$ を読んだところ，１日目と４日目に読んだページ数の比は 13：9 でした。この本は何ページありますか。

7　図のような直角三角形の中に，３つの正方形ア，イ，ウがあります。正方形ウの１辺の長さは何 cm ですか。

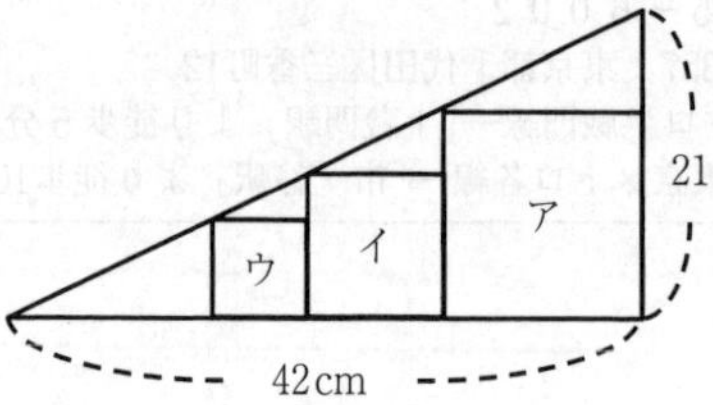

8　X，Yの２種類の商品があります。定価でXを８個とYを５個買ったら，合計5000円でした。その後，Xが定価の２割引き，Yが定価の４割引きになったので，Xを９個とYを10個買ったら，合計5160円でした。X，Yの定価はそれぞれいくらですか。

9　直方体の容器の中に直方体のおもりが置いてあり，この容器の中に毎秒 288cm³ の割合で水を入れていきます。水面の高さが 30cm になったときに水を入れる割合を変えたところ，44秒で容器は満水になりました。グラフは，水を入れ始めてからの時間と水面の高さを表したものです。

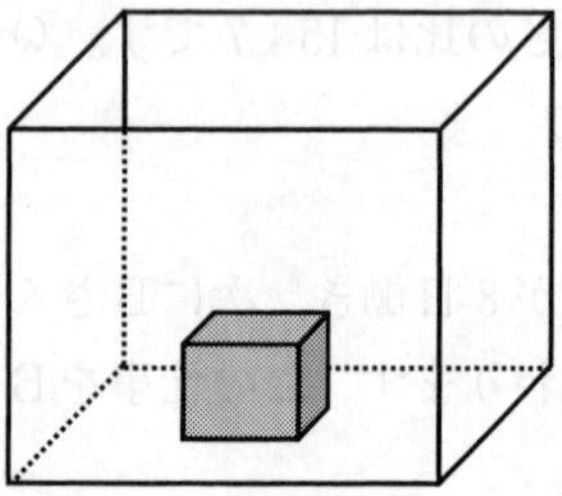

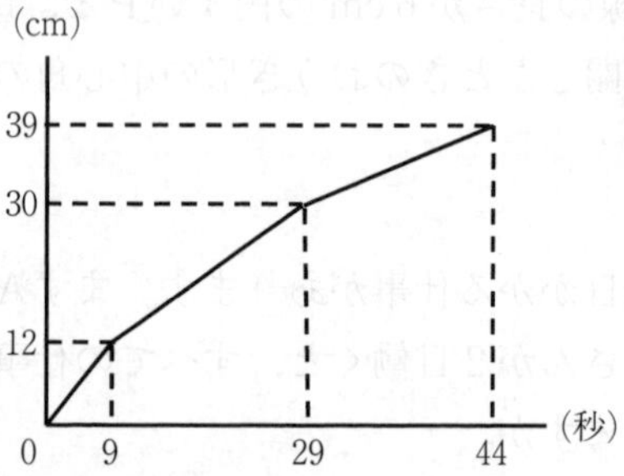

⑴　おもりの底面積は何 cm² ですか。

⑵　水を入れる割合を変えた後，毎秒何 cm³ の割合で水を入れましたか。

10　図のように，ある規則にしたがって数が並んでいます。

⑴　上から９行目，左から５列目の数はいくつですか。

⑵　777は上から何行目，左から何列目にありますか。

1	4	9	16	25	…
2	3	8	15	24	…
5	6	7	14	23	…
10	11	12	13	22	…
17	18	19	20	21	…
⋮	⋮	⋮	⋮	⋮	

【社　会】〈**第２回試験**〉（30分）〈満点：60点〉

（注意）　地名・用語は，特別の指示がないかぎり，漢字で答えなさい。

1　次の文を読み，あとの問いに答えなさい。

地図は，私たちの行動範囲《はんい》や知識を大きく広げてくれる道具です。①世界の国の位置を把握《はあく》するための地図もあれば，②身の回りの地域の様々な情報を得るための地図もあります。また，③統計情報を地図で表現することで，地域の特色について分析《ぶんせき》しやすくすることもできます。

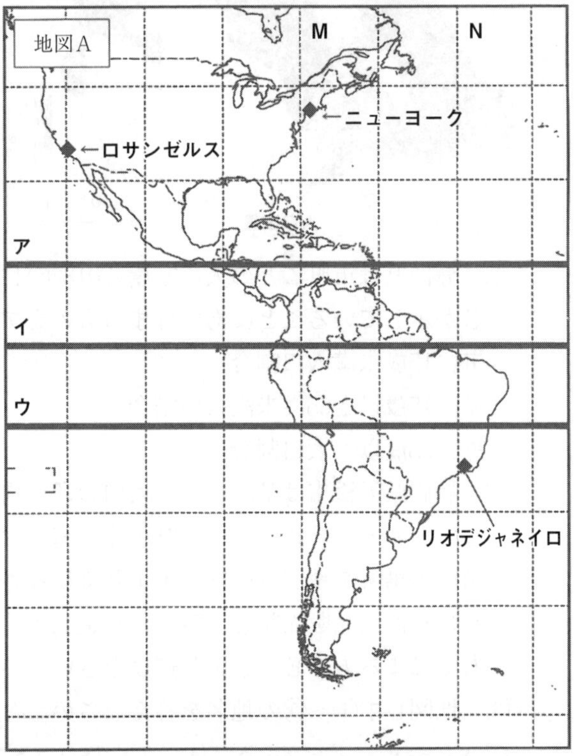

問１．下線部①について，右の地図Ａは世界地図の一部です。

(1)　地図Ａの**ア～ウ**のうち赤道の位置として正しいものを１つ選びなさい。

(2)　地図Ａのニューヨークとロサンゼルスは３時間の時差があります。**M**は西経75度の経線ですが，リオデジャネイロ付近を通る**N**は西経何度の経線ですか。

(3)　地図Ａのアメリカ合衆国の人口は３億人(2018年)を超えています。アメリカ合衆国以外で，人口が１億人を超えている国を地図Ａ中から**２つ**答えなさい。

問２．下線部②について，右下の地図Ｂはwebサイト上でみられる地形図です。

(1)　このような地形図は何という機関のwebサイト上でみられますか。

(2)　この地図Ｂ中に**みられない**地図記号を次から**２つ**選び，記号で答えなさい。

ア．官公署
イ．消防署
ウ．税務署
エ．博物館
オ．老人ホーム
カ．裁判所
キ．市役所
ク．図書館

地図Ｂ

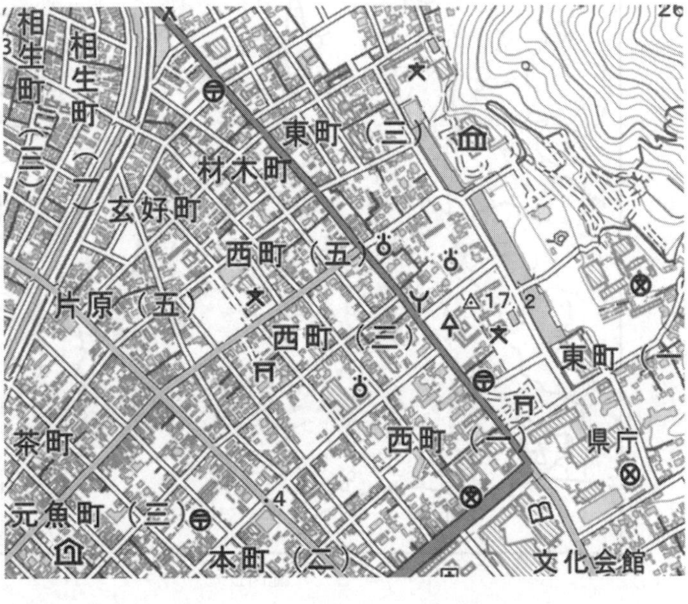

問３．下線部③について，静岡県の特色を分析するためにいくつかの地図を作製しました。

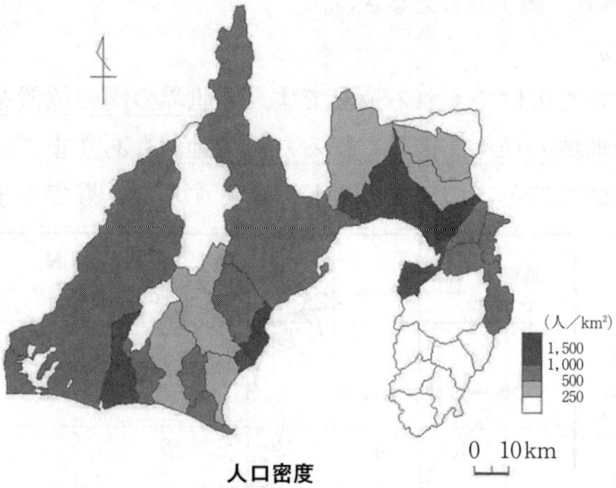

人口密度

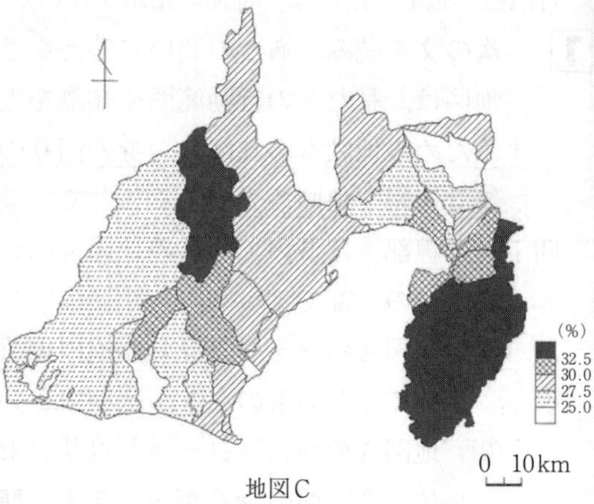

地図Ｃ

⑴　静岡県は市町ごとの人口密度（2018年）に違いがみられます。そのことをふまえて，地図Ｃが示していることにあてはまるものをア～ウより選び，記号で答えなさい。

ア．15歳未満人口割合

イ．15歳以上65歳未満人口割合

ウ．65歳以上人口割合

⑵　静岡県浜松市は県内で最も人口の多い自治体で，様々な産業がさかんです。地図を分析していくと，周辺の市町や県全体で産業の特色に違いが生じていることが分かります。浜松市の場所を地図Ｄ中**ア～エ**より選びなさい。また，次ページの地図Ｅと地図Ｆは市町ごとの年間商品販売額（2015年）か製造品出荷額（2016年）のどちらかです。年間商品販売額にあてはまる方をＥ・Ｆより選びなさい。

⑶　地図Ｄ中①～③の地名を答えなさい。

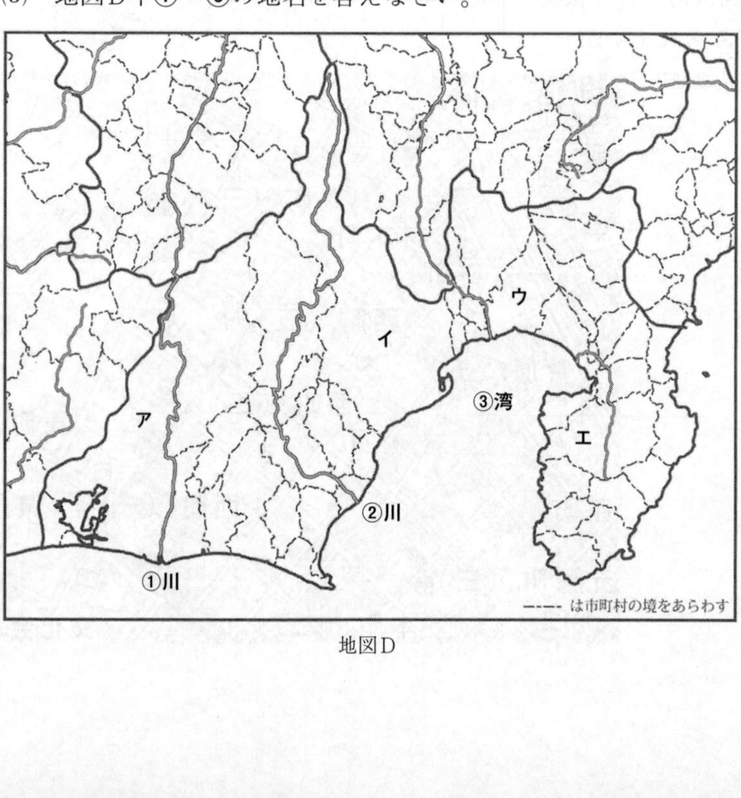

地図Ｄ

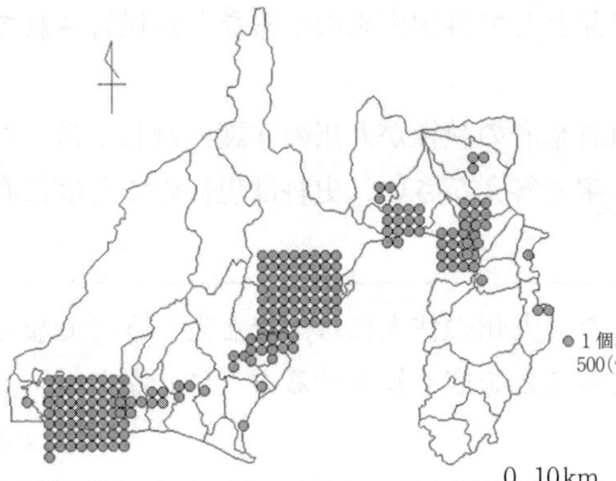

地図E

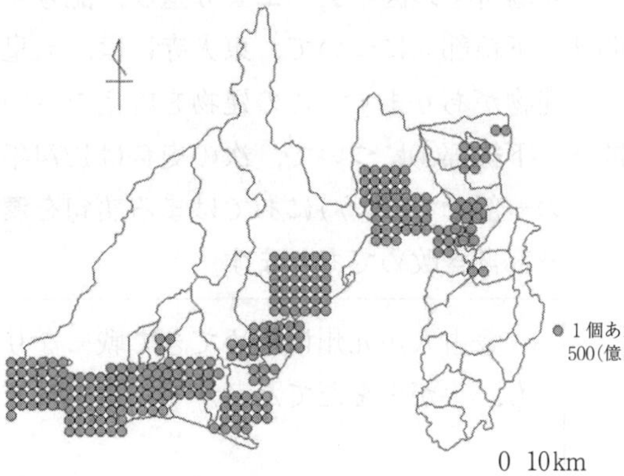

地図F

2 日本の楽器の歴史に関する次の文を読み，あとの問いに答えなさい。

日本の楽器の歴史は古く，①弥生時代に，銅鐸《たく》が祭祀《さいし》の際に鐘《かね》として使用されたという説があります。②古墳時代には，ひざの上に琴《こと》のようなものを持っている埴輪も作られました。奈良時代になると，中国や朝鮮半島，東南アジアの影響を受けた楽器が多くなり，③東大寺の大仏が完成した際の儀式では，それらの楽器が演奏されたといわれています。平安時代になると，優れた演奏が天皇の権威《けんい》を高めることに役立つとされました。藤原氏の陰謀《いんぼう》によって大宰府に流され，その地で亡くなった（ あ ）の怨霊《おんりょう》に苦しめられたといわれる醍醐天皇は，楽器を自分の墓に納めさせたそうです。鎌倉時代に作成された④『蒙古襲来《もうこしゅうらい》絵巻』には，元軍の楽器も描かれています。⑤室町時代になると，笛や太鼓《たいこ》などを使う能が，３代将軍（ い ）の保護のもと完成しました。その後，来日した⑥キリスト教の宣教師らによって，さまざまな西洋楽器がもたらされました。⑦江戸時代には，三味線《しゃみせん》を伴奏《ばんそう》に使う⑧歌舞伎や⑨人形浄瑠璃が流行する一方，ドイツ人の医師⑩シーボルトによって，⑪長崎の出島にピアノが初めて持ち込まれました。明治時代に入ると，西洋文化の影響を受けた音楽が流入してきます。明治時代以来，学校で教えられた唱歌，日清・⑫日露戦争によりさかんになった軍歌，昭和に入って流行した歌謡《かよう》曲など，西洋楽器を使った独自の音楽が生まれました。しかし，⑬太平洋戦争が始まると，政府は西洋の音楽を禁止していきました。戦後，⑭日本国憲法が制定され，⑮表現の自由が認められましたが，今度はGHQによる取りしまりが７年間も続きました。近年では，⑯津軽三味線や和太鼓などの日本独自の楽器も見直されてきています。

問１．文中の空らん（あ）（い）にあてはまる人名を答えなさい。

問２．下線部①の地層から出土される遺物として**まちがっている**ものを**２つ**選び，記号で答えなさい。

ア．須恵《すえ》器　　イ．田げた
ウ．たて穴住居跡　　エ．ナウマン象の牙
オ．鉄器

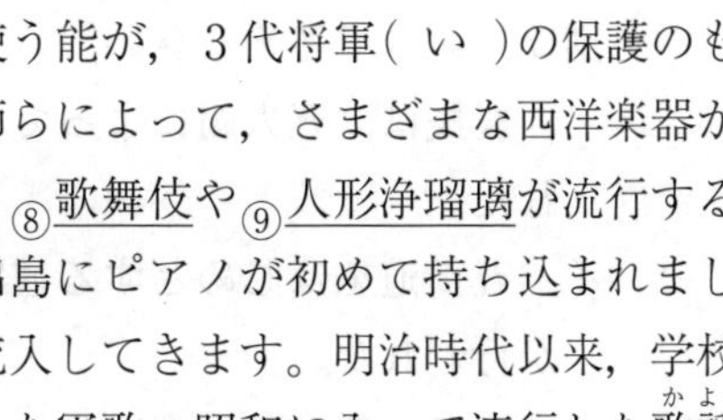

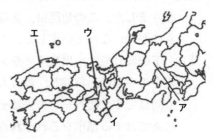

問３．下線部②について，2019年７月に百舌鳥《もず》・古市《ふるいち》古墳群が世界文化遺産に登録されました。この古墳群にある国内最大の古墳を答えなさい。また，この古墳があ

る場所を地図中**ア**～**エ**より選び，記号で答えなさい。

問４．下線部③について，東大寺には，天皇の遺品として外国由来の楽器などが保管されていた建物があります。この建物を答えなさい。

問５．下線部④について，次の史料は1274年に鎌倉幕府の執権が九州の守護に対して送った手紙の一部です。(う)にあてはまる語句を**漢字３字**で答えなさい。史料は現代のことばに直し，一部書き改めてあります。

蒙古人が九州に攻めてきて戦になりました。九州の住人には，たとえ(う)でなくても，手がらをたてた者がいれば恩賞を与えることを広く知らせるようにしなさい。 (『大友文書』)

問６．下線部⑤について，この時代の社会について説明した文として**まちがっている**ものを１つ選び，記号で答えなさい。

ア．応仁の乱後，浄土真宗が広まっていた加賀《かが》国では，農民や武士が大きな一揆をおこした。

イ．宋銭とともに明銭が広く流通するようになり，土倉や酒屋のような高利貸しが多く登場した。

ウ．戦国大名の多くは，敵の侵入《しんにゅう》を防ぐために，交通の不便な山の上に城を築いた。

問７．下線部⑥に関連して，ヨーロッパ人が日本に初めて来たのはキリスト教が伝来する６年ほど前のことでした。この時，彼らが伝えたある物は，戦い方や城づくりに大きな影響を与えました。そのある物とは何ですか。

問８．下線部⑦について，この時代の社会について説明した文として**まちがっている**ものを１つ選び，記号で答えなさい。

ア．農民は，五人組によって年貢の納入に連帯して責任を負わされるなど，きびしく統制された。

イ．五街道をはじめとする道路が整備されたが，要所に置かれた関所ではきびしい取り調べが行われた。

ウ．大名は武家諸法度によってきびしく統制され，特に外様大名は江戸の周辺に配置された。

問９．下線部⑧は，老中水野忠邦が行った改革によってきびしい統制を受けることとなりました。水野忠邦は，物価を下げるために商人の同業者組合にも統制を加えました。この商人の同業者組合を答えなさい。

問10．下線部⑨の脚本作家で，『曽根崎心中』などの作品で知られる人物を１人選び，記号で答えなさい。

ア．井原西鶴　　イ．滝沢馬琴　　ウ．本居宣長　　エ．近松門左衛門

問11．下線部⑩は帰国する際に，持ち出し禁止の日本地図を持っていたため，処分されることとなりました。この地図は，ある人物が，幕府の命令で全国の沿岸を実際に測量して作成したものが元になっていました。この人物を答えなさい。

問12．下線部⑪では，出島でオランダとの貿易が行われたほか，中国とも貿易が行われました。現在の中国は，首都と，最も人口が多い都市がことなり，アメリカ合衆国やオーストラリアも同様です。次ページの表はその２か国の人口の多い上位３都市を示しています。(え)(お)にあてはまる都市をそれぞれ答えなさい。

	アメリカ合衆国		オーストラリア	
	都市名	人口(千人)	都市名	人口(千人)
１位	（ え ）	20321	（ お ）	4824
２位	ロサンゼルス	13354	メルボルン	4485
３位	シカゴ	9533	ブリスベン	2271

アメリカ合衆国は2017年，オーストラリアは2016年
『世界国勢図会 2019/20』より作成

問13．下線部⑫について，

(1)　この戦争の講和条約が結ばれたアメリカの港町を答えなさい。

(2)　この講和条約に対して，日本の国民は大きな不満を持ちました。その理由を次の資料Ⅰ・Ⅱをふまえて説明しなさい。

資料Ⅰ

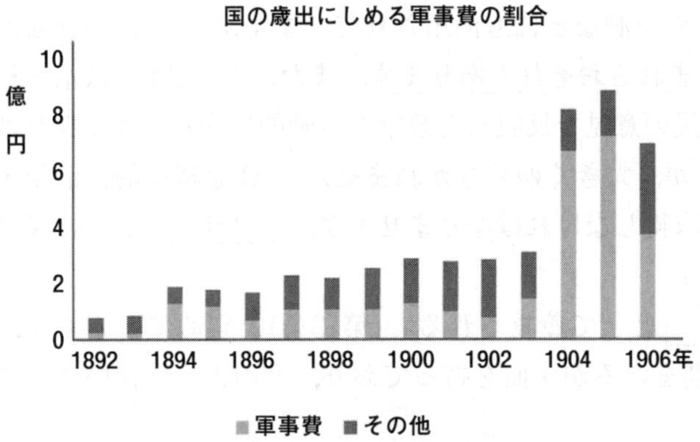

(帝国書院『統計資料』より作成)

資料Ⅱ

(『東京パック』さいたま市立漫画会館蔵)

問14．下線部⑬のように西洋音楽が禁止されていく中でも，日本と同様に，国際連盟を脱退したヨーロッパの２か国の音楽は禁止の対象となりませんでした。その**2か国**を答えなさい。

問15．下線部⑭は，国のあらゆるきまりよりも効力を持っているため，改正について慎重《しんちょう》な手続きが必要となっています。憲法改正の手続きについて説明した次の文中の空らんにあてはまる数字や語句をそれぞれ答えなさい。

> 衆議院，参議院それぞれの総議員の［　か　］以上の賛成を得て，国会が発議《はつぎ》し，［　き　］で過半数の賛成により承認される。

問16．下線部⑮以外にも，日本国憲法はさまざまな人権について定めています。しかし，人権は「公共の福祉」によって制限を受けることもあります。次のうち自由権が制限される例として正しいものを１つ選び，記号で答えなさい。

ア．内容が不適切だとしてテレビ番組の放送が禁止された。

イ．現行犯で逮捕《たいほ》されたため，弁護士を依頼することを禁止された。

ウ．感染症にかかっていたため，学校への登校を禁止された。

エ．体に障がいがあることを理由に，高校の入学試験が不合格となった。

問17．下線部⑯に関連して，次の文は，夏休みに青森県に旅行に行った際の記録の一部です。文

中の空らんにあてはまる地名をそれぞれ答えなさい。

> １日目は，世界自然遺産に登録されている［　く　］山地を訪れました。延々と続くブナの原生林の中，森林浴を楽しみました。２日目は，［　け　］半島を北上する列車に乗車しました。左側の車窓からは，陸奥湾の海岸が広がり，すばらしい景色を楽しみました。

3　AIに関する次の文を読み，あとの問いに答えなさい。

①AIは，大量のデータを読み込んで学習をくり返すことで，区別や予測などのはたらきができるようになります。インターネットの通信販売《はんばい》サイトで，「おすすめ」商品の広告が表示されるのは，自分が今までに買ったり閲覧《えつらん》したりした商品のデータを，AIが分析《ぶんせき》しているからです。

データをもとに予測する技術は，外国では，②犯罪が多発する地域の取りしまりや，③裁判の際に被告人《ひこくにん》が再び犯罪をおかす可能性の予測などにも活用されていますが，④AIの判断がつねに公平とは限らず，差別や偏見《へんけん》が生まれるおそれもあります。また，もしAIが政治・社会問題についてのデータを読み込み，国民の意見を反映した政策を自動的に作るようになれば，⑤選挙で代表者を選ぶ民主政治のしくみが，大きくゆらぎかねません。AIを積極的に活用するには，個人情報などの大量のデータを取得しなければなりませんが，⑥プライバシーの保護も，考えなくてはならない問題の一つです。

日本国憲法は「すべて国民は，［　あ　］として尊重される」(第13条)と定めていますが，AIは一人ひとりの人権や民主政治の原則をゆるがす面を持っており，どのように使いこなすかが問われているのです。

問１．下線部①を日本語で何といいますか。

問２．下線部②について，2019年６月から，裁判員裁判事件などを対象に，取り調べのすべての過程を録音・録画することが義務づけられました。密室での取り調べで起こるおそれのある，［　い　］を防ぐためです。［い］にあてはまる語句を**５字以内**で答えなさい。

問３．下線部③について，

(1)　裁判所・国会・内閣の関係を説明した文として正しいものを次から１つ選び，記号で答えなさい。

ア．国会は，不適切な裁判官を裁く裁判所を設けることができる。

イ．国会は，内閣総理大臣と国務大臣を指名することができる。

ウ．内閣は，国会が外国と結んだ条約を承認し外交をおこなう。

エ．内閣は，最高裁判所の長官とその他の裁判官を任命する。

(2)　次の記事に書かれている，裁判所の持つ権限を何というか，答えなさい。

> 仙台地方裁判所は，障がい者に不妊《ふにん》手術を強制した法律(旧優生保護《ゆうせいほご》法)は憲法に反するとの判断を示した。……裁判長は，子どもを産み育てるかどうかを決定する権利は，憲法で保障される基本的権利にあたると指摘《してき》した。
>
> (2019年５月29日，日本経済新聞　問題作成のため一部改変)

問４．下線部④に関連して，アメリカのある企業《きぎょう》では，履歴書《りれきしょ》のデータを学習したAIが，人材の採用(選考)をおこなうシステムを開発していました。ところが，(注)技術職を採用する際，女性に対して不公平な判断をすることがわかり，開発は停止されました。

右のグラフの通り，技術職は[う]ため，AIが学習したデータも同じような傾《けい》向《こう》を持っており，AIは技術職について[え]と判断したのです。グラフから読み取れること([う])と，AIの判断の内容([え])をそれぞれ**10字以内**で答えなさい。

主要企業の男女構成比

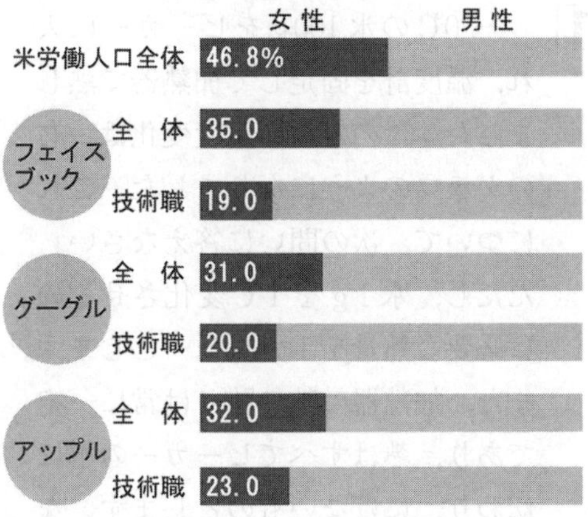

(2017年９月24日，日本経済新聞)

(注)　技術職…研究や開発などに携《たずさ》わる専門的な職業

問５．下線部⑤について，

(1)　衆議院議員総選挙には，小選挙区制のしくみが取り入れられています。小選挙区制の説明として正しいものを**２つ**選び，記号で答えなさい。

ア．同じ政党から複数の候補者が出て，同士討ちが起こりやすい。

イ．大規模な政党に有利にはたらき，少数派の意見が反映されにくい。

ウ．比例代表制と比べ，当選者以外に入る票が多くなりやすい。

エ．小規模な政党が分立しがちで，政治が不安定になりやすい。

(2)　2019年７月の参議院議員選挙では，比例代表選挙で，政党が指定する候補者を優先的に当選させる「[お]枠《わく》」が導入されました。[お]にあてはまる語句を**２字**で答えなさい。

問６．下線部⑥について，次のうち，プライバシーの侵害を説明した文として最も適切なものを１つ選び，記号で答えなさい。

ア．地域の問題をくわしく知りたいと思い，市役所が持つ情報の公開を求めた。

イ．知らない人がホームページに住所を載《の》せていたので，手紙を書いて送った。

ウ．ほかの人々が見ている場所で仕事上のミスを指摘《してき》され，名誉《めいよ》を傷つけられた。

エ．企業が管理する顧客《こきゃく》の住所や購入《こうにゅう》履歴《りれき》などの情報が流出し，不正利用された。

問７．前ページの[あ]にあてはまる語句を，問題文中から選んで**２字**で答えなさい。

【理　科】〈第２回試験〉（30分）〈満点：60点〉

1　－20℃の氷100ｇをビーカーに入れ，温度計を固定して加熱器で熱しました。このときの温度変化は，右のグラフのようになりました。これについて，次の問いに答えなさい。ただし，水１ｇを１℃変化させるのに必要な熱量を１カロリーとします。また，加熱器の熱の強さは常に一定であり，熱はすべてビーカーの中に伝わり，にげないものとします。なお，実験した場所の大気圧は，ほぼ１気圧とします。

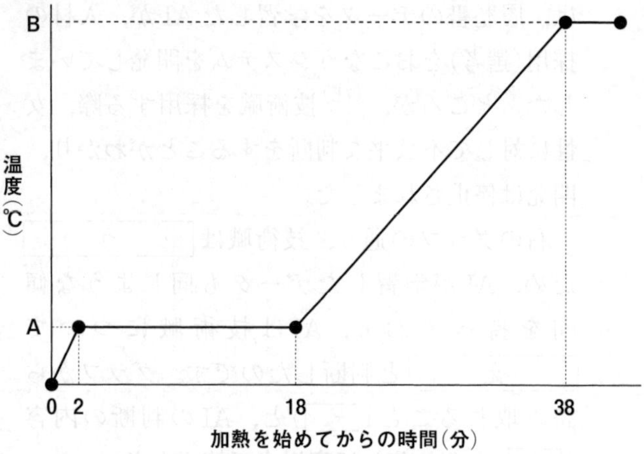

問１　グラフの中の**A**，**B**の温度はそれぞれ何℃ですか。

問２　グラフより，加熱を続けても温度が**A**℃のまま，上がらなくなっている時間があることがわかります。このときはじめに入れた氷はどのようになっていますか。次の㋐～㋓から１つ選び，記号で答えなさい。

㋐　すべての氷がとけて，水と水蒸気になっている。

㋑　すべて氷のままで変化していない。

㋒　すべての氷がとけて，水になっている。

㋓　一部の氷がとけて，氷と水になっている。

問３　グラフの傾《かたむ》きの違《ちが》いからどのようなことがわかりますか。次の㋐～㋒から１つ選び，記号で答えなさい。また，このことから，１ｇの氷を１℃変化させるのに必要な熱量は何カロリーであることがわかりますか。

㋐　加熱する時間が同じ場合，氷も水もあたたまりやすさは同じである。

㋑　加熱する時間が同じ場合，氷より水の方があたたまりやすい。

㋒　加熱する時間が同じ場合，水より氷の方があたたまりやすい。

問４　この実験で使った加熱器から，氷や水に与えられた熱量は，１分間あたり何カロリーになりますか。

問５　－20℃の氷50ｇをビーカーに入れ，氷の重さが100ｇのときと同じ加熱器で加熱しました。このとき，加熱を始めてからの時間と温度の変化の様子をグラフに表すと，どのようになりますか。直線が折れ曲がる場合は，その時間が正確にわかるように点を打ち，温度が最終的に変化しなくなるまで表しなさい。ただし，次ページの点線のグラフは，氷の重さが100ｇのときの温度の変化を表しています。

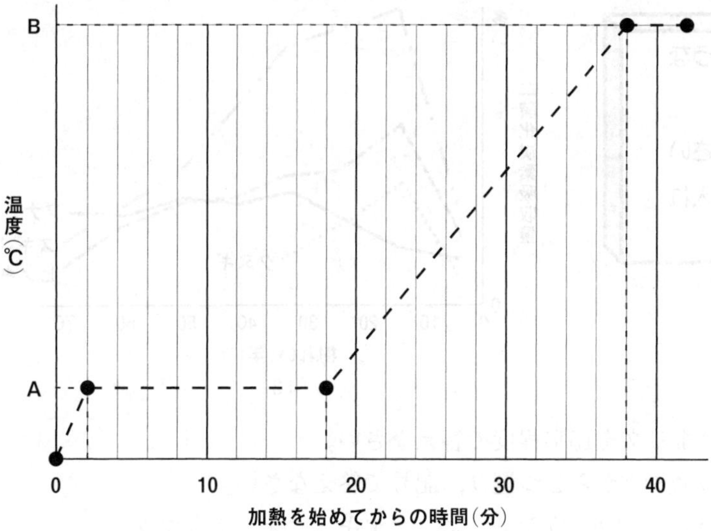

2　雑木林を訪れた，りか子さんと先生による次の会話を読み，あとの問いに答えなさい。

りか子：先生，看板(次ページの図１)に木をばっさいすると書いてあります。緑が失われてしまいませんか。

先　生：もったいないように思いますが，良いこともあります。何だかわかりますか。

りか子：林の中が明るくなることですか。

先　生：そうです。木をばっさいすると，光が林の中にさしこむようになります。

りか子：光合成をするには，光は欠かせないですよね。

先　生：その通り。だから，この雑木林では落ち葉かきも行われていますよ。

りか子：落ち葉はたい肥になるのに，もったいないですね。

先　生：落ち葉がなくなると，カタクリのような小さな植物も花をさかせることができます。

りか子：でも，せっかく育った木をばっさいしてしまうのは，やはりもったいない気がします。

先　生：このグラフ(図２)を見てみましょう。

りか子：全体的に若い木の方が(　　　　)ことがわかります。

先　生：(　　　　)ことで，環境《かんきょう》問題の対策にもなりますね。

りか子：先生，切り株から新しい芽が生えています。

先　生：木の成長の順番に手を加えることで，雑木林が守られているのですね。

りか子：木のばっさいや落ち葉かきも，それにふくまれるのですね。

先　生：そうです。昔はさとやまと言って，人間が動植物の近くであたりまえに生活をしていました。自然からたくさんのめぐみをもらっているわたしたちは，動植物に恩返ししながら共存したいですね。

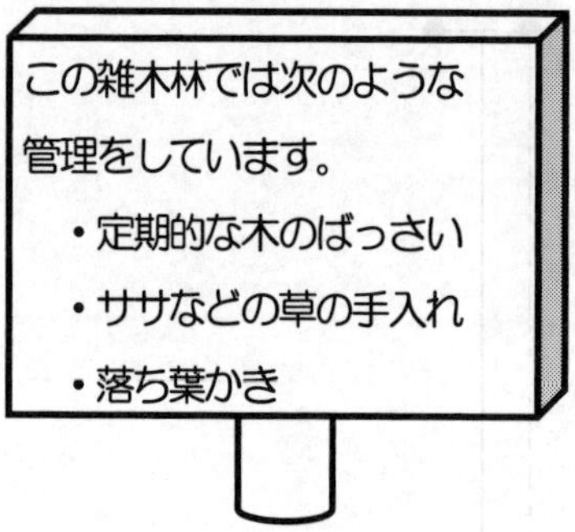

図１

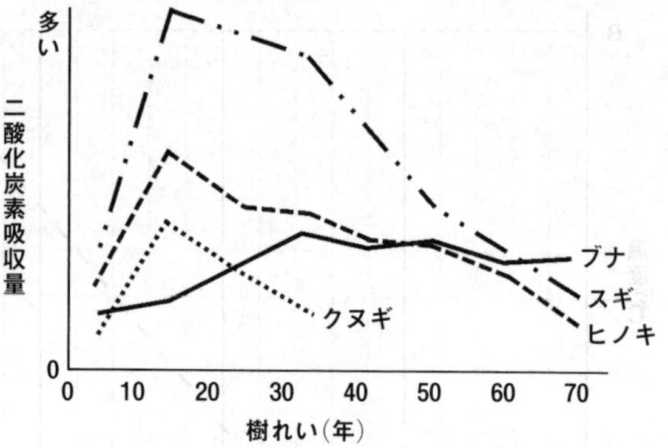

図２

問１　会話中の(　)にあてはまる文を15字程度で答えなさい。

問２　落葉しない樹木を次の(ア)～(オ)から２つ選び，記号で答えなさい。

(ア)　クヌギ　　(イ)　コナラ　　(ウ)　カシ　　(エ)　ケヤキ　　(オ)　アカマツ

問３　種子について，次の問いに答えなさい。

(1)　図３はある植物の種子のスケッチです。この種子は，何によって運ばれやすいつくりになっていますか。

(2)　図４はカタクリの花の写真です。カタクリの小さな種子はアリによって巣穴まで運ばれることで広く分布します。アリはカタクリの種子を好んで食べます。カタクリとアリがどちらにとっても良い関係であるならば，カタクリの種子のつくりにはどのような工夫があると考えられますか。

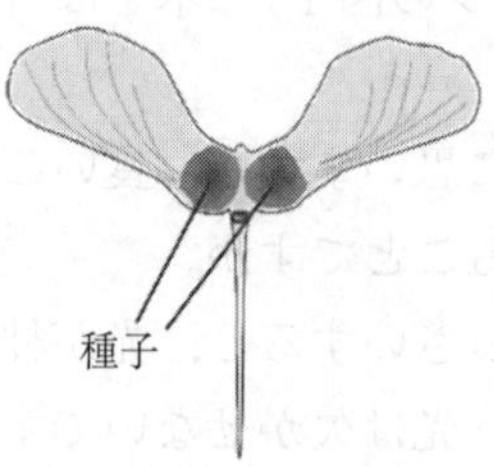

図３

図４

問４　次の文章中の(①)(②)にあてはまる言葉を答えなさい。

日本の国蝶《ちょう》とされるオオムラサキは，エノキの葉などに卵を産みつけます。そして，ふ化した幼虫はエノキの葉で越冬《えっとう》し，春になるとエノキの葉を食べて成長します。十分に成長するとエノキの葉裏でサナギになり，６月下旬頃《ごろ》から羽化が始まります。成虫はクヌギやコナラの樹液を吸います。近年，オオムラサキの生息数が減ってきており，日本各地でオオムラサキを守る取り組みが行われています。

りか子さんが訪れた雑木林では，定期的な手入れを行う前は，エノキやクヌギ，コナラなどの樹木が少なくなっていました。これらの樹木が育つには(　①　)からです。樹液を十分に吸えなくなったことでオオムラサキが減少したと考えられました。

そこで，雑木林の手入れを行い，エノキやクヌギ，コナラを植えることでオオムラサキの生息数が増えることを期待しました。しかし，オオムラサキは増えませんでした。

オオムラサキが増えない原因として，この雑木林で行われている落ち葉かきが考えられました。エノキは(　②　)から，オオムラサキの幼虫が失われてしまうのです。

そこで，落ち葉かきをエノキの木のまわりでは行わないようにしています。

3　私たちの身のまわりには，てこの原理を利用したものが多くあります。てこは図１のように支点，力点，作用点があり，その位置によって３種類の型に分けられます。あとの問いに答えなさい。

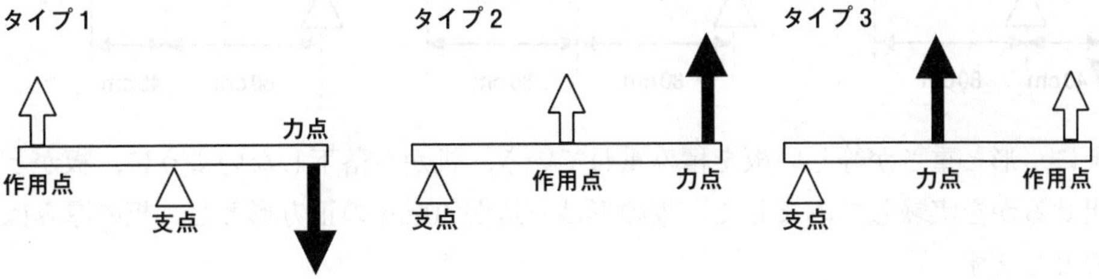

図１

問１　次の①～③について，作用点はそれぞれどこですか。次の(ア)～(ケ)からそれぞれ１つずつ選び，記号で答えなさい。

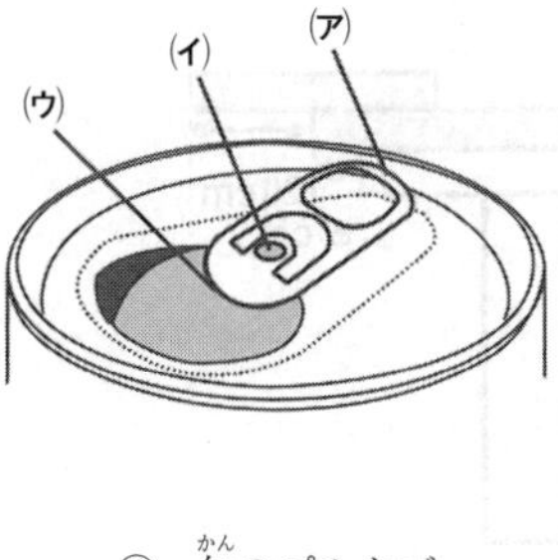

①　缶《かん》のプルタブ

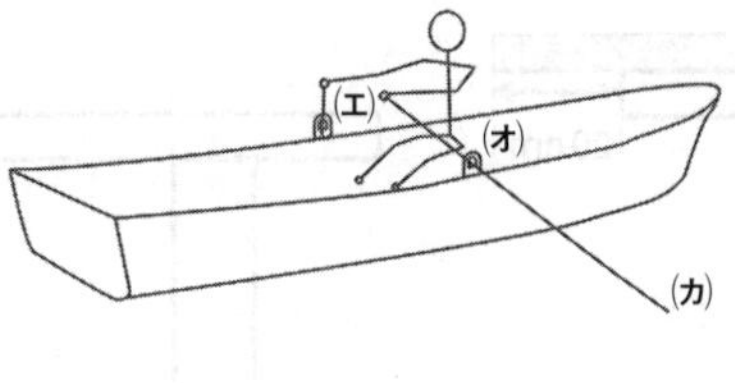

②　ボートのオール

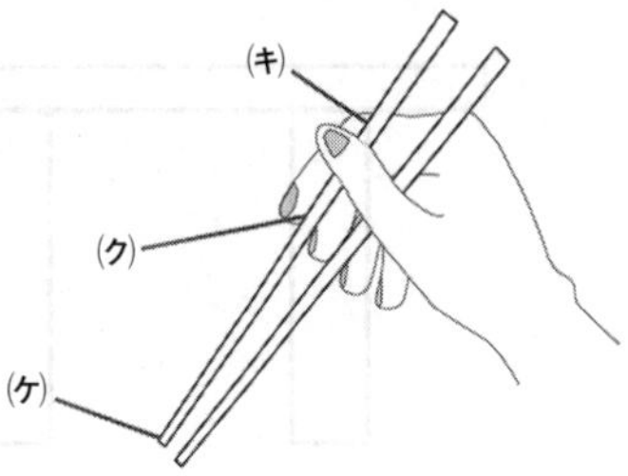

③　はし

問２　次の(ア)～(ウ)は，図１のてこのタイプ１，２，３のどれにあたりますか。番号で答えなさい。

(ア)　くぎ抜き

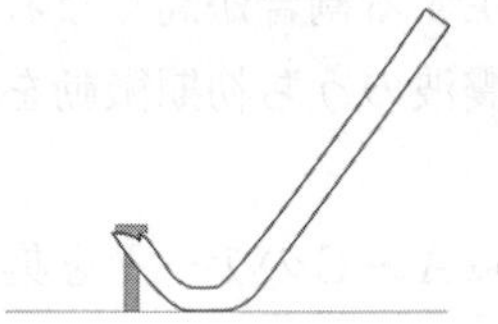

(イ)　ピンセット

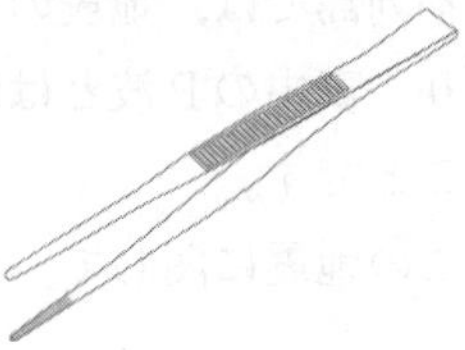

(ウ)　くるみ割り器

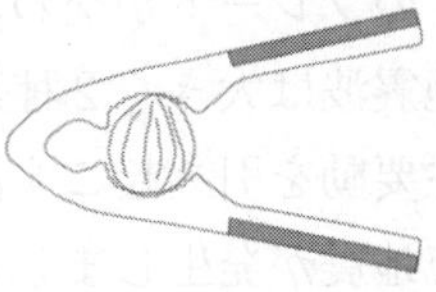

問３　タイプ３のてこについて，正しいものを(ア)～(エ)から２つ選び，記号で答えなさい。

(ア)　支点から見て，作用点と力点が同じ側にある。

(イ)　力点を押《お》した長さよりも，作用点が動く長さのほうが短くなる。

(ウ)　力点に加えた力よりも小さな力が作用点にかかっている。

(エ)　作用点と力点の間に支点がある。

問４　下図のように，支点の上に細長い板を置いて，それぞれの板に12kgの荷物をのせ，矢印の向きに力を加えて，板が傾《かたむ》かないようにつり合わせました。ただし，板は変形せず，重さは考えないものとします。

(1)　**【ア】**の力は**【イ】**の力の何倍になっていますか。

(2)　**【イ】**の力と**【ウ】**の力の比を，もっとも簡単な整数比で表しなさい。

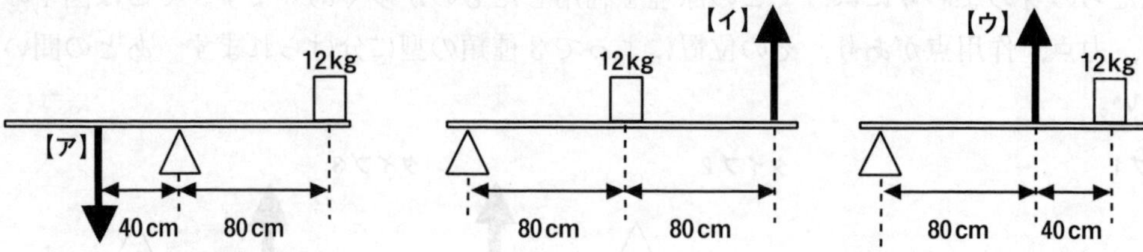

問５　机の上に，形と重さが等しい板を積み重ねていき，机から落下しないように，板がどれだけはみ出せるかを実験してみました。板の形は一辺が40cmの正方形とし，板の厚みは考えないものとします。

次の**図１**のように，机にのせた板が１枚のときは，重心が机の右端《はし》より外にあると落下してしまうため，20cmが限界でした。

２枚の板を20cmずらしてはり合わせ，**図２**のように机の端に置きました。(あ)の長さが何cmを超《こ》えると落下してしまいますか。

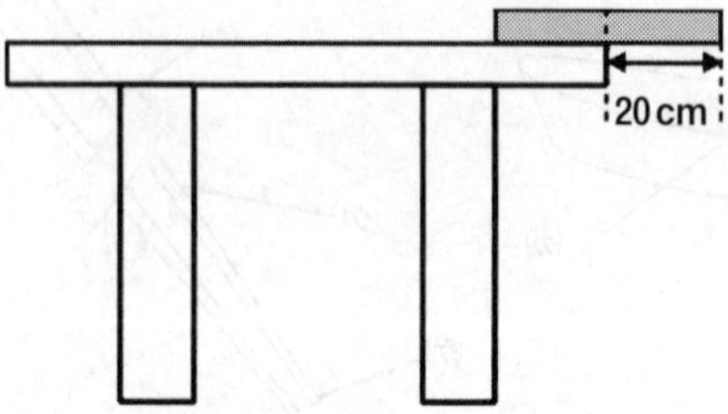

図１

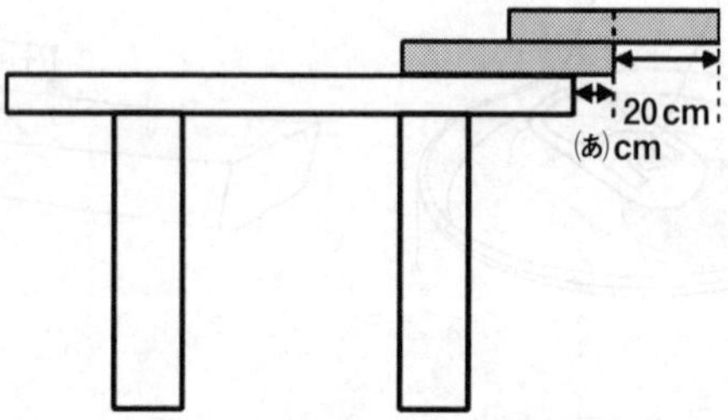

図２

4　地震《じしん》の発生原因の１つに，プレートの移動によって生じたひずみが関係しているものがあります。そのため多くのプレートが交わる日本列島では，地震の発生する割合が高くなる傾向《けいこう》にあります。また，地震波は大きく２種類あり，表中のＰ波とは地震波のうち初期微動《びどう》を引き起こす波，Ｓ波とは主要動を引き起こす波のことです。

日本のある地域で地震が発生しました。この地震に関して，地点Ａ～Ｃのデータを集積したところ，表のようになりました。

表中の時刻表示の秒以下の単位は，100分の１秒です。あとの問いに答えなさい。

	地点Ａ	地点Ｂ	地点Ｃ
Ｐ波　到着時刻	19時32分08秒00	19時31分17秒54	19時31分32秒00
Ｓ波　到着時刻	19時32分51秒50	19時31分20秒39	19時31分46秒50
震　源　距《きょ》離《り》	351km	23km	117km

問１　地震がもつエネルギーの大きさを何というか答えなさい。

問２　地表面での地震の揺《ゆ》れの強さは，問１の地震がもつエネルギーの大きさに依存《いぞん》しています。ただし，地震の揺れの強さは，そのエネルギーによるものだけではなく，それ以外の多くの要因によっても左右されます。他にどのような要因が関係しているか，直接的に関係しているものとして，適当なものを次の(ア)～(オ)からすべて選び，記号で答えなさい。

(ア)　湿《しつ》度　　(イ)　地盤《ばん》の性質　　(ウ)　太陽放射　　(エ)　震源の深さ　　(オ)　大気の温度

問３　この地震の，Ｐ波の速さ(km/秒)を答えなさい。ただし，答えに小数が出た場合，小数第２位を四捨五入して小数第１位まで答えなさい。

問４　この地震の地震発生時刻は，何時何分何秒か，表の表記に従って答えなさい。ただし，答えに小数が出た場合，例にならって100分の１秒の下の位にあたる小数第１位を四捨五入して答えなさい。

(例)　19時33分55秒50.5→答え　19時33分55秒51

問５　Ｓ波の到着時刻とＰ波の到着時刻の時間差を初期微動継続《けいぞく》時間といいます。いま初期微動継続時間をD秒，震源距離をEkmとしたとき，この地震のDとEの関係式を導きたいと思います。

関係式は，$D=$□$\times E$という形で表し，□には数字が入ります。□に入る数字を答えなさい。ただし，答えに小数が出た場合，小数第３位を四捨五入して小数第２位まで答えなさい。

イ　あまりシジを得られなかった。
ロ　先生、シキュウおいで下さい。
ハ　火のシマツはちゃんとしておけ。
ニ　自らシガンして委員長になる。

問２　――線②「勝手知ったる台所」の意味として最も適当なものを、次の中から一つ選んで記号で答えなさい。
イ　勝手という呼び名の台所
ロ　自由に使っている台所
ハ　むかし知っていた台所
ニ　様子がわかっている台所

問３　(1) に当てはまる言葉として最も適当なものを、次の中から一つ選んで記号で答えなさい。
イ　いただく
ロ　うかがう
ハ　差し上げる
ニ　めし上がる

問４　――線③「進行の早いガンやったんや」の文には省略されている部分があると考えられる。次の文の【　】に当てはまるように省略されている三字の言葉を考えて答えなさい。
・妻の【　　】進行の早いガンやったんや

問５　――線④「遠くの煌めく光景に視線を注ぐように、眩しそうに」が表すのはどのような様子か。最も適当なものを、次の中から一つ選んで記号で答えなさい。
イ　昔の悲しく、美しい思い出にひたる様子。
ロ　よく思い出せずに、とまどっている様子。
ハ　照れくさくて、何気なさをよそおう様子。
ニ　片づけが一段落して、ぼんやりする様子。

問６　――線⑤「その風呂敷、期待してるで」とあるが、「ひぐらし先生」は何を期待しているのか。二十五字以内で考えて答えなさい。

問７　――線⑥「新年の季語」とあるが、「新年の季語」が用いられている俳句を、次の中から一つ選んで記号で答えなさい。
イ　暮れそめて馬いそがする小春かな　几董《きとう》
ロ　二つ三つ歌も覚えて歌留多《かるた》かな　鬼城《きじょう》
ハ　不忍《しのばず》の鴨《かも》寝静まる霜夜《しもよ》かな　子規《しき》
ニ　初時雨《はつしぐれ》これより心定まりぬ　虚子《きょし》

問８　――線⑦「三大切字ともいうべき〈や〉」とあるが、「や」が□に当てはまる俳句を、次の中から一つ選んで記号で答えなさい。
イ　鐘《かね》ひとつ売れぬ日は□江戸《えど》の春　其角《きかく》
ロ　新年のゆめなき夜をかさね□　蛇笏《だこつ》
ハ　七種《ななくさ》□似つかぬ草も打ちまじり　夏山《かざん》
ニ　とかくして松一対《いっつい》のあした□　移竹《いちく》

事が駄目《だめ》な父と小さな妹もいましたし、その頃からです、僕が料理をはじめたのは」

「そうか。それでもずく君は、そんなに料理がうまいんやな。妻も料理が上手でなあ……。いや、すまん。正月から辛気臭《しんきくさ》い話してしもた。さて、原稿も書き上げたさかい、飲もう！　⑤その風呂敷、期待してるで」

　ひぐらし先生はにやりと笑って風呂敷包みを指差すと、もずく君も笑《え》みを返し、階下の部屋に移りました。

　二人は酒宴《しゅえん》の整った炬燵《こたつ》に入ると、もずく君がやおら風呂敷包みを解きました。

「やっぱり期待通りやったな。立派な喰積《くいつみ》やないか」

「クイツミ？」

「縁起《えんぎ》のええ食べ物を積み上げた意味や。重詰《づ》めのお節《せち》料理のことで⑥新年の季語になってる。正月からロクなもん食べてなかったさかい、ありがたいわ。まずは乾杯《かんぱい》」

　二人は改めて新年の挨拶を交《か》わし盃《さかずき》を干しました。

「高野素十《たかのすじゅう》の〈年酒酌《ねんしゅく》むふるさと遠き二人かな〉ちゅう句があるけど、そんな感じやな。もずく君は知多半島、わたしは紀伊《きい》半島やからなあ。わたしは父も母ももうおらんさかい、故郷に帰ることもめったになくなったわ」

「いい句ですね。切字《きれじ》の〈かな〉が、故郷から遠く離《はな》れた〈二人〉をしみじみと詠嘆《えいたん》していますね」

「もずく君もこの〈かな〉の響《ひび》きを読み取って感じ入るようになったか。もう一句、中村苑子《なかむらそのこ》の〈年酒酌み生国《しょうごく》遠き漢《おとこ》たち〉ちゅう似たような俳句があるんや。この句、切字はないけどちゃんと切れがある。わかるかな？」

「切字はないけど、切れがある……。僕は切字が使われていないと、句に切れは発生しないと思っていたので難題です……。先生、どういうことか教えてください」

「⑦三大切字ともいうべき〈や〉〈かな〉〈けり〉が一句のなかに入っていると、切れがあることは明白やな。でも、それらが使われていない句でも切れは発生するもんなんや。〈年酒酌み生国遠き漢たち〉でいうと、〈年酒酌み〉で一拍《いっぱく》置くように軽い切れが入って、〈漢たち〉の名詞止めできちんと切れる。黙読《もくどく》するだけやなしに、もずく君、いっぺん読み上げてみ。そしたら、ようわかるよって」

　読み上げたもずく君は、「あっ」と言って頷《うなず》きました。

「たしかに、読み上げると切れの間がよくわかります」

「そやろ。ほな、この二句はどうや。〈食積や今年なすべきこと多く〉、〈食積のほかにいさゝ《(さ)》か鍋《なべ》の物〉。一句目は轡田進《くつわだすすむ》、二句目は高浜虚子《たかはまきょし》の句や」

「〈食積や今年なすべきこと多く〉は、上五《かみご》の切字〈や〉のところで明確に切れますね。やはり、切字の力が強いです。食積を前にして、今年はやるべきことがたくさんあるなあと新年の志を見据《みす》える気持ちが出ていると思いました。〈食積のほかにいさゝか鍋の物〉は、上五の〈の〉の部分で一拍、軽い切れが入るのかな。そして〈鍋の物〉の名詞で切れていますよね。お節料理のほかに、鍋物《なべもの》も少しあって。ちょっと温かいものも食べたいですからね。お正月の華《はな》やいだ食卓《しょくたく》が見えてきました」

「よろしい。さすが我《わ》が弟子《でし》や。飲《の》み込《こ》みが早い」

　ひぐらし先生は満足そうに頷いて、もずく君特製の喰積から数の子をつまんで、コリコリと食べました。

（堀本裕樹《ほりもとゆうき》『ひぐらし先生、俳句おしえてください。』による）

問１　――線①「年シ」の「シ」と同じ漢字を使うものを、次の中から一つ選んで記号で答えなさい。

ニ　コケのしっとりとした色合いが加わることで、庭の質素な色彩が保たれているということ。

問９《Ｙ》に当てはまる擬態語《ぎたい》を、カタカナ三字で考えて答えなさい。

問10 ――線⑦「生育できない」の「ない」と同じ使い方のものを、次の中から一つ選んで記号で答えなさい。

イ　他の人のことは笑えない。

ロ　この物語はせつない。

ハ　店の在庫はそう多くない。

ニ　望むものは何もない。

問11 ――線⑧「コケの豊かさ」とはどのようなことか。二十字以内で説明しなさい。

問12 ――線⑨「こうした管理」をするのはなぜか。その理由を説明した次の文の【　】に当てはまるように、漢字三字の言葉を考えて答えなさい。

・雑草や落葉に覆い隠されてしまうと、コケは【　　】ができなくなり、美しい状態を維持できなくなるから。

問13 ――線⑩「み吉野の青根が峰の蘿蓆誰か織りけむ経緯なしに」の和歌に詠まれているのはどのような様子か。直前の形式段落の内容を参考にして、最も適当なものを次の中から一つ選んで記号で答えなさい。

イ　コケが木の根の上にかぶせてある様子。

ロ　コケが美しく配列されている様子。

ハ　コケがところどころに自生している様子。

ニ　コケが一面に青々と生えている様子。

問14 ══線(1)「キボ」、(2)「ブンプ」のカタカナを漢字に直して答えなさい。

三　次の文章を読んで、後の１～８の問いに答えなさい。（問題の都合上、本文を変えているところがあります。＊のついた説明は出題者が加えたものです。）

「先生、明けましておめでとうございます！」

一月三日のお昼頃《ひるごろ》、故郷である愛知の知多《ちた》半島から帰ってきたスーツ姿のもずく君は、何やら風呂敷包《ふろしきづつ》みを携《たずさ》えて、ひぐらし先生の玄関《げんかん》で①年シの挨拶《あいさつ》をしました。

「明けましておめでとう！　正月早々すまんが、お茶淹《い》れて二階に上がってきてくれるとありがたいんやが」

二階の書斎《しょさい》から先生の声がしたので、もずく君は②勝手知ったる台所で湯を沸《わ》かし、お茶の準備をしました。

「お邪魔《じゃま》します。先生、お正月から原稿《げんこう》書きですか？」

もずく君は、書斎にそっと入っていきました。

「そうや。そこに座《すわ》ってちょっと待っててくれるかな」

もずく君はお茶を［(1)］と、先生の邪魔にならぬよう静かに正座しました。書斎には初めて入りました。本棚《ほんだな》にはびっしり書籍《しょせき》が並べられており、その数に圧倒《あっとう》されながら、もずく君は棚《たな》にある写真立てに目を留《と》めました。若い頃《ころ》の先生が恥《は》ずかしそうに笑っていて、隣《となり》に美しい黒髪《くろかみ》の女性が微笑《ほほえ》んで写っています。

「ふう、やっと片づいたわ。やれやれ……。ああ、その写真な。それは、死んだ妻や。二十七歳《さい》やった。なかなかのべっぴんさん（＊美しい人）やろ？　③進行の早いガンやったんや」

ひぐらし先生は茶碗《ちゃわん》を手に、④遠くの煌《きら》めく光景に視線を注ぐように、眩《まぶ》しそうに写真を見つめました。

「すみません。お二人がすごくいい笑顔《えがお》だったので、つい見入ってしまいました。実は、僕《ぼく》も中学生のとき、母をガンで亡《な》くしました。家

（大石善隆《おおいしよしたか》『コケはなぜに美しい』による）

問１ 《Ｘ》に当てはまる言葉として最も適当なものを、次の中から一つ選んで記号で答えなさい。

イ 太古の昔から生きていたこと
ロ 昔から怖《おそ》れられる怪物《かいぶつ》だったこと
ハ 日本の文化の象徴《しょうちょう》だったこと
ニ 想像できないほど大きかったこと

問２ ――線①「コケに見出される意味」とあるが、平安時代の「コケ」という言葉の使われ方として最も適当なものを、次の中から一つ選んで記号で答えなさい。

イ 平安時代の墓はコケに覆われた寂しい場所に作られたので、「苔の下」が死後の世界を表すようになった。
ロ 僧侶や隠者がコケと同じ色の着物をよく着ていたので、「苔の衣」という言葉で彼《かれ》らの衣服を表した。
ハ コケが生えているような物寂しい郊外に僧侶や隠者が住んでいたので、その住まいを「苔の庵」と称《しょう》した。
ニ 「苔の衣」と「苔の庵」は僧侶の衣服や住居を指したので、コケと言えば僧侶のことを指すようになった。

問３ ――線②「平安時代」とあるが、「平安時代」の文学作品を次の中から一つ選んで記号で答えなさい。

イ 雨月物語　ロ おくの細道
ハ 徒然草《つれづれぐさ》　ニ 枕草子《まくらのそうし》

問４ [ａ]～[ｃ]に当てはまる言葉として最も適当なものを、次の中から一つ選んで記号で答えなさい（同じ記号は二度使えない）。

イ また　ロ しかし　ハ すると
ニ つまり　ホ むしろ

問５ ――線③「コケにされがち」の意味として最も適当なものを、次の中から一つ選んで記号で答えなさい。

イ 常に後回しになり、存在を否定されているということ。
ロ ばかにされ、軽い扱いを受けることが多いということ。
ハ よく誤解され、道理に合わない仕打ちを受けやすいということ。
ニ 目立たないわき役だが、実は期待されるべき存在だということ。

問６ ――線④「代名詞」とあるが、この言葉が正しく使われているものを、次の中から一つ選んで記号で答えなさい。

イ 姉は学校の代名詞となって活躍《かつやく》した。
ロ アリは働き者の代名詞と言える。
ハ 両親の生き方を人生の代名詞とする。
ニ カラスの代名詞といえば賢《かしこ》さだ。

問７ ――線⑤「『わび・さび』を見事に体現している」とあるが、それはコケのどのような特性によるものか。「～という特性」につながるように、文章中から三十二字と十八字で二つぬき出し、最初の三字をそれぞれ答えなさい。

問８ ――線⑥「間接的に庭園の美しさをひきたてる効果」とはどのようなことか。その説明として最も適当なものを、次の中から一つ選んで記号で答えなさい。

イ コケの変わらぬ美しさで、四季を通じて変化の少ない庭の自然の美が印象付けられるということ。
ロ コケの質素な風情により、庭園にある他の花々の華やかな美しさがひきたてられるということ。
ハ コケの緑があることにより、四季折々の美しい色彩《しきさい》の対比が庭園に生み出されるということ。

椿《つばき》)が、秋には深紅《しんく》の紅葉が舞《ま》い落《お》ち、冬には真っ白な雪が覆う。コケの緑が季節の移ろいを鮮《あざ》やかに引き立て、庭園の四季をより美しくみせてくれる。

わび・さびの美を考えるとき、視覚だけでなく、聴覚《ちょうかく》も重要だ。静寂に支配されてこその風情あふれる庭園である。いかに景観がすぐれていようが、雑音がたえず聞こえてくるような庭園では興ざめだろう。この点においても、コケ庭は、まさにわび・さびの美を表現するのにぴったりなのだ。

コケ庭のイメージを音で表すと、どうなるだろう。森ならば木の葉が風に吹《ふ》かれてたてる「カサカサ」という葉《は》擦《ず》れ音、小川ならば「サラサラ」という水のせせらぎが思《おも》い浮《う》かぶだろう。しかし、コケ庭には音のイメージがない。あえていうならば、「《 Y 》」という、静寂を音で表したものだろうか。

そう、コケ庭は無音なのだ。これは小さなコケが音をたてる姿が想像しづらいこともあるだろうが、それだけではない。コケが音を吸収しているのである。ある研究によれば、塗料《とりょう》でコーティングされている平坦《へいたん》な建材と比べて、コケ地のように表面に小さな凹凸《おうとつ》があるものは、吸音効果が極《きわ》めて高く、雑音を吸収することが報告されている。周囲が樹木で囲まれ、ただでさえ街の喧騒《けんそう》から隔離《かくり》されているコケ庭。さらにコケが音を吸収することで、どこまでも静寂が支配していくのだ。わび・さびの風情だけでなく、静寂までつくりだしてしまうコケは、やはり庭との相性《あいしょう》が抜群《ばつぐん》にいい。

コケが景観をつくっている日本庭園。一見してコケが多そうだが、ではどのくらいの種が生えているのだろうか。庭園の(1)キボなどによって多少の差はあるが、大きな庭園では１００種以上のコケがみられることも少なくない。一体なぜ、このように多くのコケが庭に生えているのだろうか。その秘密は庭のデザインと管理にある。

庭園では、大自然の風景をミニチュアで表現するデザイン技法、「縮景」が好んで用いられる。例えば、大きな石を置いて山を表したり、池をつくって海を表したりするなどして、庭をキャンバスにして大自然を表す。そのため小さな空間であっても、庭はさまざまに環《かん》境《きょう》が変化する。

これらは人間にとっては些細《ささい》な変化であっても、小さなコケにとっては(2)ブンプを決定するほどの要因にもなりうる。例えば、庭園の小さな築山《つきやま》は、コケにとっては大きな丘《おか》にみえるはずだ。丘の上では生えることはできても下では⑦生育できないことや、その逆もあるだろう。庭園のデザインによってつくられた多様な環境が、⑧コケの豊かさにつながっているのだ。

さらに、庭園ではその景観を維持《いじ》するため、草むしりや落ち葉かきなど、きめ細やかな管理がなされている。⑨こうした管理は雑草や落ち葉によってコケが覆《おお》い隠《かく》されてしまうことを防ぎ、コケの維持に貢《こう》献《けん》している。庭のコケの美しさの裏には、日々のたゆまぬ管理があるのだ。

庭園デザインと日々の細やかな管理の恩恵《おんけい》をうけ、多様なコケが生える庭園。深い緑からくすんだ緑、黄緑、赤みがかった緑……。さまざまな緑が織りなすコケのじゅうたんは繊細《せんさい》で、美しい。なお、『万葉集』にあるコケの和歌12首のうち、1首はコケのじゅうたんの美しさを詠んでいる。コケのじゅうたんを愛でる感性は、きっと日本文化の美意識の根底に深く関わっているのだろう。

⑩み吉野《よしの》の青根が峰《たけ》の蘿蓆《こけむしろ》誰《たれ》か織りけむ経緯《たてぬき》なしに

（『万葉集』作者不明　１１２０）

は、杉《すぎ》と檜《ひのき》とともに「コケ」が生えていたという（ヤマタノオロチとは日本神話に登場する伝説の生物で、8つの頭と8本の尾《お》をもつ竜《りゅう》のような生物のことだ）。ここにコケの描写《びょうしゃ》があるのも、ヤマタノオロチが《　X　》を暗に示しているのだろう。

　しかし、①コケに見出される意味は同じではなく、時代を経《へ》るにつれ、さまざまに変遷《へんせん》していく。例えば②平安時代には、コケは「苔の衣《ころも》」「苔の庵《いおり》」などの組み合わせで僧侶《そうりょ》や隠者《いんじゃ》の衣服や住まいを指し、さらには「苔の下」でコケの生えた地面の下、[a]、死後の世界を暗示する表現としても使われていた。もちろん僧侶の衣服や住居がコケでつくられていたわけではない。華《はな》やかな都の中心から離《はな》れた物《もの》寂《さび》しい郊外《こうがい》でコケがよくみられることや、コケの飾《かざ》り気《け》のない姿などが、たまたま僧侶や隠者のイメージに重なったに過ぎない。[b]、人が亡《な》くなり埋葬《まいそう》されて長い時間がたつと、訪《おとず》れる人も少なくなり、やがて墓地はコケに覆《おお》われるようになる。こうした事情も相まって、「苔の下」が死後の世界へとつながっていったのだろう。これらの表現は現代の生活では使われてはいない。[c]、いずれも現代の我々にとってもすんなりと納得《なっとく》できるのは興味深い。時代が大きく変わった今も、コケを感じとる感性は変わらないようだ。

「苔の衣」などの言葉を用いなくなった現代の人々にとって、もっともコケを身近に感じるのはいつだろうか。おそらく「日本庭園（＝コケ庭）」を訪れたときではないだろうか。

　わび・さびの風情《ふぜい》を醸《かも》し出《だ》す日本庭園においては、いつもは③コケにされがちのコケが主役級の存在感をみせる。しかし今でこそ、庭園になくてはならないコケではあるが、日本庭園ではもともとコケは使われていなかったらしい。苔寺として世界的に有名な西芳寺《さいほうじ》（京都）でさえ、作庭当初は白砂《はくしゃ》の広がる庭だったようだ。しかし、室町《むろまち》時代の応仁《おうにん》の乱《らん》の後に寺が荒廃《こうはい》し、いつしか庭園が広くコケに覆われるようになったとされる。今では「苔寺」とよばれ、コケが西芳寺の④代名詞にもなっている。

　こうした趣向《しゅこう》の変化には、日本文化の変遷が深く関わっている。何にでも流行《はや》りすたりがあるように、文化も時代ごとに大きく変化する。この流れを大まかにみると、『源氏物語』の世界でみられるような平安時代の華やかな貴族の文化から、鎌倉《かまくら》時代の素朴《そぼく》で力強い武家の文化。そして室町時代の禅《ぜん》の精神をとりいれた文化へと移り変わっていく。庭園もこうした文化の変化に呼応して豪勢《ごうせい》な貴族の庭園から、実用的で質素な武家の庭園、禅のための庭へと流行が変化していった。そして風情を追求した庭園として登場したのが「コケ庭」だったのだ。

　庭でコケが大切に扱《あつか》われているのも、その美しさが和の文化の美意識、⑤「わび・さび」を見事に体現しているためだ。コケほどわび・さびの風情にぴったりの植物はほかにはない、といってもいい。ではなぜ、コケがわび・さびの風情を醸し出すのだろう？

「わび」「さび」は、本来は別の意味の二つの言葉である。わびは「侘《わ》びしさ」からきており、転じて「十分でないもの・不足しているもののなかに見出す美しさ」を表す。その一方、さびは「寂《さび》しさ」に由来し、「ひっそりと寂しいもののなかに見出す美しさ」につながっている。この二つが組み合わさった「わび・さび」は、静寂《せいじゃく》さや質素なもののなかに美しさを見出す美意識、とされる。静かで質素なものがもつ美しさ……これは小さくて花もないために目立たず、しかし透《す》き通《とお》るような美しさをもつコケの印象そのものではないだろうか。

　さらに、コケは庭園にわび・さびの風情を添《そ》えるだけではない。コケのしっとりとした色合いには、⑥間接的に庭園の美しさをひきたてる効果もある。コケの上に、春には桜が、夏には白い沙羅双樹《さらそうじゅ》（夏《なつ》を漢字で答えなさい。

問8　――線⑥「絶対にだめだ、泣いたらだめだ」とあるが、陽太がこのように思うのはなぜか。その理由を説明した次の文について、【Ⅰ】・【Ⅱ】に当てはまる言葉をそれぞれ指定した字数で文章中からぬき出して答えなさい。

・【Ⅰ　三字】から【Ⅱ　十一字】ことだと言われてきたから。

問9　⑴〜⑶に当てはまる言葉として最も適当なものを、次の中から一つずつ選んで記号で答えなさい(同じ記号は二度使えない)。

イ　足　　ロ　肩《かた》　　ハ　手

ニ　額　　ホ　眉《まゆ》　　へ　目

問10　――線⑦「こんなに傷ついた顔をするのか」とあるが、なぜ「麦わらさん」は「傷ついた顔」をしたのか。その理由として考えられることを二つあげて、五十字以内の一文で説明しなさい。

問11　――線⑧「泣き笑いになっていて」とあるが、この時の「陽太」の気持ちに当てはまらないものを、次の中から一つ選んで記号で答えなさい。

イ　壊れてしまったくす玉を、麦わらさんが一生懸命《いっしょうけんめい》にもとの形に戻そうとしてくれて嬉《うれ》しい。

ロ　折り紙が上手だということをほめてもらい、周囲から注目を集めることができて誇《ほこ》らしい。

ハ　クラスの子たちが初めて自分のことを認めてくれたが、まだすべての才能を披露《ひろう》できず歯がゆい。

ニ　自分がしたことに対する理由を、周りに分かってもらえるように説明できないことがもどかしい。

問12　――線⑨「前田は顔を隠すように、ばたんと机につっぷした」とあるが、この時の「前田」の様子の説明として最も適当なものを、次の中から一つ選んで記号で答えなさい。

イ　自分の味方となる人がクラスの中には一人もおらず、自分のからに閉じこもっている。

ロ　自分も傷ついていることを陽太に分かってほしくて、思わせぶりな態度をとっている。

ハ　自分に対して初めて強気な態度に出てきた陽太に驚き、まともに顔を見ることができずにいる。

ニ　自分にとって不本意な状況の中で、いつもと違う自分の姿を周りに見られないようにしている。

問13　――線⑩「腫物【　】さわる」の【　】に当てはまる言葉として最も適当なものを、次の中から一つ選んで記号で答えなさい。

イ　が　　ロ　で　　ハ　と　　ニ　に　　ホ　も

二

次の文章を読んで、後の1〜14の問いに答えなさい。(問題の都合上、本文を変えているところがあります。)

日本人とコケとの関《かか》わりは深く長い。これほど文化的にコケと関わっている国は、ほかにはないといってもいい。「君が代は　千代に八千代に　さざれ石の巌《いわお》となりて　苔《こけ》のむすまで」と、国歌にまでコケが登場するのは、世界広しといえども日本だけである。

しかし、いつから日本人がコケの存在に意味を見出《みいだ》したり、コケ生《む》す情景を愛《め》でたりするようになったかはよくわかっていない。ただ、最も古い和歌集の一つである『万葉集』にはコケが詠《よ》まれた和歌が12首あることから、万葉の時代には、コケの存在に関心がもたれていた様子がうかがえる。なお、『万葉集』のこの12首の和歌のうち、10首は「苔むす」という組み合わせで用いられ、いずれも「悠久《ゆうきゅう》の時間の流れ」の意で使われている。おそらく当時の人々は、コケ生す風景に「悠久の時間」を感じていたのだろう。あのヤマタノオロチの背にと声に出す。

ドラゴンを、あのすごいドラゴンを、いつか作って、みんなに見せる。麗衣斗《れいと》にも、宝田《たからだ》さんにも前田さんにも、麦わらさんにも、母さんにも。

陽太の心は、さっきくす玉を投げられそうになったことを忘れていて、今はその思いでいっぱいだ。

「ドラゴン？」

麦わらさんが優しく訊き返してくれた時、チャイムが鳴った。

「朝の会を始めますから。皆さん、席についてください！　今から自由工作を回収します！」

先生が皆に言った。子どもたちが席に戻るざわめきの中、陽太は隣の席の前田の目が真っ赤なことに、気づく。陽太が前田を見つめていると、⑨前田は顔を隠すように、ばたんと机につっぷした。そのまま顔を上げない。

朝の会が始まっても前田は動かない。

先生もなぜか前田を注意しない。⑩腫物《はれもの》【　】さわるように無視している。

その後の休み時間も、前田は動かない。前田の友達が、前田の近くまで来るけれど、こわごわ様子を窺《うかが》うだけで、誰も前田に話しかけない。いつの間にか、麦わらさんは帰ってしまったようで、教室の後ろに、今日は見張りの大人がいなかった。

（朝比奈《あさひな》あすか『君たちは今が世界《すべて》』による）

問1　――線①「おまけに陽太はつぶやいている」とあるが、この時の「陽太」の気持ちとして最も適当なものを、次の中から一つ選んで記号で答えなさい。

イ　くす玉が他の作品よりもすばらしいということを伝え、友達に感動してほしい。

ロ　クラスの友達にくす玉を見せて、自分もクラスの一員であることを主張したい。

ハ　自分の努力を疑う友達に、くす玉作りに時間がかかったことを信じてもらいたい。

ニ　自分の作ったくす玉に興味をもってもらい、クラスの友達から話しかけてほしい。

問2　A・Bに当てはまる言葉として最も適当なものを、次の中から一つずつ選んで記号で答えなさい（同じ記号は二度使えない）。

イ　ぎゅっと　　ロ　せっせと

ハ　ひょいと　　ニ　ぽんっと

問3　――線②「それ」はどのようなことを指しているか。最も適当なものを、次の中から一つ選んで記号で答えなさい。

イ　飯田がくす玉を触《さわ》ってしまったこと。

ロ　飯田が前田にくす玉を投げること。

ハ　前田が飯田にくす玉を投げ返すこと。

ニ　前田が飯田を戸惑わせていること。

問4　《X》に当てはまるひらがな六字の言葉を、考えて答えなさい。

問5　――線③「自分の心がほろほろと崩れそうになるのを感じた」とあるが、この時の「陽太」の気持ちを表す言葉として最も適当なものを、次の中から一つ選んで記号で答えなさい。

イ　安心感　　ロ　違和感《いわかん》　　ハ　親近感　　ニ　脱力感《だつりょくかん》

問6　――線④「麦わらさん」はどのような役割で来校していたのか。それを説明した次の文の【　】に当てはまる言葉を、これより後の文章中から六字でぬき出して答えなさい。

・クラスの【　　　】として来校していた。

問7　――線⑤「ふたり」は誰と誰のことを指しているか。その氏名だめだと思っているのに、止められなくて、涙があふれて、上履《うわば》きへ、ぽたんと落ちた。

「先生」

陽太と飯田を囲む輪の、外側からか細い声がしたのは、その時だった。

尾辻文也《おつじふみや》だった。

「なんですか？　尾辻さん」

「先生……おれ……」苦しそうに、文也が言う。「おれ、見てたけど、飯田さんじゃなくて、誰かが、飯田さんに、武市のくす玉を投げるように言ってた」

「誰かが？」

先生の［⑴］が持ち上がる。

文也の［⑵］が苦しそうに、ちらっと前田をとらえるのを、陽太は見たし、他のみんなも見ていた。先生は飯田に事情を訊くが、飯田は答えず、うつむいたまま、［⑶］を震わせて泣き続ける。周りの子たちが、ちらちらと、前田を見ていることに、先生はもう気づいているはずだ。

「では、いったん終わりにして。飯田さんと武市さんは二十分休みに先生と話します。はい、じゃあ、みんな席に戻《もど》って」

先生が言った。

その時、

「香奈枝！」

麦わらさんが急に大きな声で、前田の名前を呼んだ。

「香奈枝。あなたが飯田さんに、武市くんのくす玉を投げるように言ったの？」

「は？　言ってないし」

前田が嘘《うそ》をついたので、

「言った！」

とっさに、陽太は叫んでいた。

「言った！　言った！　言った！」

麦わらさんに分かってもらいたくて正直に言ったのに、麦わらさんの目に浮《う》かんだのは、深い悲しみだった。自分の味方をしてくれた麦わらさんが、どうして、⑦こんなに傷ついた顔をするのか、陽太には分からなかった。

教室は静まり返っていた。さっきまでの、キレた陽太をからかうような、ひそひそ話もやんでいた。前田は、これまで見たこともないような、真っ白な顔をしている。

麦わらさんは、陽太の手から、潰《つぶ》れかけたくす玉をそうっと取った。

「ごめんね、武市くん。大切なものを。ごめんなさいね」

そう言いながら、麦わらさんは、指先で紙のふちをなぞるように、そうっと、そうっと、ひとつひとつの百合《ゆり》の花びらの部分を伸《の》ばしてゆく。前田の低い舌打ちが、耳元を掠《かす》った。ふんわりと花開くように、くす玉のかたちが戻ってゆく。それは素敵《すてき》な魔法《まほう》のようで、麦わらさんの指の中で生き返るくす玉を見ていたら、陽太は、しおれていた自分の心も少しずつ水をのみこんで広がってゆくような気がした。

「これ、香奈枝のおばあちゃんも作ってたんだけど、けっこう手間がかかるのよね。武市くんは本当に上手なのね……」

「武市くんは、大学生からも、折り紙の才能あるって言われてるんですよ」

ほのかが、大きな声で言った。

麦わらさんが「まあ」と声をあげた。大学生、と聞いて、少し空気が変わる。ざわめく教室の中で、いつになく注目を集めている陽太は、みんなに「折り紙探検隊」の話をしたいような、大切な宝物を隠《かく》しておきたいような、複雑な気分で、⑧泣き笑いになっていて、

「ドラゴンを作る」

陽太はそのことに気づいて、体が熱く震《ふる》えだしそうになるのを必死にこらえる。みんなに見られている。みんなの目が体じゅうに突《つ》き刺《さ》さる。

「武市さん！　飯田さんに謝りなさい！」

藤岡《ふじおか》先生が、陽太に言った。

「なんだよ、なんだよ」

「武市がまたキレた」

「あいつ、頭おかしいから」

ひそひそ声。陽太は、《　X　》、がどうしても出ない。どうしても、言いたくない。

その時、誰かが言った。

「先生、武市くんの言い分も聞いてあげませんか」

陽太を囲む子どもたちの、その奥《おく》のほうから聞こえたのは、おとなの声だった。

顔を上げた陽太は、その人を見て、③自分の心がほろほろと崩《くず》れそうになるのを感じた。

④麦わらさんだった。今日は麦わら帽子《ぼうし》をかぶってはいないけど、よく着ている縞々《しましま》の服が同じだし、顔も同じだから、陽太にはその人が麦わらさんだと分かった。このクラスの誰かのお母さんだったのだ。

陽太と目が合うと、麦わらさんは小さく頷《うなず》いた。そして、まるで自分が陽太のお母さんであるかのような、責任感に満ちた目で、

「⑤ふたりともに、言い分があるんじゃないかと……」

と、ラジオ体操で陽太を褒《ほ》めてくれた時と同じ、優《やさ》しい声で言ってくれた。

おとなに言われたら、先生もさすがに無視はできないと見え、

「そうですけど……じゃあ、武市さん。いったい、どうして、何があったのか、説明して下さい」

と陽太に訊《き》いてくれたのだけど、「あれ」がくるから、陽太はやっぱり、すぐには答えられない。麦わらさんの信頼《しんらい》にこたえたいのに、くちびるが震えて、息をちゃんと出せない。そんな自分がふがいないし、喋《しゃべ》れないどころか、くしゃっとなったくす玉が目に入るたびに、涙《なみだ》が出そうになってしまう。陽太はぐっとくちびるの裏を噛《か》んだ。

男が泣くのは恥《は》ずかしいこと。それは、何度も何度も、何度も言われてきたことだ。陽太が泣くたび父さんは、おまえの育て方が悪かった、と母さんを怒鳴《どな》った。

「じゃあ武市くん、怒《おこ》ってしまった理由を、おばさんに教えて」

麦わらさんが陽太の前まで進み出てきて、目を見て問うた。

陽太は、ひゅうっと喉《のど》が鳴るような音をたてて息を吸ってから、教室のみんなに言うのではなく、麦わらさんだけに、説明をする。

「糸が、取れると、だから、これは常識なんだけど、かたむすびしたけど、糸は弱いから、取れると、ぜんぶだめになるって、分かりきってるのに。それなのに……」

ばらばらになった言葉を必死でかき集め、どうにかつなぎ合わせてゆく。

「でもね、武市さん」陽太をさえぎり、先生が言った。「事情はあるのかもしれないけど、どんな場合でも、手を出しちゃだめでしょう」

「でも……」

「でも、じゃないの！　困ったことや、厭《いや》なことがあったら、口で言いなさいって、いつも言っているでしょう！」

先生が急に大きな声を出した。

その声は、陽太にだけ言っているのではなく、麦わらさんや、他の子たちにも聞かせようとするかのように、大きな声だった。

でも……。

陽太は言葉をのみこんで、うつむいた。⑥絶対にだめだ、泣いたら

二〇二〇年度　大妻中学校

【国　語】〈第二回試験〉（五〇分）〈満点：一〇〇点〉

（注意）解答に字数の指定がある場合は、句読点やかっこなどの記号も字数として数えます。

一　次の文章を読んで、後の1～13の問いに答えなさい。（問題の都合上、本文を変えているところがあります。）

朝の教室は、子どもたちが持ってきた自由研究や自由工作でいっぱいだ。大きな模造紙に旅行記を書いてきた子や、手作りの椅子《いす》を持ってきた子もいる。前田香奈枝《まえだかなえ》は布の手提《てさ》げバッグを作っていたし、斜《なな》め後ろの増井智帆《ますいちほ》は粘土《ねんど》で作ったお菓子《かし》バスケット、松丸颯介《まつまるそうすけ》は富士登山の体験記だ。

陽太《ようた》は自分のくす玉を取り出して、紐《ひも》で持って、ぶらぶらと振《ふ》り子《こ》のように振ってみた。

なんでそんなことをしたのだろう。

①おまけに陽太はつぶやいている。

「これ、作るの、大変だったなー。けっこう、時間かかったなー」

しばらく誰《だれ》からも声がかからなかったから、陽太はもう一度、今度は少し声を大きくした。

「おれの、自由工作、けっこう、時間がかかったなー」

すると、ようやく「なに、それ」と、隣《となり》の席の前田香奈枝が話しかけてくれた。

誰かに話しかけられるのを待っていたくせに、陽太は黙《だま》る。

「へー、すごいじゃん、武市《たけいち》。紙でボール作ったんだ」

陽太の手の中から、［Ａ］くす玉が抜《ぬ》かれていて、それはすでに、前田の手の中にあった。

「かわいい～」

と言いながら、前田がぽんぽんと、くす玉を弾《はず》ませる。

陽太は焦《あせ》った。

前田が［Ｂ］くす玉を放った。前田の友達の飯田麻耶《いいだまや》が受け止める。

「投げて、投げて」

前田が面白《おもしろ》がるように言い、飯田は戸惑《とまど》っている。

「だめ、②それ」

陽太は言った。

その声は、たしかに前田に聞こえたはずだけれど、前田は陽太のほうを見なかった。

「まやまや！　こっち！」

パスを促《うなが》すように、飯田に向かって手をあげる。

飯田が前田の声に押《お》されたように、ふっと手首を持ち上げた。

「だめだ！」

陽太は大きな声を出した。

「だめだ！　だめだ！　だめだ！」

陽太は叫《さけ》びながら飯田に突進《とっしん》した。

だめだ！　だめだ！　だめだ！　だめだ！　だめだ！　だめだ！　だめだ！

背中に誰かの体温を感じ、陽太は我に返った。

机が倒《たお》れていた。飯田が泣いていた。先生が、陽太の背に手を添《そ》えている。教室がしんと静まり、皆《みな》が陽太を見ていた。

いつの間にかくす玉は陽太の手の中にあったけれど、それはすでに前とはかたちが違《ちが》った。部品の片側がへにゃりと凹《へこ》んでしまっている。

2020年度

大 妻 中 学 校

▶解説と解答

算 数 ＜第２回試験＞（50分）＜満点：100点＞

解 答

1 (1) 1.2　(2) 25　(3) 136ｇ　(4) 13　2 3.5cm　3 24日　4 毎分120m　5 30個　6 325ページ　7 $6\frac{2}{9}$cm　8 Ｘ…350円，Ｙ…440円　9 (1) 104cm²　(2) 毎秒192cm³　10 (1) 69　(2) 上から８行目，左から28列目

解 説

1 四則計算，逆算，濃度《のうど》，分数の性質

(1) $1-\left(\frac{2}{3}+\frac{4}{5}\div 6\right)\times\frac{7}{8}+\frac{9}{10}=1-\left(\frac{2}{3}+\frac{4}{5}\times\frac{1}{6}\right)\times\frac{7}{8}+\frac{9}{10}=1-\left(\frac{2}{3}+\frac{2}{15}\right)\times\frac{7}{8}+\frac{9}{10}=1-\left(\frac{10}{15}+\frac{2}{15}\right)\times\frac{7}{8}+\frac{9}{10}=1-\frac{12}{15}\times\frac{7}{8}+\frac{9}{10}=1-\frac{7}{10}+\frac{9}{10}=1-0.7+0.9=1.2$

(2) $2020\div\{(\square-11)\times 7+3\}=20$より，$(\square-11)\times 7+3=2020\div 20=101$，$(\square-11)\times 7=101-3=98$，$\square-11=98\div 7=14$　よって，$\square=14+11=25$

(3) 13％の食塩水340ｇと６％の食塩水□ｇを混ぜて11％の食塩水ができるときの様子は右の図のように表せる。この図で，かげをつけた部分と太線で囲んだ部分はどちらも，混ぜてできた食塩水にふくまれる食塩の重さを表しており，同じ面積だから，アとイの面積は等しくなる。また，アとイの縦の長さの比は，(13－11)：(11－６)＝２：５だから，横の長さの比，つまり，食塩水の重さの比は，$\frac{1}{2}:\frac{1}{5}=5:2$とわかる。よって，$\square=340\times\frac{2}{5}=136$(ｇ)と求められる。

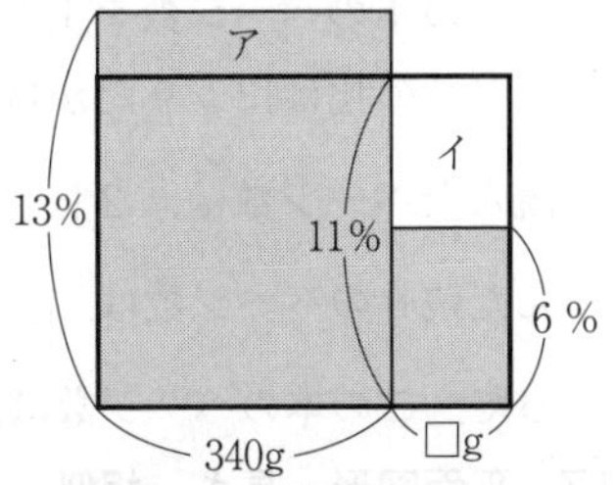

(4) $\frac{2}{3}$と$\frac{12}{17}$を分子が９の分数に直すと，$9\div 2=4.5$より，$\frac{2}{3}=\frac{2\times 4.5}{3\times 4.5}=\frac{9}{13.5}$，$9\div 12=0.75$より，$\frac{12}{17}=\frac{12\times 0.75}{17\times 0.75}=\frac{9}{12.75}$となる。よって，$\frac{9}{\square}$は$\frac{9}{13.5}$より大きく，$\frac{9}{12.75}$より小さいから，□にあてはまる整数は，13とわかる。

2 立体図形─長さ

円すいの中心角は，$360\times\frac{(底面の半径の長さ)}{(母線の長さ)}$で求められるから，Ｐの中心角は，$360\times\frac{5}{6}=300$(度)とわかる。すると，Ｑの中心角は，$300\times\frac{7}{15}=140$(度)だから，Ｑの底面の半径を□cmとすると，$360\times\frac{\square}{9}=40\times\square=140$(度)と表せる。したがって，Ｑの底面の半径は，$\square=140\div 40=3.5$(cm)と求められる。

3 仕事算

この仕事全体の量を１とすると，Ａさんは１日に，$1\div 15=\frac{1}{15}$の仕事ができる。また，Ａさんが８日働き，次にＢさんが６日働き，最後に２人が２日働くとき，Ａさんは，$8+2=10$(日)，Ｂさんは，$6+2=8$(日)働いている。よって，Ｂさんは８日で，$1-\frac{1}{15}\times 10=\frac{1}{3}$の仕事ができる

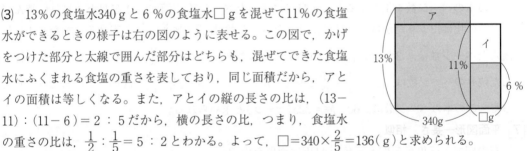

から，１日に，$\frac{1}{3}\div 8=\frac{1}{24}$の仕事ができる。したがって，Ｂさんが１人で行うと，$1\div\frac{1}{24}=24$(日)かかる。

4　速さと比

家からコンビニまでと家から駅までの道のりの比は，１：(１＋2.5)＝１：3.5＝２：７である。また，速さの比は，80：105＝16：21だから，(時間の比)＝(道のりの比)÷(速さの比)より，かかった時間の比は，(２÷16)：(７÷21)＝$\frac{1}{8}$：$\frac{1}{3}$＝３：８となる。よって，家からコンビニまでとコンビニから駅までで，かかった時間の比は，３：(８－３)＝３：５となり，道のりの比は，１：2.5＝２：５だから，(速さの比)＝(道のりの比)÷(時間の比)より，速さの比は，(２÷３)：(５÷５)＝$\frac{2}{3}$：１＝２：３とわかる。したがって，コンビニから駅までの速さは毎分，$80\times\frac{3}{2}=120$(m)と求められる。

5　場合の数

偶数《ぐうすう》は一の位が０，２，４のいずれかになる。一の位が０のとき，百の位は０を除いた４通りあり，それぞれの場合で，十の位は０と百の位の数字を除いた３通りあるので，４×３＝12(個)できる。また，一の位が２のとき，百の位は０と２以外の３通りあり，それぞれの場合で，十の位は２と百の位の数字を除いた３通りあるので，３×３＝９(個)できる。同様に，一の位が４の整数も９個できるから，偶数は全部で，12＋９＋９＝30(個)できる。

6　相当算

この本のページ数を$\boxed{1}$とすると，１日目に読んだページ数は$\boxed{0.4}$で，１日目と４日目に読んだページ数の比は13：９だから，４日目に読んだページ数は，$\boxed{0.4}\times\frac{9}{13}=\boxed{\frac{18}{65}}$と表せる。また，４日目に読んだページ数は，２日目に読んだ残りのページ数の，$1-\frac{1}{3}=\frac{2}{3}$となる。よって，２日目に読んだ残りのページ数は，$\boxed{\frac{18}{65}}\div\frac{2}{3}=\boxed{\frac{27}{65}}$と表せるから，$\boxed{1}-\boxed{0.4}-\boxed{\frac{27}{65}}=\boxed{\frac{12}{65}}$が60ページにあたる。したがって，この本のページ数は，$60\div\frac{12}{65}=325$(ページ)と求められる。

7　平面図形―長さ，相似

右の図で，三角形ABCと三角形ADEは相似なので，AE：DE＝42：21＝２：１となる。また，アは正方形だから，DE＝ECである。よって，AE：EC＝２：１となるので，AEの長さは，$42\times\frac{2}{2+1}=28$(cm)とわかる。同様に考えると，AG：FG＝AG：GE＝２：１より，AGの長さは，$28\times\frac{2}{2+1}=\frac{56}{3}$(cm)となる。さらに，AI：HI＝AI：IG＝２：１だから，IGの長さ，つまり，ウの１辺の長さは，$\frac{56}{3}\times\frac{1}{2+1}=\frac{56}{9}=6\frac{2}{9}$(cm)と求められる。

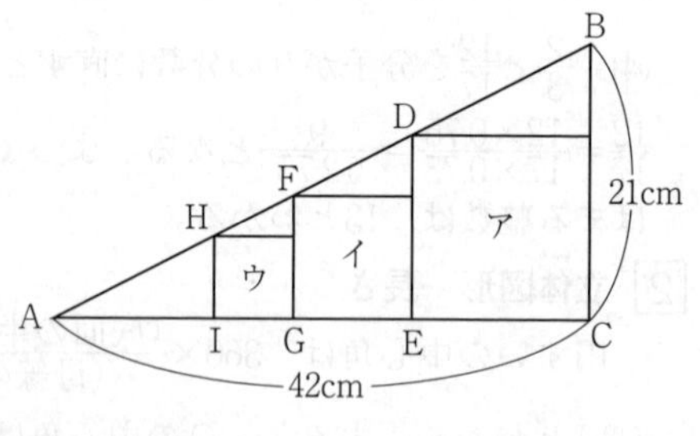

8　割合，消去算

Ｘの定価をx円，Ｙの定価をy円とすると，定価でＸを８個，Ｙを５個買ったら5000円なので，右のアのように表せる。また，x円の２割引きは，$x\times(1-0.2)=x\times0.8$(円)，$y$円の４割引きは，$y\times(1-0.4)=y\times0.6$(円)だから，この値段でＸを９個買うと，$x\times0.8\times9=x\times7.2$(円)，Ｙを10個買うと，$y\times0.6\times10=y\times6$(円)になる。これらの合計が5160円だから，イのように表

$x\times8+y\times5=5000$(円)…ア
$x\times7.2+y\times6=5160$(円)…イ
$x\times9.6+y\times6=6000$(円)…ウ

せる。ここで，６÷５＝1.2より，アの式を1.2倍するとウのようになる。よって，イとウの差を考えると，x×9.6－x×7.2＝x×(9.6－7.2)＝x×2.4が，6000－5160＝840(円)になるので，x＝840÷2.4＝350(円)と求められる。また，アの式より，y×５＝5000－350×８＝2200(円)だから，y＝2200÷５＝440(円)と求められる。

9 **グラフ―水の深さと体積**

(1)　右の図の①，②，③の順に水が入る。問題文中のグラフより，①の部分は９秒でいっぱいになったので，①の部分に入った水の体積は，288×９＝2592(cm^3)だから，①の部分の底面積は，2592÷12＝216(cm^2)とわかる。また，②の部分に水が入るのに，29－９＝20(秒)かかったので，②の部分に入った水の体積は，288×20＝5760(cm^3)である。さらに，②の部分の高さは，30－12＝18(cm)なので，②の部分の底面積，つまり，容器の底面積は，5760÷18＝320(cm^2)となる。よって，おもりの底面積は，320－216＝104(cm^2)と求められる。

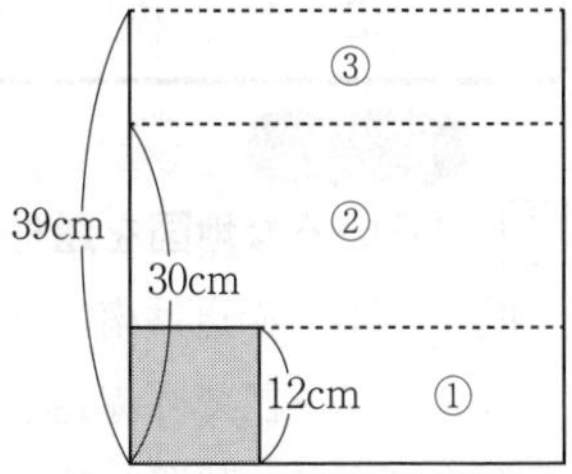

(2)　③の部分の高さは，39－30＝９(cm)だから，③の部分に入った水の体積は，320×９＝2880(cm^3)とわかる。よって，水を入れる割合を変えてから，44－29＝15(秒間)で，2880cm^3の水が入ったので，毎秒，2880÷15＝192(cm^3)の割合で水を入れたことになる。

10 **数列**

(1)　右の表の矢印の方向に数が並んでいる。かげをつけた上から１行目の数は順に，１(１×１)，４(２×２)，９(３×３)，…のように，列の番号を２回かけた数になるので，アは，８×８＝64とわかる。すると，上から９行目，左から１列目の数(イ)はアの次の数なので65である。さらに，上から９行目，左から５列目の数(ウ)はイより，５－１＝４大きい数になるから，65＋４＝69と求められる。

	1列	2列	3列	4列	5列	…	8列
1行	1	4	9	16	25	…	ア
2行	2	3	8	15	24	…	
3行	5	6	7	14	23	…	
4行	10	11	12	13	22	…	
5行	17	18	19	20	21	…	
⋮	⋮	⋮	⋮	⋮	⋮		
8行							
9行	イ				ウ		

(2)　27×27＝729，28×28＝784より，784は上から１行目，左から28列目にある。また，777は784よりも，784－777＝７小さい数だから，777は784よりも７行下にある。よって，上から，１＋７＝８(行目)，左から28列目とわかる。

社　会　＜第２回試験＞（30分）＜満点：60点＞

解　答

1 **問1** (1) イ　(2) (西経)45(度)　(3) ブラジル，メキシコ　**問2** (1) 国土地理院　(2) ウ，キ　**問3** (1) ウ　(2) ア，E　(3) ① 天竜(川)　② 大井(川)　③ 駿河(湾)　**2** **問1** **あ** 菅原道真　**い** 足利義満　**問2** ア，エ　**問3** 大山(大仙・仁徳天皇陵)(古墳)，ウ　**問4** 正倉院　**問5** 御家人　**問6** ウ　**問7** 鉄砲　**問8** ウ　**問9** 株仲間　**問10** エ　**問11** 伊能忠敬　**問12** **え** ニューヨーク　**お** シドニー　**問13** (1) ポーツマス　(2) (例) 日本は日露戦争に多額の資金をつぎこみ，国民も重税を課されるなど大きな負担を強いられたにもかかわらず，講和条約でロシアから賠償金を得ることができなかったため。　**問14**　ドイツ，イタリア　**問15**　**か**　３分の２　**き**　国民投票　**問16**　ウ　**問17**　**く**　白神(山地)　**け**　下北(半島)　**3**　**問１**　人工知能　**問２**　(例)　自白の強要(えん罪)　**問３**　⑴　ア　⑵　違憲立法審査権　**問４**　**う**　(例)　女性の割合が少ない(ため)　**え**　(例)　女性は向いていない(と判断した)　**問５**　⑴　イ，ウ　⑵　特定(枠)　**問６**　エ　**問７**　個人

解　説

1　いろいろな地図を題材とした問題

問１　⑴　赤道は南アメリカではアマゾン川の河口付近を通る。国では，西からエクアドル(国名はスペイン語で「赤道」を意味する)やコロンビア南部，ブラジル北部を通過している。　⑵　経度15度で１時間の時差が生じる。したがって，ニューヨークとロサンゼルスで３時間の時差があるということは，両地点の標準時子午線の経度差は45度ということになるから，地図Ａの経線は15度間隔《かんかく》で引かれていることがわかる。よって，西経75度を表すＭの30度東にあたるＮは西経45度の経線ということになる。　⑶　南北アメリカで，アメリカを除いて人口が１億人を超えているのは，ブラジルとメキシコである。2018年における人口は，ブラジルが約２億1000万人，メキシコが約１億3000万人である。

問２　⑴　地図Ｂのような地図を地形図といい，国土交通省の外局である国土地理院が作成・発行している。５万分の１や２万５千分の１などの地形図があり，紙に印刷したもののほか，近年はwebサイトでも閲覧《えつらん》できるようになった。　⑵　税務署の地図記号(◇)と市役所の地図記号(◎)は，この地図上では見られない。

問３　⑴　人口密度が少ない北部の山間部や伊豆半島の数値が高く，人口密度が多い沿岸部の地域などで数値が低くなっていることから，地図Ｃは65歳以上の人口割合を表していると判断できる。⑵　地図中のアが浜松市。2005年に浜北市や天竜市，引佐町など多くの近隣《きんりん》市町村と合併したことで，市域が大きく拡大した。なお，イは静岡市，ウは富士市，エは伊豆市である。また，年間商品販売額を表しているのは地図Ｅで，人口が集中し，大型店などが多い浜松市と静岡市の金額がとびぬけて大きくなっている。地図Ｆは製造品出荷額で，浜松・静岡の両市だけでなく，東海工業地域を構成する富士市や磐田《いわた》市などの金額も多くなっている。　⑶　①は天竜川。諏訪《すわ》湖(長野県)を水源として伊那《いな》谷を南下し，浜松市で遠州灘《なだ》に注ぐ。②は大井川。赤石山脈の間ノ岳(静岡県・山梨県)を水源とし，南下して駿河《するが》湾に注ぐ。③は駿河湾。御前《おまえ》崎と伊豆半島の石廊《いろう》崎の間に広がる湾で，南海トラフに連なる駿河トラフが海底を走っており，水深が深いことでしられる。なお，トラフとは細長い海底盆地のことで，一般に水深6000ｍまでのものがトラフとよばれ，それより深い場合は海溝とよばれる。

2　楽器の歴史を題材とした総合問題

問１　**あ**　醍醐《だいご》天皇の時代に，藤原氏の陰謀《いんぼう》によって大宰府《だざいふ》(福岡県)に流されたのは菅原道真。宇多天皇に重用され，右大臣にまで出世した道真は，左大臣藤原時平《ときひら》のたくらみにより，大宰権帥《だざいごんのそち》(大宰府の長官)として左遷《させん》され，都から追われた。道真は２年後に大宰府で亡くなったが，その後，都では皇族や貴族があいついで亡くなり，落雷などの天変地異も続いたため，それらは道真の怨《おん》

霊《りょう》のしわざと考えられ，朝廷は京都に道真をまつる北野神社を建てた。　**い**　室町幕府の第３代将軍は足利義満。観阿弥《かんあみ》・世阿弥《ぜあみ》父子は義満の保護を受け，民間芸能である猿楽《さるがく》や田楽をもとに能を大成した。

問２　須恵《すえ》器は古墳時代，渡来人によって伝えられた技術を用いてつくられた土器。また，ナウマン象は旧石器時代に日本に生息していた大型動物である。

問３　大阪府の堺市にある百舌鳥《もず》古墳群と，羽曳野《はびきの》市・藤井寺市にまたがる古市古墳群は，2019年，「百舌鳥・古市古墳群」としてユネスコ(国連教育科学文化機関)の世界文化遺産に登録された。このうち，百舌鳥古墳群には，国内最大の前方後円墳である大山(大仙)古墳がある。なお，大山古墳は仁徳天皇の墓と伝えられてきたことから仁徳天皇陵古墳ともよばれるが，埋葬《まいそう》者がだれであるかはわかっていない。

問４　聖武天皇の遺品など，多くの宝物が納められている東大寺の倉であった建物は正倉院。宝物の１つである螺鈿紫檀五絃琵琶《らでんしたんごげんびわ》は，世界で唯一《ゆいいつ》の五絃の琵琶として知られる。

問５　史料は，元軍との最初の戦いのさい，鎌倉幕府の第８代執権《しっけん》北条時宗が九州の守護に送った手紙の一部。空欄《くうらん》にあてはまる語句は「御家人」。幕府の戦いで恩賞(ほうび)を受けることができるのは，本来は将軍直属の家来である御家人だけであるが，時宗は御家人以外の者にも恩賞を与えるとして，九州の武士たちを鼓舞《こぶ》した。

問６　山城が築かれたのは戦国時代初期まで。特に鉄砲が伝わった戦国時代後期には，戦国大名たちは平地に城を築き，家臣たちをその周囲に住まわせるようになったから，ウがまちがっている。

問７　1543年，種子島(鹿児島県)に中国船が流れ着き，乗っていたポルトガル人により日本に鉄砲が伝えられた。当時，日本は戦国時代だったこともあって，鉄砲はまもなく国内でもつくられるようになり，戦国大名の多くは競ってこれを手に入れようとした。鉄砲の普及《ふきゅう》により，戦いはそれまでの武者どうしの一騎《いっき》打ちを中心としたものから，鉄砲隊を用いた集団戦法に変わり，城もそれまでの山城から，鉄砲による攻撃に備え，石垣や土塀《どべい》などを備えた平城に変化していった。

問８　江戸幕府は江戸の周辺や要地に親藩や譜代《ふだい》大名を配置した。関ヶ原の戦い(1600年)以降に徳川氏に従った外様《とざま》大名は，信用がおけないとして江戸から遠い地域に配置されたから，ウがまちがっている。

問９　江戸時代には有力な商工業者が株仲間という同業組合をつくり，利益の独占をはかった。天保の改革を進めた老中水野忠邦《ただくに》は，株仲間の存在が物価上昇の原因の１つと考えて解散を命じたが，効果はなかった。

問10　『曽根崎心中《そねざきしんじゅう》』の作者は近松門左衛門《もんざえもん》。17世紀後半，多くの歌舞伎《かぶき》や人形浄瑠璃《じょうるり》の脚本を著し，人気を集めた。

問11　シーボルトは帰国するさい，海外への持ち出しが禁じられていた伊能忠敬《ただたか》作成の日本地図を持っていたことが発覚し，国外追放の処分を受けた。伊能忠敬は19世紀初めに全国の沿岸を測量して歩き，正確な日本地図を作成した人物である。

問12　アメリカ合衆国で最も人口が多い都市はニューヨーク，オーストラリアで最も人口が多い都市はシドニーで，両都市ともそれぞれの経済や文化の中心地となっている。なお，アメリカの首都ワシントンとオーストラリアの首都キャンベラは，ともに政治の中心地として計画的につくられた都市である。

問13 (1) 1905年，日露戦争の講和会議が，アメリカ合衆国大統領セオドア＝ルーズベルトの仲立ちにより，同国東海岸の港湾都市ポーツマスで開かれた。外務大臣小村寿太郎《じゅたろう》が日本の代表として会議に出席し，調印した講和条約は，ポーツマス条約とよばれる。　(2) 資料Ⅰからは，日露戦争で国の歳出が急増し，その多くが軍事費にあてられていることがわかる。また，資料Ⅱは，日露戦争中，重税などの負担に苦しめられる国民のようすを描いた新聞の風刺《ふうし》画である。日露戦争は日本の国力をかけた戦いとなり，膨大《ぼうだい》な国家予算がつぎこまれ，多くの戦死者を出すとともに，国民には重税が課せられた。そのように大きな負担を強いられたにもかかわらず，講和条約で賠償《ばいしょう》金を得られなかったことから，多くの国民が条約の内容に不満を抱く結果になり，日比谷焼き打ち事件のような暴動も起こった。

問14 太平洋戦争中，西洋音楽はクラシック，ポピュラーを問わず「敵性音楽」として演奏が禁止された。ドイツとイタリアは同盟国であったため，たとえばベートーヴェンやロッシーニなどの作品は禁止されなかったが，実際には西洋音楽そのものが弾圧される風潮であったため，演奏会なども自由には開けず，自宅でレコードを聴くこともはばかられることが多かったといわれる。

問15 日本国憲法の改正については，衆議院と参議院がそれぞれ総議員の３分の２以上の賛成で可決した場合に国会がこれを発議(国民に提案)し，国民投票で過半数の賛成が得られれば成立する。

問16 感染症《かんせんしょう》にかかった生徒に一定期間，登校を禁止することは，公共の福祉のためにとられるやむを得ない措置《そち》なので，ウが正しい。なお，アは表現の自由に反する可能性が高い。イは身体の自由にふくまれる刑事被告人に保障された権利を制限するものである。エは平等権に反する行為である。

問17 く　青森県にある世界自然遺産の登録地は，秋田県との県境付近に広がる白神山地である。
け　北上する列車の左側の車窓に陸奥湾が広がるとあることから，下北半島と判断できる。なお，鉄道の路線は，野辺地《のへじ》－大湊《おおみなと》間を結ぶJR大湊線である。

3　AIを題材とする問題

問１ AIは一般に「人工知能」と訳される。明確な定義は定まっていないが，人間同様の認識や推論などの能力を持つ人工的な知能，もしくはそれをつくる技術という意味合いで理解されている。

問２ 2019年６月，改正刑事訴訟《そしょう》法が施行され，裁判員裁判事件と検察の独自捜査《そうさ》事件については，警察や検察での取り調べのすべての過程を録音・録画することが義務づけられた。「取り調べの可視化」とよばれるこの制度は，自白の強要や，それによって引き起こされる「えん罪」(無実の罪)の発生を防ぐことをねらいとしている。

問３ (1) ア　国会は，裁判官としてふさわしくない行為があった裁判官をやめさせるかどうかを判断する弾劾《だんがい》裁判所を国会内に設けることができる。　イ　国務大臣は内閣総理大臣が任命する。
ウ　条約を結ぶのは内閣だが，その承認は国会が行う。　エ　最高裁判所の長官は，内閣の指名にもとづいて天皇が任命する。(2) 裁判所は，国会が制定した法律が憲法に違反していないかどうかを具体的な裁判を通して判断することができる。これを違憲立法審査権といい，裁判所によって憲法違反と判断された法律は無効となる。

問４ グラフからは，フェイスブック，グーグル，アップルの３社とも，労働力に占《し》める女性の割合がアメリカ全体よりも低いことと，技術職に占める女性の割合はさらに低くなっていることがわかる。つまり，AIは技術職につく女性の割合が少ないことから，女性は技術職に向いていないと判断したと考えられる。

問５ (1) 小選挙区制は１つの選挙区から１人の当選者を選ぶしくみである。そのため，大政党に有利で，小政党には不利な結果となりやすい。また，２位以下の候補者はすべて落選となるため，死票(落選した候補者に投じられた票)が多くなるという特徴がある。したがって，イとウが正しい。なお，アは，かつて衆議院で採用されていた中選挙区制(１つの選挙区から２～５人程度を選ぶもの)に，エは比例代表制にあてはまることがらである。 (2) 参議院の比例代表選挙は，各政党があらかじめ候補者に順位をつけない非《ひ》拘束名《こうそくめい》簿《ぼ》式で行われてきたが，2019年７月に行われた参議院議員選挙から，政党が指定する候補者を２名まで優先的に当選させることができる「特定枠《わく》」の制度が採用された。実際にこの制度を利用したのは自由民主党とれいわ新選組だけであったが，両党とも特定枠で指定された候補者は２名とも当選している。

問６ プライバシーとは，他人に知られたくない個人の私的な情報のこと。そうした情報をむやみに公開したり，不正に利用したりすることを禁ずることはプライバシーの権利とよばれ，新しい人権の１つとして定着している。エは明らかにプライバシーの侵害《しんがい》にあたり，個人情報保護法に違反する事例ともいえる。

問７ 日本国憲法第13条は「すべて国民は，個人として尊重される」と規定している。個人の尊重は，平等権などとともに基本的人権の基盤となるものである。

理 科 ＜第２回試験＞（30分）＜満点：60点＞

解 答

[1] **問１** A 0℃ B 100℃ **問２** (エ) **問３** (ウ)，0.5カロリー **問４** 500カロリー **問５** 右のグラフ [2] **問１** (例) 二酸化炭素の吸収量が多い **問２** (ウ)，(オ) **問３** (1) 風 (2) (例) 皮を固くして，くわえやすく栄養のある部分をまわりにつけるという工夫。 **問４** ① (例) 日光を多く必要とする ② (例) 冬に落葉する [3] **問１** ① (ウ) ② (オ) ③ (ケ) **問２** (ア) 1 (イ) 3 (ウ) 2 **問３** (ア)，(ウ) **問４** (1) 4倍 (2) 1：3 **問５** 10cm [4] **問１** マグニチュード **問２** (イ)，(エ) **問３** 6.5km/秒 **問４** 19時31分14秒00 **問５** 0.12

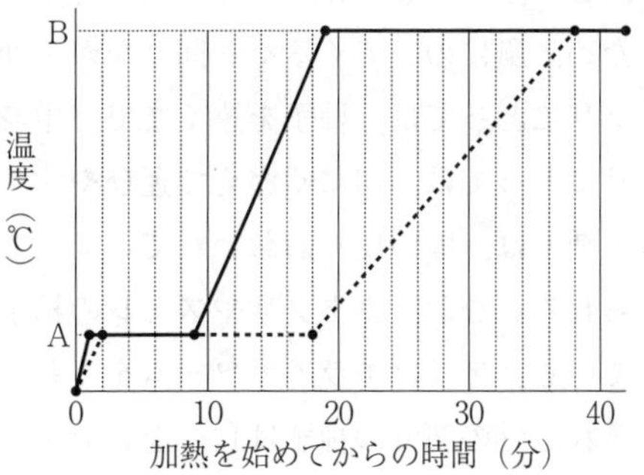

解 説

[1] **水や氷の温まり方についての問題**

問１ 水は１気圧のもとでは，０℃で固体の氷から液体の水になり，100℃で液体の水から気体の水蒸気に変わる。

問２ ０℃より低い温度の氷を加熱していくと，氷の温度はしだいに上昇《じょうしょう》していく(０分～２分)が，０℃になると，加えられた熱はすべて氷をとかすのに使われるため，氷がすべてとけるまで温

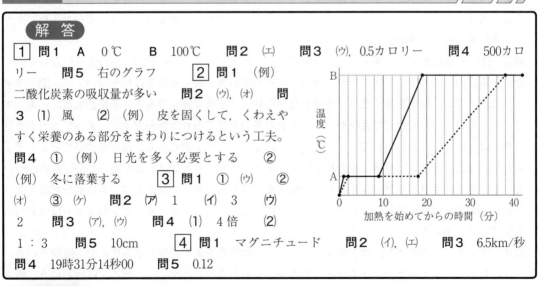

度は上昇せず，0℃の氷と0℃の水が混じった状態になる(2分～18分)。氷が全部とけると，水の温度は上昇していき(18分～38分)，100℃になると，加えられた熱はすべて水を水蒸気に変化させるのに使われるため，水がすべて水蒸気になるまで温度は上昇せず，100℃のままとなる(38分以降)。

問3　グラフの傾《かたむ》きは，氷(0分～2分)では1分あたり，20÷2＝10(℃)，水(18分～38分)では1分あたり，100÷(38－18)＝100÷20＝5(℃)となっている。そして，この実験では「加熱器の熱の強さは常に一定」である。したがって，加熱する時間が同じ場合，水より氷の方が，10÷5＝2(倍)あたたまりやすい。また，1gの氷を1℃変化させるのに必要な熱量は，1÷2＝0.5(カロリー)となる。

問4　18分～38分の20分間に加熱器から水に与《あた》えられた熱量は，100×100＝10000(カロリー)なので，1分間あたりでは，10000÷20＝500(カロリー)となる。

問5　氷の重さを，50÷100＝0.5(倍)にして，氷100gのときと同じ強さの熱で加熱しているので，氷がとけ始めるのは，2×0.5＝1(分後)，氷がとけ終わるのは，18×0.5＝9(分後)，水温が100℃になるのは，38×0.5＝19(分後)となる。なお，実験した場所の大気圧がほぼ1気圧なので，19分後以降は発生した水蒸気がビーカーからじょじょににげていき，ビーカー内に水があるかぎり，温度は100℃で一定になる。

2　雑木林の植物や動物についての問題

問1　図2を見ると，クヌギ，ヒノキ，スギでは樹齢《じゅれい》が10～20年の樹木の二酸化炭素吸収量が多い。つまり，全体的に若い木の方が二酸化炭素の吸収量が多い。

問2　落葉しない樹木は，1年中緑の葉をつけている常緑樹で，ここではカシとアカマツがあてはまる。ほかにも，スギ，ヒノキ，モミ，シイ，アオキ，ツバキなどがある。クヌギやコナラ，ケヤキは冬に葉を落とす落葉樹である。

問3　(1)　図3はカエデの果実と種子である。2つの果実がくっついてつばさのようになっているため，風にのってくるくる回りながらゆっくり落ちていき，遠くまで運ばれやすい。　(2)　カタクリにとっては，種子を遠くまで，中身を食べられることなく運んでもらう必要がある。一方，アリにとっては，口にくわえて運びやすく，栄養の多いエサであれば都合がよい。よって，カタクリの種子は，固い皮でおおわれていて，まわりにはくわえやすく栄養のある部分がついていると考えられる。なお，カタクリやスミレの種子には，エライオソームとよばれるやわらかい付着物がついている。アリはエライオソームをくわえて種子を巣にもち帰り，エライオソームの部分だけを食べ，それ以外の部分の種子は食べないで巣の近くに捨てる。これにより，カタクリやスミレは生育場所を広げることができる。

問4　①　エノキやクヌギ，コナラなどは，育つのに日光を多く必要とする樹木で，陽樹という。これに対して，シイやカシ，ブナなど，光が少なくても育つことができる樹木を陰《いん》樹という。樹木が多く密集している雑木林の中は日あたりが悪いので，陰樹の幼木は育つことができるが，陽樹の幼木は育つことができない。そのため，しだいに陽樹が減って陰樹が増えていき，将来にわたって陰樹の林の状態が続く(極相《きょくそう》という)。　②　エノキは落葉樹なので，冬になると幼虫はエノキの葉とともに地面に落ち，落ち葉の集まりの中で越冬《えっとう》する。そして，春になるとエノキの木をのぼって葉を食べて成長する。よって，落ち葉かきをすると，幼虫がエノキから離《はな》されてしまい，春にエノキの葉を食べることができなくなる。

3 てこについての問題

問１　①　缶《かん》のプルタブは，指をかけて引き起こす(ア)が力点，ふたにくっついている(イ)が支点，ふたの切り欠きの部分を押《お》しこむ(ウ)が作用点である。　②　ボートのオールをこぐときには，オールの先(水に入っているところ)はほとんど動かず，ボートが動くので，(カ)が支点，(オ)が作用点となる。また，オールに手で力を加える(エ)は力点である。　③　はしを支えている(キ)が支点，はしを動かしている(ク)が力点，ものをつまむ部分の(ケ)が作用点である。

問２　(ア)　くぎ抜《ぬ》きは，くぎを引き上げているところが作用点，木にふれているところが支点，手でもって力を入れるところが力点である。支点が力点と作用点の間にあるので，タイプ１となる。(イ)　ピンセットは，ものをつまむ先端《せんたん》が作用点，指で力を入れるところが力点，端《はし》の折れ曲がっているところが支点である。力点が作用点と支点の間にあるので，タイプ３となる。　(ウ)　くるみ割り器は，くるみをはさんで割るところが作用点，手でもって力を入れるところが力点，上下のレバーのつなぎめのところが支点である。作用点が力点と支点の間にあるので，タイプ２となる。

問３　タイプ３のてこは，作用点と支点の間に力点があり，支点から見て作用点と力点が同じ側にある。また，力点を押した長さよりも作用点が動く長さのほうが長く，力点に加えた力よりも小さな力が作用点にかかる。

問４　(1)　【ア】の力を□kgとすると，□×40＝12×80が成り立ち，□＝12×80÷40＝24(kg)となる。同様に，【イ】の力を○kgとすると，○×(80＋80)＝12×80が成り立ち，○＝12×80÷160＝6(kg)となる。したがって，【ア】の力は【イ】の力の，24÷６＝４(倍)になっている。　(2)　【ウ】の力を△kgとすると，△×80＝12×(80＋40)が成り立ち，△＝12×120÷80＝18(kg)となる。よって，【イ】の力と【ウ】の力の比は，６：18＝１：３と求められる。

問５　右の図で，はり合わせた板全体の重心(×)は，板全体の右端から，(40＋20)÷２＝30(cm)の位置にあり，この重心が机の右端より外にあると，板全体が落下する。したがって，(あ)の長さが，30－20＝10(cm)を超《こ》えると落下する。

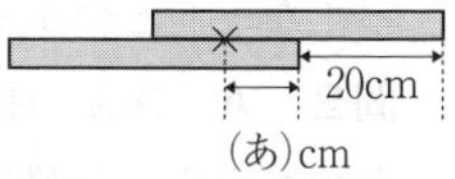

4 地震《じしん》の伝わり方についての問題

問１　地震そのものの規模《きぼ》(放出したエネルギーの大きさ)を示す尺度をマグニチュードという。マグニチュードが１大きくなると，地震のエネルギーが約32倍になる。

問２　地震による土地の揺《ゆ》れの大きさを，震度計の測定値をもとに表したものを震度といい，０～４，５弱，５強，６弱，６強，７の10階級に分けられている。一般に，震源に近く，地盤《じばん》がやわらかいところほど，震度が大きくなる。また，震源の深さが浅い場合にも，震度が大きくなる。なお，湿度《しつど》や太陽放射，大気の温度は，地表面での現象である地震には関係していない。

問３　地点Ａ，Ｂは，震源距離《きょり》の差が，351－23＝328(km)，Ｐ波到着《とうちゃく》時刻の差が，19時32分08秒00－19時31分17秒54＝50秒46なので，328÷50.46＝6.50…より，Ｐ波の速さは6.5km/秒となる。

問４　地点Ａでは，地震発生時刻の，351÷6.5＝54(秒後)にＰ波が到着しているので，地震発生時刻は，19時32分08秒00－54秒＝19時31分14秒00となる。

問５　D＝□×Eとなるとき，□＝D÷Eとなる。地点ＡでのDは，19時32分51秒50－19時32分08秒00＝43秒50(＝43.5秒)，Eは351kmなので，43.5÷351＝0.123…より，□＝0.12と求められる。

国　語　＜第２回試験＞（50分）＜満点：100点＞

解　答

一　問１　ニ　　問２　Ａ　ハ　　Ｂ　ニ　　問３　ロ　　問４　ごめんなさい　　問５　イ　　問６　見張りの大人　　問７　武市陽太／飯田麻耶　　問８　Ⅰ　父さん　　Ⅱ　男が泣くのは恥ずかしい　　問９　⑴　ホ　　⑵　ヘ　　⑶　ロ　　問10　（例）　我が子が人の大切なものを乱暴にあつかったこと，それを認めずに白を切ったことが，親として情けないから。　　問11　ニ　　問12　ニ　　問13　ニ　　二　問１　イ　　問２　ハ　　問３　ニ　　問４　ａ　ニ　　ｂ　イ　　ｃ　ロ　　問５　ロ　　問６　ロ　　問７　小さく／吸音効　　問８　ハ　　問９　シーン　　問10　イ　　問11　（例）　日本庭園に多種類のコケが生えていること。　　問12　光合成　　問13　ニ　　問14　下記を参照のこと。　　三　問１　ハ　　問２　ニ　　問３　ハ　　問４　病気は　　問５　イ　　問６　（例）　もずく君が持ってきてくれたお節を食べられること。　　問７　ロ　　問８　ハ

●漢字の書き取り

二　問14　⑴　規模　　⑵　分布

解　説

一　**出典は朝比奈《あさひな》あすかの『君たちは今が世界《すべて》』による。**陽太《ようた》が自慢《じまん》した工作の「くす玉」を，前田《まえだ》が面白《おもしろ》がって飯田《いいだ》に投げたり，投げ返させようとしたりしたことで，騒動《そうどう》が起きた場面である。

問１　続く部分から読み取る。陽太は自由工作の「くす玉」を振《ふ》りながら「これ，作るの，大変だったなー」とつぶやき，「誰《だれ》かに話しかけられるのを待っていた」のだから，ニが合う。

問２　**Ａ**　陽太の持つ「くす玉」を，前田が「へー，すごいじゃん」と言いながら手の中から抜《ぬ》いたのだから，気軽にするようすの「ひょいと」が合う。　**Ｂ**　「くす玉を放った」とあるので，むぞうさに物を投げるようすの「ぽんっと」が入る。

問３　直前の状況《じょうきょう》を整理する。「くす玉」を受け止めた飯田に，前田は「投げて，投げて」と面白がって言っていたが，陽太はそれを止めようとしているので，ロが選べる。

問４　「飯田さんに謝《あやま》りなさい！」と先生からしかられたものの，陽太は「どうしても」言えなかったのだから，「ごめんなさい」がふさわしい。

問５　先生からしかられ，みんなからも非難の目を向けられる中，唯一《ゆいいつ》「麦わらさん」だけが「武《たけ》市《いち》くんの言い分も聞いてあげませんか」と言ったことをおさえる。以前，ラジオ体操で褒《ほ》めてくれたときと同じ「優しい声」で自分に寄り添《そ》ってくれている「麦わらさん」に対し，陽太は「安心感」を抱《いだ》いたものと想像できるので，イが合う。

問６　本文の最後に，「麦わらさんは帰ってしまったようで，教室の後ろに，今日は見張りの大人がいなかった」とある。つまり「見張りの大人」として来ていたことがわかる。

問７　くす玉を投げかけた「飯田麻耶《まや》」に「武市陽太」が体当たりしたことが騒《さわ》ぎの中心である。

問８　Ⅰ，Ⅱ　少し前にある，先生から「どうして，何があったのか，説明して下さい」と言われた陽太が，「涙《なみだ》が出そう」なのをこらえている場面に注目する。陽太は，「父さん」から「男が泣くのは恥《は》ずかしい」と何度も言われていたため，「絶対にだめだ，泣いたらだめだ」と思ったので

ある。

問９　現場を見た尾辻文也《おつじふみや》が「誰かが，飯田さんに，武市のくす玉を投げるように言ってた」と証言した場面である。　⑴「誰かが？」と聞き返す先生の表情には，驚《おどろ》きや怒《いか》りなどを表す「眉《まゆ》が持ち上がる」が合う。　⑵　先生から「誰かが？」と聞き返された文也が「ちらっと前田をとらえ」たとあるので，「目」が入る。　⑶　飯田はうつむいたまま泣いていたのだから，「肩《かた》を震《ふる》わせ」たとするのがよい。

問10　すぐ前の会話に注目する。「麦わらさん」から「香奈枝《かなえ》，あなたが飯田さんに，武市くんのくす玉を投げるように言ったの？」とたずねられた前田は，「言ってないし」と「嘘《うそ》」をついている。このやりとりから，「麦わらさん」は前田の母親だとわかる。つまり，我が子が人の大切なものを面白半分に扱《あつか》ったことや，それを問いただされて「嘘」をついたことを「麦わらさん」は悲しんでいるものと想像できる。

問11「泣き笑い」は，悲しい気持ちとうれしい気持ちが入り混じった表情である。「潰《つぶ》れかけたくす玉」のかたちを戻《もど》してくれる「麦わらさん」を見た陽太は，「しおれていた」心が「水をのみこんで広がってゆく」ような気持ちになっている。また，ほのかが「大学生からも，折り紙の才能あるって言われてる」と話してくれたことで，いつになく「注目」され，「みんなに『折り紙探検隊』の話をしたいような～隠《かく》しておきたいような，複雑な気分」にもなっている。よって，イ～ハは正しい。

問12　陽太が止めても，面白半分にくす玉を投げようとする前田のようす，それを尾辻がおそるおそる先生に言うようすから，ふだんの前田はクラスで勢いのある立ち位置にいるとわかる。しかし，騒動の元が自分にあるとクラスに知られたうえ，母親に嘘をついたこともみんなに見られてしまった前田は，顔の血の気が失せて「真っ白」になっている。その後，陽太の折り紙のセンスが見直される中，彼女《かのじょ》の目は「真っ赤《か》」になり，今にも泣きそうなようすである。このような雰囲気《ふんいき》の中で「机につっぷした」のだから，ニが合う。なお，「動かない」前田に話しかけづらいだけで，休み時間には友達が近くまでいっているので，イのように「味方」がいないわけではない。

問13「腫物《はれもの》にさわるように」は，機嫌を損《そこ》ねやすい人におそるおそる接するようす。

二　**出典は大石善隆《おおいしよしたか》の『コケはなぜに美しい』による。**万葉の時代から詠《よ》まれてきたコケと日本人のかかわり，日本庭園における「わび・さび」を体現しているコケなどについて説明している。

問１　同じ段落で，かつて人々は「コケ生《む》す風景」に「悠久《ゆうきゅう》の時間」を感じたのだろうと述べられている。つまり，背に「コケ」を生やしたヤマタノオロチの描写《びょうしゃ》は，「太古の昔から生きていたこと」を示しているといえる。

問２　続く部分で説明されている。　イ　墓地がつくられた後，長い時間がたつことで「コケに覆《おお》われ」たのだから，合わない。　ロ「僧侶《そうりょ》や隠者《いんじゃ》」の粗末《そまつ》な衣服を「苔《こけ》の衣」と表現したのであって，色の類似《るいじ》からそのようによんだわけではないので，正しくない。　ニ「コケと言えば僧侶」を指していたとは述べられていない。

問３　イ『雨月物語』は，江戸時代後期の怪奇《かいき》小説で，作者は上田秋成《うえだあきなり》。　ロ『おくの細道』は，江戸時代前期に書かれた松尾芭蕉《まつおばしょう》の俳諧《はいかい》紀行文。　ハ『徒然《つれづれ》草』は，鎌倉時代に書かれた吉田兼好《よしだけんこう》(兼好法師)の随筆《ずいひつ》。　ニ『枕草子《まくらのそうし》』は，平安時代中期に書かれた清少納言《せいしょうなごん》の随筆。

問４　**a**「コケの生えた地面の下」を「死後の世界」と言いかえているので，“要するに”という意味の「つまり」があてはまる。　**b**　平安時代のコケのイメージとして，僧侶や隠者と墓地を並べているので，ことがらを並べ立てるときに用いる「また」が入る。　**c**「苔の下」などの表現は現代の生活では使われていないが，現代の我々にも納得《なっとく》できるという文脈なので，前のことがらを受けて，それに反する内容を述べるときに用いる「しかし」が合う。

問５「コケにする」は，“ばかにして軽《かろ》んじる”という意味。

問６　ここでの「代名詞」は，“あるものの典型である”という意味。ロが，「アリ」といえば「働き者」の典型だという内容で，正しく使われている。

問７　続く段落で，「わび・さび」は「静かで質素なものがもつ美しさ」だと説明されていることをおさえる。それと同じ段落にある，コケの「小さくて花もないために目立たず，しかし透《す》き通るような美しさをもつ」性質と，ぼう線⑤の五つ後の段落に書かれた「吸音効果が極めて高く，雑音を吸収する」性質が，「わび・さび」の美意識を見事に体現しているといえる。

問８　同じ段落で，具体例をあげながら説明されている。コケの緑は，春の桜，夏の沙羅双樹《さらそうじゅ》，秋の紅葉，冬の雪など「季節の移ろいを鮮《あざ》やかに引き立て，庭園の四季をより美しくみせてくれる」というのだから，ハがふさわしい。

問９　直後に「静寂《せいじゃく》を音で表したもの」とあるので，「シーン」があてはまる。

問10　動詞の「(生育)できる」に，打ち消しの助動詞である「ない」がついているので，イが同じ。なお，ロは，形容詞の「切ない」の一部。ハは，形容詞の「多い」に補助形容詞の「ない」がついた形。ニは，存在しないことを表す形容詞の「ない」にあたる。

問11　規模によって差はあるものの，「大きな庭園では100種以上のコケがみられる」のは，「庭のデザインと管理に」その秘密があると述べられていることをおさえる。具体的には，日本庭園ではさまざまな環境《かんきょう》を小さな空間に表現する「縮景」とよばれるデザイン技法によって豊かな種類のコケが生まれ，それは「草むしりや落ち葉かきなど，きめ細やかな管理」のもとで維持《いじ》されるのだと言っている。これをふまえ，「多種類のコケが日本庭園に生えていること」のようにまとめる。

問12　庭園において，草むしりや落ち葉かきなどのきめ細やかな「管理」をするのは，「雑草や落ち葉によってコケが覆い隠《かく》されてしまうことを防ぎ，コケの維持に貢献《こうけん》」するためだと述べられていることをおさえる。つまり，雑草や落ち葉を取りのぞくことで，コケの「光合成」を助け，美しい状態を維持しているのである。

問13「み吉野の青根が峰《たけ》の蘿蓆《こけむしろ》誰《たれ》か織りけむ経緯《たてぬき》なしに」という和歌は，“吉野の青根が峰一面に生えている蓆のようなコケは，誰が織ったのだろう，経糸も横糸もないのに”という意味。直前の段落で，「『万葉集』にあるコケの和歌12首のうち，１首はコケのじゅうたんの美しさを詠んでいる」と述べた後，筆者はこの和歌を紹介《しょうかい》しているので，ニが選べる。

問14　⑴　ものごとの内容や仕組みなどの大きさ。　⑵　動植物の地理的な生育範囲《はんい》。

三　**出典は堀本裕樹《ほりもとゆうき》の『ひぐらし先生，俳句おしえてください。』による。**もずく君が，俳句の師である「ひぐらし先生」のお宅へ正月のごちそうを携《たずさ》えて年賀の挨拶《あいさつ》にうかがい，「切れ」を学ぶ場面である。

問１「年始」は，年のはじめ。イの「支持」は，人の意見などに賛成して応援《おうえん》するようす。ロの「至急」は，急を要すること。ハの「始末」は，後かたづけ。ニの「志願」は，自《みずか》ら願い出ること。

問２「勝手知ったる」は，内情をよく知っているようす。

問３　「先生」から「お茶淹《い》れて」と頼《たの》まれた「もずく君」が，淹れたお茶を出す場面なので，“与《あた》える・やる”の謙譲《けんじょう》語である「差し上げる」がよい。なお，「いただく」は“もらう・食べる・飲む”の謙譲語，「うかがう」は“聞く・たずねる”の謙譲語，「めし上がる」は“飲む・食べる”の尊敬語にあたる。

問４　「死んだ妻」は「進行の早いガン」だったのだから，「病気は」があてはまる。

問５　「二十七歳《さい》」の若さで亡《な》くなった「美しい」妻の「写真」を「先生」が見ていることに注目する。つまり，「遠くの煌《きら》めく光景に視線を注ぐように，眩《まぶ》しそうに」写真を見つめていたというのは，「先生」が妻との悲しくも美しい思い出を懐《なつ》かしむようすを表現したものと想像できる。よって，イが合う。

問６　「期待」は，よい結果を予期して実現を待ち望むこと。「料理がうまい」「もずく君」のことだから，「先生」は彼《かれ》の持ってきた「風呂敷《ふろしき》包み」が「重詰《じゅうづ》めのお節《せち》料理」だろうと予想していた。実際にお重を見た「先生」は「期待通りやったな」と言い，「正月からロクなもん食べてなかったさかい，ありがたいわ」と喜んでいる。これをふまえ，「もずく君がお節料理を持ってきてくれていること」のような趣旨《しゅし》でまとめる。

問７　イ　「小春」は，陰暦《いんれき》十月の異称《いしょう》で，冬の季語にあたる。　ロ　「歌留多《かるた》」は正月の遊びで，新年の季語。　ハ　「霜夜《しもよ》」は，霜が降りる寒い夜のこと。冬の季語である。　ニ　「初時雨《しぐれ》」は，その年に初めて降った時雨をいい，冬の季語にあたる。時雨は，晩秋から初冬にかけて降ったりやんだりする小雨。

問８　イ　「鐘《かね》ひとつ売れぬ日はなし江戸の春」は，“寺の鐘ですら売れない日がないほど賑《にぎ》わっている江戸の新春であることよ”という意味。　ロ　「新年のゆめなき夜をかさねけり」は，“新年の初夢どころか夢を見ない夜が続いていることだ”という意味。　ハ　「七種《ななくさ》や似つかぬ草も打ちまじり」は，“七草がゆに，七草とは似ても似つかぬ草がまじっているよ”という意味。正月七日に食べる七草がゆには，セリ・ナズナ・ゴギョウ（ハハコグサ）・ハコベラ（ハコベ）・ホトケノザ（タビラコ）・スズナ（カブ）・スズシロ（ダイコン）の若菜を入れる。　ニ　「とかくして松一対《いっつい》のあしたかな」は，“あれこれ工面《くめん》して一対の門松を立てることができた，元日の朝だよ”という意味。

Dr.福井の

入試に勝つ！脳とからだのウルトラ科学

右の脳は10倍以上も覚えられる！

手や足，目，耳に左右があるように，脳にも左右がある。脳の左側，つまり左脳は，文字を読み書きしたり計算したりするときに働く。つまり，みんなはおもに左脳で勉強していることになる。一方，右側の脳，つまり右脳は，音楽を聞き取ったり写真や絵を見分けたりする。

となると，受験勉強に右脳は必要なさそうだが，そんなことはない。実は，右脳は左脳の10倍以上も暗記できるんだ。これを利用しない手はない！　つまり，必要なことがらを写真や絵などで覚えてしまおうというわけだ。

この右脳を活用した勉強法は，図版が数多く登場する社会と理科の勉強のときに大いに有効だ。たとえば，歴史の史料集には写真や絵などがたくさん載っていて，しかもそれらは試験に出やすいものばかりだから，これを利用する。やり方は簡単。「ふ～ん，これが○○か…」と考えながら，載っている図版を５秒間じーっと見つめる。すると，言葉は左脳に，図版は右脳のちょうど同じ部分に，ワンセットで記憶される。もし，左脳が言葉を忘れてしまっていたとしても，右脳で覚えた図版が言葉を思い出す手がかりとなる。

また，項目を色でぬり分け，右脳に色のイメージを持たせながら覚える方法もある。たとえば江戸時代の三大改革の内容を覚えるとき，享保の改革は赤，寛政の改革は緑，天保の改革は黄色というふうに色を決め，チェックペンでぬり分けて覚える。すると，「“目安箱”は赤色でぬったから享保の改革」というように思い出すことができ，混同しにくくなる。ほかに三権分立の関係，生物の種類分け，季節と星座など，分類されたことがらを覚えるときもピッタリな方法といえるだろう。

Dr.福井(福井《ふくい》一成《かずしげ》)…医学博士。開成中・高から東大・文Ⅱに入学後，再受験して翌年東大・理Ⅲに合格。同大医学部卒。さまざまな勉強法や脳科学に関する著書多数。

2025年度用
中学スーパー過去問

■編集人 声の教育社・編集部
■発行所 株式会社 声の教育社
〒162-0814 東京都新宿区新小川町8-15
☎03-5261-5061(代) FAX03-5261-5062
https://www.koenokyoikusha.co.jp

※本書の内容についての一切の責任は当社にあります。内容・解説・解答・その他は当社ホームページよりお問い合わせ下さい。

カコを追いかけ
ミライをつかめ
「今の説明、もう一回」を何度でも
web過去問
ストリーミング配信による入試問題の解説動画
もっと古いカコモンないの?
カコ過去問
「さらにカコの」過去問をHPに掲載(DL)
声の教育社
詳しくはこちらから

ストリーミング配信による入試問題の解説動画

2025年度用web過去問　ラインナップ

■ 男子・女子・共学(全動画) 見放題
36,080円(税込)

■ 男子・共学 見放題
29,480円(税込)

■ 女子・共学 見放題
28,490円(税込)

● 中学受験「声教web過去問(過去問プラス・過去問ライブ)」(算数・社会・理科・国語)

3〜5年間 **24校**

過去問プラス

麻布中学校	桜蔭中学校	開成中学校	慶應義塾中等部	渋谷教育学園渋谷中学校
女子学院中学校	筑波大学附属駒場中学校	豊島岡女子学園中学校	広尾学園中学校	三田国際学園中学校
早稲田中学校	浅野中学校	慶應義塾普通部	聖光学院中学校	市川中学校
渋谷教育学園幕張中学校	栄東中学校			

過去問ライブ

栄光学園中学校	サレジオ学院中学校	中央大学附属横浜中学校	桐蔭学園中等教育学校	東京都市大学付属中学校
フェリス女学院中学校	法政大学第二中学校			

● 中学受験「オンライン過去問塾」(算数・社会・理科)

3〜5年間 **50校以上**

東京	青山学院中等部	東京	国学院大学久我山中学校	東京	明治大学付属明治中学校	千葉	芝浦工業大学柏中学校	埼玉	栄東中学校
	麻布中学校		渋谷教育学園渋谷中学校		早稲田中学校		渋谷教育学園幕張中学校		淑徳与野中学校
	跡見学園中学校		城北中学校		都立中高一貫校 共同作成問題		昭和学院秀英中学校		西武学園文理中学校
	江戸川女子中学校		女子学院中学校		都立大泉高校附属中学校		専修大学松戸中学校		獨協埼玉中学校
	桜蔭中学校		巣鴨中学校		都立白鷗高校附属中学校		東邦大学付属東邦中学校		立教新座中学校
	鷗友学園女子中学校		桐朋中学校		都立両国高校附属中学校		千葉日本大学第一中学校	茨城	江戸川学園取手中学校
	大妻中学校		豊島岡女子学園中学校	神奈川	神奈川大学附属中学校		東海大学付属浦安中等部		土浦日本大学中等教育学校
	海城中学校		日本大学第三中学校		桐光学園中学校		麗澤中学校		茗渓学園中学校
	開成中学校		雙葉中学校		県立相模原・平塚中等教育学校		県立千葉・東葛飾中学校		
	開智日本橋中学校		本郷中学校		市立南高校附属中学校		市立稲毛国際中等教育学校		
	吉祥女子中学校		三輪田学園中学校	千葉	市川中学校	埼玉	浦和明の星女子中学校		
	共立女子中学校		武蔵中学校		国府台女子学院中学部		開智中学校		

web過去問 Q&A

過去問が動画化！
声の教育社の編集者や中高受験のプロ講師など、
過去問を知りつくしたスタッフが動画で解説します。

Q どこで購入できますか？

A 声の教育社のHPでお買い求めいただけます。

Q 受講にあたり、テキストは必要ですか？

A 基本的には過去問題集がお手元にあることを前提としたコンテンツとなっております。

Q 全問解説ですか？

A 「オンライン過去問塾」シリーズは基本的に全問解説ですが、国語の解説はございません。「声教web過去問」シリーズは合格のカギとなる問題をピックアップして解説するもので、全問解説ではございません。なお、「声教web過去問」と「オンライン過去問塾」のいずれでも取り上げられている学校がありますが、授業は別の講師によるもので、同一のコンテンツではございません。

Q 動画はいつまで視聴できますか？

A ご購入年度２月末までご視聴いただけます。
複数年視聴するためには年度が変わるたびに購入が必要となります。

よくある解答用紙のご質問

01

実物のサイズにできない

拡大率にしたがってコピーすると，「解答欄」が実物大になります。配点などを含むため，用紙は実物よりも大きくなることがあります。

02

A3用紙に収まらない

拡大率164％以上の解答用紙は実物のサイズ（「出題傾向＆対策」をご覧ください）が大きいために，Ａ３に収まらない場合があります。

03

拡大率が書かれていない

複数ページにわたる解答用紙は，いずれかのページに拡大率を記載しています。どこにも表記がない場合は，正確な拡大率が不明です。

04

１ページに２つある

１ページに２つ解答用紙が掲載されている場合は，正確な拡大率が不明です。ほかの試験回の同じ教科をご参考になさってください。

【別冊】入試問題解答用紙編

解答用紙は本体からていねいに抜きとり、別冊としてご使用ください。

※　実際の解答欄の大きさで練習するには、指定の倍率で拡大コピーしてください。なお、ページの上下に小社作成の見出しや配点を記載しているため、コピー後の用紙サイズが実物の解答用紙と異なる場合があります。

入試結果表

年度	回	項目	国語	算数	社会	理科	4科合計	合格者
2024	第1回	配点(満点)	100	100	60	60	320	最高点
		合格者平均点	75.2	72.6	38.9	37.2	223.9	271
		受験者平均点	70.9	63.5	36.0	32.3	202.7	最低点
		キミの得点						208
	第2回	合格者平均点	78.3	69.7	44.4	40.6	233.0	最高点 297
		受験者平均点	72.6	60.5	40.7	36.2	210.0	最低点
		キミの得点						211
2023	第1回	配点(満点)	100	100	60	60	320	最高点
		合格者平均点	77.3	78.8	37.6	36.5	230.2	271
		受験者平均点	73.1	69.7	33.2	30.7	206.7	最低点
		キミの得点						211
	第2回	合格者平均点	77.3	81.1	42.1	33.9	234.4	最高点 290
		受験者平均点	69.8	74.3	37.2	29.7	211.0	最低点
		キミの得点						216
2022	第1回	配点(満点)	100	100	60	60	320	最高点
		合格者平均点	65.9	74.3	45.2	37.8	223.2	266
		受験者平均点	61.5	61.1	41.3	31.7	195.6	最低点
		キミの得点						207
	第2回	合格者平均点	75.5	78.9	43.3	33.3	231.0	最高点 273
		受験者平均点	69.3	70.3	39.8	28.6	208.0	最低点
		キミの得点						213
2021	第1回	配点(満点)	100	100	60	60	320	最高点
		合格者平均点	76.0	55.1	39.3	36.0	206.4	257
		受験者平均点	70.6	45.2	33.6	29.7	179.1	最低点
		キミの得点						191
	第2回	合格者平均点	67.6	76.9	41.9	38.3	224.7	最高点 268
		受験者平均点	61.0	62.9	37.0	32.3	193.2	最低点
		キミの得点						201
2020	第1回	配点(満点)	100	100	60	60	320	最高点
		合格者平均点	74.5	70.9	40.2	31.8	217.4	267
		受験者平均点	68.9	59.3	34.9	26.8	189.9	最低点
		キミの得点						202
	第2回	合格者平均点	72.6	82.7	42.2	36.7	234.2	最高点 277
		受験者平均点	66.7	67.4	37.2	32.0	203.3	最低点
		キミの得点						211

※　表中のデータは学校公表のものです。ただし、4科合計は各教科の平均点を合計したものなので、目安としてご覧ください。

声の教育社

２０２４年度　　大妻中学校

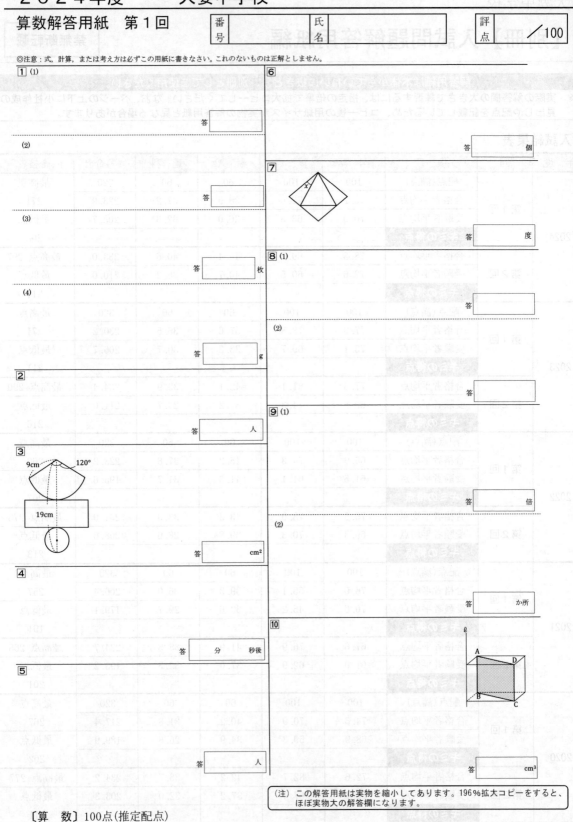

算数解答用紙　第１回

番号		氏名		評点	／100

◎注意：式，計算，または考え方は必ずこの用紙に書きなさい。これのないものは正解としません。

1 (1)

答

(2)

答

(3)

答　　枚

(4)

答　　g

2

答　　人

3

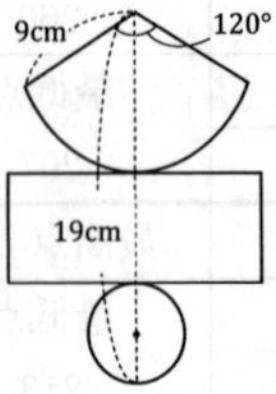

答　　cm²

4

答　　分　　秒後

5

答　　人

6

答　　個

7

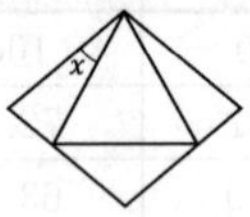

答　　度

8 (1)

答

(2)

答

9 (1)

答　　倍

(2)

答　　か所

10

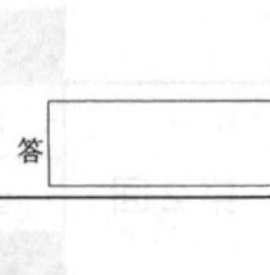

答　　cm³

（注）この解答用紙は実物を縮小してあります。196％拡大コピーをすると、ほぼ実物大の解答欄になります。

〔算　数〕100点(推定配点)

1　各７点×４　2〜7　各８点×６　8，9　各４点×４　10　８点

２０２４年度　大妻中学校

社会解答用紙　第１回

番号		氏名		評点	／60

1

1

2 あ　い　う　え

2 お

3 第一次産業　県庁所在地

4 (1)記号　府県　(2)記号　府県

4 (3)滋賀県　市　記号　府県　(4)

5

2

あ　い　う

1 (1) →　→　→　(2)　(3)

1 (4)　(5)　2　3　4　5 i　ii

6　7　8　9 (1)　(2)

10

3

1 (1)　(2)　2　発電　3

4　5 (1)　(2)い　省　う　庁

6　7　8 (1)　(2)

（注）この解答用紙は実物を縮小してあります。Ｂ５→Ｂ４（141％）に拡大コピーすると，ほぼ実物大の解答欄になります。

〔社　会〕60点(推定配点)

1 問１　１点　問２　あ　１点　い・う　２点＜完答＞　え，お　各１点×２　問３　２点＜完答＞　問４ (1)～(3)　各２点×３＜各々完答＞　(4)　１点　問５　３点　2 あ～う　各１点×３　問１　(1)　２点＜完答＞　(2)　１点　(3)　２点　(4)　１点　(5)　２点　問２，問３　各１点×２　問４　２点＜完答＞　問５，問６　各１点×３　問７　２点　問８～問10　各１点×４　3 問１　(1)　２点　(2)　１点　問２，問３　各１点×２　問４　２点　問５　(1)　２点　(2)　各１点×２　問６，問７　各２点×２＜問６は完答＞　問８ (1)　２点　(2)　１点

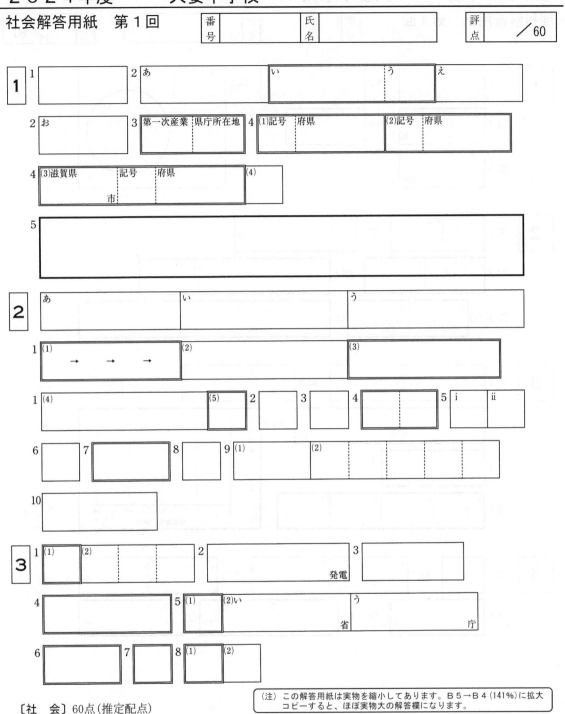

2024年度　大妻中学校

理科解答用紙　第1回

番号　　氏名　　評点　／60

1

問1

問2

問3　装置

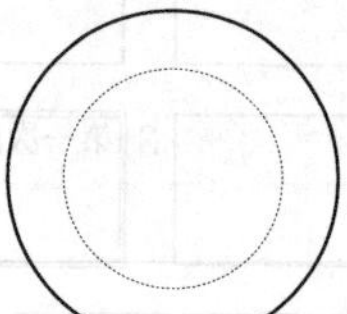

問4　秒

問5

問6　cm^3

2

問1　理由

問2　岩

問3　①　②

問4　①　②

問5　(1)　①　②　(2)

3

問1

問2

問3　3月　植物　9月　植物

問4

問5　A　B　C　D

問6

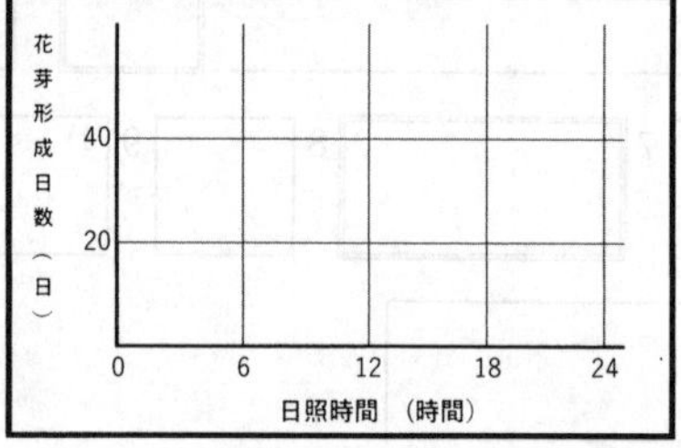

4

問1

問2　①　②

問3　①　cm　②　cm

問4　g

問5　(1)　①　②　cm　(2)　cm

（注）この解答用紙は実物を縮小してあります。Ｂ５→Ｂ４（141%）に拡大コピーすると、ほぼ実物大の解答欄になります。

〔理　科〕60点（推定配点）

1　各２点×６＜問３は完答＞　2　問１，問２　各２点×２＜問１は完答＞　問３～問５　各３点×４＜問３，問４，問５の(1)は完答＞　3　問１，問２　各２点×２　問３～問６　各３点×４＜問３～問５はそれぞれ完答＞　4　問１，問２　各２点×２＜問２は完答＞　問３～問５　各３点×４＜問３，問５の(1)は完答＞

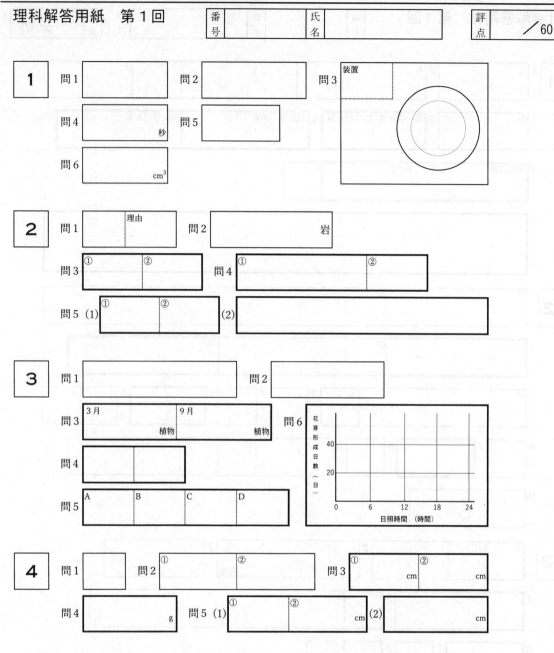

2024年度　大妻中学校

国語解答用紙　第一回

番号　　氏名　　評点　／100

一
問1　A　B　C　D　E
問2
問3
問4　Ⅰ　Ⅱ　Ⅲ　Ⅳ　Ⅴ
問5
問6　X
Y
問7　(1)　(2)
問8
問9
問10
問11　(1)　(2)　(3)
問12

二
問1
問2
問3
問4
問5
問6
問7
問8
問9
問10
問11
問12

三
問1　イ　ロ　ハ　ニ
問2
問3
問4
問5
問6

四
①　②　③　④

(注) この解答用紙は実物を縮小してあります。169%拡大コピーをすると、ほぼ実物大の解答欄になります。

〔国　語〕100点(推定配点)

一　問1～問7　各3点×9＜問1，問4は完答＞　問8～問11　各2点×6　問12　3点　二　問1　2点　問2　3点　問3　2点　問4，問5　各3点×2　問6　4点　問7　3点　問8～問10　各2点×3　問11　6点　問12　3点　三　問1　3点＜完答＞　問2，問3　各2点×2　問4　3点　問5　2点　問6　3点　四　各2点×4

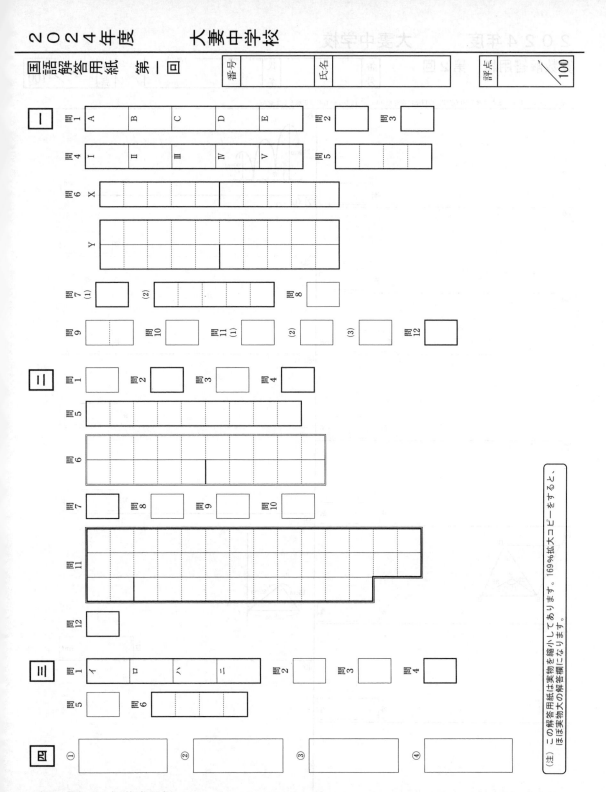

２０２４年度　大妻中学校

算数解答用紙　第２回

番号		氏名		評点	／100

◎注意：式，計算，または考え方は必ずこの用紙に書きなさい。これのないものは正解としません。

1 (1)

答

(2)

答

(3)

答　　　cm

(4)

答　　　本

2

答　　　個

3

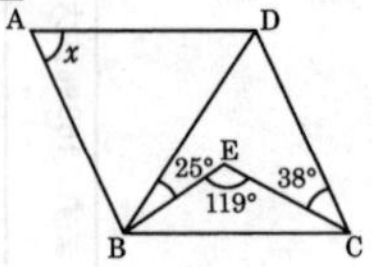

答　　　度

4

答　　　分

5

答　　　曜日

6

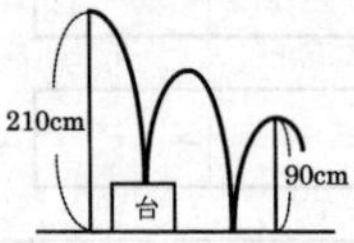

答　　　cm

7 (1)

答

(2)

答

8 (1)

答　　　%

(2)

答　　　g

9

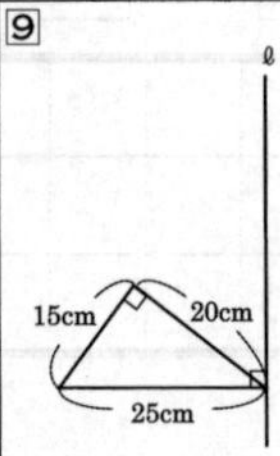

答　　　cm³

10

答　A ： B ： C
　　 ： 　 ：

（注）この解答用紙は実物を縮小してあります。196％拡大コピーをすると，ほぼ実物大の解答欄になります。

〔算　数〕100点（推定配点）

1　各７点×４　2～6　各８点×５　7，8　各４点×４　9，10　各８点×２

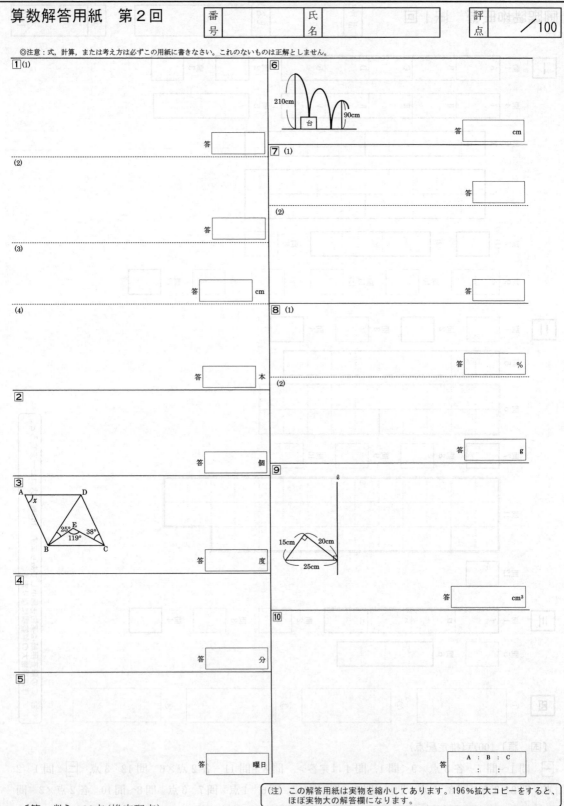

2024年度　大妻中学校

社会解答用紙　第2回

番号 | 氏名 | 評点 ／60

1

1 A | B | C　2 人口 | 過疎地域　3 立地 | 特徴　4 (1)

4 (2) 川　5 (1) 次産業化　(2)　(3)サツマイモ | イチゴ

6 訪日外客数 | カタカナ

2

あ 皇子　い　う

え　お　か

1　2　3　4　5

6　7　8　9　10

11 I ため | II

12 法　13　14

3

1　2

3　4　5　6　7 (1) (2)　8

（注） この解答用紙は実物を縮小してあります。Ｂ５→Ｂ４（141%）に拡大コピーすると、ほぼ実物大の解答欄になります。

〔社　会〕60点(推定配点)

1 問１　３点＜完答＞　問２　２点＜完答＞　問３　３点＜完答＞　問４　(1)　２点　(2)　１点　問５　(1)　１点　(2)，(3)　各２点×２＜(3)は完答＞　問６　２点＜完答＞　2 あ　２点　い～か　各１点×５　問１　２点　問２　１点　問３，問４　各２点×２　問５～問８　各１点×４　問９　２点　問10　１点　問11　２点＜完答＞　問12～問14　各１点×３　3 問１～問３　各２点×３　問４　１点　問５，問６　各２点×２　問７　(1)　２点　(2)　１点　問８　２点

２０２４年度　大妻中学校

理科解答用紙　第２回

番号		氏名		評点	／60

1

問１　　枚　問２　　岩　問３　　m　問４

問５　①　②　③　④　⑤　　問６　物質名　記号

2

問１　①　②　③　④

問２　A　B　C　D

問３　　問４　　匹

問５

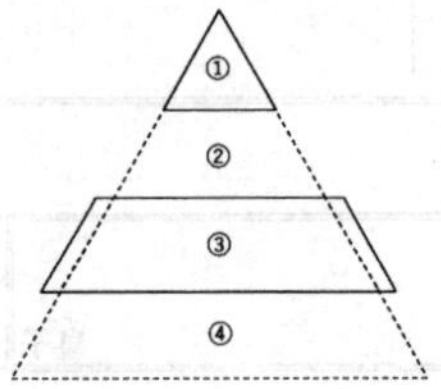

問６　①　P　Q

3

問１　①　②　問２

問３　①　時　②　問４　時　分

問５

問６　①　②　③

4

問１

問２　P　Q　問３　g

問４

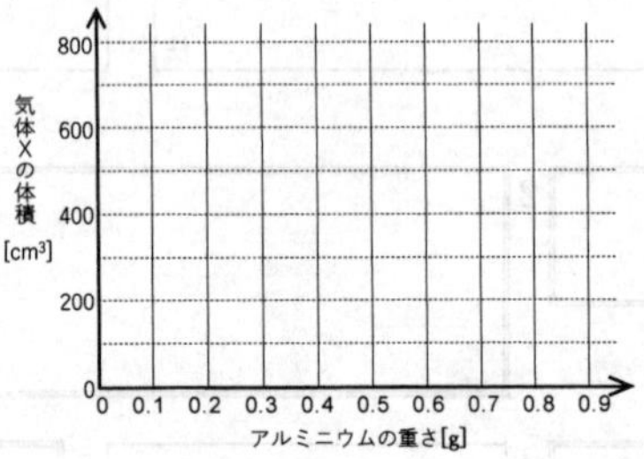

問５　g　問６　g

（注）この解答用紙は実物を縮小してあります。Ｂ５→Ｂ４（141％）に拡大コピーすると、ほぼ実物大の解答欄になります。

〔理　科〕60点（推定配点）

1　各２点×６＜問５，問６は完答＞　2　問１　３点＜完答＞　問２，問３　各２点×２＜問２は完答＞　問４～問６　各３点×３＜問６は完答＞　3　問１，問２　各２点×２＜問１は完答＞　問３～問６　各３点×４＜問３，問６は完答＞　4　問１，問２　各２点×２＜問２は完答＞　問３～問６　各３点×４

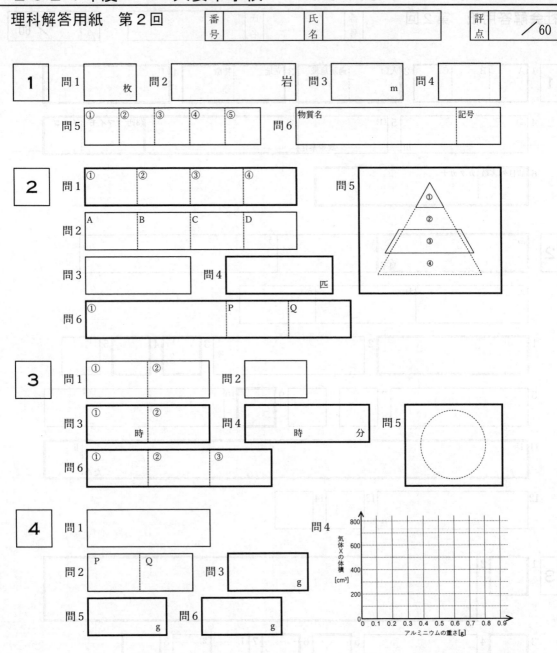

２０２４年度　大妻中学校

国語解答用紙　第二回

番号		氏名		評点	／100

一
問1
問2 A B C
問3
問4
問5
問6
問7
問8 D E F G
問9
問10
問11
問12 Ⅰ Ⅱ
問13

二
問1 A B C
問2
問3
問4
問5 → → →
問6
問7
問8
問9
問10 Ⅰ Ⅱ Ⅲ Ⅳ
問11
問12
問13
問14

三
問1 a b
問2 B C
問3 (1) (2)
問4

四
① ② ③ ④

（注）この解答用紙は実物を縮小してあります。172%拡大コピーをすると、ほぼ実物大の解答欄になります。

〔国　語〕100点(推定配点)

一　問1　2点　問2　3点<完答>　問3　2点　問4～問8　各3点×5<問8は完答>　問9　2点　問10　3点　問11　2点　問12，問13　各3点×3　二　問1　3点<完答>　問2　2点　問3　3点　問4　2点　問5　3点<完答>　問6　2点　問7　5点　問8　2点　問9～問11　各3点×3<問10は完答>　問12　2点　問13　3点　問14　各2点×2　三，四　各2点×11

2023年度　　大妻中学校

算数解答用紙　第１回

番号		氏名		評点	／100

◎注意：式，計算，または考え方は必ずこの用紙に書きなさい。これのないものは正解としません。

1 (1)

答

(2)

答

(3)

答　毎時　　　km

(4)

答

2

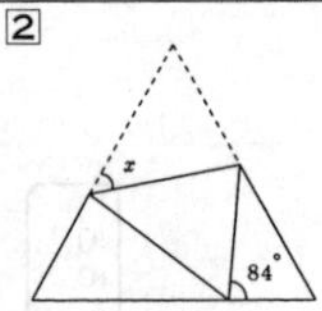

答　　　度

3

答　　　g

4

答　　　人

5 (1)

答　　　m

(2)

答　姉　：　妹

6

答　　　人

7

答

8

答　　　円

9 (1)

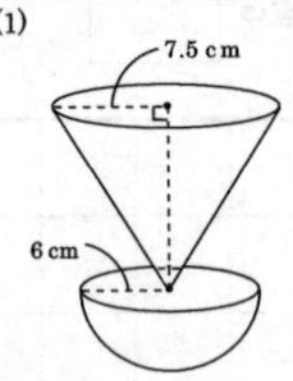

答　　　cm

(2)

答　　　cm

10

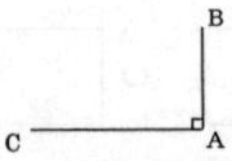

答　　　cm²

（注）この解答用紙は実物を縮小してあります。196％拡大コピーをすると、ほぼ実物大の解答欄になります。

〔算　数〕100点(推定配点)

1　各７点×４　2〜4　各８点×３　5　各４点×２　6〜8　各８点×３　9　各４点×２　10　８点

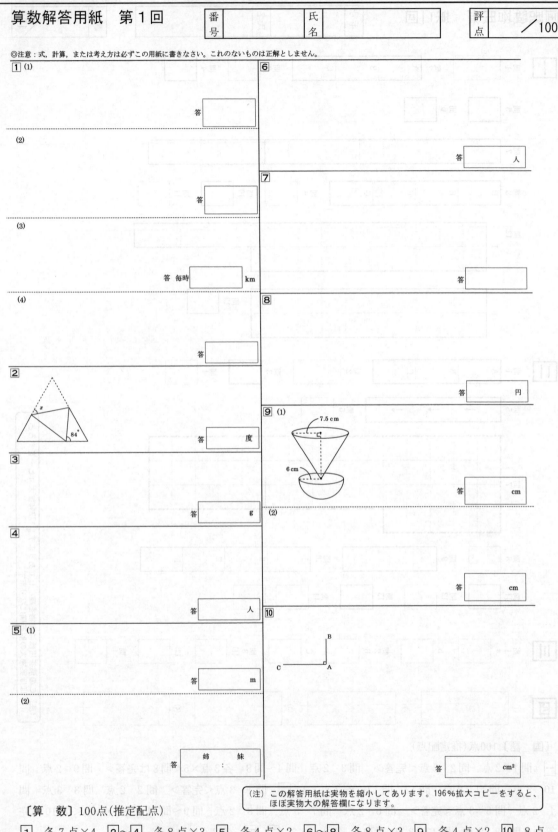

２０２３年度　　大妻中学校

社会解答用紙　第１回

番号		氏名		評点	／60

1

1 (1)　　度　(2)　　2 ①　②　③　　3 あ　い

4　　5 か　き　　6 大阪府　鳥取県

7 ①　　県　②　　県

2

1 あ　い　う　　の戦い

1 え　お　　貿易　か

1 き　　戦争　2　3　4　5

6　7　8　9

10　→　→　→　11　12

3

1 場所　位置　2　3　4 (1)　(2)

4 (3)　　の生活　5 い　う　6

7　8

（注）この解答用紙は実物を縮小してあります。Ｂ５→Ｂ４(141%)に拡大コピーすると、ほぼ実物大の解答欄になります。

〔社　会〕60点(推定配点)

1　問１　(1)　２点　(2)　１点　問２　３点＜完答＞　問３　各１点×２　問４　２点＜完答＞　問５　各１点×２　問６，問７　各２点×３＜問６は完答＞　2　問１　各１点×７　問２　２点　問３　１点　問４　２点　問５　１点　問６，問７　各２点×２＜問６は完答＞　問８，問９　各１点×２　問10，問11　各２点×２＜問10は完答＞　問12　１点　3　問１，問２　各１点×３　問３～問６　各２点×６＜問５は完答＞　問７　１点　問８　２点

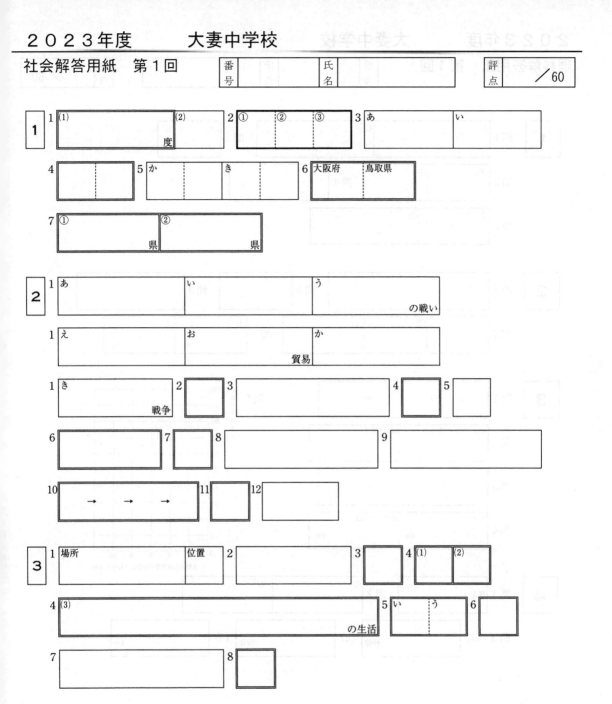

２０２３年度　大妻中学校

理科解答用紙　第１回

番号　　氏名　　評点　／60

1

問１　A　C

問２

問３　(あ)　(い)

問４　℃

問５　①　②

2

問１

問２

問３

問４　①　②　A

問５　①　%　②　%

3

問１　→　→

問２　ばね　直方体　ばねの長さ　cm

問３　→　→

問４　半分　cm　底につく直前　cm

問５

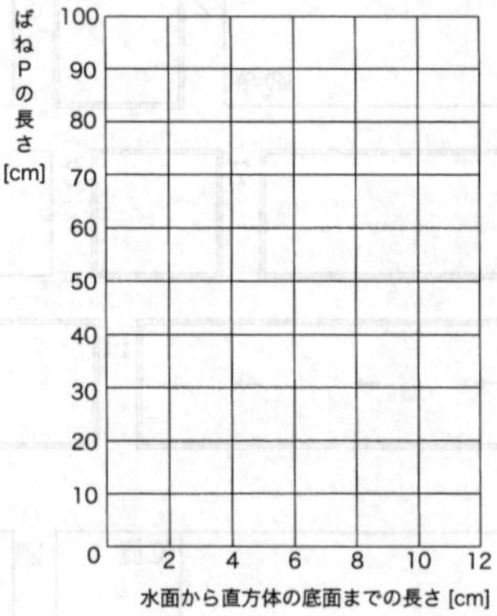

4

問１　震度

問２　①　②

問３　(1)　秒後　(2)　秒後　(3)　km

（注）この解答用紙は実物を縮小してあります。Ｂ５→Ｂ４(141%)に拡大コピーすると、ほぼ実物大の解答欄になります。

〔理　科〕60点(推定配点)

1～4　各３点×20＜1の問１，問３，問５，2の問３～問５，3の問１～問４，4の問２はそれぞれ完答＞

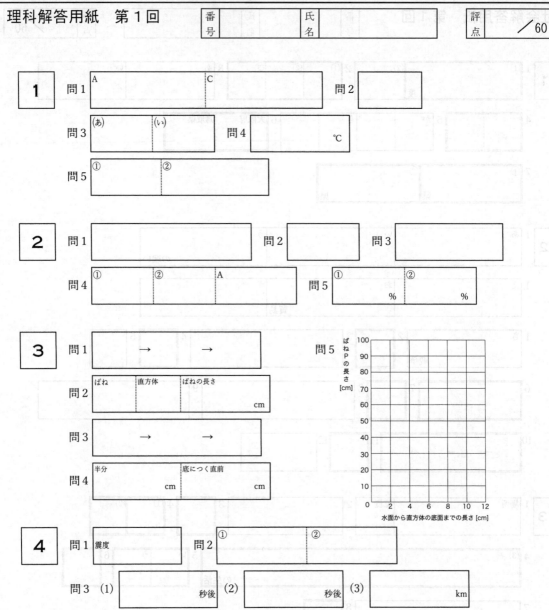

二〇二三年度　大妻中学校

国語解答用紙　第一回

番号		氏名		評点	/100

一

問1 〜　問2　問3

問4　問5　問6　問7　問8　問9

問10　問11　問12 →　→　→二→

問13

問14

二

問1　問2　問3

問4　問5　問6

問7 (1)　(2)

問8　問9　問10　問11 B　C　問12

問13　問14

三

問1　問2　問3

問4　問5　問6

四

① えない　②　③　④

（注）この解答用紙は実物を縮小してあります。172%拡大コピーをすると、ほぼ実物大の解答欄になります。

〔国　語〕100点(推定配点)

一　問1　2点　問2　3点　問3　2点　問4〜問6　各3点×3　問7　2点　問8〜問10　各3点×3　問11　2点　問12　3点<完答>　問13　6点　問14　3点　二　問1〜問5　各2点×5　問6　3点　問7　(1)　3点　(2)　2点　問8　2点　問9　3点　問10，問11　各2点×3　問12，問13　各3点×2　問14　各2点×2　三，四　各2点×10

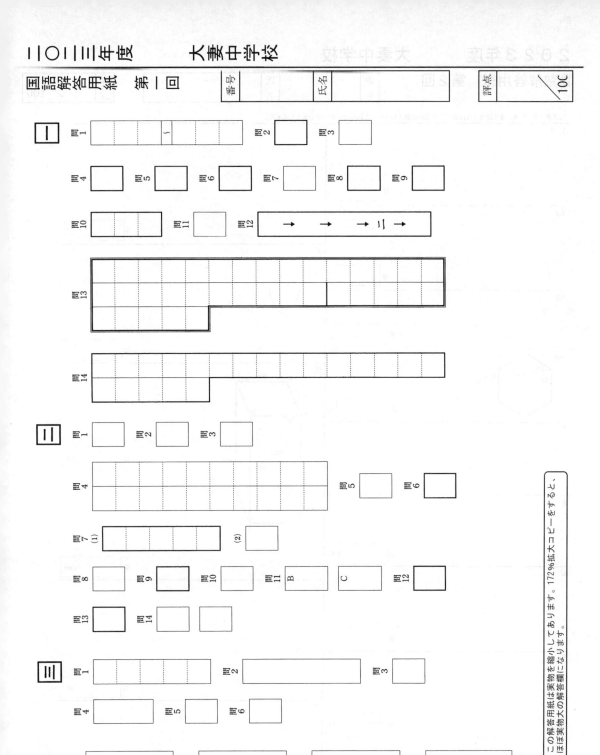

2023年度　　大妻中学校

算数解答用紙　第2回

番号		氏名		評点	／100

◎注意：式，計算，または考え方は必ずこの用紙に書きなさい。これのないものは正解としません。

1 (1)

答

(2)

答

(3)

答　　g

(4)

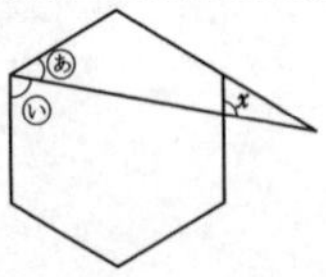

答　　度

2

答　　%

3

答　　通り

4

答

5 (1)

答　毎秒　　m

(2)

答　　m

6

答　　円

7

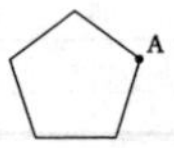

答　　m^2

8 (1)

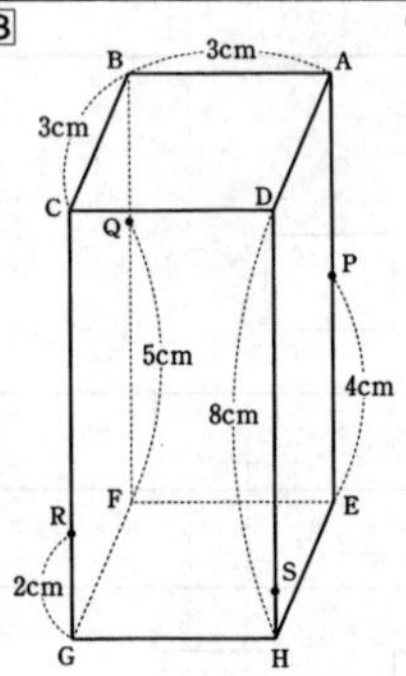

答　　cm

(2)

答　　cm^3

9

答　　歳

10

答　　人

（注）この解答用紙は実物を縮小してあります。200%拡大コピーをすると、ほぼ実物大の解答欄になります。

〔算　数〕100点(推定配点)

1　各７点×４　2～4　各８点×３　5　各４点×２　6，7　各８点×２　8　各４点×２　9，10　各８点×２

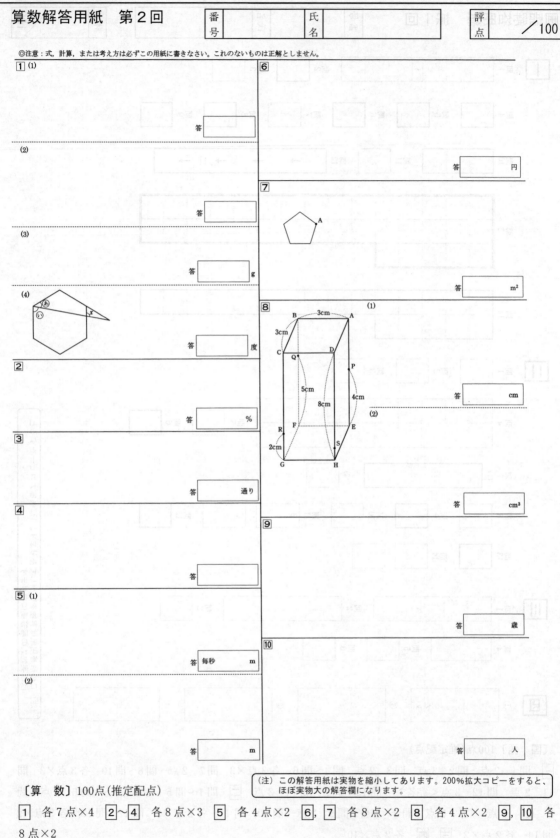

2023年度　大妻中学校

社会解答用紙　第2回

番号　　氏名　　評点　／60

1

1 (1)A　　県　B　　県　(2)道の駅　人口構成　2 (1)

2 (2)A　B　C　3 野菜　果実　4 小麦　野菜　果実　5　　政策

6

2

1 あ　　戦争　い　う　え　　寺

1 お　か　　天皇　2　　神社

3 →　→　→　4　5　6　7　8 (1)き　　ショック

8 (1)く　(2)A　B　C　9

10　11 (1)

11 (2)律令制では、　　ため　12

3

1　2 (1)　(2)　3

4 (1)　(2)　　党　　党　(3)

5 (1)　(2)　6

（注）この解答用紙は実物を縮小してあります。Ｂ５→Ｂ４(141%)に拡大コピーすると、ほぼ実物大の解答欄になります。

〔社　会〕60点(推定配点)

1　問1　(1)　各1点×2　(2)　3点＜完答＞　問2　各2点×2＜各々完答＞　問3，問4　各3点×2＜各々完答＞　問5　1点　問6　2点　2　問1，問2　各1点×7　問3　2点＜完答＞　問4，問5　各1点×2　問6　2点　問7〜問9　各1点×5＜問8の(2)は完答＞　問10　2点＜完答＞　問11　(1)　1点　(2)　2点　問12　1点　3　問1　2点　問2　(1)　2点　(2)　1点　問3　2点　問4　(1)　2点　(2)　各1点×2　(3)　2点　問5　(1)　2点　(2)　1点　問6　2点

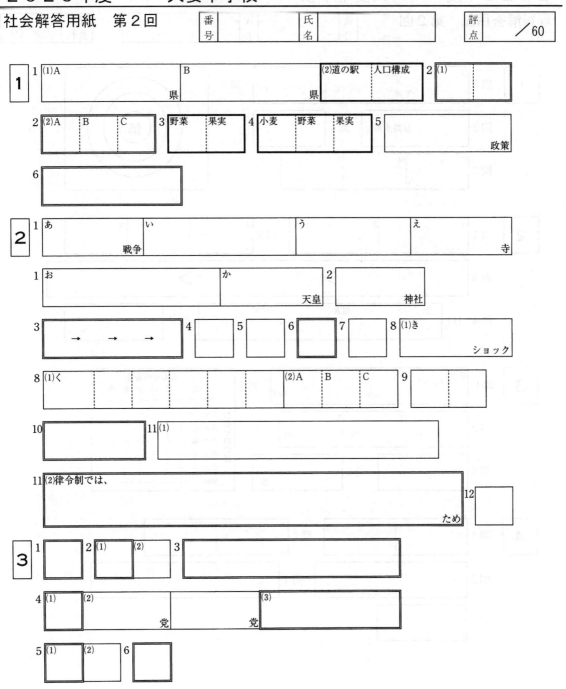

2023年度　大妻中学校

理科解答用紙　第2回

番号		氏名		評点	／60

1

問1　① ℃　② ℃　③ ℃

問2　状降水帯

問3

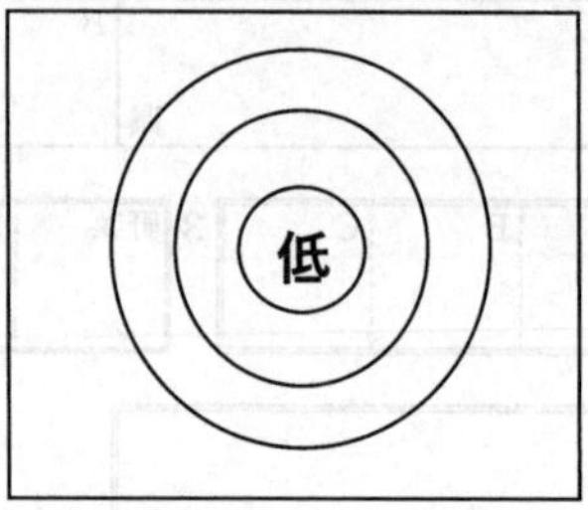

問4

問5　P　Q　R

2

問1　A　B

問2　ア　イ　ウ

問3　＞　＞

問4　(1)　鉄 ： 酸素 ： 炭素　(2)　万トン

3

問1　位置 cm　向き

問2　X cm　Y 秒　Z cm

問3

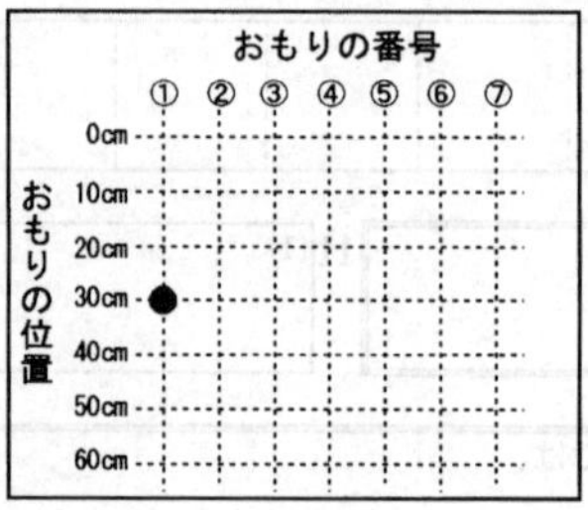

問4

問5　秒

4

問1

問2

問3

問4　ア　イ　ウ

問5　カビ

（注）この解答用紙は実物を縮小してあります。Ｂ５→Ｂ４（141％）に拡大コピーすると、ほぼ実物大の解答欄になります。

〔理　科〕60点(推定配点)

1～4　各３点×20＜1の問１，問５，2の問１～問３，3の問１，問２，4の問１，問２，問４はそれぞれ完答＞

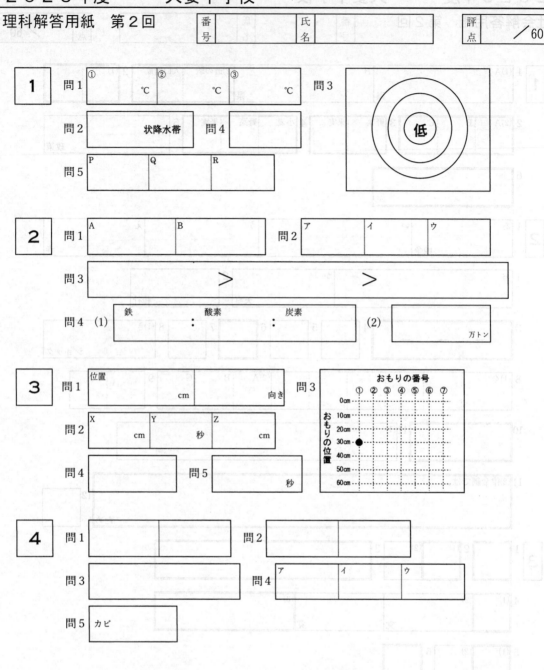

二〇二三年度　大妻中学校

国語解答用紙　第一回

番号　　氏名　　評点 /100

一

問1　問2

問3

問4　問5　問6　問7　問8

問9　問10

問11

問12

問13

二

問1　問2

問3

問4　問5　問6 B C D E　問7

問8　問9　問10　問11　問12

問13　問14

三

問1　問2　問3　問4

問5 Ⅰ　Ⅱ

Ⅲ

四

①　し　②　③　な　④

（注）この解答用紙は実物を縮小してあります。169％拡大コピーをすると、ほぼ実物大の解答欄になります。

〔国　語〕100点（推定配点）

一　問1　3点　問2　2点　問3　3点　問4　2点　問5～問13　各3点×9　二　問1　3点　問2　2点　問3　6点　問4, 問5　各2点×2　問6　3点<完答>　問7　2点　問8　3点　問9, 問10　各2点×2　問11　3点　問12　2点　問13　4点　問14　3点　三, 四　各2点×12

２０２２年度　大妻中学校

算数解答用紙　第１回

番号		氏名	

評点	／100

◎注意：式，計算，または考え方は必ずこの用紙に書きなさい。これのないものは正解としません。

1 (1)

答

(2)

答

(3)

答　　個

(4)

答　　円

2

答　　人

3

答　　点

4

答　　g

5 (1)

答　　分後

(2)

答　　km

6

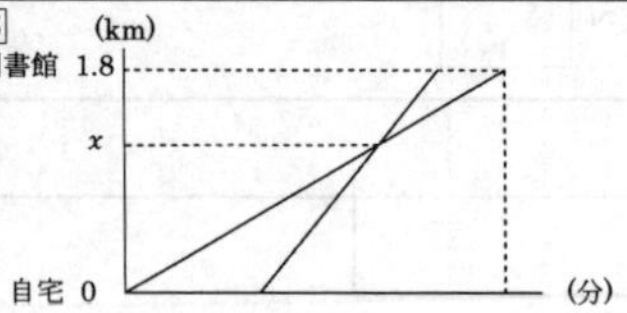

答

7 (1)

答　　番目

(2)

答

8

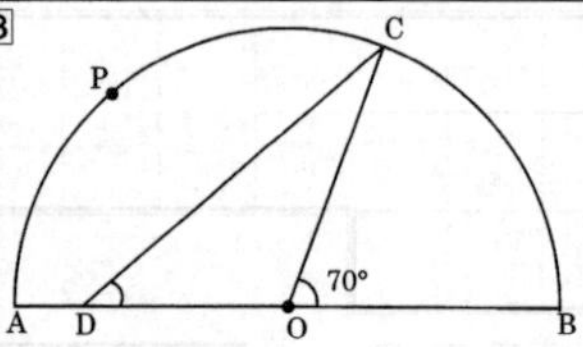

答　　度

9

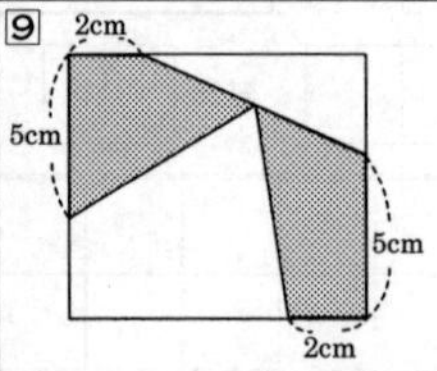

答　かげのついている部分　：　かげのついていない部分

10

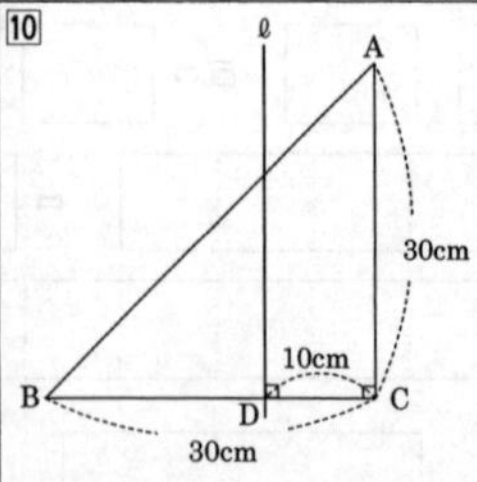

答　　cm³

（注）この解答用紙は実物を縮小してあります。196％拡大コピーをすると，ほぼ実物大の解答欄になります。

〔算　数〕100点（推定配点）

1 各７点×４　2～4 各８点×３　5 各４点×２　6 ８点　7 各４点×２　8～10 各８点×３

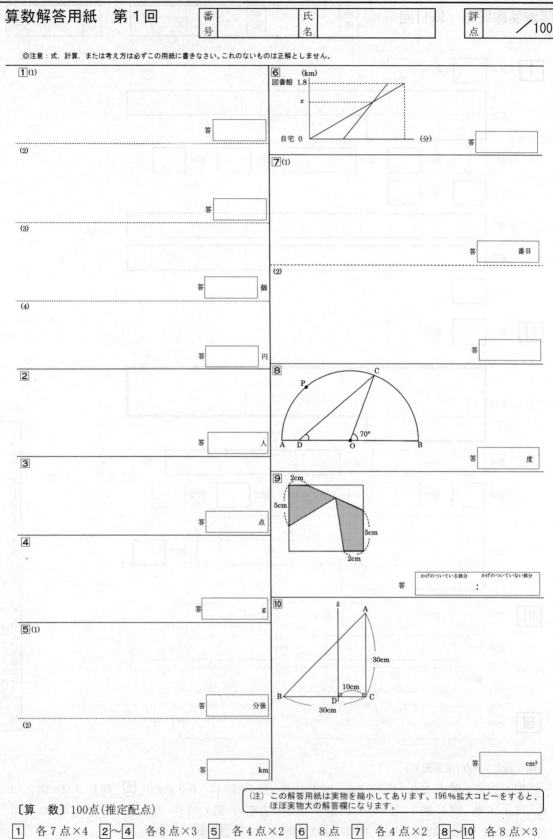

2022年度　大妻中学校

社会解答用紙　第1回

番号		氏名		評点	／60

1

1 町

2

3　4　5 X　Y

6 (1) →　→　(2)　7 A B C

2

1 あ　い　う

1 え　法　2　3　4

5 (1) A　川　位置　B　川　位置　(2)

6 (1)　(2)　7 (1)

7 (2)

8 →　→　9　10 (1) 歳　(2)

11

3

1 (1)　(2)　(3)

1 (4)　2 (1)　(2)　(3)

3 (1) 語句　記号

3 (2) 10　20 から

（注）この解答用紙は実物を縮小してあります。B５→A３(163%)に拡大コピーすると、ほぼ実物大の解答欄になります。

〔社　会〕60点(推定配点)

1　問１　１点　問２～問４　各２点×３＜問３，問４は完答＞　問５　１点＜完答＞　問６　各２点×２＜(1)は完答＞　問７　各１点×３　2　問１，問２　各１点×５　問３，問４　各２点×２　問５　各１点×５　問６　(1)　２点　(2)　１点　問７　(1)　１点　(2)　２点　問８　２点＜完答＞　問９，問10　各１点×３　問11　５点　3　問１　(1)　１点　(2)，(3)　各２点×２　(4)　１点　問２　各２点×３　問３　(1)　１点＜完答＞　(2)　２点

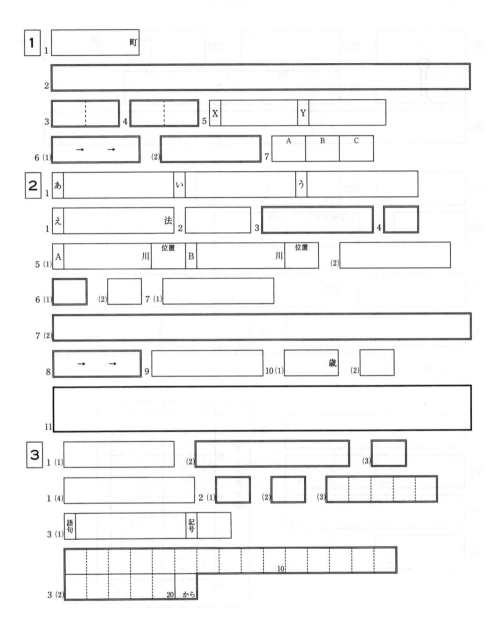

２０２２年度　大妻中学校

理科解答用紙　第１回

番号		氏名		評点	／60

1

問1

問2

問3　P　Q　R

問4　P　Q　R

問5

2

問1　cm³

問2　①　②

問3

問4　温室効果ガス　原因

問5

3

問1

問2　ア　イ　ウ

問3　①　②

問4　kg

問5　地球温暖化により、　。

4

問1

問2　①　cm　②　g

問3　①　cm　②　cm

問5　g

問4
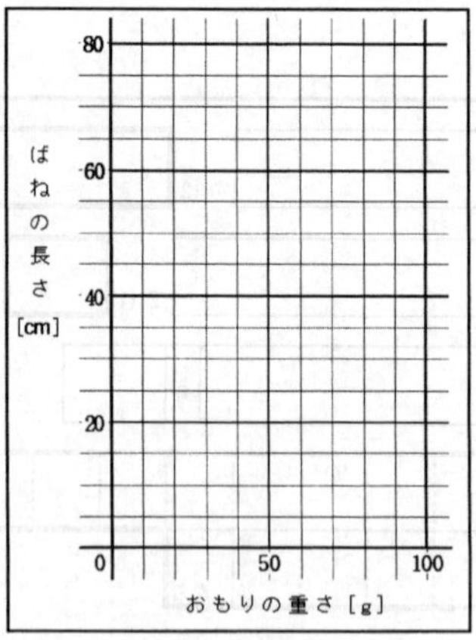

（注）この解答用紙は実物を縮小してあります。Ｂ５→Ｂ４（141%）に拡大コピーすると、ほぼ実物大の解答欄になります。

〔理　科〕60点（推定配点）

1～4　各３点×20＜1の問３，問４，2の問２，問４，3の問２，問３，4の問１，問２，問３は完答＞

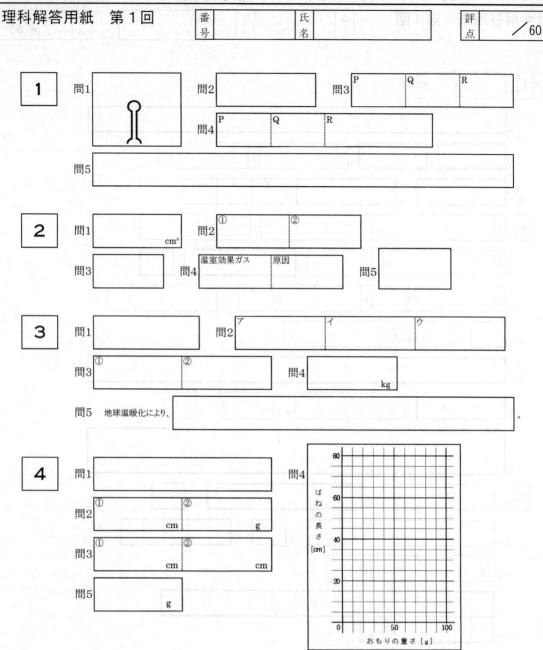

二〇二二年度　大妻中学校

国語解答用紙　第一回

番号		氏名		評点	/100

一

問1

問2 A B C　問3　問4

問5 (1)　(2)

問6　方法。

問7

問8　問9　問10 D E F　問11

二

問1 A B C D　問2　問3

問4　問5　問6 (1)　(2)　問7

問8

問9　問10　問11

三

問1　問2　問3　問4　問5

問6 D E F G

問7

問8 (1) (2)

四

①　②　り　③

④

（注）この解答用紙は実物を縮小してあります。179%拡大コピーをすると、ほぼ実物大の解答欄になります。

〔国　語〕100点(推定配点)

一　問1　6点　問2～問6　各3点×5<問2，問5は完答>　問7　4点　問8，問9　各3点×2　問10　4点<完答>　問11　3点　二　問1　3点<完答>　問2　2点　問3～問5　各3点×3　問6　(1)　3点　(2)　2点<完答>　問7　2点　問8　4点　問9　2点<完答>　問10，問11　各3点×2　三　問1　2点　問2，問3　各3点×2　問4，問5　各2点×2　問6～問8　各3点×3<問6，問8は完答>　四　各2点×4

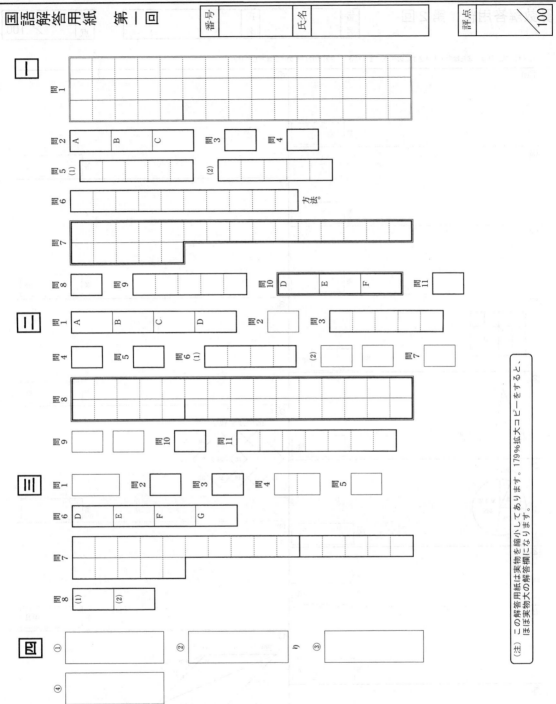

２０２２年度　大妻中学校

算数解答用紙　第２回

番号		氏名		評点	／100

◎注意：式，計算，または考え方は必ずこの用紙に書きなさい。これのないものは正解としません。

1 (1)

答

(2)

答

(3)

答

(4)

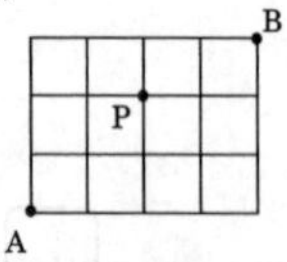

答　　通り

2

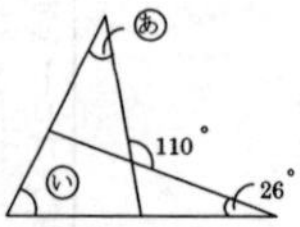

答　　度

3

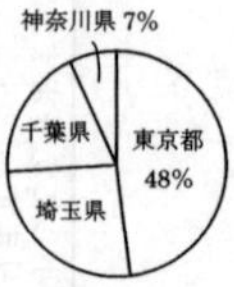

答　　人

4 (1)

答　　分後

(2)

答　　m

5

答　　円

6

答　　円

7

答　　cm

8

答　　秒

9 (1)

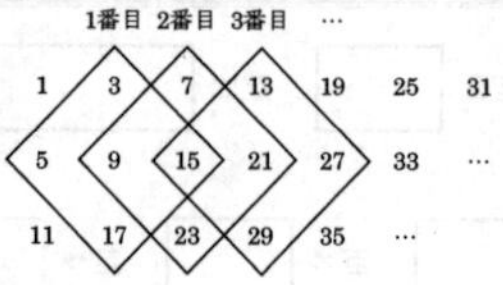

答

(2)

答　　番目

10

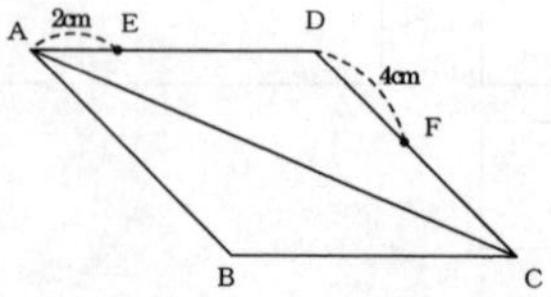

答　　cm²

（注）この解答用紙は実物を縮小してあります。196％拡大コピーをすると、ほぼ実物大の解答欄になります。

〔算　数〕100点(推定配点)

1　各７点×４　2，3　各８点×２　4　各４点×２　5～8　各８点×４　9　各４点×２　10　８点

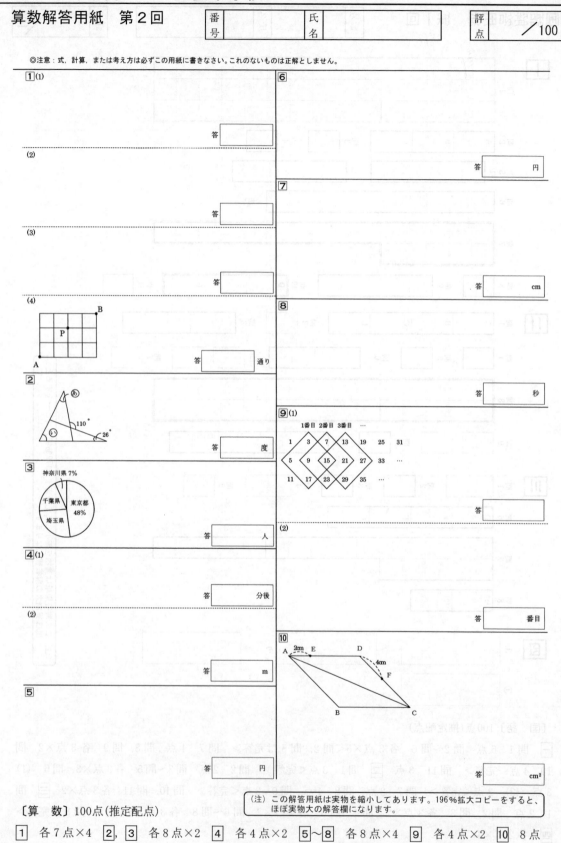

2022年度　大妻中学校

社会解答用紙　第2回

番号		氏名	

評点	／60

1

1 あ　川　い　山脈　2 う　え　お

3　4 (1) X　半島　Y　諸島　(2)

5

6 (1)　(2)

2

1 あ　県　い　う　え

1 お　令　2　3　県　4　5　律令

6 →　→　→　7　8　9　10

11　12

13　14 →　→　→　15 横須賀　県　16　17

3

1　2

3 (1) X　から

Y　から

3 (1) A　B　C　(2)　4　5 あ　い

6

（注）この解答用紙は実物を縮小してあります。B５→A３(163%)に拡大コピーすると，ほぼ実物大の解答欄になります。

〔社　会〕60点(推定配点)

1 問1，問2　各1点×5　問3　2点　問4　(1)　各1点×2　(2)　2点　問5　2点　問6　各1点×2
2 問1，問2　各1点×6　問3　2点　問4　1点　問5～問7　各2点×3<問6は完答>　問8　1点　問9　2点　問10　1点　問11，問12　各2点×2　問13　1点　問14　2点<完答>　問15～問17　各1点×4
3 問1　2点　問2　1点　問3　(1)　X，Y　各1点×2　A～C　2点<完答>　(2)　2点　問4　2点　問5　各1点×2　問6　2点

２０２２年度　大妻中学校

理科解答用紙　第２回

番号		氏名		評点	／60

1

問1

問2

問3 方角 形

問4 P Q

問5

2

問1

問2 ① ② ③

問3

問4

問5 暑いとき…

寒いとき…

3

問1 A m B cm

問2 cm

問3 cm²

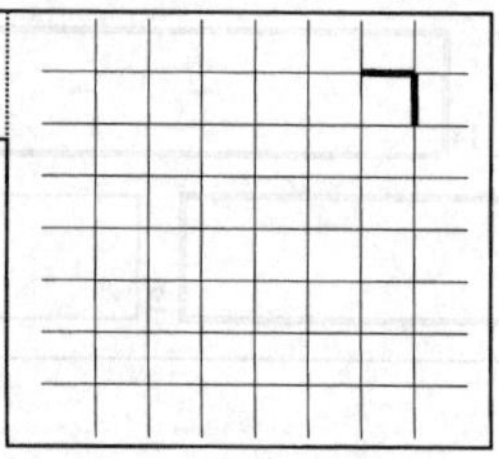

問4 (1) (2)

問5 cm²

4

問1

問2 X Y

問3 (1) kcal (2) 水素 L 都市ガス L

問4 倍

（注）この解答用紙は実物を縮小してあります。Ｂ５→Ｂ４(141%)に拡大コピーすると、ほぼ実物大の解答欄になります。

〔理　科〕60点(推定配点)

1～4　各３点×20<1の問３，問４，問５，2の問１，問２，問５，3の問１，問３，問４，4の問２，問３の(2)は完答>

二〇二二年度　大妻中学校

国語解答用紙　第二回

番号　氏名　評点 /100

一
問1　問2　問3
問4
問5　問6　問7　問8　問9
問10　問11　問12 D E F G

二
問1 I II
問2　問3　問4　問5 C D E　問6
問7　問8　問9　問10 F G H
問11　問12 X Y Z
問13　問14

三
問1　問2
問3　風習
問4　問5 (1)　(2)　(3) A B　問6

四
①　②　③

（注）この解答用紙は実物を縮小してあります。182％拡大コピーをすると、ほぼ実物大の解答欄になります。

〔国　語〕100点(推定配点)

一　問1～問3　各2点×3　問4　4点　問5～問7　各3点×3　問8，問9　各2点×2　問10～問12　各3点×3<問12は完答>　二　問1　各2点×2　問2，問3　各3点×2　問4　2点　問5，問6　各3点×2<問5は完答>　問7　2点　問8～問10　各3点×3<問10は完答>　問11　2点　問12　3点<完答>　問13　4点　問14　3点　三　問1，問2　各2点×2　問3　3点　問4～問6　各2点×7
四　各2点×3

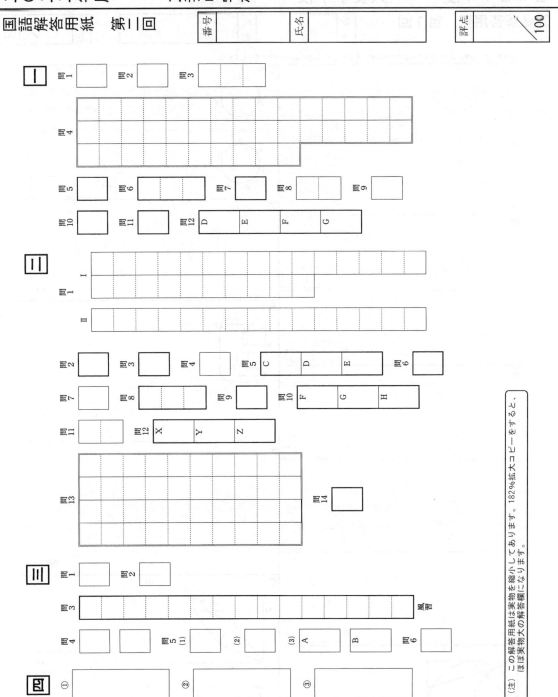

2021年度　大妻中学校

算数解答用紙　第1回

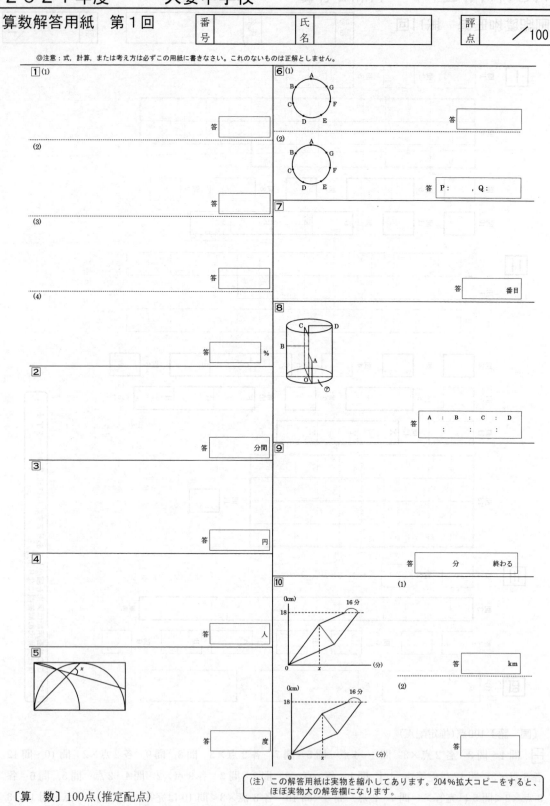

番号		氏名		評点	／100

◎注意：式，計算，または考え方は必ずこの用紙に書きなさい。これのないものは正解としません。

1 (1)

答

(2)

答

(3)

答

(4)

答　　%

2

答　　分間

3

答　　円

4

答　　人

5

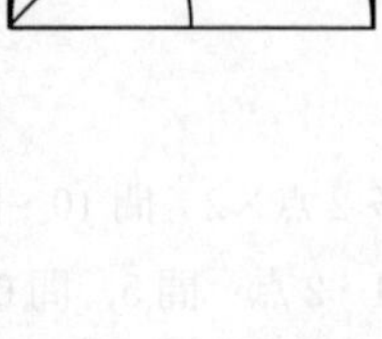

答　　度

6 (1)

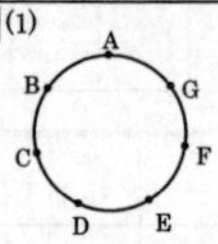

答

(2)

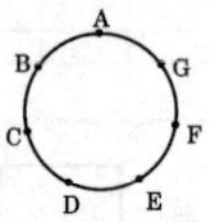

答　P：　　，Q：

7

答　　番目

8

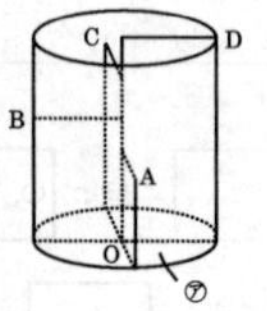

答　A　：　B　：　C　：　D

9

答　　分　　終わる

10

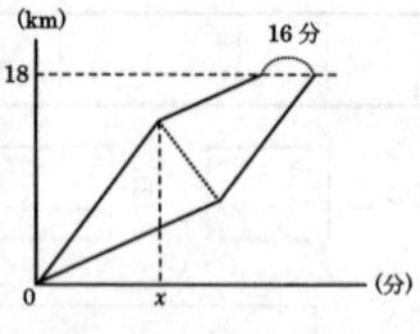

(1)

答　　km

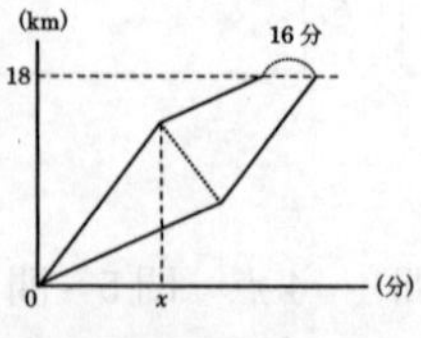

(2)

答

（注）この解答用紙は実物を縮小してあります。204％拡大コピーをすると、ほぼ実物大の解答欄になります。

〔算　数〕100点(推定配点)

1　各7点×4　2～5　各8点×4　6　各4点×2＜(2)は完答＞　7～9　各8点×3　10　各4点×2

２０２１年度　大妻中学校

社会解答用紙　第１回

番号		氏名		評点	／60

1

1 あ　大島　い　島　2 (1)

2 (2)　(3) A　B　C

3 (1) う　え　(2)　4 (1) の数　(2) X　Y

2

1 あ　い　う　え

1 お　2 遺跡　県　3 A 山地　記号

3 B 山脈　記号　4 (1)　(2)　5

6　7　8　9 (1) 藩　(2)　10

11

12 権　13　14

3

1　2　3　4

5　6

7

（注）この解答用紙は実物を縮小してあります。Ｂ５→Ｂ４（141％）に拡大コピーすると、ほぼ実物大の解答欄になります。

〔社　会〕60点（推定配点）

1 問１　各１点×２　問２　(1)　１点　(2)　２点　(3)　各１点×３　問３　(1)　２点＜完答＞　(2)　各１点×２　問４　各１点×３　2 問１　各１点×５　問２，問３　各２点×３＜問２は完答，問３は各々完答＞　問４　各１点×２　問５，問６　各２点×２＜問５は完答＞　問７，問８　各１点×２　問９　(1)　１点　(2)　２点　問10　１点　問11　３点　問12　２点　問13，問14　各１点×２　3 問１～問５　各２点×５　問６　３点　問７　２点

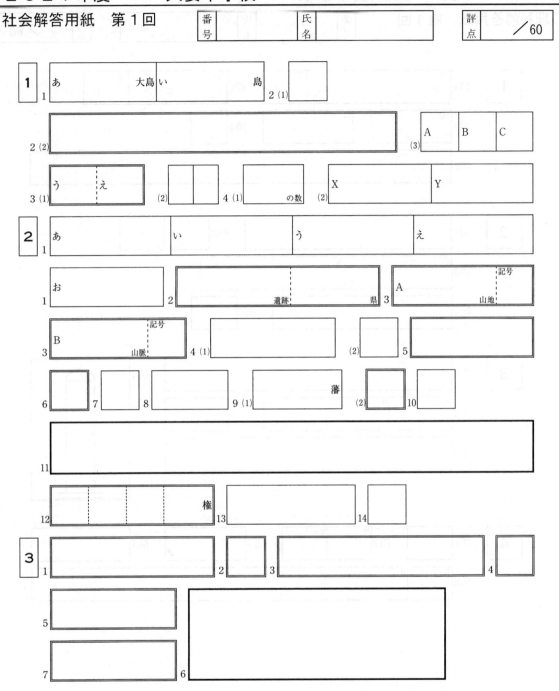

2021年度　　大妻中学校

理科解答用紙　第１回

番号		氏名		評点	／60

1

問1 (1) (2)

問2 (1) (2)

問3 (1) (2)

問4

問5

2

問1

問2

問3 ① ②

問4

問5

3

問1

問2 A B C

問3

問4

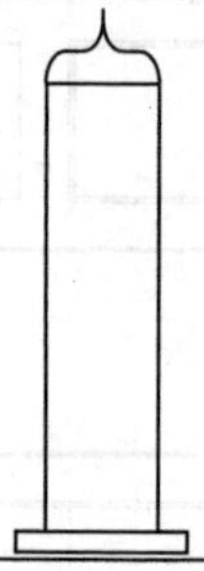

問5

4

問1

問2 形 使い方

問3 g

問4

問5 X Y

（注）この解答用紙は実物を縮小してあります。Ｂ５→Ｂ４（141％）に拡大コピーすると、ほぼ実物大の解答欄になります。

〔理　科〕60点（推定配点）

1～4　各３点×20＜1の問１，問２，問３，2の問２，問３，3の問２，4の問２，問４，問５は完答＞

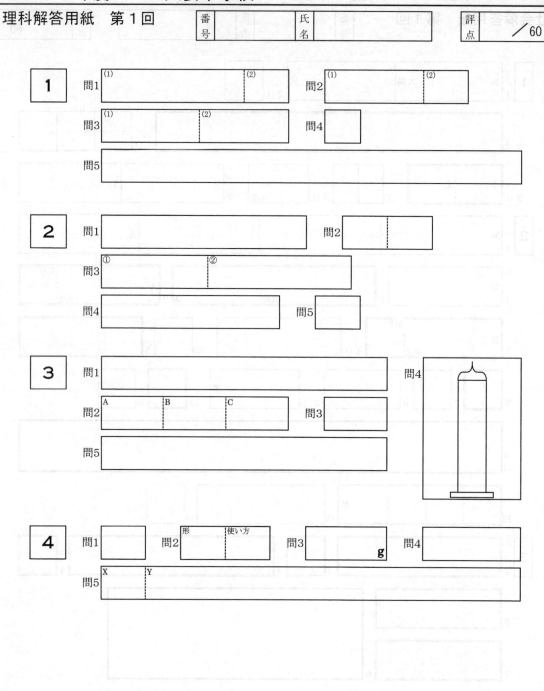

二〇二一年度　大妻中学校

国語解答用紙　第一回

番号　　氏名　　評点 ／100

一

問1　1　2　3　4

問2

問3

問4　（55）ということ。

問5　（5）

問6

問7

問8　Ⅰ　Ⅱ

問9

問10

問11

問12

二

問1

問2

問3

問4

問5

問6

問7

問8

問9

問10

問11

問12

問13　(1)　わない　(2)　(3)　い

三

問1　①　②　③

問2

問3

問4

問5

問6

問7　（20）から。

問8

（注）この解答用紙は実物を縮小してあります。172%拡大コピーをすると、ほぼ実物大の解答欄になります。

〔国　語〕100点(推定配点)

一　問1　3点＜完答＞　問2　2点　問3　3点　問4　5点　問5　3点　問6　2点　問7～問10　各3点×4＜問8は完答＞　問11　各2点×2　問12　3点　二　問1　3点　問2，問3　各2点×3　問4，問5　各3点×2　問6　2点　問7～問12　各3点×6　問13　各2点×3　三　問1，問2　各2点×2＜問1は完答＞　問3　3点　問4　2点　問5　3点　問6　2点　問7　5点　問8　3点＜完答＞

２０２１年度　　大妻中学校

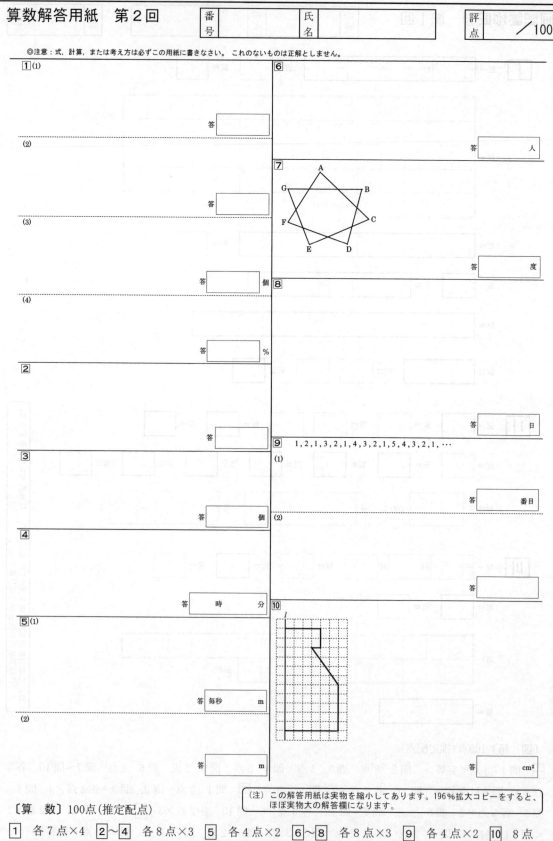

算数解答用紙　第２回

番号		氏名		評点	／100

◎注意：式，計算，または考え方は必ずこの用紙に書きなさい。これのないものは正解としません。

1 (1)

答

(2)

答

(3)

答　　個

(4)

答　　%

2

答

3

答　　個

4

答　　時　　分

5 (1)

答　毎秒　　m

(2)

答　　m

6

答　　人

7

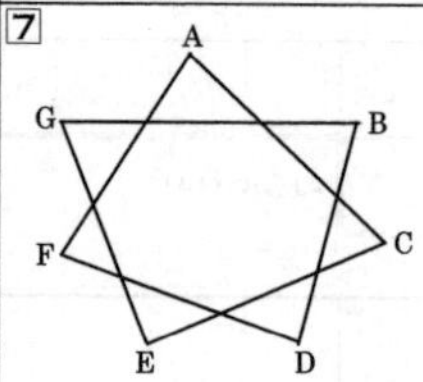

答　　度

8

答　　日

9　1, 2, 1, 3, 2, 1, 4, 3, 2, 1, 5, 4, 3, 2, 1, …

(1)

答　　番目

(2)

答

10

答　　cm²

（注）この解答用紙は実物を縮小してあります。196％拡大コピーをすると、ほぼ実物大の解答欄になります。

〔算　数〕100点(推定配点)

1　各７点×４　2～4　各８点×３　5　各４点×２　6～8　各８点×３　9　各４点×２　10　８点

２０２１年度　大妻中学校

社会解答用紙　第２回

番号		氏名		評点	／60

1

1
2
3 (1)　(2) あ　い　う
4 A　B　C
5 を楽しめるサイクリング！！（8字）（13字）
6 (1) M 市　N 市　(2) X 県　Y 県

2

1 あ　い　う
2
3　4　5　6 →　→　→　7　8
9 (1)　(2)　(3) か 藩　き 市
9 (3) く 海流　け 海岸　こ 川　さ 川　10　11 (1)　(2)
12
13　14 (1)　(2)

3

1 (1)　(2)　(3)　2 (1)　(2)　(3)
3 (1)　(2) 投票 歳　立候補 歳
3 (3)
4 (1) い　う　(2) 候補者　政党 党

（注）この解答用紙は実物を縮小してあります。Ｂ５→Ｂ４（141％）に拡大コピーすると、ほぼ実物大の解答欄になります。

〔社　会〕60点(推定配点)

1 問１　１点　問２～問５　各２点×5＜問２，問３の(2)，問４は完答＞　問６　(1)　２点＜完答＞　(2)　各１点×2　2 問１　各１点×3　問２　２点＜完答＞　問３～問５　各１点×3　問６，問７　各２点×2＜問６は完答＞　問８～問11　各１点×12　問12　２点　問13　１点　問14　(1)　１点　(2)　２点　3 問１，問２　各１点×6　問３　(1)，(2)　各１点×3　(3)　２点　問４　各１点×4

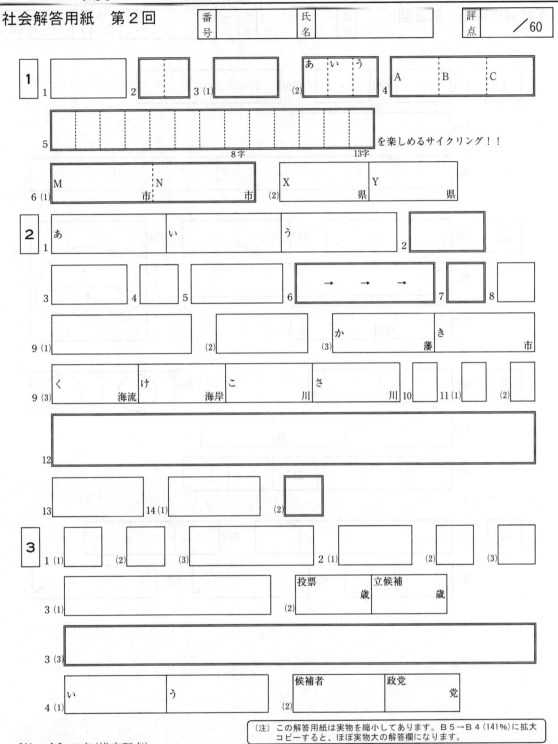

2021年度　大妻中学校

理科解答用紙　第2回

番号		氏名		評点	／60

1

問1　問2　問3

問4

問5　①　②　③

2

問1　問2　から　へ　問4

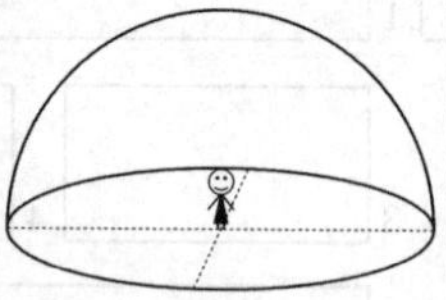

問3

問5　時間　分

3

問1　ア　極　イ　極　問2　①　②

問3　問4　①　極　②

問5　①　②　③　④　エ　⑤　⑥

4

問1　記号　問2　①　②　③

問3　①　②　問4　g　問5　%

（注）この解答用紙は実物を縮小してあります。B５→B４（141%）に拡大コピーすると、ほぼ実物大の解答欄になります。

〔理　科〕60点(推定配点)

1～4　各３点×20＜1の問３，問４，問５，3の問１，問２，問４，問５，4の問１，問２，問３は完答＞

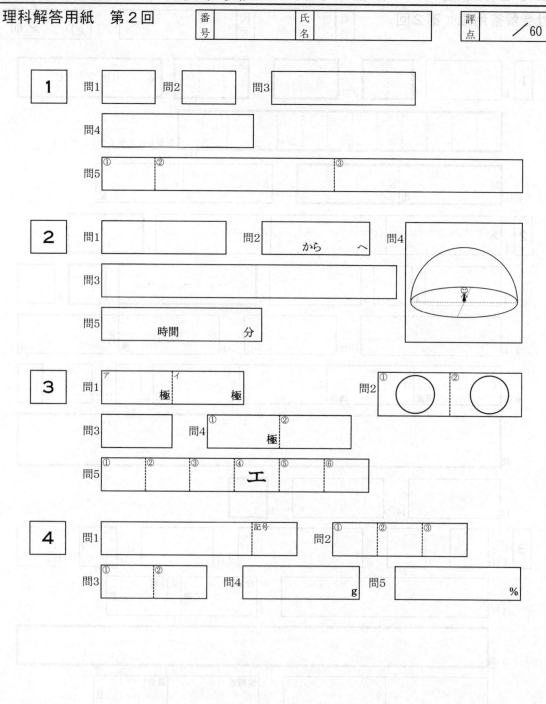

二〇二二年度　大妻中学校

国語解答用紙　第二回

番号　　氏名　　評点 /100

一

問1 (10)

問2　問3　問4　問5　問6

問7　問8　問9　問10

問11　問12　問13　問14

問15 (1)　(2)

二

問1　問2 1 2 3 4　問3 (1)　(2)

問4 (50)

問5　問6　問7　問8

問9　問10

問11　問12　問13 ください。　問14

三

問1　問2　問3　問4

問5　問6　問7 〜

問8　問9　問10

（注）この解答用紙は実物を縮小してあります。179%拡大コピーをすると、ほぼ実物大の解答欄になります。

〔国　語〕100点(推定配点)

一　問1　3点　問2〜問4　各2点×3　問5　3点　問6　2点　問7〜問9　各3点×3　問10　2点　問11　3点　問12　2点　問13, 問14　各3点×2　問15　各2点×2　二　問1　2点　問2　3点<完答>　問3　(1)　2点　(2)　3点　問4　6点　問5〜問8　各2点×4　問9　3点　問10, 問11　各2点×2　問12, 問13　各3点×2　問14　2点　三　問1〜問6　各2点×6　問7　3点　問8〜問10　各2点×3

２０２０年度　　大妻中学校

算数解答用紙　第１回

番号		氏名		評点	／100

◎注意：式，計算，または考え方は必ずこの用紙に書きなさい。これのないものは正解としません。

1 (1)

答

(2)

答

(3)

答　　　cm²

(4)

答　　分　　秒

2

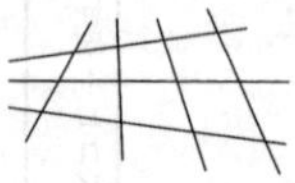

答　　　個

3

答　　　歳

4

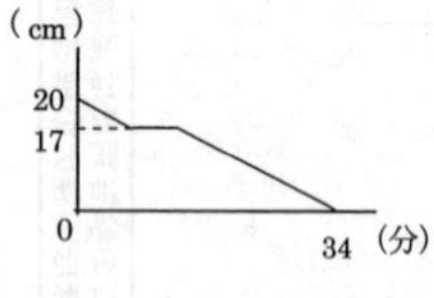

答　　　分　　　秒

5

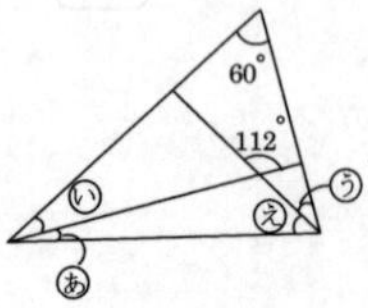

(1)

答　　　度

(2)

答　　　度

6

答　　　人

7

答　　　行目　　　列目

8

答　　　m

9

答　　　円

10 (1)

答　　　cm³

(2)

答　　　cm³

（注）この解答用紙は実物を縮小してあります。196％拡大コピーすると、ほぼ実物大で使用できます。（タイトルと配点表は含みません）

〔算　数〕100点（推定配点）

1，2　各６点×５　3～10　各７点×10

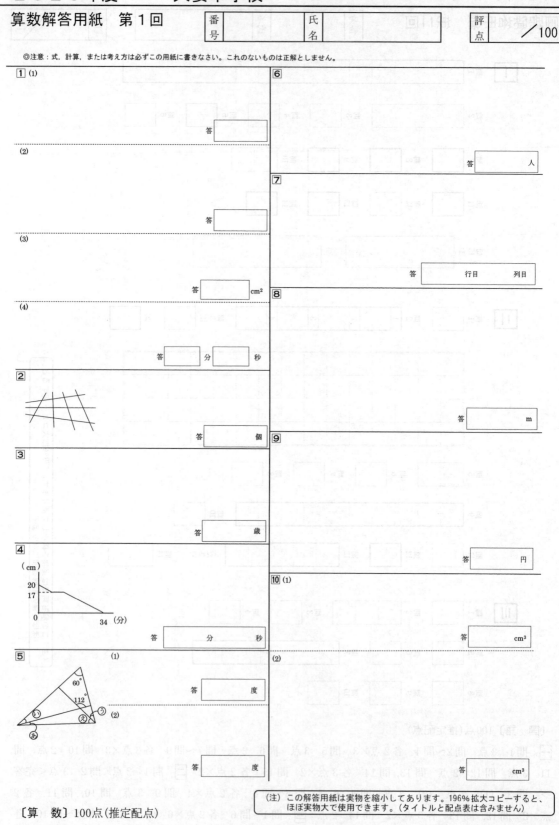

2020年度　大妻中学校

社会解答用紙　第1回

番号　　氏名　　評点　／60

1

1　2　県　県　3(1) か　き　(2)

3(3)　4　県　5

6 さ　し　す　イ　県 ロ　県 ハ　県

2

1 あ　い　う　え　2

3

4 X　平野　記号　Y　平野　記号　5(1)　からの距離

5(2)　条約　6　7　→　→　→　8

9(1)　(2)　番目　(3) 記号　か　き

く　10　11

3

1　2(1)　(2) あ　記号　3 A　B

4(1)　税　15字　(2)

5 C　D　6 い　11字

7 う　え

(注) この解答用紙は実物を縮小してあります。A3用紙に145%拡大コピーすると、ほぼ実物大で使用できます。(タイトルと配点表は含みません)

〔社　会〕60点(推定配点)

1 問1, 問2　各2点×2　問3　各1点×3＜(1)は完答＞　問4～問6　各2点×4＜問6は各々完答＞

2 問1　各1点×4　問2　2点　問3　3点　問4　各1点×2＜各々完答＞　問5　(1)　2点　(2)　1点　問6～問8　各2点×3＜問7は完答＞　問9　(1)　1点　(2)　2点　(3)　各1点×4　問10　2点　問11　1点　3 問1　1点　問2　(1)　2点　(2)　あ　2点　記号　1点　問3　各1点×2　問4　(1)　2点　(2)　1点　問5～問7　各1点×4＜問7は完答＞

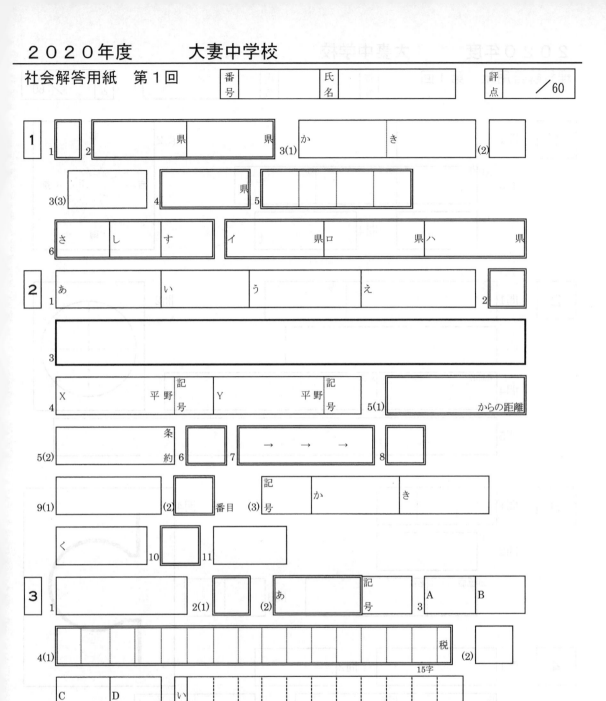

２０２０年度　　大妻中学校

理科解答用紙　第１回

番号		氏名		評点	／60

1

問1

問2

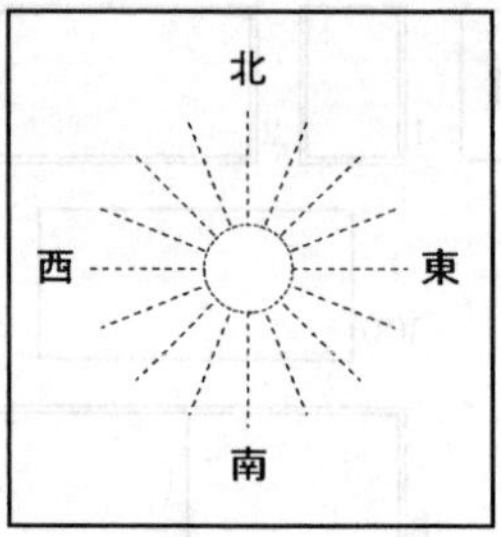

問3　(1)①　②　③

(2)

問4　t

2

問1　名前　記号

問2

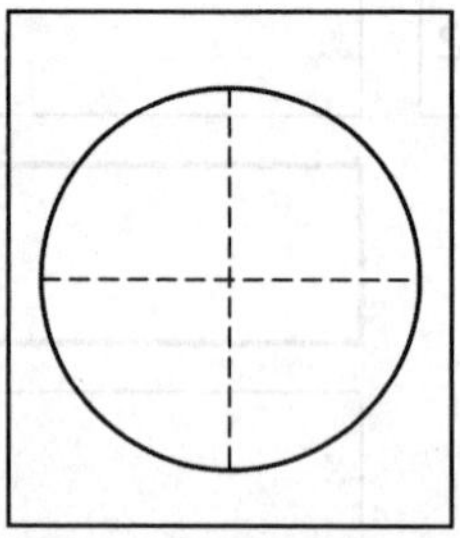

問3

問4　薬品名　結果

問5

3

問1

問2　(1)

(2) 動脈　名前

問3

問4

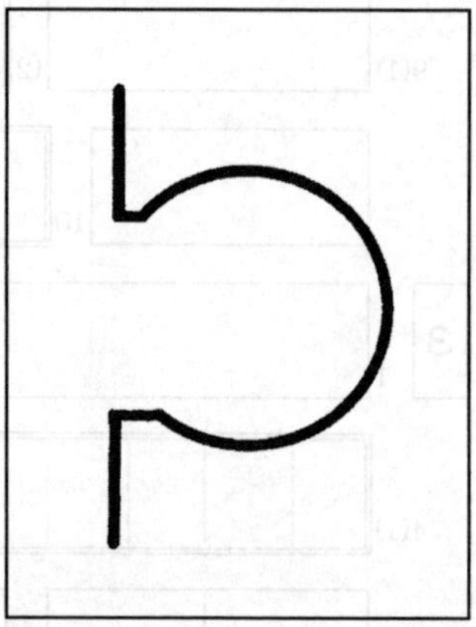

4

問1

問2

問3　極　向き
極

問4

問5

(注) この解答用紙は実物を縮小してあります。Ｂ４用紙に125%拡大コピーすると、ほぼ実物大で使用できます。(タイトルと配点表は含みません)

〔理　科〕60点(推定配点)

1～4　各３点×20＜1の問３の(1)，2の問１，問３，問４，3の問１，問２の(2)，問３，4の問３，問４は完答＞

二〇二〇年度　大妻中学校

国語解答用紙　第一回

番号　　氏名　　評点　／100

一

問1　問2　問3　a　b　c　d

問4　問5

問6

問7　問8　Y　Z　問9

問10　問11　問12　問13

問14　(1)　(2)　(3)

二

問1　X　Y

問2

問3　問4　問5　(1)　(2)

問6　問7　問8　問9

問10　問11　問12　A　B　C

三

問1　問2　問3　問4　問5

問6　問7　問8

（注）この解答用紙は実物を縮小してあります。A３用紙に147％拡大コピーすると、ほぼ実物大で使用できます。（タイトルと配点表は含みません）

〔国　語〕100点(推定配点)

一　問１　２点　問２　３点　問３，問４　各２点×２＜問３は完答＞　問５　３点　問６　４点　問７　３点　問８　各２点×２　問９～問12　各３点×４　問13，問14　各２点×４　二　問１　２点＜完答＞　問２　４点　問３，問４　各３点×２　問５～問９　各２点×６　問10，問11　各３点×２　問12　各２点×３　三　問１，問２　各２点×２　問３　３点　問４～問７　各２点×４　問８　各３点×２

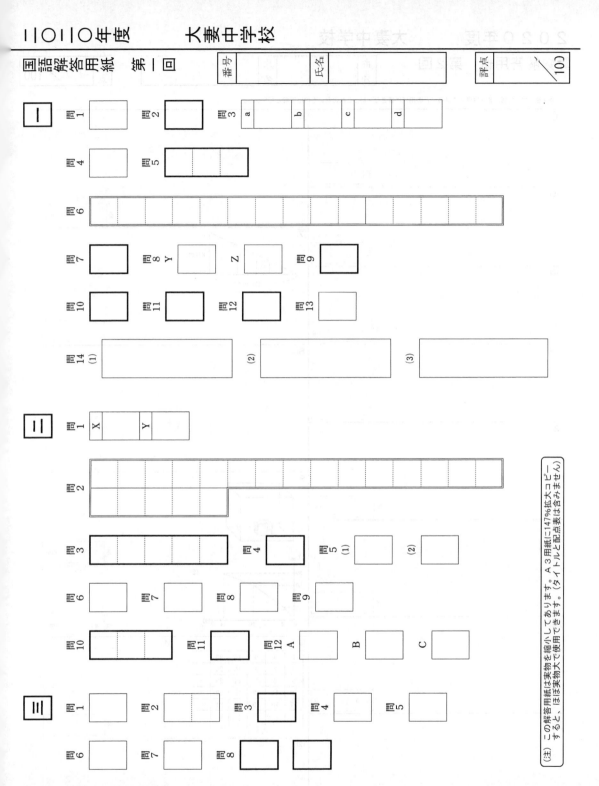

２０２０年度　　大妻中学校

算数解答用紙　第２回

番号		氏名		評点	／100

◎注意：式，計算，または考え方は必ずこの用紙に書きなさい。これのないものは正解としません。

1 (1)

答

(2)

答

(3)

答　　g

(4)

答

2

答　　cm

3

答　　日

4

答　毎分　　m

5

答　　個

6

答　　ページ

7

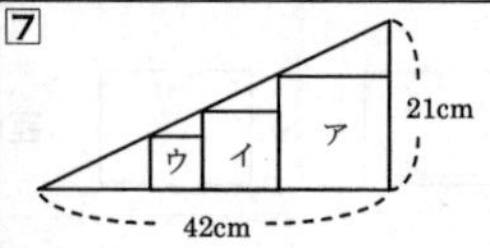

答　　cm

8

答　X　　円，Y　　円

9

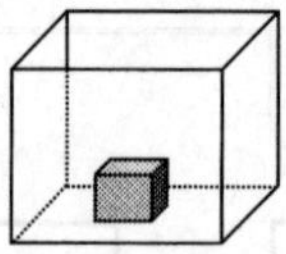

(1)

答　　cm^2

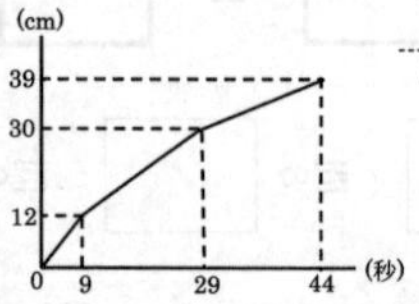

(2)

答　毎秒　　cm^3

10

1	4	9	16	25	…
2	3	8	15	24	…
5	6	7	14	23	…
10	11	12	13	22	…
17	18	19	20	21	…
⋮	⋮	⋮	⋮	⋮	

(1)

答

(2)

答　上から　　行目，左から　　列目

（注）この解答用紙は実物を縮小してあります。196％拡大コピーすると，ほぼ実物大で使用できます。（タイトルと配点表は含みません）

〔算　数〕100点（推定配点）

1，2　各６点×５　3～10　各７点×10＜8は完答＞

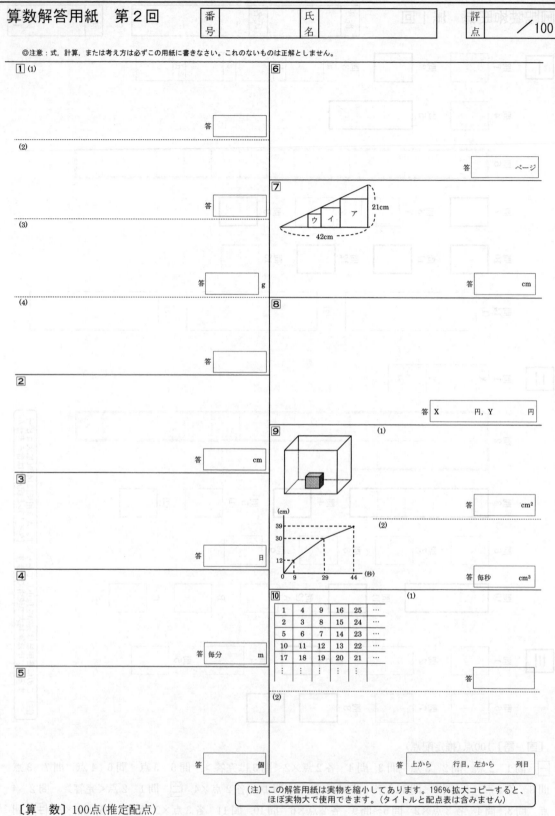

２０２０年度　大妻中学校

社会解答用紙　第２回

番号　　氏名　　評点　／60

1

1(1)　(2) 西経　度　(3)　2(1)

2(2)　3(1)　(2) 浜松市　年間商品販売額

3(3) ①　川 ②　川 ③　湾

2

1 あ　い　2　3 古墳　記号

4　5　6　7　8　9

10　11　12 え　お

13(1)　13(2)

14　15 か　き

16　17 く　山地 け　半島

3

1　2 い　3(1)

3(2)　4 う（10字）ため

4 え（10字）と判断した

5(1)　(2)　枠　6　7

〔社　会〕60点(推定配点)

1 問１　(1)　１点　(2)　２点　(3)　各１点×2　問２　各１点×3　問３　(1)，(2)　各２点×2＜(2)は完答＞　(3)　各１点×3　2 問１，問２　各１点×4　問３　２点＜完答＞　問４，問５　各１点×2　問６　２点　問７　１点　問８，問９　各２点×2　問10～問12　各１点×4　問13　(1)　１点　(2)　２点　問14　２点＜完答＞　問15　各１点×2　問16　２点　問17　各１点×2　3 問１，問２　各１点×2　問３　各２点×2　問４　う　１点　え　２点　問５，問６　各１点×4　問７　２点

２０２０年度　大妻中学校

理科解答用紙　第２回

番号　　氏名　　評点　／60

1

問1 A　℃　B　℃　問2　問5

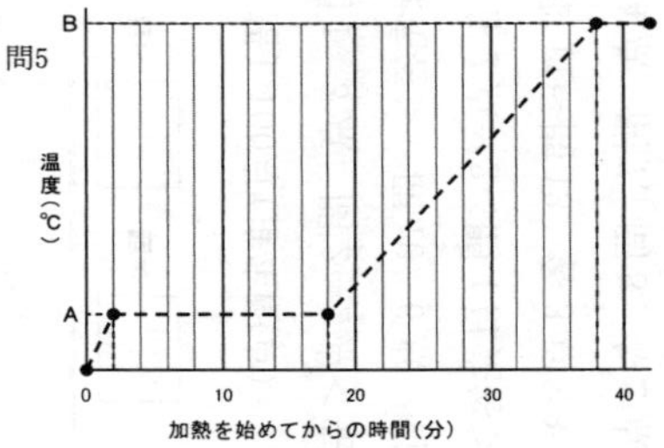

問3 記号　熱量　カロリー

問4　カロリー

2

問1　問2

問3 (1)　(2)

問4 ①　②

3

問1 ①　②　③　問2 (ア)　(イ)　(ウ)

問3　問4 (1)　倍　(2) イ:ウ＝　：　問5　cm

4

問1　問2　問3　km/秒

問4　時　分　秒　問5

〔理　科〕60点(推定配点)

1～4　各３点×20＜1の問１，問３，2の問２，問４，3の問１，問２，問３，問４，4の問２は完答＞

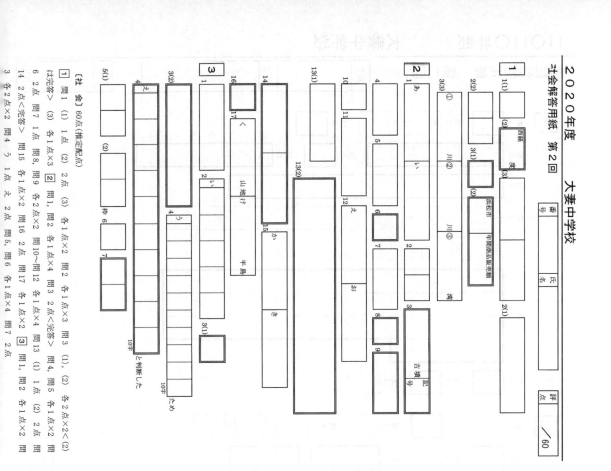

二〇二〇年度　大妻中学校

国語解答用紙　第二回

番号		氏名		評点	/100

一

問1　問2 A B　問3

問4　問5　問6

問7

問8 Ⅰ Ⅱ

問9 (1) (2) (3)

問10

問11　問12　問13

二

問1　問2　問3　問4 a b c

問5　問6　問7

問8　問9　問10

問11

問12　問13

問14 (1) (2)

三

問1　問2　問3　問4　問5

問6

問7　問8

（注）この解答用紙は実物を縮小してあります。179％拡大コピーすると、ほぼ実物大で使用できます。（タイトルと配点表は含みません）

〔国　語〕100点(推定配点)

一　問1　3点　問2　2点＜完答＞　問3〜問7　各3点×5＜問7は完答＞　問8，問9　各2点×3＜問9は完答＞　問10　6点　問11，問12　各3点×2　問13　2点　二　問1　2点　問2　3点　問3，問4　各2点×2＜問4は完答＞　問5　3点　問6　2点　問7，問8　各3点×3　問9，問10　各2点×2　問11〜問13　各3点×3　問14　各2点×2　三　問1〜問3　各2点×3　問4，問5　各3点×2　問6　4点　問7，問8　各2点×2

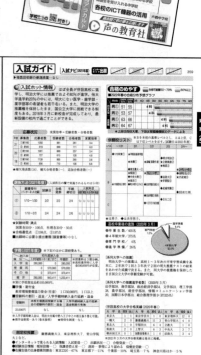

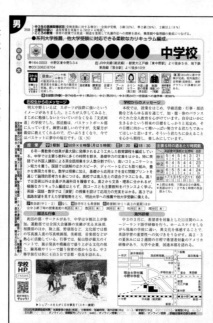

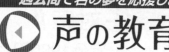